HISTOIRE
DE
L'ABBAYE DE SAINTE-CROIX
DE QUIMPERLÉ

QUIMPERLÉ. — IMPRIMERIE TH. CLAIRET, GRAND'RUE.

HISTOIRE

DE

L'ABBAYE DE SAINTE-CROIX

DE QUIMPERLÉ

PAR DOM PLACIDE LE DUC

Religieux Benédictin de la Congrégation de Saint Maur

PUBLIÉE POUR LA PREMIÈRE FOIS D'APRÈS LE MANUSCRIT DE L'AUTEUR
SUIVIE DE PIÈCES JUSTIFICATIVES ET ACCOMPAGNÉE DE NOTES

PAR R.-F. LE MEN

Archiviste du Finistère ; Membre correspondant du Ministère
pour les Travaux Historiques ; Membre de la Société des Antiquaires
d'Écosse ; de l'Association archéologique du pays de Galles ;
Secrétaire de la Société Archéologique du Finistère.

QUIMPERLÉ

TH. CLAIRET, IMPRIMEUR-LIBRAIRE ÉDITEUR.

ÉLÉVATION

A LA SAINTE CROIX DE MON ADORABLE SAUVEUR JÉSUS-CHRIST, FILS DE DIEU.

Je viens me prosterner devant vous, Sainte Croix, pour recevoir une bénédiction qui se répande sur moy, et sur un petit ouvrage qui regarde une église dédiée à votre gloire. Je suys en cela mon attrait et ma dévotion qui me porte à vous adorer; mais j'imite encore l'exemple des premiers Chrestiens, qui ne commençoient aucune action que par le signe de la Croix : « Quand nous marchons (disoient-ils), ou quand nous avan-« çons; toutes les fois que nous entrons, ou que nous sortons; « lorsque nous prenons nos vestemens, ou nostre chaussure, en « entrant au bain, à la table et au lit; quand l'on nous apporte « de la lumière, et que nous prenons des sièges, enfin quoi que « nous fassions, nous marquons le signe de la Croix sur notre « front (1). »

Ils avoient raison d'en user de la manière; la Croix est pour les Chrestiens une source de biens. Ce Jésus crucifié qui passe pour un scandale aux Juifs, et pour une folie aux Gentils, est la force et la sagesse de Dieu à ceux qui sont appelés (2); et si quelqu'un tourne en ridicule ce nom de la Croix ce n'est que celui qui se perd; mais il est la vertu de Dieu à ceux qui se sauvent, c'est-à-dire à nous autres chrestiens (3). Saint-Paul, ce maistre admirable de l'Eglise ne sçavoit que la parole de la Croix, verbum Crucis; il ne preschoit que Jésus crucifié; et bien loin de s'en faire un scandale, comme faisoient ses frères dévoyés, les Israelites selon la chair, il protestoit hautement : « Pour moy, à Dieu ne plaise que je me glorifie en autre chose

---

(1) Tertull. Lib. de coronâ militis cap. 3.
(2) I Cor. I, 23, 24.
(3) I Cor. I, 18.

« *qu'en la Croix de Nostre Seigneur Jésus-Christ (1).* » Luy, qui avoit pénétré le sens des Ecritures, et avoit appris cet éloge de la Croix que le Psalmiste avait voulu être annoncé parmi les nations, que le Seigneur devoit régner par le bois (2), il n'ignoroit pas que Dieu vouloit faire sçavoir à tous les Rois du monde, qu'il avoit, Luy, qui estoit un maistre souverain, un Bois vil et méprisable à élever; qu'il avait dessein de faire fleurir un bois sec et aride. Le Seigneur l'a dit, et il l'a fait. Il a dompté le monde par le bois et non par le fer; il a fait passer ce bois infâme du supplice des criminels sur la teste des Empereurs, pour couronner des souverains ; et dans ce sens le prédicateur de la Croix pouvoit bien dire, qu'elle estoit la sagesse et la vertu de Dieu, puisqu'il devait éclairer les peuples par elle, et soumettre les princes.

Les Chrestiens en leur particulier sçavoient bien qu'elle estoit leur foi et leur vertu ; qu'il avoit pleu au père de mettre toute la plénitude...... fils et de reconcilier par luy toutes choses avec soy, ayant pa........ par le sang qu'il a répandu sur la Croix, tant ce qui est dans la terre que ce qui est dans le ciel. Cette Croix avait effacé toutes les inimitiés, et nous avoit réconciliés avec Dieu (3) ; et après avoir approché de luy, elle estoit une source de bénédiction qui faisoit couler sur les âmes une abondance de grâces (4). Le sac qui renfermoit le prix de nostre rédemption avoit esté attaché à ce bois ; les bourreaux l'avoient percé de plusieurs coups, et le Sauveur faisait couler par ces trous les précieuses richesses de nostre salut. Cette vue rendoit la Croix aimable et adorable aux Chrestiens. Si les Gentils pour les épouvanter leur disoient qu'il n'estoit plus question d'adorer la Croix, mais qu'il falloit la souffrir, ils en concevoient de la joye ; ils couroient avec passion l'embrasser, et s'ils estoient assez heureux d'en porter les caractères sur leur corps (5), ils se croyoient glorieux de porter ses marques honorables de leur Maistre. C'estoit à ces honorables flétrissûres que l'on reconnaissoit les dignes serviteurs de Jésus-Christ ; et l'on pensoit juste quand l'on croyoit que les Chrestiens estoient les religieux de la Croix, qui en portoient le caractère et en adoroient

(1) Galat. VI, 14.
(2) Psal. XCV, 10.
(3) Ephes. II, 16.
(4) Psal. XXIX, 12.
(5) Galat. VI, 17.

ÉLÉVATION.

les grandeurs : « Sed et qui crucis nos religiosos putat (1). »

L'on nous rendra justice quand l'on voira que nous sommes les véritables religieux de la Croix ; nous portons en nostre corps la mort du Seigneur Jésus par nostre profession religieuse qui nous attache à la Croix d'une façon particulière et perpétuelle (2). Mais estant encore destinés, et s'il le faut dire, estant engagés, par la fondation de ce monastère, à honorer la Croix en luy rendant un culte et un service éternel, l'on ne peut nous oster le titre de ses religieux.

Adorable Croix, quoique je sois le plus indigne de ceux qui vous honorent dans cette sainte maison, et que je partage, en commun avec mes frères, la gloire que j'ay de vous vénérer, par mes petits services ; j'ay un autre titre, qui me donne la hardiesse de me dire, à vous, d'une façon particulière ; j'ay eu le bien d'entrer en religion, le jour dédié à la feste de vostre invention (3) ; et en effet je vous ay crue semblable à un thrésor caché dans un champ (4) ; je vous ay trouvée, et dans la joye que j'en ay ressentie, j'ay abandonné les petites espérances que le monde me présentait, pour vous acheter et pour vous mériter. Vous m'avez fait la grâce de recevoir mes offres, ô Adorable Crucifié, et je vous dis avec la plus profonde reconnaissance de mon cœur : je l'ai reçûe (5), je l'ay reçûe de vostre main, cette précieuse Croix ; je la porteray jusques à la mort, comme vous me l'avez chargée. Véritablement la vie d'un bon moine est une croix, mais elle est le guide assuré du Paradis. J'ai commencé et il ne faut pas que je quitte la Croix, ny que j'en descende.

Mon Dieu, faites moy cette grâce incomparable que je persévère, jusqu'à la mort, sur la Croix à laquelle ma sainte profession m'a attaché, que mes laschetés ne fassent jamais relascher mes liens, afin qu'ayant eu part à vostre croix et à vos souffrances, j'aye aussi part à vostre............ et à vostre gloire. C'est le désir unique que porte dans l'âme,

    Adorable Croix,

    Votre adorateur perpétuel et le serviteur qui se glorifie toujours de porter.....

        F. PLACIDE LE DUC,
          M. B.

(1) Tertull. Lib. Apologet. Cap. 16.
(2) II. Cor. IV, 10.
(3) Le 3me de may 1657.
(4) Math. XIII, 44.
(5) De Imitation Christi. Lib. III. Cap. 56.

PRÉFACE.

J'ay entrepris ce petit ouvrage, auquel deux de nos confrères avoient déjà voulu mettre la main, par un principe d'obéissance que je puis dire bien pur, puisque le travail n'a eu nul attrait qui m'y ait engagé, mais de grandes difficultés qui m'ont pensé rebuter plusieurs fois. Je ne dis pas cela pour faire valoir ma peine ; je sçay qu'ayant fait tout ce que j'ay peu, je suis au bout un serviteur inutile. J'ay fait ce que je devois ; mais je crois asseurément que c'est toujours plus mal que tout autre qui eut voulu prendre la patience d'examiner les papiers. Il est vray que je n'y ay pas épargné mon étude ny mon application ; et si j'ay fait des fautes, comme je n'en doute point. Elles viennent plutost de mon ignorance que de ma négligence. J'ay crû devoir faire cette déclaration afin que l'on ait quelque indulgence pour moy.

C'est pour la mériter, plutost que pour vanter mon travail, que je diray ce que j'ay fait pour prendre quelque connaissance de ce monastère ; sans compter qu'il n'y a point d'endroit que je n'aye fureté pour prendre lumière, ou des murailles, ou des vitres, ou des tombes, ou de la boiserie. J'ai leu plus de deux fois d'Argentré tout entier, pour connaitre les affaires de la province, et le temps et les faits des Ducs qui l'ont gouvernée; j'en ai fait autant d'Albert le Grand. Ils m'ont aydé, à la vérité, en beaucoup de choses; mais l'on ne doit se servir des lumières qu'ils donnent, qu'après un sérieux examen, puisqu'ils manquent quelquefois au fond de l'histoire, et souvent à la chronologie; et après en avoir fait l'expérience, j'ay consenti à ce que m'en avait dit un sçavant homme dans l'Histoire de Bretagne (1), qu'ils nuisoient plutost qu'ils n'aydoient à connaitre l'histoire de la province. J'ay encore leu du Paz tout entier, pour connoitre quelques familles dont il parle, et j'en ay tiré quelques points de l'histoire. J'ai encore leu l'*Armorial de Bretagne*, fait par Ecuyer Guy Le Borgne, et sans luy je n'aurois pas connu Guillaume de Villeblanche, un de nos plus illustres abbés.

Ce qui m'a plus aidé, sont deux manuscrits (2), dont

(1) M. Garnier, intendant de Madame de Guéméné.

(2) De ces deux manuscrits, l'un est perdu; l'autre qui se trouvait, il y a quelques années, on ne sait comment, en la possession d'un habitant de Quimperlé; a été vendu à un Anglais et appartient aujourd'hui, ainsi que me l'a appris M. Th. de la Villemarqué, aux héritiers de lord Beaumont. Voici la description qu'en donne M. Miorcec de Kerdanet, dans une note de son édition de la Vie des Saints de Bretagne d'Albert le Grand.

« Ce cartulaire est un épais Manuscrit in-8°, sur velin, n'ayant
« de pagination que pour les trois premiers feuillets, partie
« consacrée entièrement aux Légendes de saint Gunthiern, de
« sainte Ninnock et de saint Cado, par Gurhéden. Le reste du
« Ms. renferme : 1° Une généalogie dudit saint Gunthiern, par
« le même auteur; 2° Une table chronologique des papes;
« 3° Une autre table des archevêques de Tours et des évêques

l'un est in-octavo et l'autre in-quarto. Ils sont en parchemin, et commencent par la vie de saint Guthierne; font une liste des papes, des archevêques de Tours, des évêques de Nantes, de Vennes, de Quimper, et des comtes de Cornouailles. Ils ont une petite chronique qui va jusqu'à 1320, et qui n'a que le seul défaut d'estre trop courte; car au reste elle est très-exacte, quoyqu'elle soit écrite de deux ou trois mains, qui y ont adjousté l'une après l'autre. Ensuite le moine Gorheden y fait un narré de l'établissement du monastère, rapporte toutes les donations tant du premier fond du monastère, que des prieurés et autres terres, les procédures pour le procèz de Belle-Isle entre Redon et nous, quatre lettres de personnes de la première qualité, touchant ceste affaire, et enfin sa conclusion par le jugement du légat du Pape, et par les lettres du duc Conan III. Il décrit quelques autres traistés sur

« de Nantes, de Vannes et de Quimper, par le même; 4° Une
« liste des Rois, Jarles ou comtes de Cornouaille, jusqu'au
« prince Conan, fils, d'Alain Fergent, par Gurhéden, continuée
« par d'autres auteurs jusqu'à Jean, fils du duc Artur II, et par
« d'autres auteurs encore, jusqu'à la duchesse Anne; 5° la chro-
« nique de Quimperlé proprement dite; amas de dates et de
« fables, commencée par Gurhéden à l'an du monde 230, conduite
« par lui jusqu'à 1126, et reprise d'ici par divers auteurs pour
« venir se terminer à l'année 1314. Comme on voit presque
« tout ce Cartulaire est l'œuvre de Gurhéden. Ce Moine avait
« terminé ses jours dans son Abbaye, le 25 avril 1127, après
« une vie assez longue, partagée entre le jeûne et la prière,
« l'étude de l'Ecriture sainte et la composition de la lourde
« chronique que Baluze a publiée dans le tome 1er, page 250 de
« ses Miscellanea, et dont le P. Mabillon a donné aussi un
« fragment dans le Tome IX de ses Actes p. 107-119. »
  Les éditeurs de la nouvelle édition du Glossaire de Ducange, ont eu communication de ce Ms, qu'ils citent souvent sous le nom de *Tabula Kemperleyensis*.

des différends qui regardoient quelques prieurés ou autres biens du monastère, quelques bulles des papes, et la vie de sainte Nennoc; mais la donation ou union de l'abbaye que la sainte avoit establie, et qui est à présent un prieuré ne se trouve pas. Celuy des deux Mss. que je cite toujours, est celuy qui est in-8°, car il est le mieux écrit, et plus seur dans quelques endroits de la chronique, où le Ms. in-4° fait faute. Mais il y a dans celui-ci une bulle du pape Innocent II, et quelques autres pièces qui manquent dans le premier. C'est ce qui m'a fait recourir au Ms. in-4°. Je diray encore que l'on avait presté ce Ms. aux Pères Jésuites (1), qui y on fait des notes à la marge pour ce qui regarde le prieuré de Loc-Amand; et quand on le leur redemanda, ils firent de si grandes dfficultés de le rendre qu'il fallut quasi avoir procèz avec eux pour cela. Après ces Mss., le Nécrologe du monastère m'a le plus servi. J'avois emprunté celuy de Landevenec (2) qui ne m'a pas donné de grandes lumières.

Après que nos deux Mss., qui ne passent pas l'an 1324, m'ont manqué, je suis allé aux papiers du chartrier, que j'ay tous maniés les uns après les autres; et j'ay pris ce que j'ay crû plus digne de mémoire. J'ay passé à dessein quantité de petites affaires: je

(1) Lors de l'union du Prieuré de Loc-Amand à leur Collége, en 1652.

(2) Ces deux Nécrologes sont aujourd'hui perdus. On trouvera aux pièces justificatives quelques extraits de celui de sainte Croix.

puis en avoir oublié de grandes, mais c'est contre ma volonté. Car ne voulant au commencement que faire un petit abrégé d'histoire, j'avais seulement pris les chiffres des années, pour trouver la succession des abbés depuis le treizième siècle. Mais ayant voulu depuis m'étendre, j'eûs regret d'avoir fait de si petites notes ; et j'aurois repris la peine de feuilleter tout le chartrier, si le travail ne m'avoit paru trop grand et peut-estre inutile ; car je ne croy pas avoir rien passé qui mérite quelque souvenir sans l'avoir rapporté. J'ai aussi employé quelques extraits, que Monsieur l'Abbé a tiré du chàsteau et de la chambre des comptes de Nantes (1). Si je n'en ay pas dit davantage, il faut s'en prendre au défaut des titres, qui ont esté perdus ou dérobés. Depuis que la commende a esté dans la maison, il a fallu mestre les papiers entre les mains des externes qui géroient les affaires pour MM. les Abbés. Ils n'ont pas esté fidèles à les rapporter, ou peut-estre ils ont trouvé leur intérest à les séquestrer, ou mesme à les vendre. L'on dit qu'il y a bien des personnes en ville qui en retiennent plusieurs. Ces gens n'ont pas eu autant de justice que M. Martial Veyrier, dont le père avoit esté receveur général de l'abbaye, et agent du dernier seigneur Cardinal de Retz. Ce monsieur Veyrier fist apporter une poche pleine de papiers, toute la charge d'un homme, et quand l'on voulut reconnoistre ceste amitié, il ne

---

(1) Voir ces titres aux pièces justificatives.

demanda qu'une paire d'Heures à la chancelière pour Mlle sa femme. MM. les anciens, qui avoient des offices claustraux, avoient eu quelque soin de conserver les papiers qui regardoient leurs offices; à cela près tout le reste a esté dissipé. Il y en avait davantage du temps de monsieur d'Argentré, qui dit que Kemperlé monstroit des titres.... donations que les Seigneurs bretons nous avoient faites, de terres, seigneuries et prieurés en Angleterre, qu'ils avoient eus eux-mêmes du don de Guillaume Le Conquérant, qu'ils avoient aidé à la conqueste de ce royaume: mais l'on ne trouve rien de ces papiers dans le chartrier (1).

Voilà le petit fonds sur lequel j'ay travaillé, et qui me fera trouver excuse sur les défauts que j'ay commis faute de mémoires. Car pour les papiers que j'ay trouvés, je les ay assez examinés, tant pour en faire une histoire, que pour en tirer la chronologie, tant par leur date, que par le temps des donateurs, ou par les noms de ceux qui y signoient; et je puis asseurer que j'y ay si bien médité, qu'il y a tel endroit que j'ai leu plus de vingt fois. Je ne justifie point la rudesse du style; ce n'est icy qu'un crayon grossier que je voulois mestre au net quelque jour. Mais l'obéissance m'a fait changer de maison. Je donne peu

« (1) Mais il est certain qu'il y a plusieurs Abbayes en Bre-
« tagne, comme de saint Sulpice, Kemperlé et autres, lesquelles
« monstrent encores des titres des dons de terres et Seigneu-
« ries, Paroisses et Prieurez qui sont en Angleterre; lesquels
« leur vinrent des Seigneurs Bretons et leurs successeurs qui
« avoient esté à ceste conqueste. » — D'Argentré Hist. de Bret,
Liv. III, Chap. 39.

de tour aux choses, sachant bien que le lecteur aime mieux le simple récit des choses, qu'un long discours qui ne luy donne que de l'ennuy ; et peut-être, que dans ma brieveté, j'ay encore été trop étendu. Je prieray que l'on ne se scandalise pas, sy j'ay marqué quelques personnes, dont il y en a encore de vivantes, qui n'ont pas aimé la maison, et qui dans leur manière, ont esté ennemis de la croix de J.-C. Je l'ay dit en pleurant de compassion sur eux, et non pas pour les noircir : *nunc autem et flens dico inimicos Crucis Christi* (1). Je ne l'ai fait que pour donner connoissance de ceux de qui l'on devoit craindre, et dans la certitude que ce papier ne tombera pas dans les mains des externes, car alors j'en aurois agi autrement. Mais toujours je puis dire, que j'en ay moins dit qu'un Mémoire (2) que j'ai trouvé, et que j'ai passé plusieurs personnes, et effacé bien des traits, qui crayonnoient les gens d'une assez belle manière.

Pour la qualité de la maison, on la connaitra au simple récit des choses. L'Abbaye, pour le spirituel, a toujours esté en bonne odeur. Il y a eu de saints personnages qui l'ont sanctifiée. Au commencement, l'on y faisait profession d'une grande solitude ; mesme une de nos chapelles porte le nom de Reclus.

(1) Philip. III. 18.
(2) Remarques chronologiques sur l'introduction de la Congrégation de saint Maur, en l'Abbaye de sainte Croix, de Quimperlé, par Don Pierre Terrien. Ce Ms. qui faisait partie des Archives départementales du Finistère, a été confié, il y a environ vingt ans, à une personne qui ne l'a pas rendu.

Les dames de qualité y prenoient l'habit religieux, et y portaient tantost le nom de religieuse (*monacha*), tantost de servante de Dieu, tantost de notre sœur. Elles estoient au dehors de la maison, mais proche de l'église, comme la bienheureuse Ermengarde à Redon, mais on ne sçait plus où elles se logeoient. L'on y a cultivé la vertu ensuite et dans ces derniers temps les religieux n'estoient pas venus dans le désordre, comme quelques autres des monastères de France. L'on y a cultivé les sciences, et dans le Nécrologe, l'on donne le nom de maistres, à quelques religieux, et l'on voit que quelques religieux alloient étudier à Paris. Il est vray que sous l'abbé Guillaume, l'on parle seulement de faire étudier les religieux en grammaire, pour les rendre capables de dire la messe, mais l'on voit aussi dans le mesme acte, qu'il y avoit plusieurs de ces maistres moines; et je ne sçay pas si leur science ne les avoit pas enflés pour fronder contre leur abbé. Le temporel a esté assez considérable; l'on a possédé en paix la ville pendant la vie de deux hommes, le comte Alain, nostre fondateur, et son fils, le duc Hoël. Mais le fils de celui-cy, Alain Fergent, commença à estre tenté de convoitise. Belle-Isle a esté un bien encore plus exposé. Les ducs ou leurs officiers ne sont entrés que pied à pied dans les droits de la ville, mais l'on a attaqué ouvertement Belle-Isle, ou par des procèz, ou par les courses des pirates, ou par les descentes des ennemis, jusqu'au temps qu'elle nous a esté enlevée, d'une manière qui fait plaindre nostre fortune a de Mezeray, historien françois de ce temps, à ce que l'on m'a dit, car il n'est pas icy pour le lire (1). Les prieurés, sitost qu'ils furent érigés en titres, partagèrent le bien de la maison. Voicy leurs noms et le temps de leur fondation, si vous en exceptez Lannenec (2), comme j'ai déjà dit, et sainte Catherine (3).

Loc-Renan (4) fut fondé en 1031, par le comte Alain Cainart;

Saint Guthierne de Doelan (5), par la comtesse Judith, sa femme, vers ce mesme temps;

Saint Michel des Montagnes (6), par un seigneur de Hennebond, en 1037. L'oratoire de Nantes le possède;

Bonne-Nouvelle (7), c'est-à-dire les dixmes en Redéné qui la dotent en partie, et qui sont venues de

---

(1) Voici comment s'exprime Mézeray, après avoir raconté la prise et le pillage de Belle-Ile par le duc de Montgommery :

« Au reste le comte de Retz, sous prétexte que Belle-Isle « avoit besoin d'un seigneur pour la défendre, obtint que le « Roy, par son autorité souveraine, la fit distraire du domaine « de l'Abbaye de sainte Croix de Quimperlay, et l'érigeât en » Marquisat, pour lui en faire don. » Mezeray. Hist. de France, Tome III, page 245.

Les religieux reçurent en échange de Belle-Ile, la terre de Callac (Côtes-du-Nord), et la seigneurie du Houzillé, commune de Vergéal (Ille-et-Vilaine).

(2) Commune de Plemeur (Morbihan).
(3) Paroisse de saint Michel à Quimperlé.
(4) Commune de Locronan (Finistère).
(5) Commune de Clohars-Carnoët (Finistère).
(6) Commune de Plemeur (Morbihan).
(7) Autrefois en la paroisse de Rédéné; aujourd'hui commune de Quimperlé.

l'acquest de l'Abbé Benoist, plustost que de fondation, après 1066 ;

Loc-Amand (1), usurpé par les pères Jésuites de Quimper, et Lotivy (2), en la paroisse de Quiberon, sont tous deux fondés en 1069, par le duc Hoël ;

Le prieuré conventuel de Notre-Dame de Nantes, depuis église collégiale, donné en 1075 par Berthe, douairière de Bretagne, et veuve du duc Alain III ;

Loc-Maria-Ker (3), fondé par plusieurs gentilshommes en 1082 ;

Lantujan (4), autrement le prieuré de Duot, fondé par le duc Hoël, entre 1081 et 1084, et depuis augmenté par son fils le duc Alain IV ou Fergent ;

Saint Cado (5), donné en 1089, par le mesme Duc Alain, et par un seigneur particulier, dont les ancestres estoient fondateurs ;

Saint Gilles de Pont-Brient (6), donné par le vicomte Tanguy, après 1088 ;

Sainte Anne de Hirben ou Hirbez, fondé par des personnes dévotes, qui prirent aussi l'habit religieux à Sainte-Croix, en 1191.

Il est encore parlé de prieuré de Grilleau (7), dans

---

(1) Dans l'ancienne paroisse de ce nom ; aujourd'hui commune de Fouesnant (Finistère).
(2) Commune de Quiberon (Morbihan).
(3) Commune de ce nom (Morbihan).
(4) Commune de Duault (Côtes-du-Nord).
(5) Commune de Belz (Morbihan).
(6) Commune de Guiscriff (Morbihan).
(7) La situation de ce prieuré m'est inconnue. Il en est fait mention dans les titres de l'Abbaye jusques à la fin du 15e siècle

le Nécrologe, mais je ne sçay où il est, ny s'il est de ceste maison, ou d'une autre. Il y avait encore le prieuré de Groays (1), et en Belle-Isle ceux de Sauzon, de Pallay, de Lo-Maria et la prévosté de l'Isle. Ces deux derniers furent annexés à la table de L'Abbé en 1408, par le pape d'Avignon, Benoist XIII ; mais je trouve encore en 1483, un prieur de la Lo-Maria en Belle-Isle. Il fut facile aux religieux, qui estoient seigneurs spirituels et temporels de ces isles, d'y établir des prieurés, et aussi facile de les éteindre. A présent l'on ne parle plus de ces titres, les possessions des terres ayant changé de main.

L'on ne peut bien connoître combien il y avoit de religieux au commencement de l'Abbaye ; car les plus considérables signoient seulement les actes. En 1476 j'en trouve vingt et un. En 1570, après que le premier commendataire avoit tout ravagé, je trouve trois religieux et trois prebtres séculiers gagés. En 1584 il y en avoit sept. En 1644 il y en avoit cinq, et quand la réforme fut établie, en 1665, il y en avoit quatre et deux prebtres gagés. A présent nous sommes sept, et quand les lieux réguliers seront bastis, la maison en pourra porter dix ou douze.

Voilà ce que je devois dire par avance pour donner quelque idée de ceste histoire ; ceux qui prendront la peine de la lire, y trouveront des fautes à corriger ;

(1) Dans l'Ile de Groix (Morbihan).

mais je les prie de ne le pas faire sans y avoir bien fait réflexion : car pour estre contraire à quelques historiens de Bretagne, je ne croy pas avoir manqué, mais avoir suivy la vérité qui me paroissoit plus claire par d'autres titres.

HISTOIRE

DE

L'ABBAYE DE S^{TE} CROIX

DE QUIMPERLÉ.

CHAPITRE Ier.

DE SAINT GUTHIERNE QUE L'ON NOMME AUSSY GOUZIERNE, PREMIER ABBÉ DE L'ANCIEN MONASTÈRE.

Saint Guthierne (1) estoit fils d'un des Roys de la Grande-Bretagne. L'occasion de sa conversion fut la mort d'un de ses neveux qu'il tua au combat sans le connoître. Estant allé à la guerre avec son père, il remporta la victoire, mais il tua au combat son neveu,

---

(1) Voir aux pièces justificatives, la vie de saint Gurthiern, tirée du Cartulaire de sainte Croix. Cette vie se compose de deux parties bien distinctes : la première, qui fut écrite, *d'après la tradition*, commence par une généalogie du saint, qui est aussi fausse que peut l'être une généalogie. Elle raconte ensuite le départ de saint Gurthiern d'Angleterre ; son arrivée à l'île de Groix, son établissement à Anaurot, où il fut conduit par un ange, et enfin sa mort. Il n'y est question ni de Guerec ni de Grallon. Ses relations avec ces deux princes sont mentionnées dans la seconde partie, mais seulement après le récit de l'invention de ses reliques, qui eut lieu à la fin du XIe siècle.

fils de sa sœur, qui estoit du parti ennemi. De quoy estant infiniment affligé, il se retira dans une solitude, qui estoit une vallée entre deux montagnes, au nord de la grande Bretagne. Il y fist pénitence un an entier, dans une si grande solitude qu'il n'avoit nul homme pour sa compagnie. Il avoit fait une petite cellule pour sa retraitte sur le bord d'un fleuve, et chaque jour et chaque nuit se baignoit dans la rivière qui estoit proche de sa cellule, et sortant de l'eau il se prosternoit sur une grande pierre et y faisoit ses prières. Il continua pendant un an cet exercice mortifiant, s'occupant incessamment ou à la prière, ou au travail; après quoy il fut reconnu par un chasseur, qui, contre la parole qu'il en avoit donnée au saint, en avertit son père, qui le pria inutilement de retourner en sa maison, et de prendre part à la couronne. Il s'engagea mesme de luy bastir un monastère pour contenter son inclination, ce qu'il refusa, et demeura un an dans le lieu de sa pénitence, jusqu'a ce qu'un ange l'avertit pendant sa prière, de passer à un autre lieu que la Providence divine luy avoit marqué. Il sortit avec deux serviteurs, et sur le chemin, il entendit la voix d'une femme qui gémissoit. Il l'aborda, et luy demanda le sujet de ses larmes, et pourquoi elle portoit la teste d'un mort. Elle lui répondit qu'elle avoit un fils unique, qui avoit esté tué au combat, et que ne pouvant emporter son corps entier pour luy donner la sépulture, elle en avoit pris la tête. Le serviteur de Dieu luy dist de le mener au lieu où elle avoit laissé le corps, et luy ayant demandé la teste pour la joindre à son corps, il se mist en prière, et ayant donné sa bénédiction au deffunt, il le ressuscita. Le ressuscité se plaignit de ce quil l'avait tiré du lieu de son repos ; le saint luy dit de demeurer avec sa mère, et d'annoncer la grâce de Dieu, et qu'il prierait pour luy afin de luy faire recouvrer le lieu ou il s'estoit si bien trouvé, et luy ayant donné sa bénédiction, il le fist demeurer avec sa mère. Delà le saint se retira sur le bord d'un fleuve nommé Tamar (1), où il demeura longtems avec ses deux compagnons. Dans cette demeure ils furent avertis par un ange de jetter tous les jours la veue du costé de la mer, et qu'ils verroient aborder un vaisseau où ils entreroient ; ce qu'ils firent et abordèrent à une Isle (c'est Groye) où le saint demeura longtems, et pendant son séjour y fist de grands miracles, dont le renom estant venu jusqu'à Grallon le grand, comte de Cornouaille, il le fist prier par un envoyé de le venir voir ; ce quil fist après l'avis qu'il reçut d'un ange, d'aller à un lieu de promission nommé Anaurot (2). Le comte luy donna ce lieu, où les rivières d'Elé et d'Izol (3) se joignent, et mille pas de

(1) Rivière qui sépare la Cornouaille anglaise du comté de Devon.

(2) Anaurot ou Anarod paraît être un nom d'homme, c'est le nom que portait un prince du pays de Galles, mort en 913. — O. Pughe's *Camb. Biog.* voce Anarawd ; — Price's *Hanes Cymru;* Page 392.

(3) « Helcia et Idola. » — Il y a dans l'arrondissement de Châteaulin (Finistère), une rivière Elé qui prend sa source dans la commune de Berrien et se jette dans l'Aulne (Avon). On trouve aussi en Angleterre, dans le comté de Glamorgan, une rivière du même nom, mentionnée dans le *Liber Landavensis,* pages 27 et 311.

terre à l'entour, et la paroisse de Bey (1). Le saint y demeura tout le reste de sa vie, et il y fist plusieurs miracles devant et après sa mort.

Pendant quil demeuroit en cette ville, que le manuscrit nomme « une ville choisie de Dieu » (2), Guérec comte de Vennes, voyant son païs (*Broguerech*) désolé par la famine et la peste, qui estoient venües de certains vers et insectes qui ruinoient tous les bleds, fist prier le saint par trois de ses envoyés, de venir secourir ses terres. Il y alla aussitost, et avec de l'eau bénite, qu'il fist distribuer, il purgea le païs de ces insectes qui le ravageaient. Le comte pour reconnaissance, lui donna Vegnac sur le fleuve Blavet, qui pour la bonté du terrouer fut nommé Chervenac (3).

Le saint mourut à Kemperlé; sa feste tombe le 29 de juin, mais se rencontrant avec celle des saints Apôtres, elle est tranférée au 3 de juillet. Ses reliques furent trouvées dans l'isle de Groye, sous l'abbé Benoist, c'est-à-dire après l'an 1066, avec une partie du chef de saint Guennolé, et autres reliques, comme nous verrons en son lieu, où elles pouvoient avoir esté portées, par les religieux, quand le monastère fut ruiné.

Sa mémoire s'est toujours conservée dans le monastère. Son église bénie par l'évesque de Cornouaille,

(1) « Beiam Plebem; » — aujourd'hui commune de Baye, canton et arrondissement de Quimperlé (Finistère).

(2) « Electa est civitas à Deo. » — Vita sancti Gurthierni.

(3) « Veneacam plebem super Blavetum fluvium; » — aujourd'hui commune de Kervignac, canton de Port-Louis, arrondissement de Lorient (Morbihan). — Kervignac est un exemple assez rare de la substitution du mot Ker (Castellum, villa) à celui de Plou (Plebs) dans un nom de paroisse.

nommé Benoist, en 1069, rebastie devant l'an 1497, par frère Pierre de Kaër, chambrier, subsistoit encore dans ses masures de notre tems (1). Il y a un obit fondé en 1283, sur une maison du port de saint Guthiern (2) ; et dans l'enceinte des terres de l'Abbaye, au-dessus de la ville, il y a le clos Guthiern. Le prieuré de Douélan est dédié sous le nom de saint Guthiern (3). Dans l'ile de Groye, il y a Loc-Guthiern. L'on a mis son image dans la chapelle de saint Gurlois, du costé de l'épitre (4). L'on parle du cimetière de saint Guthiern dans le monastère, sous le 4ᵉ abbé Jongomar (5). L'on demande si le saint demeurant à Quimperlé y bastit un monastère ; on le peut juger aux paroles du manuscrit, qui dit que le comte Alain Cainard fist rebastir le monastère : *Sed et ipsum monasterium reedificare fecit* (6). Il y en avait donc anciennement un.

L'on peut voir par ceste relation que le père Albert Le Grand s'est trompé, quand il a fait Guerec ou Karadok, surnommé Brekhbras, comte de Vannes (7); fon-

(1) La chapelle de saint Gurthiern fut démolie en 1666, et les trois cents charretées de pierres qui en provinrent, furent employées aux réparations de la geôle de l'abbaye.

(2) 3 non. Aug. Obitus ejus super domum portus S. Gurthierni.

« (3) Quelques titres du XVIIIᵉ siècle lui donnent le nom de prieuré de saint Guillaume dit de saint Guthiern. »

(4) Dans la crypte de l'église de Sainte-Croix.

(5) Ms. in-4º fº 38 rº.

(6) Ms. in-8º fº 3, vº.

(7) Albert Le Grand, *Catal. des évêques de Cornouaille*, p. 171. — Karadok-Brechbras, ou Karadok aux grands bras, dont le nom se rencontre assez souvent dans nos légendaires, est plus connu dans le pays de Galles qu'en Bretagne. Il était fils de Llyr Merini, prince de Cornwall, vers la fin du Vᵉ siècle, et de

dateur de l'abbaye dont il n'est que bienfaiteur : il ne se trompe peut-estre pas tant, quand il dit qu'elle fut fondée en 550.

J'ai cru au commencement que le fondateur estant Grallon Le Grand, comte de Cornouaile, ce devoit estre celuy qui de comte de Cornouaille a esté fait deuxième roi de la Petite-Bretagne, et alors il faudrait mettre la première fondation de notre monastère devant l'an 400. Car Grallon ayant succédé à Conan Meriadec (1), premier roi, qui mourut selon d'Argentré en lan 388 (2), et ayant appellé le saint, n'estant encore que comte de Cornouaille, il la faudroit mettre devant ce tems là. Le roy Grallon mourut en 405 (3) ; l'on ne pourroit donc mettre la fondation plus tard en s'appuyant toujours sur ce mot de Grallon Le Grand. Mais je ne croy gueres qu'un nouvel établissement de conquérant fut bien propre à un établissement de religieux. Le passage des saints qui sont venus de la

Gwen, petite fille de Brychan. Les Triades et les Mabinoghion font un grand éloge de son courage. Il figure dans les romans de la Table-Ronde sous le nom de Caradok Brise Bras. Il fut tué vers 540 à la bataille de Cattraeth, qui fut si fatale aux Bretons. — Myvyrian Arch. vol. II, p. 3, 5, 62, 68. — Guest's *Mabinog*. vol. II. p. 434. — Rees's *Welsh saints;* p. 169.

(1) Dom Le Duc suit dans son histoire l'opinion généralement admise de son temps, sur la date de l'établissement des Bretons en Armorique. L'histoire de Dom Lobineau ne parut qu'en 1707, c'est-à-dire vingt-cinq ans après l'époque où fut composée l'histoire de l'abbaye de Sainte-Croix.

(2) D'Argentré, *Hist. de Bretagne*, l. 1er ch. 8.

(3) Un Ms. de la cathédrale de Quimper met sa mort en 305 : — « Anno domini trecentesimo quinto decessit magnus Grantonus rex Britanniæ qui fundavit et dotavit istam Ecclesiam et Abbatiam sancti Wingolaei *(sic)* cujus anima requiescat in pace. » (Ex Kalendario Breviarii Ecclesie Corisopitensis in choro ejusdem existente). — Extrait d'un recueil d'anciens titres concernant l'Ev. de Quimper, rédigé au XVIIe siècle. — *Archives du Finistère*.

Grande-Bretagne en la notre, est bien plus éloigné que cecy; nous n'avons d'autheurs de ce tems là que ceux qui ont escrit de mémoire sur la tradition des ancestres. L'épitaphe (1) mesme de Grallon que lon cite, monstre bien à son style en vers léonins, qu'elle n'est faite qu'au milieu du douzième siècle ; car Leonius qui leur donna vogue, et dont ils ont pris le nom, vivoit au milieu du douzième siècle jusques en 1160. Celuy qui nous donne sujet d'équivoque en nous parlant de Grallon Le Grand, est probablement un autheur plus moderne que celuy de la vie du saint, puisqu'il ne rapporte deux articles de la vie du saint qu'après que l'on a parlé de l'invention de ses reliques; et si cette attache à la vie du saint a esté faite après cette invention des reliques, elle ne sera que de l'onzième siècle, et il aura esté assez facile à nos pères qui ne se piquoient pas tant de chronologie d'errer sur le mot de Grallon.

L'on ne peut aussi rien fonder sur le nom de ce Guerec contemporain de Grallon, puisqu'il y en a eu plusieurs de ce nom qui ont esté comtes de Vannes.

L'on ne peut pas s'asseurer encore sur la vie de sainte Nennoc, que son histoire nomme fille du roi Brocham (2), et fait de la race de Gur-

(1) Hoc in sarcophago jacit inclyta magna propago,
 Grallonus magnus Britonum rex mitis ut agnus,
 Noster fundator vitœ cœlestis amator.
 Illi propitia sit semper Virgo Maria;
On lisait cette épitaphe avant la révolution sur le tombeau du roi Grallon dans l'église de Landevennec.
(2) Vita sanctœ Nennocœ, fº 54, vº. — Brochan ou Brychan, fils d'un roi d'Irlande, et prince de la partie du pays de Galles, aujourd'hui appelée Brecknockshire, vivait dans le Vᵉ siècle. Les traditions Galloises lui donnent cinquante enfants, dont vingt-

thiern (1), *ex genere Gurthierni*, car, outre que l'on ne sçait si c'est saint Guthiern de qui elle entend parler cette vie n'est pas encore fidèle dans sa chronologie, comme quand elle fait la dotation de l'abbaye de sainte Nennoc en 458 (2), et cependant y fait assister saint Thurien, archevesque et métropolitain, que le catalogue des archevesques de Dol, fait élire en 733. Il y a encore d'autres fautes en ceste vie, comme nous verrons cy-après.

Mon sentiment penche plustost à croire que ceste fondation se fist dans le sixiesme siècle, et que nostre saint Guthiern y vivoit. Je fonde ma pensée sur ces mots de la vie de saint Gurthiern : « *Igitur Gurthiern filius Boni, filii Glou* (3), *filii Abros, filii Dos, filii Jacob, filii Genethauc, filii Beli* (4), *filii Outham senis* » (5), et plus bas : « *Beli et Kenan duo fratres*

quatre fils et vingt-six filles, au nombre desquelles ne figure pas sainte Nennoc. — Rees's *Welsh saints*, p. 136. — Jones's *Brecknockshire*.

(1) Peut-être Vortigern, dont le nom breton est Gwrtheyrn.

(2) Ibid. f° 65, r°.

(3) On trouve ces deux noms *Bonus* et *Glou* dans la généalogie de Vortigern (Gwrtheyrn) donnée par Nennius dans son Historia Britonum. L'identité qui parait exister dans le nom de saint Gurthiern et celui du célèbre tyran de la Grande-Bretagne peut avoir causé quelque confusion dans leurs Généalogies qui ne sont pas, du reste, plus authentiques l'une que l'autre.

(4) Les traditions Galloises mentionnent trois princes de ce nom : 1° Beli, fils de Dyvnwal Moelmud, célèbre législateur qui vivait 400 ans avant Jésus-Christ ; 2° Beli père, de Cassivellanus, qui défendit la Bretagne contre Jules César ; 3° et enfin Beli, petit fils de Maelgwn Gwynedd, prince du nord du pays de Galles, qui mourut en 599.

(5) Eudav (Octavius) comte d'Erging et d'Euas, qui s'empara de la couronne de la Grande-Bretagne pendant l'absence de son légitime possesseur. Il mourut vers 385. Sa fille Elen épousa le célèbre Maxime. Eudav était père, ou suivant quelques traditions, oncle de Conan Mériadec. — *Cambrian Biog.* voce Elen.

erant filii Outham senis. Ipse Kenan tenuit principatum quando perrexerunt Britanes ad Romam : illic tenuerunt Leticiam. » Je dois à M. Garnier, intendant de Mme de Quiméné, fort sçavant dans l'histoire de Bretagne, et qui mesme a dessein d'en composer une, la réflexion et explication de ces mots, que le Kenan est notre premier roy de la Bretagne, Conan, qui commandoit quand les Bretons, c'est-à-dire quand les habitants de la Grande-Bretagne, passèrent dans les Gaules. Car le style des vieux autheurs est d'appeller Rome tout le pays sujet aux Romains. Ils allèrent donc à Rome, c'est-à-dire qu'ils passèrent dans les Gaules et y prirent la Basse-Bretagne, qui est appelée icy *Leticia*, et autre part *Letavia* (1). Je raisonne sur ce principe : Conan qui s'establit dans la Petite-Bretagne, estoit frère de Beli, et tous deux fils d'Outham le vieux. Depuis cet Outham jusqu'à saint Gurthiern, l'historien compte huit générations. L'on ne sçauroit moins donner à chaque génération que vingt ans pour son cours. Il y en a sept depuis Conan jusqu'à saint Gouziern ; ce qui fera cent quarante ans. L'on fait passer Conan en Bretagne sur la fin du quatrième siècle, en l'an 383. Joignez à ceux là au moins cent quarante ans, et vous trouverez que saint Gouziern aura vécu au milieu du sixième siècle, et que Albert Le Grand ne s'est pas trompé de mestre l'établissement de saint Gouziern à Kemperlé, qui est l'ancienne Anaurot, en l'an 550. L'on ne doit

---

(1) Letavia est la forme latine du mot breton Letaw (Llydaw dans l'orthographe galloise moderne) qui signifie un pays maritime. Llydaw est le nom que les Gallois donnent encore de nos jours à la Petite-Bretagne. — Owen Pughe's, *Welsh and English Dict*, verbo Llydaw.

pas hésiter sur le nom d'un Grallon, comte de Cornouaille, car il s'en trouve d'autres de ce nom dans la liste des comtes de ce pays, comme Grallon Mur, Grallon Flain.

L'on ne trouve point la succession des abbés après saint Gouziern, si ce n'est que l'on veuille s'arrester à la vie de saint Goueznou, évesque de Léon et dédiée à ce prélat. Elle dit donc (1) que l'an 675 saint Goueznou estant allé avec son frère saint Majan visiter saint Corbasius qui faisait bastir un monastère, au lieu où de présent est la ville de Quimperlé, et qu'il nomme abbé, Dieu le retira de ce monde par un étrange accident. Saint Gouesnou, considérant la structure de ce monastère, vint à louer son monastère, dont saint Majan excellent architecte avoit conduit le dessein. L'architecte qui conduisoit le bastiment du monastère de saint Corbasius en prist une si furieuse jalousie qu'il laissa tomber un marteau sur la teste de saint Goëznou, comme si c'eust esté par hazard, et luy offensa si fort la teste, qu'il en mourut. Si cela se doit entendre de notre monastère de Quimperlé, voilà le seul souvenir qui nous en reste après saint Gouziern.

Cet ancien monastère fut ruiné par les courses des Normands, qui désolèrent toute la province (2) vers la fin du IXe siècle. Albert Le Grand met ce grand ravage en 878; et en la vie de saint Vial (3), il marque expressement qu'ils ruinèrent Kemperlé.

(1) Alb. Le Grand. *Vie de saint Gouesnou*, p. 535.
(2) Alb. Le Grand. *Vie de saint Salomon*, p. 243.
(3) Alb. Le Grand, p. 499. Voir aussi A. de la Borderie, *Annuaire historique et archéologique de Bretagne,* année 1861, p. 155.

CHAPITRE II.

ALAIN CAINARD, RESTAURATEUR DE CET ANCIEN MONASTÈRE ET VÉRITABLEMENT FONDATEUR DE SAINTE CROIX.

Il est de notre reconnoissance de faire connoître notre fondateur, devant que de parler de la fondation de l'abbaye de Sainte Croix de Quimperlé.

Alain estoit fils de Budic ou Benoist, comte de Cornouaille; sa mère se nommoit Guivoëdon. L'on ne sçait pas quand il naquit. L'on ne peut pas deviner ce temps sur ce que notre chronique dit qu'il perdit ses terres estant jeune (*juvenis*); la jeunesse se peut estendre ou diminuer; mais si Du Paz dit (1) qu'Eudon, souche de la maison de Penthièvre, et frère d'Alain III, duc de Bretagne, lequel Eudon épousa la fille de notre comte, naquit en l'an 999, le moins qu'on lui puisse donner au-dessus de son gendre, est vingt ans, et ainsi l'on mettroit sa naissance vers 978.

Le sieur d'Argentré (2) fait une liste de ses ancestres, comtes de Cornouaille, qui est conforme à notre manuscrit, et qu'il avait tiré d'un manuscrit de l'église de Quimper-Corentin. Voici comme il parle :

« Le catalogue des comtes de Cornouaille reprend

---

(1) Du Paz, *Généalogie de Penthievre*, p. 3.
(2) *Hist. de Bret*, liv. 4, ch. 37.

« l'estoc d'Alain Cainard depuis Rivallon Murmaczon,
« estant issus de luy :
Rivallon Marcheu,
Congar,
Grallon Mur,
Daniel Drem Rud,
Budic et Maxence,
Jean Reith,
Daniel Uva,
Grallon Flain,
Congar Cherenoc,
Budic Mur,
Freigar Fraglure,
Grallon Pluevenord,
Anfred Alfondam,
Miles Vinogo Chebré

Budic Vinogo Chebré, autrement nommé Castellin pere de Budic,

Duquel vint : Alain Cainard et Auriscand, évêque de Cornouaille.

De Cainard vint Hoël et Ouen, femme d'Eudon de Bretagne (1).

« Voilà la généalogie des comtes de Cornouailles,
« des plus anciennes qui soient au pays de Bretagne,
« et laquelle par le moyen de Hoël, parvint au duché
« par l'alliance de la sœur de Conan II. Mais les
« comtes de Cornouaille de leur chef estoient grands
« et puissans seigneurs au pays, et les premiers res-

(1) Cette liste, telle que la donne d'Argentré, laisse beaucoup à désirer sous le rapport de l'orthographe des noms, ainsi qu'on peut le voir en la comparant au même document publié par Dom Morice. Pr. I. col. 174. Voici une autre liste tirée du

« pectés après les Ducs et leur sang. » Voilà ce que d'Argentré dit de la naissance de notre Comte.

Voicy comme met notre manuscrit :

Rimelen Mur Marthou,

Rimelen Marthou,

Cungar,

Gradlun Mur,

Daniel Drem Rud : hic alamannis rex fuit,

Budic et Maxenri duo fratres ; horum primus rediens ab Alamannia interfecit Marchel, et paternum consulatum recuperavit,

Jahann Reeth,

Daniel Unva,

Gradlun Flain,

Cungar Cheroenuc,

Budic Mur,

Fraugual Fradleuc,

Gradlun Plueneur,

Alfret Alesrudon,

Diles Heergur Kembre,

Budic Castellin,

recueil d'anciens titres mentionné à la page 22 note 3, qui offre quelques variantes et plusieurs noms nouveaux :

Rivelen Mur Marchou.
Rivelen Marchou.
Congarth.
Gralen Mur.
Daniel Drem rud, qui fuit, etc.
Bundic et Maxeuri; duo fratres, etc.
Jahan Reeth.
Daniel Manach.
Gralem Flam.
Congar Kaeroenuc.
Budic Mur.

Ebroch. (Erek, ou Guerek ?)
Artur.
Salmon. (Salomon ?).
Giquel. (Judicaël ?).
Fraval Fradleuc.
Gralen Ploeneor.
Auffret Alesroudon.
Diles Hergu Kembrec'h.
Budic Castellin,
Budic, qui fuit Eps et Comes,
Alanus Chanhiart etc., etc.

(Omnia precedentia nomina sunt scripta de littera rotunda in quodam parvo libro existente in loco capitulari Ecclesie Corisopitensis.)

Binidic, qui fuit episcopus et comes.

Alan Cainard, qui construxit Abbatiam in honore sanctœ Crucis apud Kemperele,

Hoël filius ejus ex Judith comitissa filia Jedecaël, Nannetensis comitis.

Quelques-uns prétendent que ceste généalogie n'est pas exacte ; comme par exemple, que Jean que l'on fait petit fils de Daniel Drem rud, est père du mesme Daniel ; que Budic, fils de Drem rud eut trois fils : Théodoric, Meliau, et Rivode ; qu'après la mort de Budic, son frère Maxence s'empara du royaume et en chassa ses neveux ; que Théodoric chassa son oncle, reprist son royaume, et eut un fils nommé Inocus qui se fist prebtre, et qu'ainsi le royaume vint à son deuxième frère Meliau, qui fut tué par son frère Rivode et est reconnu saint, et son fils Melaire aussi qui fut massacré par le mesme Rivode (1).

J'avois aussi dessein de mettre quelque chronologie dans leur succession, par les lumières que me donneroit l'histoire de France et de Bretagne, mais j'ay trouvé tant d'obscurité dans ceste antiquité, et tant de contradiction entre les historiens, que j'ay abandonné ce dessein qui m'a semblé inutile. Mais j'ai dressé un arbre généalogiqee qui finist à notre invincible monarque Louis Le Grand, qui marque les descendans de notre illustre fondateur, et que je mettray au net si l'obéissance m'en laisse le tems, et ne me fait pas changer de monastère.

(1) Alb. Le Grand. *Vie de saint Melaire,* p. 482. Voir aussi D. Morice, Pr. I. col. 223, et A. de la Borderie, *Annuaire historique de Bretagne,* année 1862, p. 8 et suivantes.

Il paroist par le catalogue que j'ay rapporté, que nostre fondateur et ses frères estoient enfans de Budic, évesque et comte de Cornouaille. Je sçay bien que Albert Le Grand fait son frère Orscand fils d'un autre Budic, mais je ne sçay pas où il l'a trouvé. Je ne veux pas avancer un soupçon que nos illustres fondateurs fussent fils de Budic, du tems de son épiscopat. Je sçay que l'exemple n'en est pas rare dans le IXe siècle et que la maison de La Guerche (1) est sortie d'un évesque de Rennes, nommé Thebaud, qui résigna à son fils Gautier de La Guerche, et celuy-cy encore à Guérin de La Guerche. De sorte que vous voyez trois évesque de Rennes qui se succèdent de père en fils : *In quo universa episcopata est progenies.* Je sçay encore que ces naissances estoient réputées légitimes, et que l'on s'en faisoit honneur ; mais je croy pour constant, que Budic n'est point tombé dans ce défaut commun de son siècle, mais qu'après son veuvage il embrassa le célibat et l'estat ecclésiastique. Il en faut dire autant d'Orscand (2), son fils qui a eu Budic ou Benoist pour fils et pour successeur, dans l'évesché, et je croy que Conan qui signe dans la donation que le comte Alain fist à nostre abbaye, de

---

(1) Du Paz. *Généalogie de La Guerche.*

(2) Il est certain que Orscand se maria étant évêque, et qu'il céda à son frère Alain Cainart, pour obtenir de lui l'autorisation d'épouser Onuen, fille de Rivelen de Crozon, une partie des droits de son évêché dans la ville de Quimper. — Cart. Ecclesie corisop, apud D. Mor. P. I. col. 376, 378. — Le même titre ajoûte, col. 277 : « Preterea predicti testes attestati sunt quod locum S. Mariœ, qui prius erat corisopitensis Episcopi extorsit uxor Alani Caynart ab Orscando Episcopo, quod *uxor ipsius Episcopi* uxori Alani Caynart in Ecclesia S. Chorentini assurgere est dedignata. »

Trevguennou et Treballay, après l'évesque Orscand, était encore son fils : *Conan filio episcopi.* Ce que j'ay cru de Budic, père d'Alain Cainard a son fondement dans la suite des Évesques de Quimper. Sa consécration ayant esté faite en l'an 1003, il pouvoit aisément estre veuf.

Budic, comte de Cornouaille, eut cinq enfans. L'aisné est Alain, surnommé Cainart ; c'est ainsi qu'il faut écrire et non pas Caignard, comme fait d'Argentré et tous les imprimés. Tous nos manuscrits mettent Cainard, qui veut dire en ancien Gallois (comme j'ay appris de M. Garnier, loué cy-dessus, qui est sçavant dans ces vieux mots) *très beau, très gracieux, très agréable* (1). Le deuxième fils est Orscand, évesque de Cornouaille, dont nous avons sujet de parler dans la suite comme de nostre insigne bienfaiteur.

Les troisième et quatrième enfans s'appeloient Guethenuc et Guerec, qui dans l'acte de la fondation de sainte Croix, se nomment frères du comte fondateur : *Testes Guethenuc et Guerec fratres comitis.*

Le cinquième enfant était une fille, nommée Avan, qui dans l'acte de la fondation du prieuré de saint Michel des Montagnes, se nomme sœur de nostre comte : *Avan uxor ejusdem Hueleni, et prædicti consulis soror.* Elle épousa Huelin, fils de Bérenger, qui devoit estre un seigneur puissant pour avoir une fille de ce rang. Il est toujours asseuré qu'il estoit seigneur de Hennebond, et que dans ses actes, les

(1) Cain, *beau, brillant*. — Owen Pughe's *Welsh and Eng. Dict.*

plus nobles du païs de Guémené (*Kemenet Heboë* (1), qui estoient à sa suite signoient, ce qui me fait croire qu'il estoit de la maison de Rohan, comme en effet Moreri dans son Dictionnaire historique dit qu'un seigneur de Rohan, qu'il nomme Josselin, épousa la sœur d'Alain Cainard, comte de Cornouaille, dont il ne rapporte pas le nom (2). Mais comme cet autheur dans la succession de Rohan met des noms qui ne reviennent pas à ceux que je trouve dans nos manuscrits, je croirois qu'il a poursuivi la branche de Rohan et que notre fille de comte seroit entrée dans la branche de Guémené-Rohan. Je n'en assure pourtant rien de positif jusqu'à ce que j'aye veu ce qu'un Carme, nommé le père Luc de Tous les Saints (3) en a écrit. Moreri cite pour la famille de Rohan un père Anselme (4).

(1) Le Kemenet-Heboë (commendatio Heboë), était une grande seigneurie à l'ouest de l'évêché de Vannes, qui avait pour chef-lieu la ville d'Hennebond, et dont la circonscription était la même que celle du Doyenné des Bois. Dom Le Duc paraît la confondre avec la seigneurie du Kemenet-Guegant, située au nord du même évêché. — Voir pour les limites du Kemenet-Heboë, et son démembrement au 13º siècle, A. de la Borderie, *Revue de Bretagne et de Vendée*, T. X, pp. 371-387. T. XII, pp. 213-235. — Voir aussi la carte de l'évêché de Vannes, publiée par Jaillot en 1720.

(2) T. 4, p. 280 Ed. de 1698. — Le Mémoire du vicomte de Rohan pour la présence aux États mentionne aussi cette prétention : « Item. Entre autre prince régnant en cette principauté, y a eu prince qu'on appelle le duc Caignart, lequel par ses lettres et mandements d'iceluy temps concédées appella et advoua le vicomte de Rohan, que lors on appelloit *Conan*, pour son frère et que que ce soit pour son proche consanguin. » — Dom Tailland. Hist. de Bret. supp. p. clxij.

(3) Plus connu sous le nom de Toussaint de saint Luc, auteur des *Mémoires sur l'État de la noblesse de Bretagne*.—On trouvera dans la *Biographie bretonne* de M. Levot. T. II., p. 918, l'énumération de ses divers ouvrages imprimés et manuscrits.

(4) Auteur de l'*Histoire généalogique de la maison de France et des grands officiers de la couronne*, et des *Généalogies historiques des plus illustres maisons de France*.

Le comte Budic ayant une si belle postérité, laissa pour son successeur au comté de Cornouaille son aisné Alain. Il vit la disgrâce de son fils, n'estant mort qu'en 1022. Notre chronique marque qu'il avoit perdu l'héritage de ses ancestres, estant encore jeune (1). Belle-Isle en estoit, puisque les deniers dotaux de sa mère Guivoëdon avoient esté assignés dessus. Les titres de Redon qui marquent que Belle-Isle leur fut donnée par le duc Geoffroy Ier, qui régna depuis 992 jusques en 1008, qu'il mourut, et qui disent à faux quelle luy appartenait par héritage (*Jure hereditario*), nous apprendroient que nostre jeune comte l'auroit perdue devant l'an 1008. Mais comme les religieux de Redon se font encore donner cette isle en 1016, par son fils le duc Alain III, il semble qu'il faudroit remettre le dépouillement de notre comte vers ce tems, qu'il eut guerre contre le duc; si ce n'est que l'on voulut dire que Geoffroy, le père, luy eust enlevé Belle-Isle, et Alain son fils, son comté de Cornouaille. En voicy le sujet :

Geoffroy premier estant mort dans son voyage de Rome en 1008, d'un coup de pierre qu'une femme emportée, et son hostesse, luy donna de déplaisir que l'épervier du duc avoit plumé sa poule (2), laissa ses estats et son fils aisné sous la garde de sa femme Havoise. Juhael, frère du deffunt, soit que son ambition lui fist trouver l'empire d'une femme insupportable,

---

(1) « Totam sibi paternam hereditatem quam prius juvenis amiserat petiit reddi. »

(2) D'Arg. Liv. 4. ch. 21.

ou que les seigneurs du païs le portassent à ceste entreprise, voulut luy oster le gouvernement de l'estat et la garde du jeune duc son neveu. Il fut appuyé par les seigneurs du païs, et particulièrement par le comte Alain qui tenoit un des premiers rangs parmi eux. Mais cet homme foible qui n'avait pas assez de cœur ou de conduite, laissa tomber ses affaires en désordre, et les seigneurs qui l'avoient porté ayant esté surpris dans un chasteau, y furent assiégés et pris, et payèrent de leurs testes (1). Le comte Alain l'appuy, du parti fut poussé vivement par le jeune duc Alain, qui entra sur ses terres, y fist une guerre sanglante, et après avoir éprouvé diversement le sort des armes, s'en fist enfin le maistre. Car après avoir esté battu par le comte en 1013, il rassembla des troupes, rentra dans la Cornouaille, d'où le comte, qui se trouva trop faible, se retira par mer en Aquitaine, et de là en France, avec ce qu'il put recueillir de ses amis et de ses troupes. Le duc trouvant le pays sans défense, s'en saisit sans peine et mist des capitaines et des garnisons dans les places. Ce fut en ce tems que le comte de Cornouaille et Belle-Isle passèrent entre les mains du vainqueur, et je croy que la suite de mon histoire a assez de liaison. Le duc Alain ayant esté défait par le comte en 1013, il lui fallut le reste de l'année et le commencement de la suivante pour faire ses levées et remettre ses troupes. En 1014, il sera rentré en Cornouaille, et le seigneur du païs estant fugitif en France, il a peu facilement en estre maistre paisible

(1) D'Arg. Liv. 4. ch. 22.

en 1015 et en 1016, et faire le libéral du bien d'autruy en donnant Belle-Isle à Redon.

Le comte ne souffrit pas longtems sa disgrâce, et le bonheur et son adresse lui ménagèrent une belle occasion de faire sa paix avec le duc (1). En voici l'occasion. Odon (2), comte de Chartres et de Blois, entre autres enfants, avoit une fille nommée Berthe, qui estoit un miracle en beauté, alors veuve de Huon ou Hugues, comte du Mans, dont elle avoit eu Herbert qui succéda à son père au comté du Maine. Cette dame attiroit les vœux de tous les seigneurs de France; mais nostre comte Alain voulant ménager les bonnes grâces du duc par un gage de paix si précieux, fist si bien ses intrigues avec Eudes, père de la dame qu'il eut son consentement; et, apparemment, ayant aussi tiré l'agrément de la princesse, il l'enleva (3) et estant escorté de ses troupes, il l'amena en Bretagne sans courir aucun risque, quoyqu'il fut poursuivi par les François qui prenoient un intérest de jalousie dans cet enlèvement. Le duc Alain charmé de cette beauté, l'épousa dans la ville de Rennes, et enivré de sa joye, fist de grandes libéralités aux seigneurs de sa cour

---

(1) D'Arg. Liv. 4. ch. 23.

(2) Ce doit être Eudes Ier, mort en 995. Il n'estoit pas comte de Champagne, comme met d'Argentré. Ce fut seulement Eudes II, son fils, que l'on nomma le champenois, à cause qu'il s'empara de la Brie et de la Champagne après la mort de son cousin Estienne de Vermandois. P. L. D.

(3) « Bertham filiam Odonis comitis Carnotensis duxit uxorem, consilio et auxilio Alani Cornubiæ comitis qui eam insequentibus..... ad predictum Ducem..... sui exercitus adduxit. » — *Chronic. Kemperleg,* anno 1008.

pendant la feste de ses nopces (1). Nostre comte qui pouvoit prendre part à ces libéralités plus que nul autre, ne voulut recevoir aucun présent, et déclara qu'il serait assez satisfait, si le duc luy vouloit faire la grâce de luy rendre son bien, dont il avoit esté dépouillé. Le duc qui se trouvoit son obligé, luy devoit trop, pour luy refuser une demande si juste. Il y consentit avec plaisir, et luy rendit avec l'applaudissement de tous les seigneurs de sa cour, Belle-Isle qu'il sçavoit bien estre son héritage puisque l'on y avoit assigné le donaire de sa mère Guivoëdon. Il luy rendit aussi le bourg de Belz (2). D'Argentré dit qu'il luy rendit aussy le comté de Cornouaille : j'aime mieux me rendre à son sentiment que d'aller me gesner à percer une obscurité où je ne vois goutte. Enfin soit que ce fut à cette fois ou une autre que nous rapporterons plus bas le comte Alain fut maistre de ses terres, et c'est de cette isle son bien parternel dont il fist un fond pour doter par après en partie, l'abbaye de Sainte-Croix qu'il fonda. Il ne fut pas difficile à un guerrier qui avait la grâce du duc, de rentrer dans son domaine : il se remit dans Belle-Isle, et je croy im-

(1) « Deinde celebratis in civitate Redonensi ex more nuptiis cum multis preciosa donaria distribuerentur, ille Cornubiensis nihil horum appreciens, solam sibi paternam hereditatem quam prius juvenis amiserat petiit reddi; quod audiens dux Redonensis libenter assensum coram optimatibus totius Britanniæ præbuit; reddens ei insulam Guedel cum pago qui dicitur Bels, quam noverat ipse dux ex dotalitio ejus matris nomine Guivoëdon, suam esse, quam insulam prænominatus Cornubiensis cessit et dedit ecclesiæ Ste-Crucis Kemperlegiensis in abbatiam sempiternam. » — *Chronic.* Ibid.

(2) Arrondissement de Lorient (Morbihan). — Ce territoire donnait son nom au doyenné de *Pont-Belz*, dénomination qui paraît être une forme altérée de *Pou-Belz* (Pagus-Belz.)

pertinente la dévote plainte d'Hervé, abbé de Redon devant le légat Gérard, évesque d'Angoulême, qui exposa que le comte Alain avait injustement enlevé Belle-Isle à son monastère en chassant ses religieux et faisant carnage de cent vingt hommes. Il falloit que les religieux luy opposassent d'autres choses que des prières, s'ils le portèrent à cette extrémité, ou s'il est vray que l'on ait fait ce massacre, les Religieux avoient l'esprit guerrier, et sans doute ils avoient fait un bataillon de cent vingt hommes pour empescher au comte la descente de son isle ; ce qui est si ridicule qu'il se destruit de luy-même.

Le comte Alain ayant ménagé une si belle alliance au duc, songea aussi à son repos, et ce fut apparemment en ce temps icy qu'il rechercha Judith. D'autres disent que le duc Alain la luy donna pour femme. Elle estoit fille de Judicaël, comte de Nantes, et héritière de son père, quoyqu'elle eut un frère naturel, nommé Budic, qui s'empara du comté, et en fut investi par le duc Geffroy, ce qui fut un sujet de guerre dans la famille, comme nous verrons. La recherche du comte de Cornouaille estant agréable au comte de Nantes, celuy-cy accorda sa fille et ses nopces se firent dans l'isle de l'Indre, qui est au-dessous de Nantes, dans la rivière de Loire ; et une partie de son douaire luy fut assigné sur Clohal (1), dont elle fist par après donation à Sainte-Croix.

Ce mariage fut heureux dans la ressemblance des conjoints, qui estoient tous deux portés au bien ; et il

(1) Clohars-Carnoët, canton de Quimperlé (Finistère.)

fut bény de la naissance de plusieurs enfans de mérite ; mais ses commencements furent traversés par un chagrin dont l'on doit icy mettre la cause, s'il est vray qu'elle arriva en 1018. Le comte fut affligé d'une fluxion sur les yeux, si extraordinaire, que peu s'en fallut qu'il n'en perdit la veue. La comtesse voyant que les médecins y avoient inutilement épuisé toute leur science, conseilla à son mari d'avoir recours au souverain médecin, et de prendre saint Corentin pour son médiateur. Il fist vœu au saint, que s'il luy plaisoit de le secourir dans l'extrémité où il se voyait réduit, de reconnoitre la faveur par des dons considérables. Il se fit porter à Quimper, visita l'église de saint Corentin, fist ses prières avec ardeur, et après avoir mis sur l'autel les lettres par lesquelles il cédait au saint et à son église la possession de quelques terres et héritages, la fluxion se dissipa incontinent, et il reçut une guérison parfaite (1).

Il eut de puissantes guerres à soutenir contre le vicomte de Léon (2), qui jouant au roi dépouillé, avoit fort avancé sur le comté de Cornouaille, pendant que le comte estait fugitif en France. Quand il rentra dans les bonnes grâces du duc Alain il en reçut encore des troupes pour reprendre une partie de son comté qui avoit esté usurpé sur luy : il combattit deux ou trois fois, et enfin chassa son ennemy de ses terres, mais le vicomte ayant fait un puissant parti contre luy, la guerre fut longue et opiniâtre : et il ne fut

(1) Dom Morice. Pr. I. col. 377.
(2) Morvan, vicomte de Léon. Dom Mor. Ibid.

jamais paisible possesseur de son héritage, qu'il ne se fut revêtu de la force de la Sainte-Croix, pour estre victorieux dans ce signe. Car quoyque d'Argentré semble faire suivre la conquête de Cornouaille, après la paix qu'il fist avec le duc, les actes des donations qu'il fist à Sainte-Croix donnent fondement de croire que cette guerre ne finit qu'après la fondation de l'abbaye de Saint-Croix.

CHAPITRE III.

LE TEMPS DE LA FONDATION DE SAINTE-CROIX.

Ce fut en l'an 1029, sous le pape Jean XIX ; Robert roy de France, Alain III, duc de Bretagne.

Les autheurs et nos manuscrits mesme se contredisent sur l'année de cette fondation. Un exposé du procez entre Hervé, abbé de Redon et Gurhand, abbé de Sainte-Croix, fait dire à ce dernier que son abbaye a esté fondée en 1008.

M. d'Argentré livr. III, de *l'Histoire de Bretagne*, chap. 36, la met en 1049.

Le père Albert Le Grand en son catalogue des évesques de Cornouaille la met en lan 1062.

Je ne trouve de difficulté qu'à concilier nos manuscrits ensemble, et nostre historien qui se contredit luy même ; car pour les historiens qui suivent, on peut dire qu'ils se sont trompés.

Au père Albert Le Grand l'on se peut dispenser de répondre par ce qu'il est peu exact dans la chronologie. Je dois pourtant dire pour son honneur qu'il est impossible qu'il se soit trompé si grossièrement que d'avoir mis la fondation en 1062, auquel tems nostre fondateur estoit mort, et je croy qu'il a voulu dire 1029 ; et que l'imprimeur a manqué en changeant les chiffres car en transposant un 2, et d'un 9 en faisant un 6 il aura mis 62 au lieu de 29.

Pour ce qui est de M. d'Argentré, en vérité je ne sçay où il a leu ce qu'il dit, quand il met : « *Anno MXLIX. Henrico Roberti regis filio, Leone IX..... Alano duce mortuo,* » car nos manuscrits portent expressément : « *Anno MXXVIIII, indict. XII ; Romane sedi præsidente papa Leone* » (ce qui est une difficulté à éclaircir), « *Roberto autem rege Francorum imperium tenente.* » Et plus haut il y a « *pro pace et Incolumitate domini sui Alani ducis Britanniæ.* » Il fonde le monastère pour le salut de son âme et de sa femme et de ses enfants et de toute sa famille et pour la prospérité et santé du duc de Bretagne, Alain son seigneur, il n'estoit donc pas encore mort ; et encore marque le roy de France Robert, et non pas Henri. Il est donc vray de dire que M. d'Argentré na pas leu nos titres, ou que s'il les a leu, il a leu aussi mal que quand il nomme la ville de Quimperlé de son ancien nom, *Avantot*, et il ny a aucun manuscrit qui ne mette *Anaurot*. Et ce qu'il y a à remarquer c'est que dans les procédures du procez pour les poids, le procureur ayant plus leu d'Argentré que ses titres et ses papiers, suit cette opinion. Je ne nieray pourtant pas que si cette opinion estoit vraye, elle m'accommoderoit fort pour concilier une grande dificulté quil y a d'accorder le temps de notre fondation, avec celuy du pontificat de Léon IX.ᵉ où notre historien Gorheden nous a engagé par son inadvertence. Mais tous les titres et manuscrits contre disant cette opinion, je ne la puis suivre sans me rendre infidelle à ce que j'ay leu ; et il faudra trouver une issue pour me tirer de l'embarras que m'a fait mon faiseur d'histoire.

Celuy qui met la fondation en 1008, ne remarque pas que nostre fondateur estoit encore jeune et que selon l'histoire vraye ou fausse, Belle-Isle luy ayant esté ostée par le duc Geoffroy ou plutost par le duc Alain, son fils en 1036, comme je croy, il estoit dans l'impuissance de la donner à Sainte-Croix. Je pense que l'équivoque de l'écrivain qui fait dire à l'abbé Gurhand que son monastère a esté fondé en 1008, est venue de ce qu'il avait leu dans la chronique de nostre monastère, à la marque de l'an 1008, que le duc Geoffroy mourut ; que son fils Alain lui succéda ; que le comte Alain enleva la princesse Berthe, et l'amena au duc, qui l'épousa dans la ville de Rennes ; que le duc en reconnaissance luy rendit Belle-Isle et son héritage paternel ; laquelle isle le même comte de Cornouaille donna à Sainte-Croix, pour en jouir à perpétuité : « *Quam insulam prænominatus Cornubiensis concessit et dedit ecclesiæ Sanctæ † Quemperelegiensis in abbatiam sempiternam.* » Il aura cru que toutes ces choses se seront faites dans une mesme année, et il aura fait la faute de le dire. Quelqu'un ayant remarqué que cela donnoit lieu à une équivoque, a mis d'une main moderne entre les lignes : *Scilicet diu post, scilicet anno 1050 ;* mais il se trompe aussi luy-mesme.

La vraye année de la fondation est 1029. Nos deux manuscrits qui rapportent l'acte de la fondation et tous les extraits que l'on a tirés, la mettent en 1029. L'addition qui est au bout de la vie de saint Convoyon, la met en 1028 (ce qui est fort proche de nostre tems), Cavallon estant abbé de Saint-Sauveur. Une confirmation de cecy et que l'abbaye estoit fondée devant 1049, c'est qu'il se trouve encore des donations postérieures à la fondation qui sont devant cette année, comme celle de Saint-Michel des Montagnes, faite en 1037, en laquelle l'abbé de Ruys, saint Félix, qui mourut en 1038, signe. L'abbé Cavallon qui donna son prieur pour estre premier abbé, et qui signe la fondation est mort en 1041. Tout cela est devant 1049.

Mais voicy une grande difficulté où nous a jetté nostre historien en faisant une liaison de la fondation de nostre monastère avec la bénédiciion et le consentement du pape Léon IX.

Je diray premièrement que si le moine Gorheden ne s'estoit meslé que de faire le copiste, il auroit mieux fait que de faire l'historien; car en adjoustant à la fin de l'acte que cette fondation a esté faite sous le règne de Robert roy de France, et sous le pontificat de Léon IX, il se trompe grossièrement. Robert mourut en 1031, et Léon IX n'entra au pontificat que le 13 de février l'an 1049. Comptez la distance qu'il y a de 31 à 49. Il s'est donc trompé visiblement.

Les mesmes raisons sont contre ce qu'il dit que notre comte envoya son frère Orscand, évesque de Quimper, à Verceil où le pape Léon tenoit un concile. Ce concile a esté célébré en 1050, comme met notre chronique, et le père Labbe dans ses conciles le tient aussi. Il fut ouvert le 1er jour de septembre. Il est constant que, supposé la vérité de cette histoire, le prélat n'aura peu se trouver à Quimperlé le jour de l'Exaltation de Sainte-Croix de la mesme année pour y bénir nostre premier abbé, n'estant pas possible qu'un prélat en douze jours, ayant encore en sa compagnie la comtesse Judith sa belle sœur, comme veut notre histoire, ait fait un si grand voyage en si peu de jours, que de venir depuis le Piedmond, où est Verceil, jusque en Basse-Bretagne où est Quimperlé.

Il faudroit donc remettre cette action célèbre de la fondation et de la bénédiction du premier abbé de notre monastère en l'an 1051. Or si cela estoit vray, joignez à cinquante-et-un ans, vingt-cinq de gouvernement que l'on donne à saint Gurloës, cela fera 1076. Mettez encore le tems de trois abbés, Jean, Vital et Jungomarc, ausquels l'on ne sçauroit donner moins que douze de gouvernement, cela fait 1088. Où cela iroit-il, je vous prie, puisqu'il est constant par la chronique que Benoist, fils de nostre fondateur, fut fait abbé de Sainte-Croix, en 1066, et évesque de Nantes, en 1081 ?

De plus, si l'on mettoit encore cette fondation après le concile de Verceil, où mettrait-on la mort de notre fondateur, que le manuscrit assure avoir vescu trente ans après la fondation ? Au moins il en a vescu vingt-neuf ; il faudrait la mettre vers l'an 1080. Cependant il est très constant qu'il est mort en 1058, comme met notre chronique qui est très exacte.

Toutes ces contradictions me font voir qu'il y a bien plus de raison à suivre la chronique qui met la fondation en 1029 : « *MXXVIIII cœnobium Sanctæ* † *Kemperelegii ab Alano Cornugalliæ comite ædificatur, atque inibi Gurloesius Abba ab Orscando pontifice benedicitur.* L'acte de la fondation s'y accorde aussi, et ce seroit s'égarer volontairement que de s'éloigner de deux témoins si asseurés.

La difficulté est maintenant, de sçavoir comment l'on expliquera nostre autheur qui met une grande liaison entre la fondation de nostre monastère et le consentement que le comte Alain, fist demander au pape Léon, auparavant que d'y mettre la main, si l'on en croit nostre autheur.

Pour en dire ma pensée, je croy que le moine Gorheden qui a écrit cent ans après la fondation, puisqu'il rapporte la fin du procez de Belle-Isle, entre les deux abbayes de Redon et de Quimperlé, a peu ne prendre pas ses mesures assez justes sur les mémoires, en disant que le comte Alain envoya son frère au pape saint Léon, qui estoit alors à Verceil, pour prendre son advis sur le dessein qu'il avoit de bastir un monastère ; d'où vient que quelqu'un voyant la contradiction de l'autheur qui nomme le pape Léon IX, a mis à la marge du manuscrit, d'une écriture plus récente, « *Jean XIX.* » C'est donc à ce pape là que s'adressèrent l'évesque et la comtesse, si l'on veut que le pape ait consenti à la fondation devant qu'elle fust faite ; ou si l'on veut opiniatrement s'attacher à cette circonstance de l'histoire, et soutenir que le pape Léon IX estant au concile de Verceil a donné sa bénédiction à cet ouvrage, il faudra dire que ce fut après qu'il fut accompli ce qui n'aura pas de contradiction, ny à l'égard du monastère ny à l'égard des personnes. Le pape Léon, quoyque plus jeune que les autres, a esté contemporain du comte Alain, de la comtesse et de l'évesque Orscand, qui vivant en même tems peuvent luy avoir écrit ou l'avoir veu ; et pour ce qui est du monastère, il n'est pas rare de voir qu'un monastère ne se lève pas tout d'un coup. Il faut estre devant que d'avoir ses qualités ; le monastère peut avoir esté établi devant que d'avoir eu son droit épiscopal ; et dans ce sens, je comprends bien que l'évesque Orscand ayant promis au pape Léon, dans la ville de Verceil, de donner le droit épiscopal (1) pour l'accroissement de l'abbaye sur les églises que les Religieux pourraient avoir à l'avenir, il s'en peût acquitter à son retour en défendant à ses successeurs sur peine d'excommunication d'entreprendre sur cette exemption.

Et bien loin de vouloir nier que l'évesque Orscand ait assisté au concile de Verceil, je croirais plus tost qu'il est très probable qu'il y a assisté. Car on lit dans les conciles du père Labbe (2) une épistre du pape Léon à *E. britonum principi; et Analo comiti,* qui sans doute aura esté adressée au duc de Bretagne et à nostre comte Alain. Il est vray qu'il n'y a point eu de ce tems là ny dans les suivans de duc dont le nom

(1) Ms. in-8º, fº 12.
(2) Conciles. T. 9, p. 993. D. Mor. Pr. I. Col. 395.

ait commencé par un E, mais comme l'E, en lettre gothique œ, ressemble fort à un œ, le copiste se sera trompé prenant un E pour le C qui est la première lettre du nom de Conan II, qui estoit alors duc de Bretagne. Il aura aussi transposé deux lettres dans le nom d'Alain, mettant, *Analo* pour Alano. Je n'ay point vû dans toute l'*Histoire de Bretagne* de comte Anal, mais le nom d'Alan ou Alain y est fort commun; et je croy que dans cet endroit icy c'est le comte Alain nostre fondateur qui, comme dit d'Argentré cy dessus, en qualité de comte de Cornouaille tenoit le premier rang après le duc et ceux de son sang. Et il ne faut pas s'étonner que l'on ait joint un comte de ce rang avec le prince souverain des païs, puisque l'on trouve bien dans les mesmes conciles (1) que le pape Grégoire VII adresse une lettre aux comtes de Bretagne : « *Gregorius episcopus servus servorum dei Oëli, Gausfredo Redonensi, item Gausfredo filio Eudonis, nobilibus comitibus Britanniæ, salutem et apostolicam benedictionem.* » Cependant il se trouve bien de la différence entre ces trois comtes. Hoël le fils de nostre fondateur estoit duc, ou comme l'on parloit en ce tems la indifféremment, il estoit comte de Bretagne en chef. Geoffroy n'estoit que fils naturel du duc Alain III, à qui son père avoit donné le comté de Rennes. Geoffroy fils d'Eudon estoit plus noble, comme fils de Geoffroy Ier, duc de Bretagne et père du duc Alain; lequel Eudon, chef de la maison de Penthièvre, eut pour sa portion d'héritage la Breta-

(1) Conciles. T. 10, pag. 194. — D. Mor. P. I, col. 447.

gne Dononée (1), qui comprenait bien un quart de la Bretagne, et avait épousé Ouen, fille de notre fondateur. Ces deux derniers à la manière des tems s'appelaient comtes de Bretagne, parce qu'ils estaient du sang.

Je dis donc que si Grégoire VII, pape, a écrit à ces trois seigneurs ensemble, qu'il nomme nobles comtes de Bretagne, le pape Léon IX aura bien pu écrire en mesme tems au duc Conan II et à nostre comte Alain qui tenait tant de rang dans la province. Le sujet de sa lettre estoit qu'il avoit reçu plainte du concile de Reims (2) de la part de l'église de Tours, de ce que l'évesque de Dol s'étoit séparé de son obéissance avec ses sept suffragants, qu'il avait donné jour à cet archevesque et ses suffragants de se trouver au concile de Rome (3) pour rendre raison de ceste soustraction d'obéissance et pour se purger de la simonie qu'on leur imposoit; et qu'ayant manqué de s'y trouver, il les excommunioit, et les citoit de se trouver au concile de Verceil qui se devoit tenir au 1ᵉʳ de septembre suivant, s'ils vouloient répondre aux demandes de l'archevesque de Tours et se purger de la simonie qu'on leur

---

(1) La Domnonée (Domnonia, en gallois Dyvnaint, en cornique Dewnans, *abondant en vallées*), représentait à peu près le territoire compris dans les évêchés de Dol, de Saint-Malo, Saint-Brieuc et de Tréguier. Elle reçut son nom des Bretons émigrés, venus de la partie de la Grande-Bretagne qui répond aux comtés actuels de Cornwall et de Devon, et qui s'appelait anciennement Damnonia ou Dumnonia. *Dyvnaint* est le nom que les Gallois donnent encore aujourd'hui au Devonshire. — Pour l'étendue de la Domnonée, voir A. de la Borderie, *Bullet. de l'Ass. Bret, T. III p. 85 et Annuaire hist. de Bretagne*, année 1861, p. 137.

(2) Tenu en 1049, 3 octobre.

(3) Au mois d'avril 1050.

imposoit. Sur cette lettre du pape, et sur le point de nostre histoire, je croy assez raisonnablement que notre bienfaiteur Orscand, évesque de Cornouaille se sera trouvé au concile de Verceil, y aura fait la commission du comte son frère, et promis de donner droit épiscopal à l'abbaye : ce qu'il aurait acquitté à son retour, non pas devant que l'abbaye fut fondée, comme l'entend nostre historien, mais vingt-et-un ans après son establissement.

Ces difficultés de chronologie ne nuisant point au fond ny a la vérité de l'histoire, ne laissent que la peine de les débrouiller et mettre les choses dans leur tems. C'est ce que j'ay fait selon mon pouvoir et l'on ne doit pas trouver mauvais que j'ay esté si longtems a éclaircir un point que j'ay cru considérable.

Ayant donc dégagé nostre histoire de l'embarras où l'avoit mise Gorheden, le moine, je reviens à la suite de mon discours et la première chose qui se présente, c'est la cause de la fondation de l'abbaye de Sainte-Croix.

Dieu qui fait servir aux desseins de la Providence les aventures de nostre vie, et qui tourne à sa gloire les peines qui nous traversent, voulant faire honorer l'arbre de vie, le bois adorable de la Sainte-Croix, dans un lieu qui avoit esté sanctifié par la demeure de saint Gouziern et des saints religieux ses successeurs, permist que le comte tombast dans une maladie très longue et très fâcheuse. Le secours de la médecine luy fut inutile, il dépensa ses biens en vain, et les ayant répandus dans les mains des médecins, il n'en recueillit point le fruit précieux de la santé.

L'affliction luy fut une leçon salutaire. N'espérant plus rien des hommes, il se tourna du costé de Dieu, et luy adressant ses larmes et ses prières, il luy demanda du secours, ou la fin de ses douleurs, la mort luy paroissant bien plus douce qu'une vie si languissante. Dieu qui n'abandonne jamais ceux qui mettent leur espérance en luy, consola le comte par une espèce de vision. Il vit une nuit en songe une croix d'or qui descendoit du ciel dans sa bouche. Le matin il appelle ses gens; leur fait un détail de la vision qu'il avoit eüe la nuit, et un homme qui pendant un an entier n'avoit peu se remuer sans aide ny appuy, se lève tout seul ayant recouvré une parfaite santé. Cette grâce de Dieu estant tombée dans un bon cœur, y fist naitre de bonnes pensées et de la reconnaissance. Il pensa sérieusement au bienfait qu'il avoit reçu, et ayant fait un retour vers Dieu de qui il tenoit le bien de la santé, il résolut d'envoyer son frère Orscand, évesque de Cornouaille, et la comtesse Judith sa femme vers le pape Jean XIX (le manuscrit met Léon IX). Ils arrivèrent auprès du Saint Père à qui ils firent le récit de la vision que le comte avoit eüe et de la santé merveilleuse qui l'avoit suivie, et des bonnes dispositions où ils se trouvoit de marquer sa reconnaissance en élevant quelque monument insigne à la gloire de Dieu et de la croix. Le Saint Père les félicita de ce bon dessein, l'approuva, et renvoyant ces deux illustres envoyés avec sa bénédiction, écrivit au comte qu'il devoit bastir un monastère en l'honneur de la Sainte-Croix, au mesme lieu où il avoit esté guéri par son efficace. Il exécuta avec plaisir cet ordre du ciel qui luy estoit déclaré par la bouche du Souverain Pontife.

L'on voit par ce narré que le comte Alain avoit esté malade à Quimperlé, puisque le pape luy ordonne de faire un monastère au mesme lieu où il avoit reçu sa guérison. Il changea donc son chasteau en monastère, comme c'est la tradition commune, et la grande rue qui est proche de nostre église s'appelle encore la rue du Chasteau. D'Argentré est du mesme sentiment, qu'il bastit le monastère en sa propre maison (1).

---

(1) D'Argentré, *Hist. de Bret.* Livr. IV. chap. 35. Le roi Grallon en fondant l'évêché de Quimper, donna aussi d'après la tradition, son château, à Saint-Corentin pour en faire une église. La place aujourd'hui appelée *Place de Saint-Corentin,* qui borne la cathédrale de Quimper, au nord, à l'ouest et en partie au sud, a porté jusqu'à la fin du dernier siècle le nom de *Place du Tour du Châtel,* et est souvent mentionnée dans les titres du 13e et du 14e siècle du cartulaire du chapitre de Cornouaille, sous le nom de *Tro an C'hastel* et de *Turnus* ou *Ambitus Castri sancti Chorentini*. — L'abbaye de Saint-Gildas de Rhuys fut également rétablie, *in antiquo castro Ruyensi*. — Dom Mor. P. 1, col. 150.

CHAPITRE IV.

SAINT GURLOES PREMIER ABBÉ DE SAINTE-CROIX DE QUIMPERLÉ.

Le comte voulant travailler en effet à l'exécution de son pieux dessein, destina pour faire le fond du monastère qu'il vouloit bastir, deux portions illustres de son héritage, l'Isle de Belle-Isle située dans la mer de Bretagne, qui en langage breton s'appelloit Guedel (1), laquelle estoit l'héritage qu'il avoit recueilli de son père et de ses ancestres (2). L'histoire du monastère qui prend plaisir a luy asseurer ce bien, comme une possession légitime et héréditaire, remonte jusqu'au cinquième degré de ses ancestres en ligne

---

(1) Le mot *Guedel* ou *Guezel* (en gallois *Gwyddel*, d'où est venu le mot *Gaël*), est le nom par lequel les Bretons Cambriens ont toujours désigné les Gaëls Irlandais. Ils nomment encore aujourd'hui l'Irlande *Gwlad y Gwyddel* (le pays des Gaëls). *Insula Guedel* signifie donc l'*Ile des Gaëls* ou *des Irlandais*, d'où l'on peut inférer que les premiers émigrants qui occupèrent Belle-Ile au V° ou au VI° siècle, arrivaient d'Irlande. Deux paroisses bretonnes ont porté le même nom : celle de *Guidel* canton de Pont-Scorff, arrondissement de Lorient (Morbihan), près de la mer, en regard de Belle-Ile, et celle de *Guadel* (Dom Mor. P. I. col. 3 et 4), aujourd'hui *Gaël*, canton de Saint-Méen, arrondissement de Montfort (Ille-et-Vilaine). Il est très probable que ces deux paroisses furent fondées par des colons de race gaëlique.— Cfr. *Archeologia Camb.* supp. 1850 and vol. V new series p. 257. — Voir aussi Owen Pughe's *Welsh Dict.* verbo *Gwyddel* et John Walters's *Eng. and Welsh Dict.* vol. 1, p. 777.

(2) « Hereditaria possessione patris, avi, atavi, abavi, proavi, bellam habebat insulam. » Ms. f° 2. r°. — Dom Morice, P. 1, col. 365.

directe qui la possédèrent comme leur bien, mais qu'ils trouvèrent au commencement désolée et désertée d'habitans par le sanglant ravage qu'y avoient fait les Normands (1). Il adjousta encore d'autres terres, comme la ville de Kemper-Elé, et maintenant par corruption et contraction Quimperlé, qui s'appeloit autrefois Anaurot, et qui est située sur le confluent de deux petites rivières, Elé et Idol (2), maintenant Izol, car le langage breton a beaucoup de penchant pour le Z (3). Ce fut dans cet endroit, et sur la jonction de ces deux rivières qu'il bastit un monastère en l'honneur de la Sainte-Croix. S'il en agit d'une manière noble en ménageant à son abbaye un beau temporel, il fut encore plus exact pour le spirituel. Il fist fondement pour la sanctification de son monastère, d'un saint homme nommé Gurloés, qui estoit alors prieur claustral de l'abbaye de Saint-Sauveur de Redon. Il le demanda à son abbé appelé Cavallon, qui le donna avec le consentement et la joye de sa communauté pour servir à un si digne employ, où il y alloit de la gloire de Dieu, estant ravis que l'on eut pris chez eux un religieux qui méritoit si bien le choix que l'on en avoit fait.

(1) « Quam olim Normannorum rabies devastaverat et ejus colonos inde exulaverat. » Ibid.

(2) « Elogium ac Idol. »

(3) Dans le dialecte breton qui a été en usage jusqu'au dernier siècle dans la Cornouaille anglaise et qui est au fond absolument semblable à notre *breton armoricain*, les D et les T se changeaient en s à la fin des mots. Ainsi TAD (père) se prononçait TAS; DILLAT (vêtements), DILLAS, etc. Cfr. Lhuyd's, *Archæologia Britannica*, et l'ouvrage que publie en ce moment Rob. Williams, sous le titre de *Lexicon Cornu-Britannicum*.

Le comte reçut son nouvel abbé avec une satisfaction infinie ; et puisque tout le dessein n'estoit que de relever la Sainte-Croix, on prist fort à propos, pour faire la cérémonie de cette grande action qui devoit subsister jusqu'à la fin du monde, le jour de l'Exaltation de la Sainte-Croix. Le comte fist dresser les actes pour l'asseurance du temporel, et donna Belle-Isle, libre de toutes charges et devoirs, après en avoir retiré ses officiers ; et mist Saint-Gurloës en possession du monastère de Sainte-Croix, à la charge seulement, de prier pour la prospérité du duc Alain, son seigneur, et pour le salut de son âme, de sa très-digne compagne, la comtesse Judith, de ses enfants et de toute sa famille. Cet acte fut passé en présence d'une illustre compagnie. Le comte, fondateur y signa ; la comtesse Judith, sa femme ; Orscand, son frère, évesque du diocèse ; Cavallon, abbé de Redon ; Guethenoc et Guerec, tous deux frères du comte ; Alfred, fils d'un autre Alfred (ce seigneur m'est inconnu, mais je croy que c'est le mesme qui donna par après Cadège) ; Guégon et Huelin. Ces deux derniers me semblent parents (1), et le dernier est constamment seigneur de Hennebond ; et à voir que les plus nobles du Kéménet-Heboë, signent dans ses actes, je croy qu'il est de la maison de Gueméné-Rohan (2). Il y a encore quatre seigneurs qui signent : et enfin Hugonnan et Helogon, moines. Le premier est celuy, à

(1) Guegon était fils de Huelin.

(2) La branche des Rohan-Guémené ne remonte qu'à la fin du XIVᵉ siècle. Dom Le Duc confond ici, comme il l'a fait plus haut, page 33, le Kemenet-Guégant avec le Kemenet-Heboë.

mon sens, qui fut depuis abbé de Redon. L'acte est de l'an 1029.

Le comte après avoir fait cette offrande, fist venir le mesme jour, par son frère Orscand, évesque du diocèse, saint Gurloës, premier abbé de Sainte-Croix, et luy mist en main ces dons considérables.

Il fist aussi de ses propres deniers rebastir le monastère (1) et promist de donner les terres propres à la nourriture des religieux, et enfin tout ce qui leur seroit nécessaire.

L'évesque Orscand qui avoit desjà contribué et de son conseil et de son travail à ce grand dessein, voulut y adjouster du sien en donnant au monastère, droit épiscopal sur les églises que les religieux possédoient desjà, et sur celles qu'ils pourroient acquérir à l'avenir dans son diocèse; quoyque, si le narré de Gorheden, sur le pape Léon est vray, il soit croyable que cecy ne s'est pas fait sitost, mais quelques années après.

A dire vray, la libéralité du comte fut extraordinaire, et assez grande pour donner en suite de la jalousie aux testes couronnées qui ont depuis envié la ville de Quimperlé, et la convoitise n'en est pas encore passée de nos jours. Belle-Isle a aussi esté assez belle pour donner de la convoitise à des personnes sacrées, jusqu'à ce que, nous ayant esté conservée après des procédures de grand éclat, elle nous a esté enlevée par des mains séculières. Voicy en peu de mots quelles sont ces deux pièces considérables.

Quimperlé est une petite ville, située dans le diocèse

(1) Ms. fo 3. vo.

de Quimper, sous le ressort du présidial de Vennes. Elle est bastie entre deux petites montagnes qui la resserrent de près, et qui rendent sa situation inégale, et sur le courant de deux petites rivières qui se joignent au bout de la ville, l'une nommée *Izol*, au couchant, et l'autre à l'orient, nommée *Ellé*, qui luy donne son nom, pour la distinguer de Quimper-Corentin, autrement Quimper-Odetz. Quimper dans l'ancien Gallois veut dire : *si beau, si agréable*, et comme l'on parloit anciennement : *tant beau (tam amœnum)* (1), nom qui luy a esté donné pour sa situation sur la jonction de deux rivières : car nos ancestres ne trouvaient rien d'agréable comme des situations pareilles, et la nostre le servit assez, sans que la vue est trop bornée par des montagnes, et qu'elle a encore ce privilége au-dessus de toutes les villes de Bretagne, à qui Dieu a donné bien plus que la rosée du ciel, qu'elle est tout-à-fait sujette aux pluyes. La ville a deux églises paroissiales, Saint-Michel, de la place, la plus ancienne, et Saint-Colomban, qui est dans le bas de la ville (2), et un Hôpital (3), qui dépendent du

(1) Comme m'a appris M. Garnier. J'ai grand sujet de douter de cette explication ; car depuis j'ai trouvé dans la vie de saint Maurice, abbé, ces mots : « *nobilem virum cui nomen est Kerperleium, quod est compositum a nomine Britannico, quod apud antiquos Britones sonat villa.* » Quimperlé veut donc dire, Ville-Elé ou Ville-sur-Elé. P. L. D.

Kemper-Ellé signifie *confluent de l'Ellé*. Il y a en Bretagne et dans le pays de Galles, plusieurs noms de lieux dans la composition desquels entre le mot Kemper. Voir Owen Pughe's *Welsh and Eng. Dict.* verbo *Cymer*.

(2) La première de ces églises n'existe plus, et il ne reste de la seconde que quelques pans de mur.

(3) Il y avait anciennement deux hopitaux à Quimperlé : l'hôpital de Langroas ou de Sainte-Croix, et l'hôpital St-Yves.

monastère à cause de l'office de chambrerie. Les pasteurs de ces deux paroisses, que l'on nomme vicaires, tiennent leurs bénéfices de la nomination du sieur Abbé qui les confère, et les religieux en sont recteurs primitifs, et outre le pouvoir que leur donne ce titre, ont droit d'instituer les fabriques ou marguilliers, d'en recevoir le serment, et voir leurs comptes, privativement à tout autre, sinon à monseigneur de Kemper dans l'acte de sa visite. Il y a encore des Capucins, des Ursulines (1) et des Jacobins, au Bourg-Neuf (2), qui est une des anciennes maisons de leur ordre, et encore des chapelles (3).

Il y a une barre ou justice royale, sous le présidial de Vennes, dont la juridiction s'estend sur quatorze paroisses (4). Les juges sont : le sénéchal, baillif et

(1) Elles obtinrent permission de l'abbé J.-F. Paul de Gondi de s'y établir, au lieu nommé Bel-Air, le 20 avril 1652.

(2) Quartier de la ville de Quimperlé, situé sur la rive gauche de l'Ellé, et compris avant 1790, dans l'évêché de Vannes. Le couvent des Jacobins, aujourd'hui occupé par les Dames de la Retraite, fut fondé en 1255, par Blanche de Champagne, femme du duc Jean Ier.

(3) La plus remarquable de ces chapelles est celle de Notre-Dame, en la paroisse de Saint-Michel. Elle fut en grande partie construite dans les premières années du XVe siècle.

(4) La juridiction royale de Quimperlé, telle qu'elle était constituée au XVIIe siècle, se composait de : 1° l'ancienne juridiction ducale de Carnoët, répondant au *pagus* de ce nom (voir l'introduction), et s'étendant sur les paroisses de : Bannalec, Riec, Le Trévoux, Bey, Moëlan, Clohars et Lothéa ; 2° la juridiction de Quimperlé, comprenant les paroisses de : Saint-Thurien, Querrien, Locunolé, Tréméven, et, depuis 1670, Saint-Colomban et Saint-Michel. Un arrêt du parlement, du 4 juin 1670 attribua au roi la haute justice que l'abbé de Sainte-Croix avait exercé précédemment dans ces deux dernières paroisses. Cet arrêt fut réformé en partie en 1692, comme on le verra plus loin. Ces deux juridictions paraissent avoir été réunies à une époque très-ancienne, peut-être dès le XIVe siècle. Des extraits de compte des receveurs du domaine de

procureur. Ses Ménéans, c'est-à-dire Seigneurs avec droit de justice, sont l'abbé de Sainte-Croix, Keimerch (1), en la paroisse de Bannalec et la Porte-Neuve en la paroisse de Riec (2).

Le comte Alain, dernier comte de Cornouaille fit donation de cette ville au monastère qu'il fonda : « *villa Anaurot quæ dicitur Kemper-Elé cum suis molendinis, vectigalibusque atque omnibus commercibus, reliquisque advectitiis.* » C'est de là que le monastère a, sur la ville et fauxbourgs et terres qui en dépendent, comme Clohal (3) et Moëlan (4), droit de haute basse et moyenne justice qui s'exerce par des officiers séculiers ; justice patibulaire à quatre paux au tertre Rosanlou (5), avec les devoirs de bans, appropriemens d'héritages, ventes et lods, déshérences, espaves et gallois, dans la ville, fauxbourgs et ailleurs en leurs fiefs et domaines ; taille sur les hommes dans la ville, qui se nomme taille commune ; droits sur le sel et autres marchandises qui viennent

---

Quimperlé et Carnoët, pour 1397 et années suivantes (extraits que l'on trouvera aux pièces justificatives), mentionnent dans l'étendue de cette recette cinq sergents féodés et un sergent du *Papegault* en 1399 ; et sept sergents, dont cinq étaient féodés, en 1453, L'abbé de Sainte-Croix (d'après les aveux de la fin du XVe et du XVIe siècle) et le seigneur de Kymerc'h (en Bannalec), étaient sergents féodés du duc dans la ville de Quimperlé et non à Carhaix, comme le porte, par suite d'une erreur évidente, le texte publié par Dom Lobineau (p. col. 1230) des États tenus à Vannes, en 1462.

(1) Aujourd'hui Quimerc'h, commune et canton de Bannalec, arrondissement de Quimperlé (Finistère.)

(2) Canton de Pontaven (Finistère.)

(3) Aujourd'hui Clohars-Carnoet, canton de Quimperlé.

(4) Commune du canton de Quimperlé.

(5) Dans la trève de Tryvalaire, commune de Quimperlé.

par eau et par terre; droits sur les marchandises qui s'exposent aux foires dans la halle; droits d'entrée et sortie, d'où l'on a fait depuis le devoir de *Morvoux* que lèvent des gentilshommes à la charge de payer quelques rentes pour des chandelles ; droit de police, qui est au prévost; droit de mesurage tant du sel que du bled, et enfin tout ce qui se vend à la mesure; droits d'aunages ; droits de crocs et de poids au-dessous de 25 livres; droits sur les graines de chanvre et de lin. Ces petits droits sont de l'office du Prévost ; les grands droits sont de l'office de la chantrerie ; aussi droit de recevoir des faucilles neuves le premier jour de may à l'offertoire de la messe au chœur de l'église. Monsieur l'Abbé en prend deux ; le prieur une, le chambrier une, le Prévost une, le cellerier une, et dans un aveu de 1594, le sous-prieur en a aussi une; ou bien 5 sols pour chaque faucille. D'autres aveux disent que ces faucilles se recevoient à la fin de la grande messe, et les officiers de la justice abbatiale s'y trouvoient en cérémonie; comme aussi à la sortie de vespres, la veille de Saint-Jean, pour y recevoir douze faisceaux d'herbe pour les chevaux de Monsieur, comme dit l'ancien rentier de frère Guillaume Aline. Enfin droit de pesche dans les deux rivières depuis les moulins au-dessus de la ville jusqu'au ruisseau *Frost en Forest* (1), bien loin au-dessous de la ville, et proche

---

(1) Le *Ruisseau de la Forêt*. — Le mot breton *frost*, *froit* ou *frout*, qui se rencontre souvent dans les actes anciens signifie *ruisseau*. — Les ruines du château de Carnoët, se voient encore dans la forêt de ce nom, près de la rivière de Quimperlé.

du chasteau de Carnoët. Mais il faut avouer que les Ducs, par authorité, quoyqu'ils nous ayent fait dire que c'estoit par pure libéralité, se sont meslés à partager ces droits utiles, et que leurs officiers ont fait depuis de grandes usurpations, et raccourcy les droits de la croix (1).

Le comte donna la ville avec son estendue à l'entour dont un ancien manuscrit (2), marque les bornes en ceste manière : Au-dessus de la ville ses bornes vont jusque dans Juliac (3), au terme qui se nomme *Cloz-Guthiern* (4); au-dessous de la ville depuis la

(1) Voir aux pièces justificatives des titres concernant ces divers droits.

(2) F° 3, v° et 4, r°.

(3) Cette paroisse paraît être la même que celle de *Tremeven* où l'on ne trouve cependant aucune localité du nom de *Juliac* : Il y a d'autres exemples de cette disparition des anciens chefs-lieux de paroisses. Ainsi le chef-lieu de la paroisse de *Lannilis* (arrondissement de Brest Finistère) a été *Ploudiner* jusqu'au commencement du XV° siècle, époque où ce nom disparaît des titres. Peut-être le bourg de *Ploudiner* fut-il détruit par les Anglais lorsqu'ils ravagèrent les côtes de l'évêché de Léon en 1404. Ce qui peut rendre cette conjecture probable, c'est que dans un compte du temporel de l'évêché de Léon pour 1405 et 1406, le receveur mentionne dans le territoire de la paroisse de *Ploudiner* plusieurs « hostels » détruits ou « ars (brulés) *par les Anglais*. » — Il n'y a guère plus d'un siècle que le chef-lieu de la paroisse d'*Elestrec* (arrondissement de Brest, Finistère), fut transféré à *Guicquelleau*, et cependant le nom d'*Elestrec* ne figure plus dans les tableaux du dénombrement de la population.

(4) *Clud-Gouziern* ou *Cleuz-Gouziern* signifie à la lettre le *fossé* (dans l'acception bretonne de ce mot) ou la cloture de Gouziern. Cette cloture ou fossé délimitait la *franchise* ou *Minihy* du saint, qui comprenait les paroisses de Saint-Colomban, de Saint-Michel, et la trève de Trelivalaire en Lothea (aujourd'hui commune de Quimperlé). Voir l'introduction pour d'autres détails sur les *Minihys*.

jonction des deux rivières, la rivière (1) sert de bornes jusqu'à un ruisseau qui s'appelle *Froit mur* (2), et de ce ruisseau qui a son cours par la forest, (3) tendant à *Lesvrech* (4) et *Caerdall*; et, passant le ruisseau, l'on va à trois villages nommés *Lesluch* (5), *Lesneleuch* (6) et *Caermaes* (7). De là, en tirant droit par la plaine en deça de l'église de Bei, l'on va à *Caercouledern* (8); par après l'on va à un autre ruisseau qui vient du village nommé *Bezquet* (9); de là tendant par la paroisse de Mellac, au-delà de *Caerdurant* l'on va à un autre ruisseau et à un fossé, et par la forest l'on vient à la *fontaine Guenn*, dont le ruisseau sert de borne (10), et tombe dans l'Izol; et passant la rivière, par la paroisse de Juliac l'on revient à *Clos-Gouziern*, où l'on avoit commencé le cercle.

Il donna encore les petits monastères des saints

(1) Appelée aujourd'hui *Laita* ou *Rivière de Quimperlé*; cette dénomination est relativement moderne. Les anciens titres lui donnent toujours le nom de *Rivière Elé* (flumen Ele), depuis sa jonction avec l'Izole, jusqu'à son embouchure.

(2) Ou *Frout-Meur* (Grand ruisseau.)

(3) La forêt de Carnoët.

(4) On trouve dans la réformation des manoirs nobles de 1592, en la paroisse de Lothea (aujourd'hui commune de Quimperlé), un village de *Lysyroec'h* ou *Lysousc'hrec'h*.

(5) *Lisloc'h*, en Quimperlé.

(6) *Lestrenac'h*? en Quimperlé.

(7) *Kervés*, en Quimperlé.

(8) Un rentier des Obits de l'Abbaye de 1561, mentionne le village de *Kergouleden*, en la trêve de Trelivalaire. Cette trêve fait aujourd'hui partie de la commune de Quimperlé.

(9) Le MS. porte *Bedguet*. Le manoir noble de *Besuoet* (Ref. de 1426); la maison de *Bezouet* (Ref. de 1536). — Aujourd'hui Buzuec, commune de Mellac, canton de Quimperlé.

(10) « A funtunn Guenn per plebem Juliac. »

Tajac et Teretian (*monasteriola quoque sanctorum Tajaci et Teretiani*). Pour le premier c'est ce que l'on nomme en breton Lo-thea (1), comme qui diroit *Locus Tajaci*. Pour Saint-Terethian, j'avoue que je suis court, si ce n'est Saint-Tourhan (2). Il donna encore la trève de Saint-Rivalaire (3), c'est ce que l'on nomme Trefflivalazre ou Trelivalaire, et deux villages nommés *Caer-res* et *Caer-merrien* (4), sans y comprendre les bestes à cornes comme bœufs et vaches dont les terres estoient peuplées, et les autres dons particuliers.

L'autre partie considérable de la donation fut Belle-Isle, « qui fut » dit d'Argentré, « l'ancien pa-
« trimoine des comtes de Cornouaille, lesquels depuis
« la donnèrent en fondation aux religieux de l'abbaye
« de Quimperlé qui l'ont tenue jusqu'à nostre temps,
« et depuis aliénée par la nécessité du tems et des
« guerres. Ceste Isle est située sur de grands rochers
« et ne s'aborde qu'en bien peu d'endroits, conte-
« nant environ sept lieues de païs. Elle est riche en
« grains et pasturages, si on pouvoit souffrir les
« habitans user de leur fortune ; estant en situation

(1) Paroisse supprimée en 1790, aujourd'hui comprise dans la commune de Quimperlé. — Le nom de la ville de Loudéac (Morbihan), parait avec la même étimologie.

(2) Aujourd'hui *Saint-Thurien*, canton de Scaër (Finistère). Le monastère de Saint Teretian est peut-être *Lo-Teriyan*, commune de Bannalec, à moins que Saint Teretian soit le même que saint Ratian dont il est fait mention dans le Cartulaire de Landevennec, f° 147, v°. Il y a dans la commune de Coray, arrondissement de Châteaulin (Finistère), un village du nom de *Larajen*, forme altérée de *Lan-Ratian* (Ecclesia Ratiani.)

(3) « Tribus Sancti-Rigualadri. » Aujourd'hui *Tryvalaire*, commune de Quimperlé.

(4) *Kerres* et *Kermerrien*, commune de Quimperlé.

« si opportune, qu'il faut que tous les vaisseaux des
« nations de levant et de ponant qui courent d'une
« contrée en l'autre viennent baisser à ceste Isle,
« demander passage, ou se mettre en grand danger
« d'estre forcés : en effet bien propre pour retraite de
« larrons et écumeurs de mer : ou bien s'ils sont
« autres, pour bien tenir justice et seureté aux pas-
« sans. » C'est ce que dit d'Argentré (1). Moreri dans
son dictionnaire dit qu'en latin elle se nomme *Calonesus* (2). Elle est sur les costes de Bretagne avec titre de
marquisat, a environ six lieues de longueur sur deux
de largeur, avec un bon port et chasteau, vis-à-vis
de Vennes et d'Auray, à cinq ou six mille de terre
ferme ; est considérable par ses salines, et le passage
ordinaire des vaisseaux qui y viennent prendre leur
hauteur.

Le comte qui travailloit au bastiment de Jérusalem
fut obligé de mettre la main à l'épée pour défendre
son héritage (3) : car soit que la guerre qu'il faisoit
à Guihomarch vicomte de Léon, pour reprendre les
terres qu'il luy avoit enlevées, ne fut pas encore
achevée, ou qu'une nouvelle guerre se fut reveillée,
le comte se trouvant fort embarrassé du vicomte qu'il
avoit sur les bras, et qui s'estoit ligné avec d'autres
seigneurs (4) aussi injustes entrepreneurs que luy,

(1) *Histoire de Bretagne*, p. 58.
(2) Mor., *Dict.*, T. Ier, p. 399. — *Calonesus* est la traduction grecque du mot Belle-Ile.
(3) Ms. fo 5.
(4) « Timens periculum hostium Guihomarc'h videlicet co-
« mitis cum aliis tyrannis. »

voulut mettre Dieu de son parti; et pour l'engager dans ses intérêts il adjousta à la première fondation, deux trèves en donnant à Sainte-Croix *Treu-Taballac* (1) et *Treu-guennou* (2), en la paroisse de Bannalec (3). Dieu ayant bény ses armes, et ayant donné à la guerre, qu'il avoit esté obligé d'entreprendre, une fin aussi heureuse qu'il pouvoit la souhaiter, il confirma le mesme don, et le mist entre les mains de Saint-Gurloës. L'on verra plus loin les revenus que rend Treguennou.

Il lui tomba encore sur les bras un ennemi plus puissant, qui fut Alain, duc de Bretagne. A prendre la suite de d'Argentré, l'on diroit que ceste guerre se fist devant la retraite en France du comte; mais j'aime mieux suivre la foy de nos manuscrits; et sans aller contre la vérité des combats qu'il soutint devant sa retraite, je croy qu'il eut un grand démeslé avec le duc vers l'an 1030, à ces mots : *Interea transacto temporis spatio* (4), quelque tems s'estant passé après la fondation de Sainte-Croix. Je n'en puis deviner la cause, si ce n'est peut-estre que le comte eust pris le parti d'Eudon qui querelloit le duc son frère, pour augmentation de partage (5); et, en effet, cet Eudon épousa par après sa fille Ouen ou Onguen. Quoyqu'il en soit, le comte Alain se trouva surpris et accablé de l'armée du duc qui se jetta sur les frontières de Cor-

(1) *Trebalay*, commune et canton de Bannalec (Finistère.)
(2) *Trevenou*, commune de Saint-Thurien.
(3) « In plebe Banadluc. » Dom Mor. p. I, col. 367.
(4) Ms. f° 5.
(5) D'Arg. *Histoire de Bretagne*, liv. 4. ch. 27.

nouaille (1). Il ramassa à la haste ce qu'il peût de troupes pour repousser l'ennemy; mais se trouvant trop faible, il usa d'adresse; il se retira et se cacha avec ses gens dans la forest de Nemet (2), invoquant la force de la sainte croix du Seigneur, et le secours du saint pontife Ronan (3). Les ennemis ne trouvant personne qui leur résistast, se répandirent de tous côtés pour piller. Mais Cainart, revêtu de la force de la croix, sortit sur eux, les défist et les mist en fuite. Les habitants de Cornouaille ont depuis nommé cette victoire *Gueth-Ronan*. Le comte ayant une grande joye d'une si heureuse victoire, en voulut marquer sa reconnaissance à Dieu, et de l'avis et consentement de son frère l'évesque Orscand et de sa femme la comtesse Judith, et des seigneurs du comté, il donna au monastère de Quimperlé l'église de saint Ronan et toutes les terres qui sont contenues dans la franchise du mesme saint (4), avec toute la mesme liberté et paix que le comte les possédait. Il donna aussi tous les revenus du bourg, et autres terres et rentes qui sont détaillées dans le manuscrit. L'acte en fut passé l'an

---

(1) D'Arg. *Histoire de Bretagne*, liv. 4, ch. 23.

(2) Auj. *Nevet*; cette forêt existe encore en partie dans la commune de Plogonnec, canton de Douarnenez (Finistère.)

(3) Saint Ronan était originaire d'Irlande. Il vécut longtemps dans un ermitage de la forêt de Nevet, sur l'emplacement duquel on a élevé une église qui lui est dédiée. D'après la légende suivie par D. Lobineau, dans sa *Vie de Saint-Ronan*, il aurait été évêque en Irlande avant de passer en Bretagne. Cependant les *Martyrologes Irlandais* de Tallaght et de Donegal, qui mentionnent huit saints personnages du nom de *Ronan*, n'attribuent à aucun d'eux la dignité épiscopale. — Voir Rev. M. Kelly's *Calendar of Irish Saints*, et D. Lobineau et Alb. Le Grand, *Vies des Saints de Bretagne*.

(4) « Infra emunitatem. » D. Mor. P. L. col. 367 et 368.

1031, et mis entre les mains de saint Gurloës, abbé, et signé du comte, de la comtesse, de l'évesque Orscand, de Blinlivedus, abbé de saint Guenolé (le nécrologe de Landevennec le nomme Blinliguet) (1), du vicomte Morvan (de Léon), et plusieurs autres de sa cour.

Saint Ronan, que l'on nomme Loc-Renan, est un prieuré, à trois lieues au delà de Quimper, sur le chemin de Brest avec un gros bourg dont le prieur est seigneur. Il y a une très-belle église (2). Le prieuré est en main séculière. Je croy bien qu'il n'est pas possesseur de toutes les rentes qui sont marquées dans l'ancien mémoire, puisque le prieuré ne vaut que 700 livres.

Le comte qui avoit regagné, ou soutenu son héritage à la pointe de l'épée, voulut reprendre de mesme celuy de sa femme. Judith, comme nous l'avons dit, estoit fille de Judicael, comte de Nantes, qui avoit esté investi par le duc Alain III, de ce comté, auquel elle estoit proche à succéder, mais Budic, son frère naturel, s'en estant emparé, il le tenoit par force; et ayant mesme eu guerre contre le duc, en laquelle il fut appuyé de Foulques, comte d'Anjou, et la paix s'estant traitée par la médiation de Lanfranc, arche-

---

(1) Il figure sous le nom de *Blenlivet*, dans la liste des abbés de Landévennec. — *Cart. Land*, manuscrit de la bibliothèque de Quimper, f° 140, v°.

(2) L'église de Locronan fut construite dans la seconde moitié du XV° siècle. Les ducs de Bretagne accordèrent pendant plusieurs années aux habitants, le devoir de *Billot* du bourg, pour « *aider à l'édification de leur église.* » La chapelle du Penity où se trouve le tombeau de Saint-Ronan, fut batie en 1530, par la princesse Renée, fille d'Anne de Bretagne.

vesque de Dol, à condition qu'il quitteroit le parti Angevin, le comté luy demeura par le traité, au préjudice de la légitime héritière. Il en fist hommage au duc et en jouit jusqu'à sa mort qui arriva en 1037. Il laissa deux enfants; l'aisné nommé Mathias, et l'autre Matathias. Le comte Alain querella au premier le comté de Nantes. Ils levèrent des troupes des deux costés et combatirent longtemps par mer et par terre avec divers évènements, jusqu'à ce que Mathias estant mort en 1051, la guerre finit avec luy. Le comté revint à ses légitimes héritiers, et Hoël, fils de Cainart, en prist la qualité au titre de sa mère, en 1054, dit notre chronique : « *Hoël principatum Nannetensium adipiscitur Cornugalliæ Comes.* » (1).

La comtesse Judith ne voulant pas paroître moins religieuse que son mary, augmenta à son tour les revenus de Sainte-Croix, et se déclara par sa libéralité la mère du monastère que l'autre avoit fondé. Elle donna donc en considération de la fraternité à laquelle elle avoit esté admise, et pour le salut de son âme, de celles de son mary, de ses enfants et de toute la famille cinq villages en la paroisse de Clohal, qui sont proche de la mer où le manuscrit marque qu'est le port de Doëlan, fort commode pour les navires : « *ubi portus Duelan navigantibus aptissimus habetur* (2). » Il peut encore à présent contenir vinq-cinq vaisseaux fort aisément. Voici le nom de ces villages, *Caerpuz*, *Caerpadell*, *Tercaertnou* (3), *Monokan*, la terre nommée

(1) Chron. Sanctæ Crucis, anno 1054.
(2) Ms. f°, r° et v°. — D. Mor. P. I., col. 366.
(3) *Kernou* ou *Kernoul?* Les noms des autres villages mentionnés ici ne se trouvent plus dans la commune de Clohars.

Kistillic, et la moitié du bourg de Clohal, avec les dismes, droits funéraux de l'église, et les rentes de la terre ou trève nommée *Treuquiloë*. Ces villages luy appartenoient comme faisant partie du douaire qui luy avoit esté assigné quand le comte l'épousa dans l'Isle d'Aindre, qui est en la rivière de Loire, deux lieues au-dessous de Nantes. L'acte fut signé du comte Alain, de son frère, l'évesque Orscand, des vicomtes (de Léon) Guihomarch et Morvan (Maurice), d'Hélisée, abbé de Landevennec, qui est mort en 1055 (1) : de la comtesse Judith, donatrice, de Guethenuc, que je croy frère du comte, et d'Omnès, évesque de Léon ; mais le catalogue des évesques n'en met point de ce nom (2), et ce nom ne peut tomber que sur Eudon ou Salomon qui vivaient vers ce tems-là. L'acte fut mis entre les mains de saint Gurloës, abbé, mais l'année n'y est pas marquée.

Il est à croire que c'est sur ce fond, en partie, qu'à esté doté le prieuré de Doëlan, en Clouhal, qui est dédié à Saint-Guthiern ou Gouziern qui est sous la nomination de l'abbé de Sainte-Croix et qui est possédé maintenant par un séculier.

Les seigneurs qui avaient pris alliance avec le comte Alain prirent aussi de l'inclination pour son monastère (1). Huelin, fils de Bérenger, qui avoit épousé sa sœur Avan, donna à Sainte-Croix l'isle de Tangue-

---

(1) MS. f° 13, r° et v°.

(1) « III Non. Julii. ». — *Necrolog. sancte Crucis*.

(2) Dom Taillandier admet Omnès au nombre des évêques de Léon. — *Hist. de Bret*, II p. xl.

then (1), de la manière qu'il la possédoit, et exempte de toute charge et devoir, et parce que la donation luy sembla petite, il y adjousta l'église de saint Guthiern, en l'Isle de Groyais, et l'église de saint Meloire (2), avec les terres qui en dépendent, en considération que les religieux l'avoient reçu en leur fraternité. Ils lui offrirent en présent pour cela, trois chevaux et un tapis. Cet acte fut passé à Quimperlé du consentement de sa femme Avan et de son fils Guégon, en l'an 1037, en présence et à la cour du comte Alain, qui estoit alors à Kemperlé, qui y signa : *Alain Cainard*, avec Budic ou Benoist, évesque de Vennes, qui ne donna pas cette isle comme met mal Albert Le Grand (3), mais approuva seulement le don ; ce fut dans la première année de son pontificat. Il fut encore signé de Félix (saint) abbé de saint Gildas de Ruys (4), qui mourut l'an suivant 1038, d'Hélisée, abbé de Landévénec (5), dont nous avons desjà parlé ; de la comtesse Judith, et de plusieurs gentilshommes de Cornouaille. Il fut signé et reçu par saint Gurloës, abbé. Les donateurs y signent aussi qui sont : Huelin, Tanki, son fils, Avan, femme de Huelin et sœur du comte, et six gentilshommes de sa suite, et plusieurs autres du pays de Guémené. Cet acte fut fait en 1037 (6).

(1) Aujourd'hui *l'île St-Michel*, entre le Port Louis et Lorient (Morbihan).
(2) « In insula Groë. »
(3) *Catalogue des évesques de Vennes.*
(4) Ordre de saint-Benoit, canton de Sarzeau, arrondissement de Vannes (Morbihan).
(5) Son nom est écrit *Elisuc* dans la liste des abbés de Landevennec. — *Cart. Land.* F° 140, v°.
(6) Dom Mor. P. I. col. 373.

Ce seigneur avoit deux enfants, Tanki et Guégon, son nom est marqué dans notre nécrologe (1). C'est le 26 juillet qu'il mourut.

Cette donation a aidé à fonder un prieuré qui s'appelle Saint-Michel des Montagnes, qui est proche le Port-Louis, et qui est uni au Collége des pères de l'Oratoire de Nantes, comme nous dirons cy-après.

Saint Gurloës avoit assez établi la sainteté de sa maison pour aller recueillir le fruit de ses travaux dans la gloire. Dieu le retira de ce monde en l'an 1057 (2). Sa feste se célèbre le 25 d'aoûst; et ainsi comptant depuis le jour de l'exaltation de Sainte-Croix, 14 de septembre 1029, qu'il fut béni par l'évesque Orscand, pour estre premier abbé de Sainte-Croix, jusques en 1057, l'on trouveroit qu'il auroit gouverné l'abbaye vingt-huit ans, moins vingt jours. Il y a pourtant un manuscrit qui ne lui donne que vingt-cinq ans de gouvernement; ce qui pourroit faire croire qu'il auroit quitté la charge d'abbé trois ans devant sa mort, afin de penser aux jours de l'Éternité, et se disposer au grand passage, comme ont fait plusieurs de ses successeurs, ainsi que nous verrons dans la suite. Ou bien si cette raison n'est pas recevable, il faut plutost s'arrêter à la chronique du monastère, qui est fort exacte, qu'au rapport de cet historien qui se trompe quelquefois dans le compte qu'il fait des années. C'est une perte que l'on ne peut assez regretter que celle de la vie de ce grand saint, dont l'on ne

---

(1) « VII Cal. Aug. obiit Huelinus de Haënbont nostre societatis. »

(2) Chronic.

trouve rien d'écrit, sinon qu'il a esté tiré du monastère de Redon où il estait prieur pour estre premier abbé de Céans, qu'il a gouverné vingt-cinq ans, et qu'il est mort ayant fait plusieurs miracles pendant sa vie, et qu'il en fait encore tous les jours après sa mort jusqu'à ce temps icy, dit l'auteur (1), qui apparemment est en 1118, puisqu'il rapporte la fin du procez de Belle-Isle. L'on peut adjouster, avec la mesme vérité que la puissance de Dieu se fait encore paroistre dans les miracles qui se font en nos jours au tombeau du saint pour le soulagement des malades qui implorent son secours pour toutes les maladies, surtout pour les fièvres et pour les maux de teste. Son tombeau se voit dans sa chapelle qui est une voûte souterraine fort belle, et qui a deux rangs de pilliers. Ce tombeau est de tuffeau sur lequel le saint est représenté estendu en habit de prestre avec la tonsure de religieux, la crosse en main, ayant un dragon sous ses pieds, pour marquer les victoires qu'il a remportées sur le démon. Je ne croy pas que ce tombeau ait été fait incontinent après sa mort : tout au plutost il aura esté fait en 1083 (2), qui est l'année de l'élévation de son corps, qui fut tiré de terre, et qui estoit l'ancienne manière de beatification. L'on voit à une ouverture en arcade sous son tombeau qu'il estoit en grande estime de sainteté quand l'on dressa le tombeau de

---

(1) Ms. fo 101, ro.

(2) La statue de saint Gurloës paraît dater du XVe siècle. On remarque dans l'extrémité ouest du tombeau une cavité ronde qui devait autrefois renfermer des reliques. Les fidèles recueillent pieusement la poussière qui s'y amasse et à laquelle ils attribuent une grande vertu pour la guérison de certaines maladies.

cette manière, puisque c'est une dévotion à la mode du païs de passer par-dessous les tombeaux des saints pour y marquer sa dévotion (1). Qui voudra me demander ce que veut dire un bout de grosse chaisne à trois ou quatre gros anneaux qui est attaché à un pilier, je luy diray que je n'en sçay rien, et que je n'en ay trouvé aucune mémoire dans les papiers de la maison, et dans ces matières l'on ne doit rien avancer qui ne soit bien asseuré (2).

Après le saint abbé qui estoit le fondement spirituel du monastère, le comte Alain qui en avoit élevé le bastiment matériel, et qui l'avoit appuyé d'un bon revenu, et que la chronique nomme avec justice le fondateur et le père du monastère, suivit de prez, puisqu'il mourut l'année suivante, 1058, pour aller cueillir au ciel le fruit des grandes aumosnes qu'il avoit faites sur la terre. Son décez est marqué dans

(1) Cette coutume qui était générale au Moyen-Age, doit remonter à l'époque où l'usage s'établit de déposer les corps des saints dans des châsses facilement transportables, que l'on plaçait sur des édicules élevés ou des crédences, sous lesquels on pouvait passer à genoux ou en rampant. Les incursions des Normands au IXe siècle, contribuèrent à répandre cet usage. On sait que pendant ce siècle les corps de la plupart des saints Bretons furent portés en France. — Cfr. Viollet le Duc, *Dict. du Mobilier français* au mot *Chasse*. — Il existe dans l'arrondissement de Châteaulin (Finistère), trois tombeaux appartenant au XVIe siècle et offrant la disposition de celui de saint Gurloës ce sont : 1° le tombeau de saint Ronan, dans l'église de Locronan; 2° celui de saint Edern, dans l'église de Lannédern; et 3° celui de saint Herbot, dans la chapelle de ce nom, commune de Plonévez-du-Faou.

(2) Il ne reste plus qu'un fragment de cette chaîne engagé dans un des piliers. — « A de petits piliers d'un goût sauvage, « pendaient de grosses chaînes de fer mangées de rouille; on « passait autour de ces anneaux une tresse de ses cheveux « qu'on arrachait avec violence. J'ai vu jadis les traces du « sang qu'on versait par cette opération. — Cambry, *Voyage dans le Finistère*, p. 198.

notre nécrologe le 4 de juin (1). Il avoit fraternité dans cette abbaye et il en fut bienfaiteur ; et si le prieuré de Sainte-Idunet en la ville de Chasteaulin estoit devant luy, il est assocré qu'il luy a donné le plus beau revenu qu'il a. C'est de sa libéralité qu'il a le fief de la ville. C'est une chose que je ne répète pas et qui a esté assez chantée dans le procez que les religieux de Landévennec ont eu contre les commissaires de la reformation du domaine (2). Il vécut, dit un manuscrit (3), trente ans après avoir basti le monastère de Sainte-Croix, et il ne se trompe que de quinze mois et quelque jours : mais il y a un peu plus à redire à ce qu'il adjouste qu'il repose dans l'église de la Sainte-Vierge qui est proche de l'église de Saint-Corentin (4). Car, outre que d'Argentré dit qu'il a esté enseveli dans l'abbaye qu'il a fondée (5), je n'ay à répondre à cet autheur que ce que Saint-Pierre répondit aux juifs sur le chapitre de David : « *Quoniam defunctus est,*

---

(1) « II non. Junii obiit Alanus Cainart Cornugalliœ Comes. »

(2) En 1080. Cette donation dont le texte a été publié par Dom Mor. P. I. col. 467, fut faite par le duc Alain Fergent. C'est à tort que la tradition de l'abbaye de Landevennec l'attribuait à Alain Cainard, car ce dernier mourut en 1058, et d'après les témoins qui y signent, il est impossible que l'acte ait été passé avant l'année 1081, date de la nomination de l'abbé Benoit à l'évêché de Nantes.

(3) Ms. f° 12 r°.

(4) « *Sepultusque in Ecclesiá B. Virginis Mariæ quæ adjacet Ecclesiæ S. Corentini in pace quiescit.* » — Dom Mor. P. 1. col. 367. — Cette chapelle a dû être détruite au XIII° siècle, lors de la reconstruction de la cathédrale de Quimper.

(5) *Hist. de Bret.* Liv. IV. ch. 35. — D'Argentré a très-probablement rapporté ce fait d'après la tradition de l'abbaye, tradition qui ne saurait infirmer le témoignage précis d'un historien presque contemporain d'Alain Cainart. On verra plus loin que d'Argentré a commis la même erreur au sujet du lieu de la sépulture de la duchesse Constance.

et sepultus, et sepulchrum ejus est apud nos usque in hodiernum diem. » Je dis que le comte Alain après sa mort a esté enseveli chez nous, et que l'on voit encore aujourd'huy son tombeau dans notre chapitre, où il est représenté armé, l'épée au costé, les mains jointes, le casque ouvert, le bouclier sur le bras gauche, ayant un lyon couché à ses pieds, qui est, à l'ancienne manière des tombeaux, une marque qu'il est mort dans son lit d'une mort naturelle ; car quand un cavalier mouroit au combat l'on mettait un lyon levé sur les pieds.

Nostre manuscrit (1) met que la comtesse Judith sa femme vescut six ans après luy (ils ne sont pas accomplis, car elle mourut en 1063), et quelle repose en l'église de Saint-Guénolé. Son décez est marqué avec justice dans le nécrologe de Sainte-Croix le 20 février.

L'année suivante, qui fut 1064, mourut Orscand, évesque de Cornouaille, frère de nostre fondateur, et notre bienfaiteur aussi. Il avoit pris la peine d'aller vers le pape pour le dessein de notre fondation ; il avoit bény Saint-Gurloës notre premier abbé, et il avoit donné droit épiscopal à notre monastère sur les églises qu'il avoit, et qu'il pourroit avoir, dans son diocèse. Nous verrons cy-après comme ce privilége a duré un peu plus de deux cents ans ; celuy de Belle-Isle ayant duré jusques à nos jours qu'il a esté attribué à l'évesque de Vennes comme au plus voisin. Ce prélat avoit esté marié, et il eut pour enfans Budic ou Benoist qui fut évesque après luy. Il eut encore un fils nommé Guegon qui fut doyen de Quimper comme l'on peut

(1) Chronic.

voir a deux actes (1) où Budic évesque signe et après luy : *Guigonus, decanus frater episcopi,* et autre part : *Guigonus frater ejus, decanus.* L'on pourroit encore croire qu'il auroit eu un troisième fils par l'acte de la donation de Trebalay et Treguennou qui fut faite par le comte Alain Cainart, et consentie par son frère l'évesque Orscand, et signé aussi par Conan, fils de l'évesque (*Conan filio episcopi*) (2). Notre chronique met sa mort en l'an 1064 : *MLXIIII. Orscandus episcopus Cornugalliæ vitam finit;* et je la croy plutost qu'Albert Le Grand qui la met en 1074, et le 12 octobre ; mais notre Nécrologe la met le 13 (3 *idus octobris.*)

Le comte Alain Cainard fut le dernier comte de Cornouaille, parce que le comté fut uny au duché par son fils Hoël qui parvint à la couronne ducale par sa femme. Les anciens comtes de Cornouaille portoient pour armes d'argent à trois hermines de sable enlevées, 2, 1. On les voit en quelques endroits du monastère comme au lambris du cloistre près la porte du chapitre, à l'autel de la Vierge, en la sacristie, etc. (3).

Le comte Alain eut cinq enfants (4) de sa femme

(1) Ms. in-8º fº 43 rº et vº.

(2) Ms. fº 5 vº. — Dom Mor. P. I. col. 367.

(3) Ces armes ont dû être placées dans ces divers lieux à des époques relativement modernes. L'usage des armoiries n'était pas connu avant le XIIe siècle. Les Hermines n'apparaissent dans l'écu de Bretagne qu'en 1213 sous Pierre de Dreux; et Jean II (1286-1305), fut le premier duc qui prit les Hermines pleines. — Dom Mor. P. I. p. xvi. — P. de Courcy, *Dict. Heraldique*, Introd.

(4) Il eut outre ces cinq enfants une fille nommée Hodierne, qui fut abbesse de Locmaria près Quimper. — Dom Mor. P. I. col. 390.

Judith. L'aisné, Hoël, qui de comte de Cornouaille par son père, et de comte de Nantes, en 1054, par sa mère, fut porté au duché par sa femme Havoise, fille du duc Alain III, et sœur du duc Conan II, qui mourut sans enfants. Elle devoit estre l'aisnée de ce frère puisque Conan n'avoit que trois mois quand son père mourut, le premier octobre 1040. Ce fut en 1066 que Hoël fut élevé au duché : en quoy l'on doit reconnoître la justice de Dieu qui récompense dès ce monde, ceux qui luy font des offrandes de leurs biens. Le comte Alain avoit en quelque façon dépouillé son fils de deux belles pièces de son héritage, la ville de Quimperlé et Belle-Isle, dont il avoit revestu la Sainte-Croix. L'on peut luy appliquer ce mot de Tertulien : *Laudo diligentiam; noluistis nudas et incultas cruces conservare* (1). Sa dévotion est louable en ce qu'il n'a pas voulu laisser la croix nue et sans ornement. Il l'a revêtue du plus beau de son héritage : mais cette croix qui, comme parle saint Augustin est passée du supplice des larrons sur la teste des roys, pour estre comme le couronnement de leur couronne, cette croix a relevé avantageusement le fils aisné de notre fondateur en faisant tomber la couronne ducale de Bretagne sur sa teste. Cette duchesse mourut en 1072, et le duc Hoël en 1084. Nous serons obligés par reconnaissances de parler d'eux et de leurs descendants, qui ont esté bienfaiteurs du monastère.

Un autre fils d'Alain, fut Budic, qui se nomme

(1) Tert. Apolog. c. 16.

frère du comte Hoël ; il est bienfaiteur de ce monastère comme nous verrons. Il mourut en 1091. Il eut un fils nommé Prigent. Ce Budic est nommé en la fondation de Locamand (1) (*signum Budic fratris comitis*). Le troisième fils fut Quiriacus, c'est-à-dire Guérec, homme d'armes et de belle prestance, dit Albert Le Grand (2), sacré évesque de Nantes, en 1055. Ce fut par l'advis réitéré de ce prélat que Harscoid II, seigneur de Retz, fonda la Chaume (3) qu'il soumit à l'abbaye de Redon en 1055. Le prélat pour ne luy pas céder y donna les églises de Notre-Dame et de saint Jean-Baptiste, avec le cimetière y joint, les prestres qui les gouvernoient y consentant : l'on en voit l'acte tout entier en Dupaz (4). Il fist aussi du bien à Sainte-Croix de Kemperlé, et à son église cathédrale, comme il paroist par son acte de 1063. Il mourut le 31 juillet ; notre chronique met sa mort en 1078, et notre nécrologe en fait mémoire (5).
Il eut pour successeur son frère Benoist, quatrième fils d'Alain Cainart, qui ayant esté cinquième abbé de Sainte-Croix, nous donnera sujet de parler de luy avec bénédiction.

Le cinquième enfant fut une fille, que d'Argentré, qui ne donne mal à propos que trois enfants à nostre

(1) Ms. fo 36, ro.

(2) *Catal. des évesques de Nantes.*

(3) Abbaye de l'ordre de saint Benoit, commune et canton de Machecoul (Loire-Inférieure). — Dom Mor. P. I. col. 406.

(4) Du Paz, *Généalogie de Retz*, p. 205.

(5) « II Kal. Aug. obiit Quiriacus episcopus Nannetensis qui Ecclesiam Beatê Mariè apud Bellam insulam dedicavit. »

fondateur, nommé Oven, et du Paz Onguen. Elle fut placée avantageusement ayant épousé Eudon, frère d'Alain III, duc de Bretagne, et ces deux conjoints furent la souche et origine de la puissante maison de Penthièvre, ayant eu six enfants masles : Geffroy, Alain, Estienne, Derien, Robert, Briend ; comme on peut voir fort au long en Augustin du Paz.

Je me suis étendu plus au long sur l'histoire de Bretagne, ayant crû devoir ceste justice à nostre fondateur de faire connoitre celuy qui avoit fait assez de bien à nostre abbaye pour la faire distinguer avec honneur entre celles de Bretagne. Maintenant je me resserreray dans mon histoire domestique, ne parlant plus de celle de la Province, que quand elle aura de la liaison avec la nostre.

CHAPITRE V.

JEAN DEUXIÈME ABBÉ,

QU'UN MANUSCRIT NOMME SAINT.

Il est sans difficulté que les trois abbés suivants sont les premiers successeurs de Saint-Gurloës, dans l'ordre que je les mets : mais l'on ne peut pas assurément marquer les années de leur gouvernement. Un manuscrit (1) qui en fait la liste, nous marque bien à la vérité leur rang ; mais il excède dans le tems du gouvernement qu'il leur donne, disant que Jean a gouverné onze ans, Vital neuf, et Jongomar trois. Ce qui fait vingt-trois ans, qui adjoustés aux vingt-sept de Saint-Gurloës font cinquante ans, et ces cinquante adjoustés a 1029, qui est l'an de la fondation feroient 1079, ce qui n'est pas recevable. Car il est constant par la chronique que Benoist leur successeur prist le gouvernement en 1066, doù vient que le compte excède de treize ou quatorze ans ; et pour faire voir l'erreur de ce calcul joignez encore cinquante-deux ans de gouvernement, que cet autheur donne à Benoist, leur successeur, et vingt-sept à Saint-Gurloës et vingt-trois à ces trois successeurs, cela feroit cent deux ans, qui joints à l'an de la fondation 1029, feroient l'an 1131,

(1) MS. in-8°, f° 101 r°

qu'il faudroit mettre la mort de Benoist, qui mourut asseurément en 1115. Ces erreurs de l'autheur feront que je ne suivray pas sa foy. Quelqu'un a bien remarqué (1) la difficulté, et a mis à la marge que c'est une erreur de mettre que Jean et Vital ayent gouverné vingt ans, n'ayant peu tous deux avoir esté abbés plus de quatre ans; sçavoir depuis 1055, que Saint-Gurloës peut s'estre démis de la charge, jusqu'à 1059 que Jongomarc fut béni, comme il est asseuré par la chronique du monastère. Saint-Gurloës ayant donc quitté le gouvernement, afin d'employer le reste de sa vie aux pensées de l'éternité, Jean luy succéda. L'on ne sçait rien de ses actions, si ce n'est que le mesme manuscrit (2) luy donne le nom de saint, et dit que les ecclésiastiques et les séculiers font un grand récit de ses bonnes œuvres (3). Son gouvernement fut de deux ans ; mais il a encore vescu après avoir quitté la charge, comme l'on en voit plusieurs exemples dans ses successeurs, et la chronique ne met sa mort qu'en 1081.

---

(1) In cod. in-4º, fº 67 rº.

(2) Ms. in-8º, fº 101 rº.

(3) « Huic sanctus Joannes regimine ejusdem Ecclesiæ succedens.... Hujus multa bona opera tam clericis quam laicis recitantur. »

CHAPITRE VI.

VITAL, TROISIÈME ABBÉ.

L'on trouve le nom de cet abbé en deux actes. Dans le premier, Alfred, surnommé Mab, *le fils* (c'est sans doute cet Alfret, fils d'autre Alfret qui signe dans l'acte de notre fondation), donne à Sainte-Croix et aux Religieux une terre communément nommée le *Vieux Miniki*, autrement *Cadege* ou *Cadegue* (1), c'est-à-dire les droits du comte sur cette terre là, qui luy appartenoient, et reçut des religieux en présent, deux chevaux et un tapis précieux qu'ils luy offrirent en reconnoissance de ce don, qu'il avoit fait pour le repos de l'âme de sa femme Guasceline, que les religieux avoient mise en terre ce jour là ; et il donna encore pour elle *Caer Killialunan* ou *Quiriclunam*, en la paroisse de Guiscriff (2). Le don fut reçu par l'abbé Vital ; témoins, Liosuc et trois autres moines ; et de la part du donateur, quatre gentilshommes et un prestre.

Sous le même abbé, Harnou donna les dismes qui luy appartenoient par héritage sur la mesme terre (3). L'abbé Vital soussigne à cet acte icy, et Liosoc qui est le même qui a signé l'acte précédent, prend

(1) Ms. f° 18 r°. — Auj. *Cadigué*, commune de Guiscriff (Morbihan).
(2) Auj. *Quillernan*, même commune.
(3) Ms. f. 18, v.

icy la qualité de prieur; ce que je remarque pour appuyer la pensée que j'ay, que ces deux abbés icy ne pourroient pas avoir gouverné tous deux vingt ans, comme dit un manuscrit, puisque ce mesme Liosuc signe en qualité de prieur dans l'acte où la comtesse Judith, femme de notre fondateur, donne les terres de Clohal (1), ce qui se passa sous notre premier abbé saint Gurloës. Le manuscrit dit qu'il soutint sa charge avec bien de l'honneur et de la louange, et qu'après sa mort ses ossements rendaient la santé à plusieurs malades (2); mais je ne sçaurois le croire sur ce qu'il dit qu'il gouverna neuf ans, et son successeur seulement trois; j'aime mieux suivre la chronique, qui en donne huit à son successeur, et je n'en laisse qu'environ deux à l'abbé Vital.

L'on ne trouve point son nom dans le Nécrologe.

---

(1) Ms. f. 12, r. — Voir page

(2) « Laudabiliter viguit...... Cujus ossa multos sanit (sic), et infirmos restituunt. » — Ms. f. 104 r.

CHAPITRE VII.

Jungomar ou Jungomarch (1), quatrième abbé.

Nous sommes arrivés à l'an 1059, que la chronique met l'élection de Jungomar quatrième abbé (2). Il signe en qualité de religieux à la donation de la comtesse Judith.

Pendant qu'il gouvernoit, les meilleurs amis de la maison moururent; le comte Alain estant mort l'année devant son élection, 1058; la comtesse sa femme en 1063; Orscand évesque en 1064. Ce fut devant cette année 1064, puisque ce prélat y signe, que Moam fils de Numenoë donna à Sainte-Croix et à saint Guthierne le village de *Guennou*, fils de Judluant, en retenant le droit de sépulture pour son corps au cimetière de saint Guthiern (3). Cet acte a esté passé du tems de Hoël et d'Havoise, duc et duchesse de Bretagne. Ces mots que ce donateur met : « *Testimonio suorum militum*, » marque sa noblesse, puisqu'il fait signer à son acte ses gentilshommes. L'abbé gouverna jusqu'en 1066, que l'abbé Benoist luy succéda, mais il ne mourut que vingt-deux ans après.

L'on trouve encore ses seings en 1069, dans la do-

---

(1) « Jungomarius. »
(2) Ms. f° 12, v°
(3) « *Villam Guennou mab Judluant*. » Ms. f° 29, r°. — Auj. *Kervennou?* commune de Clohars-Carnoët (Finistère.)

nation de Lotivy en Quiberon, que le duc Hoël et sa femme donnèrent (1) ; en 1074, que le duc Hoël consentit à la donation d'une vigne que fist le prestre Pictavin au profit de Sainte-Croix de Quimperlé (2) ; en 1075, que Berthe, douairière de Bretagne, veuve d'Alain III, donna Notre Dame de Nantes à Sainte-Croix (3), où il se nomme Jongomarc, abbé ; c'est-à-dire ancien abbé, car Benoist avoit succédé dès 1066. Ce qui fait voir que ayant esté élu en 1059, il gouverna jusqu'à cette année 1066. J'entends gouverner en chef ; car je croy que Benoist ayant esté élu évesque de Nantes en 1081, et estant obligé de résider dans son église, il faisoit remplir sa charge par celuy cy, jusqu'à l'an 1088, qu'il mourut, selon notre chronique. Sa mort est marquée au nécrologe le 4 mars (4). Un manuscrit (5) dit qu'il est enterré à Quimper-Corentin dans l'église Notre-Dame, et que son corps qui répand une très douce odeur s'y voit encore tout entier (6).

Il soussigna encore à une donation que le duc Alain IV fist en Clohal (7). Il gouverna en chef huit ans non achevés.

---

(1) Ms. f° 34. — Dom. Mor. P. 1, col. 432.
(2) Ms. f° 68, v°. — Dom Mor. P. 1, col. 440.
(3) Dom Mor. ibid.
(4) « IV Non. martii. »
(5) Ms. f° 101, v°.
(6) « Cujus corpus in Ecclesia Dei Genitricis apud Kemper sancti Courentini suavissima redolens odore aperto sepulchro totum integrum conspicitur. »
(7) Ms. f. 28, r°.

CHAPITRE VIII.

BENOIST, QUATRIÈME ABBÉ.

L'on peut dire que cet abbé a, selon son nom, apporté la bénédiction à ce monastère, par les grands avantages qu'il luy a ménagés, ou par son crédit, ou par sa vertu, ou par son adresse. Il estoit de la première naissance, estant fils d'Alain comte de Cornouaille, et frère de Hoël, qui fut duc de Bretagne. D'Argentré, liv. 1er de son histoire, dans la liste des évesques de Nantes, met mal qu'il estoit moine profez de Quimperlé; mais Albert Le Grand, augmenté par M. de Missirien, le met profez de Landévenec, conformément au nécrologe de cette abbaye qui l'en fait religieux. Soit que Jungomarc son prédécesseur luy eut résigné, ou bien qu'il eut esté élu sur sa démission, il fut fait abbé de Sainte-Croix en 1066, qui est la mesme année que son frère Hoël fut porté au duché de Bretagne par sa femme Havoise, fille et héritière du duc Alain III.

Comme il fust fait de grandes donations au monastère, de son temps, dont la pluspart ne sont point marquées de leur année, je tascheray de les mettre au plus prez dans leur rang, autant que ma lumière ou ma conjecture pourront en distinguer le tems.

Cet abbé achetta de Daniel fils d'un Harnou (Daniel filius Harnou), qui avoit desja donné quelques dismes sous l'abbé Vital (car il faut remarquer que les gentilshommes ne se nommoient pas encore par leurs terres mais se renommoient du nom de leurs pères ; ce que je remarque une fois pour toutes). donc Benoist achetta de ce Daniel qui se trouvoit en nécessité d'argent, les dismes de *Kaerwel* et *Kerstrat* et la moitié de son *glued* (1), (je croy qu'il veut dire par là des chefrantes nommées *Glouez* qui se payoient en avoine) (2). Cela luy cousta 15 livres.

Ce mesme Daniel (3) troublé de la prise de son seigneur Cadoret, se voyant sans argent pour le rachetter, reçut 9 livres de l'abbé Benoist et de ses religieux, et luy vendit la moitié des dismes qu'il avoit en la paroisse de Rédéné (4) jusqu'au ruisseau *Meingar* (5).

Ce mesme Daniel donna une terre en saint Wel (*forte* saint Viau) (6) autant que quatre bœufs en pouvoient labourer (7).

Longtemps après le mesme Daniel estant bien en peine de la captivité de son fils Caradoc qui avoit esté pris en guerre par Guegon fils de Huelin, reçut du

---

(1) « Decimas *Caeruuel* et *Caerstrat* et ejus *glued* medietatem. » Ms. f. 58, v°. — *Keroual*, commune de Redéné, ou *Kerroel*, commune d'Arzano. — *Kerstrado*, commune de Quimperlé.

(2) « *Gled, Gledz* ou *Glez*, Bled que le métayer ou fermier, laboureur doit fournir à son maitre, soit rente, soit chef rente. Je sçay ceci de M. Roussel. » — D. Le Pelletier, *Dict. Breton*, col. 341. — L'acte de la fondation de l'abbaye de Daoulas (*Arch. du Finistère*), mentionne une donation semblable : « Et Juzet filia Hervei filii Eucuni dedit *decimam* et *gledam* de villa Glou in Ploediry. » — Ce texte diffère de celui publié par D. M. *Hist. de Bret.* P. I. col. 669.

(3) Ibid.

(4) canton d'Arzano (Finistère).

(5) « Usque ad fretum *Minguar*, » Ms. f. 21, r°.

(6) *Saint Yhuel*, autrefois en la paroisse de Redéné, aujourd'hui commune de Quimperlé, à moins que ce ne soit *saint Coal* (Guthwal), commune de Guilligomarc'h.

(7) Ms. f. 20, r.

mesme abbé et des religieux un cheval de grand prix (1) et 60 sols afin qu'il leur cédast les dismes de *Kerlagatnos* (2). Ce qu'ayant consenti, il retira de prison son fils par les moyens qu'il avoit retirés de cette vente. Ces traittés faits en divers tems avec l'abbé Benoist, ayant esté signés par Alfret surnommé Mab, qui y consentit pour les droits qu'il y avoit, et ce mesme Alfret ayant fait une donation, sous Vital troisième abbé, à l'enterrement de sa femme, j'ai pensé qu'ils devoient estre mis les premiers sous l'abbé Benoist, n'ayant point de datte, à cause que celuy-cy y avoit peû signer.

Groegon fils d'Harnou, et par conséquent frère de ce Daniel, dans la nécessité qu'il avoit d'argent vendit pour 4 livres au mesme abbé et aux religieux, les dismes qu'il avoit depuis *Goez an avalen* jusqu'a *Kerstrat* (3), et fut reçu en leur fraternité et participation de prières. Une autrefois le mesme leur vendit encore les dismes qu'il avoit en Kerlagatnos pour 60 sols, et trois hommes de ses sujets y signent.

Quelques héritiers de la paroisse de Rédéné donnèrent aux religieux a percevoir par an une mesure de miel nommée : *Hanaffat mel* (4) ;

(1) « Palafredum, »

(2) « *Kaerlagat nos.* » Ms. fo. 19, ro. — Dom. Mor. P. 1, col. 374. — *Kerlagat?* commune de Moëlan.

(3) « *A Goueth ann avallen* usque ad *Caerstrat.* » Ms. fo. 19, ro. et vo. — *Goueth an avallen*, mentionné dans un titre de 1592 sous le nom de *Goez an lavalen*, signifie le *Ruisseau de la pomme.* Il se trouve dans le voisinage du village de *Roscasquen*, commune de Quimperlé.

(4) Ms. fo. 20, ro. — Les redevances en *Miel* paraissent avoir été fort en usage en Bretagne jusques vers le milieu du XIIIe siècle. Je ne connais pas de titre postérieur à l'année 1246 où

Macngi ou Meen, évesque de Vennes, de l'avis de
ses archidiacres et chanoines, donna au mesme abbé
et religieux, tout ce qui appartenoit à l'évesque dans
la paroisse de Rédéné (1) ayant reçu d'eux un cheval
et 60 sols qu'ils luy offrirent de bonne volonté, à la
charge toutefois qu'ils luy devoient tous les ans à
Kemperlé un disner ou un soupé. Albert Le Grand

il en soit fait mention. On comprend au reste de qu'elle importance devait être pour les Bretons, une substance dont ils faisaient l'*Hydromel*, qui leur tenait lieu de vin. Les lois d'Howell Dda mentionnent le miel comme une des choses que le colon ne pouvait vendre sans le consentement de son seigneur *(Ancient Laws and Institutes of Wales,* vol. I, p. 79 et 51 et vol. II, p. 265 et 525, *Ed.* Aneurin Owen). Chez les Gallois les abeilles étaient en si grande vénération qu'on leur supposait une origine céleste *(Ibid,* vol. II. p. 789). Aujourd'hui encore les abeilles sont considérées comme faisant en quelque sorte partie de la famille du cultivateur breton, et il est d'usage à la mort du maître d'une ferme, d'attacher aux ruches un morceau d'étoffe noire en signe de deuil.

Voici un relevé des paroisses dans lesquelles les anciens titres mentionnent des rentes en miel : Briec, Cuzon, Pouldreuzic (Finistère), *Cart. du Chap. de Kemper,* no 56; Argol (Finistère), *Cart. de Landevennec;* Ploujean (Finistère), *Cart. de saint Mélaine;* Pleubihan (Côtes-du-Nord), *Cart. de saint Georges;* Quiberon (Morbihan), *Cart. de Redon;* Plougastel-Daoulas? (Finistère, *Fond. de l'abb. de Daoulas,* apud D. Mor. P. 1, col. 669. Il y a en outre dans la paroisse de Combrit (Finistère), un village de *Muzulmel* (mesure de miel) qui paraît devoir son nom à la rente qui y était anciennement assise. Le cartulaire de Sainte-Croix de Kemperlé mentionne aussi plusieurs redevances de cette nature, ainsi qu'on le verra plus loin. La mesure la plus usitée en Bretagne par le miel était le *Hanaf* ou *Hanap* (cyathus), représenté aujourd'hui par l'écuelle. Le setier (sextarius) était plus rarement employé, car je ne le trouve mentionné que dans le cartulaire de Redon. Il n'est guère possible d'indiquer d'une manière exacte la contenance de ces deux mesures, car comme celle du *modius,* dont elles sont des divisions, elle a beaucoup varié suivant les époques et suivant les localités. Il résulte de quelques notes qui se trouvent à la marge du manuscrit de dom Le Duc, que la valeur du *cyathus* ou *hanafat* de miel était assimilée à celle du setier de froment : *sextarium frumenti, vel ciathum mellis.* — Ms. f. 22, v°.; — *Duos ciathos mellis vel duo sextaria frumenti.* — Ms. f. 73, r.

(1) « Quidquid in *plebe Redene* episcopi erat. » Ms. f°. 19, v°. Dom. Mor. P. 1, col. 430. Le texte donné par Dom. Mor. porte « in *plebe Redenac.* »

met cette donation en 1081, et j'y souscris aisément puisque l'abbé Benoist y signe comme évêque; ce qui fut seulement en la mesme année.

J'ay mis de suite ces traittés qui concernent les dismes qui se lèvent dans la paroisse de Rédéné. Le prieuré ou plustost chapellénie régulière de Bonne Nouvelle, comme la nomme Henry de Gondi, en sa présentation de 1608, ayant son destroit de dismes dans la paroisse de Rédéné, l'on peut voir que ce bien est pour la pluspart venu d'acquest plutost que de donation. Ce prieuré se nommant autrement du *reclus*, l'on peut croire qu'au commencement du monastère quelque religieux s'y renfermoit pour garder une plus grande retraitte, comme notre règle en parle en son premier chapitre. En effet notre nécrologe fait mémoire (1) d'un religieux nommé Guigon, que le nécrologe de Landevenec nomme Guégon, et adjouste : *Monachus et sacerdos inclusus sanctœ crucis*, prestre et reclus de Sainte-Croix.

Donguallon fils d'Even et ses frères donnèrent aux religieux de Sainte-Croix le village de Guennou (2), avec leur frère Gueganton qui se fit religieux.

Rudalt fils d'Alfred (peut estre le précédent nommé Mab) leur donna le village du Porcher (3).

Kindiou leur donna un village nommé *Enes-*

---

(1) III Non. Jun.

(2) « *Villam Guennou.* » Ms. f°. 20, r°. — Probablement *Kerguennou* ou *Kervennou* en Quimperlé. Il y a des villages du même nom dans les communes de Clohars-Carnoët, Saint-Thurien et Scaër.

(3) « *Villam Subulci.* » Ibid.

maen (1), pour le repos de l'âme de sa femme Anchuant qui avoit esté enterrée chez eux dans le cimetière de saint Guthiern. Ce cimetière avec la chapelle de saint Gouziern estoit situé dans le mesme endroit où est la muraille de séparation entre la cour de l'abbé et des religieux, où l'on a trouvé quelques tombeaux et ossements de morts, en y creusant l'an 1679 ou 1680. Ces trois donations sont mises icy à l'avanture n'ayant point leur année.

L'an 1069, le duc Hoël ayant la mesme affection pour Sainte-Croix que son père, le comte Alain, luy donna Logoman (2), qui estoit de son héritage ; sçavoir la trève *Karantuc* et la trève *Ridiern* (3), avec toute leur juridiction ordinaire, les déclarant libres de toute charge et devoir à qui que ce fust, et en retira tous ses officiers, prévosts et chasseurs ; et mist ce don sur l'autel de Sainte-Croix en son monastère en présence des premiers seigneurs de Nantes, Venetois, Cornouaille et Léon ; présent et acceptant son frère Benoist abbé ; et déclare avoir fait ce don pour le salut de son âme, de sa femme la duchesse Havoise, et de ses enfants, et pour le repos de l'âme de ses père et mère qui ont fondé le monastère ; et afin que le don ne fust pas contesté par ses successeurs et pour plus grande

---

(1) Ibid. — Auj. *Nenes* (contraction de *An enes*, en français l'*Ile*, commune de Rédéné.

(2) « *Sci Amandi locum.* » Ms. fo. 35. — Voir le texte de cette donation dans *l'Hist. de Bret.* de Dom. Mor. P. 1, col. 431 et 432. L'ancienne paroisse de Locamand fait, depuis 1790 partie de la commune de Fouesnant, arrondissement de Quimper (Finistère)

(3) Aujourd'hui *Trevidiern*, commune de Beuzec-Conq, canton de Concarneau (Finistère).

asseurance, il se fist une espèce de vendition. Il reçut par les mains de l'abbé, du bien de son église, 30 livres de deniers pour le profit des gentilshommes qui se rengeoient autour de luy de tous les costés de Bretagne, comme les abeilles autour de leurs ruches. Il ne manque pas pour asseurance de sa donation de faire les imprécations ordinaires sur celuy quelqu'il soit qui la diminuera où la détruira, en disant que le diable le perde et que la malédiction tombe sur luy, et que son partage soit avec le traistre Judas, et Architophel le déloyal, et avec Dathan et Abiron que la terre engloutit tous vifs. L'acte signé de Hoël, par la grâce de Dieu comte de Bretagne, avec le seing de la Croix, signé de l'abbé Benoist et Budic ses frères, de Derien fils de Tanki, d'Haimon de Pokaer, de Karaduc, de Roland de Léon etc., fut fait à Kemperlé au monastère de Sainte-Croix en assemblée publique un vendredi 27 février 1069.

La rente de la seigneurie de Treu-Ridiern, consistoit en : la haute justice, les droits curiaux, toute la disme, le mortuage, les deshérances, les aubaines, les amandes pour furt ou larcin, la cense nommée vulgairement *Armennat*, qui devoit estre levée par le prévost ou sergent feodé et rendue à saint Amand, et la septième partie luy appartenoit pour ses peines.

La rente de la seigneurie de Carantuc, comprenoit ce qui estoit du droit du comte et de l'évesque, c'est-à-dire : haute justice et juridiction épiscopale, les deshérances aubaines, les connoissances et amandes pour crimes et larcins; toutes les chefrantes, sans y avoir de sergent feodé pour les lever, sinon le religieux ou celuy à qui il en donnerait la commission ; les deux tiers de la terre ou seigneurie de saint Amand, avec ce qu'ils en avoient desjà devant que la terre fut partagée ; et l'autre tiers estoit tenu en fief sous l'abbé par les héritiers de Duenerth. De plus le comte donna cette terre exempte d'estape ou logement de soldats, en sorte que les troupes en seroient obligées de payer au profit de l'église ce qu'elles y dépenseroient ; il remist les rentes par avoine dues à la vennerie du duc, et donna avec les deux tiers des dismes infeodées de toute la forest (1), toute la disme des moissons jaunes et autres ; et pour la terre que les enfans de Duenerth donnèrent, en faisant religieux leur frère Hélie, toutes les chefrantes en appartenoient aux religieux (2).

Ces terres autrefois administrées par un religieux, sous l'abbé, et puis changées en titre de prieuré, sont enfin tombées entre les mains des pères jésuites du collége de Quimper en l'an 1652, comme nous dirons, quoyque les religieux s'y soient opposés ; mais enfin la cour de Parlement le leur adjugea pour le temps qu'ils enseigneroient. Quoyque l'on en pense, les compagnons du Seigneur, appartenant à un si bon maistre doivent estre nourris sur les biens de ses vrays sujets et serviteurs. Car s'ils sont de la compagnie de Jésus naissant qui fut un bœuf et un asne, il faut vérifier la prophétie du psalmiste : *animalia tua habita-*

---

(1) La Forêt est une trève de la paroisse de Fouesnant (Finistère).

(2) « Videlicet duos cyphos mellis. »

bunt in eâ, nourrir les animaux de Dieu qui élèvent tant de petits asnons dans leur collége, et qui, rendant service aux âmes et appuyant l'église, à ce qu'ils disent et écrivent, croyent comme Ste Hildegarde la prophétisé (1), qu'ils doivent estre payés de leurs peines. Ou bien s'ils sont de la compagnie de Jésus mourant, qui furent les larrons, il faut que comme le bon larron ils prennent part aux fruits et aux biens de la Sainte-Croix ; si ce n'est que l'on ait assez de dureté, ou si peu de respect pour leur vertu, et leur robbe, que de leur donner place avec le mauvais larron et avec Judas, comme le souhaitte le fondateur le duc Hoël.

L'on verra ensuite quelques pièces qui concernent ledit Logoman.

Le mesme duc ne donnant pas de bornes à sa dévotion, donna encore en la mesme année Lotivy ou Locdengui ou Locdevi, comme mettent les manuscrits (2).

« Je Hoël, comte des Bretons, je fais connoistre à tous que moy et ma femme Havoise, nous avons donné

---

(1) Je ne suis pas le premier qui crois avoir trouvé leur figure dans la vision de sainte Hildegarde : *Bestiam vidi cujus facies et anteriores pedes similes urso erant, et cujus reliquum corpus similitudinem bovis ostendebat, excepto quod posteriores pedes ejus similitudinem pedum asini habebant, et quod caudâ carebat. Tria cornua in capite habuit........*
« *Hac altitudine cæteros populos ut... publicanos spernunt et seculari sollicitudini se adjungunt et multiplicem locupletationem comprehendunt velut totam terram laboribus suis evertant et per hoc latitudinem divitiarum plusquam deberent capiunt.* » Sanctæ Hildeg: Epist. ad Gris. D. P. L. — Voir la préface de l'auteur, p. 11.

(2) « Locdengui de Keperoen. » Ms. f° 34, r°. — Voir le texte de cette donation dans D. Mor. P. 1, col. 433. Quiberon est un chef-lieu de canton de l'arrondissement de Lorient (Morbihan). L'abbaye de Rhedon y possédait un prieuré fondé en 1027 par le duc Alain III. — D. Mor. P. 1, col. 363 et 364.

pour jamais Lodivy, en Quiberon, et tout ce qui dépend de ce lieu au monastère de Sainte-Croix de Quimperlé et à ses religieux, pour la rédemption de nos âmes et pour les âmes de nos parens et enfants ; et parce que cette donation sembloit aux religieux d'une durée très-grande, j'ay reçu, dans la charité de Dieu, de l'abbé Benoist, mon frère, et de ses religieux, un cheval moucheté de diverses couleurs. L'acte est signé du duc et de sa femme et plusieurs seigneurs, de Benoist, lors abbé, gouvernant le monastère et de Jungomar, ancien abbé et autres religieux, et est de l'an 1069.

Lotivy, en la paroisse de Kiberon, diocèse de Vannes, est en main séculière, parce que l'on n'a pas poussé le procez sur une nomination que M. l'Abbé avoit faite de ce prieuré à Dom Jacques Bidaut.

Dieu voulant enrichir le monastère de biens spirituels, aussi bien que de temporels, le favorisa de la découverte de plusieurs saintes reliques (1). Il est vray que l'année n'est pas marquée, mais comme elle est marquée du temps de l'abbé Benoist et de Guégon, fils de Huelin, son cousin germain ; car Huelin avoit épousé Avan, tante de l'abbé Benoist, j'ay crû la devoir mettre en ce temps icy, puis que Guégon ayant signé la donation de Saint-Michel que faisoit son père dès l'an 1037, il devoit avoir grand âge en cet année 1069. Il arriva donc du temps de l'abbé Benoist et de Guégon, son cousin, seigneur de Hennebont, que plusieurs saintes reliques furent découvertes par le

(1) Ms. Post vitam sancti Gurthierni.

moine Ocdrius dans l'isle de Groyes. L'on n'en sçait pas la manière, mais voicy le dénombrement de ces saintes reliques : les reliques de saint Guthiern, avec sa vie écrite sur un cayer fort gasté de vieillesse; une partie du chef de saint Guénolé (1), des reliques des saints Paulennan (2), Symphorien, Tenennan (3), Guedian (4), Guenel (5), Idunet (6), et autres saints.

Ce mesme Guégon, fils de Huelin, dans la maladie dont il mourut, fut fait religieux par l'abbé Benoist et donna le village nommé *Caer Courentin* (7). Il fut fait moine que l'on appelloit *monachus ad succurrendum,* moine pour avoir le secours des prières des religieux dont ils prenoient l'habit, et, s'ils mouroient, ils estoient considérés comme religieux de la maison ; que si ils relevoient de leur maladie, et que mesme ils fussent mariés, s'ils avoient reçu l'habit de pénitence

---

(1) Premier abbé de Landevennec.

(2) Appelé par les Gallois Pawl Hen ou Paulinus. D'abord membre du collége de Saint-Iltut, il fonda lui-même vers 480 une institution du même genre à Ty-Gwyn ar Dâf (Caermarthenshire), où il eut entre autres disciples saint David et saint Teilo. Il vivait encore en 519. Sa fête est marquée le 22 novembre. — Voyez Rees's *Welsh Saints*, page 187.

(3) Evêque de Léon au VIe siècle. — Dom Lobineau. *Vies des Saints de Bret,* p. 118.

(4) On ne connait pas d'actes de ce saint. Il y a dans la Cornouaille anglaise une paroisse du nom de *Gwithian* ou *Gothian.*

(5) Deuxième abbé de Landévennec.

(6) « Iudumeti. » Ce saint vivait au VIe siècle dans une solitude de la montagne de Châteaulin (Finistère). Il en est fait mention dans le *Cartulaire de Landévennec* : « Sanctus Wingualoeus iter edidit ad fratrem suum Ediunetum qui morabatur in quendam montaneum qui vocatur *Nin* serviens Deo die noctuque super ripam fluminis quod vocatur *Hamn.* — Cart. Land. f. 142, v°.

(7) « Villam quam *Caer Courentin* appellant. » Ms. f. 20, r°. Dom. Mor. P. 1, col. 374.

du consentement de leurs frères ils estoient obligés d'acquitter leurs vœux.

Caraduc fils de Kentlaman, cassé de vieillesse, prist l'habit religieux de l'abbé Benoist, et donna un village de son héritage où estoit l'église de saint Caradoc (1), libre de toute charge ; et pour marque qu'il en investissoit le monastère, il apporta de la terre de ce lieu et l'attacha à la muraille du monastère. Par cette disposition qu'il fait de son bien, l'on voit qu'il n'estoit moine que pour avoir les suffrages.

Guihomarch, fils de Numenoë, languissant depuis longtemps d'une grande maladie, se fist porter de sa maison de Coroë (2), au monastère de Sainte-Croix ; où estant couché en son lit, il fist venir auprès de soy Benoist frère du duc Hoël, abbé, la communauté des religieux, son frère Duenerth et ses amis, et donna de concert avec son frère, *Caer Urs* (3), en la paroisse de Clohars-Carnoët, qui estoit de son héritage, pour le bien de son âme ; et il donna encore de la mesme manière, un autre village nommé *Caer Kentlaman.* Il eut pour témoins Ehuarn, fils du vicomte Morvan (4) et Killaë, abbé de Landevennec, qui n'est mort qu'en 1085.

Rivallon fils de Moam (peut estre le mesme qui a

---

(1) « In Languinerin. » Ms. f. 27, r°. — Il y a dans la commune de Mellac (canton de Quimperlé), un village de *Saint-Caradec.*

(2) *Coray?* commune de l'arrond. de Châteaulin (Finistère). — Ms. f. 29, v. — Dom. Mor. p. 1, col. 465.

(3) Aujourd'hui *Kernous* (Kernours 1549), en la commune de Clohars-Carnoët (Finistère).

(4) Vicomte de Léon.

fait donation à l'abbé Jongomarc) estant détenu d'une grande maladie, reçut de l'abbé Benoist et de ses religieux l'habit de moine (il est à croire que ce n'estoit que moine pour les suffrages), et leur donna un village de ses terres nommé *Caer Gleudalan* (1), libre de toutes charges, en transportant sur une autre de ses terres la rente que la comtesse avoit droit d'y lever. Cette comtesse estant dans mon sens, la duchesse Havoise, car tous les titres mettent indiféremment comte ou duc de Bretagne, et mesme plus souvent le premier que le second, et la duchesse estant morte en 10... (2), cet acte doit avoir esté fait devant cette année.

L'an 1075, Nostre-Dame de Nantes fut donnée à Sainte-Croix, par Berthe duchesse douairière de Bretagne, la mesme dont Alain Cainart avoit ménagé le mariage avec le duc Alain III.

Nostre-Dame de Nantes avoit esté fondée par Alain III, surnommé Barbetorte, en reconnoissance de ce qu'il avoit obtenu une source d'eau miraculeuse, qui se voit encore en la paroisse de saint Agnan prez de Nantes, et se nomme la fontaine de sainte Marie, dans la grande nécessité où se trouvoit son armée abbatue de soif et de chaleur au combat où il défit les Normans qui tenoient la Bretagne. Cecy arriva en 931 ou 932 (3). Voicy ce que porte l'acte de donation (4).

(1) Ms. f. 30, v.
(2) *Chronic. Kemperleg.* — Cette date doit être 1072, d'après ce qui est dit à la page 100.
(3) D'Arg. *Hist. de Bret.* liv. IV, ch. 13. — Albert Le Grand. *Fondation de Bonne Nouvelle*, p. 357 et *Catal. des évêques de Nantes*, p. 72.
(4) Ms. f. 65. — Dom. Mor. P. I. col. 440 et 441.

« Berthe comtesse (1) femme d'Alain de Rennes duc
de Bretagne, pour la rédemption de son âme et de la
mienne, et de nostre fille la comtesse Havoise, femme
de Hoël, duc de Bretagne, et pour la conservation de
leurs enfans, mes petits fils, Alain et Mathias, je
donne l'église de Nostre Dame Marie mère de Dieu,
située entre les murailles de la ville de Nantes, qui
m'avoit esté librement donnée par le mesme duc Hoël
et sa femme et ses enfans, aux religieux de Sainte-
Croix de Quimperlé, pour reconnaissance de la fraternité qu'ils m'ont accordée en leur chapitre, en
présence du duc et de ses enfans, et de son frère Guérec, évesque de Nantes, et je la leur accorde libre et
paisible de toute charge ou difficulté. Mais parce que
cela m'a semblé plus à propos, le mesme prélat invité
par les prières du prince son frère et de ses enfans et
les miennes aussi, de donner l'investiture et mettre
le monastère de Quimperlé en possession réelle, y a
consenti, et ayant joint ensemble les cordes des cloches
de l'église, en présence du duc et de ses enfans, il en
a investi de sa propre main son frère Benoist, abbé de
Quimperlé, avec joye, comme le faisant pour le repos
de l'âme de son père, le comte Alain, qui avoit esté
fondateur du mesme monastère. » Les témoins qui signèrent, furent le comte Hoël et ses deux fils, Alain
et Mathias ; Guérec évesque de Nantes ; Berthe comtesse et la donatrice ; Alain fils naturel du comte Conan, dernier duc, dont les histoires ne font point mé-

---

(1) « 1085 : Obiit Berta comitissa. » *Chron. Kemp.* « Pridie
Id. April. obiit Beerth comitissa. » *Nécrol. Sancte Crucis.*

moire ; Havoise la petite fille de la bienfatrice, dont les historiens ne font point de récit, et qui devoit estre sans doute fille du duc ; quelques dignités et chanoines de Nantes ; plusieurs seigneurs et gentilshommes, et Benoist abbé, qui reçut la donation, et Jongomar ancien abbé. Cecy fut fait en la ville de Nantes l'an 1075. La duchesse Havoise n'y signe point, car elle estoit décédée trois ans auparavant.

On fist de ceste église un prieuré conventuel qui estoit considérable, à qui l'on avoit attaché plusieurs donations, comme celle qui fut faitte l'an précédent, de la maison et vigne de Pictavin, prebtre (1), situées près l'église de Nostre-Dame ; et tous les biens du mesme prestre, relevant du comté de Nantes, le duc Hoël le donne aux religieux de Quimperlé, pour le salut de son âme et de celles de ses parens. Cette donation faitte par ledit prestre fut mise sur l'autel de la Vierge de la main propre du duc, en présence des seigneurs et gentilshommes de sa cour. Il y signe avec l'évesque Querec, plusieurs seigneurs et officiers de la cour, Benoist, moderne, et Jongomarc, ancien abbé de Sainte-Croix, l'an 1074.

Guérec, évesque de Nantes, donne au monastère de Sainte-Croix, basti, comme il dit, par la continuelle largesse d'honneurs et de richesses de ses parens, et pour le repos de leurs âmes et le salut de la sienne, et pour avoir part après sa mort aux prières et bonnes œuvres des religieux, et obtenir de Dieu

---

(1) Ms. f° 68. — D. Mor. P. I. col. 440.

pardon de ses fautes, il donne une terre située sur le ruisseau Ozanz, de l'autre costé de Losquidic, où l'on peut bastir deux maisons, avec les terres propres pour le labourage des bœufs. Item une autre de ses terres située près de Chezal, pour l'usage du foin nécessaire aux religieux. Il foudroye d'excommunication celuy de ses successeurs qui retirera cette donation, et la signe avec le duc Hoël et plusieurs dignités et chanoines de sa cathédrale, et Baudry de Clisson, Bernard de La Roche, Daniel du Pont, l'abbé Benoist qui reçoit le don, et quatre de ses religieux et cinq autres personnes de sa maison; fait à Nantes l'an 1076 (1). L'évesque mourut deux ans après en 1078, le 31 juillet.

Mathias, comte de Nantes, deuxième fils du duc Hoël, et neveu de l'abbé, donne au monastère de Sainte-Croix, fondé par son grand père Alain, et pour le bien des âmes de ses père et mère, Hoël et Havoise, une isle nommée Corbet, située dans la rivière de Loire, exempte et libre de toutes charges et difficulté. Il signe la donation avec son oncle Benoist, lors évesque de Nantes et abbé de Sainte-Croix, et avec Gaudin de Clisson, Justin, fils d'Harscoid, seigneur de Retz, Guaefer de Prumo, Simon de La Roche et autres gentilshommes et officiers; deux archidiacres, trois chanoines, trois religieux, qui se mettent moines de l'évesque (Episcopi monachi), demeurant avec luy dans son évêché. Cela fut fait en l'église de Saint-Pierre de Nantes, l'an 1091 (2). Ce Mathias, comte de Nantes, mourut l'an 1103 (3).

(1) Ms. f° 67, r° et v°.
(2) Ms. f. 69.
(3) Chron. Kemperleg.

Raoul, archidiacre de Nantes, donne pour le salut de son âme, un plant de vigne situé en Losquidic, dans la terre de Rosart, à ses frères les religieux de Quimperlé, avec ordre à celuy qui le cultivoit d'en rendre le rapport aux mesmes religieux; le don fait en présence de son évesque Benoist, signé de trois religieux, dont l'un d'eux se nomme Medecin, de deux chanoines et quelques ecclésiastiques et autres; ce fut fait en 1092 (1).

Guillaume, receveur (2) de l'évesque de Nantes donne le tiers de son bien après sa mort (et comme il estoit homme d'affaires, il prend fort bien ses mesures), à condition que s'il devient malade et que la nécessité l'oblige de recourir à Sainte-Croix, les religieux les recevront et le traitteront comme leur frère; que si la dévotion le prend d'aller en pélérinage à Saint-Pierre ou à Saint-Jacques, ou à quelque autre lieu saint éloigné, et qu'il y meure, ou que la mort le surprenne en son lit, que les religieux jouiront en repos de son bien selon l'accord, et qu'il aura part à leurs suffrages comme un des religieux. « Benoist, évesque de Nantes, mon seigneur, a consenti à ce traitté et m'a promis de me conserver moy et mes biens pendant sa vie. Que si quelque évesque qui luy succédera après sa mort, inquiète, dit-il, ma femme ou mes enfants sur la possession de mes biens, l'église de Sainte-Croix, jouira en repos de l'effet de ce traitté sans y estre troublé par mes parents; et afin que les religieux m'accordassent plus volontiers leur frater-

(1) Ms. f. 71.
(2) « Telonarius. » Ms. f. 69, v. 70, r. et v. et 71 r.

nité, je leur ay donné présentement un arpent de vigne que j'ay planté en Losquidic, en la terre de Rosart, fils d'Even, libre de toute charge sinon de 12 deniers à la veille de Noël, et le mesme Rosart a consenti à cette donation en présence de l'évesque Benoist. » Il y a le nom de plusieurs témoins. Il y adjouste par apostille, qu'il a donné cet arpent de vigne de manière que après sa mort, le tiers de ses biens tombe aux mains des religieux, excepté sa maison et son jardin où ils demeurent en ville, soit qu'il se soit retiré ou non, au monastère dans sa vie, pour les besoins de son âme ou de son corps. « Car ma femme Melisende ayant entendu que les moines avoient choisi cet arpent en Losquidic, elle les chicana disant qu'il estoit de son douaire : mais ne voulant pas que les religieux eussent quelque difficulté sur ma donation, je luy ay transporté, pour cet arpent, de l'advis et consentement de son père et de son oncle Rainaud, la vigne que j'avois en la terre de Saint-Donatien. Et après cela son père et son oncle ont confirmé de bon cœur ma donation ; » témoins signés : l'évesque Benoist, un archidiacre, un doyen, trois chanoines et autres, et deux moines. Fait l'an 1093.

Depuis, sous l'abbé Ronguallon (1), un nommé Alain donna tout son bien à Sainte-Croix et à la Vierge Marie, comme il le possédoit sous la seigneurie du duc Conan et de Brice, évesque de Nantes, ayant pris et porté l'habit religieux deux ans. Ce doit être vers 1140.

J'ay mis de suite tous ces actes qui regardent

(1) Ms. f. 71, v. et 72 r.

Nostre-Dame de Nantes, nous verrons cy-après ce qui regarde le mesme Prieuré Conventuel en l'an 1161.

En l'an 1078, le pape Grégoire VII donna à nostre abbé une bulle qui confirmoit les biens du monastère (1).

« Grégoire, évesque, serviteur des serviteurs de Dieu, à nostre bien-aimé fils en Jésus-Christ, Benoist, abbé du monastère de Sainte-Croix en Bretagne, situé en la ville appelée Anaurut, et à ses successeurs qui seront élus régulièrement à perpétuité. »

« La Bretagne, comme quelques-uns de vostre nation (2) le témoignent, a esté commise à la garde et à la défense de la sainte Église Romaine, non seulement par les Empereurs, mais encore par ses habitans; mais nos prédécesseurs ont esté si négligents en ceste affaire, comme en plusieurs autres, que l'amour et le soin de cette conservation Apostolique et la première ardeur de vostre dévotion tombèrent des deux côtés en nonchalance, et comme en une espèce d'oubli. Nous prenons donc soin avec l'aide de Dieu de remettre en mémoire ce qui a esté négligé jusques ici, et nous nous employons avec d'autant plus d'affection à donner nos soins au salut et honneur de vostre patrie, que nous sçavons, comme nous avons desjà dit que vostre nation s'est mise par dévotion sous la protection de saint Pierre. Et quoyque nous devions généralement à la Bretagne ce que vous demandez de nous, très-cher fils, cependant nous étendons plus particulièrement

---

(1) Ms. in-8°, f. 105. M. in-4°, f. 62. — Voir le texte aux pièces justificatives et dans l'*Hist. de Bret.* de Dom. Mor. P. I, col. 448-449.

(2) Le texte donné par Dom Mor., porte : « *nostræ gentis.* »

nostre défense et nostre secours pour la délivrance et garde de vostre monastère. D'où vient que selon le contenu de vostre requeste, nous prenons le monastère auquel vous présidez par la volonté de Dieu sous la garde et défense du Siége Apostolique, avec toute l'isle qui s'appelle Guedel, ou d'un autre nom Belle-Isle, laquelle recevant avec les autres possessions, que l'on voit luy appartenir justement, nous luy accordons, concédons et confirmons par le présent décret de nostre authorité, des priviléges de cette manière, ordonnant qu'aucun des roys, empereurs, évesques, nul de quelque dignité qu'il soit pourveu, ou quelque autre que ce soit, n'ose de tout ce qui a desjà esté donné de son propre droit à ce vénérable lieu par quelque personne que ce soit ou qui luy sera donné cy-après par la grâce de Dieu, sous quelque apparence de cause ou d'occasion, rien diminuer ou oster, et appliquer soit à ses propres usages ou accorder à d'autres sous prétexte de cause pieuse pour excuser son avarice. Mais nous voulons que tout ce qui y a esté offert ou qui y sera offert, soit possédé à jamais entièrement et sans aucune inquiétude, tant par vous que par tous ceux qui vous succéderont en vostre office et place, pour profiter en toutes manières à l'usage de ceux à l'entretien et gouvernement desquels il a esté accordé. Nous vous ordonnons donc tant à vous qu'à tous ceux qui succéderont dans le rang et place où vous estes, de garder à jamais ce qui est contenu dans nostre présent décret et commandement. Que si quelqu'un des empereurs, rois, ducs, marquis, comtes, prebtres, clercs, juges et autres personnes séculières cognoissant nostre présente constitution et ordonnance, attente d'aller contre par une entreprise téméraire, ayant esté averty auparavant jusqu'à une deux et trois fois, pendant les termes et temps convenables, s'il ne se reconnoît pas et ne satisfait au monastère susdit, qu'il soit privé de l'honneur de sa puissance et dignité et sache qu'il est coupable devant le jugement de Dieu pour l'injustice qu'il a commise, et s'il ne restitue ce qu'il a mal enlevé, et ne pleure par une digne pénitence, ce qu'il aura commis illicitement, qu'il soit séparé du corps et sang sacré du Seigneur nostre Rédempteur Jésus-Christ, et soumis à une rigoureuse vengeance au jugement éternel. Mais que la paix de Nostre-Seigneur Jésus-Christ soit à tous ceux qui conserveront au mesme lieu ses droits, en sorte qu'ils reçoivent icy le fruit de leur bonne action, et qu'ils trouvent auprès du Juge exact la paix éternelle pour récompense. Donné à Latran, le VIII devant les calendes d'avril par les mains de Pierre, prestre cardinal et bibliothécaire de la Sainte Église Romaine, l'an V du pontificat de nostre seigneur Grégoire VII, pape, indiction I. »

Le pape ayant esté consacré le 22 avril l'an 1073, et la bulle estant datée du 25 mars de la cinquième année de son pontificat, c'est l'an 1078.

Il adressa aussi une bulle à Hoël duc de Bretagne (1), mais comme il peut manquer quelque chose

(1) Ms. in-4°, f. 98. Ms. in-4. f. 63 v. — D. le Duc ne donna pas le texte latin de cette Bulle.

à la fin l'on n'en sçait pas l'année assurée. Voicy ce qu'elle contient : « Grégoire évesque serviteur (1) des serviteurs de Dieu, à Hoël prince glorieux, salut et bénédiction apostolique. Comme nous avons appris par le rapport de quelques uns, vostre père touché de l'amour de Dieu a enrichi le monastère de Sainte-Croix de quelques biens. Que si quelqu'un attente de les ravir ou diminuer, l'on pourra vous reprendre d'une négligence qui est assez considérable et vous convaincre que vous aimez peu les âmes de votre père et de votre mère. C'est pourquoy si vous connoissiez que quelque chose de ce qui a esté offert audit monastère a esté osté et aliéné par vous ou par quelque autre, nous voulons et mesme nous vous commandons de la part de Dieu et de saint Pierre de le recouvrer en toute diligence, et de le défendre et asseurer par tous les moyens qui vous seront possibles, pour l'avantage de ce mesme vénérable lieu. Que si vous le faittes, il paroistra que vous aidez beaucoup les âmes de vos parens, et que vous acquerez un grand bien devant Dieu et une bonne estime dans le monde. Car si vous estes redevable de cette protection à chaque église, vous devez bien davantage veiller au bien de celle-cy que vostre père a aimée, et sur qui la Providence de Dieu a voulu établir vostre frère selon le sang. » Il est a croire que le reste manque car ce n'est pas ainsi qu'une bulle se finist d'ordinaire.

En 1077 (2), le duc Hoël eut une disgrace, ayant été pris prisonnier par le comte Eudon de Pent-

(1) Deest *Servitor*.
(2) Chronic. Kemperleg.

hièvre; mais sa détention ne dura qu'onze jours, car son armée reprit de hauteur et luy enleva par force son prince.

En 1078, Guerec, son frère, évesque de Nantes, mourut le 31 juillet.

En 1081, trois ans après, Benoist frère des deux et abbé de Quimperlé succéda à l'évesque, l'on ne sçait pas la raison de cette vacance. Il reçut toujours avec le titre d'évesque la qualité d'abbé, non pas par l'abus de nostre siècle, où l'on souffre la pluralité de bénéfices, mais au lieu que nos prélats modernes ne cherchent que le bien de leurs personnes par cet amas de bénéfices, les anciens prélats cherchoient le bien de leur abbaye quand ils en retenoient le titre, comme l'on en aura bientost des exemples dans nostre prélat, et dans ce mesme siècle en Didier (1), abbé du Mont-Cassin, qui estant élu pape sous le nom de Victor III, voulut toujours retenir le titre d'abbé de Cassin, se faisant honneur d'estre successeur de saint Benoist comme il l'estoit de saint Pierre.

En ceste mesme année de la promotion de Benoist à l'évêché de Nantes, celle de nostre abbé Jean se fist au ciel, lorsqu'il quitta ce monde par une mort précieuse devant Dieu, le 15 juin (2).

Cadoret fils d'Alfred, se faisant religieux de Sainte-Croix (3) donna de sa terre deux villages nommés *Soult Alarun,* en Guiscriff (4), avec le consentement

---

(1) Mort en 1087.

(2) « XVII Id. cal. Julii. » *Nécrol. Sanctæ Crucis.*

(3) « Sæculo abrenuncians et monachus Sanctæ Crucis deveniens. » Ms. fo 32, ro et vo.

(4) Canton du Faouët, arrondissement de Pontivy (Morbihan).

de son fils aussi nommé Alfred et de tous ses héritiers ;
et le droit de ceste terre est que nul n'y peut lever de
rentes que Sainte-Croix. Benoist abbé y ayant signé
comme évesque de Nantes cecy doit avoir esté passé
après 1081. Ce Cadoret devoit estre seigneur de qualité puisque son fils signe dans l'acte suivant « *cum
suis proceribus* » avec les gentilshommes qui dépendoient de luy. Je trouve un Cadoret écuyer du duc
dans la donation de nostre dame de Nantes (*Cadoret
armiger comitis*), mais comme il ne marque point le
nom de son père, je ne diray pas si c'est Cadoret fils
d'Huelin, apparemment seigneur d'Hennebond, en la
donation de Lotivy, ou ce Cadoret fils d'Alfred, qui ne
fut comme je pense que *Monachus ad succurrendum*,
puisqu'il fist ce don sur la fin de sa vie, et que l'on
voit incontinent, que l'abbé Benoist et les religieux
renouvellèrent le traitté avec son fils Alfred, après la
mort de son père, et luy donnèrent un cheval de prix
afin qu'il leur asseurât cette terre, qui avoit esté donnée au monastère, par son père qui s'y offrit à Dieu,
et qu'il en fist serment avec ses gentilshommes ou
officiers, levant la main devant l'autel de saint Gouziern (1), ce qu'il fist ayant juré luy et ses gens, Bud-
guoret, son prévost ou sergent feodé, et onze autres,
ensuite.

J'adjousteray encore qu'il y avoit dans ceste terre
de Soult Alarun que donna Cadoret en se faisant
religieux, une église fort ancienne dédiée à saint

---

(1) « .... Manu suâ super altare sancti Gurthierni juraret cum suis proceribus. » Cod. in-8º.

Hilaire (1), qui avoit esté détruite pour sa vieillesse et ensuite rebastie, et que lorsque Robert, évesque de Cornouaille la bénissoit, Alueu et sa femme Junou donnèrent à Saint-Hilaire et à l'abbaye de Sainte-Croix, certaine petite terre qu'ils avoient, qui estoit prise dans les bornes de la franchise de l'église du mesme saint (2), en présence du seigneur évesque et de ses ecclésiastiques, trois religieux et plusieurs séculiers. Cecy ne peut estre arrivé qu'après 1113, que Budic ou Benoist, évesque de Cornouaille estant mort, ce Robert lui succéda.

L'an 1082 se fist la fondation de Loc-Maria-Kaer (3), maintenant Lomariaker, par plusieurs personnes de qualité et parens qui s'unirent de concert pour faire cette donation, qui furent Harscoet, fils de Roderch, et son fils Guihomarch; Teuthaël, son cousin, fils de Desarvoë, avec ses deux frères Guégon et Gurserch ; Catvalon, frère d'Harscoët, et enfin Glemarchuc et un autre Catvalon, son frère, tous deux fils de Guegant. Ils donnèrent donc à la sainte Vierge Marie et à Sainte-Croix de Quimperlé, pour le salut de leur âme et de leurs parents, tout ce qui leur appartenoit dans la paroisse de Caer (4), des offrandes qu'on faisoit à l'église, avec le tiers de la disme de Bled, et toutes les dismes des diverses autres choses qui sont

---

(1) Ms. fo 32, vo.

(2) « Infra fines illius asyli. » Ms. fo 33, ro.

(3) « *Sancta Maria de Caër.* » Ms. fo 74. — Dom. Mor. P. I. col. 456. — Commune de Locmariaquer, canton d'Auray, arrondissement de Lorient (Morbihan.)

(4) « Quidquid de altaris oblatione ad nos pertinet de *Plebe* quæ vocatur *Caër.* » — Dom. Mor. Ibid.

deues à l'église : et cecy se fist avec le consentement des prebtres Dalam et Hervé, qui pouvoient estre recteurs ou curés de la paroisse, et avec l'agrément d'Urvoy, prestre, et de son frère Killaë, clerc ; et le don fust mis entre les mains de l'abbé Benoist. Et parce que ledit abbé et ses religieux virent que cette donation considérable leur venoit d'être si bien asseurée, ils crurent devoir reconnoistre les bienfaiteurs, et Harscoët et son fils en reçurent cent sols, et Teuthaël deux cents. Mais son frère Cavallon ne voulant rien prendre, laissa son fils Guethenoc aux religieux, pour estre instruit dans les saintes lettres par Constantin, religieux de Sainte-Croix ; à cette condition aggrée et reçue que quand cet enfant seroit venu en un âge plus avancé, ayant esté donné par ses parents dans son enfance, il seroit reçu religieux s'il y consentoit (1) ; ce qui se pratiquoit anciennement dans l'ordre pour les enfans offerts en bas âge. Mais les fils de Guégant, ne prenant rien pour leur part de cette donation, se contentèrent de participer aux prières et oraisons qui se feroient dans le monastère. Les noms de plusieurs gentilshommes sont aux pieds de l'acte, et celuy de l'abbé Benoist et quelques autres religieux. Il fut passé à Auray, avec le consentement et la confirmation du duc Hoël qui y tenoit sa cour, avec plusieurs de ses barons, et de Maënguis ou Meen, évesque de Vennes, qui y soussigna avec quelques uns de ses chanoines, l'an 1082 ; ce qui fait voir la faute

---

(1) « Ut cum ad maturiorem pervenerit ætatem, ipse filius volens a præfixis fratribus dono Monachus efficiatur. »

d'Albert Le Grand, qui ne fait pas vivre ce prélat au-delà de 1081.

Désarvoë, fils de Teuthaël et Grallon, son frère, donnèrent avec leur frère Orscand, qui se fist religieux à Sainte-Croix la moitié de *Cacrlouët* et la moitié de *Ker de Pennhir* (1); je croy que ces donateurs sont parents des fondateurs précédens, et que ces terres sont des annexes de Locmariaker, puisque Urvoed prebtre, et Killaë, clerc, qui ont signé à la première donation signent encore à celle-cy. Ce don fut reçu de l'abbé Benoist.

Even, fils de Cavalon donna la quatrième partie du bourg de Lomariaker (2) avec son fils nommé Ram qui se fist religieux à Quimperlé, et fut reçu de l'abbé Benoist.

De ces donations l'on a fait un prieuré du revenu de douze cents écus. Lomariaker est situé en terre ferme dans le mesme lieu où estoit située l'ancienne ville de Vennes (3), lorsque César la vint assiéger, et l'on voit encore proche, les ruines d'un vieux chasteau qui se nomme Castel-César (4). Ce prieuré qu'il ne faut

---

(1) « *Hanter Caër Luuet* et *Hanter Caër an Pennir*. » Ms. fo. 75, vº. Auj. *Kerlud?* et *Kerpenhir*, commune de Locmariaquer.

(2) « Quartam partem villæ sanctæ Mariæ de Caër. »

(3) « *Nunc seges est ubi Troja fuit.* » Le bled y est admirable, et son tuyau qui est court et gros pour se soutenir contre les vens de la mer, y porte des épis fort pleins et fort chargés. P. L. D.

(4) Ces ruines existent encore et ont conservé le nom de *Ar C'hastel* (Castellum). Au reste, on retrouve partout dans le bourg des vestiges de constructions romaines. Tout porte à croire que Locmariaquer est le *Dariorigum* des Vénètes, comme Carhaix, arrond. de Chateaulin (Finistère), est le *Vorganium* des Osismes, et il n'est pas sans intérêt de faire remarquer que les deux paroisses qui furent fondées sur les

pas confondre avec le Lomariaker de Belle-Isle, est en main séculière.

Le duc Hoël que nos manuscrits appellent avec justice très libéral (*largissimus*), fonda estant alors à Auray, Lantujan, c'est-à-dire qu'il donna l'église de Landujan (1) avec toute sa franchise, et la maison de de Moriedech et deux villages qu'il avoit possédés, et les dismes de la mesme paroisse, et de toute la terre du comte et de tout le revenu qu'il tire de ce canton là, et le moulin qui luy appartenoit, recevant de nostre part pour le bien qu'il nous avoit fait, cinq cent sols (*quingentos solidos*). Le duc et Benoist son frère, évesque de Nantes et abbé de Sainte-Croix, signent l'acte. L'an de la fondation n'est pas marqué ; mais comme Benoist y signe en qualité d'évesque, ce qu'il fut seulement en 1081, et que Hoël mourut en 1084, il faut nécessairement la mettre entre ces deux termes.

Je pourrois remettre plus loin l'acte suivant, ayant esté fait sous le duc Alain fils, et successeur de Hoël, mais comme il est de la mesme matière, il faut adjouster qu'Alain, après la mort de son père, confirma la donation, donnant toute la terre de Landujan (2)

---

ruines de ces deux cités, ont porté l'une et l'autre le nom significatif de *Plouguer*, anciennement *Ploe-Caër* (*Plebs civitatis* ou *castelli*). Carhaix a en effet jusqu'en 1790, fait partie de la paroisse de Plouguer, et l'on vient de voir p. 110, note 4, que le nom de Locmariaquer était au XIe siècle *Plebs-Caër*, en breton *Ploe-Caër* ou *Plouguer*.

(1) « Ecclesiam sancti Tutiani cum omni ipsius immunitione..... decimas illius tribus et totius possessionis comitis, atque in illo climace penitus redditionis. » Ms. f° 25. — Dom Mor. P. I. col. 431. — Auj. *Landugen*, commune de Callac (Côtes-du-Nord).

(2) Ms. f° 25, v°. — Dom Mor. P. I. col. 431.

avec tout son fief et tous ses moulins, n'en réservant que la seule place où se tenoit le marché au jour ordinaire, et le four et les maisons qui se pourroient bastir sur cette place, à condition néantmoins, que si le duc vouloit s'en dessaisir, il ne le pourroit donner ou vendre qu'aux religieux de Sainte-Croix (l'on voit cette condition mise dans tous les actes de confirmation des ducs). Les religieux luy donnèrent en reconnoissance 300 sols. Cette donation se fist à Nantes du consentement de Mathias, comte de Nantes et frère du duc, qui y signèrent tous deux, avec Benoist évesque et abbé, Justin, prieur de Redon, deux chanoines, quelques seigneurs du Nantois (1) et quelques seigneurs bretons. Ensuite il met les chefrentes que l'on retire de la trève de *Landujan*, et que l'on avoit justice et connoissance de forfait et amende.

Le duc Hoël en donnant la trève de Saint-Tutien (*Landujan*), à Sainte-Croix, y adjousta encore un bourg ou village près de Carhaix, où est l'église de Saint-Quigeau (2).

Par aprez Conan, fils de Daniel, et Félix, lorsque l'évesque Benoist de Cornouaille faisoit la dédicace de Saint-Tutien, pour amende d'un forfait qu'ils avoient commis au cimetière du saint, remirent entre

---

(1) Où l'on voit que la fantaisie des Nantois de se distinguer des Bretons n'est pas nouvelle, puisqu'après les Nantois l'on voit signer les Bretons : « *De Britonibus* : Justin, fils de Daniel, Alain, fils de Guegon, P. L. D.

(2) « Quandam villam juxta Caer alies in qua est *sancti Kigavi ecclesia*. » — Ms. f° 26, v°. — Auj. *Saint-Quijeau*, commune de Carhaix (Finistère).

les mains de l'évesque, *Kercrist* et Kerpermet (1).

Landujan est un prieuré situé près de Carhaix, en la paroisse de Duot. Il est en main séculière. M. l'Abbé aprez l'avoir bien promené, remit ce bénéfice entre les mains de M. le cardinal de Retz, un peu devant sa mort, qui en gratifia le titulaire d'aprésent.

En la mesme année la chronique met le rétablissement de l'église de Sainte-Croix (*restauratio ecclesiæ sanctæ Crucis*). Il n'est pas à croire que le comte Alain, ayant basti le monastère et cédé sa maison pour faire une église, en eut fait une si misérable, que depuis 1029 jusqu'à 1083, ce qui fait cinquante-quatre ans, elle eut menacé ruine ; je penserois plutost que nostre abbé-évesque ayant l'âme aussi grande que la naissance, et ne trouvant pas l'église assez magnifique, en auroit fait abbatre ce qui estoit trop chétif et l'auroit fait voûter et accommoder de la manière que nous la voyons encore, excepté le costé qui donne sur la rue du Chasteau, qui a esté refait sous l'abbé Guillaume de Villeblanche. L'on auroit peu alors prendre occasion de lever le corps de saint Gurloës, en changeant l'église. L'on célèbre une dédicace de l'église de Sainte-Croix, le 4 may, le lendemain de l'Invention de la Sainte-Croix. Ce ne doit pas estre la première dédicace, puisque nostre histoire marque expressément que nostre fondation et la bénédiction de saint Gurloës, nostre premier abbé, se fist le pre-

---

(1) « *Kaer Crist* et *Caer permet*. — Ms. f. 26, v. — Aujourd. *Kercroas* et *Kerbennet*? commune de Duault, canton de Callac, arrondissement de Guingamp (Côtes-du-Nord).

mier jour de l'Exaltation de la Sainte-Croix, je mettrois donc assez probablement nostre dédicace à ce rétablissement de l'église, car l'on estoit en ce temps-là plus exact pour les consécrations des églises que l'on ne l'est à présent. C'estoit une opinion commune du temps de saint Anselme (1), qui vivoit en ce temps icy, que l'autel principal estant remué de place, et perdant par cette destruction sa consécration, toute l'église devoit estre consacrée, ayant pour raison que l'église estoit faitte pour l'autel, et que l'autel n'estant plus sacré, l'église ne l'estoit pas en conséquence ; que pour le corps de l'église, si l'on n'en refaisoit qu'une partie détruite ou mesme qu'on la fist toute neuve, le grand autel n'estant point remué il la falloit seulement asperger d'eau bénite par l'évesque par le dedans et le dehors ; ou bien que si on en faisoit une nouvelle dédicace, il falloit consacrer un autel nouveau ou bien le grand, ou quelque autre ; la maxime infaillible estant que l'église estant faite pour l'autel elle devoit suivre la condition de son principal, l'un ne se faisant point sans l'autre. Tout cecy n'estant fondé que sur des conjectures, qui sont pourtant assez solides, il est libre à chacun d'en croire ce qu'il trouvera plus raisonnable (2).

L'année suivante 1084, Hoël, duc de Bretagne, fils de nostre fondateur et insigne bienfaiteur de la maison

---

(1) Anselm. Lib. III, Ep. 159.

(2) Voir dans le premier volume du *Bulletin de l'Association bretonne*, le Mémoire de M. de la Monneraie sur les églises romanes de la Bretagne.

à l'exemple de son père, mourut le 13 avril (1). C'est une chose fâcheuse qu'aucun historien ne nous marque le lieu de sa sépulture, et que nous ne sachions pas si notre église ou quelque autre en est honorée.

Alain, son fils, que l'on nomme Fergent, c'est-à-dire *le moindre*, selon d'Argentré (2), parce qu'il est le quatrième et dernier duc de ce nom, et que d'autres ont encore surnommé Le Roux, lui succéda la mesme année, il estoit aussi honeste que vaillant; car devant succéder au duché qui luy appartenoit du chef de sa mère, qui mourut dès l'an 1072, il ne voulut point inquiéter son père sur cette jouissance, mais il attendit sa mort avec respect. Il fist paroistre sa valeur en 1066, qu'il accompagna Guillaume le Conquérant à la conqueste d'Angleterre, et en reçut pour reconnoissance des bons offices qu'il lui avoit rendus, le comté de Richemont, confisqué sur le dernier seigneur nommé Edouin, qui estoit du parti ennemy, titre que ses successeurs ont toujours mis après celuy de Bretagne. Je n'en dis que ces deux mots en passant, pour honorer un prince qui nous a fait beaucoup de bien.

Je commenceray par Clohal, car de la manière qu'il parle, il semble qu'il a fait ce don incontinent après la mort de son père.

Alain, son père Hoël, dernier duc estant mort, ayant pris le gouvernement du Duché, confirma et accorda aux religieux de Quimperlé tout ce que son

(1) « Idib. April. » *Nécrol. sanctæ Crucis.*
(2) *Hist. de Bret.* Liv. IV, ch. 41.

grand père Alain, comte de Cornouaille avoit donné pour le bâtiment de l'abbaye et pour l'entretien des religieux, et tout ce que son père Hoël leur avoit confirmé. Outre cela, afin que l'on fist dans le monastère des prières continuelles pour l'âme de son père (1), il donna la seigneurie de la *terre de Numenoë*, en Clohal (2), qui luy appartenoit; c'est à sçavoir tout ce qui appartenoit à la seigneurie du comte (duc), en cette terre, et afin que l'on sache ce qui est dû à l'abbaye et ce qu'elle rendoit auparavant au duc, il fait le dénombrement des chefrentes et entre autres la justice et connoissance de larcin et de tout crime. Cecy fut fait en présence des deux évesques Benoist, celuy de Nantes, abbé de Sainte-Croix, et Benoist, évesque de Quimper. Jungomarc (3), ancien abbé, Tanguy, fils de Guégon (4), et autres seigneurs y signèrent aussi. Il ne marque pas l'année, mais le duc Hoël estant mort le 10 avril 1084, et le duc Alain luy ayant succédé, il faut croire que ce don fut fait la mesme année, ou tout au plus tard la suivante.

Le duc donna encore la terre toute entière que Guégant, fils de Morvan, tenoit de luy et en la manière qu'il la tenoit de luy (5). Il fit ce don pour le salut de son âme et de ses parents défunts; et parce qu'il avoit alors besoin de finances pour ses gens, il reçut des

(1) « Pro anima patris sui Hoeli in eodem Monasterio perpetua dicatur oratio. » Ms. fo 28, vo et 29 ro.
(2) Commune de Clohars-Carnoët, canton de Quimperlé.
(3) C'est le dernier acte où l'on trouve son nom.
(4) Seigneur d'Hennebond.
(5) Ms. fo 28, vo

religieux la somme de 10 livres qu'ils luy offrirent volontairement afin que par ce moyen ce don eut plus de force; car la formule de ce temps-là estoit qu'une chose donnée en pure aumosne ne paroissoit pas si asseurée; mais quand l'on avoit donné quelque chose par une espèce de rétribution et de justice commutative, l'on se croyoit plus asseuré dans sa possession. C'est ce que l'on voit presque dans tous les actes de donation qui se sont faits icy, où les religieux font quelque présent afin de s'assurer davantage du bien qui leur estoit offert; et c'est ce que je devois avoir dit plutost. Cette terre c'est Moëlan (1), comme porte le titre : « *Cartula de Moelan.* » L'on met à la marge que cette donation est de neuf villages en Moëlan, dont le revenu est de douze mines de blé froment, autant d'avoine, etc. (2). Le mot du titre : « *terram totam quam a me tenebat, eo modo quo eam tenebat* » veut dire qu'un particulier tenant du prince une terre la tenoit en fief noble, et comme l'on parloit anciennement, c'estoit un ténement noble, pour le distinguer de l'autre manière, que l'on nommoit manière roturière (*villenagium*), par laquelle l'on donnoit son bien à un païsan, nommé anciennement vilain (*villanus*), pour le cultiver et rendre compte du revenu. Ce Guégant, qui tenoit la terre de Moëlan, la tenant d'un prince, la tenoit noblement, ce que je dis pour m'expliquer sur le fief que l'abbaye a en Moëlan.

(1) Canton de Pont-Aven (Finistère).
(2) « Scilicet in Moëlan IX villas quarum redditus hic est : XII minœ frumenti et totidem avenæ et VI gallinæ et tres sol. »

Le duc Alain l'ayant donnée à l'abbaye de la manière que la tenoit ce Guégant, il faut dire qu'elle la tient noblement; mais cependant que la manière de la tenir, doit avoir changé; car ayant passé en main morte, l'on ne la tient plus qu'à devoir de prières, car comme dit le Glossaire (1) : « teneure est appellée la manière par quoy les tènemens sont tenus des seigneurs; l'une des teneures est la teneure par hommaige, l'autre par parage, et l'autre par aumosne. » La première, à mon sens, est celle que devoit Guegant, qui nous a précédés; la seconde je croy, est celle que doit un cadet à son aisné, qui luy assigne son partage sur une partie de son bien, car parage veut dire parantage; la troisième est de la qualité de la nostre. L'acte a une clause remarquable : « que celuy, non seulement qui ostera ce don, mais encore qui le voudra (2) (*voluerit*) oster soit excommunié. » Il est signé du duc Alain, de Benoist, évesque et abbé, etc., de Guillaume, son maistre ou précepteur (*magister*) (3), etc. Il n'a point d'année, mais comme le précepteur y signe, je croy que le donateur n'estoit pas d'un âge si avancé. L'occasion de ce précepteur fera que je joindrai l'acte suivant.

Alain donna une terre nommée Enechcuki (4), à cause, et avec Guillaume, son maistre ou précepteur, qui se rendit religieux à Sainte-Croix, dans une assemblée des seigneurs de Cornouaille, et il donne la

(1) Ducange; *Gloss.* ad verbum *Tenens.*
(2) C'est excommunier la volonté, ce qui ne se fait pas, P. L. D.
(3) Vide *Glossarium* verb. *Bajulus.*
(4) Ms. fo 43, vo. Voir le texte de cette donation aux Pièces justificatives.

terre de la manière qu'il la possédoit libre et paisible de toute charge. Le duc Alain y signe; Daniel, abbé de Tudi (1) et plusieurs seigneurs de la cour; Benoist, évesque de Cornouaille; Guegon, son frère, doyen, et deux chanoines; Benoist, évesque de Nantes et abbé, et autres religieux. L'acte n'a point d'année.

Le duc Alain se trouvant dans la nécessité et misère de la Province (2), et pour faire aussi prier pour ses parents défunts, donna la trève de saint Guennin, avec toutes ses rentes (3), et afin que le don eut une fermeté qui ne pût estre contestée, l'abbé Benoist de l'advis de ses religieux, donna pour retour, mille sols et un cheval de prix. Il y a plusieurs illustres témoins qui signent. Outre les chefs rentes de cette terre, le seigneur y met taille, et à justice et connoissance des larcins et autres crimes.

En mesme temps qu'il fist le don de cette trève de saint Guennin, il y adjousta encore celuy d'Enestadiou (4), Kenros, Kermercouet et Kermorin. Il fist ces dons pour sa conservation et pour le repos des âmes de ses parents; on a sur ces terres outre les chefrentés, les deux tiers de la disme, les tailles et tous les revenus qui appartiennent au seigneur d'une terre.

(1) Seigneur du Pont-l'Abbé. (Voir à l'introduction la note sur les Abbés laïques.)

(2) « Necessariorum consulatus penuria coarctatus. » — Ms. fo 86, vo et 87 ro. — 1085. Fames orta est dira et obiit Berta comitissa. » — *Chronic. Kemperleg.*

(3) « *Tribum sancti Guinnini.* » Ms. fo 86, vo et 87 ro. — Saint Guenin, ancienne trève de la paroisse, auj. commune de Plouray, canton de Gourin, arrondissement de Napoléonville (Morbihan.)

(4) Ms. fo 88, ro. — Auj. Nestadio, commune de Pleuhinec, canton de Port-Louis, arrondissement de Lorient.

Par après le mesme duc, marchant contre le comte Geffroy, fils d'Eudon, comte de Penthièvre, afin que Dieu le conservast, dans sa campagne, des embusches de son ennemi et de ses forces qui estoient prestes à fondre sur luy, et afin d'attirer la miséricorde de Dieu sur l'âme de ses père et mère, Hoël et Havoise, donna sept villages que le vulgaire nomme Lescleruc (1) : et quoyque ce don n'eust pas besoin d'autre asseurance que la volonté du donateur, néanmoins l'abbé Benoist et ses religieux pour l'appuyer davantage donnèrent au duc 500 sols, qu'il reçut y estant forcé par leurs prières. Il y a plusieurs témoins signés. Outre les rentes ordinaires le seigneur y met taille, et a justice et connoissance des crimes et larcins. Je sçay bien que nostre duc arma contre le comte Geffroy, l'an 1093; qu'il l'assiégea en la ville de Dol, où il luy osta la vie (24 aoust) (2), mais il est très-constant que cette campagne icy est devant l'an 1087, comme l'on verra par l'acte de donation de la duchesse Constance qui porte que le duc avoit fait cette donation et celle de saint Guennin (à laquelle l'on adjouste celle des quatre terres suivantes), devant qu'il l'eust épousée; ce qui se fist en l'an 1087 (3).

Elle estoit fille de Guillaume Le Conquérant, roy d'Angleterre et duc de Normandie. L'auteur (4) d'une petite dissertation sur son tombeau découvert à Saint-

(1) Ms. f° 87, v°. — Dom. Mor. P. I, col. 465.
(2) D'Arg. *Hist. de Bret.* Liv. IV, ch. 42.
(3) Chron. Kemperleg.
(4) Hévin, avocat au Parlement de Bretagne.

Melaine, dit, en s'attachant à Orderic Vital, que son père ayant eu quatre garçons qui ne sont pas de nostre histoire, eut encore cinq filles dont Constance estoit la seconde. Les autheurs Pierre Le Baud et d'Argentré, mettent son mariage en 1086, et que le roy son père, mourut un an après, qui fut le 9 septembre 1087. Nostre chronique le met un an plus tard. Ce qui feroit qu'elle n'auroit vécu que huit ans avec son mary, selon nostre chronique, ou quatre selon les autres. Celuy-cy (Héyin) prétend que le mariage s'est fait en 1075, et voicy ses raisons : le duc Alain, en 1066, fut envoyé avec des troupes pour aider Guillaume à la conqueste d'Angleterre, ce qui marque un âge assez fort. Il est peu apparent que l'on eut attendu vingt ans à marier un fils aisné, héritier de Bretagne; non plus que son épouse, estant une des premières filles de Guillaume, l'on eut remis son mariage si tard et mesme trois ans après la mort de sa mère Mathilde. Il conclut qu'il fut fait après la guerre que le roy Guillaume eut avec Alain pour l'hommage prétendu de Bretagne, et que le duc Alain luy ayant fait lever le siége de Dol avec le secours de Philippe Ier, roy de France, ce qui fut en l'an 1075, selon Robert, abbé du Mont, la paix se fist en cette mesme année et que Constance qui fut accordée à Bayeux et épousée à Caen (suivant d'Argentré à Rennes), fut le gage de cette paix et que cette année est fort convenable à l'âge des époux; qu'Orderic luy donne quinze ans de mariage, lesquels comparés à 1090 qu'elle mourut, prouvent que son mariage se fist en 1075. Quoyqu'en pense cet autheur qui ne prend pas garde qu'Alain n'estoit pas encore duc en 1075, son père Hoël n'estant mort qu'en 1084, je pencherois plustost du costé des autres autheurs qui mettent son mariage en 1086 ou 1087, n'estant guères à croire qu'ayant esté, comme met Orderic, fort aimée et honorée de son mari, elle eust esté quinze ans en mariage sans avoir eu d'enfants, si ce n'est qu'elle eut esté stérile ou trop âgée. J'ay cru devoir faire une digression un peu longue à la vérité, afin de pouvoir fixer le temps de ces trois dernières donations qui se fondent sur le temps de ce mariage. Car voicy ce que porte l'acte (1) :

« Je Constance, comtesse de Bretagne, fille de Guillaume, roy d'Angleterre, ayant esté reçue en pleine assemblée du chapitre par les religieux de Kemperlé, à avoir part en leur fraternité, en présence de mon seigneur et époux Alain, duc de Bretagne, fils du duc Hoël, et des seigneurs de sa cour, je donne à perpétuité au monastère de Kemperlé les villages que ledit duc luy avoit desjà donnés devant que de m'épouser (2) sçavoir la trève de Saint-Guennin et sept villages nommés *Lescleruc ;* et pour asseurance de ce don et pour en mettre les religieux en pleine jouissance et possession, pour témoignage de l'investiture que j'en faisois, je leur ay donné ma coupe de marbre. Et afin que ce don fut plus confirmé, j'ay reçu deux petits chevaux de prix (3), des religieux

---

(1) Ms. f° 88, v° et 89 r°. — Dom Mor. P. I, col. 446.

(2) « Ante desponsionem meam. »

(3) « Duos preciosos mannos accepi. »

qui me les ont présentés volontairement mais après en avoir esté bien priée. Or quiconque rompera ou ira contre cette affaire, qu'il soit placé avec ceux qui ont dit à nostre Seigneur Jésus-Christ; « retirez-vous de nos terres (*discede a finibus nostris*) ; les témoins de cette donation sont : Alain, duc de Bretagne ; moy, Constance, comtesse qui ay donné cecy ; Benoist, évesque de Nantes et abbé dudit lieu, en la main de qui ce don a esté fait ; Benoist, évesque de Cornouaille ; Pérénèze, doyen, avec autres ecclésiastiques ; Gérard, chapelain ou aumosnier de la comtesse qui ay dicté cecy par son commandement, avec les deux aumosniers, mes compagnons Turulle et Renoul ; Bernard, vicomte (1) ; Tanki, fils de Guegon (2) ; (il y a encore d'autres seigneurs qui ont signé). Cecy a esté fait à Kemperlé l'an 1088 de l'Incarnation de nostre Seigneur le premier jour d'aoust. »

Nous parlerons de sa mort en son tems ; mais en cette année 1088, arriva la mort de Jungomarc, ancien abbé de céans, qui mourut le 4 mars (3).

L'an 1089, Saint-Cado fut donné à Sainte-Croix par le duc Alain (4).

Saint Cado sortit de la Grande-Bretagne en 564 et vint au païs de Vennes et se retira en une petite isle qui se nomme à présent Enes-Caduod, en la paroisse de Belz (5), il en chassa par ses prières des serpens dont

(1) Vicomte de Poher.
(2) Seigneur de Hennebond.
(3) « IV Non Martii. »
(4) « *Sanctus Cadvodus.* » Ms. f°. 82 et seq.
(5) Arrond. de Lorient (Morbihan).

elle estoit toute pleine et dont elle est encore exempte. Il y édifia un petit monastère, et voyant que le peuple voisin venait le visiter, il bastit un pont sur le bras de mer qui est entre la dicte église et la terre ferme, joignant l'embouchure de la rivière Ectell (1), lequel pont estant tombé, fut refait par le saint (2). Il vécut en ce lieu jusqu'en 567, qu'estant allé en Italie, il fut élu évesque de Bénévent et y mourut martir. Voilà ce qu'en dit Albert Le Grand, le 1er novembre, qui en a tiré quelque chose de nos manuscrits. Ce que nous en avons disent seulement que ce fut un homme fort devot à Dieu et fort recommandable par ses bonnes œuvres, et qu'il demeura en une isle sur la rivière d'Ectell ; que l'on n'en sçait que cela que l'on a appris des gentilshommes voisins, mais que l'on connaît par les merveilles qui se font en ce lieu là, que c'est un homme de grand mérite devant Dieu. Que l'on n'a point d'autre connoissance de sa vie, à cause qu'un prestre appelé Judhuarn, quittant le païs prist et emporta sa vie au delà de la rivière de Villaine, et y mourut sans avoir rendu le livre (3).

Mais parlant de ce qui est de sa connoissance, il dit que Rudalt, fils d'Orscand le Grand, évesque de Vennes (le manuscrit se contredit plus bas en disant

---

(1) Aujourd. Etel.

(2) C'est de ce pont que les bonnes gens du pays font ce conte, que le diable fit marché avec le saint de bastir s'il luy donnait le premier qui y passerait, et que venant au matin pour passer au pont, il y fist un faux pas où l'on voit la marque de son pied, et qu'il...... P. L. D.

(3) La vie de saint Cado a été publiée récemment en Angleterre, par M. Rees, dans l'ouvrage intitulé : *Lives of Cambro-British saints*.

que cet Orscand est fils de Rudalt, ce qui pourroit faire soupçonner que la première fois il doit y avoir au lieu de fils d'Orscand, père d'Orscand ; cet Orscand, si c'est le second du nom évesque de Vennes, mourut en 1009) (1), donc ce Rudalt donna à Saint-Cado, avec tous ses revenus, un village qui est en veue de la mer, dans l'endroit où le fleuve *Ectell* se décharge dans la mer, entre ce village et un autre appelé *Mellionuc*. La moitié du marais est aussi de la dépendance de Saint-Cado, et une île nommée *Jagonique*, qui est dans ce marais. En suite il met fort au long les bornes de ces dépendances et dit qu'il y a trois gouftres d'eau dans ces marais dont on ne peut sonder la profondeur, et qui sont merveilleuses, dont l'une est salée, l'autre douce, la troisième meslée et se haussent et baissent comme la mer. Ce don fut aussi consenti par sa femme nommée Onguen et leur neuf enfants, dont Orscand est l'un ; il rapporte encore d'autres témoins.

Le mesme Orscand après la mort de son père Rudalt, donna à Saint-Cado la quatrième partie du village ou du bourg des Romains (2), et la quatrième partie des jardins du dit village, et la quatrième partie d'un pré. Mais un certain gentilhomme nommé Judicaël devoit tenir noblement du mesme Orscand, et il donna la quatrième partie de ce village à Saint-Cado, afin qu'il recouvrast par ses mérites la terre que son seigneur lui avait enlevée, et l'ayant recouvrée, il la perdit encore une fois. Mais le prestre de Saint-Cado,

(1) Albert le Grand, *Catalogue des Evêques de Vennes*.
(2) « Villæ romanorum. «

nommé Cavalard, donna à ce gentilhomme Judicaël deux bœufs qu'il employa à l'achat d'un cheval moucheté de diverses couleurs, dont il fit présent à Orscand et ayant recouvré pour une seconde fois sa terre, il acquita avec plaisir le vœu qu'il avait fait à Saint-Cado de luy donner la quatrième partie de ce village. L'autheur de cet acte qui devoit sans doute estre un grand arpenteur, nous en marque encore les bornes et nous rapporte les noms de plusieurs témoins.

Le mesme Orscand donna à Saint-Cado et mist avec le texte des Evangiles, sur l'autel l'acte de donation des deux tiers des dismes de *Sach Radul* (1), avec le consentement de sa femme, ce qui fait voir, si c'est le même que l'évesque de Vennes, ou qu'il avoit été marié devant son épiscopat, ou qu'il marioit ensemble deux femmes, l'une spirituelle, qui estoit son église, et l'autre matérielle, bien mangeante et bien parlante, qui estoit sa femme ; abus assez ordinaire dans le Xe siècle (2).

Le mesme Orscand, et Bresel et Huclin et Resguethen, enfans de Gleuethen, donnèrent à Saint-Cado les *champs de Merien*, et après la mort de Bresel, ses enfans confirmèrent aussi la donation.

Le duc Hoël que nous avons desjà compté entre nos insignes bienfaiteurs, et sa femme Havoise, donnèrent à Saint-Cado le village *Dargoth*, dans la paroisse d'Ithinuc (3) pour avoir part aux suffrages des

---

(1) *Le Sac'h*, commune et canton de Belz, arrondissement de Lorient (Morbihan.)

(2) Voyez page 31.

(3) « *Villam Dargoth in plebe Ithinuc*. » — Dom. Mor. P. I, col. 431. — Auj. com. de Plouhinec, arrond. du Port-Louis (Morbihan).

religieux de Saint-Cado, et pour le salut de leurs âmes et le repos de celles de leurs parents et de tous les fidèles trépassés. Il y a bien des témoins qui signent. Le mesme duc et sa femme et les seigneurs de la terre, pour rendre ce saint lieu paisible et bien fondé, y donnèrent encore les censes ou chefrentes, les droits qui se levoient sur les vaisseaux qui abordoient, et la justice et tout ce qui appartient au seigneur d'une terre (1).

Ce monastère accru de tous ces biens fut donné à l'abbaye de Sainte-Croix, par le duc Alain en cette manière : « Je Alain, comte des Bretons, fils du comte Hoël, à tous ceux qui veulent bien vivre, présents et à venir, je fais sçavoir que je donne le monastère de Saint-Cado, confesseur (Albert le met pourtant martir) de Brouerec (c'est-à-dire au Vénétois), avec les offrandes dismes et tout ce qui luy appartient, à Sainte-Croix de Kemperlé et à Benoist, abbé du dit monastère et à tout son couvent, et à tous les abbés et moines qui gouverneront ceste église, en tant qu'il touche et appartient à ma comté et seigneurie; et je fais ce don à perpétuité pour la considération de Dieu tout puissant; mais de peur que ce don ne fut contredit par quelque chicaneur qui y voulut mordre, j'ay fait consentir volontairement à cette donation Aldroen, fils de Judhaël, héritier et seigneur subalterne de ce lieu, l'abbé et ses religieux ayant joint leur office avec moy auprès de luy pour cet effet; et tous deux de concert et à mesme heure nous avons mis ce don

(1) « Censum, teloneum, bannum et omnia quæ ad terrenum Dominum pertinent. »

9.

sur l'autel de Sainte-Croix, et l'abbé Benoist afin de nous y porter avec plus de bonne foy, nous a donné du bien de l'abbaye, 800 sols de la monnoye de Rennes, dont j'ay pris 500 pour ma part, et Aldroen les autres 300 ; et de peur que cecy manquât en quelque chose, j'y ay fait mettre les noms et les seings des témoins cy-dessous, le seing du comte Alain, d'Aldroen, de Benoist abbé, et de cinq moines et plusieurs nobles séculiers. Fait l'an 1089, et que Pasques estoit le premier avril. »

J'adjousteray une donation plus moderne, mais qui estant attachée à Saint-Cado doit estre mise icy. C'est qu'Evenou, fils d'un autre Evenou, prévost, donna en aumosne à Saint-Cado et aux religieux qui y servoient Dieu, une certaine maison et un jardin et l'emplacement d'une maison dans le bourg de la paroisse d'Erdeven (1), et les dismes de la moitié du village des prévosts de Belz, et asseura sa donation en faisant serment ; mais par après estant tenté du malin esprit, il voulut aller contre son serment, mais se reconnoissant et amendant sa faute, il donna de rechef ce qu'il avait offert à Saint-Cado et à Sainte-Croix de Quimperlé, avec le consentement de son fils R., en présence des témoins qui suivent : Urbain de Belz qui se portoit alors pour seigneur, Judicaël, prestre d'Erdeven, etc. Cela fut fait devant l'église d'Erdeven ; il ne marque ny l'an, ny le nom de l'abbé sous qui cela fut donné.

Saint-Cado de l'Isle est un prieuré dépendant de

(1) Canton de Belz, arrond. de Lorient.

Sainte-Croix, à deux lieues du Port-Louis, sur le chemin d'Auray, il est en main séculière.

Tous les enfants de nostre fondateur ayant suivi l'inclination de leur père, firent du bien à Sainte-Croix. Budic, père de Hoël, donna la terre de *Lesinadou* (1), en présence de Benoist, abbé, qui estoit son frère; Benoist, évesque de Quimper, qui estoit son cousin, fils d'Orscand, son oncle, y estant aussi présent en pleine assemblée de son chapitre; laquelle terre il donna aux religieux ayant esté reçu d'eux en fraternité, afin que quand ils entendroient sa mort, ils fissent l'office comme pour l'un d'eux, et qu'ils fissent mémoire de luy; ce qui se faisoit en marquant le nom du bienfaiteur au Nécrologe, et lisant au chapitre le nom des morts qui arrivoient ce jour là, afin que l'on priast Dieu pour le repos de leurs âmes. Après Benoist, évêque de Quimper, signe Guegon, doyen, son frère, ce qui fait voir qu'Orscand (2) eut au moins deux enfants; trois chanoines signent ensuite. L'abbé Benoist signe ensuite avec cinq religieux. Après il fait signer ses témoins qu'il nomme ses hommes, c'est-à-dire ou ses officiers ou des sujets qui relevoient de luy; il fait encore signer Prigent, son fils, ce qui fait voir qu'il avoit pris l'estat du mariage. Cet acte n'a point d'année : mais comme Budic se ménage des suffrages

---

(1) Ms. f° 43. — Dom. Mor. P. I. col. 379. — Le village de Lesinadou, en la paroisse de Beuzec-Cap-Caval, avant 1790, est aujourd'hui en la commune de Plomeur (Finistère). Cette terre fut donnée aux Jésuites du collége de Quimper, avec le prieuré de Loc-Amand. Voir page 93.

(2) Evêque de Quimper.

pour le temps de sa mort, j'ay cru le devoir mettre vers la fin de ses jours que nous verrons bientost.

En l'an 1089, notre chronique met que la dédicace de l'église de saint Guthiern fut faitte par Benoist, évesque diocésain. Comme nous avons desjà veu que quelques donateurs ont fait le serment sur l'autel de saint Guthiern (1), il faut croire qu'il avoit desjà son église dans le monastère, mais l'abbé Benoist ayant desjà relevé l'église de Sainte-Croix, voulut aussi, comme je pense, relever l'église de saint Guthiern. Cette église icy du tems de l'abbé Benoist, n'est pas celle dont nous avons encore veu les murailles de nos jours, car elle est bien plus moderne comme nous verrons dans son temps.

En l'an 1090, comme mettent tous les historiens et notre Chronique, mourut Constance, fille de Guillaume, roy d'Angleterre, et femme du duc Alain; nous avons parlé d'elle ci-dessus et voicy ce qui reste à dire de sa mort. D'Argentré se trompe lorsqu'il dit (2) qu'elle fut inhumée à Saint-Pierre de Rennes avec grandes cérémonies. Il peut estre que la pompe funèbre fut faitte à Saint-Pierre, mais il est à présent asseuré qu'elle fut enterrée à Saint-Melaine, car un jeudi, 9 juin 1672, comme l'on vuidoit les fondements de la tour, pour en relever la façade de devant, l'on découvrit trois tombeaux composés de deux petits murs de massonage, éloignés l'un de l'autre d'environ vingt pouces, et se retrécissant par le bas,

(1) Voir page 109.
(2) D'Arg. *Hist. de Bret.* Liv. 3, ch. 42.

comme sont faites les bierres. Dans le troisième,
éloigné des autres de quelques pieds vers le midy, et
enfoncé plus bas d'un pied, et basti avec plus de soin
et couvert de pierres plus grandes et mieux choisies,
quoyqu'à demi brutes et peu taillées, l'on trouva un
crane dont les cheveux estoient tombés et un étuy de
cuir qui contenoit les os des parties inférieures d'un
corps et quelques restes d'étoffe de laine d'un tissu
gros et mal serré, de couleur brune, qui paraissoit
naturelle et sans teinture, et à la place où devoit estre
l'estomac, une croix de plomb ou d'estain de la longueur de dix-neuf pouces; de la largeur de la croisée
d'une extrémité des bras à l'autre quatorze pouces;
et la croix large de trois pouces, où estoient gravés
ces mots en lettres romaines : ANNO AB INCARNATIONE
DOMINI MILLESIMO XC INDICTIONE XIII, EPACTA VI,
CONCURRENTE UNO. IDUS AUGUSTI, OBIIT, CONSTAN-
TIA, BRITANNIE COMITISSA.... LANI.... GENS CONJUX
NOBILISSIMA WILLELMI REGIS ANGLORUM FILIA (1).
*L'an de l'Incarnation de Nostre-Seigneur mil quatre-
vingt-dix, indiction XIII, epacte VI, concurrent
un ou 1er* (c'est-à-dire que l'année commençoit par le
dimanche), *le 13 aoust, mourut Constance, comtesse
de Bretagne, épouse du comte Alain Fergent, très-
noble fille de Guillaume, roy d'Angleterre.* Le costé
de l'écriture estoit tourné vers le corps. Si elle fut

---

(1) Il fault selon les régles de la chronologie qu'il y ait ainsi :
Indiction XIII; concurrente uno; Idus Augusti, qui estoient
le mardi du IXe dimanche après la Pentecoste. Pasques fut le
21 avril, et l'an ne commença point par un dimanche. (Cette
note dont l'écriture est de la fin du XVIIe siècle, se trouve en
marge du Ms. de Dom le Duc). Voir D. Mor. P. 1, col. 464, et
la *Revue des Sociétés savantes,* deuxième série, tome III, p. 659.

inhumée dans un lieu qui semble si peu honorable, il faut croire qu'elle le choisit par humilité ; la coutume estant desjà reçue d'enterrer dans l'église, surtout les gens de qualité. L'on peut encore juger par cette châsse de cuir qu'elle n'estoit pas morte à Rennes, mais qu'elle avoit été transportée d'ailleurs. La manière d'embaumer les corps en ce temps-là, estoit de les enfermer dans un cuir de bœuf avec beaucoup de sel, ne sachant pas encore faire des cercueils de plomb. C'est comme l'estoit l'étuy de la duchesse, paraissant cousu comme par la main d'un cordonnier. La raison pourquoy elle peut avoir choisi sa sépulture à Saint-Melaine, fut la grande observance des religieux, comme l'on peut voir par l'histoire épouvantable (2), qui arriva en ce temps que nostre abbé Benoist estoit évesque de Nantes, de deux prestres qui s'aimant beaucoup, se donnèrent parole que le premier qui mourroit, viendroit trente jours après faire sçavoir son estat à l'autre. L'un d'eux mourut et vint déclarer à l'autre qu'il estoit perdu pour jamais. et que, faisant son instruction de sa perte éternelle, il allât se rendre religieux à Saint-Melaine ; et afin qu'il ne crut pas que ce fust une illusion, il luy lança trois gouttes de pourriture qui découloient de son sein, qui lui firent au... et aux temples trois trous capables de loger une noix.

L'année suivante 1091, mourut Budic, frère du duc Hoël et de nostre abbé Benoist, celuy dont nous venons de rapporter cy-dessus une donation.

(2) Albert Le Grand, *Vie de saint Geldouin*, 31 janvier.

C'est vers ce temps icy qu'il faut mettre une bulle que le pape Urbain II, adressa à Benoist nostre abbé et évesque de Nantes, par ce qu'il ne fut fait pape que le 12 mars 1088 ; il gouverna onze ans :

« Urbain, évesque serviteur des serviteurs de Dieu, à nostre très-cher frère Benoist, évesque de Nantes, salut et bénédiction apostolique. Recevant avec plaisir la demande de vostre charité que vous avez adressée au siége apostolique par les enfants de vostre Eglise, nous avons ordonné que le monastère de Sainte-Croix situé dans un lieu appelé Quimperlé, demeure à jamais sous la garde particulière de l'Eglise romaine, comme nous sçavons qu'il a esté ordonné par nostre prédécesseur de bienheureuse mémoire Grégoire VII. Outre cela, pour marque de cette liberté, nous ordonnons par ces lettres que ce monastère paye tous les ans, au palais de Latran, la rente de deux deniers d'or. Et pour vostre évesché nous ordonnons aussi, comme il est contenu dans les privilèges de la mesme Eglise, que pour faire connaître la protection et affection particulière que luy porte l'Eglise romaine, il paye tous les ans trois deniers d'or au palais de Latran. Et pour le jugement que vous avez voulu recevoir de nostre authorité sur la célébration du bienheureux Gurloës, nous n'avons peu vous l'accorder avec la mesme facilité, car nul ne doit être mis au catalogue des saints, s'il n'y a des témoins qui asseurent avoir veu de ses miracles de leurs propres yeux, et que cela ne soit confirmé par le consentement commun d'un plein sinode. »

L'on ne sçait si la bulle doit finir là, ou s'il y manque quelque chose. Pour l'article de saint Gurloës, comme son corps avoit esté levé de terre dès l'an 1083, pour estre exposé à la vénération des peuples, je ne sçais ce que nostre abbé demande dans sa requeste pour la célébration du saint, si ce n'est qu'il le veut déclarer saint, car vous remarquez que l'on ne le nomme encore que bienheureux. L'on ne sçait s'il y a eu poursuite de cette affaire, mais l'on reconnoist et réclame publiquement et avec un grand profit, saint Gurloës pour saint, et l'on voit qu'il porte ce nom dans les litanies d'un vieux breviaire manuscrit qui est fort ancien.

Nous n'avons pas d'année asseuré pour marquer la première attaque que reçut la juridiction de Quimperlé. Nous la mettons icy au hasard, afin de faire liaison avec la suivante :

« Quiconques (1) liront ces lettres sachent que le comte Alain, fils du comte Hoël voulant diminuer les droits de l'Eglise de Sainte-Croix, sur la ville de Kemperlé (qu'il nomme bourg) que son ayeul, le comte Alain, surnommé Cainard, avoit donnée aux religieux de Sainte-Croix, comme font foi les titres écrits en la présence du mesme comte, fist un procez à l'abbé Benoist et à ses religieux disant qu'il devoit avoir la moitié du bourg de Kemperlé, et comme il demeuroit longtems arresté à ce dessein et qu'il rejettoit toutes les chartres et titres sur cette affaire, et qu'il méprisoit tout à fait les témoignages de l'abbé

(1, Ms. f° 53.

Benoist et de ses religieux et de ses gens, il voulut prendre pour ses témoins quelques-uns de ses officiers sçavoir : Costiou et Kenmarchuc, qui attestèrent que le comte n'avoit rien dans le dit bourg, sinon cinq bouteilles de vin, et les bois, et la moitié du ban (1) (qui veut dire icy comme je croy amende), quand son homme ou vassal, combattra avec l'homme de l'abbé, ou les Poitevins ou quelques autres estrangers. Ce témoignage (agréé du duc qui estoit parti), fut rendu devant les témoins qui suivent : Benoist, évesque de Quimper, Salomon, archidiacre, et son neveu (d'où l'on peut tirer que cet évesque, fils d'Orscand, outre Guégon, doyen, son frère, avoit encore un autre frère ou sœur, si ce n'est que celuy-cy eut esté marié devant sa cléricature); Pérenèse, doyen; Tanki, fils de Guégon (2) ; Tanki, vicomte (3), et plusieurs autres personnes de qualité.

J'ay assez médité quand cet acte pouvoit avoir esté fait, mais je n'ai pu le deviner ny par le nom des témoins ny par les termes de l'acte, à cela prez que ce fut Alain qui commença à avoir de la jalousie sur la libéralité de son ayeul, ce qui est surprenant dans un prince qui estoit assez libéral au monastère. Je croy qu'il peut avoir eu ce dessein, qu'il conserva assez longtems devant qu'il allast à la croisade. Voicy une autre entreprise sur Belle-Isle, dont un prélat fut débouté assez facilement. Morvan, en breton, qui veut dire en françois, Maurice, fut le premier qui jetta un

---

(1) « Quinque lagenas vini et ligna et dimidium banni. »
(2) Seigneur de Hennebond.
(3) Vicomte de Poher.

œil de convoitise sur nostre Belle-Isle. Voicy ce qu'en disent les manuscrits :

« De peur que le procez meu entre Morvan, évesque de Vennes, et Benoist, abbé de Sainte-Croix de Kemperlé ne soit inconnu à quelqu'un de la postérité, nous avons voulu le mettre par écrit. Il est donc que Morvan, évesque de Vennes, porta sa plainte à la Cour du seigneur le pape (1) Urbain et des archevesques et abbés qui suivoient, contre Benoist, abbé de Quimperlé, touchant une certaine isle appelée *Guedel*, disant que l'isle susdite luy avoit appartenu par droit héréditaire ; le susdit abbé soutenant absolument le contraire. Le seigneur le pape Urbain estant occupé de plusieurs affaires et ne pouvant se mesler de leur différend, donna la commission à Raoul (Radulphus), archevesque de Tours, et à l'évesque de Signi et autres prélats leurs confrères de connoître de cette cause et d'en juger définitivement selon les canons. Ayant donc entendu les raisons et moyens des deux parties, l'on demanda à l'évesque de Vennes, s'il avoit titre ou privilége sur cela, ou témoins qu'il pust produire ; et il respondit de vive voix qu'il n'en avoit point. L'on demanda le mesme au susdit abbé, qui représenta des titres et des témoins juridiques, tant ecclésiastiques que laïques, qui avoient veu que luy et ses prédécesseurs l'avoient possédée paisiblement sans aucune inquiétude ny trouble, pendant l'espace de soixante ans. Ce qu'ayant entendu, ils adjugèrent par sentence canonique cette isle à l'abbé, qui avoit des titres et de bons témoins pour la posséder paisi-

(1) « Domini papæ. »

blement à perpétuité. Lequel jugement bien rendu, ils rapportèrent au seigneur papé Urbain, qui l'entendit, le loua et le confirma; les témoins de cecy sont ceux dont les noms sont écrits cy-dessous : Raoul, archevesque de Tours; Bruno, évesque de Signi (et qui est reconnu pour saint); Burchard, chantre et archidiacre; Tecelin, archidiacre; Alberic, chancelier; Robert, chanoine; Isemblard, chapelain; Guerin, Ulger, Rainauld, tous trois chanoines de Tours; Guillaume, religieux de Marmoutiers, et qui avoit esté archidiacre de l'église de Nantes; Guillaume, moine; et voicy les noms des témoins qui furent présents avec Benoist, évesque de Nantes et abbé de Sainte-Croix de Kemperlé : Raoul, archidiacre; Robert, archidiacre; Guérin, thrésorier; Pierre, chantre; Alain, Jean, Maenfond, Guillaume, chanoines; et des laïques : Alain, fils de Rivallon; Hervé, fils d'Algomar, Even; fils de Bernier; Harscoet de Saint-Pierre (c'est le seigneur de Retz); Gration, diacre; André et Canné; Talamond de Saint-Nazaire; Maurice, fils de Guérin; Herbert, fils de Leevin. »

Quoyque le manuscrit ne marque point l'année, il est facile de la trouver par le tems du concile de Tours, sous Urbain II, qui fut la troisième semaine de Caresme, au mois de mars de l'an 1096. L'on trouve mesme dans le Xe tome des conciles du père Labbe (1) un acte où nos deux commissaires Raoul, archevesque de Tours, et saint Bruno, évesque de Signi et nos deux parties contestantes, Morvan, éves-

(1) Page 602.

que de Vennes, et Benoist, évesque de Nantes, sont signés.

Le duc Alain donna et mist en main de Benoist abbé et son oncle, une terre nommée *Kilves* (1), qui luy appartenoit de droit héréditaire, pour le rachat de son âme et de celles de ses parents, plusieurs gentilshommes de Cornouailles y estant présents et y donnant leur consentement; et de peur qu'il ne se trouvast quelque difficulté dans cette donation, il fist appeler ses veneurs, et devant eux déchargea cette terre des droits de la venerie, leur défendant d'y lever le droit d'avoine, qui estoit de la nourriture de ses chiens; et après avoir souhaité le malheur éternel à ceux qui feroient de la peine au monastère sur ce don, il le fait signer par l'abbé Benoist et cinq religieux, et six gentilshommes. L'acte est du 27 juillet 1096 (2); il met au pied les chefrentes que l'on y lève. L'on voit par cette date qu'il fist ce don immédiatement devant que d'aller en la terre sainte, car la croisade ayant esté conclue au mois de novembre de 1095, au concile de Clermont, les seigneurs employèrent une partie de l'année 1096 à se préparer et partirent en aoust et septembre. D'Argentré parle de ce voyage où le duc fut six ans (3).

En l'an 1107, le duc Alain par l'inspiration de Dieu et à la prière de plusieurs de sa cour, tant de Cornouaille, que d'autres parties de Bretagne, donna

(1) Ms. f° 72 v°.
(2) VI Cal. Aug.
(3) D'Arg. *Hist. de Bret.* Liv. 3, chap. 44.

la seigneurie de *Quilliathuc*, en la paroisse d'Elgent (3), pour les âmes de ses parents, et pour sa conservation et celle de son fils Conan, en présence de son oncle Benoist, évesque de Nantes, qui gouvernoit alors le monastère ; et pour authoriser ce don, luy et son fils le mirent sur l'autel de Sainte-Croix et l'asseurèrent exempt et libre de toute difficulté ou charge. Il y a plusieurs témoins tant religieux que séculiers au pied de l'acte, qui fut fait le 12 avril 1107. Outre les chefrentes, et que la terre rend un *hanafat* de miel (4), l'on a encore la partie de disme qui estoit infeodée au duc.

Le duc Alain donna encore une terre située sur les bornes des deux paroisses d'Elgent et Foënant, appelée *Rosamand* (5), pour le rachat de son âme et le repos de celles de ses parens ; et pour donner fermeté à l'acte, il reçut quinze livres que l'abbé Benoist et ses religieux luy offrirent volontairement, pour estre employée à l'entretien de ses troupes. L'acte est signé du duc et plusieurs seigneurs, de l'abbé Benoist et de six religieux, mais l'année n'y est pas marquée, et l'on ne peut pas juger par l'énoncé de quelle année il est ; mais cependant je croy qu'il devance le précédent, à cause que l'on ne parle pas encore de Conan. Je ne les ay mis ensemble que parce que les terres que le duc donna sont voisines. Il met au pied les rentes que l'on en retire.

(1) « Terra Killicaduc. » Ms. fo 41, ro. Dom. Mor. P. 1, col. 513. Commune d'Elliant, canton de Rosporden, arrondissement de Quimper.
(2) Voir page 88
(3) Ms. fo 39, vo.

Les actes suivants des donations de quelques particuliers n'ayant point d'année, je les ay mis de suite après ceux du duc Alain, sous le règne duquel ils ont esté faits.

Constant estant tombé dans une griève maladie et ayant pris l'habit au monastère de Sainte-Croix, donna à l'abbé Benoist et à ses religieux une terre nommée *Queriltrépit* (1), qu'il tenoit de la libéralité du duc Alain, qui consentit et aggréa la donation. Ce Constant estoit arbasletier (balistarius), c'est-à-dire qu'il faisoit jouer ces terribles machines de guerre, qui faisoient sauter des pierres aux siéges des villes, et qui écrasoient hommes et maisons. Il fut défendu sous peine d'anathême, d'exercer ce mestier contre les chrétiens et catholiques, par le canon XXIX du deuxième concile du Lateran sous Innocent II, l'an 1139. On lève de cette terre sept hanapées de miel et la disme.

Cunmelen, fils de Gurgar, estant fort malade, et ayant esté reçu avec honneur de l'abbé Benoist et de ses religieux, et revêtus de l'habit monastique, leur donna un de ses villages, situé en Tréguenc, nommé *Kercaraduc* (2), et parce que le duc y levoit quelque droit, il transféra ce droit sur une autre de ses terres, afin que les religieux possédassent celle-cy sans aucune charge. L'acte fust faist en présence de Benoist,

---

(1) « Terram quæ dicitur Kiltrepit. » Ms. fº 40, rº. — Voir le texte de cet acte aux P. justificatives.

(2) « Unam villarum mearum in Treguenc quæ vocatur Kaercaraduc. » Ms. fº 41, vº. — Dom Mor. P. I, col. — Auj. *Kergallidec?* Commune de Trégunc, arrondissement de Quimper. — Voir le texte aux P. justificatives.

évesque de Quimper et est signé de luy et de plusieurs gentilshommes, et de l'abbé Benoist et de quelques religieux. Il met au pied de l'acte les rentes que l'on y leve, et les deux tiers de la disme.

Ehuarn, fils de Saliou, vendit à l'abbé Benoist un convenant d'une mesure (*cyathus*) de miel (1); Morvan (2), fils de Tanki, son seigneur y consentant pour le droit qu'il y pouvoit lever, ayant reçu trente sols pour estre partagés entre luy et son seigneur. Par après le vendeur fist procez à l'abbé et religieux, disant qu'il n'avoit rien reçu pour cette terre, mais son seigneur seulement. Pour l'assoupir ledit abbé luy donna un cheval blanc, ayant pris serment de luy qu'il ne l'inquièteroit plus; et pour avoir la paix du costé des siens, l'abbé donna cinq sols à Even, son frère ayant pris à mesme fin son serment sur l'autel de la sainte Vierge Marie, à Quimper-Corentin. L'abbé Benoist y signe avec six religieux et trois séculiers. Du temps de l'abbé suivant, Gurhand, le mesme Ehuarn brouilla encore, voulant avoir quinze sols, et citant pour les témoins de son droit, Gurheden et Glast (ce sont ce semble les mesmes moines qui avoient signé l'acte de vendition), et eux en présence de plusieurs témoins asseurèrent qu'ils ne sçavoient rien sur le droit qu'il avoit de faire cette demande.

Guennou, fils de Roengualf, se faisant religieux à Sainte-Croix, donna avec le consentement de ses enfants Aldroen et Bodlignan, un village nommé

---

(1) Ms. f° 44. — Voir le texte aux P. justificatives.
(2) Vicomte de Poher.

Kercun (1), exempt de toutes charges et devoirs de la manière qu'il la tenoit en relevant du duc. Et parce que le duc levoit sur cette terre quelque droit, il les remist en faveur de l'abbaye, et ne voulut plus qu'ils fussent levés, en ayant esté prié par son oncle nostre abbé. Il y a pour témoins des religieux et séculiers, etc.

Daniel, fils de Roenguallon, surnommé Faetiz, estant accablé d'une longue et grande maladie, et voyant que la mort luy estoit inévitable, et à la faveur de la grâce de Dieu ayant conçu plus de crainte pour le salut de son âme que pour la santé de son corps, demanda l'habit religieux à l'abbé Benoist et donna pour le bien de son âme une terre en Mauguel nommée *Parrestaut* (2), libre et exempte de toute charge et devoir sinon celuy qui est deu au comte. Ce fut fait en présence de Gurhand, alors simple religieux, et puis abbé et autres religieux, et des laïques Rivallon, fils de Tanki (3); Rivallon, le preteur (par entreligne, de Quynmerc'h), (4) dont ce Daniel avait épousé la fille. Ce Daniel estant mort, les fils de Guethenuc, ses parents et héritiers collatéraux, voulurent qu'à tort et à droit, les officiers du duc levassent toutes sortes de devoirs sur leur terre, et que pareillement cette petite terre offerte à Dieu, fut taillable; laquelle injustice fut empêchée par le duc Alain et son prévost susdit Rivallon; et alors ils ne

---

(1) « De loco Euon; Caer eun. » — Ms. fo 48.
(2) « Terram infra Maukell quæ vocatur *Par restalt.* » — Ms. fo 48, vo.
(3) Vicomte de Poher.
(4) La seigneurie de Quimerc'h est en la commune de Bannalec, arrondissement de Quimperlé.

poursuivirent leur mauvais dessein. Mais après la mort de ce prévost, leur malice et leur jalousie les poussant encore, ils relevèrent la difficulté du tems de Bernard, son fils, mais ils furent convaincus par des témoins juridiques, la cause ayant esté agitée au cloistre devant l'abbé Gurhaud et le prévost Bernard et les témoins, etc.

Simon, fils de Cariou, blessé à mort à la Roche Cletguen (1) donna le *village de Numénoë*, fils d'Eleau, qui luy appartenoit par héritage, pour le posséder de la manière qu'il le possédoit, libre et sans charge, témoin l'abbé Benoist.

Grallon, fils de Clemeren, ayant esté reçu des religieux en fraternité, leur donna la terre de Gurhedr, surnommé Muredruer (2), avec le mesme droit qu'il la possédoit, à condition, que s'il vouloit estre reçu religieux, on luy accordast ce bien, en considération de cette terre, et d'un cheval qu'il avoit donné. Les rentes sont marquées, et Benoist abbé y signe avec quelques religieux et laïques.

L'on traitta en ce tems icy pour une affaire (3) que Donguallon, Sénéchal (peut estre de Cornouaille), suscita à l'abbé Benoist et à ses religieux sur quelques terres que des gens de bien avoient données au monastère, pour le salut de leurs âmes dont voicy les noms : *Soultalarun*, *Quilliathuc*, le village d'*Irispoë*, fils de Numenoë et une autre terre à Locamand et

---

(1) Ms. f. 50, v. — Auj. *La Roche?* commune de Cleden-Poher, arrondissement de Châteaulin (Finistère).— Voir le texte de cet acte aux P. justificatives.

(2) Ms. f. 52, v.

(3) Ms. f. 51. — Voir le texte aux P. justificatives.

quelques maisons, dont la première avoit esté donnée par Cadoret quand il se fist religieux (1), la seconde par le duc Alain, et Conan son fils aisné (2) ; la troisième par Simon, fils de Cariou, estant blessé à mort à la Roche Cletguen, et cette terre de Saint-Amand avoit esté donnée par le duc Hoël, comme estant de son héritage, et, l'avoit garantie exempte de toutes difficultés. Pour assoupir cette affaire qui, quoyque très-injuste, ne laissoit pas de faire de la peine aux serviteurs de Dieu, ils luy donnèrent sept livres d'argent, dont estant content, luy et son beaufils donnèrent asseurance de ne les plus inquiéter. Les témoins furent Benoist évesque et abbé ; Benoist évesque de Quimper et sept religieux ; des laïques Tanki, vicomte (3)... ; Prigent, fils de Budic, cousin du costé de père du duc Alain, et trente tant gentilshommes qu'autres ; Robert, hermite (nous le verrons bientost évesque de Quimper) ; Christian, son compagnon. Quoyque cet acte n'ait point d'année, il faut absolument le mettre après l'an 1107, que le duc Alain donna *Quilliathuc*, une des seigneuries contestées, et devant l'an 1113 que mourut Benoist, évesque de Quimper, un des témoins soussignés.

Ce Benoist évesque de Quimper, parent du duc, et de nos fondateurs, se voyant accablé de maladie, et sentant bien qu'il estoit prest de mourir, ayant assemblé ses chanoines et ses officiers donna un village

(1) Page 108.
(2) Page 118.
(3) Vicomte de Poher.

situé à Tréguenc, qui estoit à luy par héritage, nommé *Coth-Caer* (1), afin qu'estant assisté des prières continuelles des religieux, il fut délivré de ses péchés. Signé de Salomon, archidiacre; Roderth, doyen, et autres chanoines, et quelques laïques. Cet acte n'a point d'année, mais estant fait assez prez de la mort de l'évesque, qui arriva le 2 janvier l'an 1113 (2), il faut y mettre sa date. Robert luy succéda dont nous parlerons plus bas. Je ne sçay pas sur quoy se fonde Albert Le Grand qui met la mort de l'évesque Benoist en 1120 (3).

Mathias comte de Nantes, notre bienfaiteur, fils de notre fondateur, et oncle du duc Alain régnant, estoit desjà mort dès l'an 1103 (4). Benoist abbé de Sainte-Croix et évesque de Nantes, pensant dans son esprit à ses jours passés et aux années éternelles (5), voulut faire une reveue sur les premiers, afin de se préparer à entrer dans les secondes. La grande vieillesse l'avertissoit que sa mort estoit proche, et que celles qui prend les jeunes gens par surprise, comme dit saint Jérosme, l'attendoit à la porte. Pour la combattre avec plus de liberté, il quitta en l'an 1114 (6), le gouvernement de son église de Nantes, et de Sainte-Croix de

(1) Ms. f. 42, r. — Auj. *Cosquer*, commune de Trégunc, canton de Concarneau (Finistère).

(2) *Catal. des Évêques de Cornouaille*, p. 172.

(3) *Chronic. Sanctæ Crucis.*

(4) « Obiit nonis junii. » *Nécrol. Sanctæ Crucis.*

(5) « Cogitavi dies antiquos et annos œternos in mente habui. »

(6) *Chronic. Sanctæ Crucis*, ad annum 1114.

Quimperlé, et envoya un de ses religieux à Raoul archevesque de Tours pour estre bény et pour luy succéder (1) ; et en l'an suivant 1115, il passa de cette vie à l'éternelle. Le monastère qu'il a beaucoup aimé et soutenu, enrichi et élevé autant qu'il a pu, luy doit infiniment. Nous avons desjà dit qu'il estoit fils du comte Alain Cainart, qu'il fut religieux de Landévenec, qu'en l'an 1066, il fut abbé de Quimperlé, qu'en 1081, il fut fait évesque de Nantes; et estant mort en 1115, il fut abbé plus de quarante-trois ans (un de nos manuscrits met mal cinquante-deux ans, ce qui est impossible), et il fut évesque de Nantes trente-trois ans (Albert Le Grand met mal trente-et-un). Son décez arriva le 7 may. Le nécrologe de Landévenec le met le jour précédent (2). Un de nos manuscrits dit qu'il s'acquit une assez bonne estime dans son gouvernement (3). C'est une chose afligeante que le lieu de sa sépulture nous soit inconnu : je ne sçaurois croire qu'ayant pris Sainte-Croix pour le lieu de sa retraite devant sa mort, il ait choisi un autre lieu pour le repos de ses os. Si mon soupçon estoit recevable, je dirois que son tombeau est sous cette demi arcade qui est dans la muraille du cloistre, plus haut que la porte du chapitre en tirant vers l'église.

(1) Ne vous arrestez pas trop à ce que dit d'Argentré en parlant des évesques de Nantes, ny à ce que dit Albert Le Grand, *Catalogue des evesques de Nantes*, D. L. P.

(2) « Pridie nonas maii obiit Benedictus episcopus Nannetensis, qui fuit monachus sancti Wingaloëi. »

(3) « Vir satis boni testimonii in eadem gubernatione. » Ms. f. 101 v.

CHAPITRE IX.

HAEMERIC OU HEMERIC, ABBÉ EN SECOND.

L'on donne le nom de capitaine en second à un officier des vaisseaux qui, à l'égard du premier capitaine n'est que lieutenant, mais il passe les simples lieutenants et fait office de capitaine en l'absence du premier. Ce mot nous servira à expliquer celui de *secundarius Abbas*, que j'explique abbé en second (1). Ce nom a pris, ce semble, son origine de ces paroles de la règle touchant les prévosts ou prieurs (2) : « *œstimantes se secundos Abbates esse,* » qui se pensent estre de seconds abbés. L'on en voit quelque idée dans l'épitre de Sidoine Apollinaire (3) à Volusien, où parlant d'Auxanius, préposé ou prieur d'un monastère qu'il gouvernoit comme supérieur, il met un abbé au-dessus de luy : « *queso ut abbas sit frater Auxanius supra congregationem, tu vero et supra abbatem.* » Il estoit abbé sur la congrégation des religieux, mais il avoit un abbé au-dessus de luy; Haimeric estoit abbé de cette manière. L'on ne peut luy refuser le nom d'abbé que luy donnent les manuscrits, mais si on considère aussi que l'abbé Benoist a toujours eu

(1) Ducange; *Glossar.* Verbo *Abbas*.
(2) Reg. S. Bened. cap. 65.
(3) Sidon Apoll. Lib. VII, Epist. 17.

l'entière administration de l'abbaye et que voulant s'en décharger sur la fin de ses jours, il fist bénir Gurhand pour être son successeur, l'on verra que Haimeric n'estoit qu'un abbé en second, et qui pouvoit dire : « *Ego sum sub potestate constitutus habens sub me milites,* » qu'il reconnoissoit un supérieur au-dessus de luy, mais qu'il avoit des hommes sous luy, qu'il commandoit, et qu'il faisoit combattre sous la sainte règle (1). L'abbé Benoist devant résidence à son évêché de Nantes, n'aura pas manqué de pourvoir à son abbaye de Sainte-Croix, c'est ce qui me fait penser que l'abbé Jungomarc estant mort en 1088, il luy fist succéder celuy-cy, qui auroit gouverné jusqu'en 1114, que Benoist s'estant démis de son évesché et de son abbaye, se donna Gurhand pour successeur, que le manuscrit nomme sixiesme abbé comme s'il ne comptoit pas celuy-cy (2).

Sous cet abbé le vicomte Tanguy donna pour le salut de son âme et des siens au moine Fravales, Pontbrien (3), pour estre éternellement possédé par l'abbaye de Quimperlé, lequel lieu estoit des terres de sa femme Hodierne et de son fils Bernard. Le mesme Bernard et sa mère Hodierne accordèrent aussi cette donation à ladite abbaye.

Pontbrien est un prieuré dédié sous l'invocation de saint Gilles, à quatre lieues de Kimperlé sur le chemin de Karhais (4) ; il est en main séculière.

(1) Luc, VII. 8.
(2) Ms. f. 101, v.
(3) « Villam quæ dicitur *Pons Brien*. » Ms. f. 79. r.
(4) Commune de Guiscriff (Morbihan).

Je ne sçay pas encore qui est ce vicomte Tangui (1).
J'avois cru qu'il estoit de la maison des seigneurs
de Hennebond à cause que Rivallon, fils de Tanki,
donna à Saint-Michel des Montagnes quelques rentes
pour les âmes de la vicomtesse Hodierne et de
son fils Baudouin (2), mais aussi je trouve qu'ils
doivent estre deux, puisque dans la décision du différend que nous eusmes avec le duc Alain, qui prétendoit
la moitié de Kimperlé (3), ces deux-cy signent :
Tanki, fils de Guégon ; Tanki, vicomte. Tanguy,
vicomte signe aussi au procez que nous avoit fait le
senéchal Donguallon (4). On trouve Bernard, vicomte,
signé en 1088 à la donation de la duchesse Constance (5). C'est pourquoy, sans y rien décider, faute
de lumières, je laisse à deviner à de plus sçavants que
moy dans les familles de Bretagne.

Cet Hemeric est signé dans un traité que l'on fist
avec un gentilhomme Sergent feodé de Locamand de
cette sorte : Haemericus, abbas, Helmarcus, abbas,
Gurvandus, abbas ; où l'on voit qu'il signe le premier,
et Gurhand qui gouvernoit lors, signe le dernier. Cet
acte fut fait dans la chambre de l'abbé Hemeric,
en 1128.

Cet Hemeric, abbé, mourut en 1130 (6). Nostre

(1) Vicomte de Poher. — Voir l'introd. pour les limites du pays de Poher.
(2) Cod. in-4°, f, 36 r.
(3) Ms. f. 53 r. — Page 137.
(4) Ms. f. 52 r. — Page 145.
(5) Ms. f. 89 v. — Page 125.
(6) *Chronic. Sanctæ-Crucis.*

Nécrologe et celui de Landevennec marquent sa mort le 6 juin (1) : mais je ne crois pas que son gouvernement ait passé l'an 1114, comme nous allons voir.

(1) « XV Cal. Julii obiit Haemericus abbas istius loci. »

CHAPITRE X.

GURHAND, SIXIÈME ABBÉ.

Gurhand ou Gurwand, ou Gurchand, ou Gurgand, car les manuscrits écrivent diversement son nom, fut jugé par l'abbé Benoist digne de remplir sa place. S'estant donc retiré dans son abbaye pour y finir ses jours au pied de la croix en 1114 (1), il choisit en la mesme année un de ses religieux nommé Gurhand, qu'il envoya à Tours pour estre béni par les mains de Raoul, archevesque, et il luy donna le gouvernement de l'abbaye.

Dès le commencement de son gouvernement il eut la grande affaire de Belle-Isle, qui fut terminée en 1117 et en 1118 par le duc Conan et la suite par le pape Calixte en 1119. Comme Robert, évêque de Quimper, et nostre abbé Gurhand, furent un an et demi à la poursuivre, j'en arreste le commencement à l'an 1116. Cette affaire est décrite assez au long dans les manuscrits ou il y a quatorze lettres de personnes qualifiées et deux jugements. Comme elle a fait un grand bruit dans l'église et surtout en Bretagne, je m'attacheray à la décrire dans toute son étendue.

Gurhedenus moine de Quimperlé et qui paroist un peu échaufé, estant partie intéressée, a recueilli ces

---

(1) Chronic. sanctæ Crucis.

pièces. Voici comme il débute (1), après avoir dit qu'il feroit un recueil de tous les titres de nostre monastère : « A la fin je diray comment ce rusé ministre des démons (2), Hervé, abbé de Redon, avec ses complices, ayant méprisé les censures ecclésiastiques, employant la violence du duc Conan qu'il s'estoit attaché en luy donnant de l'argent, et engagé par les emportements d'une âme outrée (3), attaqua nostre abbaye, luy faisant de fausses chicanes comme il parut par après, et pout ce sujet fut excommunié par les deux papes de bonne mémoire Paschal et Calixte, et demeura sans recevoir leur absolution ; et par après je marqueray comment Robert, nostre évesque de Cornouaille avec nostre abbé Gurhand, fut absent pendant un an et demi, ayant retiré de leurs paroisses (4) à cause de cette affaire, et fait venir avec soy tous les prestres de son diocèse. » J'abbrégeray son discours dont j'ay desjà employé une partie à l'histoire des abbés précédens.

« Il faut donc sçavoir (5) que nul des abbés de Redon n'avoit fait querelle à nostre monastère, mais les abbés et les deux monastères avoient toujours esté unis par les nœuds d'une fraternité et d'une amitié commune, jusqu'à ce qu'un de leurs abbés nommé Hervé, nous attaqua s'estant appuyé de la puissance du duc

---

(1) Profat. ante pag. 1. — D. Mor. P. I. col. 532.
(2) « Versl pellis ille dæmonum satelles. »
(3) « Vesanæ mentis irretitus stimulis. »
(4) « Exulaverit. »
(5) Ms. f° 101 et 102.

qu'il avoit achetée, et dont nous avons anéanti les efforts par la grâce de Dieu. Voici quels ont esté les abbés des deux maisons et comme ils ont vescu en grande union. Saint-Gurloës, qui fut le premier abbé de l'église de Sainte-Croix, la gouverna vingt-cinq ans (1) dans une grande paix, et Dieu a fait paroitre de grands miracles pendant sa vie, et après sa mort il en opère encore tous les jours. Saint-Jean luy succéda et gouverna pendant deux ans sans avoir esté inquiété ; les ecclésiastiques et les laïques disent beaucoup de bien de luy. Après luy Vital, sans recevoir aucun trouble de personne, gouverna environ deux ans avec bien de l'estime, et ses sacrés ossements rendent la santé à plusieurs malades. Jongomar quatrième abbé, tint le siége pendant six ans, dont le corps qui se voit en l'église de la Sainte-Vierge Marie à Quimper-Corentin est tout entier et rend une très douce odeur. Après ceux là Benoist gouverna avec une assez bonne estime pendant plus de quarante-trois ans. Mais le sixième abbé d'à présent, Gurhand, à qui l'on fait ce procez avec injustice, sans avoir esté cité par l'évesque de la Province, archevesque de Tours, a esté accusé devant le légat apostolique, et l'on y a porté des plaintes sans que nous en sceussions rien. De plus l'abbé de Redon s'est pourveu vers la puissance séculière ayant fait grand bruit auprès du duc, ayant donné et promis de l'argent pour ruiner une autre église, quoyque nous n'eussions jamais fuy de répondre à la vérité. Nostre abbaye a esté encore mise sous la garde

(1) Je corrige son narré selon la vérité de la chronologie et non pas comme il la rapporte. D. P. L.

et la protection de la Sainte Eglise romaine par ses fondateurs, Alain comte et son fils le duc Hoël et les abbés nommés cy-dessus, avec obligation de payer deux deniers d'or tous les ans; nous en avons les priviléges des papes, que nous gardons en nostre thrésor. »

« D'autre part il faut sçavoir que Cavallon, abbé de Saint-Sauveur a aidé à la fondation de Sainte-Croix, ayant envoyé au comte Alain saint Gurloës, son prieur, pour estre abbé, et qu'il reçut et nous accorda aussi fraternité pendant sa vie et après sa mort, dont il y eut un écrit entre les deux. L'abbé Hungunnan, son successeur, observa ce traitté avec bien de la fidélité et n'y manqua jamais. Après luy, Pérénésius agissant sur le mesme pied, aima les religieux de Quimperlé avec une grande charité. Son successeur Almodus conserva de mesme le lien de la fraternité. L'abbé Bili suivit aussi les mesmes traces. Après eux Robert entretint en mesme affection l'union des deux maisons, sans qu'il y eut de différend. Justin, qui arriva à une grande vieillesse, conserva la mesme société. Gaultier fut aussi fidèle à l'amitié, que ses prédécesseurs. »

Hervé fut le premier qui nous entreprist. L'on voit qu'il fut l'agresseur et que nous ne fismes que nous défendre, il s'adressa à Gérard, évesque d'Angoulesme et légat du saint siége. Cet homme que son mérite avoit rendu fameux et que le schisme qu'il alluma par un point d'honneur en Guienne a encore plus fait connoistre, estoit natif de

Bayeux. Il estoit fils de Giraud et portoit le nom de Blois. Son mérite porta le clergé et le peuple d'Angoulesme à le nommer pour leur prélat en la place de leur évesque décédé depuis quelque temps. Après cette élection il alla à Rome où le pape Paschal II célébroit le concile de Latran, l'an 1112 (1), et il y donna des marques si particulières de sa prudence, qu'ayant proposé un moyen facile pour dégager le pontife de la parole qu'il avoit donnée à l'Empereur Henri IV, au sujet de l'investiture des bénéfices, tous les Pères assemblés s'écrièrent unanimement que ce n'estoit pas luy qui avoit parlé, mais que le St-Esprist avoit parlé par sa bouche. Pour l'exécution de ce conseil si avantageux au bien de l'église, il fut envoyé à cet empereur et depuis il eut la légation de l'Aquitaine (2), qui estoit un employ très-considérable : car outre les trois Aquitaines, la Touraine et la Bretagne y estoient comprises. Gelase II, Calixte II (3), et Honoré II, la luy confirmèrent ; mais il eut tant de dépit de ce qu'Innocent II ne luy continua pas cette légation qu'il suivit l'Antipape, Pierre de Léonis, dit Anaclet, qui la luy laissa. Rien ne pût le retirer de ce parti, et les prières de saint Bernard furent inutiles. On dit qu'on le trouva mort dans son lit furieusement livide et bouffi, et qu'il avoit tenu huit conciles et basti grand nombre d'églises. On met cette mort vers l'an 1135. On dit que Gerard s'estoit fait archevesque

(1) Labbe. *Concil.* T. 10, p. 767.
(2) Ibid. p. 660.
(3) Ibid. p. 851.

de Bordeaux et que son corps fut déterré par ordre du légat apostolique. C'est ce que nous apprenons de Bernard, abbé de Bonneval (1). Cependant M. de Besly (2) et quelques autres soutiennent le contraire, fondés sur l'histoire des comtes et des évesques d'Angoulesme, publiée par le père Labbe (3). Le père Mabillon dans les notes sur l'épistre 126 de saint Bernard, parle assez au long de ses mérites, mais il penche du costé de Bernard de Bonneval, pour ce qui est du malheur de sa mort. Quoyqu'à dire le vray, le zèle qui fait voir bien des choses aux dévôts, peut avoir emporté bien loin cet autheur de la vie de saint Bernard. Le père Labbe est bien en peine de luy trouver huit conciles qu'il a convoqués ; il n'en marque que deux, celui de Loudun en l'an 1109, et celui d'Angoulesme qu'il met l'an 1118, avec son autheur qu'il cite. Mais pour obliger ce révérend Père, et lui faire voir que ceux de sa compagnie ne sçavent pas tout, nostre chronique en marque un assemblé à Bourdieux l'an 1128, et par conséquent sous Honoré II (4).

(1) Bernard. Bonævall. Abb. *Vit. S. Bernardi*; Lib. II, cap. 6.

(2) Avocat du Roy à Fontenay-le-comte, en Poitou, mort en 1644. On a de lui l'*Histoire du Poitou* et les *Évêques de Poctiers*.

(3) Moréri, *Dict. Hist.* T. III, p. 38. *Edit.* 1698.

(4) « M. C. XXVIII. Girardus Engolismensis Episcopus et S. R. E. Legatus in monasterio S. Gildæ Dolensi concilium rexit. » — C'est Bourdieu a seize lieues de Bourges. Ce monastère estoit dédié à saint Gildas. Voyez Mabillon, T. Ier, en la *Vie de saint Gildas*, P. L. D.—C'est à Bourg Déols *(Vicus Dolensis; castrum Dolense, Bourgdieu)*, que Riothime fut défait vers l'an 470, avec ses 12,000 bretons, par Euric, roi des Visigoths (Jornandes, *De Reb. Get* XLV ; Sid. Apoll. *Epist.* I, 7; et Greg. Turonens. *De Gloria Mart.* I, cap. 31). L'abbaye de Bourg Déols fut, dit-on, fondée en 927 par Ebbes,

Voilà le souvenir que nous devions à la justice de nostre légat qui devoit sans doute avoir une fin meilleure. Revenons à nostre grand procez mais devant que d'en faire le rapport, voyons ce qui rendoit ceux de Redon si arrestés.

Le fondement sur lequel s'appuyoit si opiniâtrement l'abbé de Redon estoit une donation du duc Geffroy et du duc Alain son fils, car asseurément il faut que les deux ayent foit chacun leur acte pour sauver les contradictions qui se trouveroient dans ce que rapporte Dupaz (1). Voyons le premier qui est du duc Geoffroy Ier, mais qui a plus l'apparence du récit d'un historien fait après coup que d'un acte :

« Geoffroy, fils de Conan le *tortu* (qui en combattant en la lande de Conquereux contre les Angevins fut tué), par l'ordre de la Providence de Dieu, duc et prince (2) de toute la Bretagne, par l'inspiration de Dieu et l'avertissement du moine Cavallon que l'on disoit estre son frère (3), et pour le salut de l'âme de son père qui avoit esté tué, comme nous avons dit cy-dessus, et aussi pour son propre salut et de sa

---

prince de Déols. Quoiqu'il en soit, l'existence d'un monastère dédié à un saint breton (saint Gildas) dans cette localité, fait supposer que l'armée de Riothime ne fut pas entièrement détruite, mais qu'au contraire il s'établit dans le pays quelques colonies bretonnes, auxquelles la fondation de ce monastère ne fut peut-être pas étrangère.

(1) *Hist. Généalogique des seigneurs de Lohéac,* p. 619.

(2) Cependant dans tous les actes postérieurs les ducs ne se nomment que comtes de Bretagne. P. L. D.

(3) C'est de quoy il faudroit avoir caution, si ce n'est que son père Conan le *tortu* luy eut donné un frère naturel, estant allé de travers, car les historiens ne parlent point de ce fils de duc. — P. L. D.

femme et de ses enfants, et pour la seureté de son gouvernement, a donné et concédé à jamais à saint Sauveur et à ses serviteurs, toute l'isle de Guedel entièrement, sans charge ny devoir, comme il la possédoit par droit d'héritage. Ce que l'abbé de Saint-Sauveur, qui estoit Mainard, recevant avec bien de la bonté, recommanda incontinent ladite isle au moine Cavallon qui sans retardement, obéissant humblement au commandement de son père, ayant pris la bénédiction, se transporta à l'isle avec joye, où il assembla plusieurs moines pour faire service à Dieu, qu'il enseigna à vivre selon la règle de saint Benoist. Les témoins de cecy sont le mesme Geffroy qui a fait le don; Judicaël et Hurvoy ses deux frères (1); Guérin, évêque de Rennes, témoin; Guéthenoc, vicomte, témoin; Hervé de Lohéac, témoin, Mainard, abbé, Cavallon, moine, Hugonnan et plusieurs autres (2). »

Il faut qu'il y ait un acte de seconde donation ou confirmation de cette donation qu'avoit faite Geoffroy Ier par Alain III, son fils, car il y auroit contradiction pour les seings des témoins. Il faudroit que le premier Guérin, qui est de Guerche, estant mort en 988, selon Albert Le Grand, le premier don eut esté fait par Geoffroy devant cet an, et ce Guérin qui signe icy, ayant esté sacré en 1014, c'est le troisiesme du nom et différent du premier; et encore Geoffroy mourut en 1008, et cecy est signé en 1016. A la fin du susdit acte est écrit ce qui s'ensuit en latin :

(1) Nos confrères n'ont mandé qu'il n'y a que *Judicaël frater ipsius testis*, ce qui est plus conforme à l'histoire. — P. L. D.
(2) D. Mor. P. I. col. 356.

« Cecy a esté fait au Dimanche en plein chapitre, en la ville de Saint-Sauveur de Redon devant plusieurs personnes nobles, l'an depuis l'Incarnation du Seigneur 1016, 22 mars ; les témoins en premier sont Alain, comte, qui a fait le don ; Eudon, son frère ; Garin, évesque de Rennes ; Junkenec (1), archevesque ; Judicaël, son frère, évesque de Vennes, qui consentit au don ; Hervé de Lohéac ; Alain de Retz ; Simon de La Roche ; Rialt, bouteiller ; Cavallon, abbé, qui a reçu la donation ; Hogonnan, prieur, et plusieurs autres témoins. »

Voilà tout ce que pouvoient produire les religieux de Redon, dont l'acte pouvoit estre contredit par plusieurs raisons dont j'ay desjà produit une essentielle dans la donation de Belle-Isle faite à nostre monastère (2) ; et cependant le duc Geffroy vient dire icy que Belle-Isle est à luy par succession héréditaire. Sans dire mes moyens pour contredire cet acte que je ne trouve pas avoir esté produit par ceux de Redon, le moine Gurheden qui ne les flatte pas, leur donne assez le démenti sur d'autres raisons. Voicy ce qu'il dit (3) :

« De peur que l'on n'oublie le procès de Hervé, abbé de Redon, et de Gurhand, abbé de Quimperlé, meu et agité à la cour de Gérard, évesque

---

(1) « Junkenec, archevesque de Dol, si Albert Le Grand dit vray estant mort en 987, ne peut avoir signé en 1016 : si c'est Junkenec III du nom, n'ayant esté sacré qu'en 1026, il ne peut signer en 1016, en qualité d'archevesque. — P. L. D.

(2) Voir à la page 53.

(3) Ms. fos 103, vo et 104 ro et vo. — D. Mor, P. I. col. 532.

d'Angoulesme et légat de la sainte Église romaine, j'en ay voulu faire cet écrit. Hervé se plaignit donc premièrement que Belle-Isle avoit esté enlevée injustement à son monastère par le comte Alain, qui en avoit chassé ses religieux, après le meurtre de six-vingt hommes ; qu'il s'estoit plaint de cet outrage en plusieurs conciles, mais qu'il n'en avoit jamais eu justice. L'abbé Gurhand repliquoit que Belle-Isle avoit esté donnée à son monastère, sans que la donation souffrit nulle difficulté, par le comte Alain qui la possédoit par droit héréditaire, et que cinq abbés ses prédécesseurs en avoient jouy en repos, et qu'il soutenoit qu'il y avoit possession paisible pour le moins de trente ans. Et luy ayant esté demandé en quelle année son église avoit esté fondée, et combien il y avoit d'années depuis sa fondation jusqu'au temps de l'abbé Benoist, son prédécesseur, il répondit qu'elle avoit esté fondée en l'an 1008 ; et que depuis la fondation jusqu'au temps de Benoist, il y avoit cinquante-six ans. » En quoy le bonhomme s'est trompé en s'arrestant trop littéralement à la *Chronique* qui met la mort du duc Geoffroy en l'an 1008; et adjoustant ensuite que le duc Alain III, luy succéda, qu'il épousa Berthe, fille d'Eudon, comte de Chartre, par le moyen d'Alain, comte de Cornouaille, et que les nopces s'estant faittes à Rennes, celuy-cy ne demanda pour reconnoissance que la restitution des biens paternels, qu'on lui rendit Belle-Isle, dont il fist la fondation de Quimperlé, il a cru que tout cela s'estoit fait en la mesme année 1008, et sur ce pied il met jusques au tems de la prélature de l'abbé Benoist, comptant depuis 1008 à

1066, cinquante-six ans, où il y en a pourtant cinquante-huit; mais cela ne fait rien au fond de l'affaire à laquelle je reviens. « Et l'abbé de Quimperlé poursuivant ses raisons pour monstrer que ceux de Redon avançoient fausseté, dit que saint Gurloës premier abbé de son monastère avoit esté choisi et tiré du monastère de Saint-Sauveur par le mesme comte Alain, avec le consentement de tous ses confrères. L'abbé de Redon répartit à cela que ses prédécesseurs avoient accordé saint Gurloës pour estre abbé, parce qu'on ne leur avoit pas encore osté Belle-Isle du vivant de saint Gurloës; et de plus, luy ayant esté demandé où, et quand, et vers qui il avoit fait ses plaintes : il répondit que Hugonnan, abbé de son monastère, avoit fait sa plainte au pape Léon, dans le concile de Verceil, contre saint Gurloës, abbé de Kemperlé. En quoy il se contredisoit luy-mesme, ayant dit auparavant que cette isle estoit à luy du tems de ce saint. Et pour les autres lieux où l'on en avoit fait plainte, il dist que ses religieux les avoient portées aux conciles de Saintes de Rennes et d'Issoudun (1). De plus ayant esté enquis s'il avoit un écrit de cela, de la main de quelque cardinal, ou bien des témoins, il dit qu'il n'avoit point de témoins, mais que pour l'écrit, il en avoit un qui n'estoit pourtant pas scellé et qui estoit demeuré à la maison. On luy demanda encore lequel des abbés de Quimperlé luy avoit enlevé ladite

---

(1) *Santonas, Redonis, Suldunis*, Ms. f° 104 v°. — Il veut peut-estre dire *Exoldunum* (Issoudun), en Berry, où il y eut concile en 1081; — *Labbé, conc.* Tome X, page 399. Il y a eu conciles à Saintes, en 1089 et 1095 : — *Ibid.*, page 475 et 603. Pour Rennes je n'en trouve rien de marqué. P. L. D.

isle à luy ou aux siens, il dit que l'abbé Benoist et son frère le duc Hoël la luy avoient estée ou du moins à son monastère ; où l'on voit qu'il a menti bel et bien, car au commencement de sa réponse il avoit dit que c'estoit le comte Alain qui l'avoit reçeue. Laquelle cause ayant esté ainsi examinée pendant quelque tems, le légat et les conseillers renvoyèrent les parties jusqu'au milieu du caresme. »

L'abbé de Redon ne comparut pas, mais envoya seulement ses excuses. Celuy de Kimperlé comparut priant que l'on donnast une fin à son procez. Cependant l'abbé de Redon eut délay, et pendant ce tems-là se faisant justice par luy-même, acheta et employa les forces du duc Conan, entra à main armée dans Belle-Isle, en chassa les gens de l'abbé de Kemperlé et enleva le religieux qui administroit l'isle de sa part. La raison qui rendoit l'abbé de Redon si fier, estoit qu'il avoit alors la faveur de la cour de Bretagne. Le duc Alain Fergent ou IV° du nom, estant tombé dans une grande maladie, l'an 1111, et se voyant en danger de mort, s'estoit fait porter au monastère de Redon (1) pour penser en repos, et disposer les affaires de son salut. Cependant il revint de sa maladie, mais il ne voulut plus se mesler des affaires du monde et mesme il s'y fist religieux (2), et il remit le gouvernement du duché entre les mains de son fils aisné Conan, surnommé le Gros ou Ermengard, à cause de sa mère Ermengarde, qui estoit fille de Foulques Rechin,

---

(1) D'Arg. *Hist. de Bret.* Liv. IV, chap. 43.

(2) *Frater laicus;* — Mabillon ad *vitam S. Convoyonis.*

comte d'Anjou, et qui répudiée et veuve de Guillaume VII, duc de Guienne, fut seconde femme d'Alain, après la mort de Constance d'Angleterre, qui arriva en 1090. Elle donna toute son affection à Saint-Sauveur de Redon, d'où mesme elle fut sœur. Elle est reconnue pour Bienheureuse (1). Voilà ce qui donnoit de la fierté à l'abbé Hervé qui, disposant de la puissance séculière ne craignit point de faire le soldat, au hasard d'attirer sur son procédé les anathêmes du légat Gérard et du pape Paschal, qui les confirma. Le légat commença par écrire à Robert, évesque de Quimper. Voici le contenu de sa lettre :

« Gérard, évesque d'Angoulesme et légat de la sainte Église romaine, à Robert, vénérable évesque de Quimper salut et bénédiction. Nous mandons à vostre dilection que si le comte Conan, seigneur de vostre païs entreprend de mettre les mains sur les biens de l'abbé de Quimperlé, vous mettiez sur luy l'interdit, et que vous priviez toute sa terre qui est dans vostre évesché, de la célébration des divins offices. Que si vous souffriez un si grand sacrilége sans en faire justice, ce qu'à Dieu ne plaise, sachez que pour ce consentement nous porterons sentence contre vous selon la rigueur des canons. »

L'évesque Robert exécuta fidèlement cet ordre, mit l'interdit sur son diocèse, et en retira tous ses prestres, comme nous avons veu ; car il ne faut pas croire qu'un homme religieux comme luy eut jetté son évêché dans

(1) Alb. Le Grand, en sa vie, 25 septembre, page 393.

un si grand désordre, s'il n'en avoit eu de grandes raisons (1).

Il escrivit aussi au duc Conan, sans porter toutefois les choses dans la rigueur dès le commencement (2).

« Gérard, évesque d'Angoulésme et légat de la sainte Église romaine au comte Conan, vaillant et illustre prince de Bretagne, salut et bénédiction. Nous avons de la joye d'avoir entendu que vous aimez la paix et la justice. Les bons princes en agissant de la sorte, gagnent les bonnes grâces du souverain roi. Nous attendons de vous que sur ces bons commencements vous pensez toujours à vous avancer de bien en mieux, comme au contraire l'on va par de mauvais commencements à l'accroissement du mal. Nous vous donnons donc la bénédiction de la part des saints apostres, et nous vous exhortons de rendre honneur à la sainte Église de Dieu, afin qu'il daigne conserver vostre principauté; de plus nous recommandons à vostre protection, avec bien de l'affection, l'abbé de Quimperlé et ce monastère que vos ancestres, dans un veue de religion, ont fondé. Mais ayant entendu que vous défendez aux gens de vos terres de venir demander justice à la sainte Église romaine, nous sommes bien surpris que vous fassiez ce que les roys ny les autres princes n'attentent pas, veu particulièrement qu'il est très-certain (comme nous le trouvons

---

(1) Ms. f° 90 r°. — D. Mor. P. I. col. 635.

(2) On peut voir par cette affaire, si les historiens de Bretagne ont raison de ne mettre le couronnement de Conan qu'en 1119, puisque devant l'an 1117, il avoit toute l'authorité, et géroit en qualité de duc de Bretagne. P. L. D.

écrit), que vos prédécesseurs ont tenu leur principauté du vicaire (1) de saint Pierre, qui est le pape. Que si vous entendez faire cela y estant porté par quelque mauvais conseil, sachez pour certain que la sentence de la sainte Église romaine et le glaive de saint Pierre est prest à tomber sur vous et sur vostre principauté (2). »

Les affaires s'aigrirent extrêmement par les détours et les fuites de l'abbé Hervé, et par sa conduite irrégulière, en ce qu'ayant esté condamné en sa présence de remettre Belle-Isle, et le légat en ayant donné l'investiture à l'abbé Gurhand, il avoit refusé l'obéissance, se faisant fort de l'appui du prince. C'est ce qui attira sur luy et sur les siens l'interdit et l'excommunication. Je croys devoir ainsi ranger la suite de l'histoire, car nostre manuscrit ne met pas les lettres dans leur rang. Je mettroy donc le jugement du légat le premier, et les lettres données en conséquence, sur la rebellion de l'abbé.

« Nous Gérard, évesque d'Angoulesme et légat de la Sainte Eglise romaine, voulons que ceux qui sont présents et à venir, sachent que nos frères Hervé, abbé de Redon, avec Brice, évesque de Nantes et quelques uns de ses religieux, et Gurhand, abbé de Quimperlé, avec Robert, évesque de Quimper et quelques religieux, se sont présentés en nostre cour à cause d'un différend qu'ils avoient entre eux touchant une terre

---

(1) C'estoit le style de ce tems-là, d'appeler le pape vicaire de Saint-Pierre, au lieu de successeur, comme remarque le P. Mabillon. — P. L. D.

(2) Ms. f° 90 r°. — D. Mor. P. I, col. 535.

nommée Belle-Isle. Et après que chaque partie eut
exposé ses raisons, et que nous avions dessein de
donner jugement et sentence sur les moyens qu'ils
avoient déduits, le susdit abbé de Redon, nous
demanda du délay parce qu'il ne se sentoit pas assez
fort pour la défense de sa cause. A la demande duquel
acquiesçant par l'advis de nostre cour, nous luy avons
accordé délay sur sa requeste. Le susdit abbé de
Quimperlé, vint donc de rechef en nostre cour au terme
ordonné, estant préparé pour poursuivre sa cause ;
mais l'abbé de Redon ne vint point, et néanmoins
présenta ses excuses par son envoyé en demandant un
autre délay ; et comme le susdit abbé de Kemperlé,
nous pressoit fort instamment que nous missions fin à
sa cause, ayant pris de rechef l'advis de nostre cour,
nous avons accordé délay à l'abbé de Redon. Cependant
le susdit terme que nous avions marqué pour la
décision de leur cause, n'estant pas encore passé, le
susdit abbé de Redon, se servant d'un mauvais conseil,
considérant moins les censures ecclésiastiques que la
puissance séculière, estant entré dans ladite terre de
Belle-Isle, dont estoit le différend, avec les forces de
Conan, comte de Bretagne, en chassa à main armée
les gens du monastère de Quimperlé et s'en empara
mal a propos. Dont ayant reçu plainte, sur une si
grande injure, nous avons averti auparavant par nos
lettres et nos envoyés, l'abbé de Redon de venir au
terme marqué, répondre sur une si grande et si irrégulière
invasion. Auquel terme tant luy que l'abbé de
Quimperlé se trouvèrent présents devant nous ; et l'abbé

de Redon, estant averti par nous de répondre sur ladite invasion, commença à apporter des excuses, et dist qu'il ne respondroit point pour le présent sur ladite invasion. Entendant donc qu'il cherchoit des subterfuges et qu'il ne donnoit pas d'excuses canoniques, nous avec nos frères Pierre, élu évesque de Saintes, Hugues, abbé de Saint-Eparque, Itérius, maistre des escholes (scholastique) de Saintes, et Hugues, chanoine du Mans, avons adjugé à Gurhand, abbé de Quimperlé, une pleine et entière investiture (prise de possession) de ladite Isle, et l'en avons investi autant qu'il nous appartient, sauf le droit du monastère de Redon, et nous avons commandé à l'abbé de Redon, qui estoit présent, qu'il en retirast ses gens et qu'il laissât à l'abbé de Quimperlé sa prise de possession paisible. Furent présents à ce nostre jugement nos dits frères qui ont jugé avec nous, et en outre Renaud, prieur de Vertou, Tison et Vital, clercs de l'évesque de Nantes, Guillaume Guardrard, Guillaume Gérand, Renaud, clercs de Saintes; Richard, Julien, Raimond, Andrade, Teduin, chanoines d'Angoulesme, et plusieurs autres ecclésiastiques et laïques. Et afin que ce jugement que nous avons rendu soit plus fort et assuré nous l'avons signé de nostre propre main et fait sceller du sceau de nostre authorité. Fait à Angoulesme l'an depuis l'Incarnation de nostre Seigneur 1117. Indiction X, Louis Le Gros roy de France, fils de Philippe Ier, régnant. » (1)

C'est en suite de ce jugement que le légat procéda

(1) Ms. f° 107 et 108. — D. Mor. P. 1, col. 533.

avec plus de rigueur ; et comme Redon est dans l'évesché de Vennes, voici l'ordre qu'il adressa à l'évesque Maurice :

« Gérard, évesque d'Angoulesme et légat de la Sainte Eglise romaine, à Morvan, évesque de Vennes, salut et bénédiction. Nos frères Hervé, abbé de Redon et Gurhand, abbé de Quimperlé, estant présents en nostre cour pour l'affaire de Belle-Isle, nous avons ordonné que l'abbé de Redon mette en possession de Belle-Isle, l'abbé de Quimperlé, parce qu'il l'avoit dépouillé par une main laïque sans forme d'audience ny de jugement ; et pour le mettre en entière possession nous avons donné l'espace d'un mois, et si dans ledit terme il ne l'en revestissoit, nous luy avons interdit les fonctions de prestre et d'abbé, et nous avons privé toute son abbaye de la célébration de l'office divin. Nous mandons donc à vostre fraternité et nous vous commandons par l'authorité du siége apostolique, que vous fassiez observer fermement et inviolablement, de nostre part et de la vostre, cet interdit que nous avons mis sur l'abbé et sur l'abbaye. » (1).

L'évesque diocésain ne manqua pas de l'interdire de la part du légat, mais l'abbé de Redon ne s'en mettant pas en peine, le légat envoya cette lettre à tous les évesques de Bretagne :

« Gérard, évesque d'Angoulesme et légat de la Sainte Eglise romaine, à nos vénérables frères, Brice, évesque de Nantes, Marbeuf (Marbodus), évesque de Rennes, Morvan, évesque de Vennes, Rivallon, éves-

(1) Ms. f° 91, r°. D. Mor. P. 1, col. 534.

que d'Aleth (Saint-Malo), et aux autres évesques de Bretagne, salut et bénédiction. Nous voulons que vostre dilection sache que nous avons fait venir devant nous l'abbé de Redon, à cause de l'enlèvement violent qu'il avoit fait sur le monastère de Quimperlé, en luy ostant sa meilleure possession, et nous luy avons fait correction d'une entreprise si téméraire, et nous avons ordonné par le conseil de personnes sages, qu'il remettroit les religieux de Quimperlé en une entière possession de tout ce qu'il leur avoit enlevé, et nous luy avons donné un terme convenable pour accomplir cela; et que s'il ne le faisoit, nous luy avons interdit les fonctions de prestre et d'abbé, et luy avons défendu à luy et à ses religieux l'entrée de l'église. Mais l'abbé de Redon, n'a point restitué aux religieux de Quimperlé, ce qui estoit à eux, a violé l'interdit mis de nostre part et mesme de la part de la Sainte Eglise romaine, et a encore la témérité de le violer. C'est pourquoy nous mandons à vostre fraternité que vous le dénonciez dans vos églises et dans vos assemblées, et que vous le teniez pour schismatique et excommunié et que vous déclariez à vos paroissiens (diocésains), qu'ils ne visitent point le monastère de Redon, et et qu'ils n'y choisissent point leur sépulture. Défendez encore, que l'office divin ne se fasse dans les obédiences et prieurés qu'ils ont dans vos éveschés. De plus ayez le soin d'aller avertir le comte Conan qu'il répare incessamment en trente jours une usurpation si grande et si téméraire. Que s'il ne le fait nous tirerons avec terreur le glaive du Saint-Esprit contre luy et tout son duché (toute sa terre). » (1)..

Il escrivit aussi à Hervé, abbé de Redon, sur son usurpation et sur sa désobéissance, et le traite avec rigueur comme un homme qui estoit dans la disgrâce de l'Eglise; l'on voit par cette lettre que ses moines estoient aussi révoltés que luy :

« Gérard, évesque d'Angoulesme et légat de la Sainte Eglise romaine, à Hervé, abbé de Redon. Je vous saluerois au commencement de ma lettre, si vous ne méprisiez nostre interdit et si vous ne communiquiez pas de certaine science avec vos moines devenus schismatiques. C'est pourquoy de l'authorité apostolique, nous vous citons et invitons de vous trouver, nonobstant toute affaire, au concile que nous devons tenir à Angoulesme, la seconde semaine du caresme prochain, pour recevoir ce que la justice vous ordonnera pour l'usurpation de Belle-Isle et pour votre désobéissance. » (2).

Il escrivit en même tems à Maurice, évesque diocésain pour l'y faire venir :

« Gérard, évesque d'Angoulesme et légat de la Sainte Eglise romaine, à Morvan, vénérable évesque de Vennes, salut et bénédiction. Nous avons dessein de tenir un concile à Angoulesme, la seconde semaine du caresme prochain, par l'ordre que nous en avons de nostre seigneur le Pape, contre les vices qui naissent et les déréglemens qui paroissent dans l'église et le peuple de Dieu. Auquel concile nous invitons vostre

---

(1) Ms. f⁰ 91, r⁰. — D. Mor. P. 1, col. 534.
(2) Ms. f⁰ 92, v⁰. — D. Mor. P. 1, col. 538.

fraternité et vous commandons de l'autorité du siége apostolique, que vous citiez de nostre part et de la vostre, Hervé, abbé de Redon, de s'y trouver, sans s'arrester à aucune excuse ou affaire. Que s'il refuse de se trouver à une si grande assemblée, il recevra asseurément une sentence selon la rigueur des canons. » (1).

Ce concile se tint l'an 1118, comme il est marqué au 10ᵉ tôme des conciles page 827. Je ne croy pas que l'abbé de Redon s'y soit trouvé, car les affaires prirent un autre tour par la médiation de la duchesse Ermengarde, et la déférence que le duc Conan eut pour la puissance ecclésiastique. Nous n'avons pas la lettre que le légat écrivit à la duchesse, mais voicy la réponse qu'elle luy fist :

« Au vénérable seigneur et père pieux Gérard, évesque d'Angoulesme et légat de la sainte Église romaine, Ermengarde, humble comtesse et la servante de vostre humilité, présente le salut. Je rends grâce à vostre bonté de ce que vous daignez honorer ma bassesse, et de vostre salut et de vostre bédédiction et mesme de vostre oraison ; et pour la charge que vous me donnez d'avoir soin de remettre la paix et l'union entre des religieux, je l'embrasse avec joye à cause du respect que j'ay pour vostre commandement. Une chose me fait peine, c'est que vous teniez ceux de Redon interdits et excommuniés : il faudroit relascher cela pour un tems, si vostre discrétion l'avoit pour agréable, surtout à cause que mon fils se plaint de ce qu'il est fort mal traitté en cela, et que les religieux y sont fort offensés. Car ce qu'il a fait en cela, il assure l'avoir fait

(1) Ms. fº 92, vº. — D. Mor. P. I, col. 538.

par le commandement de nostre seigneur le Pape et le vostre, et s'il a fait quelque faute, il est prest de la réparer par l'advis de ses évesques ; mesme il dit que si vous vous trouvez dans un lieu propre, il répondra sur toutes choses en vostre présence, et satisfera à ce qui sera de justice. Vous feriez donc bien si vous donniez terme au duc et aux religieux jusqu'au temps que vous tiendrez vostre concile. Je vous prie aussi de nous envoyer ceux de Quimperlé, afin que nous traittions d'accord avec le bon plaisir de Dieu. Mais nous prions encore par vostre moyen monseigneur de Quimper de vouloir revenir pour recevoir de mon fils une justice entière, selon l'advis des évesques, et les marques d'une véritable union. Que si vostre prudence ne gouste rien de tout cecy, mon fils aura soin de vous répondre en vostre concile par les évesque et les abbés de sa province, ce qu'il jugera de raisonnable. » (1).

L'archevesque de Tours, comme métropolitain, s'estoit aussi meslé de concilier une affaire qui faisoit tant de bruit dans sa province ; il avoit écrit au duc, sa lettre est perdue.

Voicy ce que le duc luy répondit :

« A Gillebert par la grâce de Dieu, archevesque de Tours, son très-doux bien-aimé Conan, duc de Bretagne, salut et service. Je vous rends de très-grands remerciemens pour les bonnes choses que vous avez voulu me mander ; et sur ce que vous m'avez écrit, touchant l'évesque de Quimper et son abbé, je vous réponds, que s'il y a quelque faute, je l'ay faitte par

---

(1) Ms. f° 93 r°. — D. Mor. P. I, col. 537.

le commandement de nostre seigneur le Pape, et que je corrigeray fort volontiers ce qu'il y a de mal fait, par vostre avis et celuy des évesques de Bretagne, ou s'ils aiment mieux je feray ce qui sera de droit en vostre présence et celle des évesques de Bretagne. C'est pourquoy je vous mande, et je vous en prie bien fort, que vous les portiez à l'une de ces deux choses. » (1).

Nous verrons ensuite comment il donna satisfaction à Quimperlé en présence des évesques de Bretagne, mais qu'il avançoit mal à propos que le pape consentoit à sa violence comme nous allons voir par la réponse de l'archevesque :

« Gillebert par la grâce de Dieu, humble serviteur de l'église de Tours, à son fils bien-aimé Conan, illustre duc de Bretagne, salut et bénédiction. Premièrement nous vous rendons les remerciemens que nous vous devons de ce que vous avez reçu avec honneur nostre envoyé vers vous, comme nous l'avons appris de sa bouche. Mais nous avons eu encore plus de plaisir de ce que vous avez répondu avec tant de bonté au contenu de nostre prière et de nostre demande que nous vous avions faitte, si vous l'accomplissez de mesme. Néanmoins pour ce que vous nous avez fait sçavoir que la faute que vous avez faitte, s'il y en a, c'est de l'adveu de nostre seigneur le pape, sachez asseurément que nous avons veu de ses lettres qu'il vous envoyoit touchant la plainte de l'évesque

(1) Ms. f° 94 r°. — D. Mor. P. I, col. 536.

de Quimper et de l'abbé de Quimperlé, et aussi d'autres lettres touchant la mesme affaire addressées à M. le légat, avec lesquelles (sauf le respect que nous vous devons), ce que vous avancez du consentement du pape, ne s'accorde pas. Au reste nous avons fort agréable ce que vous nous promettez de réparer et donner satisfaction touchant cette affaire, selon nostre advis ou jugement et celuy de nos confrères, les évesques de Bretagne, et nous vous en rendons grâces. Nostre avis est donc d'adresser à la bonté que vostre dilection nous fait paroistre, nos mêmes confrères qui sont l'évesque de Quimper et l'abbé de Quimperlé, et vous prier, comme notre très-cher fils, et vous exhorter de bonne foy de ne vouloir pas vous opposer en cecy aux advertissements et mesme commandements de nostre seigneur le pape Paschal, et aussi aux commandements des papes ses prédécesseurs, dont nous avons veu les priviléges touchant cette terre que possède le monastère de Quimperlé ; et mesme nous vous louons, prions et avertissons de mettre en entière possession l'abbé de Quimperlé, selon le conseil que vous en a donné le seigneur pape Paschal, et la possession que luy en a adjugée M. le légat d'Angoulesme ; et si vous pouvez accorder ce différend avec l'ayde de Dieu, par l'advis de nos confrères les évesques de Bretagne, nous le voulons bien et nous y consentons. Mais, ce qu'à Dieu ne plaise, si pour le présent il ne peut se terminer paisiblement, nous ne manquerons pas par la grâce de Dieu de rendre justice aux deux parties en temps et lieu convenables, comme vous le demandez et que nous le devons faire. » (1).

Par là l'on voit que la duchesse mère en ayant donné l'ouverture, l'archevesque porta l'évesque et l'abbé à se rendre vers le duc pour y recevoir justice selon leur bon droit et leurs titres, comme nous verrons ensuitte. Mais de peur que l'on ne croye que le légat y alla trop chaudement, il faut auparavant voir la lettre des deux archevesques, et puis l'approbation que le pape Paschal II donna à sa conduite, et cette lettre au duc Conan, dont il est parlé, dans celle de l'archevesque de Tours :

« A nostre excellent illustre confrère Gérard, révérend évesque d'Angoulesme et vicaire du siége apostolique, Joceran, serviteur de l'église de Lyon, et Anserin (2), archevesque de Besançon, salut et honneur dûs à sa prestrise éternelle. Nostre seigneur le pape ayant entendu le jugement par lequel vostre discrétion a terminé le différend qui estoit entre Gurhand, abbé de Sainte-Croix de Quimperlé, et Hervé, abbé de Redon, l'a approuvé, et a confirmé par l'authorité de ses lettres tout ce que vous avez fait en suitte. Nous donc ayant bien de la confiance en vostre justice et droiture, nous prions instamment vostre dignité qu'en faisant subsister et observer toujours ce jugement qui a esté confirmé par nostre seigneur le pape, vous rendiez une deue et convenable justice à l'abbé de Sainte-Croix, jusqu'à ce qu'il

(1) Ms. f° 94 r°. — D. Mor. P. I, col. 537.
(2) *Anseric* et *Gauceran*, dans les *Conciles* du P. Labbe. Tom. X. p. 836 et 837.

jouisse en paix du droit de son église; vous tenant asseuré que nous ferions infailliblement pour vous de plus grandes choses que cela, si vous aviez besoin de nostre service en quelque affaire. Nous souhaittons que vous ayez toujours une bonne santé, et que vous agissiez avec force en toutes choses. » (1).

Voicy la lettre que le pape Paschal II envoye à son légat. Il approuve l'interdit qu'il a mis sur l'église de Redon, après avoir approuvé le jugement qu'il avoit rendu touchant Belle-Isle, comme nous avons veu en la lettre précédente :

« Paschal, évesque, serviteur des serviteurs de Dieu, à nostre vénérable frère Gérard, évesque d'Angoulesme, vicaire du siége apostolique, et aux frères qui sont avec luy, salut et bénédiction apostolique. L'affection que l'amitié nous donne pour vous, nous porte à avoir compassion de vostre fraternité, à cause que nous sçavons que vous estes affligé de plusieurs peines. Au reste nous ne supportons pas de moindres fardeaux d'affliction. C'est pourquoy nous prions vostre fraternité de pousser vers le Dieu tout-puissant des prières et des gémissements, et de commander que l'on fasse de mesme par toutes vos paroisses, afin que le Dieu tout-puissant regarde son église de l'œil de sa grande miséricorde, et commande aux tempestes des persécutions de cesser. Nous approuvons la sentence d'interdit que vous avez prononcée sur l'abbé de Redon et sur son abbaye, jusqu'à ce qu'il satisfasse à vostre jugement. Mais nous avons averti le comte qu'il n'appuye pas son opiniâtreté de son

(1) Ms. f° 95 r°. — D. Mor. P. I, col. 535.

consentement, mais qu'il l'oblige plutost à vous obéir.
Que s'il fait autrement, nous confirmons, par l'asseurance que nous vous donnons de nostre agrément, ce que vous ordonnerez de plus rigoureux contre luy par advis commun. Donnée à Trévane le 11 devant les Calendes de décembre. » (1).

Voicy la lettre écrite au duc Conan dont le pape avoit parlé :

« Paschal, évesque, serviteur des serviteurs de Dieu, à nostre bien-aimé fils Conan, illustre comte de Bretagne, salut et bénédiction apostolique. Vous devez sçavoir, nostre très-cher fils, qu'il n'est point de puissance qui ne vienne de Dieu. Ayant donc reçu de luy vostre puissance, ne veuillez pas dresser contre luy la hauteur de vostre cœur, ny attaquer son église ; mais pensez plutost à sa toute puissance, et observez avec humilité les commandements de l'Eglise. Nous avons appris que l'abbé de Redon, méprisant le respect qu'il doit à nostre vicaire, l'évesque d'Angoulesme, s'est emparé de Belle-Isle, par la violence de vostre puissance. C'est pourquoy méprisant d'obéir au jugement de nostre vicaire, il a esté interdit par luy de toutes les fonctions d'abbé et de prestre, et toute l'abbaye privée de la célébration des offices divins. Mais ils méprisent encore cet interdit avec une témérité opiniâtre. Nous donnons donc advis à vostre bon naturel et nous vous commandons comme à un enfant de l'église, de ne prendre pas de part à leur arrogance, mais de les obliger vous mesme à accomplir le juge-

(1) Ms. fo 95 vo. — D. Mor. P. I, col. 536.

ment de l'église. Autrement nous confirmerons de l'authorité de Dieu, quelque sentence que l'on donne contre vous à cause de cette faute. Donnée à Trévane, le 11 devant les calendes de décembre. » (1).

Cette lettre avoit esté envoyée sur la fin de l'an 1117 au duc Conan. Car si ç'avoit esté sur la fin de l'an suivant 1118, Conan n'auroit pas eu le tems de recevoir cette lettre et de terminer cette grande affaire. Enfin pressé par l'authorité de l'église et par les bons offices de l'archevesque de Tours, il rendit justice à l'abbé de Quimperlé. Ce fut en présence et de l'advis de quelques évesques de Bretagne, qui se trouvèrent à Redon, comme l'archevesque de Tours en avoit fait l'ouverture :

« Au nom de la Sainte et indivisible Trinité. Je Conan, humble duc de Bretagne, avec ma sœur Havoise et ma mère Ermengarde, je donne et accorde pour le salut de mon âme et de mes parens, au monastère qui est basti à Quimperlé, en l'honneur de la Sainte-Croix, la terre appelée Belle-Isle avec tous ses revenus, comme l'avoit fait mom père Alain et mon grand père Hoël et mon bis-ayeul Alain. Car nous avons connu que l'action que ceux de Redon ont suscitée en nostre tems touchant ceste terre par convoitise et envie, et à la poursuite de laquelle le seigneur Robert, évesque de Quimper, avec le clergé de Cornouaille et Gurhand, abbé de Quimperlé, avec ses religieux, ont esté presque l'espace d'un an et demi, estoit fausse et injuste et qu'elle a esté entièrement appaisée par au-

(1) Ms. f° 96, r°. D. Mor. P. 1, col. 536.

thorité apostolique et par un jugement rendu ; à la quelle authorité nous avons renvoyé Hervé, abbé de Redon et Gurhand, abbé de Quimperlé, pour vuider le différend qu'ils avoient touchant ceste terre. Je rends donc maintenant à perpétuité au monastère de Quimperlé et à tous les religieux qui y demeurent, entre les mains de Gurhand, abbé de ladite église, sans qu'ils en puissent estre cy-après inquiétés ny par moy ny par mes successeurs, ladite Isle avec tout ce qui luy appartient, de laquelle Hervé, abbé de Redon, s'estoit emparé par la force de ma puissance, et pour laquelle usurpation il avoit esté justement interdit et excommunié avec toute son abbaye pendant le temps de plus d'un an. J'ai aussy tiré du cloistre de Redon, le religieux que l'abbé de Redon, avoit enlevé de ladite Isle, et emmené avec luy, et l'ay fait rendre à sa demeure. Or, quiconque inquiétera davantage le monastère de Quimperlé pour ce sujet, sera frappé par l'authorité apostolique, et brisé par nostre sévérité de comte. Cecy a esté fait à Redon, l'an depuis l'Incarnation du Verbe mil cent dix huit, en présence du seigneur Robert, évesque de Quimper, et de Marbeuf, évesque de Rennes, et de Brice, évesque de Nantes, et Maurice, évesque de Vennes. Les témoins de l'affaire sont ceux-cy.... » (Ils sont demeurés au bout de la plume) (1).

L'on peut remarquer pour l'histoire de Bretagne, que quoyque le duc Alain ne fut pas mort en ceste année, cela n'estant arrivé qu'en 1120, selon nostre

(1, Ms. fo 111. D. Mor. P. 1, col.

Chronique, et qu'il fut mesme présent sur le lieu, l'on ne parle point de luy parcequ'il s'estoit démis de l'authorité et ne se mesloit plus des affaires. L'on voit encore que le duc Conan y fait mémoire de sa sœur Havoise, dont les historiens de Bretagne ne parlent point, ne donnant à Alain que deux enfans, Conan son successeur et Geoffroy qui mourut jeune en la Terre sainte en 1116, ne laissant de luy que le regret d'avoir perdu un prince de grande espérance.

L'abbé de Redon fut donc obligé de lascher prise en 1118 ; mais comme il avoit la desserre dure, il ne vouloit pas restituer les revenus qu'il avoit touchés de Belle-Isle, et l'argent qu'il avoit enlevé au monastère de Quimperlé. Ce sont les restes de ceste grande affaire qui se passèrent l'an 1119. Car le pape Paschal estant mort en 1118, le 18 janvier, et Gelase II qui luy succéda le 25 janvier suivant, n'ayant pas gouverné un an entier et estant mort à Cluny, le 29 de janvier 1119, Calixte II luy succéda le 1er février la mesme année 1119. C'est à ce pape, et en sa première année, que l'abbé Gurhand porta ses plaintes, et voici la lettre que le pape envoya à l'abbé de Redon :

« Calixte évesque, serviteur des serviteurs de Dieu, à nostre fils bien aimé Hervé, abbé de Redon, salut et bénédiction apostolique. Nous avons reçu la plainte que l'abbé et les religieux du monastère de Sainte-Croix de Quimperlé nous ont faitte de vous, que vous ne leur avez point restitué l'argent de Belle-Isle, que vous avez enlevé par force, sur quoy nostre frère Gérard, évesque d'Angoulesme, légat pour lors du siége apostolique, avoit donné jugement. Nous commandons donc à vostre charité, ou que vous rendiez l'argent incessamment, ou que si vous croyez avoir quelque droit, vous veniez au concile de Reims pour y rendre entièrement raison sur cette affaire avec l'ayde de Dieu. Donné à Périgueux le 3 devant les nones d'aoust. » (1).

Ce concile commença à Reims le 20 octobre 1119. L'abbé Hervé s'y trouva, mais luy qui sçavoit bien prendre et fuir habilement, voyant que ses affaires n'alloient pas bien, se retira du concile sans dire adieu, mais le pape le poursuivit par cettre lettre :

« Calixte, évesque, serviteur des serviteurs de Dieu, à nos vénérables frères Morvan, évesque de Vennes et Brice de Nantes, salut et bénédiction apostolique. Il n'y a pas longtemps que nous avons mandé à Hervé, abbé de Redon, de rendre sans délay, l'argent qu'il avoit enlevé injustement au monastère de Sainte-Croix de Quimperlé, selon que luy ordonnoit le jugement donné par nostre confrère Gérard, légat alors du siége apostolique, ou qu'il vint se présenter devant nous à Reims pour répondre sur cecy. Au reste estant venu au concile de Reims, il s'en est retourné, sans conclure l'affaire, et davantage, ce qui est de plus grief, il tasche, comme nous avons appris, de défendre sa faute, par l'autorité du comte. C'est pourquoy nous commandons à vostre fraternité que vous l'avertissiez de nostre part qu'il rende entièrement cet argent à l'abbé de Sainte-Croix, dans le terme de l'octave de

---

(1) Le 3 aout 1119. Ms. f° 97, r°. D. Mor. col. 538.

l'Epiphanie prochaine. Autrement vous tiendrez la rigueur des canons sur l'abbé mesme et sur l'abbaye, et sur ses obédiences qui sont situées dans vos diocèses, jusqu'à ce que luy mesme, en nostre présence, vienne nous faire satisfaction de son mépris et à l'abbé des dommages qu'il luy a faits. Donné à Reims le 5 devant les Ides de novembre. » (1).

Je croys apparemment qu'après une lettre si menaçante, l'abbé de Redon satisfit, et nous ne trouvons plus rien de cette grande affaire (2). Belle-Isle depuis nous est demeurée jusqu'en l'an 1572, qu'elle fut échangée sous le roy Charles IX, comme nous dirons, et sous l'abbé Louis de Vallory.

Le jour de devant que le pape donna cette lettre en nostre faveur contre l'abbé de Redon il nous accorda cette bulle :

« Calixte, évesque, serviteur des serviteurs de Dieu, à nostre fils bien-aimé Gurhand, abbé du monastère de Sainte-Croix, qui est situé dans la petite Bretagne, en la ville qui s'appeloit Anaurot, et maintenant se nomme Quimperlé, et à ses successeurs qui doivent estre mis régulièrement en sa place à perpétuité. Nous reconnoissons que nous avons été élevé au service du siége apostolique par la disposition de Dieu, afin que nous nous fassions un devoir de secourir

---

(1) Le 9 novembre 1119. Ms. f° 97, r° et v°. D. Mor. P. 1, col. 539.

(2) Le procès de Belle-Ile ne fut terminé qu'en 1172, par un accord fait en présence des légats Albéric et Théod... Les religieux de Redon renoncèrent à leurs prétentions sur l'île, et reçurent en récompense, des religieux de Sainte Croix, le prieuré de Notre-Dame de Nantes. — D. Mor. P. I. col. 667.

efficacement ses enfants qui implorent son secours, et défendre et protéger, autant que Dieu nous en aura donné le pouvoir, ceux qui luy sont obéissants. A cause donc que vostre dilection se retirant au port du siége apostolique, a demandé sa protection avec la dévotion deue et requise, nous consentons avec bonté à vostre demande, et à l'exemple du seigneur nostre prédécesseur, de sainte mémoire, Grégoire, pape VIIe, nous prenons sous la défense apostolique le monastère de Sainte-Croix, auquel vous présidez de l'authorité de Dieu, et nous le fortifions de la protection de Saint-Pierre. Car nous ordonnons que toute l'isle qui s'appelle Guedel ou Belle-Isle, et tous les autres biens et possessions qui paroissent appartenir aprésent audit lieu, de droit légitime, et tout ce que vous pourrez acquérir à l'avenir, avec la grâce de Dieu, par le don des évesques, la libéralité des princes, les offrandes des fidèles ou autres justes moyens, que cela demeure constamment et entièrement à vous et à vos successeurs. Qu'il ne soit donc nullement permis à aucune personne de troubler témérairement ce monastère ou enlever ses possessions, ou, estant enlevées, les retenir ny les diminuer, ni les charger par des vexations téméraires, ou les appliquer comme pour de pieuses causes, à ses usages. Mais que toutes choses soient conservées entièrement pour servir en toutes manières pour l'usage de ceux, à l'entretien et gouvernement desquels elles ont estées accordées ; sauf le respect qui est dû selon les canons à l'évesque de Quimper. Et pour marque que l'église vous a accordé sa protection, vous payerez tous les ans deux pièces dor (*duos aureos*), au palais de Latran. Si donc à l'avenir quelque personne ecclésiastique ou séculière, connoissant le contenu de ceste constitution entreprend témérairement de s'y opposer, ayant esté avertie deux et trois fois, si elle ne se corrige pas par une satisfaction convenable, qu'elle soit privée de la dignité de son rang et de sa puissance, et qu'elle se connoisse coupable au jugement de Dieu de la faute qu'elle a commise, et qu'elle soit retranchée de la participation du très-sacré corps et sang de Jésus-Christ nostre Dieu, Seigneur et Rédempteur, et qu'au dernier jugement elle soit condamnée à une punition rigoureuse. Mais que tous ceux qui conserveront les droits deus au susdit lieu, ayent la paix de nostre seigneur Jésus-Christ, en sorte qu'ils jouissent icy du fruit de leur bonne action, et qu'ils reçoivent du juge exact la récompense d'une paix éternelle. Ainsi soit-il.

« Moy, Calixte, évesque de l'Église catholique. »

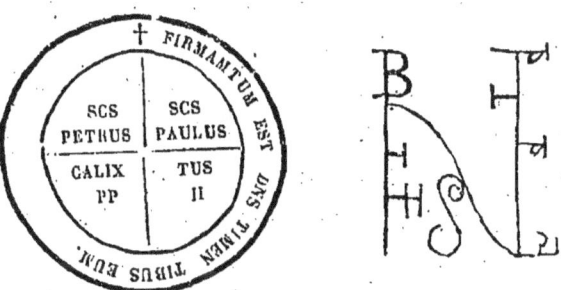

Donnée à Reims par les mains de Crisogon, diacre, cardinal et bibliothécaire de la sainte Église romaine, le 6me devant les ides de novembre, Indiction XIII, l'an mil cent dix-neuf depuis l'Incarnation de Nostre-

Seigneur, et l'an 1ᵉʳ du pontificat de nostre seigneur le pape Calixte second. » (1).

Pritgual, fils de Huet, et ses deux fils Riou et Alain, et son gendre Loeshuarn *An gues* et son neveu Juthaël, fils de Conan, pour le repos de l'âme de Rivallon, fils d'Eudon, surnommé Fischevet, qui avoit esté tué dans un combat, mais ayant eu pourtant le temps de confesser ses péchés à la fin de sa vie avoit esté enterré au cimetière de Sainte-Croix, donnèrent à Sainte-Croix, en la paroisse de Clecguer (2), le tiers du village *Madiou*, avec tous ses revenus, en la manière que le défunt l'avoit possédé pendant sa vie. Les témoins furent l'abbé Gurhand et deux religieux; et entre les laïques, Guillaume, fils de Tanguy (seigneur de Hennebont), de qui cette terre relevoit, et son frère Rivallon et autres. L'acte est sans année (3).

Puisque nous en sommes à ce Guillaume, fils de Tanguy, il faut icy rapporter un traitté qui se fist entre luy et l'abbé Gurhand, quoyqu'il n'ait pas non plus d'année marquée (4). C'est que ce Guillaume estant devenu seigneur de Hennebont après la mort de son père Tangui, nous vexoit avec bien de l'injustice pour les terres du prieuré de Saint-Michel des Montagnes, faisant enlever par force tous les revenus que nous avions droit d'en retirer; mais l'affaire se termina d'un commun consentement de sa cour et de

(1) Ms. f. 109.
(2) Commune de Cleguer, canton de Pont-Scorff, arrondissement de Lorient (Morbihan.)
(3) Ms. f. 20 r. et v.
(4) Ms. in-8., f. 47 r. — Ms. in-4, f. 37 v.

la nostre. Pour mettre fin au différend, il consentit de s'en rapporter au témoignage de ses gens et des nostrés, et promit que si leur rapport nous estoit favorable, il n'entreprendroit plus sur nos biens. Il y eut donc pour témoins présents à cet acte les mesmes qui ont fait la donation précédente, Pritgual, son fils Riou et Juthaël, fils de Conan ; les autres furent Lebin, Robert, Rodaud, Harscoet, Cadneuuet, Justin, Moysan, Huchet, Elmarc, vicaire, et Jongomarc son fils aisné. Les dames présentes furent Orloëdoë, Nobili, Alarun, Thephani (Thiphaine).

Tout ce monde estant donc assemblé en présence dudit Guillaume, en son chasteau de Hennebond, l'on procéda au témoignage qui se fist sans doute avec serment. Ils asseurèrent donc que les religieux ne payoient rien au seigneur du pays (1), ny aucune levée, ny rente ou taille, ny aucune charge onéraire ; mais que ce bien demeuroit stable et asseuré à l'abbé et aux religieux de Sainte-Croix, estant exempt et déchargé de toute redevance, et que tous les officiers devoient en estre retirés, à celuy prez que l'abbé ou le religieux qui administroit le prieuré avoit voulu choisir pour luy faire office. Ils adjoustèrent de plus, que le seigneur mesme du pays et ceux de sa suite, quand ils passoient à l'Isle de Groüais (2), devoient prendre chez le prieur (3), un disné ou soupé une fois seulement,

---

(1) « Domino ipsius provinciœ, » du *Kemenet Heboë*. Voir page 33, note 1.

(2) « *Insula Groë.* »

(3) L'on trouve qu'il y avoit prieur de Groüais, dans le nécrologe P. L. D.

et cela encore de bonne volonté. De plus s'il estoit averti de se trouver à l'armée du duc, il devoit recevoir de la part du religieux administrateur, la charge d'un cheval de pain, ayant fait envoyer par son écuyer le cheval jusqu'au bourg ou village de *Kerencroïs* (1), et la somme devoit estre rendue jusqu'à ce lieu. Et voicy les noms des villages ou bourgs qui sont dans le païs de Guiméné (2) : *Kerancroes, Kerrigualon, Kerhaëliou, Kerguenmunuc, Kerconhouarn, Kerchruth, Kercuelen* (3), *Anuuhorhic.* Des dismes, nous avons la moitié de *Guidul* (4), et en Plœmeur la disme de dix-sept villages (5).

Et pour ce que nous devons recevoir sur l'Isle de Grouais, ledit Guillaume, seigneur de Hennebond, en rendit témoignage de sa propre bouche ; *id est episcopium* (je donne à deviner s'il veut dire que l'évesque y a ses droits épiscopaux, ou bien si, suivant le privilége de la fondation qui donne droit épiscopal au monastère sur les terres acquises ou à acquérir, le monastère y avoit le droit de l'évesque), *et presbyterium* (ce sont les droits rectoriaux) ; enfin l'on y avoit toutes les dismes de l'Isle, et cinq villages qui

(1) « *Caer an Croës.* » Auj. *Kerancroas* ou *la Vraie Croix*, commune de Plœmeur, arrondissement de Lorient (Morbihan).

(2) Devinez s'il veut dire seulement les lieux où l'on a droit, ou les lieux qui composent le païs. P. L. D.

(3) Auj. *la Vraie Croix, Kerguelan, Kerhelio, Kerguen, Kerguelin,* commune de Plœmeur.

(4) Commune de Guidel, arrondissement de Lorient.

(5) Icy le cahier in-8° estant rompu, nous avons eu recours à celuy in-4°. P. L. D.

sont (1) : *Locguthiern, Locmariaker, Haelrech, Locmelaer, Kerbranken,* exempts de toutes redevances. Cecy fut fait estant présents et écoutant (audientibus) : « *Guillelmus Gaudin, comitis filius ; Guillelmus Daniel filius ; Guidomarc filius Guegon ; Audroen ; Conan filius Conmau ; Guidomarcus filius Glajan.* » et entre les religieux furent présents : l'abbé Gurhand, Hogar, Adonias, Gorheden, etc.

Ensuite l'on met une donation de Dongual, fils de Gonihor, qui donna pour le salut de son âme et de celles de ses autheurs, les deux tiers (parties) de la disme de *Caerorguaz*, et les deux tiers (parties) de la disme de la *Trève Parephart Kercatualon*, et cecy du consentement de ses deux enfants Rouaud et Gonihor. La donation se fait au monastère de Saint-Michel, ce qui marque qu'il y avoit quelque couventualité (2).

Rivallon, fils de Tanguy (c'est le cadet comme nous avons veu ci-dessus) (3), donna à Saint-Michel, une mine de froment à prendre sur le village de *Treiz Faven* (4), pour les ames de la vicomtesse Hodiern et de son fils Baudouin (5).

En l'an 1126, Kenou, fils de Duenerth, fist une donation. Ayant une grande maladie dont il releva avec l'aide de Dieu, il s'en vint au monastère de Sainte-Croix, accompagné de quelques uns de ses amis, et de

---

(1) Auj. *Saint-Goujarne, Lomaria, Lomener,* Ile de Groix (Morbihan).

(2) Ms. in-4º fº 38, rº.

(3) Page 187.

(4) Auj. *Trefaven,* commune de Plœmeur, arrondissement de Lorient (Morbihan).

(5) Ms. in-4º fº 38, rº.

la grâce des religieux il reçut l'habit des mains de l'abbé Gurhand, et donna pour la nourriture des frères une terre exempte de tous devoirs nommée *Gleudaënn* et la terre de *Cunian du*, et la terre de *Justum*, et un demi hanafat de *Mel lerian* (ce doit estre une rente qui portoit deux mesures (*duos cyathos*) de miel (1) ; *lerien* c'est je croy ce qu'il appelle *gratiosi mellis*. Voicy le revenu de ces terres : trois septiers de froment, et 3 sols avec 7 *nummis* (ce qui s'entend 7 deniers.) Il avoit donné auparavant les trois parts qui luy appartenoient de la disme sur la moitié de *Par argant ken,* ayant reçu des religieux 30 sols qui luy furent offerts volontairement en présence de Robert, évesque de Quimper ; et il le confirme encore par cet acte qui fut fait en l'église de Sainte-Croix, le 28 janvier (2) ; le donateur ayant porté son don sur l'autel, son frère Alliou, avec ses deux gendres Judicaël Dunan et Rivallon, surnommé *Broch,* ayant fait serment sur l'autel qu'ils y consentoient et qu'ils vouloient conserver ce don sans avoir le mauvais dessein de le répéter jamais. Les témoins furent l'abbé Gurhand, qui reçut le don, Gorheden et huit autres religieux ; et de la part des externes, ceux qui estoient intéressés au don, et qui y avoient consenti, et plusieurs autres ; et cecy fut fait l'an de l'Incarnation 1126.

Cet accord pour Locamand qui suit, fut fait en 1128 (3), entre l'abbé de Sainte-Croix et son prévost et sergent féodé (*militem suum*), office qui montre

(1) Voir page 88.
(2) « V Calend. Febr. »
(3) Ms. fo 45 vo.

titre de gentilhomme et de noble en Bretagne. Voicy les termes du traitté :

« Après de grands différends et procez entre nous et les fils de Hedruedoë, nous en vinmes à cet accord, et tous les sujets de différend furent ainsi appaisés. Premièrement il fut réglé pour la disme qu'il auroit la dixiesme javelle en chaque aire, qui ne seroit point employée à la nourriture des chevaux ny à autre usage ; que le serviteur choisi par le religieux administrateur de Logamand pour lever la disme, prendroit soin de ceste commission ; que si quelqu'un des païsans quand ils disment leur offre de la nourriture, qu'ils la prennent ensemble, autrement qu'ils s'en retournent chez eux. S'il y a quelque plaid, qu'il ait le salaire que le religieux luy voudra donner ; que s'il n'en a pas assez à son sens, l'on en passera par l'ordonnance de l'abbé. Le septiesme pain qu'il prenoit du four à ban du moine, il a consenti de ne le plus prendre. Pour ce qu'il prenoit injustement sur la recepte (1), il a esté ordonné qu'il en monstreroit son droit, et que s'il ne peut le prouver, il le laissera aux religieux. Et pour la rente nommée *Kemrod* (2), qu'il

---

(1) « De Theloneo. »

(2) Le texte porte : « *De hoc autem quod dicitur Kemrod.* » Le mot *Kemrod, Kevrod* ou *Kevred*, est formé de la particule *Kem*, avec, en latin *cum* et de *rod* ou *roz*, don, et signifie littéralement *don mutuel*. Il exprime l'acte d'association qui unit le propriétaire d'une terre et le colon dans la tenure à *domaine congéable*. Le mot *Kevez*, en français *Quevaise*, par lequel on désigne un usement particulier du domaine congéable, n'est qu'une altération du mot *Kemrod* dont le *d* final avait autrefois le son du *z (Kemroz, Kevroz, Kevrez* et *Kevez.)* — Voyez Owen Pughe's *Welsh and Eng. Dict.* verb. *Cyfrodd* et *Cymmrawd;* et dom Le Pelletier et Legonidec, *Dict. Bret.* verb. *Kefret* et *Kevred.* L'étymologie donnée par D. Lobineau, *Hist. de Bret.* II, 1802, des mots *Kevrod* et *Quevaize*, ne me paraît pas admissible.

soustenoit ne pas devoir, il a esté dit que chaque année il rendroit six deniers (*sex nummos*), de chaque mesure de miel (nommée *ciatus*, contenant six pintes). Et pour la terre que le moine Elie donna, et qu'ils tiennent, il est dit que le past ou nourriture (*cibum*), qu'il devoit payer à raison de ceste terre, il le payeroit un an à sept hommes, et la seconde année à huit, avec 4 deniers et une obole pour la rente qui se nomme *Kemrod*. Ordonné encore qu'il ne viendra point à la table du religieux que quand il le voudra; mais quand monsieur l'abbé sera venu, qu'il s'y trouve et qu'il luy fasse service comme il doit. Pour les quatre maisons qu'il avoit laissées à l'abbé Benoist et qu'il disoit avoir maintenant recouvrées, il est ordonné que depuis le jour de l'Invention de Sainte-Croix que se fait cet accord jusqu'à l'an entier, il ait le temps de prouver ce qu'il dit, et que s'il ne le fait, que ces maisons retournent en la possession paisible de M. l'abbé; ou s'il le peut prouver, qu'il paye à l'abbé sur ces maisons le droit annuel qui sera réglé par quatre prudhommes, gens de biens. »

« Pour la terre de Diles et Numenoë, il est dit que la cause en sera vuidée à la cour de l'abbé quand il le voudra, et que s'il peut prouver que ceste terre est à luy et qu'on lui a fait tort, qu'il paye à l'abbé ce que ces deux payoient : et si elle demeure à l'autre partie qu'elle rende le mesme devoir. Pour la terre de Jagu qui est joignante à sa terre, il est ordonné que le partage estant fait, l'on rendra à l'abbé la 15e partie de la mesure de miel que l'on lève sur ceste terre.

Et pour la terre que Resou demande, il est dit que la cause sera vuidée à la cour de l'abbé, et s'il prouve son droit qu'elle luy sera laissée. Pour la terre de la Forest, il est dit que l'on fera partage entre l'abbé et son gentilhomme, et que chacun possèdera paisiblement sa part. Enfin il est ordonné que s'il manque d'observer tout ce qui est convenu dans cet accord, il perde, sans autre forme de jugement, tout ce qu'il tient de l'abbé. Les témoins de ce traitté sont Robert, évesque de Cornouaille, avec ceux qui ont esté élus arbitres des deux parties pour terminer ce différend, sçavoir, Morvan, fils de Rivallon; Morvan, fils de Quégant; Tanguy, fils de Gerbaud; Riou, fils de Conan; Grallon, fils de Boellic. Après les arbitres il y a onze témoins. Entre les religieux, l'abbé Haimeri, l'abbé Helmarc, l'abbé Gurhand et onze religieux. Le premier estoit ancien abbé de Quimperlé, qui ne mourut qu'au 17 juin de 1130 suivant. Helmarc estoit abbé de Landévennec, et Gurhand, abbé, qui gouvernoit alors Sainte-Croix. Cet accord fut fait en la chambre de l'abbé Haimeri (ce qui fait voir que ce fut en ceste abbaye), le jour de l'Invention de Sainte-Croix, l'an de l'Incarnation 1128. » (1).

L'abbé Gurhand mourut en 1131, comme marque nostre *Chronique*; le nécrologe y est conforme et met sa mort le 25 janvier (2). La maison est bien obligée à un abbé qui a tant souffert pour en soutenir les

(1) Ms. f° 45 v° et seq. — Voir le texte aux Pièces justificatives.
(2) « VIII cal. Febr. »

intérests. Les difficultés ont presque commencé avec son gouvernement qui a aussi presque fini en terminant les procez. C'est pourquoy on pourroit luy donner le nom d'abbé pacifique, quoyqu'il ait presque toujours vescu parmi les troubles, et dire de luy ce que saint Bernard a dit de saint Martin, que Dieu luy donna la paix éternelle après qu'il en eut ménagé une passagère à son monastère (1). Ayant esté bény en 1114 et mort en 1131, son gouvernement fut environ de 47 ans.

DES HOMMES ILLUSTRES DE LA MAISON QUI ONT VESCU DE SON TEMS.

Pour le rang et pour le mérite, le premier est Robert, évesque de Quimper. Il estoit religieux de céans, comme marque nostre nécrologe. L'on peut croire qu'il estoit prieur de Saint-Ronan des Bois, quoyque l'acte du traitté que l'on fist avec Donguallon, sénéchal (peut-estre de Cornouaille), le nomme *hermite*, et luy donne Chrestien pour son compagnon. Albert Le Grand dit qu'il estoit habitué en l'hermitage de Loc-Renan *Coat-nevent*, à trois lieues de la ville de Quimper. Il peut peut-estre prendre le bois prochain pour le lieu mesme de Saint-Renan ; mais je ne puis entrer dans le sentiment qu'il a que ce solitaire ne fut élu par le chapitre, et tiré de sa solitude qu'en 1120, puisque nostre chronique qui est fort fidèle marque la

(1) Inter quos reformatâ pace, in pace ipse quievit.

mort de son prédécesseur Benoist en 1113, et je ne voys pas de raison pour avoir tant retardé son élection. Il fit son affaire propre de la grande affaire que le monastère eut pour Belle-Isle, mit l'interdit sur son diocèse, en retira les prestres et fut un an et demi à la poursuivre et en eut enfin une fin glorieuse. En 1124, comme met Albert, il consentit au don que le duc Conan, sa mère Ermengarde et sa sœur, qu'il nomme fort impertinemment Enoguent (1), puisque Conan en sa restitution de Belle-Isle la nomme Havoise, firent du prieuré conventuel de Bénédictines de Locmaria, près Kemper, à l'abbaye de Saint-Sulpice, près de Rennes (2). Nostre Chronique met sa mort l'an 1130, un an devant celle de nostre abbé qu'il avoit si bien soutenu. Le nécrologe de Landevennec marque sa mort le 4 novembre, et le nostre aussi par ces mots : *II Nonas novemb. Robertus Episcopus Corisopitensis et Monachus istius loci.*

Le second est Helmarc, qui de moine de Sainte-Croix fut fait abbé de Landévennec. Il signe comme religieux un acte en 1107 de la donation de Killiathuc, par Alain Fergent (3), il vient encore de signer cy-dessus en 1128, en qualité d'abbé. Le nécrologe de Landevennec met sa mort le 27 may, et le nostre

---

(1) Alb. Le Grand, *Vie des Saints de Bretagne*, page 172. — Enoguent était sœur du duc Conan IV. — Cfr. Dom Mor. P. I, col. 663.

(2) Voir page 76. Il fonda aussi en 1118 le prieuré de l'île Tristan (Douarnenez, Finistère), en faveur de l'Abb. de Marmoutiers. — D. Mor. P. 1, col. 540.

3) Page 141.

au mesme jour (1). Le catalogue des abbés de Landevennec dans Albert Le Grand, après la vie de saint Guennolé, met sa mort en l'appelant Filmar, l'an 1142 (2). Le nécrologe de Landevennec met sa mort le mesme jour et le nomme Elmarius.

Le troisième est Gorheden, religieux de céans. Il a fait service à la maison pour avoir pris la peine, comme il dit, de recueillir dans un livre les titres et papiers qui n'estoient qu'en feuilles volantes et de nous avoir appris les causes de nostre fondation, d'en avoir conservé les actes et des autres donations et priviléges accordés par les papes, évesque, ducs et autres personnes qui ont augmenté nostre monastère, et il a conduit son travail jusqu'à la définition de la cause de Belle-Isle. Son latin n'est pas mauvais pour un temps où il estoit réduit à se loger chez les seuls prestres et moines que leurs fonctions ecclésiastiques obligeoient d'en sçavoir, et que l'on nommoit alors les lettrés ou les clercs, à cause que les actes se faisant tous en latin, les personnes de qualité donnoient soin de les faire à leurs chapelains, qui ne manquoient pas de marquer cela dans leurs actes, comme une chose remarquable, ainsi que nous voyons dans quelques-unes de ces écritures, et qui ne manquoient pas aussi d'y faire quelquefois d'illustres solécismes comme je pourrois en donner des exemples, si la chose en valoit la peine. Nostre moine Gorheden est non seulement exempt de

(1) « VI Cal. Junii obiit Helmarus abbas sci Guingualoci et monachus istius loci. »
(2) Le cartulaire de Landevennec porte : *Elimarius MCXLII.*

ces fautes, mais il a d'assez bon latin. Il eust esté à souhaitter qu'il eut seulement fait l'office d'écrivain en copiant les titres sans vouloir faire l'historien, pour nous embarrasser en de grandes difficultés, comme d'avoir brouillé la fondation avec le temps du pape Léon IX, et du concile de Verceil, par un grand anachronisme, contre la foy de la Chronique, et contre ce qu'il écrit luy-mesme en mettant la fondation en 1029, qui est bien éloigné de 1050. Et en voulant renchérir sur la pièce, il a mis à la fin qu'elle se fist sous le pontificat dudit Léon, et le règne de Robert, roy de France, qui ont presque vingt ans de différence ; mais il faut pardonner cela à un temps où un demi sçavant de ceste manière, estant un grand homme. Ce Gorheden est signé dans un grand nombre d'actes, et mesme dans le dernier de 1128, comme témoin, ce qui monstre qu'il estoit homme de mise. N'en trouvant plus de mémoire, je mets sa mort vers ce temps icy, quoyque je n'en sache pas l'année. Apparemment c'est luy dont la mort est marquée au Nécrologe le 25 d'avril : *VII calendas maii obiit Gurhedenus monachus istius loci* (1).

---

(1) Voir l'article *Gurheden* dans la *Biographie bretonne* de M. Le Vot.

CHAPITRE XI.

ADONIAS, SEPTIÈME ABBÉ.

Quoyque l'abbé Gurhand fust mort dès le 25 de janvier 1131, Adonias son successeur ne fut pourtant fait abbé que le 5 de juillet de la même année (1). Il se peut faire qu'il auroit été élu plutost, et seulement béni en ce tems là. Je puis donner à celuy-cy le titre que saint Paul souhaitte trouver dans les bons chrétiens : *Sicut qui ignoti et cogniti* (2), car pour la connoissance que j'en ay, il ne laisse pas de m'estre inconnu.

Je croy pourtant qu'il faudroit mettre sans cet abbé icy un petit rôle latin des rentes particulièrement de froment que l'abbé levoit sur quarante terres, et l'on ne peut le reculer plus loin, parce que l'on y parle d'Helgumarc'h qui tenoit de l'abbé de Sainte Croix, *Caer maës, Lesluch, Lesneleach* et la moitié de *Lezurech*, et lui devoit payer des rentes (3) ; et que Inisan, fils d'Helgomarch, qui est apparemment celuy-cy, transige avec l'abbé successeur immédiat de celuy-cy (4). Le détail de ce rôle seroit ennuyeux, c'est pourquoi je le passe.

(1). « III non. Julii Adonias abbas efficitur. »
(2) II Cor. VI. 9.
(3) Ms. f° 22. — Voir p. 62.
(4) Ms. f° 23.

Cet abbé quitta le gouvernement quelques années devant sa mort, car je trouve que son successeur est abbé en 1139, et luy ne mourut qu'en 1143. Il signe avec l'abbé son successeur un acte que nous verrons cy-dessous, en qualité de l'abbé Adonias. Le nécrologe de Landévennec, en fait mémoire le 3 may, et le mesme jour celuy de Sainte-Croix (1). La chronique met sa mort en la mesme année.

---

(1) « V°. Nonas Martii obiit Adonius abbas istius loci MCXLIII. »

CHAPITRE XII.

RONUUALLON, HUITIÈME ABBÉ (2).

Ronuuallon ou Ronguallon, ou bien Roenguallon, est le huitième abbé. Nostre chronique l'a oublié, mais nous trouvons sa mémoire en plusieurs autres endroits. Et pour commencer par le chef visible de l'église, le pape Innocent II, luy adressa cette bulle en 1139 :

« Innocent, évesque, serviteur des serviteurs de Dieu, à nostre fils bien aimé Roenguallon, abbé du monastère de Sainte-Croix, qui est situé en Bretagne, dans la ville qui s'appelloit autrefois Anaurut et maintenant se nomme Kemperlé, et à ses successeurs qui doivent estre mis régulièrement en sa place à perpétuité. Nous considérons que nous avons esté establis par la providence de Dieu, dans la chaire du siége apostolique, afin de nous faire un devoir de prendre soin de toutes les églises et surtout de celles qui appartiennent à Saint-Pierre, par un droit particulier, et de les soutenir de l'appuy de sa protection. C'est pourquoy, nostre fils bien aimé dans le Seigneur, l'abbé Roenguallon, nous consentons favorablement à vos demandes raisonnables, et à l'exemple de nos prédécesseurs d'heureuse mémoire Grégoire VII, Urbain,

---

(2) « Ronuallonus. »

Paschal, Calixte, évesques de Rome, nous prenons sous la défense et protection du siége apostolique et fortifions d'un privilége de la Sainte-Eglise romaine, le monastère de Sainte-Croix, que vous gouvernez par l'ordre de Dieu. Car nous ordonnons que toute l'Isle, qui se nomme Guedel ou Belle-Isle, et les autres biens et possessions que le mesme monastère possède à présent par droit juste et légitime, et qu'il pourra acquérir cy-après avec l'ayde de Dieu, par la concession des pontifes, la libéralité des roys ou des princes, l'oblation des fidelles et autres moyens justes, qu'ils vous demeurent asseures et entiers à jamais, à vous et à vos successeurs. Nous ordonnons donc qu'il ne soit absolument permis à nul des hommes de troubler témérairement le dit monastère, ou oster ses possessions, ou les retenir après les avoir ravies, les diminuer ou les charger par quelques vexations, ou les appliquer à ses propres usages pour causes pieuses; mais que tout soit conservé entièrement pour profiter à tous les usages de ceux au gouvernement et entretien desquels ils ont été accordés, sauf le respect qui est deu selon les canons à l'évesque de Quimper; et pour marque de cette liberté et garde de l'Eglise romaine que vous avez reçues, vous nous payerez tous les ans à nous et à nos successeurs deux deniers d'or. Si donc à l'avenir quelque personne, ou ecclésiastique, ou séculière, sachant nostre constitution présente attente témérairement d'aller contre, qu'elle soit privée de la dignité de sa puissance et honneur; et si estant avertie deux et trois fois, elle ne fait pas une satisfaction convenable, qu'elle sache qu'elle est coupable au jugement de Dieu du péché qu'elle aura commis, et qu'elle soit séparée du très-sacré corps et sang de Dieu, Nostre Seigneur et Rédempteur Jésus-Christ, et qu'elle porte une vengeance rigoureuse au jugement dernier. Mais que la paix de Nostre Seigneur Jésus-Christ soit à tous ceux qui conserveront à ce lieu ses droits, en sorte qu'ils reçoivent icy le fruit de leur bonne action, et qu'ils trouvent auprès du Juge exact la récompense de la paix éternelle. Ainsi soit-il. »

« Moy Innocent, évesque de l'Eglise catholique S. ; Moy Théodeuuin, évesque de Sainte Rufine S. †; Moy Otton, diacre cardinal de Saint Georges au voile d'or S. †; Moy, Gérard, prebtre cardinal du titre 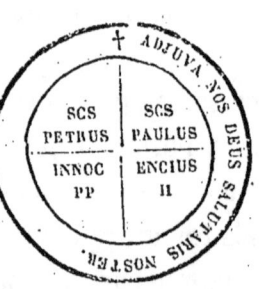 de Sainte Croix, en Jérusalem S. †; Moy Albert, évesque d'Ostie S. †; Moy Luc, prebtre cardinal du titre des SS. Jean et Paul S. †; Moy Guy, prebtre indigne de la sainte Eglise romaine S. †; Moy Yves, prebtre cardinal de Saint Laurent au titre de Damase S. †; Moy Grisogon, prebtre cardinal du titre de Sainte Praxede S. †; Moy Grégoire, diacre cardinal de Saint Ange S. †; Moy Gérard, diacre cardinal de Sainte Marie in Dominica S...... »

« Donné à Latran par la main d'Aimeric, diacre cardinal et chancelier de la sainte Eglise romaine, le 15 devant les calendes de may, indiction II l'an 1139, depuis l'Incarnation du Seigneur, et l'an

X du Pontificat du Seigneur Innocent, pape. »

Les noms estant fort mal écrits dans le manuscrit (1), je les ai corrigés sur une bulle du mesme pape et mesme année, et autres bulles au tome X des conciles (2), ou c'est une faute d'imprimeur d'avoir mis 1138. Car Innocent ayant esté éleu le 11 février 1130, en 1138 ce ne serait pas sa dixiesme année, et nostre manuscrit est plus fidelle.

Cet abbé vint à bout d'un différend qui estoit pour *Kergledanet*. C'est que Inisan, fils d'Haelgomarch (3), refusoit aux religieux les revenus du village *Gledanet*, sçavoir : un muid de froment et ce qui appartient au comte, et l'enlevoit de violence. L'abbé le convainquit, et après de grandes procédures, Inisan ayant pris meilleur conseil, vint à demander grâce ; et pour la faute d'avoir refusé ce qu'il devoit, il fut condamné à 45 sols d'amende, et n'ayant pas de quoy les payer, il mit *Caer Maën* (4) en gage pour ladite somme devant plusieurs témoins et donna encore des répondans, à cette condition que nul homme que luy et son fils ne pourroient jamais rachetter ce village. Les noms de ceux qui cautionnent sont : Morvan, préteur (5), et six autres ; de la part des religieux : l'abbé Roenguallon ; Adonias, qui est sans doute l'ancien abbé ; Alveus et trois autres religieux, et quatre autres témoins sé-

(1) In cod. in-4º, fº 56 vº, et 57 rº. Deest in cod. in-8º.
(2) C. fr. Labbe, *Concil*, Tome X, pp. 963, 968 et 1849.
(3) Voir page 199.
(4 *Kermen*, com. de Kernevel, cant. de Bannalec (Finistère).
(5) Voir page 144.

culiers (1). Cet acte n'a point d'autre datte que le tems de l'abbé sous qui il fut fait, j'ay cru le devoir mettre devant les suivans, car le moine Alveus, qui ne prend point icy de qualité, se mettra prieur cy-dessous.

Guihomarch, fils de Duenerth (c'est le même qui a signé une donation de son frère Kenou, qui se fist moine « ad succurrendum, » faitte à l'abbé Gurhand en 1126) (2), fist un traitté avec les religieux de Sainte-Croix, en présence de l'abbé Roënguallon ; et pour avoir part à leurs bonnes actions pendant sa vie, et pour la délivrance de son âme après sa mort, leur donna un village entre toute sa terre en Clohal, à leur choix, en exceptant seulement la maison paternelle ; et il leur engagea le reste de sa terre pour 60 sols. Les témoins furent Guihomarc fils de Guen, son neveu et six autres ; et de la part des religieux, l'abbé Roënguallon, Alveus, prieur, et six autres religieux ; et après eux d'autres laïques pour témoins. Cet acte n'a pas d'année (3).

Voicy un don fait à diverses reprises ; il fut donné et confirmé par le donateur devant sa mort :

« Je Alain, fils de Tigier (Alanus Tigerii filius), estant sain et en parfaitte santé, j'ay demandé à Roënguallon, abbé de Sainte-Croix et religieux de ce lieu, le saint habit, que j'ay porté pendant ma vie deux ans, à la condition que je donnerois tout mon bien de la mesme manière et avec la mesme exemption et li-

(1) Ms. f° 23, r.
(2) Voir page 190.
(3) Ms. f. 31, r.

berté que je le tenois sous le comte Conan, et sous Brice, évesque de Nantes, pour l'entretien des frères, et en l'honneur de Sainte-Croix de Quimperlé, et de Sainte-Marie, et pour la rémission de tous mes péchés et ceux de mes parens ; ce que j'ay encore confirmé devant ma mort, de vive voix, et ay ordonné devant plusieurs témoins qu'on le mist par écrit. Et mesme le comte Conan, estant un jour à Auray, en la maison de Justin, deux ans devant ma mort, à la prière de l'abbé Roëngualon et de ses moines, y donna une ratification suffisante en présence de ses barons qui s'y trouvèrent. Et par après le 6 devant les calendes de janvier, j'ay voulu rendre ce don asseuré et incontestable devant ma mort. » Voicy le nom des témoins qui assistèrent quand le comte consentit : Justin, fils d'Evelin ; Rioc, fils de Duoret ; Guillaume, fils de Raynier ; Guethoc, fils de Hurman ; Guihomarc, fils de Guillaume. (Puisqu'il dit que le duc y consentit en présence de ses barons, ces témoins icy doivent estre seigneurs de qualité, et je croirois que le dernier estoit fils du seigneur de Hennebond). De la part de l'abbé qui obtint ceste confirmation du comte : L'abbé Roënguallon ; l'abbé Adonias (ancien) ; les moines Frangual et Geffroy. Alain le donateur y signe aussi, et y met pour témoins de sa part, Daniel et Robert, ses deux enfants et son gendre David, avec sa femme, qui estoit fille du donateur ; ses deux neveux Tangui et Conan, et trois autres et plusieurs, etc. (1).

Cet acte qui n'a poit d'année a esté fait devant 1140 ;

(1) Ms. f. 71, v. et seq.

puisqu'il y parle des terres qu'il tenoit de Brice, évesque de Nantes, qui mourut ceste année là ; et comme ces terres estoient tenues de l'évesque de Nantes, et que le fondateur les donne à Sainte-Marie, je croy qu'elles ont esté une annexe de Nostre-Dame de Nantes, alors prieuré conventuel de nostre abbaye.

En 1140. Le duc Conan, remist à l'abbaye les droits de la vénerie.

« Je Conan, duc de Bretagne, pour l'amour de Dieu et pour mon âme et celles de mes ancestres, je remets et quitte à perpétuité à Sainte-Croix et à son couvent, dans toute l'étendue des terres de l'abbaye, le devoir que l'on nomme la nourriture des chiens (*cibum canum*, il se payoit en avoine). Les témoins de cecy sont : le mesme duc Conan ; Raoul, évesque de Quimper ; Judicael, fils de Gormaëlon ; Morvan, fils de Guegon ; Justin, fils d'Evelin ; Guillaume, fils de Rahener ; les mesmes qui signent l'acte précédent et autres. Et entre les moines, l'abbé Ranguallon, Tugual, prieur, et quatre autres moines. Cecy fut fait à Quimperlé, le jour de la feste de Saint-Luc, évangéliste, l'an 1140 (1).

C'est sous cet abbé que le duc Conan III, confirma les possessions de nostre abbaye en voicy les termes :

« Qu'il soit connu à tous présents et à venir que moy Conan, duc de Bretagne, fils d'Alain Fergant, je confirme et accorde à perpétuité à l'abbaye de Sainte Croix de Quimperlé et aux moines du mesme lieu, toutes les possessions qui leur ont esté accordées,

---

(1) Ms. f. 78, v. — D. Mor. P. 1, col. 580.

pour en faire une abbaye à perpétuité (pour en avoir l'administration perpétuelle), par mes ancestres, sçavoir : Alain Cainard et Orscand évesque de Quimper, son frère, lesquels ont premièrement fondé ladite abbaye et luy ont donné d'un commun consentement tout ce qui leur appartenoit du droit de comte (de la seigneurie du comte), et du droit de la juridiction de l'évesque, pour en jouir librement et paisiblement, tant sur les terres qu'ils avoient desjà acquises, que celles qu'ils pouvoient acquérir dans son duché (dans sa seigneurie), les barons du comte et les clercs de l'évesque y ayant donné leur consentement, tous les officiers et toutes les exactions qu'ils y levoient en estant ostées ; et ces possessions sont, sçavoir : la ville de Quemperlé (1) ; l'isle nommée Guezel (2) ; l'église de Nostre-Dame de Nantes (3) ; Lodeugui ou Lotivy, en la paroisse de Quibéron (4); l'isle de Saint Cado, avec ses dépendances (5) ; à sçavoir encore la trève de Saint Guennin (6) ; la trève de Cleroc (7) ; Treulivalaire (8); Trevennou et Trehaballay (9); Doëlan avec son port (10); la terre de Clohal (11); la terre de Moëlan (12); Loc-Amand, avec ses dépendances (13); Enectudi (14) ; Lesinadou (15); Loc-Renan, avec ses dépendances (16); le bourg de Saint Quigeau, prez de Karhais (17); Landujan, avec tous ses revenus (18);

(1) Page 59.
(2) Page 53.
(3) Page 98.
(4) Page 94.
(5) Page 125.
(6) Page 121 et 124.
(7) Page 122 et 124.
(8) Page 63.
(9) Page 65.

(10) Page 68.
(11) Page 118.
(12) Page 119.
(13) Page 91.
(14) Page 120.
(15) Page 131.
(16) Page 66.
(17) Page 114.
(18) Page 113.

à en jouir librement (sans service), et paisiblement, en exceptant pourtant la place ou le marché avait coutume de se tenir, à condition que si le comte veut la faire sortir de ses mains, il ne la donne ni vende à autres qu'aux moines de Sainte Croix de Quimperlé. Mais l'abbé ou le prieur me doivent le service de l'armée, et y rendre encore une somme de pain, et les louanges à Dieu, prières et bienfaits, comme pour eux mesmes. Et pour asseurance de cette confirmation et concession, il nous a plu de l'appuyer de l'apposition de nostre sceau et du témoignage de ceux qui ont assisté à cette donation, dont les noms sont marqués cy-dessous : Alain, évesque de Rennes ; Raoul, archidiacre, son neveu ; Raoul, chapelain ; Morand et Estienne, clercs de Vennes ; Rioc, fils d'Even ; Rioc, fils d'un autre Even ; Morvan, fils de Jagu ; Pierre, fils de Justin ; Guillaume, fils de Rioc ; Hervé de Kuill, et plusieurs autres. Fait à Vennes, le 8 de septembre l'an 1146, depuis l'Incarnation de Nostre Seigneur (1). »

J'ay mis cet acte tout au long parce que les confirmations des ducs qui suivent celle-cy, ne font que la copier, et je ne les répéteray pas : on l'avoit desjà dans nos archives, mais monsieur l'abbé Charrier l'a tiré du chasteau de Nantes, et de peur qu'on y manquast, il est rapporté trois fois dans son extrait, et fort à propos, car si je n'en avois eu plusieurs copies, il m'auroit esté impossible de mettre au net un acte gasté par l'ignorance des copistes.

(1) Voir le texte aux P. justificatives.

Nostre nécrologe marque sa mort le 5 d'octobre (1), mais nous n'en sçavons pas l'année ; on peut sans craindre la fixer sur la fin de 1146, puisque la Chronique met l'ordination de son successeur en 1147.

---

(1) « III nonas octobris obiit Ronuuallonus abbas istius loci. »

CHAPITRE XII.

ROUAUD, NEUVIÈME ABBÉ (1).

L'on peut dire de cet abbé et de son successeur, que nous n'en avons que le titre et le nom sans en sçavoir autre chose (*titulum sine re*). Ils peuvent avoir fait de grandes choses, mais le temps qui consume tout, ou la perte des papiers nous en ont osté la mémoire. Nostre Chronique met qu'il fut fait abbé en 1147 (2). Nous ne sçavons ny le tems de son gouvernement, ny le jour, ny l'an de sa mort :

La Bretagne changea de duc en ce tems, Conan III estant mort en 1148 (3). Il laissa deux filles : Berthe, qui épousa en premières noces Alain Le Noir (4), dont elle eut Conan IV, qui lui succéda, et deux filles. La deuxième fille de Conan III, fut Constance, première femme de Geffroy, baron de Mayenne. Il avoit eu un fils nommé Hoël qu'il désavoua à sa mort et dont les Nantois firent leur comte, jusqu'à ce que Conan IV le vint chasser en 1155 ou 1156, et l'on n'en sçait point la fin.

Berthe, son premier mary Alain Le Noir estant mort le 15 septembre 1146, épousa Eudon, comte de Penthièvre et vicomte de Porhoet, qu'elle porta au duché en 1148. Son beau-fils Conan le força de le quitter en 1146 et fut Conan IVᵉ.

(1) « Rodaudus. »
(2) « MCXLVII : Ordinatio Rodaudi abbatis sancte Crucis. »
(3) « IV cal. octob. obiit Conanus grossus dux Britannie. » *Nécrol. sancte Crucis.*
(4) Comte de Richemont et fils cadet du comte de Penthièvre.

CHAPITRE XIII.

RICC, DIXIÈME ABBÉ (1).

Celui-cy ne nous donnera pas plus de matière que son prédécesseur et dans leur conformité ils ont cette différence qu'on sçait le commencement du premier sans en connoistre la fin, et l'on sçait la fin de celuy-cy sans sçavoir le commencement de son gouvernement. La Chronique met sa mort en 1160, et le Nécrologe met le jour, le 21 de may (2).

---

(1) « Riocus. »
(2) « XII cal. Junii obiit Riocus abbas istius loci MCLX. »

CHAPITRE XIV.

DONGUALLON, ONZIÉME ABBÉ (1).

Donguallon ou Donuuallon, fut fait abbé en 1160, la mesme année que mourut son prédécesseur. Quoyqu'il n'ait gouverné que trois ans et un peu plus de quatre mois, nous avons pourtant quatre actes qui se sont faits sous luy.

Le premier est un achat qu'il fist en 1161 pour le profit de Locamand. Ce fut Guenitht, femme de Rivallon au broh, et son fils Jedecaël, et Eudon, fils de Justin son gendre, qui vendirent à Donguallon, abbé de Sainte-Croix et à ses religieux, toute la disme qu'ils avoient en la trève de Karantuc (2) (c'est une annexe de Logamand) en exceptant pourtant de cette vente le *Grandchamp* (excepto *Campo magno*). Les témoins furent l'abbé Donguallon ; Maistre Simon ; Helgomarch, chambrier, et quatre autres moines ; des gentilshommes, Eudon, fils de Justin, et sept autres ; on y adjouste quatre témoins de moindre rang. Ladite Guenith et son fils Judicaël, ayant fait cette vente de la disme dans le cloistre de Saint-Amand, la présentèrent sur l'autel avec un missel 1161 (3).

Le deuxième acte porte que Guegon l'économe, que le

---

(1) « Donguallonus. »
(2) Voir page 91.
(3) Ms. f. 37, v. — Voir le texte aux Pièces justificatives.

vulgaire nomme *Sénéchal* (c'est peut estre le sénéchal de Cornouaille) et son frère Gormaëlon, ayant fait procez sur trois villages que les religieux avoient dans la paroisse de Treuuou (1), s'en départirent pour jamais, et firent déclaration avec serment dans l'église de Saint-Gouziern, sur les reliques présentes, et sur le saint autel qu'ils s'en déportoient pour jamais, et que ny eux ny leurs successeurs n'en demanderoient rien à perpétuité. Témoins l'abbé Donguallon ; le maistre Simon ; Helgomarch, chambrier et deux autres moines ; des laïques, les deux parties susdites et leurs neveux Grallon et Guillaume, etc. Les noms de ces trois villages sont : *Caerdisaethon, Caerchereon, Caerguosloë* (2). Fait l'an depuis l'Incarnation 1161.

Le troisième acte fait encore dans la mesme année, est bien plus considérable et je le vais mettre tout au long pour cette raison :

« Qu'il soit connu à tous les fidèles de la Sainte-Eglise de Dieu, tant les présents que ceux qui sont à venir, qu'il y a eu depuis longtemps un différend entre le chapitre de l'église de Nantes et les religieux de Quimperlé, touchant l'église de Nostre-Dame, située dans l'enceinte des murailles de la ville de Nantes, laquelle église les chanoines de Nantes, redemandoient ausdits religieux, et asseuroient que d'ancien droit elle appartenoit à Saint-Pierre. Et sur ce différend, les chanoines vinrent à un accord avec l'abbé et les moines, par le commandement du sieur Guillaume,

---

(1) Commune du Trévoux, canton de Bannalec (Finistère.)
(2) Ms. f. 78, v: Les noms de ces villages ne se retrouvent plus dans la commune du Trévoux.

cardinal de la Sainte-Eglise romaine, du titre de Saint-Pierre aux Liens, et pour lors légat du siége apostolique, en cette manière. Il fut donc accordé par les deux parties, que les chanoines de leur part nommeroient trois personnes propres, et les moines semblablement trois autres de leur costé, et que ce qui seroit résolu et ordonné par eux d'un commun consentement, seroit gardé inviolablement et sans contradiction par les moines et par les chanoines. Les chanoines nommèrent deux personnes religieuses, sçavoir : David, abbé de Buzay (1), et Ernaud, abbé de Blanche Couronne (2), et Geffroy Boëvin, chanoine de l'église d'Angers ; et les religieux, de leur part, en choisirent aussi trois autres, sçavoir : Guethenuc, abbé de Ruys (3), et Maurice, abbé de Langonnet (4), et Cavallon, archidiacre de Ploeusulien (5). Ces six personnes estant donc assemblées et ayant pris avec elles deux évesques, Bernard, évesque de Nantes, et Bernard, évesque de Quimper, approuvèrent et convinrent d'un commun consentement que sur cet accord les moines de Quimperlé payeroient aux chanoines de Saint-Pierre de Nantes, à perpétuité, pour entretenir la paix et l'union, 12 sols par an, à deux termes, sçavoir : six dans la semaine de la Nativité de Nostre Seigneur, et que par ce moyen, les chanoines demeureroient en paix avec

(1) O. C. Commune de Rouans, Loire-Inférieure.
(2) O. S. B. Com^e de la Chapelle-Launay, Loire-Inférieure.
(3) O. S. B. Commune de ce nom, Morbihan.
(4) O. C. Commune de ce nom, Morbihan.
(5) Voir l'introd. pour les archidiaconés de l'évêché de Cornouaille.

les moines. Les chanoines d'une part, et l'abbé et les moines de l'autre sont convenus de cet accord, et afin que cet accord demeurast stable et ferme à jamais, il a esté confirmé par l'apposition du sceau du seigneur Bernard, évesque de Nantes, du sceau du seigneur Bernard évesque de Quimper, du sceau du chapitre de Nantes, et du sceau de l'abbé et chapitre de Quemperlé. Et en outre les seigneurs évesqnes prononcèrent anathême, contre tous ceux qui auroient la témérité de violer cet accord. Les témoins de cecy sont : Guillaume, abbé de Toussaints d'Angers ; Robert, archidiacre de Nantes ; Geffroy, archidiacre ; X..., chantre ; R..., trésorier ; Isare, doyen ; Geffroy, doyen ; Roland, doyen ; Simon, moine ; Rivallon, moine ; Helgomar, prieur de la mesme église (Nostre-Dame de Nantes) ; Daniel, moine ; Maistre Jacques, et plusieurs autres. Fait à Nantes, dans le chapitre de Saint-Pierre, l'an depuis l'Incarnation de Nostre Seigneur 1861 (1).

Cette église estant demeurée par cette sentence d'arbitres à l'abbaye de Sainte-Croix, sous le titre de conventuelle, l'on ne sçait pas quand et comment elle a esté perdue (2). Je trouve bien que l'année suivante 1162, le duc Conan IV, nous confirme cette église avec les autres biens de l'abbaye. Mais sa fille la duchesse Constance confirmant les biens de l'abbaye en 1184, n'y compte point Nostre-Dame de Nantes ; et Guy de Touars, mary de la mesme Constance en troi-

---

(1) Ms. f. 76, v. et seq. — D. Mor. P. 1, col. 644.
(2) Voir page 184, note 2.

siesme-nopces, confirmant nos possessions en 1206, n'en fait point de mémoire ; ce qui me fait croire que par une révolution que m'est inconnue, cette église nous avoit esté ostée devant 1184, c'est-à-dire environ quelque vingt-années au plus après cette célèbre transaction par arbitres. Nostre-Dame de Nantes, est à présent une église collégiale qui a deux dignités, le chevecier (capicerius) et le chantre, avec dix-neuf prébendes, sans y comprendre le bas chœur. Il y a deux ducs de Bretagne enterrés dans cette église, Alain II, surnommé Barbetorte, son fondateur, mort en 959, et Pierre II, du nom, surnommé le *Simple*, et mary de la bienheureuse Françoise d'Amboise, lequel mourut le 22 septembre 1457.

En l'an 1162. Conan IV, duc de Bretagne et comte de Richemont, fils d'Alain, dit le Noir ou de la Roche, pour ne pas confondre avec son ayeul aussi nommé Conan et fils d'un Alain, mais duc de Bretagne, confirma à l'abbaye tous ses biens (1). Il y cite le fondateur Alain Cainard, les bienfaiteurs le duc Heël, le duc Alain, son fils, le duc Conan, fils de celuy-cy ; je ne rapporte pas le reste qui est tout semblable à ce que nous en avons rapporté sous le duc Conan III (2). Il y a pour témoins Bernard, évesque de Quimper, l'abbé Donuuallon (le copiste a mal mis Numalonus), et plusieurs seigneurs et Gentilshommes, au nombre desquels il y en a un remarquable : « *de laicis, Guinguen dictus abbas sancti Tudi ;* » un laïque qui se

(1) Voir le texte aux Pièces justificatives.
(2) Page 207.

nomme abbé de Saint-Tudi. Cette abbaye qui est à présent ruinée, pouvoit dès lors avoir esté donnée par bienfait, et par un plus grand abus encore, à un séculier (1). L'acte fut fait à Quimper-Corentin, le jour de l'Assomption de la sainte Vierge, l'an 1161.

En 1162, la Chronique met qu'il y eut une grande famine (2).

Nostre abbé Donvallon mourut l'année suivante 1163, comme met nostre Chronique. Le Nécrologe marque sa mort le 4 d'octobre (3).

(1) Il a déjà été question d'un Daniel, abbé de Tudi, à la page 121 dans la donation d'Enechcuki, faite par le duc Alain Fergent à l'abbaye de Sainte-Croix. Un autre abbé de Tudi nommé Guégun *(Guegun abbatt Tudi),* signe la donation que fit, vers 1090, le même duc Alain à l'abbaye de Landevennec, d'un verger, d'un moulin et du droit de pêche à Châteaulin (Cart. Landeven, f° 163 r°). Ces abbés laïques ne sont autres que les seigneurs du Pont-l'Abbé, qui s'emparèrent des biens de l'abbaye de Saint-Tudi, lorsqu'elle fut ruinée par les Normands au IXe siècle. Les usurpations de ce genre n'étaient pas rare dans ce temps de troubles. — Cfr. Ducange *Gloss.* verb. *Abbates Laïci.* C'est à ces seigneurs qu'il faut attribuer la construction de la belle église de Loctudi (canton de Pont-l'Abbé, Finistère), où ils fondèrent un chapitre composé de trois prébendes, dont une était en 1220, possédée par l'abbé de Saint-Gildas de Rhuys. Vers la fin du XIIe ou au commencement du XIIIe siècle, Hervé, seigneur du Pont-l'Abbé, et M...., sa mère, abandonnèrent à l'évêque de Quimper, leur droit de patronage sur cette église, à laquelle ils restituèrent tous les biens qui en dépendaient autrefois. Mais quelques années après, Hervé s'empara de nouveau de ces biens dont il jouit jusques en 1223, époque à laquelle, par suite d'un accord passé devant J..., archevêque de Tours, entre lui et Renaud, évêque de Quimper, il en fit une nouvelle restitution, à condition que les chanoines de Saint-Tudi reconnaîtraient tenir leurs biens de lui et de ses prédécesseurs, et que l'Évêque le tiendrait quitte des revenus qu'il avait perçus depuis le temps de la spoliation. — Cart. *Capituli Corisopit.* N° 56, f° 1 et 7.

On peut voir par ce qui précède si Ogée et ceux qui l'ont suivi ont eu raison de dire que l'église de Loctudy était une ancienne possession des Templiers.

(2) « MCLXII, fit valida fames. »
(3) « IV nonas octobris obiit Donuuallonus abbas istius loci. »

HOMME ILLUSTRE.

Le 13 mars mourut Gralon, religieux de Céans et abbé de Landevennec (1). Leur Nécrologe ne marque point ceste mort en ce jour-là, mais le 6 des ides de mars (VI Id. Martii). D'après le catalogue des abbés de Landevennec d'Albert Le Grand, il vivoit en 1160.

---

(1) « III Id. martii obiit Gradlonus abbas sci Guingual, et monachus istius loci. » *Nécrol. sancte Crucis.* — Le cartulaire de Landevennec mentionne entre les années 1142 et 1218, deux abbés du nom de Gradlon. Un abbé de ce nom *(Gradlonus, abbas sancti Guingualoei)*, figure comme témoin dans la charte de confirmation des biens de l'ordre des hospitaliers de Saint-Jean de Jérusalem, donnée par le duc Conan IV en 1160, — D. Mor. P. I, col. 638 et *Bullet. de l'Assoc. Bret.* Proc. verb. du congrès de Quimper.

CHAPITRE XV.

RIVALLON OU RIUUALLON, DOUZIÈME ABBÉ,

PREMIER DE CE NOM (1).

Cet abbé fut béni l'an 1163 (2), la mesme année que mourut son prédécesseur. Une des premières choses qu'il fist après sa bénédiétion fut de traitter avec le seigneur de Hennebont pour un différend touchant le prieuré de Saint-Michel des Montagnes. Voicy les termes du traitté :

« Parce que les vérités sont affoiblies auprès des enfants des hommes, nous avons cru devoir mettre par écrit comment de grands différends entre Dom Rivallon, nouvellement abbé, et Soliman, aussi nouveau seigneur de Hennebond ont été terminés. Ils convinrent donc entre eux du lieu et du temps où et quand ils se devoient trouver pour vuider cette affaire, sçavoir : à Pont-Scorff (3), la veille de Saint-Mathieu. L'abbé s'y trouva avec ses moines estant bien garni de ses papiers et de plusieurs témoignages, et Soliman s'y trouva aussi avec ses chevaliers et les gentilshom-

---

(1) « Riuuallonus. »

(2) Il dut être béni avant 1163, puisqu'il signe en qualité d'abbé de Quimperlé (*Rivallonus, abb. Kemperlegii*), en 1160, la charte de Conan IV mentionnée plus haut, p. 219, à la note 1.

(3) Chef-lieu de canton de l'arrondissement de Lorient (Morbihan).

mes du pays de Guéméné (*nobilibus Kemenetheboë)* (1). On produisit et leut la déposition que les témoins rendirent en présence de Guillaume, fils de Tanguy autrefois seigneur de Hennebond (2), et qui fut reçue et confirmée de sa part, où l'on trouva écrit que le seigneur de Hennebond (Henpont), n'a rien du tout en la terre de Saint-Michel et qu'il ne doit lever aucun droit, sinon un disné ou soupé, qui luy doit estre présenté de bonne volonté, une fois seulement quand il passe dans l'isle de Grouais, et une somme de pain quand il se rend à l'armée à la suite du duc. Et pour ce qui est des enfans de Donguallon, qui soutenoient que la prévosté (ou sergentise feodée), leur appartenoit dans la terre de Saint-Michel, l'on vit bien que leur prétention estoit très-fausse, et qu'il ne doit point y avoir d'autres officiers, sinon ceux que le moine administrateur du prieuré y voudra mettre. Ce qui ayant esté leu et exposé aux chevaliers et gentilshommes du pays de Guéméné, ils élévèrent la voix en mesme tems en disant : ce témoignage est véritable et nous asseurons que nos pères ont esté véritables et justes en ce point. Voicy ceux qui ont entendu que cet accord s'est traitté de la manière à Pont-Scorff, et en ont porté leur jugement : Rivallon, abbé; Helgomarch, prieur de Saint-Michel; Guillaume, moine; Even, doyen; Rivallon, moine de Lanvaux (3); et entre les chevaliers, Soliman; Riou, fils de Marthiou;

(1) Voir page 33.
(2) Voir page 187.
(3) Abb. O. C. commune de Grandchamp (Morbihan).

Ascot fils...; Bernard, fils de Riou; Anoruan et Eudon, enfants de Rivallon; Robert, fils de Secher; Aldroën, fils d'Elmarch; Hervé, fils de Rodalt; Hervé de Maleter, fils de Tanguy. » (1).

J'ay esté fort en doute si je devois donner cet acte à Rivallon, premier abbé de ce nom, ou au second, qui a vécu 74 ans après celuy-cy; mais le mot de *decessor*, voulant dire un homme qui a vécu il n'y a pas longtemps, et les gentilshommes s'en estant plustost servi que de celuy de leurs *ancestres* qui marque un grand temps, j'ay cru que cela estoit arrivé quelques années après la mort de Guillaume, seigneur de Hennebond, qui estoit père ou ayeul de ce Soliman, lequel avoit traitté pour le mesme différend avec Gurhand, sixième abbé, vers l'an 1120 (2). Cet acte doit estre de l'an 1164, quoyque le manuscrit n'en dise rien; car le dernier abbé estant mort le 4 octobre 1163, et la mesme année Rivallon estant élu, et estant nouvel abbé, quand il fist son traitté la veille de saint-Mathieu, 20 septembre, cela se doit rapporter à l'an suivant 1164. Dans la manière cavalière et galante, avec laquelle est terminée cette affaire qui s'estoit aigrie par tant de difficultés, l'on voit la bonté de cœur des anciens Bretons qui manioient alors aussi bien l'épée qu'ils font aprésent la plume, c'est-à-dire qui estoient aussi bons soldats qu'ils sont à présent bons chicaneurs.

Vers ce temps Alain, fils d'Alaman, fist restitution

(1) Ms. f° 38 v°, in cod. in-4°.
(2) Page 187.

à l'abbé R..., avec le consentement de son frère au monastère, des deux tiers des dismes qu'il levoit en Redéné, depuis le pont *Helé*, jusqu'au ruisseau *Minguar*, lesquelles son père avoit enlevées injustement (1). Cecy fut fait au cloistre de Quimperlé, le 7 de septembre, la veille de la Nativité de la Sainte-Vierge, lorsqu'il fut fait chevalier (2). Les témoins furent le comte Eudon; Rolland, son oncle de mère; Coledoc (l'autre Ms. met Soledoc), son oncle de père; Guillaume, fils de Gaudin; d'entre les religieux, Rivallon, abbé; Simon, prieur; Jungomarc, chappelain; Moyse, cellerier, et plusieurs autres (3).

Il y a bien des remarques à faire sur ce petit acte. Cet Alain estoit à mon sens un seigneur de Rohan, de la branche de Guémené (4), famille qui a encore des terres au-delà de la rivière *Helé*, en la terre de Vennes. Quoyque le nom de l'abbé ne se marque que par un R, qui peut se tourner aux divers noms des abbés qui ont esté céans, je pense pourtant que c'est plustost nostre Rivallon d'aprésent; car ce Simon, prieur, que nous trouvons icy, et que nous verrons à l'acte suivant, est apparemment ce maistre moine (*Magister Simon*), que l'on voit signé sous l'abbé

---

(1) Voir page 87.
(2) « VII Id. septemb. *militaria arma assumente.*
(3) Ms. fo 21 ro.
(4) Je ne sçay si ce n'est point celuy-cy : « VIII cal. octob. abiit Alauanus, vice comes de Rohan, frater istius loci. » — P. L. D.
Les terres dont parle D. Le Duc, formaient la seigneurie de la Roche-Moysan, qui fut vendue en 1383 seulement, par Jean de Vendôme, à Charles de Rohan, sire de Guemené. — Dom. Mor. P. I, col. 438 Voir page 55.

précédent en deux actes, et qui sous celui-cy auroit esté fait prieur claustral. Le donateur fist restitution le jour qu'il fut fait chevalier, car les seigneurs se disposoient à prendre l'épée d'une manière aussi magnifique que dévote, comme l'on peut voir dans le Glossaire au mot *Miles*, et nostre cavalier s'y disposa par la restitution du bien mal acquis. Le comte Eudon, le premier témoin est à mon sens, Eudon qui avoit épousé Berthe, duchesse de Bretagne, alors veuve, et qui estant forcé par son beau-fils Conan IV de quitter le gouvernement, remua infiniment le reste de ses jours, et s'estant allié en secondes nopces avec Anne, ou Isabeau, fille de Guyomarch, vicomte de Léon, soutenoit opiniâtrement les restes de sa fortune. Un homme de ce rang devoit avoir esté invité à la cérémonie de nostre nouveau chevalier, s'il estoit un Rohan. Ce Jongomarc, chapelain, que l'on tourneroit en français *clerc de chapelle*, et qui se met devant le cellerier, est comme je pense le sacriste qui en quelque autre part se nomme maistre de l'église (*magister ecclesiæ*).

L'acte suivant est une espèce d'accord, plustost qu'un privilége du seigneur évesque de Quimper, touchant les vicaires de toutes les paroisses qui dépendent de nostre abbaye dans le diocèse de Cornouaille. Il fut fait en 1166, et voicy ce qu'il porte :

« Bernard, par la grâce de Dieu, humble ministre de l'église de Quimper (1), à nos fils bien aimés

---

(1) « IV Non. Aug. obiit Bernardus eps corisopit. an. 1167. » *Nécrol. Landevennec.*

Rivallon, abbé de Sainte-Croix de Quimperlé, et à ses religieux présents et à venir, qui professeront en ce lieu la vie regulière à perpétuité. Parce qu'il nous est apparu à nous et à nostre église que Orscand, évesque d'heureuse mémoire, qui assista à la première fondation de vostre église, vous a donné l'entière jouissance de toutes les églises qui sont sur vostre fonds, et que vous en avez eu une possession fort tranquille pendant le tems des évesques Benoist, Robert et Raoul, nous vous accordons aussi les mesmes églises pour en disposer à perpétuité, à cette condition pourtant que le chappelain estant élu par l'abbé et les moines, ils le présentent à l'évesque, luy faisant connoistre à quelle condition ils veulent l'établir, ou pour un temps ou pour toute sa vie ; lequel (comme c'est la coutume dans l'église) ayant reçu le soin des âmes de l'évesque, devra rendre compte à l'évesque des choses spirituelles, et aux moines des temporelles. Autant de fois qu'ils voudront changer et mettre un autre chapelain ou en la place de celui qui sera mort, ou qui sera vivant, qu'ils le présentent autant de fois à l'évesque. Et afin que cette concession ait sa fermeté asseurée et incontestable à l'avenir, nous avons voulu y faire mettre nostre sceau pour asseurance, et y faire souscrire les noms de ceux qui ont esté présents à cet accord, soumettant à la sentence d'anathème tous ceux qui en quelque façon, voudront aller contre cet établissement. Cecy a esté fait à Confluans (1), l'an depuis l'Incar-

(1) « *Apud Confluentiam.* » C'est la traduction latine du mot breton *Kimper*. Voir page 57.

nation de nostre Seigneur 1166, dans l'église de la sainte Vierge Marie et de saint Corentin ; tout le chapitre de ladite église y estant présent et y ayant consenti, en présence aussi de Maurice, abbé de Langonnet (1) et ses religieux Audren et Eudon, Tangui, moine du Relec (2) ; Rivalon ; Geoffroy, archidiacre ; Priam ; Guillaume ; et des moines de Quimperlé : Simon, prieur ; Tugual et plusieurs autres (3).

Je ne sçay si c'est icy une grâce ou une première attaque à la juridiction épiscopale que l'évesque Orscand avoit accordée à nostre église. Il est constant qu'il y a toujours bien de la différence entre avoir un droit épiscopal sur toutes les églises de son territoire, et estre réduit au seul droit de choisir un vicaire et le présenter à l'évesque qui l'approuvera et à qui il répondra des âmes. Nous verrons dans la suite que cecy est la première brêche pour entrer dans tout le privilége que nous avions reçu de l'évesque Orscand. L'on voit encore par cet acte qu'il estoit libre aux religieux de mettre un vicaire amovible ou perpétuel ; par où l'on peut juger de l'âge des vicaires perpétuels. Pour ce qui est de cette coutume de l'église, que le vicaire devoit répondre à l'évesque des âmes et à l'abbaye du temporel, elle n'est pas si ancienne, puisque ce fut en 1096, au concile de Nismes, sous

(1) O. C. commune de Ploncour-Menez (Morbihan).

(2) Abb. O. C. commune de ce nom (Finistère.)

(3) Voir le texte aux Pièces justificatives. — D. Mor n'en a donné qu'un extrait, P. I, col. 658.

Urbain II, qu'on fist ce premier canon (1). Pour la fin de l'acte, il est à remarquer que l'on donne icy un nom à Quimper que je n'ay trouvé nulle autre part. L'on sçait bien qu'il se nomme Cornubia ou Cornubium (2). *Corisopitum, Civitas Aquilæ* dans le martyrologe d'Usuard (3) et *Aquilonia civitas*, dans un acte de l'évesque Benoist, en l'an 1118 (4), mais je n'ay veu qu'icy qu'on l'appelle *Confluentia* (Conflans); car en effet, la ville est bastie sur la jonction des deux rivières Odetz et Their (5). L'acte a esté fait dans la cathédrale qui se nomme l'église de Nostre-Dame et

---

(1) Où après avoir renouvelé le canon du concile de Clermont, tenu l'an précédent où le rachat des autels est défendu aux évesques, c'est-à-dire de demander une somme aux abbayes, à toutes les mutations de vicaires, sous prétexte que les dismes leurs avoient esté données par les évesques leurs prédécesseurs, voicy ce qu'il adjouste : « *Sane quum Monachorum quidam episcopis Jus suum auferre contendunt statuimus ne in parochialibus ecclesiis, quas tenent, absque episcoporum consilio presbyteros collocent, sed Episcopi parochiæ curam cum abbatum consensu sacerdoti committant, ut ejusdem sacerdotes de plebis quidem cura episcopo rationem reddant, abbati vero prorebus temporalibus ad monasterium pertinentibus debitam subditionem exhibeant, et sic cuique sua jura serventur.* » Labbe conc. T. X, p. 606. — P. L. D.

(2) *Cornubia* est le nom de l'évêché de Cornouaille. Je ne connais pas de titre ancien où la ville de Quimper soit ainsi appelée. Dans le XVIIe et le XVIIIe siècles, on lui a souvent donné le nom de *Cornouaille*, surtout dans le style administratif. Voir l'introd.

(3) Alb. Le Grand, *Catalogue des évesques de Cornouaille*.

(4) D. Mor. P. I, col. 390. Le nom de *Aquilonia civitas*, et celui de *Beata Maria de Aquilone*, que l'on trouve dans une donation faite en 1172 au prieuré de Locmaria, près Quimper, par Henri II, roi d'Angleterre (D. Mor. P. I. col. 666), ont été appliqués au bourg de Locmaria et non à la ville de Quimper. *Civitas Aquilonia*, que l'on a souvent à tort traduit par *Ville de l'Aigle*, est synonyme de *Civitas septemtrionalis*, comme on peut le voir dans Ducange *Gloss.* verbo *Aquilonior*.

(5) *Teir* ou *Ster Teir*, est le véritable nom de cette rivière que l'on appelle aujourd'hui *Steir*.

de Saint-Corentin, parce qu'elle est dédiée à tous les deux (1).

L'année suivante 1167, l'on donna à Sainte-Croix une vigne et autres terres et maisons sur la mer : je ne sçay pas assez bien la carte de Bretagne pour connoistre où est ce bien, mais enfin voicy comme il y a :

« Que tous présents et à venir sachent que moi Goëder, prebtre, je donne de mon propre droit héréditaire à l'abbé de Sainte-Croix de Quimperlé et aux moines qui m'ont reçu unanimement en leur fraternité et société, une certaine terre qui est en Levin (2), *Loës Syon*, toute ma parenté y consentant et s'accordant qu'ils la possèdent à perpétuité ; et de plus j'ay mis en gage pour 100 liv. ausdits abbé et moines deux journaux de terre labourable proche la *fontaine de Marie*, et une certaine maison où demeuroient les filles de Hamherd, proche de la mer. Que si ma parenté sçavoir : Resou et ses enfants négligent de les retirer pour gages dans tout l'espace de douze ans, qu'ils appartiennent à perpétuité aux moines, sans qu'ils leur soient contestés. Cecy a esté fait l'an de l'Incarnation 1167, etc., dans l'église de Sainte-Croix. » (3).

Je n'ay point trouvé de lieu où mettre l'acte qui suit, dont je ne sçay ny l'année ny le nom de l'abbé sous qui il a esté fait, mais puisqu'on parle dans ce dernier acte d'une terre qui est en Levin, et dans celuy-cy de quel-

---

(1) Toussaint de Saint-Luc, *Mémoires sur l'état du clergé de Bret.* p. 54.
(2) Auj. Lebin, commune et canton de Pont-Scorff, arrondissement de Lorient (Morbihan.)
(3) Ms. f° 76 r°.

ques autres rentes en la paroisse de Lebin, et que Hervé (*Maleterre*) (1), qui a signé dans le premier acte fait sous cet abbé Rivallon, signe encore dans celui-cy, j'ay cru devoir le placer icy : c'est à sçavoir que Tanguy (Tanki alterius) (2), estant religieux au monastère de Sainte-Croix depuis longtems (moine ad succurrendum), du consentement de son fils Guillaume et de sa fille Aina, la seneschalle (*Ainæ senescallæ*), donne à l'abbé et aux religieux pour le salut de son âme et de celle de ses parents, trois sols de rente qu'il levoit comme haut seigneur (*dominus superior*), tous les ans sur la ville au Blanc, qui appartenoit audit monastère, sçavoir : douze deniers pour le past (la table) d'hiver, et autres douze pour celle d'esté, et les autres pour un autre droit nommé *la taille de Saint-Gilles*, afin que les moines ayent à l'avenir sans difficulté, les droits de haute et basse seigneurie (3). Les témoins sont Guillaume et Ainée la sénéchalle, ses enfans; Hervé (Maleterre), fils d'un autre Hervé, et son gendre; Eudenou, fils d'Enhaë; Rivallon, fils de Roaüd; Rouaud, fils de Gelin, Rouaud, fils d'Eudon ; Judicell, Gaudin, Geffroy, fils de Guillaume, tous chevaliers; le prieur de la Roche (4) ; Juthaël, chappelain d'Arz-

---

(1) Cet Hervé Maleterre qui signe dans cet acte comme fils d'un autre Hervé, ne peut être que le fils de Hervé Maleterre, fils de Tanguy, qui figure comme témoin dans le premier acte fait sous l'abbé Rivallon. — Voir page 222.

(2) Un Tanki alterius (Tanguy, fils d'un autre Tanguy), signe dans la confirmation du duc Guy de Thouaro, en 1206.

(3) « Tam inferioris quam superioris domini jura percipiant.»

(4) Il y avait dans l'évêché de Vannes le prieuré de Rochefort, paroisse de ce nom fondé dans le XIIe siècle; et le prieuré ou chapellenie des Rochers, paroisse de Bignan, mais il est peut-

thnou (1), avec ses clercs ; Laurent, prieur ; Rivallon, chambrier ; Eudon, aumosnier et plusieurs autres.

Si cet acte ne doit estre mis plus haut, il ne peut pas du moins estre mis plus bas que ce temps icy. Car ce Laurent, prieur qui y signe est marqué (2) dans le nécrologe, à la vérité sans l'année de sa mort, mais estant marqué de la première écriture, il ne peut passer ce siècle.

Voicy des donations marquées sous le tems de l'abbé Rivallon. Je ne sçay pas encore d'où estoient vicomtes les donateurs. Je trouve bien un Bernard, vicomte, signe l'an 1088, à la donation de la duchesse Constance (3) ; un Tangui, vicomte, signé au traitté fait avec le sénéchal Donguallon (4) ; un Tanki, vicomte, qui a donné à l'abbé Haimeri, Pontbriant (5) ; mais je n'en suis pas plus éclairé et jusqu'à ce que j'aye consulté mon clerc, je ne vous diray pas d'où ils estoient vicomtes (6).

Enfin le vicomte Rivallon, fils de Bernard, et Rivallon son fils et sa fille Azelice, donnèrent une terre

estre ici question du chapelain de la Roche-Moisan, château dont on voit encore les ruines dans la paroisse d'Arzano, et qui était le chef-lieu d'une seigneurie assez importante. Voir *Revue de Bretagne et de Vendée*. T. X et XII.

(1) Auj. Arzano, chef lieu de canton de l'arrondissement de Quimperlé.

(2) « V. Id. Julii obiit Laurentius prior istius loci. »

(3) Page 124.

(4) Page 145.

(5) Page 150.

(6) Tous ces donateurs sont des vicomtes de Poher. Voir l'introduction, et dans la *Biographie bretonne*, l'article *Poher* (comtes et vicomtes de).

qui s'estend depuis les bornes de la rivière *Latdrun* (1), jusqu'à la *Croix de Bernard le vicomte*, pour estre possédée à jamais par l'abbaye de Sainte-Croix. Guenlodoë, fille de Helgoret, qui estoit héritière de cette terre et ses enfants Hervé et Rivallon, et son mary et ses filles consentirent à ce don. Et Guenlodoë reçut de l'abbé Rivallon en la main de qui ce don fut fait, 8 sols de présent pour avoir une robe. Voicy deux donateurs ; je croy que le vicomte fait donation comme seigneur de fief, et cette femme comme dame propriétaire (2).

Le vicomte Rivallon, donna le village de *Chenvarec* (3), *et duas quet uuoide* (4). Gormaëlon, et Désarvoë et Tanchirz et Brient, ses frères, donnèrent leur héritage en ladite terre, sçavoir : *Anniuguet Guoitt*, avec le consentement de leurs héritiers, pour la somme de 120 sols ; et le vicomte Rivallon, donna le droit de patronage (*jus patronatus*), ce qui fait croire qu'il y avoit une église dans ce don.

Le mesme Rivallon, donna de son héritage, « *Majorem* scilicet *Maerdi* » (5) et du bien de sa femme

(1) Auj. *Ster Laër* ou *Ster Laëron*. Cette rivière prend sa source dans la forêt de Conveau, en la commune de Gourin (Morbihan), et se jette dans l'Ellé. Elle donne son nom au bois de *Toul Laëron*, commune de Spézet (Finistère).

(2) Ms. fo 79, ro et vo.

(3) Auj. *Kerguivarec ?* commune de Gourin (Morbihan).

(4) Il faut probablement lire « *duas villas Quetuuoide* » (les deux villages de Coetvoud). Auj. le *Coadout ?* commune de St-Hernin (Finistère).

(5) Auj. le *Merdy*, commune de Guiscriff (Morbihan). Au lieu de *Majorem*, il faut lire *domum majoris*, qui est la traduction latine du mot breton *Maerdi*. Le maër (*major, præpositus*, prevôt, ou sergent féodé), était un officier, dont une des

Guielder, il donna « *an Manacdi,* » en Guiscri (1) ; et sa femme Guielder, Rivallon son fils, et Azolice sa fille consentirent au don (2).

Tanguy, vicomte fils de Bernard, et Azenor, sa femme, qui estoit héritière, avec le consentement de Bernard et Henry, ses enfans, donnèrent *Bottcadoan* (3), avec ses appartenances à l'abbaye de Quimperlé, du tems de l'abbé Rivallon, pour la somme de six vingt sols. Cecy se passa un dimanche à la porte de l'église de Gourrein. Les témoins furent Rivallon, fils du mesme Tanguy, et Daniel, fils de Guégon Anbesch, et Eudon, fils d'un autre Eudon, et Kenuuarec, fils de Courant ; (ils estoient tous chevaliers) ; et Guetenoc et Audren, chapelains de ladite église (4).

Bernard, fils de Simon, et Grallon, fils de Gutdian, donnèrent à l'abbaye de Quimperlé *Laniuzon* dans la

principales fonctions était l'administration des biens du seigneur supérieur, dans l'étendue de la paroisse confiée à sa charge. On a vu page 58, note 4, que le duc avait sept sergents (un par paroisse) dans la juridiction de Carnoët. On peut voir dans les lois d'Howel Dda quels étaient les priviléges et les devoirs des maërs dans le pays de Galles. *Leges wall.* Edit. Aneurin Owen, T. I, p. 189. T. II, p. 767 et *passim.* Il y a encore en Bretagne, un grand nombre de villages qui portent le nom de *Merdy.*

(6) Aujourd'hui le *Moustoir,* en la commune de Guiscriff (Morbihan). *Manacdi,* ou mieux *Manac'hti,* est composé des mots *Ti,* maison et *manac'h,* moine *(Domus Monachi).*

(7) Ms. f° 79. Il me faudroit icy un Daniel qui eust l'esprit des dieux pour deviner ces mots où je n'entends rien. P. L. D. D. Lobineau, *Hist. de Bretag.* II, col. 152 et D. Mor. qui l'a copié P. 1, col. 514, ont publié ces donations d'une manière très-inexacte. Ils traduisent à tort St (Sciliçet). *Maerdi,* par St-Martin de Corlay (commune du département des Côtes-du-Nord) et *Guiscri,* qu'ils écrivent *Guilleri,* par Guilliers (commune du département du Morbihan).

(1) Auj. *Boscadaouen,* commune de Gourin.
(2) Ms. f° 80, r°.

montagne de Callac (1), avec ses appartenances, pour le rachat de leurs âmes et de celles de leurs parens, au tems de l'abbé Rivallon, de qui ils reçurent 20 sols. Les témoins de cette donation furent le vicomte Rivallon, et le moine Jacques, etc. (2).

Baudouin, fils de Pice, donna du consentement de son frère Hervé, ses enfants et autres héritiers, un village au costé du *Mont Callac* nommé *Kerguézec* (villa arborosa) (3), et transféra le droit que le haut seigneur y avoit, sur une autre de ses terres, et le haut seigneur Morvan, fils de Henri, y donna son consentement (4).

L'abbé Rivallon, acheta pour six vingt sols d'Eudon, fils de An Borne la terre de.... (*vetulæ albæ*) (5) et la terre de Cavallon Pautre, jusqu'à l'eau de la rivière *Laldrun* (6). Et cet Eudon, donna à son neveu Eudon, fils d'Anfret, la terre de *Cresguentis* (7), pour eschange de cette terre qu'il avoit vendue à l'abbé.

Sur cette terre de Laniuzon que Bernard, fils de Simon, et Grallon, fils de Gutdian, avoient donnée avec ses appartenances, Rivallon, fils dudit Grallon, ne sachant pas cette donation, fit procez, mais ayant veu l'acte de la donation de son père, et voyant qu'il n'avoit pas raison de demander cette terre, il renonça

(1) Auj. *Lannuon*, commune de Gourin.
(2) Ms. ibid.
(3) Auj. *Kerouec*, même commune.
(4) Ms. ibid.
(5) Auj. *Kervazouen*, même commune.
(6) Voir page 231, note 1.
(7) « *An Cresguentis.* » Ms, f° 80, v°.

à son action, et il jura sur la Sainte-Croix, luy et son fils Alain, et son cousin Morvan, et Rivallon, fils de Colezoc, et Aufray, fils d'Abraham, qu'il ne reprendroit ladite terre ny par luy ny par autruy, et qu'il appuyeroit, autant qu'il pourroit, la donation de son père. Les témoins de ce serment furent le prieur Clément ; Geffroy ; fils d'Audren ; Auffroy de Sacco, et plusieurs autres tant moines que laïques ; Guillaume et Tangui (clercs ecclésiastiques) y assistèrent aussi. Cet acte estant du fils du donateur précédent, est postérieur, et fait peut estre sous un autre abbé, mais estant de la mesme matière, et n'ayant point son année, j'ai cru que je devois le joindre au premier. Il y a encore un accord touchant la mesme terre que nous verrons en 1228, sous l'abbé Daniel.

Vers ce tems, Alain le Jumeau (Alanus Gemellus), donna à perpétuité aux moines de Quimperlé, pour l'amour de Dieu et pour les âmes de son père, de sa mère et de son frère Richard, tous les droits que le comte lève sur le village de Guithenoc, dans la paroisse de Tréguenc (1), lesquels il possédait par la libéralité que le comte Conan, fils d'Alain Fergent, en avoit faitte à luy et à son père Richard. Ses témoins furent Geoffroy, archidiacre ; Kerard, fils de Kerabu et autres (2).

En 1177. Saint-Maurice voulant étendre l'empire de Jésus-Christ, quitta l'abbaye de Langonet,

---

(1) Auj. *Kerviniec*, commune de Trégunc, canton de Concarneau (Finistère).

(2) Voir le texte aux P. justif.

qui estoit plus riche et mieux établie, pour venir en bastir une plus petite dans la forest de Carnoët dont il fut le premier abbé. Nostre Chronique, qui est in-4° met cette fondation en cette année 1177, et la Chronique in-8° met la mort du saint en 1191. Cette affaire ne regarde pas nostre maison, mais il ne faut pas oublier nos très honorés confrères et nos bons voisins, qui viennent nous disputer la pesche jusqu'à nostre porte dans la rivière *Hellé,* que nostre fondateur Alain Cainart, nous avoit déjà donnée en 1029, et que nous avons encore eue, par un échange d'un tout pour un rien, sous le duc Jean Ier, en l'an 1271. Le père Albert Le Grand, ou l'imprimeur se sont trompés au chiffre, quand ils ont mis (1) que saint Maurice se pourvut vers le duc en 1146, pour la construction de cette nouvelle abbaye, puisque nous voyons qu'en 1161, estant élu arbitre pour le différend de Nostre Dame de Nantes (2), et en 1166, ayant assisté à l'acte de Bernard, évesque de Quimper, pour la disposition de nos paroisses (3), il se nomme abbé de Langonnet. Si la fondation se fist en 1177, le duc comme il y a dans sa vie latine, estoit Conan le Petit ou IV, qui mourut trop tost, n'ayant pas eu le loisir de doter cette nouvelle abbaye. Saint Maurice y fut abbé quinze ans, et mourut âgé de 76 ans (4). C'est ce que j'ai leu dans sa vie que l'on garde dans son abbaye.

(1) Vie de saint Maurice, p. 474.
(2) Voir page 214.
(3) Voir page 224.
(4) « III cal. Octob. anno 1192. »

Constance, duchesse de Bretagne et comtesse de Richemond, confirma à l'abbaye de Sainte-Croix tous ses biens en 1184. L'acte en fut fait à Quimperlé pendant l'octave de saint Michel. Comme ce n'est qu'une répétition des mesmes mots de la première confirmation sous Conan III, je le passeray. Les témoins furent Guéhenoc, évesque de Vennes; Hervé, chanoine; l'abbé Rivallon, qui reçut le privilége; Audren, son prieur claustral; Even, prévost de Belle-Isle (car le religieux qui l'administroit, portoit ce nom); Guillaume, chambrier; Guillaume, cellerier, Geffroy, prieur de Saint-Amand, et six autres moines de Sainte-Croix; deux moines de Saint-Gildas et un de Saint-Mélaine. Et au nom de la comtesse, le premier qui signa fut Alain le Jumeau; Henry, fils d'un autre Henry, baillif de Cornouaille, et Estienne, oncle du costé de mère de la comtesse (il devoit estre fils d'une autre Constance, femme d'Edouard Tournemine, seigneur et souche des barons de la Hunaudaye) et plusieurs autres. Cet acte est tiré de l'extrait que M. l'Abbé (Charrier) a eu du chasteau de Nantes, aussi bien que le suivant qui est très-mal copié et qui, n'ayant point d'année sera mis icy à l'aventure.

La mesme Constance qui se nomme en ces deux actes fille du comte Conan, duchesse de Bretagne et comtesse de Richemond, nous adjuge les bris et naufrages qui se faisoient à la coste de Belle-Isle. L'acte porte que Geffroy du Maine et ses associés ayant échoué à Belle-Isle, l'abbé comme seigneur, voulut recueillir les restes du débris. Les gens du vaisseau soutinrent le contraire en présence de la duchesse, qui donna commission à son sénéchal du pays de Vennes (de Broërec) d'en connoistre et donner jugement définitif. L'abbé se soumit au jugement de la cour, mais la partie adverse le refusa avec mépris. Cependant l'on passa outre, et dans la lettre, la duchesse déclare et fait sçavoir à Barthélémi, son sénéchal et tous autres qui verront ses lettres, que l'abbé ayant le droit du souverain qui est de saisir les bris qui arrivent à ses costes, elle rendra elle-mesme justice à l'abbé contre tous ceux qui feront tort à ses droits; leur faisant défense de faire injure aux gens de l'abbé. L'acte est si brouillé qu'à peine peut-on deviner le reste; mais je croy qu'il y a que, s'en tenant fort offensée, et de peur que la vérité ne soit oubliée elle ne l'en déportera pas facilement. Donné à Ploërmel (1).

Voilà ce que nous sçavons de l'abbé Rivallon. Son successeur fut béni en 1186, mais luy ne mourut pourtant que l'année suivante 1187, selon nostre Chronique. Nostre Nécrologe et celuy de Landevennec mettent sa mort le 10 de décembre (2). Il a esté abbé plus de vingt-deux ans.

L'an 1186, Geoffroy d'Angleterre, mary de la duchesse Constance, mourut sous l'âge de vingt-huit ans, le 19 d'aoust, comme met notre Nécrologe. La duchesse accoucha à Nantes le jour de Pasques l'an 1187, d'un fils posthume, qui fut baptisé le mesme jour et nommé Arthur, malheureuse victime de son oncle Jean sans Terre, roy d'Angleterre.

(1) Voir le texte aux Pièces justificatives.
(2) « IV Id. Decemb. obiit Rivallonus, abbas istius loci. »

CHAPITRE XVI.

Even, premier de ce nom, treizième abbé (1).

Even fut béni abbé l'an 1186, selon nostre Chronique; nostre Nécrologe au 5 juillet (2), met qu'il y eut famine en 1189.

En l'an 1191, Gorguethen, fils de Salic, et sa femme Anguant firent un acte par lequel ils déclarent tous deux que, méprisant les plaisirs du monde et voulant embrasser le service de Dieu qui vaut un royaume, du consentement de leurs enfants Rimelen, Rouaüd, et Guillaume, et de leurs filles Gueinneth et Savin, dont le mari nommé Rivalon, fils d'Anguenn, vouloit au commencement contredire sa donation, mais qui enfin touché de la grâce de Dieu, consentit et voulut bien, luy et ses enfants, que la donation passât sans difficulté, donnèrent à l'abbaye de Sainte-Croix, pour le rachat de leurs âmes, la moitié de la terre d'*An Murcell*, comme ils l'avoient possédée; et en mesme temps ils se donnèrent à Dieu et prirent à Sainte-Croix l'habit de religion du tems de l'abbé Even, l'an 1191. Les témoins furent le mesme abbé Even; Abraham, prieur claustral, et chambrier et autres; et Rivallon susdit renonça expressément à son

(1) « Evenus.. »
(2) « III. Nonas Julii. »

opposition dont nous avons parlé. L'acte ajoute encore que Roaud, fils du donateur et qui se fist religieux, Gorguethen se faisant aussi religieux à Sainte-Croix, du consentement de noble Rivelen, chevalier, de son frère et de ses enfants, et des enfants de son autre frère Guillaume, alors décédé, et autres ses héritiers, donna pour le salut de son âme et de celles de ses parents une de ses terres nommée *Penguern*, située en la paroisse de Prisiat (1), et en la mesme paroisse le lieu d'une maison et jardin, situés près d'une terre appartenante à l'hôpital de Jérusalem, laquelle terre se nomme *Croasti* (2).

Les deux manuscrits mettent à la marge que ces terres sont annexées au prieuré de Hirberz, d'autres papiers le nomment de Hirben. C'est un prieuré sous le nom de Sainte-Anne de Hirberz, dans le diocèse de Vennes. L'on trouve une présentation que l'abbé Daniel fist de ce prieuré le 29 juillet 1537, à F. Pierre du Bot, religieux du monastère; il est à présent en main séculière.

L'on voit par ces actes que les dames prenoient aussi bien l'habit religieux à Sainte-Croix que les hommes. La duchesse Ermengarde qui mourut en

(1) Canton du Faouët (Morbihan).

(2) Ms. fo 7 ro et vo. — Dom Mor. P. I. col. 560. — La trève du Croisty (*Maison de la Croix*), en la commune de Saint-Tugdual, canton de Guéméné, arrondt de Pontivy (Morbihan), était le chef-lieu d'une commanderie de l'ordre de Saint-Jean de Jérusalem, à laquelle avait été annexée la commanderie de Beauvoir en Priziac. L'usement à *Quevaize* était usité pour les villages situés dans cette trève.

1148, estoit religieuse à Saint-Sauveur de Redon, et se retiroit dans une maison proche de l'Église. Nos dames religieuses de Sainte-Croix, suivoient sans doute cet exemple; nostre Nécrologe met la mort d'une de ces religieuses le 19 juin (1). Nous avons encore la donation d'une autre que je rapporteray à cause de la liaison de la mesme matière, et parce que l'écriture est de mesme caractère que les deux actes précédents, quoyqu'il n'y ait ny abbé ny année marquée :

« Je Erell, femme noble, renonçant aux choses du monde et prenant l'habit religieux au monastère de Sainte-Croix, du consentement de Guégon Ancoer, mon fils, et de mes autres héritiers, je donne aux religieux qui servent Dieu et la Sainte-Croix, une de mes terres, sçavoir la moitié de *Brecelian* (2), depuis la part d'une eau qui se nomme *Aër*, avec son moulin, pescheries et prez, libre et exempte de toute charge (3). »

En 1203, l'on donna à Saint-Ronan (4) deux terres. En voicy l'acte :

« A tous les fidèles de Jésus-Christ qui verront cet écrit, Guillaume par la permission de Dieu, évesque de Quimper, salut dans le souverain Sauveur. Sachez que nobles hommes Daniel, Gui, Alain, enfants de Guiomar Daniel, donnent à perpétuité à l'église de Saint-Ronan les terres, sçavoir : *Maës Roënient* et

(1) « XIII cal. Julii obiit Roandlen monacha istius loci. »
(2) « Auj. *Brecilien*, commune de Paule (Côtes-du-Nord).
(3) Ms. fo 7 ro. — D. Mor. P. I, col. 560. — « XV cal. sempt. obiit Herell ancilla Dei. » — *Necrol. Sanctæ Crucis.*
(4) Voir page 66, l'acte de fondation de ce prieuré.

Goeth telent en Ploegonnoc (1), lesquelles terres sont tenues de nous, pour satisfaction d'un excès qu'ils ont commis dans le cimetière de ladite église, pour estre possédées, sauf le droit qu'y a saint Corentin (2) ; devant payer à l'avenir de *Les Guengat*, par les mains de celuy qui sera possesseur de la terre, un quarteron de froment que leur père a légué auparavant à ladite église. Fait dans la mesme église, l'an depuis l'Incarnation du Verbe 1203, le 21 d'avril (3), l'an X de nostre pontificat. Furent présents à cecy: Guy, doyen de Porzoët (4) ; Geoffroy, prieur ; maistre Guillaume ; le prestre Blanc (Guen), chapelains de Ploegonoc et Ploeneveth (5) ; Cann, prévost ; Geoffroy, prestre, et plusieurs autres (6). »

Guillaume, fils de Gall, se faisant moine à Kemperlé, donna à la mesme abbaye du consentement de ses héritiers Eudon Le Gall, Alain Roaud, Geoffroy et autres, une terre nommée Lannorgant, avec l'aggrément de son seigneur Geoffroy, vicaire (vicarius), de Minihibriac (7), libre et exempte de toute imposition et devoir. Fait à Kemperlé l'an 1205, en présence d'Even, abbé ; D..., prieur ; Alain, cellerier ; Savaric,

(1) Auj. Plogonnec, canton de Locronan (Finistère). On ne retrouve plus les noms de ces deux villages ni celui de *Les Guengat*, cité plus bas.
(2) L'église de Saint-Corentin, cathédrale de Cornouaille.
(3) « II cal. maii. »
(4) C'est le seul acte connu où il soit fait mention du doyen de Porzay. Voir l'introd. pour la situation et l'étendue de ce doyenné.
(5) Auj. commune de Plounévez-Porzay, canton de Locronan
(6) Ms. fo 10 ro.
(7) Auj. Bourbriac, arrondt de Guingamp (Côtes-du-Nord.)— Le titre de *vicaire* parait avoir été synonyme de celui de *mactiern* (princeps plebis). Il désignait le chef d'une paroisse baptismale (*plebs* ou *vicaria*. — Voir D. Mor. P. I. col. 263, 268.

chambrier; Rivallon, maistre de l'église (peut-estre sacriste); Guillaume, prévost, et pour fermeté ledit seigneur Geffroy y fist mettre son sceau (1).

En 1206, Guy de Thouars, duc de Bretagne, par sa femme Constance, confirma les biens et possessions de nostre monastère. C'est le mesme stile que dans les précédentes confirmations, c'est pourquoi il n'est pas nécessaire de la répéter (2). Les témoins sont quelques chanoines de Quimper; nostre abbé Even; Daniel, prieur claustral; Rivalon, cellerier; Savaric, chambrier; Robert, prévost et autres moines de Quimperlé; quelques prestres; Guiomarch, vicomte de Léon, et Hervé son neveu; Rivalon, sénéchal de Broërec (païs de Vennes), et sénéchal de Cornouaille; celuy de Rennes; Rivallon, vicomte; S..., prévost de Vennes et autres chevaliers. Fait à Quimperlé l'an 1206.

« Il faut sçavoir qu'après de grandes disputes et procez qui furent meus et agités à la cour du duc entre l'abbé de Quimperlé d'une part, et les forestiers de Keberoën (Quiberon) d'une autre, sçavoir : Grallon, fils de Jestin; Julienne, fille de Rivalon; Daniel et Jestin, enfans de Guillaume, les saisies d'une terre de Quiberon nommée *Maës an Scoet*, et autrement *Maës an Lein, Kauper*, et les saisies d'un pré et jardin qui sont prez du *lieu des Forestiers*, plein de cannes ou roseaux, ont esté adjugées à l'abbé de Quimperlé. Fait à Auray, au cloistre de Saint-Gildas, le 20 juin (3)

(1) Ms. f° 30 r°.
(2) Voir le texte de cet acte aux Pièces justificatives.
(3) « XII cal. Julii. »

l'an 1208. Témoins et juges, G..., fils de Rivalon, sénéchal du seigneur comte Guy de Thouars (son nom est en l'acte précédent); Geoffroy, fils de Derien, prévost de Broérec (pays de Vennes); Conan, fils de Rioc; Maurice, fils de Corolloc; Derien, fils de Rivalon; Guiomarc, fils de Born (*Borni*); Pierre, fils du sénéschal, et autres chevaliers. » L'acte fut scellé du sceau du sénéschal du duc (1). Dupaz prétend que quand l'on mest forestiers, dans les titres, ce ne sont pas de simples gardes de bois comme à présent, mais des gentilshommes à qui les ducs accordoient des droits dans leurs forests.

L'année suivante 1209 (2), fut béni le successeur de nostre abbé Even, qui ne mourut pourtant que l'année suivante 1210, le 3 janvier, comme met nostre Nécrologe (3). Le Nécrologe de Landevennec met aussi sa mort à cette date.

(1) Ms. f° 34 v°.
(2) *Chronic. Kemperleg.*
(3) « III. Non. januarii obiit Evenus, abbas istius loci. »

CHAPITRE XVII.

SAVARIC, QUATORZIÈME ABBÉ.

Il fut béni en 1209. C'est sans doute le Savaric, chambrier, qui signe les actes précédens, je ne trouve rien de luy; aussi ne vescut-il pas longtemps puisqu'il mourut en 1211, selon nostre Chronique. Il est mort le 1ᵉʳ octobre (1), selon nostre Nécrologe.

(1) « Calend. octob. obiit Savaricus, abbas istius loci. » *Nécrol. Sanctæ Crucis.*

CHAPITRE XVIII.

DANIEL, PREMIER DU NOM, SURNOMMÉ BROTH, QUINZIÈME ABBÉ.

Ce Daniel, fut béni en 1212, selon nostre Chronique.

En 1214. Il fist accord avec Guy de Thouars, duc de Bretagne :

« A tous les fidèles de Jésus-Christ, qui verront les présentes lettres, Guy de Thouars, comte de Bretagne, salut et dilection en Jésus-Christ. Sachez tous que, s'estant émeu un grand différend et ayant esté agité fort longtemps devant mon vénérable père, Jean, archevesque de Tours, entre moy d'une part et l'abbé et couvent de Kemperlé de l'autre, touchant le bastiment d'une certaine maison que j'avois commencé de construire, et que je voulois fortifier sur les terres dudit monastère proche la ville de Kemperlé, entre le ruisseau nommé *Frotmur* et ladite ville, sur une montagne, sçavoir : *En géon*, qui est située en Trelivalaire ; enfin ayant pris le conseil de personnes sages, sçavoir de mon vénérable père, l'archevesque de Tours, de Guéthénoc, évesque de Vennes, et de Vital, évesque de Quimper (1), le différend a esté appaisé en cette manière, et terminé par une bonne paix, en sorte que, ny dans cet endroit, ny dans le

(1) Il ne figure dans aucun catal. des évêques de Quimper.

circuit (infra ambitum) de la ville de Quimperlé, je ne feray cy-après aucune maison, ny après moy aucun héritier de Bretagne, ny aucun autre que je puisse empescher, n'attentera nullement de bastir quelque autre maison semblable. Outre cela j'ay remis et pardonné toutes les rancunes et plaintes que j'avois eues jusqu'au jour de cet accord, contre lesdits moines et leurs gens. Et afin que cette convention demeure ferme à jamais, j'y ay fait mettre mon sceau et ceux de mes père et seigneurs susdits. Les témoins de cet accord ont esté Ollivier de Gutiniac ; Guillaume, sénéchal de Rennes ; Eudon de Beaumont, chambellan de Bretagne ; Henri, fils de Bernard, alors sénéchal de Cornouaille et de Pocaër (Poher), etc. Fait à Kerhais au cloistre de saint Trever (1), le 21 avril (2) l'an du Seigneur 1214 (3). » L'on voit par cette date si d'Argentré, liv. IV, chap. 81 de son histoire, a raison de le faire mort en 1213. Cet acte et le suivant sont pris de l'extrait que M. l'abbé a tiré du chasteau de Nantes.

La Bretagne eut en ce temps un nouveau duc, Artur Ier ayant esté tué par Jean sans Terre, son oncle, et sa sœur Alienor estant retenue prisonnière en Angleterre par le mesme roy. A cette fille du premier lit, succéda Alix, fille de la dernière duchesse Constance, et de Guy de Thouars en troisième nopces. Elle avoit dès l'an 1212, épousé Pierre de Dreux, si

---

(1) « Sancti Tremori ». — Eglise collégiale, auj. paroissiale de Saint-Tromeur à Carhaix (Finistère.)
(2) « II cal. maii. »
(3) Voir le texte aux P. justificatives.

renommé sous le titre de *Mauclerc* (1), pour avoir si mal traitté les clercs, et non pas à faute de clergise pour avoir fait un faux pas en faisant hommage à saint Louis.

Cependant voici un effet de sa bonté pour nostre monastère au commencement de son règne. Cet acte a bien du style de l'acte précédent; il est probable que c'est pour la mesme matière, le premier accord n'ayant pas eu peut-estre son effet, faute de temps :

« A tous les fidèles de Jésus-Christ à qui arrivera ce présent, Pierre, duc de Bretagne, comte de Richemond, salut. Sachez tous que le différend qui estoit entre nous d'une part et l'abbé et couvent de Quimperlé de l'autre, touchant une certaine place hors de la ville de Quimperlé, nommée *Vieux Chasteau* (Vetus Castrum, Coz Castel), qui est située dans le propre fond de ladite abbaye, du consentement et volonté de nostre femme Alix a esté appaisé et réduit à une bonne paix; en sorte que ny nous, ny Alix, nostre femme, ny quelque autre nostre héritier, ne fera point à l'avenir de peine ny de grief ausdits moines touchant cette maison, ou en faisant une maison en cette place, ou en quelque autre manière que ce soit. Et ayant quitté toute action sur cette maison, nous leur avons accordé cette mesme place pour en jouir à perpétuité. En outre, nous leurs avons remis avec bonté toute rancune et différend que nous avions contre eux. Fait publiquement à Carhaix, en présence de A..., archidiacre de

---

(1) D'Arg. *Hist. de Bret.* Liv. V. ch. 4.

Quimper ; E..., prieur de Carhaix (1) ; Simon de Presse; Guillaume de Derval, etc.; K..., fils de Bernard, nostre séneschal en Cornouaille, et plusieurs autres, l'an de l'Incarnation du Seigneur 1214 (2). »

Accord pour Laniuzon en Gourrein (3).

« Entre l'abbé Daniel et le couvent de Kemperlé d'une part, et Guégon et Eudon, enfants de Daniel, fils de Gleucum et Harsçoët, leur cousin, fils de Derve et leurs parents, de l'autre, s'estoit élevé un différend pour une terre au mont de Callac nommée *Lan Juzon*, laquelle lesdits enfants de Daniel et leurs parents disoient qu'ils devoient tenir de l'abbaye de Quimperlé, sous condition de certain droit qu'ils payeroient, sçavoir : la beste qui seroit la meilleure après la première qui seroit en la maison de leur aisné, à rendre à l'abbaye au premier jour de may, et 2 sols et 6 deniers pour la mesure du blé à la Nativité de nostre Seigneur, et 12 deniers au premier jour d'aoust, et une tourte de pain de leur meilleur blé, et une poule et de l'avoine; et disoient de plus qu'ils estoient obligés de suivre la cour dudit abbé. Au contraire l'abbé et couvent répondoient qu'ils devoient recevoir les droits susdits comme chefrantes (*capitali jure*), et en outre y mettre la taille. Enfin l'abbé et religieux, et les parties adverses résolurent de terminer l'affaire par le témoignage des anciens. Les prud-

---

(1) Prieur de Saint-Nicolas. Ce prieuré fut fondé en 1108 par Tanguy, vicomte de Poher. — D. Mor. P. I., col. 514.

(2) Voir le texte aux Pièces justificatives.

(3) Voyez page 232.

hommes furent nommés par le recteur (*a sacerdote et præposito parochiæ*), et par le prévost de la paroisse où estoit ladite terre. Le recteur Eudon, fils de Gorguin, et le Blanc, prestre, son chappelain, et Rivalon, fils de Colezoc, et......, fils d'Ylispoë, et Hervé, fils de Saliou, tous deux chevaliers, et Aufroy, fils de Conan, écuyer, et le Verd (*Viridis*), fils de Robert, frère convers (*laicus*), de Langonnet, et Alain, fils de Basoin (ou Basion) furent les témoins (arbitres), et ayant fait serment, témoignèrent que l'abbé et couvent avoient droit de lever sur ladite terre tout ce qu'ils vouloient luy imposer comme sur leur terre taillable. Ce témoignage d'anciens (*hæc antiquitas*), fut rendu sous l'arbre proche l'église de Gourein le 29 aoust (1) l'an 1218. » (2).

En 1235, la Chronique met qu'il y eut une grande famine (3).

Pour preuve que l'on a haute justice en Clohal, les deux manuscrits remarquent qu'en l'an 1232, sous Pierre I, duc de Bretagne, et Daniel, abbé de Quimperlé, et Hervé, fils de Bernard, sénéchal de Cornouaille, un certain homme surnommé Sorboz, des sujets de cette abbaye, estant recherché d'une pièce de toile (*calumniatus de quâdam telâ*), qu'il pouvoit avoir mis parmi son linge (car il ne faut pas dire qu'il l'eust dérobée) et estant vaincu dans l'épreuve du duel, fut pendu par son pauvre cou au village de *Cos-*

---

(1) « IV cal. aug. »
(2) Ms. f° 81 r°.
(3) « MCCXXXV fit valida fames. » *Chronic. Kemperleg.*

tiou, prez de Quimperlé et sur nostre fief, par l'authorité de la cour de l'abbaye (1).

En 1237, nostre abbé résigna (2), après avoir eu le gouvernement de l'abbaye près de vingt-cinq ans. Il vécut pourtant encore fort longtems par après, et il enterra deux de ses successeurs et vit jusqu'au troisième. Il mourut en 1249, le 14 juin (3). Le Nécrologe de Landevennec, met sa mort cinq ans plutost (4). Mais j'aime mieux suivre nostre Chronique et Nécrologe qui sont conformes et témoins domestiques.

HOMMES ILLUSTRES.

Nostre Nécrologe met le dix de novembre la mort de Rivallon, abbé de Landevennec et religieux de ce monastère de Sainte-Croix (5). Le Nécrologe de Landevennec, la marque aussi au mesme jour. Comme il y a plusieurs Rivallons abbés de Landevennec, et que je n'ay pas veu leurs mémoires, je ne puis pas marquer distinctement l'année de sa mort. Mais ce n'est pas Rivallon de Tréfles, parce que le Nécrologe de Landevennec met sa mort au 24 février 1256 (6). Ce n'est pas encore Rivallon de Ploemargat dont ledit

---

(1) « Per manus abbatiæ fuit suspensus. » Ms. f° 27, v°. — Le vill. de *Kergostiou* est en la commune de Quimperlé.

(2) *Chronic. Kemperleg.*

(3) « XVIII cal. Julii obiit Daniel abbas istius loci MCCXLIX. »

(4) « XVIII cal. Julii obiit Daniel dictus Broth abbas sanctæ Crucis de Kemperlé, anno domini MCCXLIV. »

(5) IV id. novemb. obiit Rivalonnus abbas sancti Guingualoci et monachus istius loci. »

(6) « VI cal. mart. »

Nécrologe met la mort le 11 d'avril (1) et le nostre le 12, mais s'accordent tous deux de l'année de sa mort 1254. Ce n'est pas encore Rivallon du Fou, abbé mort (2) l'an 1216, il reste donc que ce soit un Rivallon, nommé de Treflés, que le catalogue des abbés de Landevennec met en l'an 1226. Ainsi nous avons donné trois abbés à Landevennec, pour deux illustres, Benoist, abbé et évesque, et Pierre de Kergus, mais je doute que ce dernier pour y avoir pris l'habit en soit profez.

Vers ce tems cy vivoit Rivallon, religieux de céans et puis abbé de saint Mathieu (3) qui mourut le 14 janvier 1229. C'est ce que m'en apprend nostre Nécrologe (4). Le Nécrologe de Landevennec met sa mort le jour précédent (5).

---

(1) « III id. april. »

(2) XVIII cal. décemb. »

(3) Les ruines de l'abbaye de Saint-Mathieu *fin de Terre* (abbatia de Sancto-Matheo in finibus terræ) se voient encore dans la commune du Conquet, canton de St-Renan (Finistère).

(4) « XIX cal. febr. obiit Rivallonus abbas sancti Mathei et monachus istius loci. MCCXXIX. »

(5) « Id. jan. obiit Rivallonus filius Haelcun, abbas sancti Mathei, frater noster anno gratiæ MCCXXIX. »

CHAPITRE XIX.

RIVALLON, SECOND DU NOM, SEIZIÈME ABBÉ.

Cet abbé que les Chroniques surnomment *Saligog*, ou *Saligoc* et à qui le Nécrologe donne le surnom de *Belz* (1), eut l'abbaye par résignation de son prédécesseur. Il fut béni en 1237, selon la Chronique. En 1237, pendant l'octave de saint Martin, Jean, surnommé le comte Roux, fut reçu duc par la démission de son père le duc Pierre, qui luy remist son héritage, qui luy appartenoit du costé de sa mère, soit que ce fils l'en eust fait prier, soit qu'il se vist mal voulu du clergé et des seigneurs qu'il avoit foulés extrêmement, soit enfin qu'il en agist par une bonne intention de se retirer. Son fils Jean Le Roux fut presque aussi ardent que luy à piller le clergé, et pour nostre part, le monastère reçut deux grandes playes pendant son gouvernement. Ce duc attaqua le temporel, et l'évesque de Quimper le spirituel.

Les ducs qui voyoient de leur chasteau de Carnoët la ville de Quimperlé, où ils n'avoient point de juridiction ny de revenu, y jettoient un œil de tems en

---

(1) « *De Belsia.* » Ms. in-4º, fº 53. — Je trouve au Nécrologe un Pérénèse de *Belz*, mort en 1290. Ils estoient peut estre de la famille des prévosts de Belz que je trouve quelque part dans nos papiers (voir page 130). Ce *Belz* est peut être le bourg de Belz *(pagus Belz)* que le duc Alain restitua à nostre fondateur, Alain Cainart, comme partie de son héritage. (Voir page 37). P. L. D.

tems et passant du désir à l'effet y mirent la main qu'ils ont tellement appesantie sur l'héritage de la Croix, que non seulement ils ne l'ont point retirée, mais l'y enfoncent tous les jours davantage. Nous avons bien veu que le duc Alain Fergent, petit-fils de notre fondateur, eut desjà une grande envie sur cette moitié de la ville, mais il en fut débouté par le jugement de ses officiers mesme à qui il s'en estoit rapporté. Les ducs ses successeurs ne s'en tinrent pas là ; l'on ne sçait pas toutes leurs démarches, mais voici où les choses en estoient en l'an 1238, comme l'on verra par cet acte qui est une espèce d'enqueste :

« C'est ici le témoignage entre le comte de Bretagne et l'abbé et couvent de Kemperlé rendu avec serment et reçu un lundi veille des saint apôtres Pierre et Paul pour sçavoir ce que le comte de Bretagne doit recevoir de la Cohue (*choua*, halle) de Kemperlé, et pour faire enqueste de ceux qui tiennent en quittance (exemptes), les terres et maisons de la ville de Quimperlé, lesquelles, comme l'on dit doivent être sujettes à la taille, et ce que ledit comte doit avoir sur le saunage ou la coustume du sel de ladite ville ; l'an du Seigneur 1238. »

« Alain Le Geffroy, chevalier pris à serment a dit que les tailles et amandes sont communes entre le comte et l'abbé, et le mesme a dit que les ventes et octroys dans toute la ville sont à l'abbé. Interrogé qui doit avoir les ventes et octroys des maisons libres (nobles) et des places, dit que c'est l'abbé. Dit encore que les plaids (procez ou procédures) touchant les terres sont à l'abbé, jusqu'à

ce que l'on en vienne à la lice du duel (combat) et
alors le combat est commun entre le comte et l'abbé.
Dit encore que si un larron ou quelque autre a esté
aresté ou pris par le viguier (la justice) du comte, il
doit estre délivré au viguier de l'abbé (*vigerius*), avec
ce qu'on luy aura saisi, parce que tout arrest ou prise
qui se fait en ladite ville est audit viguier de l'abbé;
mais ceux qui sont arrestés pour forfaits doivent estre
examinés et jugés par le jugement de la cour commune,
et si quelqu'un est condamné à mort par ladite cour,
il doit estre conduit par le viguier de l'abbé hors la
porte du monastère, et livré au viguier du comte, et
la saisie qui se trouve avec le larron doit estre partagée
entre le comte et l'abbé. Dit en outre que toutes les
coutumes sont entièrement à l'abbé, excepté celles
que les gentilshommes tiennent du seigneur comte,
et excepté ce que le monastère de Langonnet reçoit
en la ville de Quimperlé, sur la coutume, et
excepté ce que le viguier du comte tient de luy. Le
fils de Rivalon du Bois tient de l'abbé; les sujets
(*bannarii*), relèvent pareillement de l'abbé. Il dit
encore qu'en l'endroit où est la cohue (*halle*), que
l'abbé a faitte, on avoit de coutume d'y vendre des
laines et de certaines marchandises, et il y avoit là autrefois une place pleine de boue et après la contestation
du sénéchal, la moitié de cette cohue demeura découverte parce qu'il soutenoit que le comte en devoit
avoir la moitié. Interrogé si dans le lieu où la cohue
avoit esté faitte par l'abbé, il y avoit des maisons
basties, dit que non. Interrogé s'il y en avoit, à qui
en appartiendroit la seigneurie, dit qu'il croit qu'elles

devoient estre sujettes à payer la taille qui seroit partagée en commun entre le comte et l'abbé. Que l'abbé a eu la saisie (possession) et les coustumes en ladite cohue, mais qu'autrefois le sénéchal l'en a dépossédé et que l'abbé l'a de rechef recouvrée par le moyen du comte, mais que dans les forfaits le comte y prend la moitié. Il dit aussi que pour le sel que les veneurs demandent à l'abbé pour saler les bêtes, il a veu depuis quinze ans que l'abbé ou le le bailly de l'abbaye a donné un minot pour saler un cerf, et un autre pour saler un sanglier. Interrogé s'il donnoit cela par obligation, il dit qu'il ne sçait pas. Pour le sel qu'a le sénéchal de Cornouaille, il dit qu'il l'a achetté de Pierre Fort, et que la comtesse Constance l'avoit donné audit Pierre et aux siens; il croit encore que ledit sénéchal (c'est de Cornouaille, car il n'y en avoit point alors à Quimperlé), la lettre de ladite comtesse pour connoître des mellées (*melleiis, batteries*) et forfaits qui se font dans les vaisseaux de l'un et l'autre port (car outre nostre port, les ducs en avoient fait un à Bennerven de l'autre costé de la rivière), et que les amendes sont à l'abbé, et hors du port elles sont communes. Toutes déshérences des terres de ladite ville ou des fiefs sont à l'abbé, et si on les avait vendues les deniers qui proviennent de la vente desdites terres appartiennent à l'abbé. Lesdites terres sont sujettes à porter tailles pourveu qu'il y ait des gens qui y demeurent, et les amendes qui proviennent de leurs forfaits sont communes. Il dit encore que la terre du chambrier qui avoit de coutume d'estre en quittance (libre) doit estre mise à la taille, et ses deux maisons de Polrenart ; dit en outre que les maisons de Gorguenn et Gormaëlon, qui sont au sénéchal sont libres, mais ses autres maisons et places sont sujettes à la taille. La maison du *Forestier* et celle de Geoffroy Derrien, et celle du frère du *Forestier*, le four de l'abbé qui est devant la maison de Kazniuet, la maison de Bariller, celle de Maleterre, proche la maison du fils du Charpentier, et la maison de luy témoin qui parle, sont sujettes à la taille, et la maison aussi du fils de Bocell. Des maisons des veneurs, il y en a trois libres de la quittance du comte, et le four et les autres sont (doivent estre) en taille. La maison d'Enclaver, qui a de coutume d'estre exempte, est taillable ; le four du prévost moine est de mesme ; les cinq maisons de Groïs sont en quittance, les autres sont taillables ; les deux maisons de Thebaut de Mellac et la place qui est proche, et la maison de Grallon, le sommelier, et la maison de Porth, celle de Geoffroy Barz, celle d'Evenou, la moitié de celle de Guillaume Le Clerc, et la maison de Polfanc sont toutes taillables ; les trois maisons des chiens du comte et le four sont en quittance, et toutes les autres sont taillables. Item la maison du fils de Goerloës, celle du clerc Noir, et la place auprès de la maison de Saint-Maurice, sont en quittance de l'abbé. La terre de Grallon Lenm, la maison d'Even, chevalier, celle de Guillaume..., celle d'Eudon de Malestroit sont taillables. Toutes les mesures tant du vin que du blé, que du sel et de toutes les autres choses qui ont de coutume d'estre vendues à la mesure sont à l'abbé. Plusieurs chevaliers, prebtres et bourgeois jusqu'au nombre de vingt, portèrent ce mesme témoignage et se trouvèrent d'accord et dirent que le comte Alain Cainard et Juzet (Judith), sa femme, donnèrent en l'honneur de Sainte-Croix la ville de Quimperlé, avec les eaux, pescheries, moulins et autres choses qui appartiennent à ladite ville, du temps de Goerloës, premier abbé dudit lieu, et que par après un certain abbé donna au comte de Bretagne la moitié des tailles, amandes et forfaits, comme il a esté expliqué cy-dessus, afin qu'il protégeast et défendit, contre tous, ledit abbé et monastère cecy a esté agréé du comte et de l'abbé sans *déchance* (il a bien fait de le mettre en françois, car encore je ne puis pas le deviner et le glossaire ne compte point ce vieu mot gaulois.) »

L'acte ensuite compte ou répète les maisons qui sont en la quittance ou exemption tant du duc que de l'abbé; il n'y a rien à remarquer, sinon que la ville estant alors fermée, il y avoit une porte nommée *Haëlcune*, sur le port, et qu'alors il y avoit assez de voleurs dans le païs pour occuper un bourreau à Quimperlé, qui y avoit demeure (*domus illius qui suspendit latrones*) (1).

Cet acte qui fut fait en 1238 et qui devance de trente-trois ans, celuy qui a esté fait sous ce mesme duc Jean 1er en 1271, monstre que l'association qui a reçu le duc au partage des fours, moulins et halles de

---

(1) Ms. in-4o, fo 57 vo et 58 ro et vo. Voir le texte aux Pièces justificatives.

Quimperlé, n'est pas le premier pas qu'ait fait le duc pour entrer dans la moitié de la ville. Si ces témoins disent qu'un certain abbé a donné la moitié des tailles et justice au comte pour avoir sa protection, n'en nommant pas le nom, c'est signe que cela ne s'estoit pas fait de mémoire d'homme. Je ne devineray pas non plus qui fut cet abbé, et je croy que cette action plutost mal que bien faitte n'est pas digne de mémoire.

Ce seul acte, qui est pourtant de grande conséquence, est la seule chose que nous trouvions sous le gouvernement de l'abbé Rivalon II; aussi ne gouverna-t-il pas longtemps ayant esté béni en 1237 et estant mort en 1239, comme met la Chronique qui est in-8°; car la Chronique in-4° se brouille en mettant en la mesme année 1237 la bénédiction et mort de cet abbé Rivalon, ce qui se contredit, car estant mort le 2 de janvier il n'auroit eu que quelques jours de gouvernement. Nostre Nécrologe marque sa mort en 1239 (1). En quoy l'on voit qu'une de nos chroniques estant conforme au nécrologe, il faut luy donner deux ans de gouvernement et ne pas s'arrêter à l'autre.

Je trouve au Nécrologe au 8 février (2), la mort de Secou servante de Dieu, c'est-à-dire qui se fist religieuse, qui dans la liste des anniversaires, page 1re, est marquée avoir esté autrefois dame de la Roche Moysan. Cette mort est marquée en 1136. Il met que le jour de la mort de Sech, le prieur de Lannenec,

---

(1) « IV non. Jan obiit Rivallonus de Belsia abbas istius loci MCCXXXIX. »

(2) « VI id. febr. »

doit dire une messe des morts dans le monastère (1). Je ne fais cette remarque que pour le prieuré de Lannenec qui dépend de l'abbaye. Car je n'ay trouvé aucun tems de sa donation au monastère et c'est le premier lieu ou l'on en parle. L'on trouve la vie de sainte Neunoc en nostre manuscrit pages 54 et suivantes. Elle vint de la grande Bretagne ; à la fin de sa vie, il est écrit que Guérec, comte de Vennes, luy fit donation en 458 ; mais je trouve bien des contradictions, comme quand l'autheur met de ce tems St-Turian, métropolitain (2), qui n'a esté élu qu'en 733, et ajoute que Guérech, fist venir à l'assemblée ses frères Juthaël, comte de Rennes, et Budic comte de Cornouaille (3). Cela monstre que cette vie n'a esté faitte que sur la tradition des anciens, et fort longtems après la mort de la sainte, comme on le voit encore dans l'endroit où il y a que l'on bastit plusieurs petits monastères pour les religieux, qui estoient venus avec elle et qui se logèrent à l'entour de son monastère (4), et dont on ne voyoit plus que les masures.

Lannenec est en la paroisse de Plemur, diocèse de Vennes, entre Quemperlé et Port-Louis, à une lieue de ce dernier. M. de Vennes possède le prieuré qui vaut plus de 110 livres.

(1) Il met : « Die obitus Sech *(Secæ)* quisquis sit prior apud Lannenec debet celebrare in monasterio unam missam de defunctis, etc. P. L. D.
(2) Archevêque de Dol.
(3) « Fratres suos ut refert antiquitas. » Ms. fo 63, ro. — Je ne sçay qui luy a dit que le comte de Vennes, le comte de Rennes et le comte de Cornouaille estoient frères ; c'estoit des familles différentes. P. L. D. Voir l'opinion de Dom Lobineau, sur la vie de sainte Nennoc, *Vies des Saints de Bret.* page 63.
(4) « Semirutæ maceriæ posteris usque hodie ostendunt. » Ms. fo 61, ro.

CHAPITRE XX.

URBAIN, DIX-SEPTIÈME ABBÉ.

Sans nostre Nécrologe nous n'aurions pas connoissance de cet abbé icy, car nos Chroniques n'en parlent point. Son prédécesseur estant mort en 1239, il doit avoir esté abbé huit ans et demy, car sa mort est marquée dans le Nécrologe, le 9 de juillet 1247 (1).

---

(1) « VII id. Julii obiit Urbanus abbas istius loci. » et au-dessus entre les lignes : « MCCXLVII. » — La *Chronique de Ruys*, marque que du temps de cet abbé, le château de Quimperlé, fut brulé par les troupes du comte et du vicomte de Léon : « MCCXLI, combustum fuit castrum de Kemperle à Leonensibus. » *Chron. Ruyense* apud D. Mor. p. 1, col. 152. L'année précédente, Hervé IV, comte de Léon, avait vendu au duc Jean Ier, le château et le port de Brest, par transaction passée à Quimperlé. D. Mor. *Hist. de Bret.* I, p. 174,

CHAPITRE XXI.

EVEN, DEUXIÈME DU NOM DIX-HUITIÈME ABBÉ.

L'abbé précédent estant mort le 9 de juillet 1247, celuy-cy peut avoir esté élu la mesme année. L'on trouve que sous son gouvernement l'abbaye a perdu son droit épiscopal. Voici comme l'affaire se passa en 1250. Puisqu'elle est considérable je mettray en français la pièce toute entière, et pour l'entendre il faut sçavoir que Hervé de Landt-Elleau, évesque de Quimper, qui fut un grand prélat et mesme mort en odeur de sainteté, se pourveut devant le pape Innocent IV, demandant tous les droits épiscopaux sur l'abbaye de Quimperlé, tant sur le chef que prieurés et églises qui en dépendoient. Le pape commit cette cause à Pierre, prebtre, cardinal du titre de saint Marcel, qui adjugea à l'évesque toutes ses prétentions en l'an 1250; comme en effet le pape estoit encore à Lyon, en cette année, en laquelle ville la sentence fut rendue, que le pape confirma. Cependant Hervé de Landelleau mourut le 9 aoust 1261. Guy de Plounevez qui luy succéda, fut sacré en 1262, comme dit Albert Le Grand. Il fist en cette année une transaction avec nostre abbé qui mourut le mesme an, en février :

« A tous les fidèles de Jésus-Christ, qui verront les lettres présentes, Guy de Plounevez, évesque par la miséricorde de Dieu, et l'humble chapitre de Quimper, et frère Even, abbé et le couvent du monastère de Sainte-Croix de Quimperlé, de l'ordre de saint Benoist, du diocèse de Quimper, salut en nostre Seigneur. Sachez que sur le procez qui a esté meu et agité entre l'évesque et chapitre de Quimper d'une part, et nous abbé et couvent de l'autre, touchant la sujetion, obéissance, révérence, visite et autres droits épiscopaux, que nous soutenions, nous évesque et chapitre, estre deues de droit commun à l'évesque de Quimper, dans le mesme monastère, prieurés et églises établies dans le diocèse de Quimper, appartenantes audit monastère, il a esté rendu une sentence définitive dont la teneur est telle :

« Innocent, évesque serviteur des serviteurs de Dieu, à nostre vénérable frère Hervé, évesque de Quimper, salut et bénédiction apostolique. Les choses qui ont esté terminées par un jugement et accord doivent demeurer fermes et entières, et de peur qu'elles ne tombent dans les premiers différends, il est à propos qu'elles soient confirmées par un écrit apostolique. Car il s'est élevé une matière de procez entre vous d'une part, et l'abbé et couvent du monastère de Sainte-Croix de Quimperlé, de l'ordre de saint Benoist du diocèse de Quimper, de l'autre, touchant sa sujettion, obéissance, révérence, visite, correction et autres droits épiscopaux, que vous disiez vous appartenir de droit commun dans ledit monastère, prieurés, et églises establies dans le mesme diocèse, appartenantes à ce mesme monastère ; nous avons enfin commis pour estre auditeur en cette cause, nostre fils bien aimé Pierre prebtre cardinal du titre de saint Marcel, qui ayant connu les raisons de cette affaire et les ayant rapportées fidèlement devant nous par nostre commandement spécial, vous et le procureur de la partie adverse estant présents, a prononcé une sentence définitive, comme il est contenu dans les lettres patentes qui en ont esté dressées. Nous donc penchant aux fins de vostre requête, tenant pour asseurée cette sentence comme elle nous a esté rapportée, nous la confirmons et la fortifions de l'appuy du présent écrit. Or nous avons fait insérer dans les présentes de mot à mot la teneur de ces mesmes lettres qui est telle :

« Au nom de Nostre Seigneur, ainsi soit-il. Nous Pierre, par la miséricorde de Dieu, prebtre cardinal du titre de saint Marcel, faisons sçavoir à tous, que nostre seigneur le pape, nous ayant commis pour estre auditeur dans la cause qui a esté agitée entre l'évesque de Quimper d'une part, et l'abbé et couvent du monastère de Sainte-Croix de l'autre, il nous a esté présenté de la part dudit évesque, une requeste en cette forme : Devant vous vénérable père seigneur Pierre, prebtre cardinal du titre de saint Marcel, accordé aux parties par nostre seigneur le pape pour estre auditeur en cette cause, représente l'évesque de Quimper, contre l'abbé et couvent du monastère de Sainte-Croix de Quimperlé, du diocèse de Quimper, que comme ledit monastère et tous les prieurés de l'Isle de Guezel (1), et le prieuré de saint Amand, et le prieuré de

(1) Il y avoit plusieurs prieurés en Belle-Isle comme l'on voit marqué dans le Nécrologe : « VI id. Julii prior de Pallaë ; VIII

saint Ronan des bois, et le prieuré de Doëlan, et le prieuré de Pont-Brient, et le prieuré de Landugen appartenant audit monastère, soient situés dans le diocèse de Quimper, et soient, et doivent estre de droit commun subjets audit évesque, et doivent dépendre de sa disposition et puissance, et que les prédécesseurs de luy évesque qui ont esté pour le tems eussent esté en possession, ou quasi possession de tous les droits épiscopaux, dans les lieux susdits jusqu'à ce que du tems de Guillaume son prédécesseur, les susdits abbé et couvent le dépouillèrent de la possession, ou presque possession des choses susdites, en la luy refusant et ne le recevant pas aux droits susdits et ne permettant pas que le dit évesque fist visite, correction et exerçast les autres droits épiscopaux audit monastère et lieu susdit ; c'est pourquoy ledit évesque, demande d'estre rétabli et remis en l'estat et possession, ou presque possession des choses susdites, et qu'il soit adjugé par votre sentence, qu'il aura l'obeissance, visite, correction et tous les droits épiscopaux audit monastère, et aux lieux susdits et dans toutes les autres églises et chapelles, appartenantes audit monastère, et sises au diocèse de Cornouaille, et en outre demande que les dits abbé et couvent y soient condamnés par votre sentence, et qu'il leur soit défendu d'empêcher ou faire empêcher à l'avenir ledit évesque quand il voudra user de ses droits épiscopaux, dans les lieux et églises susdites, demande les dépens qu'il

cal. febr. prior de B. M. de Guezel; IV id. aug. prior de Sauzon; VIII cal. septemb. prior de Pallay. » Mais l'on ne parle plus qu'il y ait à présent aucun prieuré. P. L. D.

a faits et qu'il estime à cent marcs, et lesquels il proteste qu'il fera et demande que sauf le droit, etc.

Après laquelle requête le procez ayant esté contesté devant nous en deue forme, le serment ayant esté presté, par les parties de dire vérité, les demandes ayant esté faittes et les réponses fournies, les articles proposés de part et d'autre, et les témoins écoutés là dessus, et leurs dispostions publiées et les priviléges monstrés de la part du monastère, et les écritures de part et d'autre veues ; et écouté et entendu, tout ce que les parties ont voulu dire devant nous, et en outre les priviléges dudit monastère, et les titres ayant esté veus, et les raisons de part et d'autre, ayant esté débattues sur toutes et chacune des choses susdites devant le seigneur Pape, et la relation en ayant esté faitte entièrement à ses frères (les cardinaux), et une discussion exacte en ayant esté faitte par le commandement spécial du seigneur Pape, en ayant pris le conseil de nos frères, nous adjugeons par une sentence définitive à l'évesque de Quimper, la sujétion, obéissance, révérence, visite, correction et tous les droits épiscopaux, qui appartiennent aux évesques, dans les monastères qui leur sont sujets selon les ordonnances des canons dans ledit monastère, et dans tous les prieurés et églises et chapelles susdites siscs dans le diocèse de Quimper, appartenantes au monastère susdit ; condamnant et obligeant par sentence maistre Yves, clerc, procureur établi par frère Roüault, moine dudit monastère, donné par le seigneur pape pour défendre au nom dudit monastère, et mesme le monastère, à rendre audit évesque toutes les choses; réservée audit monastère la clause qui est contenue dans le privilége de Célestin, pape III⁰ du nom (1), d'heureuse mémoire; sçavoir est, vous recevrez de l'évesque diocésain le chresme, les saintes huiles, les consécrations des autels et des églises, les ordinations des clercs qui seront élevés aux ordres sacrés, pourveu qu'il soit catholique et qu'il soit dans la communion du saint siége de Rome, et qu'il veuille vous les donner gratuitement et sans nulle mauvaise conduite, autrement qu'il vous soit permis d'aller trouver quelque autre évesque catholique, que vous aimerez mieux, qui aura la grâce et la communion du saint siége de Rome, qui, appuyé de nostre authorité vous donne ce que vous luy demanderez. Sauf encore audit monastère le droit que Bernard, autrefois évesque de Quimper, a accordé audit monastère dans les églises qui sont basties sur le fond du mesme monastère. »

« Et touchant l'isle de Guezel, pour ce qui est des droits épiscopaux que l'évesque demandoit sur ladite isle, nous en avons rendu absous par sentence ledit procureur du monastère au nom du mesme monastère, et ledit monastère, imposant un silence perpétuel à l'évesque de Quimper touchant cela. En témoignage de quoy nous avons fait mettre cette sentence en forme publique par le notaire qui est marqué cy-dessous et y avons fait mettre nostre sceau. Cette sentence a esté prononcée par écrit

(1) Celestin III, fait pape le 12 avril 1191, mort en janvier 1198. Sa bulle ne se trouve point. — P. L. D.

par ledit seigneur cardinal à Lyon, en présence du seigneur Hervé, évesque de Quimper, et Hervé, clerc et procureur dudit évesque, et ledit maistre Hervé (Yves, comme cy-dessus), clerc et procureur du monastère susdit, et en présence encore de maistre Guillaume, nommé Tororo?, maistre Bernard, espagnol, maistre Bernard de Naples, et maistre Raoul de Mirebeau, chappelains du seigneur pape, et maistre Guillaume de Pavie, et maistre Ange de Rome, advocats, et en présence encore de maistre Jean de Douay et maistre Arenaud de Valette, et D. Nicolas, moine de Clairvaux, chappelains dudit seigneur cardinal, avec plusieurs autres, l'an de nostre Seigneur 1250, le 3me devant les ides de may, Indiction VIIIe, l'an 7me du pontificat du seigneur Innocent, pape IVe.

« Je Barthélemi de Corcine, notaire apostolique, j'ay assisté à la prononciation de ladite sentence et l'ay écrite par le commandement du seigneur cardinal et mise en forme publique. Qu'il ne soit donc permis à nul des hommes de rompre ces lettres de nostre établissement ou d'y contredire par une entreprise téméraire. Que si quelqu'un est si hardi que d'entreprendre cela, qu'il sache qu'il encourra l'indignation de Dieu tout-puissant et des bienheureux apôtres Pierre et Paul. Donné à Lyon le 13me devant les calendes de juin, l'an 7me de nostre pontificat. »

« Enfin nous Guy, évesque, et le chapitre de Quimper d'une part, et nous Even, abbé, et le couvent de Sainte-Croix de Quimperlé de l'autre, nous en sommes venus d'un consentement unanime à cet amiable accord et ordonnance, en modérant ladite sentence; duquel accord ou ordonnance et modération de la sentence la teneur est telle : Nous abbé et couvent dudit monastère et nos successeurs, et nous, évesque et chapitre de Quimper et nos successeurs nous obéirons à ladite sentence, en la modifiant et modérant en ce point que les églises paroissiales sises en Quimperlé, ne payeront rien à l'évesque de Quimper ny à ses successeurs par forme de procure, mais que néanmoins ledit évesque et ses successeurs y feront visite et correction. Le prieuré de Doëlan ne donnera aucune procure à l'évesque de Quimper : les prieurés de Landugen et de Pontbrient payeront tous deux chaque année 30 sols par forme de procure. Les actes de la cour du chambrier (1), qui ont esté faite jusqu'à présent, demeureront en leur entier. Even demeurera abbé (2). L'évesque de Quimper ny ses successeurs ne demanderont rien ny au chef ny aux membres pour raison de ce qui s'est passé ou pour les arrérages. Ledit monastère aura l'église de Mellac après le décez du recteur qui est à présent, et présentera à la cure de ladite église un vicaire perpétuel qui aura la troisième partie des revenus et profits de ladite église, et le monastère les deux tiers; et ledit monastère payera par an à l'évesque de Quimper, pour ladite église 20 sols par forme de procure. Item l'évesque et chapitre de Quimper souffriront sans aucune difficulté

---

(1) Cela peut faire croire que le chambrier, recteur primitif avoit la cour de l'officialité. — P. L. D.

(2) L'évesque avoit peut-estre entrepris de déposer l'abbé. — P. L. D.

que l'abbé et les moines dudit monastère (*probent appellationem*), relèvent et poursuivent leur appel (1), qu'ils ont interposé après ladite sentence définitive, sauf la modération susdite, et que les sentences données contre lesdits abbés et moines soient déclarées non valables, ou bien ils seront absous de ces sentences (2), selon que le juge le trouvera à propos. De plus l'évesque et chapitre de Quimper consentent que par tout bon et raisonnable moyen qu'il se pourra faire l'on évite l'irrégularité desdits abbé et moines, en observant pourtant les choses susdites. Item, l'évesque de Quimper et ses successeurs feront visite et correction en tous les lieux susdits, sauf le droit de l'archidiacre de Cornouaille dans l'église de Mellac. Item, protestent les deux archidiacres de l'église de Quimper de leur droit en tous les autres lieux. La lettre de l'évesque Bernard qui sera observée en son entier, est de la teneur qui s'ensuit Bernard, etc (3). »

« Les églises de Lotéa (sancti Tajaci), de Trefguennou et Treulivalaire (Treu Rivazlari), ne payeront rien par forme de procure. »

« Or nous Guy, évesque, et le chapitre de Quimper d'une part, et nous Even, abbé, et le couvent dudit monastère de l'autre, tenant pour fermes et approuvés lesdits accord, ordonnance et modération de sentence, et toutes et chacune les choses contenues en icelles,

(1) Je ne trouve pas pourtant qu'on ayt rien poursuivi. — P. L. D.

(2) Sans doute les évesques avoient foudroyé l'abbaye pour luy faire peur. — P. L. D.

(3) Elle est rapportée ci-dessus page 224.

et mesme ladite sentence, sauf ladite modération, nous promettons et, ayant touché les sacrés évangiles, nous jurons que pour nous et nos successeurs de part et d'autre à jamais, nous les observerons inviolablement ; voulant et consentant que religieuse personne l'abbé de Langonnet de l'ordre de Cisteaux et diocèse de Cornouaille, estant député juge entre les parties par nostre seigneur le pape, ayt d'authorité apostolique la puissance que si quelqu'une des parties va à l'encontre des choses susdites ou partie d'icelles, ou veuille y aller, ce qu'à Dieu ne plaise, l'en empesche (*coercendi*), et quant à cela nous des deux costés nous nous soumettons à sa défense, voulant et accordant que ledit abbé de Langonnet mette son sceau aux présentes : et afin que ces choses en général et en particulier demeurent stables et asseurées à l'avenir, nous avons voulu fortifier les lettres présentes par l'apposition de nostre sceau pour asseurance et témoignage de vérité. Donné l'an depuis l'Incarnation de Nostre Seigneur 1262. Alain dit Pennharz. » (1).

Cet acte ne parlant point de procure pour ce qui est de l'abbaye, je ne sçay pas d'où vient que l'on en paye une chaque année au seigneur évesque.

Le droit épiscopal ayant esté donné par l'évesque Orscand l'an 1029, le jour de l'Exaltation de Sainte-Croix, ou en l'an 1050, si l'on suit l'opinion embrouillée du moine Gorheden, qui veut que cela se soit fait du tems de saint Léon IX et au concile de Verceil, l'on trouvera que le droit épiscopal aura duré dans la

(1) Voir le texte de cet acte aux P. justificatives.

première opinion deux cent-vingt ans et quelques mois, et dans la seconde il aura duré deux siècles, moins quelques mois. Pour l'abbaye, le seigneur évesque n'y a point de visite du Saint-Sacrement (faisant mesme abstraction qu'il soit en congrégation). Quand il vient à l'église, il prie devant le Saint-Sacrement, ensuite il va au chapitre où il dit un *de profundis* et une *oraison* sur le tombeau du comte fondateur, et n'y fait point de discours.

Pour les paroisses il y a tous les droits, et les religieux aux droits du chambrier sont recteurs primitifs, seulement à cela prez qu'il a droit quand les paroissiens ont élu trois personnes pour estre procureurs de fabrique, dont le père prieur nomme une qui luy fait serment d'exercer fidèlement sa charge, de voir les comptes des fabriques privativement à tout archidiacre, et par un accord fait de nos jours quand le seigneur évesque fait sa visite, il peut recevoir les comptes et le prieur signe immédiatement après luy devant qui que ce soit. Le chambrier a encore sa part (le tiers) des oblations des deux paroisses et de la chapelle de Nostre-Dame (1), qui est bornée à une somme. Il avoit encore l'administration entière de l'hospital, y mettoit le chapelain et le miseur (ou receveur) et recevoit ses comptes, quoyque sénéchal d'aprésent ayt par sous main tasché, tant qu'il a peu de contester ce point; mais depuis, l'hospital des pauvres renfermés ayant esté mis dans cet hospital, l'on a admis la com-

(1) Auj. église paroissiale de N.-D. de l'Assomption à Quimperlé.

munauté de la ville à ce droit à la charge que si cet hospital manque ou est transféré autre part, tout retournera en son ancien estat.

Touchant Belle-Isle l'on imposa silence perpétuel à l'évesque, et l'abbaye y a toujours eu droit épiscopal jusqu'à ce qu'elle a esté échangée avec le premier duc de Retz, et mesme cette belle possession estant tombée en main séculière, le seigneur y continuoit ce droit, y mettoit un official, et en 1596, le 16 novembre que nous n'avions plus Belle-Isle, Henry de Gondi, abbé, fist tenir les plaids généraux du fief à Quimperlé par son vicaire général et procureur, maistre Vincent le Gurin, official de Belle-Isle. Il faisoit assembler les sinodes, et les clercs alloient prendre les ordres tantost à Vennes, tantost à Quimper, tantost à Nantes, comme aussi les saintes huiles. Mais Charles de Rosmadec, évesque de Vennes, fit représenter au roy l'incongruité de cette juridiction spirituelle, dont un laïque estoit le chef, environ l'an 1662, et depuis ce temps-là Belle-Isle est sous l'évesché de Vennes. C'est ce que j'ay appris de M. le Gallois, ancien théologal et grand vicaire de Vennes.

En 1257, il y eut une affaire terminée avec le seigneur de Banazlec :

« A tous ceux qui ces présentes lettres verront et entendront, Riou de Penros alloue du seigneur comte de Cornouaille, salut en Nostre Seigneur. Sachez que procez estant meu devant nous entre religieuses personnes l'abbé et couvent de Sainte-Croix de Quimperlé d'une part, et Morvan, fils de Henri (1), de l'autre, sur ce que lesdits abbés et religieux soutenoient qu'ils ne devoient point obéissance audit Morvan pour une certaine terre nommée *Kaerroyent*, située en la paroisse de Banazlec, enfin ils en sont venus à cette manière d'accommodement que les hommes qui tiennent et cultivent ladite terre relèveront dudit Morvan pendant qu'il vivra, et que quand il mourra il quittera ausdits religieux la juridiction que sa cour a sur cette terre, sauf néanmoins audit Morvan et à ses héritiers après luy, de lever sur ladite terre le droit de poulles et d'avoine à la manière raisonnable qu'il la lève sur les autres terres, et une journée de corvée et un pain et le chambelenage de chaque maison qui tiendra ladite terre, et de moudre au moulin dudit Morvan si les hommes qui demeurent sur ladite terre n'aiment mieux venir au moulin des dits abbé et couvent. En témoignage de quoi nous avons voulu faire sceller de nostre sceau les lettres présentes à la prière des parties, sauf le droit du seigneur comte et celuy de tout autre. Donné au mois de may 1257 (2). »

Cet acte est tiré de l'extrait que M. l'abbé a eu du chasteau de Nantes.

Cette petite affaire se passa entre la fin du procez pour la juridiction épiscopale avec le seigneur évesque de Quimper, en 1250, et l'accord qui le termina en

(1) Seigneur de Quimerc'h, en Bannalec. Voir page 204.
(2) Voir le texte aux P. justificatives.

1262 ; mais je n'ay pas voulu les diviser pour y fourrer celle-cy.

L'abbé Even II vécut peu de temps après avoir fini cette grande affaire, car elle se fist en 1262, et il mourut au commencement de cette année. Je croy que la maison fut extrêmement inquiétée pendant son gouvernement, puisque l'on met dans les conditions du traitté que l'abbé demeurera abbé, et que l'on évitera par tout moyen raisonnable l'irrégularité des abbés et religieux, ce qui me fait juger que Hervé de Landelleau n'avoit pas entrepris moins que de déposer cet abbé et mettre l'interdit sur les religieux. Le pauvre abbé eut à soutenir tout cela, et il le fist avec assez de constance puisque l'affaire estant terminée par jugement dès 1250, elle n'estoit pas encore appaisée jusqu'à 1262, que l'abbé trouva quelque paix dans cet accord ; mais il en alla trouver une plus asseurée au ciel, estant mort la mesme année, le 13 février, comme marque nostre Nécrologe (1).

Je suis pourtant surpris de luy, qu'il n'ait envoyé qu'un religieux pour poursuivre cette grande affaire, puisque l'évesque de Quimper se trouva en personne à Lyon, et estimoit les frais qu'il avoit faits à la poursuite de ce procez à cent marcs ; mais l'on ne connoit pas quelles raisons il pouvoit avoir.

---

(1) « Id. febr. obiit Evenus abbas istius loci, anno domini MCCLXII. »

CHAPITRE XXII.

DANIEL, DEUXIÈME DU NOM, SURNOMMÉ BROTH DE BELZ, DIX-NEUVIÈME ABBÉ (1).

Le Nécrologe me donne la connoissance de cet abbé. Son prédécesseur estant mort au mois de février de l'an 1262, nous pouvons asseurément y fixer le commencement de celuy-cy.

Nous trouvons un acte fait de son temps en 1263 :

« A tous ceux qui ces présentes lettres verront et entendront, Olivier de Plœmargat, sénéchal du seigneur comte en Cornouaille, salut au seigneur. Nous vous faisons sçavoir qu'y ayant procez en droit, devant nous, entre religieuses personnes, l'abbé et couvent de Kemperlé d'une part, et Guillaume de Goarlot (2), écuyer d'une autre, sur la donation d'une terre en pure aumosne, que Guy, fils de Périou, avoit fait au monastère de Kemperlé, sçavoir toute la terre et tenue, lesquelles il avoit ou devoit avoir de droit, sises dans le fief dudit Guillaume de Goarlot, et que ledit Guillaume disoit devant nous que ledit Guy ne pouvoit ny ne devoit faire ladite donation, enfin après plusieurs et diverses contestations agitées de part et

---

(2) Pour le surnom de *Belz*, voir ce qui est dit à la page 252.

(3) La seigneurie de *Goarlot*, était en la paroisse de Kernevel, arrondissement de Quimperlé.

d'autre, l'on en est venu à cet accord, sçavoir que ledit Guillaume, a quitté et accordé a perpétuité en pure et perpétuelle aumosne, que lesdits religieux auroient tout ce que ledit Guy avoit et possédoit au village nommé *Kaertengin* et au village de *Logoden*, et leurs appartenances situées à la paroisse de Tréguenc (1), au fief dudit Guillaume, que les religieux ont et possèdent paisiblement pour les tenir dudit Guillaume, sauf audit Guillaume, son droit et ses possessions qui luy appartiennent de droit aux choses susdites, et s'il y a dispute entre lesdits religieux et ledit Guillaume, sur les possessions des villages susnommés, le différend se doit terminer par gens prudes et sages du païs ; et sur toutes les autres choses que lesdits religieux demandoient à cause de cette donation, que ledit Guy leur avoit faitte, lesdits religieux ne peuvent rien demander que ce qui a esté dit des deux susdits villages et leurs appartenances jusqu'à la fin de vingt-cinq ans, à commencer de la datte des présentes lettres, et alors ils peuvent demander, sauf audit Guillaume de répondre ce qu'il trouvera expédient. En témoignage de quoy, nous avons cru devoir apposer nostre sceau aux lettres présentes à la réquisition desdites parties, et le mesme Guillaume les a scellées de son sceau pour plus grand effet. Donné un mercredi devant la feste de saint Mathieu apostre, l'an du Seigneur 1263. » (2).

(1) Les noms de ces villages ne se retrouvent plus dans la commune de Trégunc, canton de Concarneau (Finistère).

(2) A ce que je croy, la raison de cette conteste estoit que la terre tombant en main morte par la donation, cela ne se pouvoit faire sans le consentement du seigneur. P. L. D.

Cet acte est pris de l'extrait, que monsieur l'abbé a eu du chasteau de Nantes (1).

Cet abbé mourut le 31 d'aoust, comme met nostre Nécrologe, qui est peut estre le seul lieu ou son nom nous reste (2). Dans une liste des anniversaires, qui est dans le mesme livre devant la règle de saint Benoist, en vieux françois, il y a, à la quatriesme ligne : *de obitu abbatis Brot secundi, XX sol per manum prioris de loco benedicti Amandi.*

---

(1) Voir le texte aux P. justificatives.
(2) « II cal. septemb. obiit Daniel dictus brot de Belsia abbas istius loci, MCCLXIX.

CHAPITRE XXIII.

DANIEL, TROISIÈME DU NOM, SURNOMMÉ BLANCHART, VINGTIÈME ABBÉ.

Le dernier abbé estant mort le 31 aoust, l'on procéda à l'élection de son successeur le 21 de septembre suivant (1), feste de saint Mathieu, et l'élection tomba sur Blanchart. Nous avons une illustre marque de son souvenir (*et minimum meminisse necesse est*) dans l'association qui se fist du duc à l'abbaye pour prendre part par moitié aux revenus des moulins fours à ban et halles qui se fist en 1271 ; car pour la taille nous avons veu que les ducs en avoient desjà la belle moitié. Il faut le mettre tout du long en françois :

« A tous ceux qui ces présentes lettres verront et entendront Jean, duc de Bretagne (2), salut en celuy qui est le véritable principe de salut. Que tous sachent que l'abbé et couvent de Quimperlé pensant à l'accroissement des biens de leurs monastères, nous ont associés nous et nos héritiers dans toutes les

---

(1) *Chronic Kemperleg*.

(2) Jean Ier, dit *Le Roux*. Ce fut lui qui fit construire le mur d'enceinte du parc de Carnoët, dont on retrouve encore des traces en plusieurs endroits, notamment au moulin du duc en la commune de Riec. Ces ruines portent dans le pays le nom de *mur du duc* ou *mur du diable*. — Dom Mor. P. I, col. 41. Sa femme Blanche de Champagne, fonda en 1255, au Bourgneuf, sur la rive gauche de l'Ellé, un couvent de Jacobins, qui fut depuis appelé l'Abbaye Blanche.

rentes, revenus et issues (profits) des fours de Quimperlé, faits et à faire, et aux revenus des moulins qui sont dans la ville de Kemperlé et proche de la ville, dans la banlieue faits et à faire, et dans tous les profits, et aussi au cohuage et aux revenus et issues de la cohue (halle), dans la ville de Quimperlé, qui est à faire, laquelle cohue nous sommes tenu de faire à nos propres dépens. Et lesdits abbés et couvent ont voulu et accordé que nous recevions dans les lieux susdits la moitié des revenus et issues qui en proviennent, et que lesdits abbé et couvent reçoivent l'autre moitié des revenus et issues qui proviennent des moulins, fours et cohues susdits. Laquelle association, nous ny nos successeurs nous ne pourrons séparer d'avec les mesmes religieux. Et nous nous sommes obligés de mettre en bon estat cette première fois, les moulins desjà faits dans la ville de Kemperlé ou auprès, et de bastir à nos propres dépens cette première fois, d'autres nouveaux moulins pour suffire à la mouture et foulage de la ville de Quimperlé et de ceux qui demeurent dans la lieue ou banlieue que l'on appelle vulgairement. Et ces moulins, fours et cohue estant faits la première fois, ils seront rebastis à communs frais et tenus en bon estat, quand il semblera expédient à nous et auxdits religieux. Que s'il arrive qu'à l'occasion de nous ou de nostre guerre, ou de nos successeurs, lesdits moulins, fours et cohue soient brûlés ou destruits d'autre manière, nous sommes tenus de les rebastir à nos propres dépens et de les remettre au premier estat. Pour les hommes desdits abbé et couvent qui demeurent dans la banlieue, ils seront obligés de moudre et fouler ausdits moulins par ledit abbé seulement, ou par son alloué, et les hommes desdits abbés et couvent, demeurants dans la ville de Kemperlé en deça de la maison des lépreux et le gibet de la ville, seront seulement contraints par l'abbé ou par son alloué de cuire ausdits fours, et non pas les autres hommes qui demeurent au-delà dudit gibet et maison des lépreux de ladite ville, et si on lève sur les hommes susdits quelques amendes pour avoir manqué ausdites monture et cuisson, ledit abbé les recevra et aura entièrement ; et nos propres hommes et sujets demeurants dans ladite banlieue, seront obligés par nous à moudre et fouler ausdits moulins et si on lève quelqu'amende pour cela, elle sera à nous. Et les hommes qui seront communs entre nous seront obligés par l'alloué commun à moudre et fouler ausdits moulins, et l'amende sera commune entre nous et l'abbé et couvent susdits. »

« Et nous Jean, duc de Bretagne, nous avons donné et accordé, donnons et accordons audit monastère de Kemperlé la moitié de nostre Bourgneuf (1), qui s'appelle Bennerven, avec la moitié des appartenances dudit bourg présentes et à venir. Nous voulons et accordons que les religieux susdits reçoivent la moitié avec ses appartenances, dans nostre moulin qui est proche de ladite ville et dans tout autre moulin fait et à faire dans la banlieue de Kemperlé. Et pour toutes

(1) Quartier de la ville de Quimperlé, situé sur la rive gauche de l'Ellé.

les causes qui proviendront à raison de la cohue et du cohuage et des forfaits, elles seront entendues communément dans nostre dite cour de Kemperlé et desdits abbé et couvent, et l'amende sera partagée en commun entre nous et lesdits religieux. Pour ce qui est de la moitié qui nous appartient des revenus et rentes desdits moulins, fours et cohue, le cellerier de Kemperlé la recevra pour nostre profit de l'alloué ou fournier commun, établi communément par nous, et par ledit abbé, et le cellerier susdit nous rendra ladite moitié. Et nous avons laissé et délaissons et quittons les eaux et pescheries d'*Hélé* et d'*Izol*, jusqu'au ruisseau qui se nomme *Frot en Forest*, au-dessous de nostre maison de Carnoët, et jusqu'au dernier moulin dudit monastère qui est au-dessus de la ville sur la rivière *Hélé*, et autant sur la rivière appelée Izol. En sorte que nous ou le duc de Bretagne qui sera pour le temps, nous puissions pescher ou faire pescher dans les rivières susdites seulement, quand il arrivera que nous et la duchesse de Bretagne, ou l'un de nous deux, logerons à nostre maison de Carnoët. Et s'il arrive qu'à cause de l'association ou concession qui nous a esté faitte par eux, et à eux par nous, quelques personnes ecclésiastiques ou séculières leur fussent procez et difficulté ou à quelqu'un des leurs, nous sommes tenus nous et nos successeurs, de prendre sur nous, à nos propres frais la charge du procez ou différend, et défendre et conserver lesdits religieux exempts de dommage. Sauf néanmoins ausdits religieux leurs droits et possessions dans la ville de

Quimperlé et dans le port depuis la banlieue, et dans tous leurs autres droits et possessions partout où ils soient, qui ne sont pas exprimés dans nos présentes lettres, auxquelles lesdits religieux n'entendent pas (ny ne le voulons aussi), qu'il soit dérogé en quelque chose par cette association. Et s'il arrive que de nostre consentement et de celuy des religieux, il se fait un port nouveau à nostre dit bourg de Bennerven, néanmoins les religieux y prendront autant de part qu'ils en prennent de leur costé de Quimperlé. Et de plus nous ne devons pas faire quelque ouvrage par lequel les pescheries des religieux soient empeschées, ny ne pouvons empescher que lesdits religieux ne fassent venir l'eau d'*Helé* à leur moulin situé dans l'enclos de l'abbaye de Kemperlé, dans lequel moulin lesdits religieux peuvent moudre le blé à leur propre usage, ou dans les autres moulins de ladite ville, sans payer la moulture, si cela leur semble expédient. Et nous promettons et accordons de garder et tenir inviolablement toutes les choses susdites et chacune d'elles de bonne foy, nous obligeant à cela expressément et spécialement nous et nos héritiers et successeurs. En témoignage de quoy nous avons voulu que nostre sceau fut mis aux présentes lettres. Donné au mois de mars, l'an du Seigneur 1271 (1). »

Je ne sçay pas si dans le peu d'espace qui est entre mars et octobre, les moines avoient desjà senti le préjudice de cette association pour obtenir les lettres suivantes; mais il n'y a que trop de preuves par expé-

(1) Voir le texte aux P. justif.

rience que les souverains ont la maxime de Roboam, fils de Salomon : « *minimus digitus meus grossior est dorso patris mei.* » (1). Et ainsi les princes grossissant successivement jusqu'à avoir le petit doigt plus gros que le dos de leur père, il ne faut pas s'étonner s'ils prennent plus d'espace que leur père et s'ils avancent toujours dans un lieu où ils ont eu entrée.

Voicy ces lettres dattées de la mesme année :

« A tous ceux qui verront et entendront les lettres présentes, Jean, duc de Bretagne, salut éternel dans le Seigneur. Les personnes religieuses, l'abbé et couvent du monastère de Sainte-Croix de Quimperlé, nous ayant fait par une pure libéralité quelques donations et grâces particulières, nous n'avons pas voulu qu'à cause de cela, il en arriva en quelque chose préjudice audit monastère et auxdits religieux ou à leurs successeurs. Donné sous le témoignage de nostre sceau au mois d'octobre l'an 1271 (2). »

Ces lettres sont dans nostre chartrier et encore dans l'extrait que M. l'Abbé a tiré du chasteau de Nantes, et furent approuvées par le duc Jean IV, en son conseil l'an 1397, ayant esté tirées de l'original qui commençoit desjà à se gaster. L'on a eu raison d'y pourvoir, car ces lettres où nous donnons tout pour rien sont absolument nécessaires pour nous conserver le misérable reste que nous avons en ville ; et encore l'on a veu dans le procez de 1670 pour la juridiction, que nos parties adverses, les juges royaux, s'en voyant

(1) III Reg. XII. 10.
(2) Voir le texte aux P. justif.

presser, ont eu l'impudence de les nier. Car enfin si ça esté l'intention du duc Jean Ier que nostre donation en pure libéralité ne nous causast aucun préjudice, l'on n'a jamais veu d'intention plus mal gardée comme nous verrons à la suite.

Il arriva à nostre abbé une fascheuse aventure en 1277, qui fut d'estre déposé : « *fuit depositus Blanchart, appellavit* » (1). Nostre chronique n'en dit que ces mots, sans nous dire ny pourquoy il fut déposé, ny par qui. Il en appella au pape à Rome, et je croy qu'il poursuivoit son appellation quand il mourut à Viterbe en 1279, le 11me de septembre, que sa mort est marquée en nostre Nécrologe (2).

---

(1) *Chronic. Kemperleg.*

(2) « III Id. septemb. obiit Daniel dictus Blanchart abbas istius loci apud Viterbium, anno Domini MCCLXX nono. »

CHAPITRE XXIV.

Cadioc, vingt-unième abbé (1).

L'abbé précédent fut sans doute débouté des fins de son appellation puisque celuy-cy, son successeur, fut élu en 1278 (2). Car il n'est pas de la justice que contre l'appellation d'un abbé au pape, l'on eut pourveu à sa charge.

En 1283, l'on eut une bulle du pape ; comme elle est courte et qu'elle n'est que sur un petit morceau de parchemin qui se peut perdre, je veux la mettre tout au long :

« Martin, évesque serviteur des serviteurs de Dieu, à nos fils bien aimés l'abbé et couvent du monastère de Quimperlé, de l'ordre de saint Benoist, du diocèse de Cornouaille, salut et bénédiction apostolique. Quand l'on nous demande ce qui est juste et honeste, la force de l'équité autant que l'ordre de la raison exige de nous, que cela soit conduit à l'effet qui est convenable par le soin de nostre office. C'est pourquoy, mes enfants bien aimés au Seigneur, nous accordant par un consentement agréable avec vos justes demandes, nous vous confirmons d'authorité apostolique et par vous audit monastère, et nous fortifions de l'appuy du présent écrit, toutes les libertés et

---

(1) « Cadiocus. »
(2) *Chronic. Kemperleg.* (Nuperà manu).

exemptions des exactions séculières, qui vous ont esté accordées raisonnablement par les roys et princes et autres fidèles de Jésus-Christ, de la manière que vous les possédez justement et paisiblement. Qu'il ne soit donc aucunement permis à nul des hommes de violer cette présente confirmation ou d'aller à l'encontre par une entreprise téméraire. Que si quelqu'un à la présomption d'attenter cela, qu'il sache qu'il encourra l'indignation de Dieu tout puissant, et de ses bienheureux apostres Pierre et Paul. Donné à Orviette, le 1ᵉʳ des calendes de may (1), l'an second de nostre pontificat. » (2).

Quoyque l'on ne mette pas lequel c'est du nom de Martin, il est pourtant asseuré que c'est Martin II, vulgairement Martin IV, à cause qu'il y a eu deux papes du nom de Marin, que l'on a joint avec les autres. Cette bulle fut donnée à Orviette, d'où sont toutes celles que nous avons de ce pape (3); et estant de la seconde année de son pontificat, ce fut justement l'an 1283, puisqu'il fut élu le 22 février 1281.

L'on trouve dans le chartrier un acte en latin qui est original, et par conséquent un des plus vieux que nous ayons avec la bulle précédente, car tous les autres ne sont que copies, par lequel l'abbé Cadiocus, donne ses terres à ferme à ses sujets *tailliables*, qui sont dans Trefflivalaire, pour luy en payer 38 livres de monnoye courante (4). Cet acte met les terres en

---

(1) Le 17 avril.
(2) Voir le texte aux P. justif.
(3) Labbé *Concil*. T. XI. p. 1143, etc.
(4) Voir le texte de cet acte aux P. justificatives.

détail qui sont : Kerroc'h (*Villam Roch*), etc. L'acte est de 1284. L'on trouve encore un petit acte de 1292, fait sous cet abbé :

« Que tous sachent que moy Judicell, prebtre de Botelen, j'ay obligé par forme de gage à frère Even, moine, alors prieur de Pontbriant, toutes les terres et possessions que j'avois à Botelen, en la paroisse de Guiscrist (1), avec toutes ces appartenances et tout le droit de domaine que j'avois dans lesdites terres, pour la somme de 43 livres de monnoye courante, qui m'ont esté données et délivrées en argent compté par ledit moine. En témoignage de quoy, j'ai donné audit moine les présentes lettres scellées du sceau du seigneur duc de Bretagne, pour les contrats de Quimperlé, avec encore le sceau de noble Bernard, archidiacre, qu'il a mis à ma prière, parceque je n'avois point de sceau propre. Donné le lundi après Lœtare Jérusalem, l'an du Seigneur 1292. » (2).

Cet acte est pris de l'extrait que M. l'abbé a eu du chasteau de Nantes.

Cet abbé mourut en 1295, le 20 d'avril, selon nostre Nécrologe (3). Il acquit un fond pour entretenir un cierge devant la Sainte-Croix, dans les lieux dont le Nécrologe fait le détail. C'est de ce cierge qu'il est parlé dans un acte fait entre l'abbé Robert

---

(1) Auj. Guiscriff, canton du Faouët (Morbihan).

(2) Voir le texte aux P. justif.

(3) « XII calend. maii obiit fr. Cadiocus abbas monasterii Sanctæ Crucis de Kemperellé, anno Domini M. CC° nonagesimo quinto, qui acquisivit reditus ad sustentationem cerei ante sanctam Crucem, videlicet apud Nevez 5 solidos, apud Treguenc, etc. » — Nevez, commune du canton de Pont-Aven ; Trégunc, commune du canton de Concarneau (Finistère).

Pépin et le chambrier, comme nous verrons cy-dessous.

Il faudroit s'enquerir s'il ny a point eu en 1281, un abbé de Ruys nommé Eudon. Le Nécrologe met : « XIX. calend. febr. obiit Eudo Rivensis » (peut estre qu'il a oublié Abbas) « monachus istius loci, MCCLXXXI. » (1).

---

(1) « Eudon succéda à Pierre (abbé de saint Gildas de Ruys), l'an 1259, et mourut le 14 de janvier l'an 1281, selon le Nécrologe de Quimperlé. » Dom Tailland. *Hist. de Bret. II,* sup. p. xciii.

CHAPITRE XXV.

ALAIN DE KAERUDIERNE, VINGT-DEUXIÈME ABBÉ (1).

L'on trouve dans les manuscrits qu'il estoit fils d'Armel de Kerudierne, écuyer. Sa mère se nommoit Guellozoe; il eut un frère que la liste des anniversaires nomme Guillaume, et à qui l'on donne la qualité de maistre (peut estre qu'il avoit pris des degrez). Il eut encore un frère nommé Hervé, et enfin une sœur nommée Azenor, qui mourut le 4 de septembre (2). On trouve tous ces noms parcequ'ils fondèrent des anniversaires.

Au surnom de l'abbé, il y a apparence qu'il estoit Breton; cependant je trouve dans nostre Chronique qui ne passe pas cet abbé, que l'on a écrit d'une main moderne, qu'il fut religieux en 1287 de saint Martin des Champs, à Paris, de la congrégation de Cluny (3). Son prédécesseur estant mort en 1295, il fut élu son successeur. Il fist son entrée en 1297, ainsi que met

---

(1) Je donne ce surnom de Kaerudierne à cet abbé, car je trouve dans le Nécrologe : « XVII *cal. aug. obiviit Arzuaëlus de Kaerudierne, armiger;* » et dans la liste des anniversaires devant la règle en françois : « *de obitu Armaëli Kaerudyerne patris Alani abbatis.* » On trouve encore la mort de sa mère le 27 février : « *II calend. martii obiit Guellozœa relicta* (veuve) *Armaëli anno MCCCII.* » P. L. D.

(2) « II non. septemb. »

(3) « MCCLXXXVII. Fuit Alanus, abbas istius loci, monachus apud sanctum Martinum de Campis, Paris. »

la Chronique (1). Je croy que l'on a manqué à marquer l'année de sa bénédiction, car il n'est pas croyable que l'abbaye eut vaqué deux ans, mais enfin il fut béni par l'évesque de Paris, dans l'église des chanoines de Saint-Victor, et fist sa première entrée dans cette abbaye un dimanche de Quasimodo 1297.

On trouve ce qui suit dans le Nécrologe : « L'an du Seigneur 1304, le second jour d'avril mourut d'illustre mémoire, madame Jeanne, autrefois reine de France et de Navarre, comtesse Palatine de Champagne et de Brie. Nous avons esté priés de faire son anniversaire par le roy de France, et nous avons donné lettres de cela. » Cette Jeanne, estoit fille unique et héritière de Henry Ier, roy de Navarre, etc. Elle épousa Philippe Le Bel, depuis roy de France, qui demanda pour elle cet anniversaire.

En 1313, les Anglois firent des hostilités à Belle-Isle, d'où ils enlevèrent quelques religieux et les habitants. L'abbé et les religieux se pourveurent vers Philippe IV, surnommé Le Bel, roy de France, de qui ils eurent cette lettre qui a esté tirée du chasteau de Nantes, par M. l'abbé en 1680. Elle est en latin :

« Philippe par la grâce de Dieu, roy de France, au prince magnifique nostre très-cher fils Edouard, par la mesme grâce roy d'Angleterre, duc de Guienne, nostre fidèle (nostre homme de foy), salut et heureux succès selon ses désirs. Estant arrivé, ainsi que nous

---

(1) « Die Quasimodo intravit Alanus abbas domum istam primo, et fuit benedictus die dominicâ post epiphaniam apud sanctum Victorem juxta Par. ab episcopo Parisiensi. »

avons appris par la plainte qui nous a esté portée de la part de nos bien aimés l'abbé et couvent de Sainte-Croix de Quimperlé, du diocèse de Cornouaille, qui sont en nostre garde spéciale, que quelques malfaiteurs de vostre royaume, ont abordé depuis peu à une certaine Isle desdits religieux, nommée vulgairement Belle-Isle, et qu'ils ont enlevé des biens qui estoient dans ladite Isle et qui appartenoient aux mesmes religieux, et aux habitants de ladite Isle, et qu'ils ont pris quelques uns des religieux de ladite abbaye, et des habitans de ladite Isle, et les ont emmenés par force avec eux, l'on ne sçait où, et font souffrir sans cesse aux mesmes habitans, et aux moines qui servent Dieu dans ladite Isle, des violences et des pertes, nous requérons vostre grandeur royalle et la prions de faire dire par un cry public dans tous les ports de vostre royaume, et autres lieux remarquables de vostre royaume, que nul, sous peine de punition corporelle et confiscation de biens, ne fasse aucune peine et dommage dans ladite Isle, aux habitans et aux religieux qui y sont, et que vous renvoyiez sous fidelle et seure garde ceux que vous connoistrez avoir commis les violences susdites, pour estre punys par luy selon qu'ils le méritent. Donné le vingtième jour d'octobre, l'an du Seigneur 1313 (1).

Le nom de ce Philippe, roy de France, est marqué en nostre Nécrologe, le 29 de novembre (2). Ce qui

(1) Voir le texte aux P. justif.
(2) « III cal. decemb. obiit Philippus quondam rex Franciæ anno Domini MCCCXIV. »

fait voir que nostre abbé estoit connue à la Cour de France, puisque le roy luy demanda des prières pour sa femme, luy accorda des lettres contre les anglois qui pilloient Belle-Isle, et qu'ensuite son nom fut marqué dans nostre Nécrologe.

Nostre Chronique qui finist en cet an 1314, marque que l'esté fut si froid et tous les fruits si tardifs, que l'on trouvoit des cerises à la Nativité de la Vierge; que les vendenges se firent vers la Toussaint; que les vins furent verds et que l'année suivante il y eut une grande cherté.

Cet abbé mourut le 4 may 1324, comme l'on voit au Nérologe (1). Le Nécrologe de Landevennec, en fait aussi mémoire au mesme jour et an.

---

(1) « IV non. maii obiit Alanus abbas istius loci anno Domini millesimo trecentesimo vicesimo quarto. » — En 1315 le duc de Bretagne, tint son parlement à Kimperlé. D. Mor. *Histoire de Bretagne*, t. 1, p. 232.

CHAPITRE XXVI.

ROTALD OU ROUAUD ET UN AUTRE DONT LE NOM EST INCONNU, VINGT-TROISIÈME ET VINGT-QUATRIÈME ABBÉS.

J'ay icy l'espace de plus de 40 ou 46 ans, à remplir sans sçavoir asseurément les abbés que j'y dois mettre. Il est vray que je trouve dans le Nécrologe, au 7 d'avril, que F. Rouaud, abbé de ce monastère, fonde son anniversaire sur *Poulhouarne* en Clouhal(1), et ce qui me détermine à mettre cet abbé en cette place, c'est le changement d'écriture de nostre Nécrologe; celle de l'anniversaire de l'abbé Rouaud ne commence qu'après 1300, comme l'on peut voir en plusieurs lieux du mesme Nécrologe.

Au 4 d'avril l'on trouve la mort d'un abbé, mais après y avoir étudié une infinité de fois, je n'ay peu lire à cause que l'écriture est effacée. On n'en peut tirer qu'un mot : « *Aperretu abbas.... quadragesimo nono* ou *octavo.* » J'avois cru qu'il vouloit y mettre *Malastredus*, à cause que je trouve que l'on a griffonné au Nécrologe le 26 de juin, un aniversaire pour Péan de Malestroit et les âmes de ses parents (2), et je trouve en ce temps icy, sçavoir 1344, un Péan de

---

(1) « VII id. april. obitus fratris Rotaldi, abbatis monasteri istius loci apud Clouhal in Poul-Houarne. »

(2) « VI cal. Julii ; hodie celebratur anniversarium pro domino Pagano de Malastredo et suorum (sic.) »

Malestroit dans la généalogie de cette maison chez du Paz. Ce qui me confirmoit c'est que l'on voit à la vitre de la grande cuisine les armes d'un abbé qui porte : *de gueules à dix besans d'or* 4, 3, 2, 1, qui sont les armes de Malestroit (1), et il ne faut pas s'arrester à ce que leurs armes sont maintenant déterminées à 9 besans 3, 3, 3, car autrefois les armes de cette maison n'en marquoient pas le nombre, ainsi que dit l'*Armorial de Bretagne*.

Enfin pour ne rien oublier de ce qui peut nous fournir des abbés dans ce vuide, l'on trouve au Nécrologe le 24 mars, la mort de trois abbés, Renaud, Hugues, Jean (2). Ils sont marqués de l'écriture dont le caractère ne commence que quelques années après 1300. S'ils sont à nous ou aux monastères voisins qui avoient confraternité, c'est une chose à deviner. Je ne remarque pas pourtant que l'on marque en ce temps icy comme au temps passé l'obit des étrangers.

L'on trouve au chartrier un acte de l'an 1360, le samedi devant saint Barthélemi, par lequel l'on traitte avec l'abbé et couvent de la fondation de deux anniversaires; mais le nom de l'abbé n'y est pas marqué en particulier.

Il faut avouer qu'un peu de prophétie me feroit grand bien dans cette obscurité, pour me servir de

---

(1) D'après un procès-verbal que l'on trouvera aux P. justificatives, et qui fut dressé en 1666, à la requête de l'abbé G. Charrier, les mêmes armoiries supportées par deux têtes mitrées se voyaient au centre de la maîtresse vitre de la chapelle de Saint-Laurent, en la paroisse de Saint-Michel. Cette chapelle est aujourd'hui transformée en cabaret.

(2) « IX col apr..... abbas Reginaldus, abbas Hugo, abbas Joannes. »

lampe dans ce lieu obscur, mais enfin il faut que nostre histoire ait la fatalité de ce temps icy, où la guerre de ces fameux concurrents Charles de Blois et les deux Jean de Monfort ruinoit toute la province; et il se trouvera que nostre histoire se ressentira aussi de ce désordre.

L'on avoit voulu faire la vexation au monastère, d'y faire recevoir un moine laïc de la part du roy de France; les abbés et religieux en ayant porté leur plainte au roy, en eurent cette lettre en 1329, qui est le dernier acte latin qui se trouve pour ce qui est de la cour séculière, car les notaires apostoliques en ont encore fait d'autres latins cy-dessous :

« Philippe, par la grâce de Dieu, roy de France, au baillif de Coutance et vicomte d'Avranche, ou à leurs lieutenants, salut. L'abbé et couvent de Quimperlé en Bretagne, du diocèse de Cornouaille nous ont fait remontrer, en se plaignant grandement, que quoyqu'ils ne soient pas de fondation royale ou qu'ils ne soient pas sous nostre sauvegarde particulière, et que nul n'eust esté reçu dans leur monastère par le droit royal de nos prédécesseurs, néanmoins vous les vexez et taschez de les molester induement, comme ils disent à leur grand préjudice et dommage, en vertu de certaines lettres obtenues, comme l'on dit, de nous ou de nos prédécesseurs, afin qu'ils assignassent à Judicel Gezou en ladite abbaye une place qui nous estoit deue pour cette fois ou à nos prédécesseurs, et qu'ils le reçussent en qualité de moine et de frère. C'est pourquoy nous vous donnons commission et mandons et à chacun de vous, que s'il ne vous apparoist que ladite abbaye est de fondation royale ou qu'elle est sous nostre garde spéciale, ou que vous ne trouviez que quelqu'un de nos prédécesseur ait esté reçu en ce droit royal, vous vous désistiez entièrement de cette vexation et que vous ne contraigniez plus lesdits religieux à recevoir ledit Judicel. Donné à Angers le 29° jour de juillet, l'an du Seigneur 1329. » (1).

Cet acte est tiré de l'extrait que M. l'abbé a eu du chasteau de Nantes. L'on n'en sait pas les suites ny la raison sur quoy l'on fondoit ce droit du roy de France, dans un pays qui avoit son duc souverain (2). Je ne sçay pas si l'on avoit appuyé cette demande sur la grâce que Philippe Le Bel nous avoit faitte de prendre nostre protection pour Belle-Isle et d'en écrire au roy d'Angleterre pour arrester les pirateries de ses sujets. Car il y marque expressément que ses bien-aimés les abbés et religieux de Quimperlé sont sous sa garde spéciale. Quoyqu'il en soit, il est dangereux de faire un pas aux souverains, ou plutost à leurs officiers, qui avancent toujours sur l'église.

Pour dire un mot sur l'histoire de Bretagne, vers 1341 ou 1342, Kemperlé tenoit pour le parti de Montfort. L'on voit dans d'Argentré (3), comme Louis d'Espagne ayant fait descente entre Kemper et Kem-

---

(1) Voir le texte aux P. justificatives.

(2) « Quelques abbés avoient tenté de se soustraire à la juridiction des ducs sous le règne de Philippe Le Bel, prétendant que leurs abbayes étoient sous la sauvegarde des rois de France. Philippe n'avoit eu aucun égard à leur prétention et s'étoit fait un scrupule d'usurper le bien d'autrui. — D. Mor. *Hist. de Bret.* T. 1. p. 232.

(3) *Hist. de Bret.* Liv. VI, ch. 12.

perlé y fist ravage; mais que les seigneurs bretons estant partis d'Hennebont avec trois mille archers et estant descendus à terre, surprirent les vaisseaux des ennemis au port, et les défirent sur terre si entièrement que le chef, Louis d'Espagne, eut bien de la peine à se sauver presque tout seul à Rennes. L'on voit au chapitre suivant comme Charles de Blois estant alors le plus fort au pays, n'ayant qu'une femme à combattre, son mary, Jean de Montfort estant prisonnier à Paris (1), assiégea Hennebond, et la sanglante raillerie que leur faisoient les assiégés en leur criant qu'ils allassent chercher leurs compagnons qui reposoient à Kemperlé.

Le comté de Cornouaille estant affligé de la guerre entre les deux partis de Blois et de Monfort en 1344, souffrit en 1346 une cruelle famine; et en 1349 la peste fit un si grand ravage qu'à peine les vivants pouvoient ensevelir les morts (2). Il n'est pas croyable que Kemperlé en ait été exempt, et ce peut estre la cause du grand silence de nostre histoire.

Voicy un acte dont l'année n'est pas certaine; c'est une sauvegarde d'un prince, fils d'Angleterre, qui se donne le nom de garde de Bretagne :

« Nous Henry, duc de Lancastre, garde en Bre-

---

(1) Il mourut en 1345 et fut, suivant la chronique de Rhuys enterré d'abord dans l'église de Sainte-Croix de Quimperlé, d'où son corps fut plus tard transféré dans le couvent des Dominicains de la même ville. — D. Mor. P. I. col.
Pendant les guerres de la succession, le duc Jean établit à Quimperlé un atelier de monnaie. — Voir Bigot, *Essai sur les monnaies de Bretagne*.

(2) Alb. Le Grand, *Vie du B. Jean discalceat*, page 644 et *Catal. des Év. de Cornouaille*.

tagne, pour nostre sire le roy d'Angleterre et de France, et pour nostre très-cher et très-aimé cousin monseigneur Jean, duc de Bretagne, comte de Montfort, faisons sçavoir à tous que nous avons pris et mis, prenons et mettons en la protection et sauvegarde du roy nostre sire, dudit cher cousin le duc de Bretagne, et de nous, l'abbé de Sainte-Croix de Kemper-Ellé et les priours, moines et couvent de ladite abbaye, nous bienveillants, ensemblement o l'isle de Belle-Isle, priours, priourés et moines de Belle-Isle avec tous les habitants de ladite isle et hommes, terres, saisines et possessions de ladite abbaye et isle qui bienveillants sont de nostre père. Si mandons et commandons à tous subgits, bienveillants et alliés du roy nostre sire, dudit nostre cher cousin le duc de Bretagne et de nous, qu'à ladite abbaye, priours, moines, couvent, à ladite isle, et aus-dessus dits, comme dit est et à leurs biens queulx qu'ils soient, ne méfacent en aucune manière, eux (ains?) les gardent et défendent de tout maléfice, de peages et d'extortions et appellations indeues, ou cas que mestier sera. Donné à Vennes sous nostre sceau le 18ᵉ jour d'aoust l'an mil trois cent et six. »

Il y a nécessairement erreur dans la datte, car en 1306 ce n'estoit pas un duc nommé Jean qui gouvernoit la Bretagne, mais plutost Artur II, du nom. De plus, les rois d'Angleterre n'avoient pas encore pris le titre imaginaire de roys de France. Ce ne fut qu'après la mort de Charles Le Bel en 1328, qu'Édouard III, du chef de sa mère Isabelle de France, sœur du défunt, prist ce titre ridicule que les roys d'Angleterre ont toujours continué. Je croirois que cet acte est de 1356, quand après qu'Henry, duc de Lanclastre eut levé le siége de Rennes en cette année, il se retira vers Auray, et de là à Vennes (1). J'ay pourtant un scrupule sur ce que Moréri nomme ce duc de Lanclastre, Jean, fils de cet Edouard III. Cependant il faut plutost s'arrester à nostre acte et à d'Argentré qui le nomment Henry. L'on trouve bien un Henry qui de duc de Lanclastre fut roy d'Angleterre en 1398, qui vivoit du temps de nostre duc Jean IV, mais ce n'est pas celuy-cy, qui parlant du roy, le nomme son père, et cet autre n'estoit pas fils de roy. Je croy que cet acte doit estre mis immédiatement devant le temps de l'abbé Yves, car il est à remarquer que dans les termes il prend bien l'abbaye prieur, moines et couvent sous sa protection, mais il ne parle point d'abbé.

---

(1) D'Arg. *Hist. de Bret.* Liv. VI, ch. 31.

CHAPITRE XXVII.

YVES DE KILLIOUC'H OU QUILLIOUC'H, VINGT-CINQUIÈME ABBÉ.

Nous commençons à présent à reconnoître le pays après avoir esté égaré plusieurs années sans reconnoître au vray nos abbés. L'on ne sçait pas quand cet abbé, que quelques actes nomment Ywes, d'autres F. Eon (1), entra au gouvernement; le premier titre que j'ay trouvé au chartrier est de 1370, fait le dimanche *Invocavit me*. Il y en a un autre audit an, fait le vendredy avant *Judica me*. Comme la matière de ces actes n'est pas considérable, je ne les rapporteray pas.

En ce temps icy, la ville et par conséquent l'abbaye eurent bien à souffrir à cause des guerres. Le duc Jean IV, donnant toute sa confiance aux Anglois qui, à la vérité, avoient bien aidé à le mettre sur le trône, aliéna de lui les seigneurs du païs et les peuples qui prirent une si furieuse jalousie des Anglois qu'ils les massacroient partout où ils les rencontroient. Il les mit en garnison dans ses places de Brest, Concarneau, Kemperlé et Hennebond (2), afin d'asseurer leur vie ; ce qui irrita tellement les barons qu'ils se saisirent des

---

(1) Les noms Ywen, Ewen, Even, Erwen, Eoden, Eozen et Nonn (cette dernière forme est très-répandue dans le pays de Penmarc'h) sont tous des synonymes de *Yves*.

(2) D'Arg. *Hist. de Bret.*, liv. VIII, chap. 13.

principales villes du duché en 1372, comme Rennes, Vennes, Dinan, etc., et demandèrent secours à Charles V, roi de France, dit le Sage, qui y envoya le connestable Du Guesclin (1), ce qui obligea le duc de quitter la province et de monter sur mer le jeudy d'après Quasimodo, l'an 1373. Cependant le connestable avançoit toujours, et ayant soumis Rennes, Dinan, Vennes (2) et autres petites villes, et pris par force Hennebond, où les Anglais furent taillés en pièces, il fist marcher à Kemperlé, où l'assaut fût donné par escalade, et la ville prise avant midi. L'on peut bien penser que les François garnissoient leurs mains puisqu'ils emportèrent jusqu'au livre où est le Martyrologe, la règle de saint Benoist en latin et en françois, et le Nécrologe. Voicy ce qui en est écrit au Nécrologe : « Le 9 de mars, il faut faire des prières pour Mathieu le Rouzaud qui fist rendre par le prieur de Landujan ce livre qui avait été perdu, quand les François entrèrent à Kemperlé, l'an 1373 (3). » Ce livre n'estant pas à l'usage des gens de guerre, ils s'en défirent, et nous le recouvrasmes. Quoyque ce ne soit pas grande chose en ce temps icy qu'un livre, à cause de l'impression, il paraissoit bien plus précieux en ce tems là, surtout n'y en ayant au monastère que celuy-cy où estoient marqués les bienfaiteurs, et nos

---

(1) D'Arg. *Hist. de Bret.*, liv. VIII, ch. 14.
(2) Id.
(3) « VII id. mart. fiat suffragium pro Mathæo Rouzaudi qui fecit reddere librum istud per priorem de Landujan, qui amissus fuerat per introitum Francigenarum in Kemperle, anno Domini millesimo trecentesimo septuagesimo tertio. »

pères furent justes en marquant leur reconnaissance à celuy qui le fist rendre.

Il n'est pas de mon sujet de conter les divers succez de la guerre qui se fist dans la province. En 1374, le duc estant retourné d'Angleterre avec des secours prist plusieurs places, et pensa même surprendre à Kemperlé les sieurs de Rohan, de Clisson et Beaumanoir, qui y auroient pour le moins laissé leurs testes. La ville estant serrée d'un fort qu'avoit fait Jean d'Evreux, capitaine du parti du duc (1), l'on pria ces seigneurs qui se tenoient à Lamballe de le venir assiéger ce qu'ils firent; et ils estoient desjà au pied du mur pour y mettre la sappe, quand le duc en fut averti qui vint à grandes journées pour les surprendre. De quoy estant avertis, ils se jettèrent promptement dans la ville qui fut assiégée. Ils traittoient desjà de leur rançon, mais le duc les vouloit avoir à sa merci. Par bonheur pour eux la trève fut conclue à Bruges, entre la France et l'Angleterre et leurs alliés, par laquelle il estoit déclaré que les places demeureroient à ceux du parti qui s'en trouveroit saisi, ce qui fut fort avantageux aux seigneurs assiégés qui furent libres de se retirer; et le duc ayant pris sa femme repassa en Angleterre.

L'on trouve un petit acte au chartrier du 23 juin 1379, par lequel nostre abbé reconnoit devoir à puissant seigneur M. de Rohan, la somme de 300 fr.

Cette mesme année 1379, l'on remarqua par un prodige, que le duc Jean partant d'Angleterre le jour

---

(1) Ce sont peut-être les vestiges de ce fort qui se voient dans le champ appelé *Parc Castel Kemperle* à peu de distance de la ville, sur la route du Faouet.

de la Magdeleine, le mesme jour la mer monta et se retira trente-trois fois entre le soleil levant et couchant (1). La mer à la vérité est incapable de sentiment, mais la volonté de son Créateur luy pouvant imprimer des mouvements extraordinaires, l'on peut penser qu'elle en eut de joye au retour de son prince et qu'elle en voulut donner des marques, et en porter les témoignages au pied d'une ville qui ayant toujours esté très-fidèle à ce mesme duc, avoit souffert bien des siéges et des peines pour son service.

En 1380, le duc Jean donna congé aux Anglais dont l'alliance lui avoit attiré tant de disgrâces. Thomas, comte de Bukingham, et puis duc de Glocestre, fils d'Edouard III, roy d'Angleterre, qui conduisoit l'armée, se tenoit à Vennes en attendant le printems. La garnison de son avant-garde estoit ordonnée à Hennebond, et celle de l'arrière-garde à Kemperlé, mais les villes n'ayant pas voulu ouvrir leurs portes (2), ils se logèrent aux villages comme ils peurent et eurent beaucoup à souffrir pendant l'hyver qui fut rude. Le comte démara de Morbihan, le 11 avril (3).

L'abbé Yves de Quilliouc'h mourut le 10 de juillet de l'an 1381, comme marque nostre Nécrologe (4).

(1) D'Arg. *Hist. de Bret.*, liv. IX, ch. 5.
(2) D'Arg. *Hist. de Bret.*, liv. IX, ch. 14.
(3) Yves de Quillihouc'h accepta le 27 avril 1370, la fondation d'une messe par semaine faite par le duc Jean IV. — D. Tailland, *Hist. de Bret*, T. II. *Supplém.*, page CIX.

(4) « Obiit frater Yvo de Quillihouc'h abbas monasterii Sanctæ Crucis de Kemperellé X die mensis julii in vigilià sancti Benedicti anno Domini MCCC octuagesimo primo. Obitus ejus super domum Gauffridi de Quoëtsavoë. »

F. Guillaume Aline, procureur, dans son rentier marque qu'il fist un pas aux receveurs du duc pour usurper sur la coutume du sel que l'abbaye prend au port. Voicy ses paroles : « L'abbaye doit avoir les deux parts, et le duc le tiers, et ce fut par la négligence de l'abbé Yvon qui donna à Riou Kerdreffec, receveur pour le duc, la tierce partie de sa coutume pour soutenir sa maison de sel, et quand il mourut, l'autre receveur ensuivant retint la possession en sa main, et partant l'abbaye a perdu le tiers de sa coutume. »

La maison de Quiliou est en la paroisse de Plougastel, évesché de Cornouaille (1). Elle porte *d'or au sautoir fleuronné d'azur*. Il y avait en ce tems icy deux évesques de Bretagne de cette maison : F. Henri le Barbu qui, d'abbé de Prières (2) et chancelier de Bretagne fut fait évesque de Vennes en 1383, et Guy le Barbu, fait évesque de Léon en 1385. Il y a encore eu deux abbesses de la Joye (3) de cette maison.

Je ne sçay si je dois mettre aux nombres des nostres un abbé de Redon sous la foy de l'autheur qui a fait

---

(1) Plogastel-Saint-Germain, canton de ce nom, arrond. de Quimper. — Les registres de la Réformation de la Noblesse de 1536. mentionnent en la paroisse de Lothéa-Trelyvalaire, un Jan du Quillihouc'h, sieur de Porz-an-Groll (commune de Quimperlé). Il y avait en outre dans la paroisse de Bannalec, près Quimperlé, une seigneurie du Quillihou, possédée en 1536 par Jehan Lamolen, et dont les armes étaient d'après un aveu dont je dois la communication à M. F. Audran, notaire à Quimperlé, *d'or à un sanglier de sable passant au pied d'un houx de sinople*. Ces armoiries sont des armes parlantes, car *quilly* signifie *bois* et *ouc'h* ou *houc'h* sanglier.

(2) O. C. commune de Billiers (Morbihan).

(3) O. C. commune d'Hennebont (Morbihan).

l'addition des abbés de Redon après la vie de saint Convoyon chez Albert le Grand. Il met donc qu'à l'abbé Macé, qui mourut en 1381, succéda Guillaume, lequel estoit auparavant abbé claustral de Kemperellé, et fut transféré à Redon l'an 1384. J'en ay écrit à Redon, et l'on m'a répondu que l'on trouve bien un abbé nommé Guillaume de Trebuiguet, abbé en 1380 et 88, mais que l'on n'a pas de connaissance qu'il ait esté tranféré de Kemperellé (1).

---

(1) D. Taillandier admet ce Guillaume au nombre des abbés de Sainte-Croix de Quimperlé. — D. Tailland. *Catal. des Abbés de Bret.*, P. CIX.

CHAPITRE XXVIII.

ROBERT PÉPIN, VINGT-SIXIÈME ABBÉ.

Je ne trouve point de personnes de ce nom dans l'histoire de Bretagne, qu'un Jean Pépin, sieur de la Bruière, lieutenant du chasteau de Landal, qui fut tué à la rencontre de saint Aubin du Cormier, en l'an 1488 (1).

Le premier acte que je trouve de l'abbé Robert, est un parchemin a demi effacé, par lequel le duc Jean le Conquérant le prend sous sa sauvegarde, ayant exposé « soy doubter luy estre meffait en corps ou en biens, et ly estre mis empeschement sur le fait de l'acceptation et possession ; » et le duc prend : « celuy frère Robert, abbé avec son moustier o (avec) tous ses membres... prieurés... possessions et saisines quielxconques, » et commande à son sénéchal, baillif et procureur de Cornouaille, de faire publier sa lettre, « à ce que aucuns à celuy abbé ne mefacent, ou donne ennuis ou empeschement sur son dit moustier, et faire mettre pour, et en nom de luy, ès huys et habitations dudit moustier pannonceaux, et que s'il le requiert on mette

---

(1) Dupaz, *Généalogie des seigneurs de Landal,* p. 446. Cet abbé fut recommandé au duc par le pape Clément VII, siégeant à Avignon, et ratifia le 18 avril 1387, le douaire accordé à la duchesse Jeanne de Navarre. D. Tailland. *Catal. des abbés de Bret.* p. cix.

à ses dépens un ou plusieurs de nos sergens, en le gardant de tort, de force et de violence, et de toutes oppressions ou empeschemens, ou si aucun a esté fait, le faire présentement réparer et amander, selon le cas, afin que tous autres y prennent exemple. Donné à Vennes, le 11 de novembre 1384. Par le duc en son conseil, présents vous l'évesque de Vennes.... Eustace de la Houssaye, chevaliers.... le doyen de Nantes, Guillaume de Kaër et autres, Hervé Le Grand. »

Je ne sçay pas ce que l'abbé craignoit, ou qui pouvoit luy faire peine pour demander une telle sauvegarde. Mais l'acte suivant est extraordinaire, qu'un abbé invoque la puissance séculière pour emprisonner ses moines. A cause de la nouveauté, je le mettray tout du long :

« Jean, duc de Bretagne, comte de Montfort et de Richemond, à nos féaux et bien amés nos sénéchaux, capitaines, connestables, justiciers, procureurs et autres officiers de nostre duché, salut. Signifié nous à nostre bien amé conseiller religieuse et honeste personne, Robert, abbé de nostre moustier de Kemperellé, fondé de nos prédécesseurs et de nous, que combien qu'il soit en vray propos de maintenir et garder l'estat, gouvernement, et ordonnance de nostre dit moustier et celuy réformer, et les mœurs et conditions des moines et religieux diceli enformer et muer en mieux, en exhaussant les bons de leurs mérites et punissant les mauvais de leurs défauts, néantmoins pour la très grande rebellion et non obéissance de l'ordre de saint Benoist, de laquelle ils sont, ne luy veuillent obéir, comme à ce sont tenus, et pour l'outrage d'eux et d'aucuns qui en leur malice les soutiennent, ne peut par deffaut de puissance les corriger comme il est tenu de droit et de raison et selon sa dite règle. Pourquoy nous a supplié en ayde de droit, ayant refuge à nous comme à prince garde de Sainte-Eglise et fondeur dudit moustier, sur ce luy pourvoir de nostre gracieux et bon remède. Pourquoy est-il que nous qui toudis (1), désirant le bien de justice en nostre tems estre gardé, et tous scandales et crimineux périls estre évités par espécial en vraye religion, nous mandons et commandons et chacun de vous en commettant si mestier est, que toutesfois et quantes que il vous requerra, vous ly bailliez, octriez, prestiez, et amenissiez en nom de nous, une ou plusieurs de nos prisons, fers et ceps, sergeants, gendarmes et autres, selon qu'il vous demandera, et ceux religieux qu'il vous fera prendre ou emprisonner, gardez et faittes garder et détenir sans leur faire aucune délivrance fors que par ledit abbé et de son assentement, et à en faire la poursuite, justice et délivrance, lui donniez conseil, confort et aide. Car ainsi le voulons, mandons et commandons à tous nos subgets à ce vous obéir diligemment et entendre. Donné à nostre cité de Nantes, le seiziesme jour du mois de mars, l'an mil trois cent quatre vint et six. Par les gens des registres, présents vous le président, le thrésorier, vous maistre

---

(1) Mot qui est encore en usage en Picardie ; c'est-à-dire *toujours*. P. L. D.

Guillaume de Saint-André et autres. Signé : G. Le Borgne. »

Cet acte est pris de l'extrait que M. l'abbé a eu du chasteau de Nantes. Il falloit sans doute que ces moines fussent de méchants garçons pour les traitter de la manière, et en effet, les guerres qui avoient désolé le païs, et le bruit des armes qui font taire les loix, avoient peu causer un grand désordre dans la régularité : car l'expérience n'a que trop confirmé la vérité de ces paroles que le pape Calixte II prononça au concile de Rheims : « *Bellica seditio plebes commovet ac dissolvit, et per abrupta vitiorum letaliter evagari cogit. Ecclesias violat, sacramenta contaminat, et plura nefaria irreverenter inquietat, et a studio religionis pluribus modis evocat ; in cultu Dei consistentes territat, molestiis nequiter infestat, et quid agant præ timore nescientes enervat. Regularem disciplinam confundit ac dissipat, et indisciplinatos in omne nefas præcipitat*, etc. (1). »

La guerre des maisons de Blois et de Montfort ayant duré vingt-deux ans, et ayant esté suivie de la mutinerie de la province contre les Anglois que le duc favorisoit avec trop d'attache, avoit fait un grand désordre dans la régularité puisque les religieux ne pouvoient être réduits à leur devoir que par une violence si rigoureuse. Mais il faut aussi avouer que cet abbé étoit un terrible comite de traitter ses religieux en forçats, et que sa conduite qui livroit au bras séculier des personnes consacrées estoit d'une consé-

(1) Labbe, *Concil,* tome X. page 868.

quence dangereuse. Nous verrons dans la suite que quoyqu'il aimast assez à remettre les choses dans l'ordre, il avoit pourtant l'esprit de domination, voulant peupler son abbaye de religieux étrangers indépendamment de son chapitre, et entretenant assez mal les vitres de son église (1).

L'on trouve encore au chartrier un acte fait sous cet abbé en l'an 1392.

En l'année 1397, l'abbé fist reconnoistre au conseil du duc, trois titres qui commençoient à se gaster de vieillesse :

« A tous ceux qui ces lettres verront et oiront Jean, duc de Bretagne et comte de Richemont, salut. Sçavoir faisons que nous à la prière et requête de nos bien aimés conseillers, l'abbé religieux et couvent de l'abbaye de Sainte-Croix de Quimperlé, avons fait voir et diligemment examiner par les gens de nostre conseil, les anciennes lettres faisant mention des fondations, donations, priviléges et grâces par nos prédécesseurs, que Dieu absolve, faits et octroyés audit abbé et couvent à cause dudit moustier, desquelles par ordre la teneur sensuit : *Notum sit omnibus*, etc. » C'est la confirmation du duc Conan III, en l'an 1146, sous l'abbé Ronvallon (2).

(1) Si nostre abbé ne faisoit pas raccommoder les vitres, voicy un religieux qui y travaille : « IV Id. felv. obiit F. Alanus Raoulin prior de loco Maria de Ker qui dedit nobis unam domum in vico Camerarii juxta domum Alani Barset anno Domini 1409. Etiam dedit nobis centum scuta pro vitris conficiendis. Item priori et subpriori cuilibet unum scutum ; item uni scholari parisiensi ejusdem domus duo senta. » — *Necrol. Sanctæ Crucis*. P. L. D.

(2) Voir page 207. — La page du Ms. de D. le Duc qui suit cet alinéa, a été raturée de manière à la rendre complétement illisible.

« Item une lettre contenant cette forme : *Universis presentes litteras,* etc. » C'est l'association du duc Jean I, à recevoir la moitié des revenus de Quimperlé, sur les fours, moulins et halle en l'an 1271, sous l'abbé Daniel Blanchart (1). « Une autre lettre dont la teneur s'ensuit : *Universis presentes litteras,* etc. » C'est une reconnoissance du mesme duc, en la mesme année, par laquelle il déclare que cette moitié luy a esté donnée de pure libéralité et qu'il ne veut pas qu'elle fasse préjudice au monastère (2).

« Et nous a signifié ledit abbé, que pour l'ancienneté desdites lettres et priviléges, se doute, et est vray semblable que en bref temps, doivent et puissent estre démolies et dépéries tellement que de bref temps ny pourroit l'en guère de choses connoistre, par quoy seroit ledit moustier en voye de souffrir grand dommage, dont s'en pourroient ensuivre grands inconvenens. Si nous a supplié sur ce, comme a vroy fondeur diceluy moustier, y pourvoir de nostre gratieux remède. Pour ce est-il que nous, désirans plus l'augmentation du divin service que la diminution, icelles lettres avons fait par nostre dit conseil, publier et déclairer et nous aussi déclairons autant de foy pour le tems à venir, d'avoir et estre ajouté à ces présentes, comme à l'original desdites anciennes lettres ; lesquelles de nouvel, de nostre certain propos avec leur teneur et effet confirmons, et de nouvel, en tems que mestier est, toutes et chacunes les choses en icelles contenues approuvons et louons, et de nouvel les

(1) Page 278.
(2) Voir page 283.

confirmons, et voulons que ces présentes valent original au tems à venir à perpétuelle mémoire. Et voulons qu'ils en puissent jouir au tems à venir pour nous et nos hoirs, sauf en toutes choses nos droits, souverainetés et noblesses. En témoin de ce avons fait mettre et apposer à ces présentes, nostre grand scel en double queue. Donné à Ploermel en nostre conseil le 24me jour de septembre l'an 1397. Et plus bas est écrit : Par le duc en son conseil ouquel vous estiez le président, les sénéschaux de Broerech (pays de Vennes), de Tréguier, Jean Hilari et plusieurs autres. Signé : Martin, et estoit scellé. Pris de l'extrait que M. l'abbé a eu du chasteau de Nantes, en l'an 1680.

Jean IV ou V, dit le Conquérant, mourut à Nantes, le 1er novembre 1399, et laissa son fils Jean V ou VI, dit le Bon et le Sage, sous la garde de sa femme Jeanne, fille du roy de Navarre. C'est sous eux que le droit de déshérence fut confirmé au monastère comme aux seigneurs proches du fond de la ville.

L'acte de la duchesse douairière, commence ainsi :

« Jéhanne, fille du roy de Navarre, duchesse de Bretagne, comtesse de Richemont, ayant la garde gouvernement et administration de nostre très cher et très-ami le duc de Bretagne, etc. » Elle délivre les biens de Jeanne, fille naturelle de Jacques Ros, anglois, femme d'Alain de la Roche, morte sans hoirs de son corps. « Donné à Vennes le 12e jour du mois d'avril, l'an 1402. » Ainsi signé par la duchesse en son conseil auquel vous estiez l'abbé de Saint-Mahé (1),

(1) Saint-Mathieu (*fin de terre*), com. du Conquet, arrond. de Brest.

maistre Gatien de Monceaux (1), l'archidiacre du Désert (2), le prieur de Lehon (3), etc. Comme cet acte est presque le mesme que celuy du duc Jean, son fils (4), je me contenteray de rapporter l'autre en 1421.

Ce fut en l'an 1408, sçavoir, l'an 14 du pontificat de Benoist XIII, que ce pape séant à Avignon, donna bulle pour annexer à la table de l'abbé la prévosté de Belle-Isle et le prieuré de Lomaria (c'est-à-dire celuy de la mesme isle et non Lomaria-Ker). Cette bulle qui ne se trouve plus est seulement marquée dans un vieux recueil en papier des titres qui se trouvoient alors au chartrier.

L'on ne sçait pas l'année que mourut l'abbé Robert. Son obit se trouve marqué au Nécrologe, le 23 juillet. Comme l'on connoît les armes des abbés suivans, je ne sçay point si la tombe de celuy-cy n'est point celle d'un abbé qui est enterré au pied du degré du chœur, au costé de l'évangile, où il y a dessus un écu surmonté d'une crosse qui porte : *un sautoir accompagné de quatre oiseaux* (qui ont l'apparence de quatre coqs ou éperviers) *un en chef, deux en fasce, un en pointe.*

(1) Evêque de Quimper, de 1408 à 1416.
(2) Evêché de Rennes.
(3) Com. de ce nom, canton de Dinan (Côtes-du-Nord).
(4) Sinon qu'il met : « Et que par l'hostilité des guerres que de longtems ont esté en ce païs, lesdits religieux n'ont peu garder défendre ne esliger les droits, exemptions et noblesses dudit moustier, et que en usurpant leurs droits franchises et noblesses, aucuns nos officiers, etc. » — P. L. D.

(5) « X cal. aug. obitus Roberti Pepin abbatis istius loci, etc. » Le reste marque comme le fond de son anniversaire estoit assigné en Belle-Isle, au bourg ou ville de Pallay. — P. L. D.

CHAPITRE XXIX.

HENRY DE LESPERVEZ, VINGT-SEPTIÈME ABBÉ.

L'on ne sçait pas quand cet abbé entra au gouvernement ; mais seulement on trouve un acte de l'abbé Henry, en 1412, et un autre de 1413, qui commence ainsi :

« Nous frère Henry de Lespervez, humble abbé de l'abbaye de Sainte-Croix de Kemperellé, tenant l'office du cellerier d'icelle abbaye en nostre main, connoissons et confessons estre bien loyement payés et satisfaits, etc. (pour la taille commune). Donné sous nostre scel o nostre passement, le 28e jour de janvier, l'an 1413. » Cette quittance est en parchemin, et au bas est son seing, F. H. Lespervez. Son sceau est tout entier en cire noire, où l'on voit *trois jumelles*.

D'un extrait de la chambre des comptes de 1669, 17 décembre, il appert que le duc Jean III donne à l'abbé et couvent de Quimperellé des priviléges par ses lettres de l'an 1414, 27 avril.

Sur le devant de la porte du presbitère, au costé de l'évangile, l'on voit les armes de Bretagne soutenues par deux léopards (1) surmontées d'un casque ouvert, timbré de deux cornes de bœuf, et au milieu un léopard et au-dessus la devise de Bretagne : *A ma*

---

(1) Ou plutôt deux lions.

vie. A ma vie. Aux deux costés sont les armes de l'abbé Henri de Lespervez, qui sont *trois jumelles*, portées par un ange. Au dedans de la porte est écrit en lettres gothiques : « *F. H. Lespervez abbas anno M° CCCC° XVI°,* » et à un des costés un abbé en aube et en chappe, la teste découverte, tenant une crosse et à l'autre un cavalier à genoux, tenant une croix en sa main. Sur l'autre porte, du costé de l'épistre, en dedans, il y a écrit : « *L'an M. CCCC. XXV. complet cest ovre fut.* »

En 1421, les receveurs du duc arrestant les biens de Jeanne, fille naturelle de Jacques Ros, anglais, et l'abbé pretendant qu'ils luy appartenoient en qualité de seigneur proche, comme une déshérence, et de plus trois autres maisons qui avoient appartenu à des Anglois, le duc donna main levée en faveur de l'abbé. La lettre est assez considérable pour la mettre tout au long :

« Jean, par la grâce de Dieu duc de Bretagne, comte de Monfort et de Richemont, à nostre sénéchal de Cornouaille salut. De la partie de nos bien-âmés orateurs et religieux, les abbé et couvent de l'abbaye de Sainte-Croix de Kemper-Ellé nous a été signifié et donné entendre que par la fondation et dotation, que autrefois leur furent dudit moustier, nostre ville et fauxbourgs dudit lieu de Kemper-Ellé, ce qui en est en Cornouaille, leur furent entièrement baillés entre autres choses purement et simplement sans rien en retenir, et dempuis par aucune association faitte d'entre aucuns de nos prédécesseurs et ceux religieux, furent iceux nos prédécesseurs receus et accompagnés à avoir la moitié de la taille ancienne dicelle ville, ès cohuages, fours et moulins d'icelle, et ès amendes des forfaits et ès amandes personnables (personnelles) des lieux et mettes on se lièvre cette taille, queux mettes se appellent à présent la communauté d'icelle ville, sans ce que ès autres choses il y portast préjudice de ce, ne derogeast aux libertés, franchises, droits et prérogatives desdits expousans, et ainsi a esté usé, réglé et gouverné, et en sont en bonne possession et saesine par tant et si long temps que mémoire d'homme n'est au contraire, d'avoir la connoissance et juridiction du fond de l'héritage d'icelle ville et fauxbourgs sous nostre seigneurie, et en bonne possession et saesine d'avoir et jouir des successions et déshérances d'icelle ville et fauxbourgs pour cause de leur seigneurie ; et que autrefois sur le débat de la succession de feue Jehanne, fille bastarde de Jacques Le Ros, anglois, femme de feu Alain de la Roche, quelle décéda en nostre ville, que leur meûrent nos officiers desdits lieux sur le joissement d'iceux biens meubles, nostre très-redoutée dame et mère la royne d'Angleterre (1), lors ayant la garde, l'administration et gouvernement de nous, eust mandé et commis par la délibération de son conseil à nos officiers desdits lieux en faire enqueste du gouvernement encien, et iceluy rapporter avec les enseignements, lettres et raisons, afin d'en faire droit ; a laquelle nosdits commis y vacquèrent et firent certaine

(1) Jeanne de Navarre. Elle épousa étant veuve du duc de Bretagne, Henri IV, roi d'Angleterre. Voir page 313.

enqueste, laquelle fut ouverte devant nostre dite dame et son dit conseil ; veu la teneur de laquelle, et des lettres et chroniques anciens dudit moustier, fut déclairé qu'ils en devoient et povoient avoir lesdits biens et en jouir par leurs droits, et en joïrent, et sans en faire autre décision, fut ladite enqueste close et baillée en garde auxdits expousants ; et combien que semblablement nosdits religieux et expousants devent et leur appartient avoir et joïr comme prouches seigneurs des autres déshérences, comme de succession de bastards, debatz de succession, de défaut de lignée esdits lieux ; et que en celle ville et fauxbourgs y a aucuns hostielx et places de maesons qui furent jadis à Hoquequin Trop, Proude et d'Alten, anglois, et à d'autres esquielz n'appiert qu'ils y ait aucun hoir ; par quoy lesdits expousans comme seigneurs prouches du fons y ont droit et leur appartient joïr d'iceulx : et que ce néantmoins nos officiers desdits lieux se sont efforcés et s'efforcent d'effet, et ont impesché et impeschent lesdits religieux de en joïr d'iceulx hostieulx en leur grand grief, préjudice et dommage ; sur quoy autrefois comeisme certains nos officiers desdits lieux quant afin d'en faire enqueste, lesquels y vacquèrent et firent enqueste, laquelle feismes ouvrir veoir examiner et regarder en nostre conseil au quart jour de décembre darrain avec les lestres de la fondation et dotation par nosdits prédécesseurs, ducs de Bretagne, leur faitte dudit moustier ; entendu la tenour desquelles lettres et enquestes, desclérances et dismes qu'ils demandoient raison si nostre procureur ne voulist alléguer prescriptions ou autres raisons au contraire, requérans sur ce nostre provision; pour ce est-il que entendu ce que dessus est dit, vous mandons et commandons que vous requerez et sommez nostre procureur dudit lieu sçavoir s'il vieult dire ne alléguer prescription de temps ne autres causes et raesons, et se il ne dit ne allègue aucune chose à l'encontre de ce que dit est, laissez et faittes souffrir et lesser lesdits expousans joïr desdites deshérences; et si nostre dit procureur se oppose ne dit aucunes choses vallables, les nous envoyez par escript clos avecque vos avis sur ce pour en faire raison ainsin qu'il appartiendra ; de ce faire vous donnons plein pouvoir et mandement especial, mandons et commandons à tous et chaçun nos feaulx et subgiz en ce faisant obéir et diligemment entendre. Donné en nostre ville de Vennes le cinquiesme jour de juin, l'an 1421. Ainxin signé : par le duc en son conseil, ouquel les évesques de Dol, de Saint-Brieuc, le vichancelier, l'abbé de Saint-Mahé, le prieur de la Celle (1) et autres estoient, R. Pasquier. »

Les religieux poursuivirent l'exécution de cette lettre l'an suivant en cette sorte :

« Aujourd'hui en plains termes de céans, comparurent en jugement frère Selvestre Le Minec (2), o nom et comme procureur général trouvé et approuvé par

---

(1) Abb. O. S. A. (département des Deux-Sèvres.)

(2) Ce Sylvestre Le Mynec, a esté aussi prieur de Pallay, en Belle-Isle, son obit est marqué : « VIII cal. septemb. Et posuit pro reparatione infirmitorii hujus monasterii 90 scuta, et multa alia bona jecit in hoc monasterio. » Il avoit encore faitf aire des orgues. P L. D.— Jean Le Minec, secrétaire ordinaire du roi en Bretagne, mourut en 1500. Pierre Le Minec de Quimper, fit construire en 1517, le manoir de Coetbily, qui se voit encore à une lieue de cette ville, j'ignore s'ils étaient de la même famille.

lettres pour honestes religieux les abbé et couvent de
Kemperellé, lequel apparut et exhiba un mandement
et procez fait devant monseigneur le Duc et son conseil
contenant la forme qui s'ensuit : Jean par la grâce
de Dieu, etc. (comme ci-dessus). Emprès la lecture
duquel mandement, dit le dit procureur, esdits noms
que autrefois par vertu dudit, le sénéchal de céans
avoit vacqué au fait de ladite enqueste, et avoit enquis
plusieurs témoins sur lesdits cas et en estoit souffi-
samment informé que lesdits religieux demandoient
raison, et ainsi l'avoit relaté en jugement, et mesmes
avoir sommé et requis par plusieurs fois Jean de Keranguen, pour lors procureur de céans, à sçavoir s'il
vouloit trouver aucune prescription, ne autres causes
et raisons à ce impeschans, lequel avoit dit ne pouvoir
trouver aucune raeson ne causes à l'encontre et en
avoit fait sa diligence d'enquerir touchant ce, et n'avoir
rien peu trouver ; et pour ce que celuy Kaeranguen,
est dempuis desmis d'office de procureur, et en est
pourveu Olivier du Celier, la cause avoit esté mise a
estre délivrée et expédiée ès darrains termes de Kemper
Corentin, comme de.......... des pletz de céans ; es-
quelx pletz de Kemper Corentin, quielx se délivrèrent
le **21ᵉ** jour du mois d'octobre derrain passé, disoit ledit
procureur, esdits noms, que ledit Olivier du Celier,
procureur susdit, avoit esté d'abondant requis et sommé sçavoir s'il vouloit dire ne alléguer aucune prescription causes ne raesons à l'encontre de l'effet et
contenu audit mandement, et ce néantmoins considéré
les sommations autrefois faites aux procureurs précé-

dens, et que le sénéchal estoit acertainé que lesdits religieux avoient bon droit et demandoient raeson, avoit esté et est jugé et déclairé que es temps avenir ils devoient et pouvoient joïr desdites deshérences et des autres..... quelles escherront ou temps futur, et là où le procureur ne voudroit alléguer aucunes raesons à l'encontre qui empescheroient ladite judication ; et à celle fin luy fut baillé et mis terme peremptoire à ces termes, et y dépendoit adjournement ; dont qu'est ledit procureur esdits noms revins vers maistre Jehan de Quoitanezre, procureur en Cornouaille, afin l'ajournement ainxin confessé, de y estre procédé en manière deue ; sur quoy amprès l'ajournement ainxin confesse en cest jour dudit Quoitanezre, oudit nom et lequel fut sommé et requis sçavoir s'il vouloit rien dire ne alléguer à l'encontre du contenu et effet dudit mandement, et qu'il dit n'avoir peu trouver ne ne trouvoit aucunes raisons qui pourriont impescher la teneur dudit mandement, et en avoir fait diligence d'enquerir touchant ce ; en esgard de ce et considéré lesdites sommations et chacune autrefois faites, l'enqueste faite par ledit sénéchal, mesmement que présentement en jugement furent enquis et interrogés plusieurs nobles du pais, sçavoir est : le sieur de Queimerch, Pierre de Trédiec (1), Guillaume Keremael, Henry Cadoret, Derrien, Guillaume de Lesquoet (2), Jehan Moullon, Robin de Queblen, Jehan

(1) La seigneurie de Trédiec, est en la commune de Riec, arrondissement de Quimperlé.
(2) Seigneur de Kernaut, commune de Mellac, près Quimperlé.

de Bennerbben (1) et Jean de Keranguen, que autrefois avoit esté procureur en Cornouaille, Jehan Le Fevre, Guillaume du Querisoët, que par plusieurs ans avoient esté receveurs de Kemperellé, maistre Jean Donguallen, Jouhan Jouhanin, Huelcoq Allet, Henri Le Digoedec et plusieurs autres gentilshommes dignes de foy par leurs sermens, sçavoir s'ils sçavoient aucunes causes, parquoy lesdits religieux ne devoient jouir desdites deshérances, ne impescher la tenour dudit mandement, lesquieulx didrent ne sçavoir aucunes causes encontre; ains que toujours ils avoient ouy dire que lesdits religieux en devoient joïr desdites deshérances, toutes fois que le cas escherroit et en avoient eu possession; de ce fut jugé et déclairé par droit que lesdits religieux devoint joïr, et à eux appartenoint lesdites deshérances et celles que es temps à venir escheroint, réaulment et franchement comme seignurs prouches desdits lieux, et à celle fin fut le plégement que donné avoint lesdits religieux contre les procureurs et receveurs et officiers de mon dit seigneur, de mon bailler, livrer et transporter lesdites maesons, ne aucune d'elles par tiltre de censie, ne autrement à Henry le Bourgeois, ne à autres personnes quelxconques en leur préjudice, fut à celle fin ledit plégement jugé à bon; de quoy demanda et requist ledit procureur desdits religieux avoir relation; pour laquelle à leur valloir à toujoursmais, du commandement de par la cour leur furent et sont cestes baillées. Donné

(1) Les seigneuries de Queblen et de Benerven sont en la commune de Quimperlé.

et fait ès généraux pletz de Kemperellé, le 6me jour de may, l'an 1422. Passé par J. Tuonharren; donné par copie par la cour de Kemperellé, sous le scel des contrats d'icelle, le 8me jour de may, l'an 1422. Ainsi signé, passé la copie par Yvon le Flochgall; Jean le Glasec, passe. »

Cet acte dont l'on fait bien de l'estat avec raison comme confirmant l'association du duc, nous adjugeant les déshérences comme à proches seigneurs du fond de la ville de Kemperlé, a esté tiré de la chambre des comtes de Nantes, par M. l'abbé, le 14 septembre 1680.

En 1434, le 24 mars, le duc donna lettres par lesquelles il abbatit une foire qu'il avoit créée au Bourgneuf, sur la plainte que l'abbé luy fist que cela luy portoit préjudice, et il la révoqua en considération que les abbés avoient associés ses prédécesseurs à la moitié des revenus de Kemperellé.

Cet acte ne m'est pas tombé entre les mains; mais l'on m'a dit que M. le procureur général du parlement (1) l'avoit, à cause que le secrétaire du duc se nommoit Huchet.

Le Nécrologe met que le 3 de mars, l'an 1438, F. Guillaume Gentil, prieur de Lo-Maria-Ker, se noya avec quelques autres personnes, en la rivière de Loire, en amenant la provision de la maison (2).

---

(1) Charles Huchet, sieur de la Bédoyère.

(2) « Die tertia mensis martii anno Domini 1438, frater Guillelmus Gentil, prior de Loco-Mariæ-de-Kaër, submersit in amne sive in fluvio Ligeris in aquirendo provisionem istius domus, cujus anima requiescat in pace, et animæ eorum qui cum eo periclitaverunt. » — *Necrol. Sanctæ Crucis.*

En l'an 1441, il commença à y avoir des orgues que donna F. Silvestre Le Minec, religieux de céans, et procureur de la maison, comme nous avons veu cy-dessus. Il les donna à la charge qu'on lui feroit un obit (1), avec une image d'albastre de la sainte Trinité, haute de deux ou trois pieds, que l'on mettoit sur le grand autel ; mais depuis que l'on y a mis une image en sculpture de la Sainte-Croix cette image en a esté tirée et mise dans la vieille sacristie.

Le duc Jean V ou VI estant mort au mois d'août 1442, son fils, François Ier fut couronné au mois de décembre la mesme année.

Il donna lettre au mois de décembre 1446, à la relation du conseil, par laquelle est mandé au sénéchal de Quimperlé informer des violences faittes aux religieux par les seigneurs de Rohan à l'égard de la pescherie (2). La lettre est perdue et même le recueil où l'on cite cette lettre avec plusieurs autres papiers se peut lire à peine. L'on trouve un acte de luy, le 27 avril 1448. L'acte suivant, en latin, est immédiatement écrit au devant de la règle de saint Benoist, en françois ; en voicy la teneur :

« Que tous sachent que F. Jean Trevarre, prieur de Lannenec a fondé une chappelenie avec le consentement et ordonnance de R. P. en J.-C., M. Henry de Lespervez, pour lors abbé de ce monastère, de laquelle chapelle a esté établi chappelain, frère Edouard Le Normand (3), et en a été mis en posses-

(1) Ibid.
(2) Voir aux P. justif. un acte du même duc, relatif à cette pêcherie.
(3) F. Ydouardus an Normant.

sion corporelle et réelle pour le tems de sa vie. Après le décez duquel ladite chapellenie sera annexée et unie avec l'office perpétuel ou bénéfice, vulgairement nommé de la crocerie (1), à la charge, sçavoir : d'une messe qui sera célébrée à perpétuité chaque jour de dimanche sur l'autel construit en l'honneur de la B. V. Marie et des saints Jean-Baptiste et Jean l'Evangéliste devant le chœur où le frère Jean a fait mettre à ses propres dépens un tableau d'ivoyre placé avec une structure convenable. Cecy a esté fait avec le consentement et décret susdit, au manoir de Penancoet (Chef de Bois) (2) appartenant à ce monastère ; présents discrets et honestes personnes maistre Yves Jouhan, clerc et notaire public ; le sieur Jean Castric, prebtre vicaire de Saint-Colomban ; Pierre Kercroes, du diocèse de Cornouaille et quelques autres témoins à cecy spécialement nommés et appellés, l'an de nostre Seigneur 1448, le lundi après *Judica me*, le dernier jour du mois de mars. »

Cet autel, dont il est parlé icy, est celuy que l'on appelle maintenant de l'Obit prez le grand autel du costé de l'évangile. Ce tableau qu'il appelle d'yvoire n'est que d'albâtre. Au-dessous il y a ces mots : *l'an mil (IIIIe) : XLI, frère Jouhen Trévazre donna cest tableau*. Il y a trois écussons de ses armes (comme je croy) qui sont : *d'azur à trois comettes d'or de 6 ou 7 rayons et la bande de gueule traversant sur le tout*. Plus bas il y a une Nostre-Dame de Pitié

---

(1) « Officio seu beneficio vulgariter croceriatus nuncupato. »
(2) Com^e. de Moëlan, canton de Quimperlé.

peinte assez pauvrement sur du bois, à laquelle le religieux est présenté par une abbesse, sainte Nennoc, qui a une crosse en sa main et un cerf à ses pieds, avec ces mots : *per te Nennoca sint mihi sacra loca.* En effet il estoit prieur de Ste-Nennoc. De l'autre costé son religieux est présenté par saint Jean-Baptiste, je ne puis pas bien lire l'écriteau : *nunc Benedictum et Bapta pauca qui facit ista ad cœlum dictum Trevarre.* Le premier chappelain frère Edouard Le Normant est un illustre dont nous parlerons bientôt.

Nostre abbé mourut le second de may, l'an 1453, comme il est écrit au Nécrologe (1). Sans sçavoir le tems qu'il commença à gouverner, l'en voit par les seuls actes qui nous restent dont le premier est de 1412, qu'il gouverna plus de quarante-un ans. Il fut enterré au milieu de la grande chapelle de Notre-Dame. Il ne faut pas s'arrester à ce que son tombeau est à costé et au pied du degré qui va à ladite chapelle rangé contre la chapelle de saint Gurlois, où l'on voit un abbé en chasuble les mains croisées sur la poitrine, la crosse à costé, et à la teste au derrière du tombeau deux écussons de ses armes qui sont comme j'ay dit 3 *jumelles d'or en champ de sable,* car l'on m'a dit que quand M. le Chambrier, frère Pierre Rouxel fit faire l'autel et peindre la chapelle de

---

(1) « Obiit frater Henricus de Lespervez, abbas hujus monasterii secunda die mensis maii anno Domini millesimo quater centesimo quinquagesimo tertio. » — C'est à tort que D. Taillandier met la mort de cet abbé en 1434, et lui donne pour successeur, d'après un catalogue moderne, un Hervé Morillon, dont les titres de l'abbaye ne font nulle mention.

Nostre-Dame, il fist transporter au lieu où il est à présent, ledit tombeau qui à cause de sa grandeur occupoit trop la chapelle (1). Il fist faire en 1425 et 1426, le soleil où l'on expose le Saint-Sacrement, qui est de vermeil doré, fait en forme de chapelle surmontée d'un clocher. Ses armes sont au pied (2). L'on voit encore ses armes en une vitre de la sacristie ; on les voit encore sur la chaire abbatiale qui ont deux chiens pour support ; car il a fait faire les chaises du chœur et le grand autel, où sont encore ses armes, lequel est en forme de piramide d'une sculpture de bois assez grossière, mais qui estoit peut-estre la plus belle de ce siècle là qui n'estoit pas trop fin ni délicat à ce que l'on voit.

A son exemple ses religieux taschoient d'orner l'église selon leur pouvoir. En 1441, frère Sylvestre le Minec avoit donné les orgues et une image d'albâtre de la Sainte-Trinité, pour le grand autel comme nous

---

(1) Ce tombeau se trouve maintenant dans la crypte, près de celui de saint Gurloës.

(2) Ce reliquaire n'existe plus. Les stalles du chœur et la chaire à prêcher ont été refaites au 18e siècle, mais il a laissé un souvenir plus durable de sa pieuse libéralité. C'est à lui, en effet, que l'on doit la reconstruction de la belle chapelle de Notre-Dame qu'il fit rebâtir presque en entier avec le concours du duc de Bretagne et des seigneurs du pays, ne conservant de l'ancien édifice que la nef qui est du XIIIe siècle. Ses armes supportées par deux anges, se voyaient avant 1790, d'après le procès-verbal mentionné à la page 294, au-dessus du porche nord de cette chapelle. Elles ont été martelées en 1793, mais l'écusson et les supports ont été conservés. Deux écussons de ses armes existaient encore d'après la même autorité sur la seconde poutre transversale de la charpente de la nef, à partir du chœur. Les voûtes du chœur de cette chapelle et de ses bas côtés, furent faites sous le gouvernement de l'abbé Daniel de Saint-Alouarn, et la flèche en plomp qui surmontait la tour fut élevée en 1623, du temps de l'abbé J. F. P. de Gondy.

avons dit. En la mesme année 1441, frère Jean Trevarre, prieur de Lannenec avoit fait l'autel et la fondation dont nous avons parlé. En la mesme année comme il est écrit au haut de l'autel : *l'an mil IIII° quarante-ung, frère Geffroy du Kaermagoer donna cest tableau ceans.* L'on y voit un ange qui tient un petit écu *de gueules à 3 molètes, 2 et 1, d'or ou d'argent*, l'on ne peut distinguer (1).

Le dernier autel qui est à costé du grand, du costé de l'épistre, fut fait plus tard, car l'on y voit les armes de l'abbé Guillaume. Il y a cet écriteau : *L'an mil CCCC L...... cest tableau en l'honneur de saint Vincent* (l'on a taillé le milieu); ce tableau a dû estre fait après 1455, car saint Vincent fut canonisé par le pape Calixte III, l'an 1455, le 29 juin, et son corps levé par Alain de Coativy, cardinal et légat le 5 juin 1456. L'on n'y voit plus ce tableau c'est-à-dire en bas relief comme les autres, et il n'y reste plus que le bois tout nud. L'on avoit de la dévotion pour saint Vincent Ferrier en cette ville. Il y passa en 1418, et logea en son couvent. Les armes de celuy qui fist cest autel sont peut-estre celle de l'écu qui porte *trois quintefeuilles, 2 et 1*, et à l'austre costé sont les armes de l'abbé Guillaume (de Villeblanche.)

Pour achever ce qui nous reste à dire de nostre abbé Henry de Lespervez, je diray qu'il y a eu deux évesques de Quimper de cette famille, F. Alain de

(1) Ces armoiries qui sont celles de la famille de Kermogoaer, en la commune de Moëlan, se voient encore dans la vitre du côté de l'épitre de la chapelle Notre-Dame à Quimperlé : — *de gueules à 3 molettes d'argent 2 et 1.* Cette famille s'est fondue dans du Pou en 1570.

Lespervez, troisième fils de messire Jean de Lespervez, chevalier seigneur dudit lieu et du Pratheir, fut de religieux de saint François fait évesque en 1448. Il mourut en 1445 (1). Il eut pour successeur son neveu, Jean de Lespervez, fils de Charles, chevalier, conseiller du duc François Ier et premier président de la chambre des comptes. Il fut sacré sur la démission de son oncle qui estoit devenu muet et fist serment de fidélité au duc Pierre II en septembre 1451 (2).

L'on voit des actes de nostre abbé en 1419, 1422 et 27 avril 1448.

JEAN ABBÉ, CONCURRENT.

Ayant rencontré un acte de l'abbé Jean, du 18 novembre 1419, et ayant aussi trouvé un autre du mesme jour et an fait par l'abbé Henri, je crus facilement qu'il s'y estoit glissé quelque erreur par la faute du copiste, mais en ayant encore veu un collationné sur papier touchant *Loguyon le Menec en Querrien* (3) du 8 juin 1425 ; enfin un du 26 novembre 1438, dans tous lesquels il se nomme Jean, humble abbé de l'abbaye de Sainte-Croix de Kemperlé, je n'ay peu

---

(1) Je ne sçay s'il n'estoit point frère cadet de nostre abbé, qui mourut deux ans devant lui. P. L. D.

(2) Il mourut en 1472. Ce fut après Bertrand de Rosmadec celui des évesques de Quimper qui contribua le plus à l'achèvement de la cathédrale de Saint-Corentin. Sa devise était : *Orphano tu eris adjutor.*

(3) Canton de Scaër, arrondissement de Quimperlé (Finistère.)

luy refuser rang dans ce lieu, mais je ne puis deviner
aussi la raison de cette concurrence, si ce n'est peut-
estre que le schisme qui s'estoit glissé dans l'église
romaine à l'égard des papes, et dans l'église de Liège
à l'égard de deux évesques qui se disputèrent le siége
par les armes, se fust aussi glissé à Sainte-Croix à
l'égard de deux abbés; car l'on a peu remarquer à deux
actes cy-dessus dattés du pape Benoist XIII (1), que
l'on suivoit en ce monastère le parti des papes séant
à Avignon. Je ne devineray pas encore le surnom de
cet abbé. Les plus anciennes armes qui restent dans
nos vitres estant celles de l'abbé Henry qui n'ont pas
trois siècles, à vingt ans prez, je croirois que celles de
son rival seroient celles dont j'ay parlé cy-dessus (2),
et que je pense estre de la maison de Malestroit. Je ne
diray pas non plus comment se sera terminé cette
concurrence des deux abbés, n'ayant point de mémoire
de celuy-cy après l'an 1438; ny quand il est mort si
ce n'est qu'on le prist pour cet abbé Jean, marqué au
Nécrologe, le 24 mars (3), mais je le croy plus ancien que
celuy-cy. Il est toujours constant que l'abbé Henry de
Lespervez est demeuré abbé après luy, et a eu pour
successeur immédiat Guillaume, dont nous parlerons
ci-après.

HOMME ILLUSTRE DE LA MAISON.

Frère Edouard Le Normant dont nous avons parlé

(1) Page 313.
(2) Page 294.
(3) Page 294.

dans un acte de l'an 1448 (1), fut aussi procureur-général de cette abbaye en 1422, et enfin fut fait abbé de Lantenac (2). Sa mort est marquée en nostre Nécrologe le 1ᵉʳ d'avril 1453 (3). C'est le mesme an de la mort de nostre abbé Henry.

Dès l'an 1450, le 18 juillet estoit mort le duc François Iᵉʳ, qui eut pour successeur son frère Pierre II du nom (4).

---

(1) Page 323.

(2) O. S. B. commune de la Ferrière, canton de la Chèze, arrondissement de Loudéac (Côtes-du-Nord).

(3) « IV Id. april obiit frater Edouardus Normant monachus istius loci et quondam abbas de Lantenac anno MCCCCLIII°. »

(4) « XV cal. aug. abiit Franciscus dux Britanniæ anno domini MCCCCL, circa mediam noctem, cui successit Petrus. » — *Necrol. Sanctæ Crucis.*

CHAPITRE XXX.

GUILLAUME DE VILLEBLANCHE, VINGT-HUITIÈME ABBÉ.

La maison de Villeblanche qui est comté et porte *de gueule à une fasce d'argent accompagnée de 3 hures de saumon de mesme en fasce, 2 en chef et 1 en pointe*, est très-noble et ancienne.

Henry de Villeblanche, chevalier et chambellan du duc, estoit capitaine ou gouverneur de Rennes et grand maitre de Bretagne, sieur de Broon et de Maumusson (1). Servant sous le connestable de France Artur de Bretagne, il prist le chasteau de Saint-Celerin (2), prez Alençon, place forte, sur les Anglois en 1429, et fut un des députés de Charles VII à l'assemblée d'Arras (3), où se fist la paix avec le duc de Bourgogne, Philippe Le Bon, en 1435 (4). Il portoit l'enseigne du connestable quand il entra dans Paris et en chassa les Anglois en 1436. Le duc de Bretagne, Jean V, voulant faire augmenter la ville de Rennes de toute la basse ville en donna la commission en 1422 à Henri de Villeblanche (5). Les murs, tours et portes

---

(1) Du Paz *Généal. de la Hunaudaye*, p. 160.
(2) D'Arg. *Hist. de Bret.* liv. XI, ch. 38.
(3) Id. *Ibid.* ch. 45.
(4) Id. *Ibid.*
(5) Id. *Ibid.* liv. XI, ch. 24.

dont l'une s'appelle la *porte blanche* de son nom, estoient achevés dès l'an 1444, sous le duc Pierre II. En 1449 sous le duc François Ier, estant gouverneur de Rennes, il mena plusieurs compagnies qu'il avoit levées en Basse-Bretagne par commandement du duc, au siége de Fougères (1), qui fut prise sur les Anglois et fut présent et témoin du testament du mesme duc le 16 juillet l'an 1450, comme son chambellan (2). Il fut accusé sous le duc Pierre II, d'avoir eu part à la mort de Gilles de Bretagne, dont il se purgea (et d'Argentré dit en avoir veu les procédures) (3) après avoir esté longtemps prisonnier et fut enfin élargi. Il fut un capitaine renommé. Il avoit espousé Renée de Bagaz, dame dudit lieu et qui estoit sans doute héritière, sa maison s'estant perdue en celle de Villeblanche. Car les comtes de Bagaz en l'évesché de Rennes (4) portent les mesmes armes de Villeblanche. Ils acquirent de Pierre de Brézé, seigneur dudit lieu et comte de Maulevrier, etc. en 1451, le pénultiesme d'octobre, la terre de Broon (5). Ils firent bastir la chapelle de Saint-André en l'église de Saint-Pierre de Rennes où ils sont enterrés sous une tombe élevée (6). Elle mourut l'an 1477 le dernier jour de janvier (7).

(1) D'Arg. *Hist. de Bret.*, liv. XII, ch. 10.
(2) Id. *Ibid.* liv. XII, ch. 13.
(3) Id. *Ibid.* liv. XI, ch. 48, et liv. XII, ch. 16.
(4) Commune de Guichen, arrond. de Redon (Ille-et-Vilaine.)
(5) Du Paz, *Généal. de Broon*, p. 431.
(6) Id. *Généal. de la Guerche*, p. 67.
(7) Id. *Généal. de Martigné Ferchaut*, p. 86.

Cette terre luy cousta la somme de quatorze mille cinq cents écus d'or neufs. Le duc Pierre luy en donna les lods et ventes par lettres du 23 octobre audit an, où il dit que cet achat se fist en 1450.

De ladite Renée fille de Guillaume de Bagaz et de Jeanne du Houx qui estoit veuve de Jean du Perrier, seigneur du Plessis Balisson dont elle n'avoit point eu d'enfant (1). Henry de Villeblanche eut Pierre de Villeblanche, seigneur de Broon, de Maumusson et de Bagaz qui épousa Jeanne du Perrier (2), fille de Jean du Perrier et de Jeanne de Quelen, fille unique et héritière, dame du Plessis Balisson, de Martigné-Ferchaut, d'Assé et de Laverdin. Il essuya toute la fureur de Pierre Landays, thrésorier de Bretagne et favori du duc François II, qu'il avoit voulu enlever s'estant ligué avec les autres seigneurs de Bretagne (3). Ses bois et maisons furent rasés, mais après la mort dudit Landais il eut grâce du prince qui le nomma son chambellan du 13 aoust 1483. Il vendit en 1496 la terre et seigneurie de Fourneaux à Françoise de Broon (4), mourut le 3 décembre 1515 et gist à Saint-Pierre de Rennes, dans la chapelle que son père avoit bastie. Il eut de sa femme trois enfants (5).

1° Jean de Villeblanche. Il épousa en 1482, le

---

(1) Id. *Ibid*. p. 86.
(2) Id. *Ibid*.
(3) D'Arg. *Hist. de Bret.* liv. XIII, ch. 23.
(4) Du Paz, *Généal. de Broon*, p. 409.
(5) Id. *Généal. de Martigné-Ferchaut*, p. 86.

9 aoust, Catherine du Chastelier, dame dudit lieu et de Branciau dont il eut quatre enfants, comme nous dirons cy-après. Il fut seigneur de la Porte Saint-George, et du Mesnil en Anjou, par don du roy Charles VIII du 14 février 1487, et puis fut seigneur du costé de sa mère du Plessis-Balisson, de Martigné-Ferchaut, d'Assé et de Laverdin. En 1499, sa femme recueillit la succession de Marguerite du Pont, sa cousine au tiers degré, morte sans enfans, et dame de Plusquellec (1), de Tourgouf, maintenant Trogo (2), de Callac, et du Pontblanc. Il mourut cinq ans devant son père, en 1510.

2° Renée de Villeblanche qui épousa Georges Tournemine, dix-septième seigneur et quatrième baron de la Hunaudaye, dont elle eut une fille unique nommée Françoise Tournemine qui épousa : 1° Pierre de Laval, seigneur de Montafilant son parent, luy au quatrième, elle au cinquième degré, dont elle n'eut point d'enfans et qui mourut en 1524 ; 2° messire René de Montejan, seigneur dudit lieu et de Sellé le Guillaume, etc., maréchal de France, qui mourut sans enfans d'elle en 1538 ; 3° Claude d'Annebaud, seigneur de Saint-Pierre, premièrement admiral et puis maréchal de France, qui mourut en 1562, et laissa de sa femme Jeanne d'Annebaud et Magdeleine d'Annebaud.

3° Jeanne de Villeblanche, femme de Charles de

---

(1) Id. *Généal. du Chastelier*, p. 93.

(2) Trogoff, en la commune de Ploégat-Moisan, arrond. de Morlaix (Finistère). Le nom ancien de cette seigneurie est Tuongoff.

Beaumanoir, vicomte du Besso de Medrignac et seigneur de la Claye. Cependant mon directeur du Paz ne parle point de cecy dans la généalogie des vicomtes du Besso.

Le fils aîné, Jean de Villeblanche, eut de Catherine du Chastelier, quatre enfants : Claude, Antoine, Françoise et Charlotte.

Claude, chevalier de l'ordre du roy (1), succéda à son père en 1510, à la seigneurie du Plessis-Balisson, à son grand père en 1515, aux seigneuries de Broon, de Maumusson, de Bagaz, du Mesnil, de la Porte et de Martigné-Ferchaut, et en l'an 1522 à sa mère es seigneuries du Chastelier, de Brancian, de Plusquellec, de Trogo, de Callac, du Pontblanc, etc. Par lettres du 3 avril 1522, il fut pourveu de l'office de premier pannetier de Claude de France, fille de Louis XII et d'Anne de Bretagne, et femme de François Ier, roy de France. Il servit les roys de France ès guerres qu'ils eurent en Haynaut et en Savoye, et que le roy François eut contre la seigneurie de Venise ; et ce fut en considération de ses services et de sa valeur qu'il fut fait chevalier de l'ordre en 1538. Son neveu Guy, sieur de l'Espinay, l'offensa pour avoir voulu luy oster le gouvernement et administration de ses biens par arrest du parlement de Bretagne. L'on ne voit pas qu'il eut esté marié ; il avoit de grands biens, et faisoit belle dépense. Voilà ce qui attira l'arrest, ce semble, et ce qui irrita l'avidité de son neveu, fils de sa

---

(1) Du Paz, *Généal. du Chastelier*, P. 93.

sœur. Il se releva de cet arrest au conseil du roy, et fut remis dans la disposition et administration de ses biens, mais il ne revint jamais du déplaisir qu'il avoit reçu de son neveu Guy, son principal héritier. Ce fut là toute la cause qu'il vendit les terres de Martigné-Ferchaut, en Bretagne, de la Porte et du Mesnil, en Anjou, à Anne de Mommorenci, lors grand maistre et puis connestable de France, et lui transporta par titre de donaison celles de Callac, du Chastelier, d'Ereac, et de Brancian ès années 1539 et 1540, ce qui fut une source de procez entre les maisons de Montmorency et d'Epinay (1); mais par accord le marquis d'Epinay eut Broon, Trongo, la Porte, le Mesnil et le Plessis au Noir, et le connestable le reste qui montoit pour lors à la somme de 15 mille livres de rente.

Le second fils fut Antoine (2), chevalier, seigneur du Pontblanc, Bagaz, de Callac et de Pluscallec. Ces seigneuries retournèrent à l'aisné par ce qu'il mourut avant luy et sans enfant.

Le troisième enfant, Françoise de Villeblanche, épousa Guy II° du nom, seigneur d'Epinay. Le contrat de mariage est du samedi 1ᵉʳ septembre 1509. Son mary fut homme sçavant vaillant et de mérite auprès des roys de France. Elle en eut postérité et mourut en 1518.

Le quatrième enfant, Catherine de Villeblanche, épousa : 1° Jean, seigneur d'Orvoulx, dont elle eut

(1) Du Paz, *Hist. généal. d'Espinay*, P. 300.
(2) Id. *Ibid.*, PP. 92 et 299.

plusieurs enfants ; 2° Urbain Tillon, chevalier, seigneur de Sacé, du Grollay, de Princé et de la Hardière.

Voilà presque tout ce que j'ai trouvé de la maison de Villeblanche. Henry dont j'ai parlé cy-dessus, estoit fort avancé en 1450 auprez des ducs. Je ne diray pas si Guillaume, nostre abbé, estoit son frère, n'en ayant pas de titre. Il fut élu abbé en 1453 ; son prédécesseur estant mort la mesme année le 2 de may.

En 1454 il eut bulle du pape Nicolas V qui excommunie les pirates qui ravageoient Belle-Isle (1). Cette bulle estant adressée aux trois évesques de Quimper, Vennes et Tréguier, ou à l'un d'eux, nostre abbé la fist recevoir l'an 1468, par l'évesque de Vennes, Yves de Pontsal, religieux de Saint-Dominique, du couvent de Quimperellé, juge et exécuteur des lettres apostoliques, délégué en ceste part, et qui par sa lettre déclare aux évesques de Luçon, Cornouaille, Nantes, et leurs vicaires, etc. qu'il a reçu cette bulle scellée à la manière et forme qu'en use la cour de Rome, à luy présentée par vénérable père le sieur Guillaume de Villeblanche abbé de Sainte-Croix de Quimperlé, et Guillaume de Kermorvezan et Guillaume Carnac, habitans de Belle-Isle, de nul diocèse, et qu'après l'avoir fulminée, il luy fut présenté plainte de la part dudit sieur abbé et de ces deux habitants de Belle-Isle que depuis un an (c'est-à-dire en 1467), ledit Guillaume Kermorvezan et Guillaume Carnac, habitants de Belle-Isle, ayant chargé un vaisseau de certaine quantité de

(1) Voir le texte de cette bulle aux pièces justificatives.

froment et d'avoine et certain nombre de poissons
secs, ledit navire avec ce qu'il portoit appartenant tant
au sieur abbé qu'aux habitans de Belle-Isle, et passant de ladite isle à Saint-Martin de Ré, un certain
Jacques Passagier autrement Brigandin et Colin
Fenny, avec autres complices des Sables d'Olone, diocèse de Luçon, abordèrent avec une pinnace ledit
navire, l'attaquèrent par force, y entrèrent et en chas-
sèrent lesdits Kermorvezan et Carnac, les mirent à
terre, et emmenèrent le navire avec sa charge, quoy
qu'ils fussent bien instruits de la bulle susdite. C'est
pour quoy les plaignants prièrent ledit évesque de
Vennes d'en faire information sommaire et entendre
les témoins qu'ils présenteroient et procéder à l'exécution de ladite bulle ; et que luy évesque voulant
exécuter avec respect ladite bulle et rendre justice sur
la complainte, et ayant pris serment et écouté les témoins, il lui consta des violences et pilleries des nommés Passager et Fenny et leurs complices, d'où il
requiert ledit évesque de Luçon par ses lettres, ou
plutôst par les lettres apostoliques, que six jours après
que les complaignans le leur auront demandé, il leur
fasse faire monition au prône de leur messe de paroisse, ou que si l'abord n'en est pas seur il la fasse
afficher au lieu public le plus proche, en sorte qu'ils
en puissent avoir connoissance ; que si en trois jours
ils ne font restitution ou ne satisfont par composition
ou autrement, qu'ils les excommunie, éteignant les
chandelles et jettant la croix et livres à terre, etc......
et qu'il réserve l'absolution de l'excommunication

susdite à luy ou à l'abbé susdit. Donné à son église de Vennes, l'an 1468, Indiction II (8 d'octobre), l'an V du pontificat du pape Paul II. Et la mesme année, à la requisition de Louis Voylayne procureur de l'abbé, ce monitoire fut publié par mandement de Nicolas, évesque de Luçon, en l'église ou chapelle de Notre-Dame d'Olonne, diocèse de Luçon, au prône de la grande messe de paroisse, un dimanche 27 de novembre. L'on fist publier la mesme bulle à Saint-Martin de Ré, à cause qu'il se trouva des habitants des Sables d'Olone au port de ladite isle, et ladite réaggrave fut affichée aux portes de la grande église de Nostre-Dame d'Olonne, et à celle des Sables, et à Saint-Pierre de Tallemond, par ce qu'ils ne vouloient pas obéyr.

En 1456, le 5 juin, se fist l'élévation du corps de saint Vincent Ferrier, par Alain de Coativi, cardinal et légat, en présence du duc Pierre, des neuf évesques de Bretagne et de tous les abbés de la province. Le nostre estoit trop connu pour y avoir manqué.

Le 22 septembre 1457, mourut le duc Pierre II, dit le Simple, comme met nostre Nécrologe (1). Artur III, connestable de France et duc de Bretagne qui luy succéda, fut couronné la mesme année à la feste de Toussaints, par Jacques d'Epinay, évesque de Rennes.

Ce duc fut extrêmement irrité contre ce prélat et obtint bulles du pape Calixte III, addressant à l'abbé

---

(1) « X. cal. octob. obiit Petrus dux Britanniæ bonæ memoriæ hora decima diei vel circa, anno MCCCCLVII ; regnavit annis VII, 2 mensibus. Hic ab impositione talliarum se abstinuit. Huic successit Arturus. »

de Quimperlay (c'estoit nostre Guillaume) et autres pour informer sommairement des rebellions, désobéissances et excez que faisoit ledit Jacques d'Epinay (1), etc. Je croy que cette querelle s'appaisa par la mort du duc qui ne régna guère qu'un an, estant mort le 26 décembre 1458 ; mais l'affaire se poussa fortement sous le duc François II qui fut couronné en 1459, au commencement de l'année, en comptant à la façon moderne, car à l'ancien style c'estoit encore 1458, qui ne finissoit qu'à Pasque, et il fit son entrée à Rennes le samedi devant la Purification, 1458. C'est sous ce duc que l'évesque de Rennes fut maltraitté jusqu'à mourir en prison par l'intrigue de Pierre Landays, thrésorier de Bretagne, qui vouloit profiter de son évesché pour un de ses neveux (2).

Nous avons desjà veu (3) la fondation d'une chapelle que fist frère Jean Trevarre ; voicy qu'il recommence sous cet abbé en luy assignant des rentes.

« L'an 1458, le 13 de février indiction VII, l'an 1er du pontificat du très-saint père Pie II, en présence de nous, notaires soussignés, vénérable et religieuse personne frère Jean Trevarre, prieur de Lannenec, dans le monastère de Sainte-Croix de Quimperlé, au chapitre en présence de révérend père Guillaume, abbé et les frères du couvent du monastère, avec le

---

(1) D'Arg. *Hist. de Bret.*, liv. I, ch. IX. — Du Paz, *Hist. généal. d'Épinay*, p. 284.

(2) « VII cal. Janu. obiit Arturus dux Britanniæ et connestabularius Franciæ, vir magnæ et severæ justiciæ anno Domini MCCCCLVIII. Hic strenue rexit per multos annos officium connestabularii et multis interfuit bellis in anglos et gallos.... » — *Necrol. Sanctæ Crucis.*

(3) Page....

consentement authorité et décret desdits sieurs abbé et couvent, a fondé une certaine chapelle sur l'autel de Nostre-Dame, et des saints Jean apostre et évangeliste et Jean-Baptiste au chœur de ladite église, et l'a annexée par les mesmes authorité, décret et consentement à l'office de la Crosserie, et l'a dotée sur les fruits héritages et revenus cy-dessous, qu'il a donnés à ladite chapellenie, sçavoir la maison qui fut autrefois à Jean Le Gal dans la rue Ellé, et la somme de 30 sols sur la maison de Jean Bodrimon, le jeune; la somme de 12 sols sur les terres et héritages de Jean Eon et sa femme ; la somme de 12 sols sur un certain parc d'Yves Douglas, en la rue de Gorre-Kaer (Gorrequaire) ; la somme de 20 deniers sur un parc de Jean Turner, en la rue Gorreker ; à la charge de dire une messe dominicale seulement tous les ans, en note, chaque troisième dimanche de février, et à la charge de payer quatre quartes de vin aux religieux, chaque troisième dimanche de février, afin qu'ils aident plus volontiers à chanter ladite messe. Et le sieur abbé du consentement du prieur et du couvent a annexé cette chappelenie à l'office de Crosserie, et l'a donnée à frère Jean Cornic, porte-crosse, présent et acceptant, et l'en a pourveu et fait mettre en possession par les religieux susdits, ou par les notaires et chacun d'eux ; et il a esté accordé entre les religieux que si l'on rachette lesdits héritages, l'argent qui en proviendra sera reçu en chapitre et gardé en commun pour estre converti en héritages pour l'entretien de la chapellenie (2). »

(2) Cet acte est en latin dans le Nécrologe, au milieu du mois de février. P. L. D.

Il y a lettres du duc François II, données à Dinan, le 16 novembre 1464, qui à peine se peuvent lire, d'où pourtant j'ai arraché ce qui suit : sçavoir que les habitants de Belle-Isle, à cause qu'ils estoient exposés aux courses des pirates et ne pouvoient quitter leurs maisons et qu'estant éloignés d'Auray, de neuf lieues, ne pouvoient comparoir aux termes de leur assignation, ne seroient point assignés hors la juridiction de Belle-Isle, sans lettres sous le sceau du duc.

Le 5 novembre 1467, il y a acquit du collecteur papal, par lequel il reconnoit avoir reçu de l'abbé Guillaume, quatorze florins d'or (14 regalium auri), deus à la chambre apostolique pour sept ans. Cette somme avoit esté imposée par les papes, qui confirmèrent nos droits et nos biens (1).

En la mesme année il y eut une grande enqueste pour la closture du bois l'Abbé, autrement le parc de Saint-Nicolas. L'affaire sera mieux exposée dans l'accord que je rapporteray en 1469. Et je ne suis pas d'humeur à rapporter toutes les paroles des témoins, ce qui seroit une chose assez divertissante, comme entre autres, que monsieur l'abbé et les religieux estant fort jaloux, que nulle personne ne passast par leur parc mesme à pied, le sieur abbé ayant rencontré une fille chargée de bois, qui venoit de la forest du Roy (2), après l'avoir rudement reprise d'avoir passé par son bois luy dit, que s'il la rencontroit jamais, il luy vaudroit mieux qu'elle fut couchée dans son lit.

---

(1) Voir pages 135 et 186.
(2) La forêt de Carnoët.

Mais au sérieux, les témoins rapportent ce qui regarde le bois et entre autres choses, que les massons loués pour réparer la muraille du parc, commencèrent en 1465, leur travail vers la Croix, nommée Croix en Beu ou en Veu, sur une vieille massonnerie et là élevèrent pots (paux), et huissier pour mettre une petite porte en tirant vers Quimperlé, sur le chemin de Queblen, et vers la mi-septembre de 1466, reprirent ladite réparation, et vers Saint-Nicolas mirent une claye et une porte, et vinrent à une porte qui est vers *Kerrcs*. Ledit œuvre finit audit an 1466, la veille de saint André. Que depuis vingt ans en ça l'abbé (ce devoit estre Henri de Lespervez), avoit eu monitoire contre ceux qui avoient esté prendre du bois et endommager le parc. Qu'il y avoit chemin hors le parc, vers le soleil couchant, pour aller de la *place Michel* à la forest de Carnoet, à Lothea, à Queblen, Cos-Castel (Vieil Chastel); que depuis vingt ans, le chemin qui estoit petit pour des gens à pied de la rue des Vaisseaux à saint Nicolas, avoit esté agrandi par frère Geffroy du Kermagoer (1), champlier (chambrier; c'est celuy qui a fait faire l'autel de la grande sacristie), pour amener ses foins par terre, qui ne montoient auparavant que par la rivière : qu'il y avoit un bois sur la montagne de sainte Catherine (2) ; que de trente ans, il avoit veu le parc enclos de vieille muraille ; que dans l'enclos il y avoit prez, paissons, pour nourrir les bœufs, pour la provision du monastère (marque

(1) Voir page 327.
(2) En la paroisse de Saint-Michel à Quimperlé. Il y avait un prieuré de ce nom. Voir page 13.

qu'ils ne gardoient pas l'abstinence entière, comme l'on voit encore par l'acte de l'abbé Robert, que l'on tuoit des cochons au monastère en 1397) (1) ; qu'audit bois il y avoit encore garenne à connils (lapius). On parle encore de ville close de Quimperlé ; ainsi les murailles de la ville estoient encore entières. Un témoin ajoute qu'à l'abbé appartient droit de pesche depuis l'abbaye jusqu'à un lieu nommé *Bechenendro,* et à veu pescher les religieux et serviteurs, et prendre rets et filets de ceux qu'ils y avoient trouvés pescher ; que les faix de bois que l'on trouvoit passer par le *parc* estoient confisqués à l'hospital ; qu'il y avoit un petit chemin traversé de rochers de la ville close de Quimperlé, au moulin Kerouanger pi ez saint Nicolas, autrefois moulin a bled et alors moulin fouleret, qui fut aggrandi pour le transport des foins de saint Nicolas, et aussi pour ce qu'un paige de l'abbé nommé Jean Evan, estoit tombé dans la rivière et s'y estoit noyé (marque que l'abbé se souvenoit trop de sa naissance). Enfin voici comment se termina l'affaire et le nom des parties qui prétendoient passage par le parc ; car ce fut le sujet de l'enqueste et du procez. Aprésent le bois l'Abbé est un chemin public. L'on voit pourtant encore quelques restes de muraille, qui font preuve que le bois pourroit estre fermé, et que l'on est en droit de le faire. Je mettray cet acte en raccourcy.

« Entre Jean de Québlen et Henri de Queblen son fils aisné, Jean sieur du Hiliguit, maistre Henri Donguallen, Hervé de Benerven ; et les abbés et religieux

(1) Cet acte a été raturé dans le manuscrit de D. le Duc. — Voir p. 310, note 2.

qui prétendoient garder leur parc franc et exempt en tous endroits, comme propre héritage de ladite abbaye pour partie de la dotation et fondation d'icelle ; et les parties prétendoient avoir chemin pour aller d'une croix, nommée Croix-en-Beu, à la chapelle de Saint-Nicolas, et à la rue des Vaisseaux, l'autre pour aller de ladite Croix au moulin de Queblen, le tiers pour aller de ladite Croix au coin dudit parc, devers Orient jouxte les bois taillis desdits de Queblen et au moulin de Queblen, le quart pour aller du village de *Kerres,* au lieu de Saint-Nicolas, le quint pour aller dudit village de *Kerres,* audit coin jouxte lesdits bois, le sixte pour aller de cette ville au lieu de Saint-Nicolas au long dudit parc, au coin dessus nommé vers lesdits bois, et le septième pour aller de cette ville et du lieu de saint Nicolas, au moulin dudit Jean de Queblen, à l'endroit du bout de la chaussée diceluy moulin jouxte ledit parc, qu'ils avoient nommés voyes publiques pour eux et autres à y aller à pied, à cheval, à charette ; a esté résolu de comparoir devant révérend père en Dieu, monsieur Yves de Pontsal, évesque de Vennes, et pour y vacquer estoit de sa grâce venu en cette ville, et en sa compagnie sage, etc. Maistre Nicolas de Kermeur, procureur général de Bretagne, et sénéchal de cette ville de Kemperlé (1), qui avoit les enquestes de cette cause. Et ont comparu en ladite cour devant monsieur le sénéchal, en présence dudit révérend père en Dieu, etc., sçavoir honeste religieux

(1) L'on ne comptoit pas pourtant au procez de la jurisdiction qu'il y eut eu un sénéchal à Quimperlé, depuis si longtemps. P. L. D.

révérend père en Dieu, frère Guillaume de Villeblanche, etc. ; lesquels de Queblen, se seroient désistés de tous pletz, etc., et lesdits religieux leur ont voulu et concédé qu'ils puissent faire et tenir sur ledit parc, deux huysseries et huys fermant à clef, l'un au bout du parc vers cette ville, à l'endroit où sont les pas fichés aux murs dudit parc, pour y entrer et exir au devant du pont, par lequel on passe la rivière du moulin de Kuonbanger, appartenant par moitié au duc et audit abbé et couvent ; et l'autre huisserie à l'autre bout dudit parc, à l'endroit des bois taillis de Queblen ; et d'avoir chacun d'eux, deux ou trois clefs pour fermer et ouvrir lesdits huys, afin qu'eux leurs femmes, enfants, et familiers domestiques y demeurant avec iceux, successeurs et consanguins seulement, puissent aller et venir à pied seulement, à l'endroit seulement qui conduit et pourroit conduire droitement de l'un desdits huys à l'autre. Quels huys lesdits de Queblen et Donguallen, sont tenus de faire faire devant Noël prochain, les maintenir bons et fermants à clef, lesquelles clefs seront monstrées audit abbé et couvent, et merchées (marquées), de la merche (marque), que leur plaira mettre, et si elles sont usées ou perdues en avoir d'autres qui seront aussi merchées : et tenir les huys fermés, afin qu'autres ny puissent entrer ne exir, et que à occasion de ce aucune perte en bois, beste, ou autrement n'avienne ; et à faute de tenir fermés ou par rupture violente d'autres personnes que lesdits abbé, religieux ou serviteurs, il arrive dommage, lesdits de Queblen et Donguallen, seront tenus en dédommager. Et afin d'oster tout doute et scrupule, qui a cette occasion, pourroit choir en la conscience d'aucuns d'eux, à l'abbé et au couvent pour souffrir et faire a présent octroy d'aller et venir en ladite manière par ledit parc, et ausdits de Queblen et Donguallen, de le prendre sans en faire récompense à ladite abbaye, et que pour ce faire aucun n'en demeure chargé en conscience, ils seront tenus donner 20 sols monnoye en rente perpétuelle, au fief proche du duc ou en celuy desdits abbés et couvent en cette juridiction, et hors cette ville et ses forsbourgs, en fond d'héritage ou sur gages suffisants ; à faute de quoy pourront les religieux étoupper et tenir clos ledit parc et les empescher d'y entrer. Lesdites parties permettent aux religieux de tirer les enquestes vers eux pour s'en servir et ayder, vers qui mestier en auront. Que si lesdits abbé et successeurs veulent bastir maison audit parc, le pourront faire, en donnant passage ausdites parties dans le parc, au lieu moins dangereux. Fait le lundi penultiesme jour de novembre 1469. Le commissaire pour l'assiette des vingt sols : Henry de Lopriac. » Nous en verrons encore quelque chose plus bas.

En 1476. Il y eut des commissaires nommés de la part du duc pour apaiser quelques différends entre l'abbé Guillaume d'une part, et frère Guillaume Aline comme procureur de neuf autres religieux du parti de l'abbé, et frère Olivier de Bouteville, comme procureur du parti opposé, touchant plusieurs matières de cloistre. Les commissaires furent Geffroy (Gaufrido), abbé de Notre-Dame de Lantenac et frère Jean Lalinan, prieur de Pontchasteau (1), qui vinrent à Kemperlé. Leurs règlements sont décrits fort au long dans un procès-verbal devant notaires, et les lettres du duc François II se trouvent, mais ces deux actes en parchemin sont si effacés qu'à peine en peut-on tirer quelque chose. Voicy le peu que j'en ay arraché :

En mil quatre cent soixante et quinze, les deux commissaires susdits comparurent en chapitre, présentèrent les lettres de leur commission de la part du duc, qui sont insérées mot à mot et en suite procédèrent à faire ces réglements :

« S'ensuivent les ordonnances, advertissements et admonitions charitables desdits commissaires touchant l'observance régulière..... doit estre gardée selon droit escrit et le contenu de la règle de monsieur saint Benoist. Le service tant de jour que de nuit est suffisamment fait, mais que un chacun soit diligent d'estre tempestivement à l'oratoire après le son des cloches cessé... choses... délessées. Les cérémonies de religion doivent estre gardées par tous les lieux du monastère selon la diversité des lieux. En l'oratoire l'on doit garder silence, aussi en dortoir en sacristie et réfectoir auquel lieu l'on ne doit manger chair, et durant la réfection temporelle.... sçavoir en oyant la lecture d'un des religieux qui doit lire durant le digner d'aucune bonne leçon afin de édifier les auditeurs et instruire en bonne doctrine. Après le digner... deux à deux à l'église en chantant *miserere mei Deus*, et là dire grâces ; après grâces.... occupation religieuse.

(1) Commune et canton de ce nom, arrondissement de Savenay (Loire-Inférieure.)

Par chacun jour l'on doit aller en chapitre par deux fois, au matin pour lire le Martirologue avecque les expositions de l'évangile ou de la règle de saint Benoist selon que de coustume.... amandements et corrections audit chapitre... afin l'on doit requérir le prélat pour aller en chapitre et incontinent y doit aller....; aussi davant complies l'on doit aller en chapitre pour lire de la vie des saints ou... y faire lecture pour édification spirituelle, et par après aller à l'église chanter complies. Après complies aller au dortouer ainsi que de coustume est, et vacquer en quelque bonne estude et contemplation sans.... s'il n'y a grande nécessité....; n'est honneste... vacquer à paroles vaines et mondaines, mais plus est consonant à religion, lire au commencement et fin....; aussi au souper ordinaire nul ne se doit séparer du couvent en boire.... L'on doit faire abstinence de chair ès temps de l'Advent.... s'il n'y a excusation légitime et par espécial en Advent qui est très-fort commandé.... Le résidu du boire et manger doit estre distribué aux pauvres selon que l'on a coustume, et doit à ce estre adusité l'aulmonier pour garder le droit des pauvres. Ne doit aucun religieux aller hors.... du monastère, sans congié de celuy qui préside en couvent et par espécial les cloestriers qui n'ont aucune administration temporelle. Les officiers qui ont administration peuvent aller en ville, notifiant leurs affaires à celuy qui préside. S'il est possible, un religieux ne doit point aller seul en ville mais par.... du garde d'ordre, luy doit estre baillé compagnie d'un autre religieux. Aussi ne doit aucun religieux boire ne manger en ville s'il n'y a grande nécessité, en laquelle par congié du garde d'ordre le peut faire, et ne doit aucun religieux coucher ne pernocter en ville. Item tous religieux dormans en dortouer, doivent coucher régulièrement sans linge et sans couette de plume, et si aucuns religieux couchent hors dortouer en chambre, ce néantmoins doivent coucher régulièrement. Aussi ne doivent point user de chemise de linge pour vestir, et par espécial quand on célèbre messe, mais doivent user de draps de laine ou d'estamine. Souvent doit le garde de l'ordre visiter les chambres d'un chacun estant en dortouër afin de sçavoir s'il y a chose désordonnée qui soit contre l'honneur de religion. Audit dortouer l'on ne doit aucunement jouer à quelque jeu que ce soit ; aussi l'on ne doit manger, mais vacquer à prières et oraisons de pleurs. Aussi ne doit aucun séculier.... en dortouer, ne boire ne manger. Après matines doivent les religieux assemblement chauffer en quelque lieu à ce déterminé et plus prez de dortouer que ce pourra faire s'il est possible. Item doit bien estre.... le prélat et regarder.... que tous religieux cloistriers n'ayent occasion d'avoir aucune propriété en or ne argent, ne en quelque autre chose particulière, car c'est une des prohibitions de droit escrit et au temps présent plusieurs maux et dissolutions sont trouvés en religion.... propriété n'est pas licite, que l'on administre argent aux religieux cloistriers pour avoir leurs vestements ; mieux, seroit convertir l'argent a ccoustumé en vestement et habillemens nécessaires. Item doit bien avoir regard le garde d'ordre ès vestemens et habillemens.... religieusement et par espécial le grand nommé *froc* ou *coule* se doit porter avec humilité, le *chapron* sur la teste. Quel grand habit doit estre continuellement porté par tout le monastère, fors quant à la fois que l'on joue en cloistre à la paume ou autre jeu honneste.... aucunement lesser leur petit habit nommé *celleron*.... Aussi doivent porter souliers religieux selon la Clémentine, *ne in agro,* de *statu monachorum.* Quels soliers doivent estre fermés o corroyes de cuir. Item tous religieux doivent vacquer continuellement en quelque occupation religieuse.... Les jeunes doivent estre instruits et apprendre leur service pour servir en religion. Après leur service apris, doivent estre instruits en grammaire, afin quand ils porteront l'ordre de prestre, ils soient suffisants pour célébrer leurs messes..... pour observer.... escrit. Aussi pour obvier à plusieurs inconvéniens qui peuvent ensuir en religion, ne doit aucun religieux estre compère ne tenir enfans sur fons. Ne doit aussi aucun religieux se confesser aux prestres séculiers.... aussi.... ne doit-on confession des séculiers.... quelque fois en nécessité. Item les jardins du monastère doivent tellement estre faits et ordonnés qu'ils soient almeuleu (au milieu) du monastère et à la récréation et consolation des religieux. Car plus honeste chose est en religion prendre aucune consolation.... ès jardins que aller en ville jouer o les séculiers et en lieu publique. Item doit estre un lieu déterminé au monastère pour l'enfermerie (infirmerie), afin que quand aucun religieux sera malade ou mal disposé qu'il se retire ou lieu de l'enfermerie et qu'il soit.... charitablement, selon le contenu de la règle.

Et pareillement doit estre un autre lieu assigné pour observer.... hospitalité ainsi comme est contenu en la règle ; ouquel lieu de l'hospitalité seroit bien convenable que les prieurs de dehors estant du monastère, qui souvent viennent à la ville de Kemperlé voulseissent boire et manger.... que boire et manger en ville. Lesdits prieurs ne doivent pas fréquenter la ville sans cause et sans porter le grand habit. Aussi les prieurs qui sont demeurans en leurs prieurés doivent porter leur grand habit, par espécial quand ils se trouvent faisans service solennel, comme vespres.... messes et processions solennelles. Pareillement doivent faire les prieurs demeurant au monastère.... Item selon l'observance de religion doit estre un portier résidant à la porte qui soit discret pour répondre à ceux qui entrent au monastère, ou pour sçavoir ceux qui en yssent, et doit ledit portier avoir certaine gravité religieuse pour ministrer aux religieux foreins qui entrent dedans le monastère, qui doivent estre tenus en hospitalité selon le contenu de la règle ou chapitre : *de hospitibus recipiendis*. Au soir ledit portier doit fermer o clef les portes et huys du monastère et porter les clefs au prélat ou à celuy qui par luy sera ordené. Et est à supposer que le monastère soit clos et fermé.... tellement que l'on n'y puisse passer. Item des pugnitions régulières faittes par le prélat ou les gardes d'ordre, n'en doit aucun religieux former quelque appellation ne luy contredire qu'il est trouvé délinquant ou convaincu de sa faute, mais doit en toute humilité et patience porter la pénitence à luy enjointe selon toute observance régulière de religion. Toutefois lesdites pugnitions pourroient estre si énormes et excessives qu'il auroit cause d'appeller ainsi comme le droit écrit permet; aussi le prélat ne doit pas estre trop austère en punitions afin qu'il ne donne occasion de murmurer et couleur d'appellation. Pour donner provision aux faits du cellerier, prieur de cloestre, et autres différends entre eux, ont ordené que M. l'abbé aura les opinions des plus anciens religieux résidents au monastère et couvent d'iceluy jusques au nombre de huit ou dix, et par après selon que mon dit seigneur et lesdits anciens aviseront. Sera ledit cellerier institué en chapitre devant tout le couvent; semblablement de l'institution du prieur de cloestre, et lesdits offices seront révocables. Et quant à la déposition d'iceux cellerier et prieur de cloestre, si par aventure seront trouvés vicieux et défectifs en leurs offices, seront premièrement amonestés selon les amonitions charitables contenues en la règle, et si pour lesdites amonitions à eux faittes tant de la part de mon dit seigneur que de la part desdits anciens, ne se amendent et corrigent, seront en chapitre accusez selon leurs démérites et... de délitz seront en chapitre, par mondit seigneur, destitués. Le cellerier ainsi comme dessus institué jurera en chapitre bien et léaument servir et administrer selon son office; pour lequel office exercer prendra et levera par luy ou par autres qu'il commettra et pour lequel il répondra, les levées par deniers de ladite abbaye, estant à la grande terre en l'évesché de Cornouaille, et aussi les levées estant en l'évesché de Vennes aux fauxbourgs de cette ville de Kemperlé excepté la coustume ancienne; et sera tenu ledit cellerier compter une fois l'an devant mon dit seigneur ou son commis, appellés des religieux qui aux comptes voudront estre, qui des receptes et mises par luy faittes…, et le commis dudit cellerier en son absence comptera par chacune semaine devant les dessus dits, et l'an révolu l'un et l'autre compteront, comme dit est; et si ledit cellerier et miseur demeurent en reste d'aucune chose, ils rendront ès mains de monseigneur et en joïra; et aussi s'ils avoient trop peu pour faire mise selon la charge qu'ils porteront, mon dit seigneur en fournira sur le surplus des receptes de l'abbaye et levées quelque part qu'elles soient. Au surplus se gouvernera ledit cellerier selon et au désir du chapitre comme dit est ou chapitre *de cellerario monasterii*, estant en la règle de saint Benoist. Aussi ne pourra le couvent le contredire ne compeller de faire augmentation ne diminution au fait de la provision du vivre desdits religieux. Et fera ledit cellerier la provision de mon dit seigneur tant en l'abbaye qu'au manoir de Chieff-de-Boys (1), ainsi que a esté et est accoutumé. Et porteront lesdits religieux honneur audit cellerier et son commis en faisant leur office, et pareillement les serviteurs desdits religieux. Quant est de l'administration de pain et vin, mon dit seigneur en fournira ainsi que accoustumé est de faire; et pour administrer ausdits religieux lesdits pain et vin, sera institué un religieux, celuy mesme qui sera institué

(1) Auj. Chefdubois, commune de Moëlan.

sous ledit cellerier ou cas qu'il le.... faire. Quant est pour la garde du marteau des bois, sera mis en garde en un coffre fermant o trois clefs, desquelles cleffs mon dit seigneur en aura l'une, le chambrier l'autre, et ledit cellerier l'autre. Touchant recevoir et vestir nouveaux religieux, mon dit seigneur o le consentement de son couvent le fera, ainsi que la coustume est de faire. *Et sic est finis dictarum ordinationum.* »

En suitte le notaire fait son exposé que les ordonnances en latin ayant esté publiées devant les religieux des deux partis appellés, les commissaires demandèrent si les religieux vouloient y consentir ; à laquelle demande répondit premièrement M. l'abbé qu'il consentoit à toutes et à chacune en particulier, pourveu que les offices de cellerier et de prieur claustral demeurassent amovibles comme elles l'avoient esté anciennement et l'estoient à présent. Auquel seigneur abbé les commissaires répondirent qu'ils l'entendoient ainsi, que ce ne seroient point des bénéfices mais des offices révocables à volonté, et alors M. l'abbé et les religieux de son parti, frère Guillaume Aline tant pour luy que comme procureur de frère, Jean Le Gal, et aux noms de frère Jean Prévost, prieur de Lannenec, Jean Prévost, aumosnier, Bertrand de Keriec, Jean Michel, Pierre Bourgeois, Olivier Quenequillic, Nicolas Kergaoet et Guillaume Langueonec....

Et de la partie adverse, les susdits frères maistres

Olivier de Bouteville, chambrier, Besien du Mur, Guillaume Pierre, Jean Cornic, Yves de Kermagoer, Jean Robert, Guillaume Prévost, Christofle du Bois et Alain Hugorz, religieux du monastère, aussi requis demandèrent à voir lesdites ordonnances et temps pour délibérer dessus ; lesquels commissaires leur délivrèrent les ordonnances et leurs donnèrent pour délibérer depuis ce temps là jusques à vespres. Et cela fait le chambrier et Jean Cornic requirent les commissaires de les accorder avec M. l'abbé sur leurs débats et procez. Lesquels commissaires répondirent qu'ils n'avoient point veu les procédures et qu'ils ignoroient la cause ; et alors M. l'abbé dit que les procédures estoient quasi infinies, et qu'il estoit fort difficile de les accorder. Et alors ledit chambrier répliqua qu'il avoit requis plusieurs fois ledit seigneur abbé de choisir un religieux de sa part, et que le chambrier en choisiroit un autre du mesme monastère, qui feroient les enquestes et les informations sommaires, et que quelque docteur en droit choisi par eux ordonneroit et jugeroit, comme de présent il en fait la requisition. Auquel le seigneur abbé répondit qu'il ne cherchoit..... sur quoy les commissaires, le seigneur abbé et religieux des deux partis demandèrent acte respectivement, etc. Fait au monastère de Sainte-Croix en chapitre à la sortie de la grande messe l'an, jour, indiction et pontificat comme cy-dessus (1) ; présents religieux, frère Nicolas

---

(1) La date est du 22 juillet 1476, l'an V du pontificat de..... Ce devoit estre par conséquent Sixte IV, pape.—P. L. D.

le Tournoux, prieur de Saint-Nicolas de Jocelin, et maistre Pierre Moutart, licencié ès-droits, prieur de Saint-Martin de Laval, tous deux de l'ordre de Saint-Benoist, etc. Par après le 23ᵉ jour du mesme mois de juillet, furent présents religieuses personnes et premièrement maistre Pierre de Kaer (1), prieur de Doëlan, qui dit qu'il consentoit ausdites ordonnances avec les précautions qu'il marquoit dans un papier écrit de sa main, et non autrement dont il demanda acte. Et le susdit maistre Guillaume Pierre dit qu'il consentoit aux ordonnances susdites pour ce qui regarde les offices de prieur claustral et cellerier, ayant entendu le rapport des commissaires, sur quoy il s'en rapporte au seigneur duc et à son conseil; et pour les autres choses qui regardent le réglement de la religion, il déclare qu'il y consent simplement et s'y soumet avec action de grâces. Semblablement frère Yves de Kermagoer, prévost dudit monastère, tant pour luy que pour les frères Besien du Mur, Sylvestre de Keraeys, Christofle du Boys et Alain Hugorz, icy présents, dist en effet que, comme le susdit maistre Guillaume Pierre l'avoit asseuré, il consentoit simplement à toutes les ordonnances, excepté ce qui concernoit les offices de cellerier et de prieur de cloistre, ce qu'il renvoyoit au prince et à son conseil, après qu'ils auroient le rapport des commissaires ; ce que lesdits du Mur, Prevost, Keraeyz, du Boys et Hugorz,

---

(1) Il est au Nécrologe le dernier jour de septembre « Petrus de Keraez. » — P. L. D.

ratifièrent en parlant pour eux-mesmes, et approuvèrent en rendant grâces. Et lesdits de Bouteville et Cornic dirent qu'ils donneroient leurs réponses par écrit. De quoy donné acte. Fait après disner. Enfin le lendemain 24, lesdits de Bouteville et Cornic présentèrent leur écrit et dirent qu'ils consentoient selon que portoit leur écrit en cette sorte : touchant aucuns avisements faits et remonstrés en chapitre par révérend père en Dieu monsieur de Lantenac et honneste et discret religieux monsieur....., commissaires du duc nostre souverain seigneur et son conseil, entre révérend père en Dieu monsieur l'abbé de Kemperlé et partie des religieux... que messieurs les commissaires ont dit en chapitre dudit lieu de Kemperlé, qu'ils estoient contents que deux ou trois desdits religieux se fussent rendus devant messieurs du conseil, au jour et terme qu'ils eussent assignés pour faire leur relation à mesdits seigneurs du conseil, frère Olivier de Bouteville et frère Jean Cornic.... feront réponse. Dont ayant entendu la lecture, lesdits commissaires dirent qu'ils ne prétendoient pas assigner de terme..... dont ils demandèrent acte. Fait en la chambre desdits commissaires audit monastère, etc.... Enfin le 25 du mesme mois de juillet lesdits commissaires requirent monsieur l'abbé de vacquer aux réparations et restablissement de l'église et du cloistre.... toutes choses cessantes. Et ledit seigneur abbé consentit de le faire et qu'il subviendroit et travailleroit selon son pouvoir aux réparations et bastimens de l'église, mesme jusque dans leur ruine. Cecy fut fait enfin audit monastère aprez disner, lesdits jour, an, pontificat et indiction susdits, présents les témoins cy-dessus, dont l'abbé et religieux demandèrent une ou plusieurs copies, selon qu'ils en auroient besoin. »

Voilà enfin un grand bruit de quelques moines qui brouillèrent, qui fut réduit à l'écrit de deux, qui déclarèrent qu'ils devoient leur réponse devant le conseil du duc. Ceux-là me marquent avoir esté chefs de brigue. L'on ne sera pas fasché que j'aye écrit ce papier, selon que j'ay peu, qui marque l'estat de régularité où estoit alors le monastère. Si j'avois manqué de rapporter un acte considérable pour le temporel, je ne me le pardonnerois pas; à plus forte raison je n'en devois pas oublier un qui regarde le spirituel.

L'on peut juger par cette dernière clause de l'abbé qui s'oblige fort volontiers à réparer l'église jusque dans ses ruines, qu'il ne travailla à réparer le costé de l'église qui donne sur la rue du Chasteau qu'après cet an 1476. Nous allons voir la lettre du duc que je rapporteray autant que j'ay peu en lire :

« François, par la grâce de Dieu, duc de Bretagne, comte de Montfort, de Richemont, d'Estampes et de Vertuz, sçavoir faisons que comme par cy-devant pour pacifier et esteindre les différends qui avoient esté et estoient entre religieux et honeste, nostre bien-aimé et féal conseiller, l'abbé de Quimperlé pour soy, et frère Guillaume Aline en son nom et comme procureur de frère Jean Prévost, Bertrand de Kerriec, Alain de

Kerougar, Jean Le Gal, Jean Michel, Pierre Bourgeois, Olivier Quenecquillic, Nicolas Kergoet et Guillaume Langueouez, religieux de ladite abbaye d'une part; et frère Olivier de Bouteville en son nom et comme procureur approuvé de frères Bizien du Mur, Guillaume Pierres, Jean Cornic, Yvon de Kermagouer, Jean Robert, Guillaume Prévost, Christofle du Boays et Alain Hirgoez, aussi tous religieux d'icelle abbaye d'autre part, sur plusieurs matières, questions et débats bien à plein déclérées et narrées en la teneur de l'instrument et lettres auxquelles ces présentes sont annexées sous.... des actes de nostre conseil. Et pour y donner ordre et remède convenable entre lesdites parties èsdits noms comparant devant nous et nostre conseil, eussions de leur consentement, dit, appointé et ordonné que religieux et honneste l'abbé de Lantenac nostre conseiller, et frère Jean Lalinan, prieur de Pont-Chastel, lesquels quant à ce avons commis afin que ils comparoistroient en ladite abbaye aux dépens des deniers communs d'icelle et desdites parties, oyroient à plain leurs.... et de tout le gouvernement de ladite abbaye se informeroient, et ce fait ordonneroient en leurs conscience des d..... et estat d'icelle et des chefs et supposts en dépendans, à quoy pour le tems advenir seroit tenu et gardé estat, et conclusion faitte par nosdits commissaires, apporteroient ou envoyeroient envers nous en nostre dit conseil, et tout ce que.... besoin en ladite matière et aussi les difficultés se aucunes se trouvoient sur l'enterinement d'icelle à ce que.... eussions donné la

provision telle que au cas appartiendroit, à laquelle
commission ait esté depuis par lesdits commis vacqué
et entendu sur lesdits lieux, en présence desdits abbé
et religieux respectivement ; et comme ledit abbé de
Kemperlé présent pour luy et soy faisant fort du tout
desdits autres religieux de son parti cy-devant nommés
pour sa part, et lesdits frères Olivier de Bouteville et
Jean Cornic pareillements présents pour eux et se faisant fort pour lesdits autres religieux adhérez..... eux
sur ce qui dessus est touché, d'autre, ont esté et son
par devant nous confessant, et il soit ainsi que lesdits
abbé de Lantenac et frère Jean Lalinan, commis dessus dits se soient de leur part comparu par devant nous
et nostre dit conseil, afin de nous faire rapport et
relation de tout ce qu'est ensuy de leur commission ;
aujourd'hui en présence desdites parties èsdits noms
nous ont esté par lesdits commis présentées lesdites
lettres de instrument dessus dit. Lesquelles en leurs
dites présences avons fait lire et icelles entendues en
tous points et articles, et mesme icelles parties néantmoins oyes en nostre dit conseil sur les articles et ordonnances contenues audit instrument, et ce fait pour
satisfaire aux d..... touchant le prieur de cloistre
requis à ladite abbaye, avons de l'assentement dudit
abbé, dit et ordonné que ledit frère Guillaume Pierre,
à présent sous prieur dudit cloistre, sera par ledit abbé
commis et institué prieur dudit cloistre, et y servira ;
et que au plustot tout le contenu ou dit instrument
tendra et sortira son effet, et par lesdites parties, et
chacune respectivement y sera de cy en avant tenu et

gardé estat, et toutes lesdites choses èsdites lettres ausquelles ces présentes sont annexées, comme dit est, d'assentement desdites parties, èsdits noms, avons jugé et décléré à tenir sauf......... parties à chacune, en l'endroit que aucune difficulté sourviendroit entr'eux sur le.................................... remonstrant .... jusque la provision qui requise et nécessaire est. Ainsi à faire et tenir avons lesdites parties............................... Donné en nostre ville de Redon, le vingt-sixiesme jour d'aoust, l'an mil quatre cent soixante-seize. Par le duc à la relation du conseil. »

Le deuxième jour de may, l'an 1479, mourut frère Jean Prévost, prieur de Lannenec, qui avoit basti une maison et jardin auprès la fuye du monastère (1). Ce pouvoit estre en ce tems là un bastiment un peu considérable, mais on l'estime à présent digne d'estre l'écuirie à loger les chevaux.

En 1480, le dimanche quinzième octobre, Guy du Bouchet, conseiller du duc Françoi II, et vice chancelier de Bretagne, élu évesque l'an précédent 1479, fist son entrée solennelle à Quimper (2). Entre les personnes de qualité qui y assistèrent, nostre abbé Guillaume y fut présent, et Jacques de Villeblanche, abbé de Landevennec, je ne sçay s'il estoit parent du nostre.

Le dernier septembre 1482, se fist un traitté pour

---

(1) « VI non. maii.... qui construxit domum et ortum prope columbarium hujus monasterii. » *Nécrol. Sanctæ Crucis.*

(2) Voir Dom Mor. p. 3, col. 373.

le *morvoux*. Comme il y a peu de gens qui sçavent ce que c'est, jusqu'à l'illustre commissaire pour la réformation du domaine, monsieur de Pendreff, à qui j'ay ouy dire que c'estoit un devoir de moucher les chandelles la nuit de Noël, je mettray une partie de l'acte qui monstrera la façon grossière, dont se servoient nos anciens pères pour s'éclairer au réfectoire, et aussi que les bonnes gens faisoient les *OO* devant Noël, la royauté à l'Epiphanie, les crespes le lundi gras, et Bacchus à la saint Martin.

« Entre l'abbé Guillaume et les religieux d'une part, et les consorts obligés dont les noms sont icy dessous, se fist l'échange du *morvoux*, en chandelles de suif. » Le *morvoux*, comme met l'acte, a le mesme nom en françois et breton; c'estoit un pot, qu'il appelle un creuseul de fer, « que les abbé et religieux fournissoient, et les obligés devoient un charbon ou charbons de feu, avec du suif mis et allumé dans ce pot de fer, tellement qu'il feroit lumière : et cela depuis la feste de saint Michel au Mont-Gargan, jusqu'à la nuit de caresme prenant inclusivement, et ce en la salle de l'abbaye où les religieux soupoient, et dès l'heure que vespres estoient achevées en ladite abbaye, jusqu'à ce que le premier son de complies sonnast, sans qu'ils fussent obligés de le tenir allumé pendant le premier son, mais seulement jusqu'à ce que l'on commençoit à sonner, sauf qu'aux jours que l'on chante les *OO* (1), paravant la feste de Noël, la veille de l'Epifane pour la reauté, et les huit jours prochains ensuivans, le jour

(1) Antiennes qui se chantent pendant l'Avent.

de la veille saint Martin pour Bacchus, et le lundy lardier, qui est le prouchain jour paravant caresme prenant pour les crespes, ils doivent tenir ledit *morvoux*, ainsi allumé, dès l'achèvement de vespres, jusqu'au premier son de ceurfeu (couvre-feu), en icelle abbaye exclusivement. Et devent ledit devoir et servitude de *morvoux*, pour aucuns devoirs et coutumes, qu'ils lèvent en la ville et forsbourgs de Kemperlé. Et en cas de leur défaut de l'allumer et tenir allumé ès jours, heure, lieu et temps dessus limité, devoient lesdits consorts par amande aux abbé et religieux, pour chacun défaut une jalée de vin, sçavoir huit quartes de vin à la mesure de la ville, et payer ledit vin après ledit défaut, avant que d'estre reçus à allumer et tenir ledit *morvoux*; et chaque nuitée qu'ils seroient en défaut de payer ladite amande et qu'ils seroient empeschés d'allumer pour ladite amande, ils seroient sujets à ladite amande pour chaque nuitée. »

« A cette cause et pour ce que ledit *morvoux* allumé comme devant, porte mauvaise odeur, et tant par mauvais suif que autrement, porte et fait pueur (puanteur) en ladite salle, ledit abbé et religieux et consorts, qui doivent ledit devoir, ont changé ledit devoir de *Morvoux* en un autre devoir qui soit plus honorable et honeste, ainsi que suit : révérend père en Dieu, Guillaume abbé et les religieux d'une part, et maistre Henry Donguallon, faisant fort pour Aliete du Hiliguit, sa compagne, et Bizien Le Digoedet, ce qu'il fera ratifier à peine de cent sols monnoye à Henry Le Digoedet, Jean Le Restal, Yves Jouhan, Henry Berre, faisant fort pour Yvon Donerz, de l'autre ; lesquels abbé et religieux en chapitre, ont connu avoir changé ledit droit de *morvoux*, en autre servitude ; c'est à sçavoir que lesdits consorts pour ils, leurs hoirs, successeurs, et cause ayant demeurent quittes envers l'abbé et religieux de tenir le *morvoux*, en la forme déclarée, doivent aux heures, etc., bailler douze chandelles de suif blanc, les allumer et tenir allumées en un ou deux chandeliers que les abbé et religieux doivent bailler, en la manière qu'ils fournissoient ledit *morvoux*, en ladite salle, ou ailleurs en icelle abbaye, où lesdits religieux souperont, ou feront lesdits *OO*, Bacchus, reauté et crespes. Ils allumeront en premier lieu les chandelles entières, et seront allumées à l'heure que ledit *morvoux* devoit estre allumé. Mais si elles défaillent la nuitée qu'elles seront allumées, avant l'heure arrivée, les oster et esteindre pourront, et mettre en leur lieu, bouts de chandelles honestes non entières, pour parachever le tems qu'ils doivent tenir icelles chandelles allumées ; et les heures arrivées qu'ils devront éteindre les chandelles, pourront prendre les demeurans, et en faire à leur plaisir. Et se sont obligés les consorts, tenir les chandelles allumées sur pareilles hypotecques, et cautions, et pareilles amandes et peines en cas de défaut. Et en cas que les religieux fissent porter les chandeliers et chandelles en autre lieu qu'ils ont accoutumé de souper, les consorts les y porteront ou feront porter. Et sont convenus entre eux devoir fournir ledit devoir, maistre Henry Donguallon, et Aliette du Hiliguit,

Henry Le Digoedet, Jean Le Restal, et maistre Yves Jouhan, chacun jusqu'à une sixiesme partie et lesdits Bizien Le Digoedec et Yvon Donerz, ensemble jusqu'à une sixiesme partie, à la faire chacun par semaine. Fait au chapitre le derain (dernier) jour de septembre 1482. »

Au bas de l'acte sont les ratifications des consorts.

Le rentier de frère Guillaume, Aline procureur, met qu'ils devoient chaque jour une livre de suif et charbons, et à chacune fois qu'il mourroit devoient quatre pots de vin ; et cette règle, dit-il, est accoutumée dempuis la fondation de céans, et puis changé en douze chandelles mises en deux chandeliers. Depuis ces chandelles ont esté converties en argent, je ne trouve pas quand.

En 1607, le 18 juillet, écuyer Yves de la Rocherouxe, sieur de Penanrun, rend aveu de devoir la sixiesme partie du *morvoux*.

En 1638, le 27 may, le seigneur de Liscouat, qui lève en la rue de Porz-en-Bars et rue de l'Hospital, sur les bœufs, chevaux, etc., 6 deniers ; par charette... deniers au jour de marché par droit de pavage, reconnoit devoir le droit de *morvoux*, converti en chandelles de suif, à payer depuis la saint Michel au Mont Gargan, jusqu'à la nuit de caresme prenant pour 15 sols en consortie avec les sieurs de Talhouët, du Diernelès, Penanrun et Kerven. Cette reconnaissance est rendue à l'abbé Paul de Gondi.

Ecuyer Jean Le Rousseau, seigneur de Diernelès, reconnoist le mesme, et devoir payer par ses fermiers

28 sols de chandelles, pour les sorties par la rue du Goréquaire.

Louis Corfineur, sieur de Kerven, rend le mesme adveuu mesme abbé.

La dame de Kergoet, femme de messire Jacques, chef de nom et armes de Kerguz, chevalier seigneur de Kerstang, etc., reconnoit le mesme droit de *morvoux*, pour 14 sols de chandelles de suif. La reconnoissance est du 25 may 1669, à monsieur Guillaume Charrier abbé.

La mesme année de l'échange du *morvoux*, le 15 janvier 1482, c'est-à-dire selon le style ancien, et selon le moderne 1483, l'abbé Guillaume de Villeblanche rend déclaration au duc de Bretagne, par laquelle il confesse tenir en fief, amorti Belle-Isle et deux maisons à Queberon.

En 1483, il y eut transaction du chambrier avec l'abbé Guillaume, pour les droits que le premier avoit en Belle-Isle; vous vous souviendrez que le chambrier se plaint sous Robert son prédécesseur, des nouveautés qu'il établissoit sur ses sujets de Belle-Isle (1).

(1) Cette transaction fut renouvelée le 2 juin 1486, entre Olivier de Bouteville, chambrier et l'abbé Sébastien du Pou. Le total des redevances dues d'après cet acte au chambrier, en Belle-Isle, était de : « 58 *soulz* 9 *den.*; *troys quartz et demy*, 34 *gerbes fourment*;.... *jestés* (jattes) *et demye*, 35 *gerbes avoenne*; *sept moutons, sept chevreaux et sept eschines de porc.* » Ces rentes étaient perçues sur les tenues de *Parlafan* (paroisse de Bangor); de *Porzelan*, *Mezrezel*, *Portangoaraguer* et *Mezanleur* (paroisse de Pallay); de *Douportz*, *Bortisouen* et *Borthenry* (paroisse de Sauzon). Dans l'acte d'homologation qui est au pied, figurent : Bizien du Mur, prieur de l'abbaye; Pierre Le Bourgeoys, sous-prieur; Christofle du Bois, prieur de Grilleau; Alain Hirgarz, prieur de sainte Catherine; Guillaume de Langueouez, chantre de l'abbaye;..... prieur de Groys; Jehan le Thominec, prieur d'Hirbez; Guillaume Vitré, froutier de l'abbaye; Alain Dansay, prieur du Reclux, etc.

En 1483, le 11 octobre nostre abbé mourut, sa mort a esté marquée au Nécrologe (1). Il a relevé les murailles des bois l'abbé, depuis l'an 1465, jusqu'à l'an 1466. Il a basti depuis les fondements le costé de l'église qui regarde sur le chasteau ; je croy que ce fut après 1476. Ses armes se voyent dans le pignon qui donne sur la rue du chasteau, et ont deux anges pour support, et dans le haut des vitres du mesme costé rebasti. Néantmoins les voûtes de ce costé là sont une pièce après œuvre comme il paroist aux arrachemens et aux armes de l'abbé Pierre de Kerguz, qui sont dans la clef de la voûte. Ses armes se voient encore dans la sacristie, au haut de l'église ; dans la chambre des hostes, dans la chambre où couchent les domestiques, et à Chefdebois, sur la petite porte d'une muraille qui sépare les deux cours. Je ne sçay si son tombeau n'est pas dans le mesme costé de l'église où il y a une descente de la Croix et où est à présent l'autel de Nostre-Dame du Pillier. Car il y a sur le haut de l'arcade les armes de cet abbé que j'ay marqués cy-dessus.

L'on trouve encore seize actes faits du temps de cet abbé qui sont au chartrier. L'on voit encore un acte de luy du 17 avril 1483, qui est peut-estre son dernier, ratifié le dernier juin et le 18 juillet.

---

(1) « V id. octob. obiit Guillelmus de villa abba abbas istius loci anno domini millesimo quadringentesimo octuagesimo tertio, qui multum ædificavit in constructione domorum hujus monasterii. »

CHAPITRE XXXI.

SÉBASTIEN DU POU, VINGT-NEUVIÈME ABBÉ.

L'on trouve un François du Pou, secrétaire du duc en 1487. Dans un acte après 1500, qui couvre un registre, l'on voit un Julien du Pou, qui se nomme écuyer. *L'Armorial de Bretagne* dit que la maison du Pou au diocèse de Vennes est comté, et que l'ancien du Pou portoit de *sable au lion d'argent, couronné, armé et lampassé d'or*. Pour le moderne il ne met rien, mais on m'a dit qu'il portoit une fasce seule, sans m'avoir peu apprendre ny la couleur, ny le métail; aussi je trouve un acte du 11 novembre 1496, ou dans le sceau de l'abbé qui estoit alors ce Sébastien, il y a une fasce seule marquée (1).

Il fut élu abbé l'an 1483, au mesme mois d'octobre que son prédécesseur est mort, il estoit religieux profez de Redon, et comme saint Bernard dit : « *Ordinatio abbatis est emancipatio filii* », les religieux ne pouvant faire bénir leur abbé sans le consentement de son abbé qui estoit son père spirituel, députèrent au mesme mois d'octobre trois religieux à Redon, pour en faire la réquisition. Nous en avons l'acte au chartrier, qui est honorable à nostre abbé (2).

(1) Les armes de l'abbé Sébastien étaient *d'argent à une fasce de gueules*.
(2) Voir cet acte aux P. justif.

En 1488, le 9 septembre mourut au bourg de Coyron, au-dessous de Nantes, François II, dernier duc de Bretagne, méprisé et abandonné des siens.

En la mesme année 1488, le 3 d'aoust mourut frère Olivier de Bouteville que nous avons veu fronder en l'an 1475, contre l'abbé Guillaume (1). Il y avoit en ce tems là un Jean de Bouteville, seigneur du Faouët, dont il pouvoit estre frère ou parent (2).

En 1491, le 6 de décembre, Anne, duchesse de Bretagne, épousa à Langeais Charles VIII, roy de France.

L'abbé Guillaume, en 1469, avoit fait une transaction avec Henry de Queblen, etc., et leur cédoit passage au bois l'abbé, à la charge qu'il payeroit pour luy 10 sols monnoye (3). Après la mort de ce Henry de Queblen, Yvon son fils reconnoit ladite transaction et s'oblige en un an, de faire assiette de 10 sols pour sa part au fief du roy. C'est icy la première fois que l'on fait mention dans nos actes du fief du roy, qui estoit duc de Bretagne, à cause qu'il avoit épousé l'héritière. L'acte fait sous l'abbé Sébastien, est du 18 may 1495, et sous le mesme, l'assiette se fist en terre sur le village de *Kerlossouarn Kervasselin*, etc. (4), le 23 juin 1497.

L'an 1493, le 20 avril, il y a acte par lequel les

---

(1) « Id. aug. obiit frater Oliverius de Bouteville, prior sancti Michaëlis et camerarius hujus monasterii qui fecit nobis dare casulam panni aurei cum suis dalmaticis anno 1488. » — *Nécrol. Sanctæ Crucis.*

(2) Jean de Bouteville fit construire en 1486, la chapelle de sainte Barbe, à peu de distance du Faouët (Morbihan).

(3) Page 344.

(4) En la commune de Moëlan.

habitans reconnoissent devoir par an 80 livres de taille, payable aux receveurs du roy et à l'abbé, et estant en reste de neuf vingt douze livres 13 sols, dont l'exécution avoit esté commise par les commissaires à l'abbé Sébastien et à.... de Kermagoer, procureur, ils y consentent.

Le seigneur de Keimerc'h, sergent féodé du duc, ayant ses droits assignés sur les amandes de la juridiction royale de Kemperlé, les abbé et religieux voyant qu'on le partageoit sur les meilleures amandes s'en plaignirent. Appointement devant le sénéchal de Quimperlé, et ordonné que les amandes seroient reçues à l'alternative, chaque année par le seigneur de Quimerc'h, sergent féodé du duc, et par le sergent commis par les abbés, etc., du premier mars 1495.

En 1495, acte judiciel en la cour de Quimperlé, justifiant la cour commune, les taux et amandes communes entre le roy et l'abbé, sous le mesme Sébastien.

Le dernier jour de septembre 1497, est marquée la mort de Pierre de Keraez. Je croy que c'est le mesme qui est nommé prieur de Doëlan dans l'acte d'élection de l'abbé Sébastien (1).

L'église de saint Gouziern, qu'il bastit presque toute, est celle qui estant toute ruinée, l'on en a pris

---

(1) Voir cet acte aux Pièces justificatives. — « Pridie calend. octob. anno Domini millesimo quadringentesimo nonagesimo septimo obiit frater et magister Petrus de Keracz magnus theologus, hujus monasterii camerarius, qui ecclesiam sancti Gurthierni fere ædificavit, cappam rubeam, dorsalia seu tapetas chori huic monasterio cum multis aliis bonis dedit, eumdemque cameriatum in manibus abbatis per duos annos ante obitum sponte resignavit. » — *Necrolog. Sanctæ Crucis.*

les matériaux et employé autre part, avec procès-verbal de l'an 1666, le 7 juin (1).

L'an 1496, le 18 novembre, nostre abbé rend adveu à la chambre des comptes de Nantes, et l'année suivante le 13 décembre, il rendit aveu au roy en la juridiction royale de cette ville de Quimperlé.

Il faut avouer que nostre maistre en théologie (2), n'estoit pas assez habile pour argumenter contre les chicaneurs de Quimperlé. Car par un article où il rend aveu de la sergentise féodée de la ville et fauxbourgs de Kemperlé, et déclare sur les gages de ladite sergentise, devoir par les officiers de la sécularité faire prendre les condamnés à punition capitale par la cour du roy de Quimperlé, et les faire mener à la pierre sous la porte de l'abbaye, etc. (3) il a donné beau sujet d'argumenter contre nous, que l'on ne pouvoit pas être sergent féodé et seigneur dans un mesme lieu. Il n'avoit pas leu l'acte en la page 253 qui ne dit pas cela.

Si l'abbaye à sa moitié des amendes de la cour de Quimperlé, ce n'est pas en qualité de sergent féodé mais comme seigneur qui a admis le duc à les partager.

L'on a eu beau dire que cette sergentise n'est que *exercitum communem* (4), que l'on doit au duc par l'acte de confirmation du duc Conan en 1146, l'on n'a pas voulu comprendre cette vérité; et il faut avouer que l'abbé Sébastien a fait un faux pas.

(1) Voir page 21.
(2) « Professor sacræ paginæ. » Il est ainsi qualifié dans l'acte de son élection.
(3) Voir un extrait de cet aveu aux P. justificatives.
(4) Voir sur cette affaire un mémoire d'Hévin, por l'abbé de Quimperlé, dans ses *Questions féodales*.

En l'an 1498, le 6 avril, le roy Charles VIII, mourut à Amboise, et laissa nostre duchesse veuve, qui en avoit eu quatre enfans morts en bas âge. Elle épousa en secondes nopces Louis XII, roy de France, l'an 1499, après que son mariage avec Jeanne de France, fille de Louis XI, fut dissous le 22 décembre 1498.

En l'an 1499, le 12 décembre, mourut l'abbé Sébastien (1). Il avoit fondé son obit pour le 20 janvier (2), de 20 sols de rente à prendre sur la quatrième partie du village de Kaeranabat, en la paroisse de Treffvou. Il a esté abbé dix-sept ans et plus d'un mois. Nostre Nécrologe ne dit ny bien ny mal de cet abbé qui donnoit de si belles espérances, comme l'on voit dans l'acte de réquisition qu'en firent les procureurs de l'abbaye, quand ils le demandèrent à Redon, pour estre leur abbé. L'on ne sçait où est sa sépulture, et l'on ne voit ses armes en aucun endroit de la maison; ce qui est une marque qu'il n'a pas travaillé pour la perpétuité de sa mémoire (3).

L'on trouve deux actes du 28 et penultième jour de janvier 1499, de frère Pierre Bourgeois, vicaire général le siége vacant, par où l'on voit qu'il compte

---

(1) « Pridie id. decembris hac die anni millesimi... nonagesimi noni obiit Sebastianus du Pou abbas hujus monasterii. »— *Nécrol. Sanctæ Crucis.*

(2) « XIII cal. febr. »

(3) Un mémoire de D. René Malarit dit qu'elles estoient dans une vitre de la vieille sacristie seulement, et qu'elles portoient une fasce mais il ne met ny la couleur ny le métail. P. L. D. Les armes de l'abbé Sébastien *(d'argent à une fasce de gueules)*, se trouvoient encore dans la maitresse vitre de l'église de Saint-Michel, auj. détruite. Voir aux P. Justif. le procès-verbal mentionné à la page 294.

l'année du vieil stile, l'abbé estant mort en décembre 1499, et le siége vacant en janvier 1499, c'est-à-dire au style moderne qu'elle vacquoit au commencement de l'an 1500.

Outre les actes précédens, l'on en trouve encore pour le moins vingt-quatre faits de son temps.

CHAPITRE XXXII.

PIERRE DE KERGUZ, TRENTIÈME ABBÉ.

Pierre de Kerguz, un de nos plus illustres abbés, portoit *d'azur à une Croix pattée d'argent, brisée en chef d'un Lambel de sable à trois pendans.* Son ancienne famille subsiste encore en la personne de Messire-Jacques de Kerguz, chef du nom et armes de Kerguz, chevalier, seigneur du Kerstang, en la paroisse de Goureins, et père de deux jeunes gentilshommes de belle espérance.

Nostre abbé prit le gouvernement en l'an 1500. Le Nécrologe de Landévennec, nous apprend qu'il avoit pris l'habit en cette abbaye là. Puisqu'il n'en dit pas davantage je ne puis asseurer s'il en estoit profez ou non, et en effet leur Nécrologe contenant plusieurs professions qui y sont écrites, comme faittes de ce tems là, je n'y ai pu trouver celle de Pierre de Kerguz. En l'an 1502, il fist faire la grosse cloche comme il est écrit dessus....

En l'an 1504, le dernier jour de may, il rendit aveu au roy et à la reyne devant la cour royalle de Quimperlé, où les juges ne dédaignent pas de mettre le titre de messeigneurs les abbé et couvent. Il y fait encore aveu de la sergentise féodée comme l'abbé Sébastien.

En 1500, la reyne duchesse Anne, estant venue en Bretagne, passa par Kemperlé (1).

En l'an 1509, nostre abbé fist écrire sur velin un messel, un livre des évangiles, et un livre des épistres qui sont couverts de petites feuilles d'argent. Il avoit aussi fait écrire un graduel où ses armes estoient en miniature, mais à peine en trouve-t-on des restes.

Il passa transaction en 1511, avec les habitans de la ville de Kemperlé qui reconnoissent luy devoir la taille, et qui sachant mieux leur devoir que les habitans de ce tems icy, et estant aussi plus justes pour le rendre, traittent les abbé et couvent de messeigneurs, comme les reconnoissant seigneurs proches du fond de la ville.

En l'an 1513 vieu style, c'est-à-dire à compter à la moderne 1514, la reine duchesse Anne de Bretagne tomba malade à Blois le second jour de janvier, et mourut le 9 du mesme mois (2). Son corps fut porté à Saint-Denis où il gist avec celuy de Louis XII, son second mari, sous un magnifique tombeau de marbre que fist faire le roy François Ier. Elle ordonna que son cœur seroit porté en Bretagne, et selon sa dernière volonté il fut mis dans un vaisseau d'or en forme de cœur couronné et mis le 13e jour de mars audit an 1514, aux Chartreux de Nantes, sur la tombe du duc Artur II, oncle de ladite princesse, jusqu'au 19e du mesme mois qu'il fut porté en l'église des Carmes par messire Philippe de Montauban, chancelier

---

(1) Alb. Le Grand, *Vies des Saints de Bret.* p. 340.
(2) D'Arg. *Hist. de Bret.*, liv. 13, ch. 67.

de Bretagne et chambellan du roy sous un poisle de drap d'or soutenu par le vice-chancelier de Bretagne, par Pierre de Kerguz nostre abbé, et par les sénéchaux de Rennes et de Nantes, et mis sous le magnifique tombeau qu'elle avoit fait faire à ses père et mère François II, duc de Bretagne et Marguerite de Foix. Elle eut de son second mari Louis XII, qui mourut le 1er jour de l'an suivant 1515, deux dauphins qui moururent au berceau, et deux filles Claude de France, femme de François Ier, roy de France, qu'elle épousa à Saint-Germain-en-Laye, le 14 may 1514. L'autre fille fut Renée, mariée en 1527 à Hercule II d'Est, duc de Ferrare.

En l'an 1515, François Ier succéda au royaume comme plus proche en ligne collatérale.

Le 22 mars 1514 (1), nostre Nécrologe met la mort de Guy du Quirisec, archidiacre de Vennes et prieur commendataire du prieuré de Saint-Michel, qui donna 200 fr. pour faire deux anniversaires. Je remarque cecy pour faire voir que la commende s'estoit déjà fourrée dans les prieurés dépendants, devant que de saisir l'abbaye.

En 1516, nostre abbé Pierre de Kerguz taxa les décimes du diocèse de Cornouaille, comme l'on voit dans un rouleau de parchemin qui est au chartrier.

Il fist bastir la geole de la justice de l'abbaye, comme l'on voit sur une petite porte bouchée qui donne sur nostre cour, sur le haut de laquelle ses armes sont gravées avec ces mots : *L'an* 1519.

(1) « XI Cal. april. 1514. »

En 1520, voulant conserver la crosse en règle, il résigna ès mains du pape son abbaye en faveur de frère Daniel de Saint-Alouarn, et depuis ce temps-là, il ne prist plus le nom d'abbé, quoyqu'en attendant l'expédition des bulles il gérast les affaires de l'abbaye. Il met dans ses actes : Pierre de Kerguz, naguère abbé, comme l'on voit par les actes du 4 may, du 27 octobre, du 27 décembre, tous trois en l'an 1520. Il fist recevoir les bulles du pape au conseil de Bretagne où il avait grande authorité le 8 de novembre 1520.

Nostre abbé mourut l'an suivant 1521, le 29 aoust. Sa mort est marquée au Nécrologe (1), qui nous fait connoistre qu'il avoit fondé des heures de la Sainte-Croix. Je conçois par là qu'il avoit fait un fond pour faire distribution à ceux qui assisteroient à ces heures aux deux festes de Sainte-Croix. Pour les bastiments qu'il a faits en grand nombre dans la maison, il est facile de les connoistre à ses armes qui sont aux clefs de la voûte de l'église du costé du chasteau, et sur la geole comme j'ay desjà dit. On les voit encore au logis qui sert à présent d'infirmerie, sur la porte de la fuye, sur le costé du cloistre qui est prez de la porte, sur la porte du chapitre, et dans le chapitre aux deux pilliers du mesme chapitre avec ces mots : *L'an mil V^{cts} XIIII*, et enfin dans une vitre du bout

(1) « IV cal. septemb., obiit Petrus Kerguz abbas istius loci qui dotavit horas SSme Crucis et quamplura bona et edificia fecit huic domui et obiit anno domini millesimo quingentesimo vigesimo primo; cui successit Daniel. » — *Nécrol. sanctæ Crucis.*

de l'église, autrement la sacristie, etc. (1). Il est enterré à l'entrée du chapitre sous une tombe platte qui est chargée de ses armes à la main droite de ceux qui entrent.

Sa mort est aussi marquée au Nécrologe de Landévennec, mais l'on a bien de la peine à lire les mots. Car quelqu'un voyant qu'il n'estoit pas abbé de Landevennec, a cru faire un beau coup de l'effacer (2). Pour ce qui est de la qualité de conseiller très-renommé de la chancellerie de Bretagne que luy donne ce Nécrologe, il faut apprendre de d'Argentré (3) qu'après le mariage de nostre princesse, le premier office supprimé fut celuy de chancelier par lettres de 1494. Néantmoins pour contenter messire Philippe de Montauban, chancelier qui avoit bien servi à ce mariage, et ne pas le dépouiller tout vif, l'on trouva un nouveau titre qui fut de gouverneur et garde-scel de la chancellerie, et chef d'une chambre de justice qui fut établie en Bretagne avec quatre conseillers pour y assister, qui s'appeloient maistre des requestes, et entre iceux les sénéchaux de Rennes et de Nantes, conseillers nés audit conseil ; ausquels fut attribué la connoissance des possessions de bénéfices et de prééminences d'églises. Voilà comme l'explique d'Argen-

(1) Ses armes se voyaient encore d'après le procès-verbal mentionné à la page 294, en plusieurs lieux de l'ancienne église de Saint-Michel et de celle de Saint-Colomban.

(2) » IV cal. septemb. obiit..... et dominus Petrus de Kerguz cancellariæ Britanniæ consiliarius famosissimus..... qui in hoc monasterio abitum (suscepit?) monacalem, et obiit anno 1521. »

(3) *Hist. de Bret.* Liv. 5, ch. 14.

tré. C'est dans cette chambre que nostre abbé Pierre fut un conseiller de grand renom. Quelque temps après, aux quatre conseillers en furent adjoustés deux de plus, qui estoient six, pour servir alternativement aux villes de Rennes et de Nantes, puis encore six autres qui ne purent estre établis tous, ausquels depuis fut baillée la connoissance des appellations criminelles ; l'an 1538, finalement vieux et nouveaux furent supprimés lorsque le Parlement fut erigé en l'an 1551.

CHAPITRE XXXIII.

DANIEL DE SAINT-ALOUARN, TRENTE-UNIÈME ABBÉ, QUATRIÈME
DU NOM ET DERNIER ABBÉ RÉGULIER.

Cet abbé icy que l'on peut sans difficulté mettre au rang des meilleurs que nous ayons eu, estoit d'une maison noble et ancienne, qui portoit dans ces armes *d'azur à un griffon d'argent*. Il estoit profez de cette abbaye comme le porte la lettre suivante que l'abbé de Kerguz fist passer au conseil du roy-duc, par le grand crédit qu'il y avoit, pour sauver encore cette fois l'abbaye de la main des séculiers.

« François, par la grâce de Dieu, roy de France et duc de Bretagne, à tous nos justiciers et officiers à qui de ce appartiendra, salut. De la part de nostre bien-amé frère Daniel de Saint-Alouarn, religieux de l'abbaye et moustier de Sainte-Croix de Kemperlé de l'ordre de saint Benoist, originaire de cestuy nostre dit pays et duché, nous a esté en suppliant exposé que il a obtenu de nostre Saint-Père le pape, en cour de Rome certaines bulles, provisions et lettres apostoliques sur et touchant ladite abbaye de Sainte-Croix dudit Kemperlé ou diocèse de Cornouaille, par et en vertu de la résignation faitte de nostre bien-amé frère Pierre de Kerguz, précédent abbé de ladite abbaye et moustier de Sainte-Croix dudit Kemperlé, ès mains de nostre dit Saint-Père au profit et en faveur dudit Saint-Alouarn, lesquelles lettres, bulles et provisions, il désire mettre ou faire mettre à exécution, ce qu'il ne voudroit ne oseroit faire sans nos expreix congié, permission et licence : ce que très-humblement il nous a supplié et requis. Pourquoy nous lesdites choses considérées, après avoir veu et fait voir en nostre dit conseil lesdites bulles, provisions et lettres apostoliques dattées *Anno Domini millesimo quingentesimo vigesimo, ydus Junii, pontificatus nostri anno octavo* (1), ensemble nos lettres missives sur ce escrittes, avons de nostre grâce donné et octroyé, donnons et octroyons par ces présentes audit suppliant congié permission et licence de icelles lettres mettre et faire mettre à exécution selon et jouste leur forme et teneur. Pourveu toutefois qu'icelles ne soient contre ne ou préjudice de nos dits droits, indults apostoliques, et previlleyges de cestuy notre dit pays et duché. Si donnons un mandement par ces mesmes présentes à tous et chacun nos justiciers, officiers et autres, à qui de ce appartiendra de cestes nos présentes lettres de placet, permission, et licence, faire souffrir et laisser ledit suppliant, joyr et user playnement et paisiblement, cessans tous impeschemens au contraire, car tel est nostre plaisir. Donné à Nantes, le huitiesme jour de novembre, l'an de grâce mil cinq cens vingt, et de nostre règne le sixiesme. Et au bas par le roy et duc à la relation du conseil : P. Texier du celier. A costé est écrit : procuratore generali absente du

---

(1) C'estoit Léon X, pape. — P. L. D.

…onceau. Et sur le dos : pour monseigneur de Kemperlé, publié le XXIV° jour de novembre ; qui præstitit juramentum fidelitatis regi duci in manibus domini Oliverii Kerguz baillifvi de Quemperlé. »

L'on ne sçait pas comment le nouvel abbé en usa par respect avec son résignataire, et quand il se fist bénir. Le premier acte que j'aye trouvé de luy est du 26 may 1521, devant la mort de son prédécesseur. L'on en trouve deux de 1524, un de 1530, un de 1538.

En 1539, le 21 de novembre, il y a procure de l'abbé et religieux passée à frère Germain Jubin, prieur claustral et chambrier, pour faire hommage et jurer foy pour iceux à la chambre des comptes, devant les commissaires du roy nostre souverain seigneur, père et légitime administrateur de monseigneur le dauphin, duc, propriétaire du duché de Bretagne.

Et l'an 1541 il y eut : 1° Lettres des gens des comptes de Bretagne, à Nantes du 12 may, par lesquelles apparoist que ledit procureur frère Germain a fait au roy en ladite chambre serment de fidélité pour le temporel de l'abbaye tenu prochement sous les juridictions de Kemperlé, Henbond, Auray, Nantes, Concq, Foesnant, Gourcin, Kerahes et Kemper Corentin.

2° Lettres de la mesme chambre du 15 juillet, que ledit procureur a donné son dénombrement et déclaration.

3° Acte du 15 juillet, que le dénombrement a esté fourny à la cour de Kemperlé.

4° Acte de la cour d'Auray, du 14 décembre, que le dénombrement y a esté fourni.

5° Adveu en la cour de Gourrein, de l'abbé Daniel. L'acte du procureur de Gourrein, de non l'impunir, est de 1542.

Le 6 may 1542, il y a acte de la cour de Conq Foesnant et Rospreden (1), de n'avoir rien trouvé dans le dénombrement à contredire.

En 1540, nostre abbé donna le grand calice de vermeil doré comme il paroist au chiffre qui est marqué dessus avec ses armes.

L'on acheva en 1541, un ouvrage de plus grand prix, qui est aussi marqué au chiffre et aux armes de l'abbé, c'est le rétable de pierre de Taillebourg, qui regarde la porte de l'église, où l'on ne peut rien désirer, ny pour l'ordre de l'architecture, ny pour la hardiesse des figures, ny pour la délicatesse du travail (2).

Le ballustre du grand autel est de 1544, et l'on trouve cette date sur les deux petites portes du devant.

Sur une pièce de boiserie en la vieille sacristie, l'on trouve les armes de cet abbé et la date de 1545, ce qui marque que toute la plus belle boiserie, ou sculpture en bois, de nostre église, que nostre abbé a fait faire, est de ce tems icy.

L'an 1547, dernier de mars, mourut François I, roy de France, et luy succéda son fils Henri II.

Le 22 juin 1549, fut rendu un adveu en la chambre

(1) Rosporden.
(2) En 1732, ce rétable fut restauré par Mᵉ Morillon, sculpteur de la ville de Rennes et appliqué contre le pignon ouest nouvellement reconstruit de l'église Sainte-Croix, où on le voit encore aujourd'hui.

des comptes à Nantes. A la fin de cet adveu l'on a mis d'une autre main ces paroles : « ce présent minu a esté seulement laissé en ladite chambre, par frère Guymarc'h Keratry, procureur spécial de messire Daniel de saint Alouarn, abbé de l'abbaye de Sainte-Croix de Kemperellé, à raison du pouvoir de faire serment de fidélité en ladite chambre au roy, des choses mentionnées par ledit minu au nom dudit abbé. »

Si cet acte avoit esté reçu à la chambre, il auroit bien servi, parce qu'il fait mention de la juridiction que l'abbaye a dans la ville. Cela a fait impatienter D. Hilaire Pellier, qui dans une lettre qui est au chartrier, accuse de négligence le chétif moine, l'abbé Daniel (mais il ne sçait pas tout ce que la maison luy doit); et a costé d'un extrait de la chambre, il a mis à la marge ces paroles : « cecy est sans datte, sans seing, d'autre écriture, et convaincu de faux, parce que l'abbé avoit fait serment de fidélité dès l'an 1542, comme il est marqué en une main levée, attachée à l'adveu de 1541, impuni. » Mais si l'on demande icy un nouveau serment de fidélité, il faut croire que c'est à cause de changement de roy.

L'on n'avoit point mis jusqu'icy, si ce n'est de la part de l'abbé, de commandant en Belle-Isle, qui s'appelloit capitaine de l'Isle, à qui mesme l'abbé donnoit les ordres pour faire valoir son temporel, comme l'on voit par quelques feuilles volantes qui se trouvent au chartrier, et qui ne sont pas pourtant garanties. Le roy en 1549 commença à y mettre un gouverneur ou capitaine. Voicy ce qu'en dit du Paz (1) :

(1) *Généal. des seigneurs du Bois de la Motte*, p. 726.

« L'an 1549, sur la remontrance qu'on fit au roy Henri II, que plusieurs pirates et écumeurs de mer, ennemis de sa Majesté, faisoient chaque jour descente à Belle-Isle, pillans les habitans sujets de sa Majesté, le roy ordonna que l'on y bastit un fort pour repousser les ennemis, et leur empescher l'entrée de l'Isle, afin que les habitants y fussent en seureté de leurs personnes et de leurs biens. Il en donna la commission à François de Rohan, seigneur de Gié son chambellan ordinaire, et son lieutenant-général en Bretagne, qui s'y transporta avec un ingénieur du roy, y fist porter les matériaux propres à bastir un fort, et en choisit le lieu. Mais ne pouvant s'arrester à cette exécution à cause qu'il devoit se trouver aux États de la province qui se devoient tenir à Vennes au 8 de septembre, et qu'il estoit chargé de plusieurs affaires du roy en l'absence du duc d'Estampes, gouverneur de province, il crut qu'il falloit mettre en sa place quelque personne de valeur et de fidélité, pour travailler au bastiment du fort et du gouvernement de l'Isle ; et le temps ne luy permettant pas d'en prendre les ordres du roy, ou du gouverneur de province, il établit en sa place Robert d'Avangour, chevalier, seigneur de Tromeur, pannetier ordinaire du roy, et capitaine de six vingt hommes de guerre, ordonnez pour la défense du fort, par ses lettres du 13 d'aoust 1549, jusqu'à ce qu'autrement en fust ordonné par le roy, pour défendre et gouverner ladite Isle, y faire ce qu'il trouveroit nécessaire pour le service du roy, et le soulagement des habitans ; avec pouvoir, appelant avec luy les commissaires et controlleurs, ordonnez par ledit seigneur de Gié, sur le fait de ladite fortification, de faire payer par M. Florimand Le Charron, thrésorier et receveur général des finances en Bretagne, tous les frais et dépenses qu'il faudroit faire pour la construction du fort. »

« Le roy luy donna ensuite (1) le gouvernement de Belle-Isle, et la conduite de 200 hommes de pied pour la garde du fort, lequel nombre il réduisit de 20 ou 25, pendant la trève; laquelle estant rompue, et les Espagnols et Flamans faisant des descentes en Bretagne, et surtout à Belle-Isle, il eut ordre du roy de remettre sur pied ses 200 hommes. Ces lettres sont du 25 avril 1557, à Villiers-Cottrets. »

En 1550, le premier jour de décembre, l'abbé fist rendre aveu à la chambre des comptes, par ses procureurs, frère François de Laulnay, prieur, et maistre Jean Plumagat. Comme l'on ne tient du roy, qu'à devoir simple de prières, il ne sera pas mal à propos de marquer icy comment l'on faisoit l'office. Ce qu'il marque ainsi : « quel service est matines à minuit, prime à sept heures du matin et sequellement (ensuite) tierce, sexte et none ; et à quatre heures emprez midy vespres, et à sept heures complies ; et le tout a note, avec plusieurs seaulmes (psaumes), et autres suffrages selon la doctrine de monsieur saint Benoist ; et avec les heures de la Vierge Marie ; et outre, tous les jours qu'il n'est feste de douze leçons, se dient neuf leçons à note et une messe de *requiem*, pour les deffunts au chœur de ladite abbaye. Et pareillement se dient audit chœur journellement deux messes à note,

(1) Id. *Ibid.* p. 728.

l'une du temps ou du saint qui occure le jour, l'autre de la Vierge Marie. Et y a certains jours previllège èsquels quand il occure feste de quatorze leçons, on dit trois messes, l'une du temps, l'autre du saint, comme en caresme, ès quatre temps, et ès vigiles, et outre, tousjours lesdites messes de Nostre-Dame et des défunts. »

L'on voit plusieurs actes de son temps au chartrier. L'année de sa mort, il donna le 15 janvier la prévosté. Il y a encore un acte du 4 may, ladite année 1553, qui est apparemment son dernier.

Enfin il mourut le 25 jour de may. Le Nécrologe qui ne parle plus d'abbé après luy et qui n'en trouve pas de sujet, en fait une honorable mémoire en peu de paroles qui valent un grand éloge (1).

S'il orna admirablement bien le monastère par ses vertus, il l'orna aussi de ses dons qui sont fort remarquables. Outre ceux que nous avons desjà marqués, il donna un reliquaire de vermeil doré, très bien travaillé, fait en quarré, en forme de coffret ou de pupitre pesant.... marcs d'argent, enrichi de pierres précieuses fines, en l'endroit où est la particule de la vraye croix. On le voit au-devant à genoux devant la sainte Vierge, en chappe et en mitre, et ses armes.

Il a encore fait faire les quatre grands pilliers de cuivre surmontés chacun d'un ange, hauts de... pieds,

---

(1) « VIII cal. junii 1553. Ista die obiit frater Daniel de saint Alouarn, abbas istius loci qui mirum in modum hoc monasterium donis et virtutibus illustravit. » — *Nécrol. Sanctæ Crucis*.

qui sont quatre pièces considérables, ou l'on voit ses armes.

La boiserie de l'orgue est encore de son temps, qui fait croire qu'il fist refaire entièrement celles que frère Silvestre Le Minec, avoit fait faire en 1441, et la boiserie qui est devant le crucifix. L'on voit encore à quelques restes, qu'il avoit fait faire des ornements de velours blanc (1).

Au rôle de 1564, il y a ces paroles : « Les acquets faits par le deffunt abbé Daniel de saint Alouarn : *Saint-Tourhan* (2); et premier : Guellenec, 15 sols, Kerbihan, 25 sols, Kerderien, 45 sols, Kergourlouen, 39 sols, Kerauffre, 6 livres, le manoir de Kermynaouet, 7 l. 2 sols. *Banazlec* : Kerantourc'h, 27 sols, Roscado, 25 sols, Kermoustouer, 12 l. 11 sols. »

L'on pourroit encore metttre le manoir moulin et métairie de Penquelen, et le village de Penquelenbihan (3), et une maison avec jardin sur la rue du Chasteau, qu'il avoit acquise, mais l'abbé son successeur avoit desjà englouti cela dès 1555.

Il a enfin tant fait de bien à la maison, qu'il n'y a pas d'endroits où l'on ne voye ses armes. Il en a eu le temps pendant plus de 32 ans qu'il a gouverné l'abbaye. Comme il en usoit bien pour l'honneur de

---

(1) Les armes de cet abbé se voyaient à la clef d'une des voûtes de la chapelle de Nostre-Dame (voir page 326), à la maîtresse vitre de l'église de saint Colomban et dans la chapelle de l'Hôpital de Quimperlé (voir aux P. Justif. le procès-verbal mentionné à la page 294.)

(2) Auj. saint Thurien, canton de Scaër, arrondissement de Quimperlé.

(3) En la commune de Querrien, même canton.

son monastère, Dieu voulut le conserver longtemps dans une saison que l'on aboyoit après la mort des réguliers pour envahir leur crosse. Nostre maison a eu l'avantage d'avoir esté prise des dernières. Le célèbre concordat qui sacrifia à la jalousie du roy François Ier l'honneur des cathédrales et des abbayes fut conclu le 18 aoust l'an 1516. Il passa (si la brigue fait passer), au concile de Latran et fut homologué le mesme an 1516, le 19 décembre. Le roy ne l'accepta par ses lettres patentes que le 13 mai 1517. Et comme le traitté avec le pape portoit qu'on le feroit ratifier au parlement en 6 mois et qu'il s'y opposa fortement et que le roy se fist donner des prolongations par le pape, il ne passa à la cour que le 22 mars 1518. Nous avons poussé nostre régularité jusqu'en 1553, plus heureux que Redon qui supporta l'abbé Guillaume Guéguen favori du duc François II, plus de 60 ans auparavant.

Mais Dieu voulut enfin soumettre sa croix au joug de la convoitise séculière. Quand l'abbé Daniel mourut, il fit mettre son corps à costé de son digne prédécesseur à l'entrée du chapitre, à la main droite de ceux qui entrent. C'est une remarque à faire que nos deux derniers abbés réguliers, et les plus illustres de la maison, ont voulu que leurs ossements fussent placés prez de ceux de nostre fondateur. Le mot du poète m'est revenu sur cette rencontre : « *A te principium tibi desinet* » (1), que l'abbaye avoit commencé par le comte Alain Cainard que nous reconnoissons pour

(1) Virgil. *Eglog*. VIII.

le principe de nostre abbaye et qu'elle y venoit finir ;
et à dire vray, nos deux derniers abbés ayant assez de
lumière pour pénétrer dans l'avenir virent bien que
l'abbaye penchoit sur sa fin, et il semble que par un
sentiment de prévoyance ils voulurent que l'on portast leurs ossements auprès de ceux du fondateur pour
luy dire en leur langage muet, que la maison qui avoit
tiré de luy son origine luy rapportoit sa fin ; et la
mort de nos deux abbés est à la vérité sa fin autant
pour le spirituel que pour le temporel. Le spirituel
qui se soutenoit avec grand éclat comme nous avons
veu par l'établissement qui se fist sous l'abbé Guillaume, et par l'article de l'aveu de 1550, de l'abbé
Daniel, tomba dans le désordre par des précipitations
plustost que par une descente. Pour le temporel nous
n'en aurons que trop tost des preuves dans la conduite
de nostre premier commendataire, qui n'a point gardé
de mesures pour le temps ny pour l'éternité ; l'éternité, dont il compte à présent, et le temps dont nous
sentons les funestes effets.

CHAPITRE XXXIV.

ODET DE COLIGNY, CARDINAL DE CHASTILLON, TRENTE-DEUXIÈME ABBÉ ET PREMIER COMMENDATAIRE (1).

Pour prendre une grande idée de la commende, nous commençons par un évesque-cardinal marié, et par un abbé commendataire apostat de la foy catholique. Pour diviser un mesme homme en deux, le premier s'abandonne aux plaisirs du corps, et le second se perd dans les égarements de l'esprit (2).

Le premier acte que l'on rencontre est un vieil acte effacé que l'on ne peut lire, il est du 23 novembre 1553 (l'année de la mort de l'abbé Daniel), mais par les mots que l'on peut attraper, l'on devine que Nicolas du Car, escuyer, estoit commis par le roy nostre sire pour tenir le temporel en économat. C'estoit une saisie pour celuy qui suivoit, et qui devoit prendre.

Je ne voys pas, et je ne m'en fais pas aussi une affaire, quand il fut établi abbé de chez nous (3). Le premier acte que je trouve de luy est du 20 mars 1554; et il porte sur le front le caractère du personnage, puisqu'il ordonne de prendre.

---

(1) *De gueules à l'aigle d'argent membré et couronné d'azur.*
(2) C'est à lui que Rabelais a dédié le quatrième livre de son Pentagruel.
(3) Ce fut en 1553, d'après D. Taillandier.

C'est une procure à écuyer Nicolas du Car, sieur de la Roche, valet de chambre du roy, pour cueillir et poursuir touts et chacuns les meubles délaissés par le trépas de feu frère Daniel de saint Alouarn, dernier abbé de Sainte-Croix ; cens, rentes, deniers et autres choses audit défunt deus.

En conséquence de cette procure il vendit à Raoul Lamolen le lieu, manoir, moulin, métayrie de Penquelen et le village de Penquelen-Bihan, en la paroisse de Kerien, sous la foy et rachat de la seigneurie de Keimerch, pour la somme de treize cents livres qui vaudroit bien à présent plus de huit mille livres.

Item il vendit à Maurice Lohéac une maison avec jardin et issues prez la cohue, dont l'on payait 10 livres monnoye de ferme.

Ces deux pièces furent vendues le 18 mai 1555. Elles avoient esté acquises par le dernier abbé régulier. Outre la perte de ce bien, les juges ont encore tiré avantage de cet acte dans le procez pour le fief.

Le 18 may, l'abbé-cardinal et les religieux présentèrent aveu à la chambre des comptes par Lucas Payneau, vicaire-général de l'abbé. Ce Lucas Payneau estoit recteur de Saint-Ourhan (Saint-Thurien), et s'est meslé des affaires jusqu'en 1570. Vous ne voyez que ce nom dans toutes les affaires qui se sont gérées à l'égard du monastère, et elles sont la pluspart fâcheuses, comme par exemple des aliénations. Je trouve que la maison est bien à plaindre d'avoir passé par les mains d'un homme qui se sera bien fait payer de ses peines, et que la condition des moines estoit bien misérable d'estre les dépendans d'un vicaire de village.

Henry II, roy de France, fut blessé d'un éclat de lance dans l'œil, le 29 juin 1559 et mourut onze jours après. Son fils François II luy succéda en la mesme année et fut sacré le 17 septembre, mais il mourut d'une apostume à l'oreille le 5 décembre 1560, et son frère Charles IX luy succéda et fut sacré le 15 may 1561.

Le 7 d'octobre mil cinq cent soixante, le cardinal de Chastillon donne quittance à frère Pierre du Bot, religieux et recteur de Bannalec, sur un contrat que ce religieux avoit fait avec noble Jacques Ballier, sieur du Puy et secrétaire du cardinal, le 1er de septembre 1559. Ce contrat porte que « ledit religieux désirant estre en la bonne grâce de mon dit seigneur son maistre et prélat a promis et s'est obligé sur l'obligation de tout le sien et par son serment de payer audit Du Puy ou autre ayant charge de M. le cardinal, la somme de six cents livres monnaye (et donna pour caution noble homme Loys de Guegant, sieur de Carbiguet demeurant en la parroisse de Gourein, et noble Mathieu de Coetnours, demeurant à Quimperlé), sitost que ledit Du Puy ayant charge de M. le cardinal fournira audit du Bot, libération valable et subrogation et cession de tous meubles cédules et obligations (sans y comprendre lettres, contrats et enseignements des acquests et héritages, ny aucuns meubles et ornements concernants l'église de ladicte abbaye), que ledit du Bot pourroit avoir eus et recouvrés et qu'il pourroit recouvrer, au moyen, et après le décez du dernier feu abbé de ladite abbaye, et ses prédécesseurs abbés : ensemble luy fournissant procure valable et pouvoir d'exiger et poursuivre au nom du seigneur abbé, le contenu èsdites cédules et obligations et tous autres meubles en général qui eussent peu et deu appartenir en son temps au dernier abbé et en donner quittance.... » Le cardinal ratifia le contenu audit contrat « à la réserve de tous les meubles, cédules et obligations qui ont esté et sont à présent demeurez en la possession dudit seigneur cardinal, du décez du dernier abbé, et le cardinal ayant touché dudit du Bot ladite somme de 600 livres monnoye par les mains du Lucas Peyneau, s'en tient fort content, en décharge les cautions et en donne quittance devant Pierre Manuel, notaire royal, à Saint-Germain-en-Laye, le 7 septembre, l'an 1560. Signé de sa propre main, cardinal de Chastillon. »

Il prend dans cette quittance ces titres icy : Révérendissime Odet, cardinal de Chastillon, archevesque de Toulouse, évesque et comte de Beauvais, pair de France et abbé commendataire de l'abbaye de Sainte-Croix de Quimperlé. Il avoit encore plusieurs autres bénéfices. Voicy ce qu'en dit Moreri (1) : « il estoit abbé de Saint-Benigne de Dijon, de Fleury, de Ferrières et de Vaux-Cernay; estoit fils de Gaspard de Coligni, maréchal de France, et de Louise de Montmorency, et frère de Gaspard, admiral de France, et

(1) *Dict. Historique.*

de François, seigneur d'Andelot (1). Il fut élevé avec beaucoup de soin, et il ne parut pas moins par l'éclat de sa qualité que par son esprit et par son amour pour les belles lettres. Il les sçavoit, et il devint le protecteur de ceux qui en faisoient profession. »

« Le pape Clement VII, le fist cardinal en 1534 à son entrevue avec le roy François 1er à Marseille. Mais la grande complaisance qu'Odet de Coligny avoit pour ses frères, le perdit; il adhéra aux sentiments de l'amiral son frère, que Calvin avoit perverti, et il s'engagea malheureusement dans l'hérésie. Cependant il rendit de grands services à ceux de son parti. Le pape Pie IV, le priva de la pourpre de cardinal dans un consistoire secret. Cela ne toucha point Odet de Coligni, qui épousa Elisabeth de Hauteville, dame de Loré. Il l'avoit entretenue quelque temps en secret; et les huguenots qui souhaittoient d'avoir un cardinal marié, l'obligèrent de l'épouser. Cette dame demanda en 1602 son douaire; mais elle en fut déboutée par arrest du parlement de Paris. Le cardinal de Chastillon mourut malheureusement en Angleterre en 1571, digne à la vérité d'une meilleure destinée, si les libertins du temps ne l'eussent éloigné de la foy orthodoxe. » C'est ce qu'en dit Moreri.

L'on peut y adjouster qu'Elisabeth, reyne d'Angleterre eut toujours, de grands égards pour luy, qu'il fut privé de ses bénéfices par arrest du parlement en 1569, qu'il pilla la chasse de nostre bienheureux

---

(1) Ce seigneur d'Andelot avoit beaucoup de biens et terres en Bretagne du chef de sa femme Claude de Rieux. — Du Paz *Généal. de Penthièvre,* p. 99 et 171. Il fut tué prez de Xaintes en 1586. — P. L. D.

père saint Benoist en l'an...., et la dépouilla de son or, argent et pierreries, c'est pourquoy les religieux de Sainte-Croix, ses enfants ne peuvent pas s'étonner si celuy qui a volé leur père, les a pillés (*sufficit discipulo ut sit sicut magister ejus.*)

En 1555, Odet conféra par son vicaire général, le vicariat de Mellac. En 1559, il conféra de mesme le prieuré de Lannenec, où l'on voit au sceau ses armes qui sont une aigle éployée.

Le 26 aoust 1563 se fist une transaction avec messire Jean Le Baill, vicaire de Saint-Colomban, et M. Jean Barguil, vicaire de Saint-Michel, sur ce que lesdits vicaires avoient esté réintégrés à avoir leur portion et estre servis comme l'un des religieux prestres, et avoir chacun d'eux 20 sols monnoye par an du chambrier, à cause qu'ils dirent que du temps du seigneur cardinal de Chastillon, leur portion leur avoit esté refusée.

De laquelle sentence de réintégrande Lucas Payneau, grand vicaire, appela en la cour du parlement. Enfin ils transigèrent pour eux et leurs successeurs, sçavoir que ledit Payneau leur donneroit à chacun 26 livres monnoye par an en deux termes, sçavoir, Noël et la Saint-Jean, et le chambrier 50 sols monnoye, et ils s'obligèrent aux services ordinaires, et entre les charges auxquelles ils estoient obligés estoit de comparoistre eux ou un prestre commis par chacun d'eux les jours de processions générales et les jours dupples et semi-dupples pour aider à l'office de la grande messe, et que mesme le vicaire de Saint-Colomban administreroit les sacrements de l'Eucharistie et Extrême-Onction aux abbés et religieux résidants et descedans en l'abbaye, etc., et que le chambrier percevroit le tiers des offrandes dans les deux paroisses.

Et dans l'acte capitulaire qui ratifie ladite transaction, « se soumettent lesdits vicaires à payer l'amande ordinaire qui a coutume d'estre payée au prieur et religieux, en cas qu'ils feroient défaut de venir aux processions et services les jours déclarés par ledit contrat. Fait le 2e jour de mars 1563; » c'est-à-dire 1564 à compter à la façon moderne.

C'est ici le dernier acte qui se compte à la façon ancienne, car le roy Charles IX fist une ordonnance en 1564 que l'année qui se commençoit à Pasques, en France, se commenceroit au 1er jour de janvier, et qu'on la marqueroit de la sorte dans tous les actes publics et particuliers.

Ce Jean Barguil, vicaire de Saint-Michel estoit un homme de mérite, mais qui estoit aussi de bon goust comme l'on voit par une requeste qu'il fist présenter au cardinal de Chastillon ou à son vicaire Lucas Payneau, recteur de Saint-Tourhan par les nobles échevins, bourgeois de Kemperlé, au nombre de vingt-trois, comme Maurice Loheac, procureur de ville, Pierre Moustel, etc., disant « que l'abbaye ayant toujours esté aussi bien réglée et pourveu de bons religieux, qu'aucune autre de tous le pays, et que noble frère Pierre du Bot, chambrier, estant mort (1), tant pour servir d'exemple au petit troupeau de reli-

---

(1) Il mourut le 12 février 1569, et est enterré au chapitre. — P. L. D.

gieux qui sont demeurés en ladite abbaye, et l'érudition des autres religieux, que pour y prescher et en ladite ville la parole de Dieu, il seroit convenable de pourvoir audit estat qui estoit l'un des principaux et honorables de ladite abbaye, d'une personne capable et de bonne vie, et requèrent et supplient qu'il luy plaise pourvoir M. Jean Barguill, maistre ès arts, bachelier en théologie, duquel le sçavoir et conversation sont assez notoires en tout ce pays, et qui par la promesse que luy fist ledit décédé de lui délaisser ledit estat, espoir qu'il avoit d'en estre pourveu et le bon zèle qu'il porte et a de tout tems porté à la religion, se seroit deporté d'accepter la prébende théologale de Quimper-Corentin. Quoy faisant, ferez acte très-chrétien, plaisant à Dieu et profitable, et grand bien et plaisir ausdits remontrans, etc. Fait le 14 février 1569. »

L'on ne voit pas pourtant que cette requeste ait eu de suite, soit que le vicaire général n'ait pas eu la volonté ou la puissance de donner un office claustral à un prestre séculier; mais il le donna le 12 may 1569 à un religieux, frère Jacques de Crechguyvilich.

L'an 1563, le 26 may, le roy ayant donné lettres pour aliéner partie du temporel des abbays, la nostre en souffrit sa bonne part.

Mathieu de Coetnours, marchand de la ville de Kemperlé, déclara le 7° d'octobre qu'il vouloit achetter la moitié des grands moulins, et un petit moulin nommé de *Trevoger*, appartenans par moitié au roy et à l'abbé, et le village de *Loguion le Menec*, en la paroisse de Querrien, plus le village de *Kerres*, et celuy de *Kerroch*, en la paroisse de Saint-Michel, plus le village de *Kerdrepret* (1), en la paroisse de Trelivalaire, et fist signifier au seigneur cardinal-abbé ou à son grand vicaire, et encore au seigneur évesque de Cornouaille de se trouver à Vennes pour procéder au fait de ladite commission. Le 23 d'octobre, l'abbé et l'évesque firent défaut, et sur ce défaut fut ordonné d'office Jacques Fabri, conseiller, pour estre commissaire à informer en général du revenu de l'abbaye, et en particulier desdites choses enchéries. Néantmoins Lucas Payneau, se disant vicaire, comparut et remonstra que le révérendissime cardinal de Chastillon estoit abbé et dit qu'estant absent il requéroit temps pour l'avertir de ladite assignation dont le terme estoit trop brief; dont luy fut donné acte. Cependant fut procédé outre à l'évaluation et vente desdites choses, les moulins furent évalués avec leurs détroits et appartenances, à la somme de six vingt-deux livres, huit sols tournois de rente, réduits à prix d'argent au denier vingt, compris les édifices d'iceux qui se montent deux cent trente-trois livres huit sols tournois, à la somme de deux mille six cent quatre vingt une livres huit sols tournois une fois payée. Et au regard de *Loguion le Menec*, dont l'on paye par an de convenant soixante-dix sols monnoye, une perrée d'avoine, deux chapons et une poule, corvée et obéissance, il fut apprétié à six livres 4 sols tournois de revenu annuel, et ladite rente réduite à prix d'argent

---

(1) Ce village est peut-être le même que *Kiltrepit*, mentionné à la page 142, dans la donation de Constant.

au denier vingt, à la somme de six-vingt-quatre livres tournois. Lesquelles sommes ledit de Coetnours a ce jour déclaré vouloir payer, son enchère reçue, et donné acte et décerné commission à tous sergeants de faire les bannies et significations pour la vente. Laquelle vente sera faitte en l'auditoire de Vennes, le 18e jour de novembre suivant, au dernier enchérisseur. Signifié au vicaire du cardinal de la part du sénéchal de Vennes commissaire député du roy pour l'aliénation du temporel des bénéfices au ressort du présidial de Vennes (1). »

Le 18 de novembre, audit an 1563, que l'on procéda à la vente, se trouva Lucas Payneau, vicaire-général, à l'auditoire de Vennes, qui par son procureur « remonstra l'absence de l'abbé du pays, et que les choses mises en enchères excédoient le quart du temporel de l'abbaye, et que lesdits moulins sont du principal manoir d'icelle abbaye, suppliant d'estre reçu à informer de ce que dessus. Nonobstant lesquelles remonstrances, et veu les défauts dudit abbé, requérant le procureur du roy, fut ordonné qu'il sera passé outre, et l'enchère fut proclamée à la somme de deux mille huit cents livres 8 sols tournois. Sur quoy plusieurs ayant mis l'enchère, enfin elle demeura à noble homme Vincent de Kermeur, sieur de

(1) Cependant de Coetnours poursuivant cette aliénation envoye à Quimper signifier au siége présidial de ladite ville ladite évaluation et enchère, afin qu'ils n'eussent à passer outre en la vente du temporel de leur évesché, qu'ils n'eussent compris ladite évaluation desdits moulins et villages. — P. L. D.

Kerveno pour sept mille livres tournois, dont lui fut fait contrat qu'il possédoit lesdits moulins et villages comme les possédoient lesdits religieux, et tiendroit lesdites choses prochement du roy à cause de la cour et juridiction de Kemperlé à devoir de foy, hommage et rachat, lorsque le cas y echerra, et sans devoir de lods et ventes, pour cette fois, ny d'aveu ny hommage, et qu'il porteroit copie de ce contrat à la chambre des comptes et présidial de Vennes pour servir de déclaration desdites choses. Fut fait ledit contrat, le 18 novembre audit an 1563. » Et le 5ᵉ de décembre en suivant, ledit sénéchal de Vennes commissaire, s'estant transporté à Kemperlé, mit en possession ledit seigneur de Kerveno, nonobstant l'opposition de Jacques de Keriecael, portant procure de cardinal de Chastillon; de laquelle sentence et prise de possession ledit procureur interjetta appel.

Ladite procuration est passée devant la cour de Meaux audit de Keriecaël, « pour comparaître et plaider devant tous commissaires, etc., opposer au nom du du seigneur cardinal, et remonstrer qu'il n'a revenu certain en ladite abbaye que celuy-cy qui est assis en la grande terre, lequel n'est suffisant pour la nourriture des religieux, payement des décimes et autres charges ordinaires, et que le reste du revenu de ladite abbaye est assis en l'isle de Belle-Isle, sujette à l'incursion des ennemis; requérir qu'il en soit informé, et s'opposer que ledit revenu assis en la grande terre, les terres, tenues, fiefs et maisons d'icelles, ne soient vendues ny aliénées, et que pareillement la terre de

Chef-de-Bois qui est la principale demeure et chef-lieu de ladite abbaye, ne soit vendue et aliénée, etc. Fait le 9 novembre 1563, en présence de Pierre Bellon et Jacques Callier, secrétaires dudit seigneur constituant, et signé : cardinal de Chastillon. »

Ces papiers furent achettés un écu à Vennes, par le père procureur. L'on ne trouve pas le reste de la procédure, mais il est constant que le grand moulin n'a pas esté aliéné et que le monastère en possède encore sa moitié.

Le dernier mars 1565, Lucas Payneau, grand vicaire, aliéna la taille de la vigne sur les maisons, rue Pors-an-Barz, pour 105 livres, 12 deniers tournois, à noble Jean des Portes, et la tenue de *Kernuzec*, sauf les droits du prévost et du chambrier.

En la mesme année se fist l'aliénation des villages en Clohal (Clohars). L'abbaye avoit esté taxée à quatre mille livres tournois. Pour faire cette somme, l'on vendit : « deux parcelles de bois, l'une nommée le *bois de Gleuez* et l'autre *Coetmal*, et les rentes, chefrentes, moulins, devoirs, droits et obéissance dans Clohal, qui sont le convenant *Kerrennou*, le convenant *Locoarch*, le convenant *Kernous*, le convenant *Kercariou*, le convenant *Kermalen* de Kerroual, *Trevenou*, *Kerguellealin*, *Kersaliou*, *Saint-Maudez* ; la taille et convenant sur le convenant appellé *Kerligerc*, sur le convenant du *Verucan* et sur le convenant de *Kerbry* ; le devoir de la vache d'hyver, sur le convenant de *Kermersen*, 17 deniers ; sur le convenant de *Kerinaon bihan*, 17 deniers ; sur *Keruhelguen*, 17 deniers ; sur le convenant de *Ponthoulein*, 16 deniers; sur *Kerhaer au roy*, 17 deniers, etc; sur la terre du *Verocan*, 6 deniers; sur *Trujuel daigual*, 5 deniers; sur *Kergrennec*, 4 deniers; sur *Kerguelavan* et *Kerrouel*, 6 deniers; sur le convenant de *Locoaren*, 6 deniers. Item autres chefrentes nommées *Glouezou*, qui se payent au mois de janvier par mines et truelles de froment : sur le convenant de *Keravel*, mine et demie; sur *Kerguelavan*, 2 mines froment; sur *Kernours*, 2 mines; sur *Kergariou*, 3 mines; sur le convenant de *Pazrin*, 1 mine et quart; sur *an Ponthonlin*, demi mine, et plusieurs autres. »

« Item les chefrentes nommées *Glouez* (1), qui se payent en avoine sur *Kerouel*. »

« Item les gerbes par froment dont en chacune gerbe il y a quatre brassées qui se rendent par les tenanciers en la maison du receveur de l'abbé, et les doivent battre à leurs dépens, et les autres qu'il faut aller querir sur les lieux. »

« Item le convenant, etc, de *Kerguenou*, de *Penprat*, de *Kerouster*, de *Kerguimarec*, *Kermellan*, un moulin avec son detroit des hommes sujets, adjugés à Mathieu de Coetnours pour 2,500 livres, sauf des droits du chambrier et prévost en poules et avoine.

Paul de Gondi, abbé, en fut débouté aux requestes du palais de Rennes, le 14 juillet 1631 (2).

(1) Voir page 87.
(2) Odet de Coligny mourut en Angleterre en 1571, dans la religion protestante; il fut, dit-on, empoisonné par un de ses domestiques.

CHAPITRE XXXV.

LOUIS DE VALLORY, TRENTE-TROISIÈME ABBÉ ET DEUXIÈME COMMENDATAIRE (1).

Louis de Vallory prenoit ces titres : protonotaire du saint siége apostolique, aumosnier ordinaire du roy, et abbé commendataire de Sainte-Croix. Il fut pourveu par résignation du cardinal Odet sur le brevet du roy, par bulles du pape en 1567 (2), puisqu'il dit en 1570, qu'il avoit plus que possession triennale.

Son abbaye luy fut disputée par Estienne Boucher, natif de Troyes, en Champagne, secrétaire du roy, ambassadeur pour le roy à Rome, qui assista au concile de Trente, et fust évesque de Quimper, où il fist son entrée en 1560, le 23 février. Il se disoit aussi abbé de Sainte-Croix, sur le brevet du roy et par bulles du pape, mais Vallory eust main levée par lettres du conseil, et demeura abbé, comme nous allons voir par le procez-verbal que j'abbrégeray parce qu'il est trop long et qu'il a 66 feuillets. L'on y verra les raisons de l'un et de l'autre, et l'estat du monastère.

Le commissaire fut Jean de Mésange, conseiller au parlement de Bretagne à qui s'addressa, le 8 février 1570, Jean de la Pellonaye, seigneur du Plessis, por-

(1) *D'or au laurier de sinople, au chef de gueules.*
(2) En 1566 d'après D. Taillandier.

tant procure de messire Louis de Vallory, « conseiller du roy et son aumosnier ordinaire, abbé de Sainte-Croix de Kemperlé, qui, estant à Angers à la suite de la cour et de monseigneur le duc d'Anjou, son frère, luy donna pouvoir de comparoir pour luy en la cour de parlement de Bretagne et devant les sénéchaux de Rennes, Cornouaille et autres, pour poursuivre l'exécution des lettres qu'il avoit obtenues du roy, du 14 janvier en l'an présent 1570, et demander que main levée luy soit faitte et délivrance des fruits de son abbaye, etc. » La procure est du 16 janvier 1570. En suite de quoy ledit procureur vint à Rennes et mist ès mains dudit Jean de Mésange les lettres du roy de cette teneur :

« Charles, par la grâce de Dieu, roy de France, au premier de nos amés et féaux conseillers tenans nostre cour de parlement en Bretagne, nos sénéchaux et alloués de Rennes, Cornouaille et Kemper-Corentin, ou leurs lieutenans, et chacun d'eux, salut. Nostre amé et féal conseiller et aumosnier ordinaire, maistre Louis de Vallory, abbé commendataire de l'abbaye de Sainte-Croix de Kemperlé, diocèse de Cornouaille, nous a fait remonstrer en nostre privé conseil qu'il est bien deuement et canoniquement pourveu de ladite abbaye à nostre nomination par nostre saint père le pape, de laquelle il a obtenu toutes provisions requises, par vertu desquelles il a esté mis en possesion d'icelle, en a jouy, pris et perçu les fruits comme il fait encore à présent. Néantmoins d'autant que ladite abbaye auroit autrefois esté tenue sous le nom de messire

Odet de Chastillon, cardinal, auroit icelle abbaye à la suscitation de messire Etienne Boucher, évesque de Cornouaille, sous prétexte de l'Edit par nous fait sur la saisie des bénéfices tenus par ceux de la prétendue religion nouvelle, saisie, commissaires y établis en vertu d'un arrêt et commission de nostre cour de parlement de Paris. Quoy voyant iceluy de Vallory auroit obtenu nos lettres addressantes à vous nosdits sénéchaux alloués, et vos lieutenants le 23° jour de septembre dernier, par lesquelles après avoir fait voir en nostre privé conseil les provisions et possession dudit de Vallory, et pour les causes y contenues, vous aurions mandé que si aucune saisie avoit esté mise et faite sur les fruits de ladite abbaye de Sainte-Croix de Quimperlé, en vertu et sous couleur de nostre dit edit, que vous eussiez par chacun de vous à faire incontinent audit de Vallory, pleine et entière délivrance et contraindre les commissaires y établis et tous detenteurs des fruits d'icelle par toutes voyes de raison et justice, à bailler iceux fruits audit de Vallory ou à ses procureurs nonobstant oppositions ou appellations quelconques et sans préjudice d'icelles; lequel de Vallory auroit présenté nosdites lettres à vous sénéchal de Quimper-Corentin, et vous auroit requis icelles exécuter, et ce faisant luy faire délivrance des fruits de ladite abbaye, contraindre les commissaires de luy en rendre bon compte et payer le reliquat; à l'entérinement et exécution desquelles ledit messire Estienne Boucher, évesque de Cornouaille se seroit opposé, dit et maintenu par devant vous, sans en faire apparoir qu'il estoit pourveu de ladite abbaye, à nostre nomination, par nostre saint père le pape ; à laquelle opposition auriez reçu ledit Boucher, et depuis au lieu d'exécuter nos dites lettres selon nos vouloir et intention, obstant l'opposition dudit Boucher pour délayer et constituer en frais ledit Vallory, auriez par vostre sentence du 22ᵉ jour de novembre dernier donné acte audit Boucher de son opposition, et ordonné que lesdits de Vallory et Boucher se pourvoiroient où bon leur sembleroit, et cependant auriez retardé la main levée audit Vallory, jusqu'à ce que par nous en fut ordonné, contrevenant directement à nos vouloir et intention et aux arrêts de nostre dit conseil privé, et ceux de nostre dite cour de parlement de Bretagne, données en conséquence d'iceluy et à plusieurs injonctions, commandement et ordonnances à vous faittes d'iceux exécuter, garder et observer, au grand préjudice perte et dommage dudit Vallory, nous suppliant humblement luy pourvoir de remède convenable. Pour ce est-il que nous, ces choses considérées dont il nous est apparu par la provision faitte de ladite abbaye à nostre dite nomination par nostre saint père le pape audit de Vallory, la provision et possession plus que triennalle, et que nous sommes certifiés que ledit de Vallory est de la religion catholique, et nostre arrest donné en nostre dit conseil privé le 23ᵉ jour de septembre dernier, vous mandons que sans avoir égard à ladite opposition par ledit Boucher formée, qui n'est titulaire ne possesseur, et nonobstant icelles et autres oppositions ou appellations quelconques interjettées ou à interjetter par ledit Boucher ou procureur pour luy et autres quelconques, la décision desquelles nous avons retenue et réservée, retenons et réservons à nous et à nostre privé conseil, et vous en avons et à tous autres juges et cours souveraines interdit, et défendons par ces présentes la connoissance, vous ayez à faire audit de Vallory pleine et entière délivrance et main levée de l'abbaye de Quimperlé ; et laquelle main levée nous avons faitte et faisons audit de Vallory, en tant que besoin est ou seroit, de nos pleine puissance et authorité royalle; contraignant par vous et chacun de vous les commissaires, si aucuns y ont esté établis, qu'ayant pris lesdits fruits ou portion d'iceux, et tous autres détenteurs desdits fruits, à les rendre bailler et rétablir audit de Vallory ses procureur ou procureurs, commis et deputez et luy rendre compte et payer le reliquat, les contraignants et tous autres qui pour ce seront à contraindre, par toutes voyes et manières deues et raisonnables, nonobstant comme dessus et autres oppositions ou appellations quelconques et sans préjudice d'icelle, pour lesquelles ne voulons estre différé. Mandons aussi à chacun de vous de procéder contre ceux qui se trouveront avoir pris lesdits fruits nonobstant comme dessus, et quelconques autres edits, ordonnances, restrictions, mandements, défenses et lettres à ce contraire, et en outre mandons au premier nostre huyssier ou sergent adjourner ledit Boucher à comparoir par devant nous en nostre privé conseil à jour compétant pour répondre sur l'opposition qu'il a formée, et à l'empeschement qu'il a donné à l'enterinement et exécution de nos dites lettres de main levée; la décision de laquelle nous avons évoquée à nous et à nostre dit privé conseil, et icelle nous avons et à tous autres juges, interdite et défendue, interdisons et défendons, et avons pour ce regard imposé et imposons silence à nostre procureur général présent et à venir. Car tel est nostre plaisir. Donné à Angers, le 14 janvier, l'an de grâce 1570, et de nostre regne le dixiesme. Ainsi signé : par le roy, de Laubespine. »

Le procureur dudit de Valory requist ensuite le commissaire de se transporter à Kemper-Corentin et autres lieux, où l'abbaye avoit du bien, auquel il respondit que dès le lendemain après disné il seroit prest à voyager; auquel jour il donna lettre de commission pour appeler à l'exécution le seigneur évesque de Quimper, Estienne Boucher et le substitut du procureur général du roy audit Quimper-Corentin. Signifié le 15 février au seigneur évesque, en parlant à son prestre et le mesme jour à noble François Mocam, substitut du procureur général à Kemper-Corentin. Le commissaire parti de Rennes, le 9 février, arriva à Kemper, le mardy 14 dudit mois, et le jeudi 16 du mois, se transporta au l'auditoire du siége présidial, auquel lieu l'avocat de Valory ou son procureur, dit qu'il avoit intimé le seigneur évesque, lequel présent, estant requis de dire en quelle qualité il plaide, a répondu par sa bouche :

« Qu'il plaide en qualité d'abbé de Quimperlé, duquel bénéfice il a esté pourveu par nostre saint père le pape à la nomination du roy, pour les bons et agréables services par luy faits à sa Majesté et à la couronne de France. Sur quoy le commissaire a ordonné que lecture seroit faitte de ses lettres, ce qui a esté fait. »

Valory par ses avocats a dit : « qu'avant les trois dernières années, il a esté pourveu de ladite abbaye à la nomination du roy, de laquelle il a pris possession dès ledit tems, et en est depuis possesseur, et que sous prétexte que le cardinal de Chastillon, estoit possesseur de cette abbaye et qu'il estoit de la nouvelle religion, aucuns voulant le troubler dans sa possession, auroient instigué la cour du parlement de Paris, de saisir les fruits de l'abbaye, comme bénéfice tenu par ledit Chastillon, rebelle au roy, quoyqu'il en fut possesseur : pourquoy se seroit pourveu vers le roy et son privé conseil, et auroit eu main levée du roy par ses lettres du 20 de novembre 1568, au sénéchal de Quimper, qui les avoit enterinées le 14 avril 1569, ouy le substitut du procureur général du roy, et qu'estant depuis empesché sur la jouissance de main levée par ledit messire Estienne Boucher, évesque de Quimper, auroit obtenu autres lettres du 23 septembre audit an, adressées audit sénéchal, avec ordre de faire main levée des revenus de l'abbaye, et contraindre les détenteurs à les restituer. Cependant le sénéchal au lieu de les enteriner, auroit reçu ledit Boucher opposant, et ordonné luy estre délivré acte de son opposition sans qu'il eut apparu aucun acte possessoire dudit bénéfice ; ce que voyant il a pris autres lettres du roy, du 14 janvier, addressées au commissaire présent, comme dessus, dont il requiert l'exécution et dépens. »

« L'advocat du seigneur évesque demande que lesdits fruits demeurent saisis, nonobstant lesdites lettres qu'il prétend subreptices, jusqu'à ce que l'opposition soit vuidée en laquelle il avoit esté reçu et en vertu de laquelle il avoit esté assigné; dit en outre qu'il accepte le playdoyé de sa partie, présupposant qu'en vertu de certaine résignation, qu'il disoit luy avoir esté faitte de l'abbaye, comme vacant par résignation il auroit esté pourveu par le pape à la nomination du roy et pris possession; et que craignant d'estre molesté en vertu des édits du roy de faire saisir les fruits des bénéfices des rebelles du royaume, au nombre desquels il mettoit monsieur le cardinal de Chastillon, et et ayant possédé l'abbaye sous ce prétexte nul et captieux, avoit tiré lettres de sa Majesté en 1568, par lesquelles il mandoit à ses juges sur les lieux, que là où les fruits se trouveroient saisis sous prétexte des édits, et que ledit de Valory eut esté pourveu et fut en possession, de luy en faire délivrance, et non autrement. Ce que de Valory monstre par d'autres lettres depuis obtenues de sa Majesté, du 23 septembre, par lesquelles il est seulement narré que le sénéchal de Cornouaille avoit seulement commencé à faire rendre compte des fruits, d'où il est aisé de conclure de l'obreption desdites lettres, mesme que ledit évesque entend pour la déduction de ses droits, qu'il est tout notoire que le cardinal a toujours, et mesme depuis 18 ans, possédé ladite abbaye et jusqu'au tems que pour ses démérites, il en a esté privé par arrest du

parlement de Paris, donné au mois de mars dernier ;
et si ledit Valory, vouloit prétendre aucun droit par
résignation, il appert par acte accepté par le dit cardinal, publié ès cours de Quimper et Quimperlé, et
insinué aux greffes des juridictions de Cornouaille,
que ledit Valory avoit renoncé expressément à tout le
droit qui pourroit luy estre acquis par la prétendue
résignation, à laquelle il a expressément renoncé délaissant ledit cardinal en telle possession qu'il estoit
auparavant. Cependant qu'il auroit pleu au roy, de le
nommer luy évesque, le cardinal estant privé de ladite
abbaye, pour se faire ensuite pourvoir par le saint père
ainsi qu'il a fait, et auroit aussi pleu au roy pendant
l'expédition, commander que les fruits fussent saisis
au profit de celuy qui estoit nommé par sa Majesté,
lesquelles lettres auroient esté exécutées et commissaires établis. Et pour ce que ledit Valory opposa la
saisie, le défendeur considérant que pour faire valoir
son droit, il estoit besoin de faire paroistre que le cardinal estoit en possession de l'abbaye au tems de sa privation, il avoit fait examiner plusieurs témoins qui
tous avoient déposé que ledit cardinal avoit toujours
possédé, et fait actes d'abbé tant par luy que par ses
vicaires ou procureurs, reçu les fruits, conféré bénéfices, institué et destitué officiers, payé les décimes,
contracté avec plusieurs personnes pour raison des
aliénations qu'il a convenu faire du temporel de
l'abbaye, pour subvenir aux affaires de sa Majesté, qui
ayant esté représentée au conseil privé, seroit intervenu
arrest du treisiesme et commission du 17 aoust dernier, par lequel estant apparu que le cardinal estoit

possesseur, fut ordonné que la saisie tiendroit, et establi commissaire. Quoy voyant, de Vallory, faisant ledit arrest auroit obtenu autres lettres de sa Majesté du 23 septembre dernier, où continuant de faire entendre ses provisions, prise de possession et jouissance, sa Majesté lui auroit octroyé lesdites lettres, et fait attacher les procédures, provision, prise de possession et jouissance, afin que tout veu par les commissaires l'exécution desdites lettres s'en suivit. Advint l'opposition dudit évesque, sur la publication et entérinement, disant que ledit de Vallory estoit sans titre, non possesseur, ayant soustrait par fraude ses prétendues provision et possession, qui estoient les principales pièces qui auroient meu sa Majesté à luy octroyer les lettres qu'elle vouloit estre vérifiées par ses commissaires, avoit conclu qu'il fut débouté de son entérinence : sur quoy s'en suivit sentence du 22 novembre dernier, par laquelle veu la soustraction des lettres et qu'il estoit sans titre, auroit le sénéchal de Cornouaille ordonné que ledit opposant auroit acte de son opposition, et que luy et de Vallory se pourvoiroient ou bon leur semblerait, et que la main levée seroit retardée ; et acquiesçant à ladite sentence seroit l'évesque pourveu au privé conseil, pour luy estre fait droit sur son opposition, où le fait estant agité, et les pièces ce concernant veües, et ouy le procureur général auroit esté mandé adjourner, à la requête du défendeur, ledit Vallory à comparoir en parlement à Paris, pour venir procéder en l'instance d'opposition ; la connoissance de laquelle sa Majesté luy auroit de rechef commise, l'interdisant à tous autres juges et officiers par ses lettres du 23 décembre dernier, et que jusqu'à ce qu'il fut décidé de l'opposition, les fruits de l'abbaye demeureroient saisis à son profit. Lesquelles lettres si tost que la commodité s'est peu présenter, ledit évesque a fait signifier audit de Vallory et fait adjourner devant la cour de parlement de Paris, pour y procéder sur l'instance d'opposition ; au préjudice de laquelle action intentée, publication et signification desdites lettres ès cours de Kemper-Corentin, Kemperlé, Vennes et ausdits commissaires, ledit de Vallory auroit subrepticement extorqué lesdites lettres, sans faire mention de la réception dudit évesque en son opposition, adjournement et signification ensuivie. Pour le rejet desquelles lettres, l'évesque met en avant ce que dessus et de plus, que contre vérité, il a fait entendre au roy avoir esté pourveu par résignation du cardinal et estre en possession, parcequ'il n'eut jamais titre valable, et moins a possédé l'abbaye, et par conséquent comme non titulaire ne doit avoir main levée des fruits. Que s'il auroit une résignation, elle se trouvera annulée par sa subséquente révocation, publiée ès cours de Kemper-Corentin et Kemperlé et insinuée ès greffes des insinuations, et à la requête dudit de Vallory. Outre que lesdites lettres ne pouvant luy servir, ayant leu la réception dudit évesque en son opposition, et adjournement sur ce intervenu signifié audit de Vallory, avant qu'il eut reçu ses lettres, et s'il l'eut remonstré il n'auroit jamais obtenu lettres de main levée. Considéré encore que si ces lettres sortoient leur effet, ce seroit vuider l'opposition précédente en la cour du parlement de Paris, sans ouir les parties.

Outre que lesdits de Vallory et évesque, sont hors de jeu de requérir main-levée, attendu que nouvellement par lettres du 23 décembre, les fruits de l'abbaye ont esté de rechef saisis au profit de sa Majesté, conclut que ledit de Vallory, soit débouté de l'entérinement de ses lettres avec dépens, ou bien renvoyé vers sa Majesté, ou vers son parlement de Paris, attendu qu'il est desjà saisi de l'affaire, etc. »

« Olivier Berthault, commis par le substitut du procureur du roy absent, ayant veu les lettres patentes du roy du 14 janvier de l'an présent 1570, obtenues par de Vallory, par lesquelles est ordonné qu'en tant qu'il se trouveroit saisie apposée, luy soit donnée main levée, nonobstant oppositions interjettées et à interjetter, ensemble autres lettres obtenues par ledit de Vallory au privé conseil, 21 décembre 1568, autres du 23 septembres 1569, la sentence donnée au présidial de Kemper-Corentin, 14 avril audit an 69, entre ledit de Vallory et de Révérend père en Dieu messire Estienne Boucher, évesque de Cornouaille, et l'arrest de la cour du parlement de Paris, du 14 juin dernier, et autres actes, conclut que les lettres du 14 janvier soient enterinées, et main levée faitte audit de Vallory, en donnant caution : nonobstant l'opposition du seigneur évesque, sauf à luy de se pourvoir au privé conseil. Fait le 16 février 1570. »

« Ordonné par le commissaire que les parties auront acte de leur dire, et qu'il en soit fait mention au procez-verbal pour estre demain donné tel appointement que de raison. »

« Et le lendemain vendredy 17 février 1570, nous commissaire en exécutant lesdites lettres avons fait au procureur de Vallory pleine et entière délivrance et main levée des fruits de l'abbaye de Sainte-Croix, et que les commissaires, si aucuns y a d'establis, et autres qui ont touché les fruits, seront contraints d'en rendre compte audit de Vallory; et qu'avant la délivrance des deniers, de Vallory donnera caution de les rétablir, si faire se doit, sauf à se pourvoir au principal de la matière, ainsi que les parties le verront avoir à faire, mesme avons ordonné qu'il sera par nous informé de ceux qui indeuement auront touché lesdits fruits de l'abbaye. »

« Sur quoy ledit Boucher a dit par sa bouche se porter pour appellant, et néantmoins avons continué l'assignation pour l'exécution desdites lettres à lundy prochain, en l'auditoire royal de Quimperlé et à mercredy et jeudy prochain en l'auditoire de Vennes, où avons assigné les parties à se trouver si elles voyent y avoir intérest. »

« Et par requête du seigneur évesque et comme abbé de Kemperlé de luy signée, est remonstré au commissaire, que comme l'affaire est pendante au parlement de Paris, et que sur les oppositions formées respectivement par lettres du roy, du 23 décembre dernier, les fruits de l'abbaye demeureroient saisis à son profit, et que ladite abbaye soit, pour le jourd'hui comme elle a esté depuis 7 à 8 ans mal desservie quant au service divin, pour y estre peu de religieux, et plus mal quant à l'entretien des bastiments qui s'en vont en ruine s'il n'y est bientost pourveu ; et combien que ledit évesque soit ordinaire, néantmoins pour avoir toujours esté suspect à M. le cardinal de Chastillon, voyant que ledit évesque s'efforçoit y vouloir mettre la main, et maintenant l'est davantage pour prétendre l'abbaye sur ledit seigneur de Vallory, vous plaise en passant voir l'estat et ordre de l'abbaye, en faire procès-verbal et ordonner tant pour le service divin que pour l'entretien de l'abbaye, et ordonner aux commissaires députés de fournir aux frais nécessaires. »

« Et le commissaire s'estant retiré à son logis, le seigneur évesque envoya un de ses gens avec un plaidoyé demandant qu'il fut inséré, et que s'il passoit outre à l'exécution des lettres du roy il l'auroit pour suspect, attendu ses raisons que le cardinal avoit toujours esté possesseur, et requeroit pour vérification que maistre Lucas Payneau, vicaire-général, là présent, fut interrogé ; et mesme par sentence du présidial du 14 avril 1568, ledit de Vallory demandant lors seulement jouissance des fruits, ledit Payneau déclara en jugement qu'il avoit toujours jouy des fruits au nom du cardinal. »

Le procureur du roy ayant requis copies des pièces de l'évesque, le serviteur de l'évesque les avoit retirées sans estre certifiées au procez.

« Le commissaire parti de Kemper-Corentin le samedi 18 du mois, et arrivé le dimanche matin à Kemperlé, et incontinant allé à l'église de l'abbaye pour informer du contenu en la requeste de l'évesque, ouy la grande messe célébrée par frère Charles Le

Vestle prieur de Doüalan, et répondue par frère Jean Coüetlan, prieur de Landügen, frère Jacques Cotesques, religieux de ladite abbaye, et missire Nicolas Le Batech, missire Thomas Raoul, missire François de Largouet, prestres séculiers ordinaires de ladite abbaye, comme ils nous ont dit; et après la grande messe et service divin interrogea par serment sept bourgeois trouvés en l'église pour ouir la messe, qui dirent que presque tous les jours ils vont à ladite église où ils voyent par lesdits religieux et prebtres cy-dessus, dire messes matines, vespres et faire le divin service solennel accoutumé. Et le lendemain lundi 20, avons veu et visité lesdites église et maisons du couvent que nous avons trouvées indigentes de réparation, et pour mieux connoitre quelle somme de deniers estoit nécessaire pour les faire, a pris un charpentier, un masson, un couvreur pour experts, et veu qu'au chœur de l'église du costé du dortoir la pluye transperce la voûte et tombe dans le chœur, et aussi qu'il pleut en abondance dans l'allée pour aller de l'église au dortoir, et ce par faute de couverture, que la fuye a besoin de quelque massonnerie, qu'il y a quelques planchers du dortoir et autres chambres desdites maisons percés et rompus, où il est besoin de refaire quelques terrasses. Pour lesquelles réparations il seroit besoin de la somme de 250 livres monnoye au jugement des experts. »

« Et le mesme lundi estant à l'auditoire de Kemperlé à 10 heures, ledit Boucher n'ayant comparu, et défaillant, le commissaire fist main levée, et intima à la barre de la cour de parlement à Rennes, ceux qui ont touché aux fruits de l'abbaye, pour en rendre compte audit de Vallory, qui donnera caution de les représenter, si il en est besoin. Se sont volontairement représentés, Charles Morice (1) et Maurice Lohéac, commis cy-devant au régime et administration des fruits de l'abbaye autant qu'il y en a en la grande terre, et ont dit avoir esté commis au régime desdits fruits et toutefois n'avoir rien touché, mais que tout avoit esté perçu par missire Lucas Payneau, vicaire-général (2), lequel présent a confessé avoir reçu lesdits fruits et revenus de la grande terre, et n'avoir à débattre d'en libérer lesdits Morice et Lohéac, et au lieu d'eux estoit prest d'en rendre compte. De quoy le procureur de l'abbé Vallory a dit se contenter, sauf le recours sur ceux qui ont touché aux fruits de Belle-Isle. Avons déchargé les commissaires et ordonné que Peyneau tiendra compte en leur lieu, qu'il présentera à la barre de la cour devant nous d'huy en trois semaines. Ordonné au substitut du procureur du roy à Quimperlé de bannir les réparations pour estre payées des deniers provenans de ladite saisie, et de faire faire le service divin en ladite église, nourrir les moines et prebtres de ladite abbaye en la manière accoutumée ; de quoy lesdits moines présents ont dit se contenter (3). »

(1) C'est un des ancêtres de Dom. P. H. Morice, l'un des auteurs de l'*Histoire de Bretagne*, mort en 1750.

(2) Vous voyez que ce Lucas Payneau se fourre partout, *magnus ardelio*. — P. L. D.

(3) Bons moines ! *habentes victum et vestitum his contenti sumus*. — P. L. D.

« Et le mardy partit pour Vennes où arrivé le mercredy au soir, 22 du mois, et le jeudy 23 en l'auditoire de Vennes, E. Boucher ne autre pour luy ne comparaissant, donné défaut, et ordonné main levée des fruits autant qu'il y en a au ressort de Vennes, et arrivé à Rennes le 26 du mois de février 1570, a dressé ce procez-verbal. »

Je ne sçay pas si le seigneur évesque poursuivit au conseil, mais estant mort à Paris le 20 aoust 1571, le sieur de Vallory demeura paisible possesseur de l'abbaye.

Quoyque Payneau eut conféré le 12 may 1569 l'office de chambrier à frère Jacques de Crechguyvilich, en qualité de vicaire de Louis de Vallory, l'on voit cependant que le mesme religieux se le fait conférer le 22 février 1573, par François Séné, chantre et chanoine de Vennes, et vicaire du mesme Vallory, ce qui me fait croire qu'il commençoit à décliner dans son crédit. Mais cependant nostre grand vicariat commence à croistre et à s'ériger en qualité. Il estoit possédé par un curé de village, nous le voyons à présent entre les mains d'un chanoine et chantre. Enfin nous le verrons arriver jusqu'aux abbés qui ne le refuseront pas; mais voyons encore Payneau dans la puissance de nous piller.

L'an 1569, l'abbé de Vallory, devant notaires à Vennes, donne procuration à Jean de la Pellonnye et Jean Pezron pour gérer ses affaires et surtout pour paroistre au siège présidial de Kemper-Corentin, devant messieurs les commissaires nommés par nos seigneurs les révendissimes cardinaux de Lorraine et de Bourbon, « délégués pour l'exécution de la bulle de la vendition de cinquante mille escus de rente sur l'église universelle de France, et en particulier de la somme de neuf-vingt-dix-huit escus sol. de rente, qu'il est besoin de vendre de revenu temporel des bénéfices situés au diocèse de Cornouaille et consentir qu'il soit vendu du temporel de l'abbaye cinquante escus sol. de rente valants au denier 24 deux mille cinq cents quarante. A laquelle ladite abbaye a esté cottisée pour sa cotte part et portion desdits cinquante mille escus de rente sans toutefois comprendre les principales maisons et pourpris d'icelle abbaye... mais le plus dommageable et le plus incommode de ladite abbaye... Fait à Vennes.... mil cinq cent soixante-neuf » (cet acte est à demi rongé par les rats.)

L'acte met que l'abbé faisoit sa continuelle résidence au manoir de la Salle en Anjou. Et l'on voit par cet acte comme Lucas Payneau avoit envie de se mesler de tout, car après les noms des deux procureurs il a gratté le parchemin pour y fourrer son nom écrit d'une autre main, ce qui suffiroit pour rendre l'acte non valable.

Le 2 janvier 1570, le village paroissial de Kernével et le village de Lavalgarz (1) furent aliénés pour 209 livres une fois payées.

La tenue du chambrier en Mellac valant 60 sols monnoye de rente fut aliénée à Jean Mahault, sieur de

(1) Auj. *Navalhars*, commune de Kernével, canton de Bannalec, arrondissement de Quimperlé.

Kaerhingant pour 75 livres monnoye une fois payées, en la mesme année 1570.

Le 7ᵐᵉ de février 1571, Louis de Vallory, conseiller et aumosnier ordinaire du roy et abbé commendataire de Sainte-Croix, en sa maison de la Salle prez Monstreuil-Bellay, en Anjou, donne devant deux notaires en la cour de Saumur procure à son « cher et bien-aymé maistre Lucas Payneau, curé de Saint-Trohan (Saint-Thurien), pour transporter à noble maistre Jacques Kerhinzenel, demeurant à Quimperlé, les arrérages des mortuages restant à payer et qui appartenoient à deffunt frère Pierre du Bot, comme il vivoit, religieux et chambrier de ladite abbaye à cause de ladite chambrerie, sans aucun garantage, éviction, ne restitution de prix, moyennant la somme de cinquante (je croy qu'il doit y avoir livres) tournois payables audit seigneur de Vallory. » Je ne sçay s'il veut entendre par là les arrérages des neufmes qu'il ne garantit pas, ou bien la cotte-morte du chambrier, mais l'on voit que celuy qui pour gagner les bonnes grâces du cardinal de Chastillon, avoit pris procure pour poursuivre les biens de l'abbé Daniel, est aussi poursuivi de mesme après sa mort (1).

En l'an 1572, se fist le contrat de permutation et échange de Belle-Isle avec Albert de Gondi, premier duc de Retz, laquelle seigneurie de Retz il possédoit du chef de sa femme l'illustre Claude-Catherine de Clermont. Comme les seigneurs de Retz se sont fort attachés à ne nous pas laisser le contrat de cette permu-

(1) Voir page 394.

tation, ny le procès-verbal de l'évaluation des terres de Belle-Isle, nous ne pouvons rien sçavoir de tout cela, ny du grand procez des abbés avec le duc de Retz pour se faire faire assiette de terres en la place, que par l'acte de prise de possession de Callac de 1584. Comme nous verrons cy-dessous, ces contrats d'échange et prisage furent faits par M. Philippe Goureau, conseiller du roy et maistre des requestes de son hostel, et maistre Guillaume de la Fontaine, conseiller au parlement de Bretagne.

En 1573, 22 febvrier, Louis de Vallory estoit encore abbé comme il paroist par la collation de la chambrerie que fist son grand vicaire François Séné, chantre et chanoine de Vennes, à frère Jacques de Crechguyvilich. Mais sur la fin de cette mesme année 1573, l'on trouve que Pierre de Gondi, évesque de Paris se dit tantost agent pour l'abbé, tantost abbé commendataire de Kemperlé.

Je ne trouve pas la raison de ces titres que prend cet illustrissime, qui sont bien au-dessous de luy. Une personne de ce rang ne les aura pas pris sans intérest; mais de sçavoir le pourquoy, ce m'est une obscurité que je ne puis pénétrer. Je suis allé m'imaginer que Henry III, ayant esté élu roi de Pologne le 9 may 1573, Louis de Vallory pourroit l'avoir suivy en Pologne; et Pierre de Gondi se seroit ingéré dans son abbaye. Quoyqu'il en soit, le premier acte que je trouve de Pierre de Gondi est du 15 décembre 1573. Il y en a d'autres du 29 décembre de la mesme année, du 3 janvier, du dernier janvier, du 20 juin 1574, du 4 may, du 17 ou 18 may, du 16 juillet 1575, où il met tantost au nom de l'abbé de Sainte-Croix, tantost faisant pour l'abbé, et tantost il se nomme abbé commendataire. Voicy les titres qu'il prend dans un aveu du 7 juillet 1575. Pierre de Gondy, évesque de Paris, conseiller du roy, chef du conseil de la reyne, superintendant de ses affaires et négoces, et faisant pour l'abbé de Sainte-Croix de Quimperlé. Aucun de ces actes ne passe l'année 1575.

CHAPITRE XXXVI.

PIERRE DE LABESSE, TRENTE-QUATRIÈME ABBÉ ET TROISIÈME COMMENDATAIRE.

Je trouve en même temps que Pierre de Gondy, Pierre Labbesse ou de Labesse, ou de Labessée : car son nom se trouve en toute ces manières. Il estoit chanoine de Notre-Dame de Paris et abbé de Sainte-Croix de Quimperlé.

Les premiers actes que je trouve de luy sont du 22 juin, 9 et 13 juillet, 25 aoust, 2 septembre de l'an 1574.

Le mesme an 1574, le 30 may, mourut le roy Charles IX. Son frère Henry III, qui estoit alors en Pologne, luy succéda, et estant de retour fut sacré le 15 de février l'an 1575.

L'an 1575, quelques rentes du chambrier furent vendues et aliénées comme l'on voit par un extrait des registres du greffe d'office de Cornouaille.

En l'an 1577, sous nostre abbé Pierre de Labesse, il se fit une aliénation de trois villages situés en la trève de Treballay, paroisse de Bannalec. Le clergé de France devant vendre cinquante mille écus de rente, le diocèse de Cornouaille fut cottisé pour sa part à vendre deux cent un écus de rente. Sainte-Croix en eut vingt pour sa part. L'on aliéna pour cet effet le village de Loc-Maria, le village de Kerprima et celuy de Kerancoeffrer, etc., montant à la somme de 45 livres 3 sols tournois de rente en fond de terre. Les villages furent adjugés à du Stagner, qui dit les avoir acquis pour noble Olivier de Kercoënt, seigneur de Kergournadech, Trochern, etc., pour la somme de 1758 livres 8 sols. Le chambrier, frère Jacques de Krecquivilich s'y opposa pour ses droits de chambrier.

L'abbé Jean-François-Paul de Gondy, voulant retirer cette aliénation, en fut débouté aux requestes du palais à Rennes le 5 janvier 1633, ayant pour partie Sébastien, marquis de Rosmadec, baron de Molac, défendeur. L'on dit qu'il perdit à cause qu'il ne fournit pas le contrat d'aliénation qui se trouva depuis, Et en effet le défendeur estant requis de dire par quel titre il possédoit ces villages, il dit toujours qu'il les possédoit parce qu'il les possédoit, et n'en voulut point donner d'autre raison. L'on voit aussi par ces longues procédures que le village de Kerprima s'appeloit anciennement Goroancoet; mais que la famille Prima l'ayant longtemps tenu, luy laissa son nom de Kerprima (1).

Il se trouve une procure du 26 juillet 1578, par laquelle Pierre de Labesse, abbé, etc., et chanoine de l'église de Paris, demeurant au cloistre de ladite église donne pouvoir, etc., pour accepter la récompense que messire Albert, comte, doyen baron de Retz, marquis

(1) De D. René Malarit j'ai un mémoire qui dit que l'on aliéna encore un bois de fustaye en Trebalay. — P. L. D.

de l'Isle-d'Or et maréchal de France, est tenu de fournir et bailler audit seigneur abbé, religieux et couvent de ladite abbaye pour raison de la permutation du lieu et seigneurie de Belle-Isle, jadis de ladite abbaye. Fait à Paris un samedy 26 juillet 1578.

Les anciens barons de Retz se nommoient doyens des barons de Bretagne dans leurs lettres, et d'Argentré avoue qu'il n'en sçait pas la cause (1). En cette année 1578, Raiz n'estoit pas encore érigé en duché. Albert de Gondi qui avoit la faveur du roy, le fist ériger, dit du Paz, premièrement en titre de comté, puis de marquisat, et enfin de duché (2).

L'on trouve encore procuration pour la mesme chose (les noms sont en blanc), donnée par frère Henry de Rastelly, abbé de la Chaume et vicaire-général de messire Pierre de Labbesse, et par les prieur et religieux; elle est du 4 may 1579.

Par les registres du greffe de la cour de l'abbaye, du 14 février 1580, l'on connoit qu'il y avoit guerre dans le pays, puisqu'un des sujets représente à la justice « *les ravages faits en sa maison par les gens de guerre et malheur du temps.* » C'estoit desjà un effet de la Ligue qui ayant esté conclue à Péronne dès l'an 1567, avoit pour chef en Bretagne Philippe-Emmanuel, duc de Lorraine, qui estoit puissant dans le pays en qualité de gouverneur de la Province, et de mary de Marie de Luxembourg, héritière de Penthièvre, etc., et luy, avoit l'honneur d'estre beau-frère du roy

---

(1) D'Arg. *Hist. de Bret.*, liv. I, ch. 18.
(2) Du Paz, *Généal. des barons de Rais*, p. 232.

Henry III, qui avoit épousé sa sœur Louise de Lorraine; mais il prist plustost le parti de la maison de Lorraine que celuy de son beau-frère et bienfaiteur.

Le 13 mars 1582, François Séné, chantre et chanoine de Vennes et grand vicaire de l'abbé Pierre Labesse, conféra le prieuré de Lannenec à frère Jacques de Crechquyvilich, il y avoit alors en l'abbaye deux religieux de mesme nom, l'oncle et le neveu, l'oncle estoit chambrier; c'est à celuy-ci que fut donné le prieuré de Lannenec.

Ce chambrier en 1582, le premier décembre, présente requeste à monseigneur le duc de Retz, marquis de Belle-Isle, des Iles-d'Or, baron de Dampierre, pair et maréchal de France, chevalier des deux ordres du roy, conseiller en son conseil d'estat, capitaine de cent hommes d'armes de ses ordonnances et général des galères de France, remonstrant qu'il lève certaines dismes de laine et quelques bleds en Belle-Isle qui peuvent monter à 200 livres monnoye par an ou environ, desquels devoir il ne peut jouir à cause de la difficulté du passage en l'Isle et incommodité pour la cueillette, etc., et supplie qu'il luy donne pareil revenu en terre ferme. Le contrat d'échange entre le seigneur de Retz et le chambrier se fist le 7 janvier 1583. Nous verrons l'assiette en fond qui fut faitte en 1584 et 1585.

En 1582 le 22 avril, frère Henri de Rastelli, grand vicaire, donne le vicariat de Sauzon en Belle-Isle.

Vous voyez par deux collations différentes en la mesme année du 13 mars et du 22 avril, qu'il y avoit deux vicaires dans l'abbaye, de peur d'en manquer : *primo avulso non deficit alter* (1).

Pierre de Labesse, abbé de Sainte-Croix, vivoit encore le 11 de septembre 1584, comme l'on voit par l'arrest qui fut donné en sa faveur au parlement de Rennes pour luy faire assiette de terres en échange de Belle-Isle. S'il estoit mort en octobre, ou si l'abbaye vacqua par un autre moyen, cela m'est inconnu, mais son successeur agit dès le mois d'octobre.

---

(1) Virgil. *Eneid*. VI.

CHAPITRE XXXVII.

SILVIUS OU SILVE DE PIERRE VIVE, TRENTE-CINQUIÈME ABBÉ ET QUATRIÈME COMMENDATAIRE (1).

Il m'est inconnu si cet abbé est parent de Marie de Pierrevive, femme d'Antoine de Gondi, sieur du Pezron, qui vint de Florence en France avec Catherine de Médicis, femme de Henry II et donna commencement à la maison de Gondi en France, ayant eu de cette femme qui fut gouvernante des enfans de France, Albert de Gondi, premier duc de Retz, celui avec qui l'on a traitté de Belle-Isle, Charles, seigneur de la Tour, général des galères et maistre de la garde robbe du roy, et Pierre, cardinal de Gondi, évesque de Paris, dont nous avons parlé cy-dessus.

Silvius de Pierrevive prenoit en ses titres la qualité de docteur en théologie et abbé de Sainte-Croix. Le premier acte que je trouve de luy est une procure du samedy 27 octobre 1584, passée devant Marin du Bois et Philippe l'Amiral, notaires au Chastelet à Paris, par laquelle il constitue son procureur pour l'affaire de Belle-Isle, messire Jean Le Mée, sieur de Rosemenglas. En voicy l'effet qui termina cette

---

(1) *D'or à trois pals de gueules, chaque pal chargé en chef d'un diamant au naturel.* — Cet abbé ne figure pas dans le catalogue de Dom Taillandier.

grande affaire, comme l'on verra par le procez-verbal du commissaire de la cour que j'abbrégeray :

« Le lundi dernier décembre 1584, a comparu par devant nous Robert Thevin, conseiller du roy, en la cour de parlement de Bretagne, commissaire-député d'icelle, Jean Le Mée au nom et comme procureur de messire Silve de Pierrevive, docteur en théologie, abbé de l'abbaye de Sainte-Croix, lequel en présence de Jean-François Fabry, procureur de messire Albert de Gondy, pair et maréchal de France, duc de Retz, nous a dit que par arrest de ladite cour donné au profit de son prédécesseur abbé, religieux et couvent de ladite abbaye du 11ᵉ jour de septembre dernier, à l'encontre dudit seigneur duc de Retz, auroient esté audit sieur abbé, religieux et couvent adjugées les terres et seigneuries de Housillé (1) et Callac pour acquit et décharge du bail à emphitheose, canon et prestation annuelle, fait audit seigneur de l'isle de Belle-Isle; asseurance, assiette et amortissement du nombre de quatre mille livres de rente; et ordonné que lesdits sieur, abbé et religieux seroient mis en la réelle et actuelle jouissance desdites terres au dépens dudit seigneur duc de Retz : pour l'exécution duquel arrest avons esté par ladite cour commis et député par lettres patentes en forme de commission données à Rennes le 17ᵉ jour de septembre aussi dernier. Lequel le Mée en vertu de sa procuration passée à Paris le 27 d'octobre dernier, a requis estre mis en possession desdites terres Callac et Housillé. Et pour procéder à l'exécu-

(1) Commune de Vergeal (Ille-et-Vilaine.)

tion nous sommes transportés en ladite abbaye, avons fait assembler les religieux d'icelle au chapitre où se sont trouvés frère Charles Le Vestle, prieur, frère Jacques de Crechquivilic, chambrier, autre frère Jacques de Crechquivilich, son neveu, frère Jean de Champagne, frère Pierre Mousset, frère Lucas Caric, frère Jacques Prévost. Par lesquels prieur et religieux, après avoir entendu le fait desdits arrêts et commission, desquels ils ont esté d'accord avoir eu communication, a esté dit qu'ils ne veulent empescher l'exécution de l'arrest pour leur intérest, et consentir l'induction en possession requise par ledit de Pierrevive leur abbé : mais que pour le bien et utilité commune de leur abbaye et de leurs futurs successeurs, ils ont par commune délibération advisé de nous remonstrer certaines choses contenues en la requeste qu'ils nous ont baillée par écrit signée d'eux, laquelle il nous ont requis insérer en nostre présent procez-verbal, et leur faire droit sur icelle; ce que nous leur avons accordé, et fait insérer ladite requeste dont la teneur sensuit : »

« A Monsieur maistre Robert Thévin, etc., remonstrent et supplient les religieux de l'abbaye de Sainte-Croix de Quimperlé, comme monseigneur le duc de Retz, pair et maréchal de France, pour et touchant l'enterinement de certain contract de permutation et échange de l'an 1572, etc., lequel contract, ensemble la procure qu'ils gréèrent pour ladite poursuite du procez sont par devers ledit sieur maréchal, n'en ont lesdits suppliants copies ny vidimus collationnés aux originaux. Quoyqu'il soit, s'ils en ont eu aucunes, ils déclarent les avoir perdues et égarées; ou sont peut-estre entre les mains du procureur qui a suivi ledit procez pour eux en la cour de parlement. Sur lequel procez seroit intervenu l'arrest de ladite cour de le 11ᵉ jour de septembre dernier, pour l'exécution duquel vous mon dit sieur le conseiller seriez commis, ainsi que de vostre grâce nous avons veu etc., de l'arrest et commission desquels, ensemble, desdits contrats d'échange, procuration, procédures, prisage et appréciations de la récompense jà faitte, et que entend ledit seigneur maréchal bailler, et par fournir pour l'Isle de Belle-Isle, auparavant ledit contrat d'échange, le vray et ancien fond, propriété et possession desdits seigneur abbé, religieux et couvent, ils désirent estre saisis, au moins des copies bien transomptées vidimus collationnés aux originaux et deuement garantis, pour estre enfermées et demeurer aux archives du thrésor des lettres et garends de ladite abbaye, pour y avoir recours lorsque besoin et requis sera. Ce considéré vous plaise en procédant à l'exécution dudit arrest, ordonner audit seigneur maréchal, et a ceux qui pour luy gèrent le présent fait, de déposer entre les mains de vostre adjoint (substitut du procureur général du roy à Quimperlé), les originaux desdits contrats d'échange, procure, et procédures, prisage, appréciations, évaluations, arrest et commission cy devant mentionnées, et tout ce qui a esté et sera fait par cy après en conséquence, afin d'en bailler et délivrer ausdits suppliants copies collationnées fidèlement aux originaux pour estre mises à garder ausdites archives, etc.... Le tout au dépens dudit seigneur duc de Retz. Présentée le 31 décembre 1584. »

« Après la lecture de laquelle requeste par ledit de Kermelec, pour monsieur le procureur général, a dit qu'il avoit eu communication de l'arrest et commission de l'exécution desquelles est question. Laquelle il n'a moyens d'empescher, estant l'utilité évidente de l'église, que le revenu d'icelle soit assigné plutost en terre ferme, que non pas en une Isle de Mer exposée aux incursions des ennemis et étrangers : satisfaisant ledit seigneur duc de Retz au contenu d'iceluy, faisant avoir ausdit abbé et couvent permission de tenir les terres en main morte. Et d'autant que l'arrest est donné non seulement avec l'abbé mais aussi avec les religieux, il est bien requis et nécessaire, qu'ils députent l'un deux pour se trouver à l'exécution et induction en possession de ladite terre et seigneurie de Callac. Et quant à la requête par eux présentée, quelle est fort civile et raisonnable, à l'enterinement de laquelle il persiste avec lesdits religieux pour l'intérest du roy, vray conservateur des droits de l'église. »

« Et par ledit Le Mée pour ledit de Picrrevive a esté dit que ledit sieur abbé a esté nouvellement pourveu de l'abbaye, n'ayant autre connoissance de la procédure qui a esté faitte par ses prédécesseurs abbés, et par lesdits religieux du couvent, sinon en tant qu'il luy est apparu par l'arrest intervenu sur icelles, de l'exécution duquel est aussi question. Et avoir entendu que

M. Guillaume Adam, procureur en parlement qui a occupé pour eux en la cour, se doit trouver en la ville de Callac, lequel pourra avoir les procurations et actes qu'ils demandent, lesquelles il consent estre mises ou thrésor, de ladite abbaye suivant la requête. »

« Fabry pour le duc de Retz, a dit estre d'accord du contrat d'échange, prisage, évaluations et arrest sur iceux intervenu, l'exécution duquel et induction des demandeurs en possession de la terre et seigneurie de Callac, il ne veut empescher. Et quant à la terre et seigneurie de Housillé aussi baillée, pour partie de l'assiette de quatre mille livres de rente, et récompense de ce que lesdits abbés et religieux avoient droit de prendre en Belle-Isle, qu'il n'est besoin d'autre possession, d'autant que par cy devant ils ont esté mis en possession d'icelle. Et quant à la requête par eux présentée, dit que le seigneur de Retz a produit en la cour ses contrats prisage et estimations, dont lesdits demandeurs ont eu communication et copie si bon leur a semblé, ou n'a tenu qu'à eux : tellement que de la demander aujourd'huy, il n'y a point d'apparence. »

« *Commissaire* : Nous, parties ouyes, exécutant l'arrest, avons ordonné que les abbé et religieux seront mis en possession ; et pour ce faire comparoistront devant nous jeudi prochain (1), en l'auditoire au lieu de Callac, heure de 10 heures. Et pour le regard de la terre de Housillé, que la première induction en possession par nous faitte, tiendra ; et audi-

(1) C'est-à-dire le jeudi 3 janvier 1585.

jour après avoir ouy ledit Guillaume Adam, sera fait droit sur les fins et conclusions prises par la requête desdits demandeurs, ainsi qu'il appartiendra. »

« Et avenant ledit jour de jeudy, nous sommes transportés en l'auditoire de Callac, auquel lieu ont comparu ledit Le Mée, pour le sieur abbé, et ledit frère Jacques de Crechquyvilic, chambrier, qui a dit avoir esté député par les religieux d'icelle abbaye, pour assister pour leur intérest à ladite exécution, et ouir droit sur la requeste par eux présentée. Ledit Le Mée, pour le sieur abbé, a répété la requête par luy cy devant faitte et persisté à l'exécution de l'arrest, et lesdits de Kermelec, et frère Jacques de Crechquyvilic, en leurs déclarations et fins de leur requête et requis que pour parvenir à la jouissance des terres de Callac et Housillé, baillées en récompense, les lettres, contrats, chartres anciennes, déclarations des rentes leur seroient baillées pour estre mises au thrésor de l'abbaye. Et ce faisant, consentent l'exécution de l'arrest, avec protestation qu'ils font qu'au cas qu'ils soient troublés en la jouissance desdites terres de Callac et Housillé ou partie d'icelles, avoir leur recours vers le seigneur de Retz, et de tous dépens dommages et intérest. »

« *Commissaire :* Avons iceux abbé et religieux mis en possession de la terre, seigneurie, appartenances et dépendences de Callac, pour en jouir à l'avenir, comme du propre domaine de ladite abbaye, faisant injonction à tous les sujets domainiers et tenanciers de leur payer leurs rentes et devoirs, etc., et audit sénéchal d'exercer la juridiction en leur nom. Et pour la requeste, après avoir ouy ledit Adam qui dit avoir occupé pour l'abbé précédent et les religieux, en vertu de la procuration qu'ils luy ont envoyée, mémoires, instructions, etc., sur lesquels les arrests sont intervenus, et quant aux contrats, procez-verbaux du prisage et exécutions, en avoir eu communication, mais n'en avoir retiré copie pour la grandeur d'iceux, avons ordonné qu'aux frais du seigneur de Retz, il sera délivré ausdits abbé et religieux dans trois mois une grosse en parchemin, signé de nous et de nos adjoints, de nos procez-verbaux, ausquels seront insérées les copies du premier contrat d'échange et prisage, fait par M. Philippes Goureau, conseiller du roy et maistre des requestes de son hostel, et M. Guillaume de la Fontaine conseiller en ladite cour, et des arrets intervenus sur iceux, pour estre mis au thrésor des chartres de ladite abbaye, ensemble les contrats d'acquisition desdites terres de Callac et Housillé, lettres, titres, enseignemens desdites terres, pour en jouir les abbé et couvent comme de leur propriété. »

Autant que l'on peut voir par ce narré, les procez qui ont duré depuis 1572, jusqu'à cette année 1584, estoient sur la quantité de la récompense et échange pour Belle-Isle, et non pas sur le fond, que l'on ne pouvoit refuser. Ces contrats d'échange et de prisage de Callac, ensemble le prisage et prise de possession de Housillé, ne se trouvent pas au chartrier : je ne sçay si l'on exécuta l'arrest en les apportant, ou si ayant esté apportés les cardinaux de Retz, qui ont esté abbés depuis 1588, jusqu'à 1668, qui font 80 ans, ne les auront pas fait écarter pour l'intérest de la famille, ou plutost leurs officiers.

Les quatre mille livres de rente en assiette de fond de terre vont bien à présent à sept mille livres; mais Belle-Isle vaut bien à madame Fouquet (1), qui la possède à présent trente mille livres de rente ; ce qui fait voir que la portion de l'église n'est pas la meilleure, comme elle doit estre dans tout échange. Il est vray que le revenu de Belle-Isle, a toujours esté fort casuel aux moines, et que l'on a bien eu de la peine à s'en faire payer, comme nous avons veu dans plusieurs endroits de cette histoire, et particulièrement dans les tems de guerre et surtout de la Ligue, qui commençoit à fronder en ce tems là.

Monsieur d'Argentré (2) ayant cru que c'estoit une aliénation, quoyque l'affaire vaille un peu mieux, a dit ces paroles : « Alain Cainard.... donna aussi aux religieux (de Sainte-Croix), l'isle de Belle-Isle, laquelle ils ont tenue et possédée jusques à nostre tems, auquel le malheur des troubles a contraint les saints lieux d'aliéner leur patrimoine, pour subvenir aux frais des guerres, de sorte qu'avec le regret de tous les gens de bien, ce qui estoit préparé et ordonné pour demeurer jusques aux fins des siècles, est venu mourir et se perdre entre nos mains. »

En mesme temps l'on procéda à l'échange du re-

---

(1) Veuve de Nicolas Foucquet, surintendant des finances, et marquis de Belle-Isle.

(2) *Hist. de Bret.* liv. IV, ch. 35.

venu en Belle-Isle, que le chambrier avoit cédé au seigneur de Retz, avec un autre revenu en terre ferme. Le procez-verbal porte que le mesme « Robert Thevin, conseiller du parlement de Bretagne estant à Kemperlé comme commissaire d'un arrest donné au profit des abbé et religieux qu'il rapporte au long, donné à Rennes le 24 d'octobre 1584, le lundy dernier jour de décembre 1584, le procureur du duc de Retz représente que par contrat fait le 7 janvier 1583, ledit seigneur s'estoit obligé de donner 80 escus sol de rente en fond pour échange de ce que le chambrier prenoit en Belle-Isle sur certains convenans, 50 perrées de froment, 23 livres tournois par argent, les deux tiers de laine qui peuvent valoir par an 36 livres tournois, un petit pré, 12 sols tournois, une pièce de terre de trois arpens ou environ, une demy-perrée de froment, et 10 sols tournois par argent (1). Estant assignés à comparoistre, le jeudy suivant 3 janvier 1585, ils comparurent à Callac. Le chambrier disant que son droit de Cameriat en Belle-Isle, selon l'estimation, des marchands revenoit à 386 livres, sommant ledit Fabry quelle récompense il luy vouloit donner. Fabry a dit la luy vouloir donner sur les dismes et terrage à luy appartenans, à cause de la terre et seigneurie de Callac qui sont de plus grand revenu que le droit de Camériat qui ne fut oncques affermé plus haut que 80 escus. Et après avoir fait le dénombrement et évaluation des dismes qu'il levoit à la douzième gerbe

---

(1) Voir page 367.

dans les paroisses de Plusquellec et de Ploëgomeur (1), il fait monter toute la somme à quatre cent trois livres cinq sols, et trouve que les dismes valent de 7 livres trois sols de rente plus que le droit de Camériat. » Cette évaluation faitte, le chambrier fut mis en possession de ces dismes le trois janvier 1585.

Ainsi le monastère n'a plus rien en Belle-Isle. Son droit temporel passa aux ducs de Retz, et mesme ils se servirent quelque temps du droit spirituel et épiscopal jusqu'à ce qu'il a esté attaché à l'évêché de Vennes comme j'ay dit cy-dessus (2). La terre de Housillé qu'il a eue en échange est auprès de Vitré.

Callac est chastellenie, et seigneurie fort noble d'où plusieurs gentilshommes et mesme marquis, relèvent à foy et hommage et devoir de rachat. Je trouve dans d'Argentré qu'un Aliot de Callac alla avec Bertrand du Guesclin en Espagne, pour mettre Henry de Tristemarre en possession du royaume. Il n'est pas de mon ouvrage de rapporter tous les seigneurs par les mains desquels cette seigneurie a passé successivement pour venir à nous; il suffit de dire que depuis ce temps-là 1585, elle a toujours appartenu à l'abbaye de Sainte-Croix.

Je ne trouve de mémoire de Silvius de Pierrevive, que dans cette seule affaire de Belle-Isle : je ne veux pas faire ce tort aux illustres seigneurs de Retz, de dire que comme ils estoient très-puissants en cour, ils n'ayent fait cet abbé que pour estre de confidence avec

(1) Auj. Plougonver. Ces deux communes font partie de l'arrondissement de Guingamp (Côtes-du-Nord.)
(2) Page 272,

eux pour la conclusion de cette grande affaire ; mais au moins je sçay bien qu'il estoit très-attaché à leur maison, au moins si c'est le mesme qui vivoit encore en 1622, comme j'ai trouvé dans une approbation d'indulgences données par le pape à la canonisation de saint François-Xavier (1), à laquelle il signe comme grand vicaire de Paris en ces termes :

« Les présentes lettres d'indulgences ont esté veues par M. Silvius de Pierrevive, docteur en théologie, chanoine de l'insigne église de Paris, et chancelier, vicaire-général de monseigneur l'illustrissime et révérendissime cardinal de Retz, évesque de Paris, lequel a permis qu'elles fussent publiées en cette ville et par tout son diocèse. Fait à Paris l'an 1622, le 7ᵐᵉ d'avril. »

(1) Dans un livre in-16 de la vie de ce saint. — P. L. D.

CHAPITRE XXXVIII.

HENRI DE GONDI; CARDINAL DE RETZ, DERNIER ÉVESQUE DE PARIS, TRENTE-SIXIÈME ABBÉ DE SAINTE-CROIX ET CINQUIÈME COMMENDATAIRE.

Je ne sçay pas en quelle année il a pris possession de l'abbaye, mais le premier acte que je me souvienne d'avoir trouvé de luy est de 1588.

Le 24 novembre 1588, frère Jacques de Crechquivilic, fut établi vicaire général par nostre abbé. Comme il y en avoit dans la maison oncle et neveu qui portoient le mesme nom et surnom, et que le frère Jacques de Crechquivilic le jeune, prieur de Loc-Renan et de Pontbriant, mourut le 30 aoust 1593, et que son oncle mourut le dernier de juin l'an 1596, estant chambrier et prieur de Lannenec et de Pontbriant et fut enterré à Saint-Colomban (1), je ne diray pas lequel des deux fut grand vicaire, sinon que je croirois plutost que ce fut le neveu à cause que je trouve en 1594 une nouvelle création de grand vicaire.

Le 1ᵉʳ d'aoust 1589, Henry III, roy de France, fut blessé à mort et mourut le lendemain 2 aoust 1589. Henry IV luy succéda après avoir gagné son

(1) L'une des paroisses de Quimperlé.

héritage et le royaume qui luy appartenoit, à la pointe de l'épée.

Par des lettres d'octroy de roy Louis XIII, en 1616, il paroist que la ville fut ravagée pendant les troubles et qu'elle perdit tous ses titres et enseignements comme nous dirons plus bas.

L'on trouve lettres patentes de monseigneur Philippe-Emmanuel de Lorraine, duc de Mercœur, gouverneur de Bretagne du 11ᵉ octobre, accordées à Henri de Gondi, abbé de Buzay et de Quimperlé, « de main levée des revenus de ses abbayes saisies au profit l'Union des Catholiques entérinées au conseil d'Estat et des finances de Bretagne étably par l'authorité de monseigneur le duc de Mercœur, gouverneur dudit pays, et messieurs les Estats d'iceluy, attendant la présence d'un roy reconnnu catholique, à la charge que le sieur abbé fera le serment de l'Union des Catholiques, comme les autres prélats du parti de ladite Union, et en rapportera acte au conseil dans deux mois. Fait au conseil établi à Nantes, le 4 janvier 1592. Collationné à l'original représenté par révérend père en Dieu, frère Henri de Rastelli, abbé de la Chaume, procureur dudit messire Henry de Gondy, abbé commendataire, le 2 may 1592. »

Cet abbé qui ne s'appelle icy que procureur de notre revendissime, avoit esté grand vicaire sous Pierre de Labesse. Voici un autre abbé grand vicaire.

Par les registres du greffe de la cour séculière de l'abbé, il paroist que le 1ᵉʳ juillet 1594, frère Guillaume de Launay, docteur en théologie, abbé de

Saint-Maurice, présenta à nostre cour abbatiale les lettres de vicaire général qu'il avoit reçues de messire Henry de Gondi, dattées du 24 mars audit an, pour estre insinuées. Nos pères de Saint-Maurice m'ont dit qu'il avoit esté jacobin, et qu'il avoit eu permission du pape de passer à l'ordre de Cisteaux, et qu'il estoit grand prédicateur. Dans quelque endroit du greffe de nostre cour, j'ai leu qu'il se donne le titre de prédicateur et confesseur de monseigneur le duc de Mercœur, et par conséquent il estoit grand ligueur, comme je l'ai appris.

Dans les greffes de la juridiction, le procureur fiscal remonstre que « pour la misère du tems, et interventions de compagnies et armées tant françaises qu'espagnoles, il n'a esté possible tenir ny exercer estat de justice, pour cause que plusieurs personnes ayant terme et assignation pourroient se dispenser de leurs assignations à cause des troubles. » C'est une suitte de la Ligue (1).

Le 16 décembre 1596, sous Henry de Gondy, abbé, se tinrent les plaids généraux du fief, par maistre Vincent Le Gurin, vicaire général et procureur du seigneur abbé, et official de Belle-Isle, et présent frère Jacques Prévost, chambrier. L'on y appella Guillaume de Launay, abbé de Saint-Maurice, et les paroissiens de Treflivalaire, et l'on donna assignation aux notaires pour communiquer les contrats qu'ils

---

(1) Dom Le Duc ne parle pas de la prise de Quimperlé par les ligueurs en 1595. On trouvera aux pièces justificatives une enquête relative à cet évènement dont on peut lire le récit dans l'*Histoire de la Ligue en Cornouaille*, par le chanoine Moreau.

avoient passés, et maistre Guillaume Moustel, notaire royal présenta les diaux de Pierre Moustel, son père, en son vivant notaire de la cour des abbés.

Le 29 de may 1597, nostre abbé estoit à Angers dans l'abbaye de Saint-Aubin, où il donna des lettres d'institution à un nouveau procureur fiscal.

La mesme année l'on voit que nostre abbaye servoit de corps de garde, par les greffes où nos juges pour appuyer une prise de corps ordonnent d'invoquer la garde de l'abbaye, « et sera signifié au caporal commandant la garde. »

Au mesme registre l'on voit par la séance du 7 novembre de la mesme année 1597, que les troupes avoient fait ravages dans les terres de la juridiction.

En cette année 1598, la Ligue en Bretagne fut rompue. Le roi Henry IV s'estant déclaré catholique ayant esté sacré à Chartres et reçu son absolution, et toute la France se tournant vers son prince naturel, il n'y avoit plus que la Bretagne, où le duc de Mercœur s'estoit cantonné, qui ne le reconnoissoit pas. Le roy estant venu jusqu'à Angers et ayant fait avancer ses troupes pour assiéger Nantes, le duc pour conjurer la tempeste qui venoit foudre sur luy, envoya sa femme Marie de Luxembourg pour conclure son traitté avec le roy; et alors Gabrielle d'Estrées, sa favorite, se servit de l'occasion pour donner un grand parti à son fils Cæsar, duc de Vendosme. La duchesse fut obligée de sacrifier sa fille unique, Françoise de Lorraine, pour faire la paix, dont cette puissante héritière fut le gage par le traitté qui s'en fist le 10 de mars 1598, au chasteau d'Angers.

Dans le revers d'un registre des greffes de nostre cour l'on voit que le 12 juin 1598, la peste estoit à Quimperlé.

La mesme année 1598, le 22 septembre, il y eut arrest du parlement de Bretagne de saisir les revenus du seigneur abbé pour les réparations de l'abbaye. Il se pourveut par requeste audit parlement l'année suivante et eut six mois de surséance. L'acte estant court il n'y a pas de mal à le rapporter tout entier :

« Veu par la cour la requeste de messire Henri de Gondi, évesque de Paris, abbé de l'abbaye de Sainte-Croix de Quimperlé, à ce que défenses soit faittes aux juges et officiers de la juridiction royalle de Quimperlé, de le troubler et empescher en la jouissance du temporel de ladite abbaye, et d'entreprendre sur la juridiction desdits abbé et couvent sur peine de cinq cents écus d'amende, et de tous dépens, dommages et intérests, arrest du 22e jour de septembre 1598, conclusions du procureur-général du roy, et tout considéré, la cour a ordonné et ordonne que l'arrest dudit 22e de septembre sera exécuté, et que ledit abbé fera faire les réparations nécessaires à ladite abbaye dedans six mois, pendant lesquels ladite cour a sursis et sursoit la saisie apposée sur les fruits de ladite abbaye, desquels ledit abbé pourra jouir et en faire le bail à ferme, ainsi que bon luy semblera. Fait au parlement à Rennes au temps des vacations, le 6e jour de juillet 1599. »

Le seigneur évesque de Quimper assembla son sinode le jeudy suivant la feste de la Pentecôte, le 10 de juin l'an 1604, où l'on voit que l'abbé de

Quimperlé est appellé le premier de tous mesme devant l'abbé de Landevennec (1).

Ce qui est un rang deu à celui qui a eu pendant deux cents ans droits épiscopal sur les mesmes bénéfices : ce que n'a pas eu l'autre abbaye. Un extrait fut tiré de l'enrollement et délivré à frère Jacques Prévost, alors chambrier, pour luy servir comme il verra avoir à faire, le 14 mars 1609.

Le 10 juillet 1608, les habitants de Quimperlé furent condamnés par arrest du parlement de Bretagne à Rennes, de payer les tailles moitié au roy, moitié à l'abbé suivant la transaction de 1511 (nous en avons parlé cy-dessus) (2). L'arrest fut signifié le 16 juillet à maistre Julien Bruneau, procureur des parties.

La mesme année 1608, le 16 juillet, il y a arrest de Joachim des Cartes, conseiller en la cour du parlement de Bretagne et commissaire député de la cour, par lequel les habitants sont condamnés de payer les arrérages de la taille commune, qui monte par an à 80 livres monnoye, lesquels arrérages se trouvoient monter depuis 1605 jusqu'au vingtième juin de la présente année, à la somme de 273 livres 7 sols 8 deniers monnoye ; estant abbé Henri de Gondi, évesque de Paris, demandeur en exécution d'arrest du 16 juillet. C'est le précédent abbé.

Cette mesme année il se trouve institution de frère

(1) *Sequentia debent vocari per deputatum a prædicto reverendissimo domino Episcopo : abbas de Quemperleio ; camerarius ejusdem loci ; vicarius de sancto Columbano ; vicarius de Platea Michaelis ; rector de Lothea ; prior de Ponte-Brientii ; prior de Loco-Amandi ; prior de Loco-Ronani ; vicarius de Loco-Ronani ; abbas de Landevennec.*

(2) Page 376.

Pierre Lucas, pour estre vicaire-général. Il estoit religieux de la maison.

Le 14 may 1610, à quatre heures du soir, Henry IV, de triomphante mémoire fut tué. Son fils Louis XIII° du nom luy succéda, et fut sacré le 17 d'octobre suivant.

Le 9 décembre 1613, les religieux de Sainte-Croix consentirent à l'union du prieuré de Saint-Michel des Montagnes (*in montibus*), au collége des prestres de l'oratoire de Nantes, à la charge de payer 50 livres de pension au monastère, à chaque feste de Nostre Seigneur Jésus-Christ en janvier.

Albert Le Grand (1) dit qu'ils furent établis à Nantes au collége de Saint-Clément l'an 1617, et que Charles de Bourgneuf, évesque de Nantes, prélat docte et de sainte vie leur donna sa librairie estimée dix mille livres, et le prieuré de la Montagne, en l'évesché de Vennes.

En 1616, les bourgeois et habitants de Quimperlé présentèrent requeste au conseil d'estat, que de tous temps ils avoient jouy de l'octroy, qui ne peut valoir plus de mille livres par an, de 10 sols sur chaque pipe de vin déchargée en ladite ville pour estre employée à l'entretien et réparation du quay, de la rivière et nettoyement d'icelle, de sept ponts (2) qui sont dans la ville et forsbourgs, et de quatre autres à

(1) *Vies des Saints de Bret.*, p. 225.
(2) Avec le pont que les Jacobins ont fait faire depuis, il ne s'en trouve que quatre; le pont Salé, le pont Ellé, le pont du Gorréquer qui sont de pierre, et le pont du Grand-Moulin, qui est de bois, si ce n'est que l'on y veuille compter de petits ponts d'une seule pierre faits sur des ruisseaux. — P. L. D.

une lieue sur la rivière d'Ellé et Izol, payement de leur part des présidiaux de Vennes, entretenement d'un maistre d'échole par chacun an, d'un prédicateur durant l'advent et caresme et fournir aux frais des députés de la ville aux Estats de la province, outre 200 livres de taille, moitié au roy, moitié à l'abbaye de Sainte-Croix, il pleust à Sa Majesté leur continuer ledit octroy pour toujours ou pour neuf ans, et en égard que les titres de la ville furent perdus durant les troubles, quelle fut ravagée l'an 1590.

« Veu le procez-verbal fait par le baillif de Quimperlé le 11 et 12 septembre 1615, et veu l'advis de monsieur Claude Cornulier, sieur de la Touche, trésorier de France et général des finances en Bretagne, suivant le renvoy que Sa Majesté luy avoit fait de la requeste présentée par les habitants, le roy en son conseil leur accorde ledit octroy de 10 sols par pipe pour 6 ans, lequel octroy sera baillé à ferme par les thrésoriers de France et généraux des finances en Bretagne, et les deniers en provenans employés aux fins cy-dessus, suivant les marchés qui en seront faits chacun an, en vertu des ordonnances des trésoriers et généraux susdits, à peine aux procureurs et miseurs de la ville d'en répondre en leur privé nom, à la charge de présenter aux thrésoriers de France, l'estat de la recepte et dépense desdits deniers de trois ans en trois ans, et en compter à la chambre des comptes de Nantes à la fin des six années. Fait au conseil d'estat du roy tenu à Paris le 22 novembre 1616; signé de Flecelles. »

Suivant cet arrest du conseil il y a lettres d'octroy qui commencent : « Louis, par la grâce de Dieu, roy de France et de Navarre, » addressées à la cour de parlement et chambre des comptes en Bretagne qui accordent ledit octroy pour six années consécutives, avec les mesmes conditions de l'arrest susdit. Ces lettres sont « données à Paris le 22 novembre 1616, et de nostre règne le septième. » Elles furent vérifiées en parlement le 14 avril 1617, « pour en jouir les impetrans à la charge que lesdits deniers ne pourront estre employés à l'entretenement d'un maistre d'échole, d'un prédicateur pour l'advent et caresme, ne aux frais des députés de la ville envoyés aux Estats de la Province, mais seront employés aux autres causes portées par lesdites lettres. »

Nostre abbé fut fait cardinal par le pape Paul V. C'est pourquoy les adveux qui ne se rendoient qu'au révérendissime évesque de Paris et abbé, etc., le nomment ensuite cardinal de Retz, évesque de Paris, comme l'on voit dans les adveux qui luy sont rendus en 1619. Mais il ne jouit pas longtemps de sa pourpre, car il mourut à Beziers le 3 aoust l'an 1622. Cependant ses religieux de Sainte-Croix ne sçavoient pas encore sa mort dans le mois d'octobre suivant, car pouvant mettre dans leurs lettres « *sede abbatiali vacante* », ils mettent en présentant le vicariat de Mellac le 7 d'octobre 1622 « *prout ad præsens est absens in remotis.* » Leur abbé estoit encore plus loin qu'ils ne pensoient, et si absent qu'il ne devoit jamais leur revenir.

Outre les actes dont j'ay parlé, j'en ay encore trouvé seize faits de son temps, sans les autres qui peuvent avoir fuy ma connoissance. En comptant de son premier acte que je connois en 1588 à 1622, il auroit esté au moins 34 ans abbé.

De Retz Gondi porte dans ses armes *d'or à deux massues de sable passés en sautoir, liées par le bas d'un cordon de gueules,* comme l'on voit en quelques vitres du monastère (1).

---

(1) L'on voyait les mêmes armes surmontées d'un chapeau de cardinal sur la flèche de plomb de l'église de Notre-Dame. Voir aux P. just. le procès-verbal mentionné à la page 294.

CHAPITRE XXXIX.

JEAN-FRANÇOIS-PAUL DE GONDI, CARDINAL DE RETZ, ETC., TRENTE-SEPTIÈME ABBÉ DE SAINTE-CROIX ET SIXIÈME COMMENDATAIRE.

Jean-François-Paul de Gondi estoit fils de Philippe-Emmanuel de Gondi, comte de Joigny et baron de Villepreux, fait chevalier des ordres du roy en 1619, et général des galères qui mourut prestres de l'oratoire en réputation d'une grande piété le 29 juin 1662, âgé de 81 ans, et de dame Marguerite de Silly, fille aisné d'Antoine, comte de la Rochepot, chevalier des ordres du roy, gouverneur d'Anjou, etc.

Nostre abbé a esté doyen de Sorbonne, archevesque de Paris après en avoir esté coadjuteur sous le titre d'archevesque de Corinthe, pendant la vie de son oncle, cardinal, abbé de Kemperlé, de Buzay, et enfin de Saint-Denis en France, demoiseau de Commerci, prince de Vaille, etc. Il fut encore plus illustre par sa piété et par son mérite que par sa naissance et sa dignité.

Son oncle, abbé de Sainte-Croix, estant mort le 3 aoust 1623, il luy succéda en l'abbaye le 10 d'aoust 1624, auquel jour il en prist possession comme j'ay leu dans un petit mémoire de D. René Malarit (1), et

---

(1) Je n'ai pas retrouvé ce mémoire que D. le Duc a déjà cité plusieurs fois.

quoyque de la mort de son oncle au 10 d'aoust 1624, il y ait eu deux ans jusqu'à sa prise de possession, l'on m'a pourtant asseuré qu'il n'y a point eu d'autre abbé que luy pendant cette vacance.

En un acte de 1631, il ne prend encore que le titre de chanoine de Paris et abbé. En 1644, il y adjouste le titre de coadjuteur de Paris et d'archevesque de Corinthe, et mesme encore le 21 mars 1647.

Nous eumes brouillerie avec nos vicaires, M. René Thomas, vicaire de Saint-Colomban, et M. Yves Belin, vicaire de Saint-Michel l'an 1640. Leur entreprise éclata dès le commencement de l'année, comme l'on voit par les procès-verbaux des officiers de la justice royale, et par la requeste des religieux devant la cour de parlement.

Le 25 avril, jour de saint Marc 1640, le procureur du roy se pourvut au baillif pour faire ordonner la procession, disant que les religieux ne voulant sortir ny les prestres se trouver aux processions, s'arrêtant sur leur rang et préséance, l'on ne faisoit plus de procession. Le baillif fait advertir les religieux de sonner la cloche et les prestres de se trouver. Ils s'assemblent et les sieurs vicaires demandent au baillif de faire diacre et sous-diacre : à quoy les religieux ont répondu, « que s'ils avoient fait autrefois ces offices, c'estoit par leur grande tolérance et grâce spéciale, plutost que par aucun droit que leur donnast leur qualité de vicaires perpétuels, qu'ils tiroient pension de ladite abbaye, que par l'acte de fondation, les religieux estoient seigneurs spirituels et temporels de la ville, et ainsi recteurs primitifs et ayant droit épiscopal dans les paroisses, fondés à jouir de tous les droits honorifiques, et les vicaires sujets à recevoir leurs ordres tant pour les processions que pour création des fabriques. Dont avons fait procez-verbal et enjoint aux vicaires de suivre leurs prebtres, et non se mesler parmi les religieux, attendant que la cour y pourvoye autrement si elle voit estre raisonnable : à quoy ils ont obéi sans préjudice. »

Et dans le procez-verbal pour les rogations, les juges s'estant transportés à Sainte-Croix le lundi 1ᵉʳ des rogations et 14 du mois de may, ne trouvèrent que trois ou quatre personnes. S'estant informés d'où venoit que les vicaires et prebtres n'assistoient pas, on leur répondit que hier dimanche, les vicaires avoient enjoint au prosne à leurs paroissiens de se trouver en leurs églises, et qu'ils feroient leurs processions séparément des religieux de Sainte-Croix et de Saint-Dominique (1). Cependant les religieux de Sainte-Croix auroient sorti en procession, dit la grande messe à Saint-Michel, venus à Saint-Colomban, et auroient trouvé les portes du chœur fermées, afin que les religieux ne fissent leur station au grand autel.

Le mardy quinze de may, les vicaires et prebtres ne se sont non plus trouvés. L'on est allé en procession à Saint-Colomban, où estant à l'élévation de la messe, le vicaire de Saint-Colomban est arrivé avec ses prebtres descendant de Saint-Michel, sont entrés

(1) Il n'y a pas encore longtemps que les religieux de Saint-Dominique venoient à ces processions. — P. L. D.

dans l'église avec quantité d'enfants qui précédoient chantant les litanies avec si peu de dévotion que les juges qui font le verbal croyoient estre à une sinagogue ou presche, ce qui a causé divertissement au célébran^t et scandales : de quoy ont dressé procez-verbal le mesme jour.

Cependant les religieux se pourveurent au parlement et présentèrent requeste le 12 may de la mesme année 1640, disant « que les vicaires ne sont que chapelains servans ; que les anciens vicaires ont convenu et transigé que quand l'employ de leur charge ne les occupoit point; qu'ils assisteroient aux grandes messes, vespres et offices solennels aux festes doubles et semidoubles : qu'aux processions ils se sont rendus sous la croix de l'abbaye sans porter celles desdites paroisses : qu'en qualité de recteurs primitifs c'est aux religieux, et non à leurs vicaires, desservants ou chappelains, de donner des ordres touchant la forme des processions ; et que les vicaires ne peuvent les obliger de prendre autres vestements dans les processions que ceux qu'ils jugeront à propos pour le temps et la commodité : qu'ils sont tenus de venir aider à faire l'office sous peine d'amende par la transaction du 6 aoust 1568, se mettant aux basses chaires après le dernier religieux, et estre prests à s'occuper à faire les offices tant du chœur que de l'autel qu'il leur sera ordonné : qu'aux processions ils doivent se tenir au même rang, s'ils n'aiment mieux conduire le clergé de leurs églises, marchant immédiatement après le porte-masse de ladite abbaye ; qu'ils ne peuvent prétendre de

prendre les chappes ny dans l'église de l'abbaye, ny
aux processions et aux enterrements, que par l'ordre
des religieux, ny prendre les tuniques pour faire
diacre ou sous-diacre que quand ils seront employés,
ny se mesler dans leur corps, que dans le rang où les
retient leur condition de chappelains, de crainte que
les pieds ne veuillent occuper la place de la teste,
Nonobstant, ce maistre René Thomas, vicaire de
Saint-Colomban et maistre Yves Belin, vicaire de
Saint-Michel, manquant de respect ont maltraité les
religieux par paroles injurieuses dans les compagnies,
l'un disant qu'il aimeroit mieux estre condamné aux
galères que d'estre moine de ladite abbaye, et aux
processions et enterrements ont voulu occuper les
rangs plus honorables, et se sont revêtus sans ordre
de chappes et tuniques, et s'ingérer par force aux
autels de l'abbaye ; et faire passer la grâce qu'on leur
faisoit d'estre diacre et sous-diacre, en authorité de
commander à leurs prebtres, à leur refus selon leur
humeur, de prendre les tuniques et faire lesdits offices.
Et pour spécifier quelqu'un de ces attentats : le 12
janvier dernier, les religieux ayant esté priés par
écuyer Renaud le Gouvello, seigneur de Keriaval,
d'assister à l'enterrement de damoiselle Jeanne Morice, sa femme, René Thomas, vicaire de Saint-Colomban, encore qu'il fut hors de sa paroisse, prit la
chappe pour tenir rang au-dessus des religieux, tant
au convoy que dans l'église de Saint-Michel, et donna
mesme rang à quatre prebtres qu'il fist revestir de
tuniques et marcha coste à coste de monsieur le prieur,
qui en qualité de recteur primitif avoit levé le corps

et faisoit l'office. Et le jour de saint Grégoire suivant que l'on fait la procession générale à Saint-Dominique, fist violence à monsieur le prieur, et tint rang par force, non à l'égal de luy comme il avoit fait auparavant, mais au-dessus : jusqu'à ce que monsieur le sénéchal pour remédier au scandale que cela faisoit, luy fist commandement de se mettre en son rang et suivre ses prebtres : ce qu'il refusa aimant mieux se retirer, faisant voir l'extrémité de sa passion en un temps de caresme où la ville estoit affligée de mortalité et contagion : et les prebtres des deux paroisses se retirèrent les uns après les autres, emportant les croix de leurs paroisses sous leurs manteaux, sans assister à reconduire la procession. Les religieux pour éviter à scandale, ne vouloient plus se trouver aux processions, jusqu'à ce qu'ils furent sommés verbalement par M. le substitut du procureur du roy à Quimperlé, le jour de saint Marc, de faire sonner leur cloche, sous promesse que la justice leur fist de les maintenir en leur rang : et deux religieux ayant eu ordre de se revêtir de tuniques pour faire diacre et sous-diacre, les vicaires voulurent occuper leurs places et se mettre au-dessus d'eux. Requièrent les religieux qu'attendu que la procession du Saint-Sacrement approche, il soit ordonné par la cour, par provision, aux vicaires de s'y trouver et prendre leur rang à peine de mille livres d'amende. Réquisition de Gilles Huchet, procureur général du roy, qu'en attendant que les parties soient ouïes, leur soit enjoint d'assister auxdites processions en la manière accoutumée, suivant les concordats attachés à la requeste ; et ce par provision..» Le 22 may 1640, les conclusions du procureur général du roy furent suivies, et il y eut arrest sur la requeste. La requeste ayant esté reçue et signifiée aux vicaires, ils se trouvèrent pour assister à la procession de la Feste-Dieu, qui tomboit cette année 1640, le 7 juin : et l'on fist procez-verbal « qu'estant venus à la fin de la grande messe des religieux, leur chappe sur le bras, suivirent après la grande messe monsieur le prieur en la sacristie, demandant à faire diacre et sous-diacre à l'ordinaire. Frère Jacques Provost, prieur, leur dit de faire chantres ; eux voulurent faire diacre et sous-diacre. » Le prieur demanda acte de leur refus et de celuy de deux prebtres de prendre les encensoirs. Les vicaires se retirèrent en grondant et secouant la teste, et défendant à leurs prestres d'obéir aux ordres du prieur.

Mais pour assoupir ce procez qui estoit desjà pendant à la cour, les amis communs firent office d'accorder les parties et cette transaction s'ensuivit. En voici un petit abrégé :

« Sur ce que les religieux, etc., s'estoient pourveus à la cour et que par arrest sur requeste du 22 may 1640, la cour auroit donné commission aux prieur et religieux pour appeller en icelle les vicaires, et cependant par provision auroit ordonné aux vicaires et prebtres d'assister aux processions et d'y marcher en leur rang avec défenses d'y contrevenir sur les peines qui échéent : en exécution duquel arrest les parties estoient sur le point d'entrer dans un grand procez : pour à quoy obvier et entretenir la paix, ce jour 11ᵐᵉ mars 1642, ont comparu devant Pezron et Le Souffacher, notaires royaux, frère Pierre Rouxel, chambrier, et frère Léonard Verrier, et frère Barnabé Roulleaux, religieux et prebtres de ladite abbaye d'une part : et René Thomas, vicaire de Saint-Colomban, et Yves Bellin, de Saint-Michel, lesquels par l'advis d'écuyer Vincent Le Gouvello, sieur de Kerléaud, noble homme Jacques Bellec, sieur de Kerliven, et écuyer de la Noë, sieur de la Ville aux febves arbitres convenus entre eux, ont terminé tous leurs différents en cette manière. Sçavoir que les vicaires consentent aux processions générales tant ordinaires qu'extraordinaires de conduire leurs processions en l'église de Sainte-Croix comme la matrice et principale de la ville ; qu'ils prendront l'ordre qui leur sera prescrit par les religieux pour la décence et l'honneur des processions jusqu'au retour dans l'église de l'abbaye ; qu'ils assisteront aux offices qui se feront en ladite abbatiale aux deux festes de Sainte-Croix et à celle de saint Benoist. Leur sera loisible d'avoir leurs croix aux processions pourveu qu'ils les fassent porter par personnes ecclésiastiques revêtues décemment : qu'ils se rendront dans l'église de l'abbaye pour les processions au dernier son de la cloche, afin de ne point donner de retardement : que quand les religieux marcheront en corps, les vicaires ne s'ingéreront de faire lever les corps des personnes décédées : que dans les processions, quand ils ne seront employés à quelque ministère, ils marcheront en queue des prebtres de leurs paroisses et les suivront immédiatement ;

que lorsqu'ils feront fonction de diacre et sous-diacre, aux processions ils ne marcheront pas coste à coste de l'officiant, mais un peu devant : qu'ils n'exposeront le Saint-Sacrement durant l'octave qu'à la grande messe et durant vespres : que pendant l'octave ne se fera de salut qu'en l'église de l'abbaye, afin que les habitants s'y trouvent pour recevoir la bénédiction selon ce qui se pratique de temps immémorial. Qu'aux festes de sainte Catherine et de saint Nicolas, eux et leurs prebtres se rendront en l'église de l'abbaye, la cloche sonnante, pour aller processionnellement chanter aux chapelles les vespres et grandes messes : qu'aux ouvertures des jubilés, prières publiques de quarante heures, et quand on chantera le Te Deum pour quelque considération importante, ils seront obligés d'en conférer avec lesdits religieux et de suivre l'ordre qu'ils recevront de leur part : que le vicaire de Saint-Colomban sera tenu de porter aux religieux malades de l'abbaye, quand il en sera requis les saintes huyles, sans obligation toutes fois de les présenter avant l'administration d'icelles, au supérieur des religieux : que le dimanche des rameaux lesdits vicaires suivis de leurs paroissiens se rendront processionnellement en l'église de l'abbaye avant la messe qu'on a coustume de célébrer, et assisteront à la bénédiction des rameaux et à la procession, en la forme qui leur sera ordonnée : qu'aux festes principales, et aux festes des patrons de l'église et chapelles dépendantes de l'abbaye, le sieur chambrier fera l'office, et le dernier son de la messe et vespres ne se fera que ledit chambrier ne soit rendu dans les églises et chapelles :

qu'auxdits jours le chambrier pourra faire toutes les fonctions curiales, sans néantmoins prendre aucun profit ny émolument qui demeureront aux sieurs vicaires : sera loisible auxdits sieurs vicaires d'admettre les prebtres en la distribution dans leurs paroisses sans en conférer au sieur chambrier. Et par ce que les parties ont tout ce que dessus voulu et consenti, etc. »

Le 14 may 1643 mourut Louis XIII et luy succéda son fils Louis XIV, à l'âge de 4 ans et demy. Il fut sacré à Reims, le dimanche 7 juin 1654.

Les religieux de Redon présentèrent une requeste à messieurs les religieux de Sainte-Croix (frère Claude Persiot secrétaire du chapitre, a oublié de la datter du jour mois et année), par laquelle ils leur remonstrent qu'ayant sceu que les sacrées reliques de Saint-Gurlois, autrefois prieur de Redon, et depuis premier abbé de Quimperlé, estoient gardées en leur abbaye, ils auroient eu recours ausdits prieurs officiers et religieux, pour les prier de leur accorder quelque ossement du saint, pour l'abbaye de saint Sauveur de Redon, afin que l'ayant ennoblie pendant sa vie par sa présence corporelle et éclairée par ses exemples, il puisse après sa mort y recevoir les honneurs deus à son mérite, etc., et que les supplians espèrent par ce moyen conserver la grande union, qui depuis si longtemps a esté entre les abbayes de Quimperlé et de Redon. La requeste est signée de six religieux et du secrétaire du chapitre.

Par lettre du père prieur de Redon, D. Fabien Buteux, du 5 avril 1644, envoyée à messieurs le prieur et religieux de Sainte-Croix, il paroist qu'ayant appris du père prieur de saint Melaine, qu'ils vouloient enteriner leur requeste touchant une relique de saint Gurlois, il leur envoya Dom Vincent Le Grand, sous prieur, et Dom Maur Havot, prédicateur pour la recevoir avec respect.

Il y a un acte devant Guesno notaire royal, qui certifie que sur la requête des religieux de Redon, ils ont mis entre les mains des deux religieux susdits de Redon, un os moyen du bras de saint Gurlois, contenant environ sept pouces de long et scié d'un bout, qu'ils asseurent estre du corps de saint Gurlois. Fait et accordé en chapitre le 10 avril 1644, en présence de Dom Thomas Chenu, prieur de Prières (1), et Dom Pierre de Falaise, religieux de la mesme abbaye, qui y ont signé après frère Pierre Rouxel, chambrier faisant office de prieuré, frère Barnabé Roulleaux, prévost et chantre, et frère Olivier de Querymalo, prebtre, frère Sébastien Aleno et frère Mathurin Perrin, religieux de Sainte-Croix. Les deux députés de Redon, y signent aussi.

Il y a certificat des juges et officiers de la cour de Redon, qui attestent que le dimanche 17 avril 1644, environ les quatre heures après midy, ils ont assisté avec une grande affluence de peuple, à une procession solennelle, qui a esté faitte par les religieux de l'abbaye de saint Sauveur, à l'église des religieuses du Calvaire située au fauxbourg de Saint-Michel dudit Redon, pour la réception d'une relique de saint Gurloës. Que là il leur a esté présenté par Dom Claude

(1) Abb. O. C. commune de Billiers (Morbihan).

Persiot, secrétaire du chapitre, un acte écrit sur velin signé de cinq religieux de l'abbaye de Sainte-Croix, etc., par lequel conste de la qualité de la relique déposée entre les mains des deux religieux susdits députés de Redon.

Lequel acte ils ont remis audit secrétaire, qui en a fait lecture au peuple à haute voix, et qu'après la lecture, les pères Dom Vincent Le Grand, et Dom Maur Havot, leur ont présenté un paquet couvert de papier, et scellé et cachetté en trois endroits en cire rouge, du mesme sceau qui est audit acte ; et le pacquet ouvert, il s'est trouvé dans un linge et un taffetas verd, un os de la forme désignée dans l'acte qui a esté nommé *os radius*, par maistre Jean Bernard, docteur en médecine présent, et a esté ladite relique apportée processionnellement par les religieux de saint Sauveur et déposée en leur thrésor, avec les autres saintes reliques qui y sont. De quoy dressé ce procez-verbal, le jour et an que dessus.

Cette relique donnée par les religieux de Sainte-Croix, à Redon, est un présent très-considérable, veu qu'il ne nous reste de tout le corps qu'une petite partie des ossements du saint. Cet ossement du bras nommé *os radius*, a esté enchassé par les religieux de Redon, dans un reliquaire d'argent fait en forme de bras.

Par lettres de remerciment pour la relique reçue du P. prieur de Redon, du 9 mai 1644, il paroist qu'ils avoient écrit au R. P. supérieur général, pour avoir permission de célébrer à l'avenir la feste de saint Gurlois.

La mesme année la chambre des comptes fist saisir le temporel de l'abbaye, à faute que le seigneur abbé n'avoit rendu aveu au roy, à son nouvel avénement à la couronne. Missire François-Paul de Gondy, archevesque de Corinthe, et coadjuteur en l'archevesché de Paris, conseiller du roy en ses conseils d'estat et privé, abbé commendataire des abbayes de Sainte-Croix de Quimperlé, et Nostre-Dame de Buzay, présenta requête à ladite chambre, « à ce qu'il pleust luy donner un an de délay, pour faire ses redevances deues à sa majesté, à cause de son nouvel avènement à la couronne pour raison desdites abbayes, et luy donner main levée de la saisie apposée à la requête du procureur général du roy, attendu qu'il luy est impossible de satisfaire attendu qu'il est détenu à Paris, par nombre de procez qu'il a pendant au conseil, touchant les droits desdites abbayes, et pour le service de sa majesté. La chambre a donné six mois de délay audit de Gondy, pour faire ses redevances, pendant lesquels elle a sursis toute saisie, en payant les frais de justice ; et ce tems passé, faute de satisfaire enjoint aux commissaires de faire leurs diligences. Fait en la chambre des comptes à Nantes, le 21 avril 1644. »

Les religieux de Redon, pour reconnoissance de la précieuse relique de saint Gurloës, qu'ils avoient reçue des religieux de Sainte-Croix, leur en envoyèrent d'autres, par le révérend père visiteur qui alloit en Basse-Bretagne, avec un acte capitulaire signé de treize religieux et du secrétaire du chapitre, certifiant que le trois de septembre 1645, consentant à la requeste des religieux de Sainte-Croix de Quimperlé, ils leur ont envoyé deux saintes reliques, sçavoir une partie d'une fausse coste de saint Marcellin, pape et martyr, de la longueur environ de deux pouces et demy, et aussi une partie d'une fausse coste de saint Benoist de Macerac, de longueur en sa curvité d'environ quatre pouces, tirées depuis deux jours en leur présence, d'une chasse qui est derrière le grand autel de saint Sauveur, contenant plusieurs reliques des saints.

Nostre illustrissime abbé fut fait cardinal par le pape Innocent X, le 19 février 1652. La mesme année 20 avril, il donna permission aux religieuses Ursulines, de s'établir au fief de l'abbaye au lieu nommé Belair, enregistrée au greffe de nostre justice, portant expressément qu'elles payeroient à nostre abbaye indemnité et amortissement. En 1665, le 6 novembre, Dom Joseph Foucqué, prieur, représenta à la communauté, que lesdites religieuses ayant fait des acquests pour six à sept mille livres dans le fief de l'abbaye, et sur les terres de nostre prieuré de sainte Catherine, afin de s'y établir suivant ladite permission de monseigneur le cardinal de Retz, à ladite charge d'amortissement : ce que les religieuses reconnoissant estre juste, avoient envoyé copie de ladite permission et les contrats d'acquest, suppliants qu'attendu leur grande pauvreté, on voulut se contenter de la somme de 75 livres pour employer à la décoration de l'église, et quelles y feroient encore présent de deux beaux voiles et de deux bourses à corporaux, et qu'elles feroient à perpétuité nostre communauté participante des bonnes œuvres, et prières qui se feroient dans leur maison. Ce que l'on accepta pour ce qui nous regarde à la réserve de ce qui est deu pour cela au seigneur abbé, et au prieur de sainte Catherine et des rentes, qui pourroient estre deues à l'obit sur lesdits héritages acquis.

L'on voulut pourtant leur faire procez sur ce que les terres changeant de nature, le prieur de sainte Catherine, qui avoit droit auparavant d'y lever des dismes, ou avoir les ventes, n'en tireroit plus rien, ces terres estant mises en closture de religieuses : mais après avoir consulté cette affaire à Rennes, le conseil ne fut pas d'advis qu'on la poursuivit.

Dès l'an 1623, les jésuites avoient obtenu bulle pour l'union du prieuré de Locamand au collége de Quimper, qui fut décrétée par l'official de Quimper en 1624, le 20 septembre, après un arrest ou nos religieux avoient esté condamnés aux dépens et à l'amande par un appel, le 7 mai 1624. Frère Barnabé Roulleau, prieur de Sainte-Croix, s'en releva par requeste civile en 1652, et s'inscrivit en faux, insistant fortement par son avocat que les pères jésuites monstrassent le traitté fait entre monsieur l'archevesque de Lyon et eux, et que par le refus qu'ils faisoient de monstrer cette pièce, il y avoit présomption de quelque paction illicite. « Ils ont dit que la transaction estoit demeurée à Rome, lorsque la bulle fut accordée. » Quand ce fait seroit véritable, ils avoient eu tems de la faire venir ou en original ou par copie, et comme la vue en estoit nécessaire pour juger du procédé des jésuites, d'autant que la bulle charge l'official de Quimper, d'informer de la sincérité du traité, et que sa requeste civile n'est que contre un… qui par le profit d'un congé contre les religieux de Quimperlé, confirme un appointement à informer des faits de la bulle obtenue par les jésuites, pour la prétendue union du prieuré à leur collége, il conclud que les parties seroient remises au mesme estat qu'elles estoient devant l'arrest, contre lequel est la requête civile. Les habitans de Quimper, avoient intervenu en cause, disant qu'ils avoient « établi un collége avec de grandes dépenses pour l'instruction de la jeunesse, en considération d'un fond que ledit Roulleaux, veut divertir par un appel comme d'abus, et que l'instruction de la jeunesse est une cause si favorable, que quand les formes n'auroient pas esté gardées dans la procédure, elles ne seroient pas considérables contre l'utilité publique et la nécessité du pays, les religieux de la communauté intervenant aussy. Ouy sur ce de Kerverien pour le procureur général du roy, la cour sans s'arrester à la requeste afin d'estre reçu à s'inscrire en faux, et à l'intervention des religieux de l'abbaye de Sainte-Croix de Quimperlé ; ayant égard à l'intervention des habitants de Quimper-Corentin, aux appellations et instance de requeste civile, met les parties hors de cour et de procez, maintient les religieux de la compagnie de Jésus en la possession du bénéfice, dont est question pour en jouir aussi longtemps qu'ils tiendront le collége, et enseigneront sept classes dans ledit collége. Du lundy 15me de juillet 1652. »

Les habitants de Quimper ont sans doute raison de fonder un collége aux dépens d'une abbaye qui n'en tire point de profit : et je ne sçay si cet arrest sauvera les pères de la société de la malédiction que leur donne le duc Hoël Ier, fondateur dans l'acte de la fondation :« Si quis autem hoc minuerit aut dextruxerit, disperdat illum Deus, et ejus maledictio veniat super cum, et pars ejus sit cum Juda traditore, et cum Archi-topheth perjuro, et cum Dathan et Abiron quos vivos terra absorbuit. » Voilà la belle portion qu'auront avec Architophel, les faux conseillers des princes qui ont diminué la portion de la croix par un traitté illicite avec l'archevesque de Lyon et par une bulle obtenue sur un faux donné à entendre au Saint-Père. Voyez ce que nous avons dit cy-dessus (1).

En l'année 1654, nostre éminentissime abbé fut deuxième archevesque de Paris : son oncle Henri de Gondi, nostre abbé, avoit eu les bulles d'érection du pape Grégoire XV en 1622, avec assignation de Chartres, Meaux et Orléans, pour suffragans, mais il ne voulut pas prendre qualité d'archevesque, à cause qu'il avoit travaillé à cette érection, de peur qu'on ne dist qu'il eust travaillé pour sa gloire. Estant mort la mesme année et n'ayant pas mesme parlé pour faire donner l'archevesché à son frère, pour une raison qu'il avoit et que je ne dis pas, cependant Jean-Fran-François de Gondi luy succéda à cette prélature et fut premier archevesque de Paris. Celuy-cy mourut le 21 mars de 1654, âgé de 70 ans; et son neveu, nostre

(1) Page 93.

abbé, qui avoit esté longtemps son coadjuteur luy succéda et fut deuxième archevesque. Je ne poursuivray pas le reste de ses adventures, et comme estant tombé en disgrâce de la cour par l'intrigue du cardinal Mazarin, il fut arresté à Paris et ensuite mis au chasteau de Nantes, et s'en estant sauvé, se retira à Rome où il fist de grandes dépenses pour soutenir son droit, et ensuitte ne fist son accord avec la cour de France qu'en cédant son archevesché à M. de Marca, archevesque de Toulouse, et il eut pour retour l'abbaye de Saint-Denis. Cela ne regardant pas mon histoire, je me dispenseray d'en faire le détail et je reviens à mon sujet.

En 1654 il y eut du bruit avec noble messire Daniel de Plouvié, vicaire de Saint-Colomban, et messire François Verrier, vicaire de Saint-Michel : les religieux prétendant que toute la solennité de l'octave du Saint-Sacrement se faisant dans leur église, les prédications s'y devoient faire aussi, avoient attiré le prédicateur à prescher dans leur église : mais M. Daniel de Plouvié, aidé du pouvoir d'écuyer, son frère, Jean de Plouvié, sénéchal de Quimperlé, appuyé de Bonaventure Le Livec, substitut du procureur du roy, et par la cabale de Guillaume Luhandre, prebtre, dernier sacriste de Saint-Colomban qui estoit fort remuant, enleva le prédicateur que l'on avoit attiré à prescher dans nostre église, le dernier jour de l'octave de 1654 et 1655, grandes procédures. Les religieux présentent requeste le 20 aoust 1655 et obtiennent lettres de commission. Le 16 novembre 1655 devant M. de Coetlogon, commissaire député de la cour pour entendre les parties, le sieur vicaire de Saint-Colomban fait sonner fort haut que la parole de Dieu se doit distribuer dans les églises paroissiales, pour lesquelles les prédicateurs ont la mission du seigneur évesque. Les juges et ledit Luhandre se défendent finement que l'on a grand tort de les prendre à parties. Les religieux de Sainte-Croix, par M. Bastard, leur procureur allèguent leur droit de primatie sur les églises de la ville, etc., et que mesme par un ancien ordinaire de l'abbaye en parchemin écrit en lettres gothiques, fourni et produit au procez (et qui ne se trouve plus dans l'abbaye), f° 4, r° et f° 15, r°, les églises ne pouvoient sonner matines la nuit de Noël qu'après l'offertoire de la messe abbatiale, et que le samedy de Pasques ne pouvoient sonner leurs cloches qu'après celles de l'abbaye, comme il paroist par leur subjonction au procez du 17 février 1656, et plusieurs autres procédures. Enfin intervient arrest par lequel entre les parties susdites et encore les habitants dont on avoit mendié l'intervention et qui s'adjoignirent au procez par leur requeste du 17 décembre 1655, la cour ausdites instances de requestes et lettres de commission desdits prieur et religieux contre lesdits vicaires et sacriste, et intervention desdits habitants met les parties hors de cour et de procez sans dépens. Et au regard desdits de Plouvié, sénéchal, Le Livec, substitut du procureur général du roy à Quimperlé, les a déclarés mal et follement inthimés, condamne les dits prieur et religieux aux dépens de la folle intimation, modéré à 20 livres pour chacun. Fait en parlement à Rennes, 23 may 1656.

Pour entendre l'énoncé au fond du procez il faut sçavoir que la requeste et lettres de commission des religieux du 20 aoust 1655, tendoit que deffenses fussent faittes aux habitants, juges et officiers de la ville de Quimperlé de les troubler en leurs droits et prérogatives, pervertir et changer l'ordre qu'ils donneront aux prédicateurs qui doivent prescher en ladite ville, causer aucun scandale au regard du spirituel, sans préjudice de leurs autres droits pour le temporel; et pour le scandale par eux causé l'octave du Saint-Sacrement, l'an 1654 et 1655, qu'ils seront condamnés en 500 livres d'amende en aumosnes et aux dépens, avec défense de tomber en pareille faute sur plus grande peine.

La requeste desdits bourgeois et habitants de Kemperlé du 17 décembre 1655, tendoit à ce qu'ils fussent reçus intervenants au procez d'entre lesdits prieur et religieux, vicaires, sacriste, sénéchal et substitut du procureur général : et que faisant droit en leur intervention lesdits prieur et religieux de Sainte-Croix fussent déboutés de leur demande, faits et conclusions et défenses leur faittes de troubler les intervenants dans le droit et possession qu'ils ont de faire faire la prédication en leur église paroissiale pendant l'octave de la Feste-Dieu et autres temps, sur peine de 500 livres d'amende; et les religieux et prieur condamnés aux dépens.

Cependant ledit sieur vicaire encore vivant, l'octave

du Saint-Sacrement a esté preschée dans nostre église l'an 1665, par dom André Goislier avec l'applaudissement de toute la ville : et mesme dom Pierre Terrien (1), sous-prieur, prescha l'octave l'an 1668 : et ledit sieur ne voulut pas souffrir qu'il preschât dans son église à cause que le sieur dernier chambrier estant mort, il croyoit que le droit de recteur primitif estoit expiré avec luy.

L'an 1662, frère Pierre Rouxel, chambrier, et en cette qualité administrateur de l'Hospital, obtint de messire René du Louet, évesque de Quimper, en l'acte de visite, permission d'avoir le Saint-Sacrement et les saintes huiles dans la chapelle de l'Hospital pour les besoins spirituels des malades.

ÉTABLISSEMENT DE LA RÉFORME PAR LA CONGRÉGATION DE SAINT-MAUR.

Il y avoit à la vérité une nécessité d'établir des gens qui soutinssent une maison qui estoit sur son penchant : *in te domus inclinata recumbit.*

A la réserve de la chapelle de Saint-Yves, que M. le chambrier avoit fait orner l'église estoit dans un pitoyable estat, il n'y avoit aucun chandelier au grand autel que les quatre grands pilliers de cuivre. Le grand autel faisoit encore plus de pitié qu'il ne fait, n'estant orné que de quatre tableaux d'évangélistes; le St-Sacrement estant dans un ciboire de cuivre

---

(1) Voir page 11. — En 1653 prescha le P. Joseph de Morlaix, capucin, qui alla à la paroisse à ce qu'ils disent; en 1654, le P. Clément, capucin que l'on attira à nostre église. — P. L. D. — Les capucins s'établirent à Quimperlé en 1628.

doré. La sacristie n'avoit d'ornements qu'une chasuble et deux tuniques et une chappe de drap d'or à fleurs vertes qui fussent honnestes ; le peu d'ornements de reste estoient entre les mains des religieux particuliers. Les saintes reliques estoient gardées avec peu de soin, ou plutost dans un estat qui faisoit plus de pitié qu'il ne donnoit de vénération, n'ayant ny chasse ny clôture, etc. La chapelle sous voûte de saint Gurlois servoit quelquefois de rendez-vous, etc. La chapelle de saint Guthiern dans la grande cour de l'abbaye estoit tout-à-fait prophanée et servoit de retraite aux vaches. Il est vray que M. le chambrier avoit fait relever l'orgue, mais il ne pouvoit pas tout faire tout seul.

Pour la régularité l'on ne voyoit pas à la vérité de scandale. Les religieux dînoient et soupoient en commun au réfectoire ; mais qui vouloit y trouver sa portion de vin devoit l'y avoir portée. C'estoit un acte de régularité de manger après *prime* le morceau de lard à déjeusné. La maison estoit ouverte aux deux sexes, la grande salle servoit de jeu de boules aux habitans, et les chambres des religieux de beuvettes aux bons garçons.

Le temporel suivoit le spirituel, les religieux défendoient selon leur pouvoir, ce qui dépendoit de leur office : M. l'abbé faisoit 1820 livres de pension en argent aux religieux. Il n'y avoit plus que quatre religieux : 1° M. le chambrier frère Pierre Rouxel, transféré de Saint-Melaine, faisoit l'office de prieur comme le plus ancien ; 2° M. le prévost frère Guillaume Guesdon, transféré de l'abbaye de Saint-Maurice ordre de Cisteaux ; 3° D. Mathurin Perrin, prieur de Sainte-Catherine et sacriste ; 4° Frère Jean Guesdon, diacre, neveu du prévost. Deux prebtres séculiers aidoient à faire l'office ; M. Surel, natif de Saint-Malo, et D. Thomas Merien, natif de la paroisse de Saint-Colomban.

M. le chambrier qui soutenoit la maison selon son pouvoir ayant desjà connoissance de la congrégation de saint Maur, establie dans l'abbaye de St-Melaine, dont il estoit profez, crut qu'il n'y avoit que son establissement qui put remettre le monastère de Sainte-Croix. Il fist office auprès de monseigneur le cardinal de Retz pour son établissement. Son éminence en fist parler au très-révérend père supérieur de ce temps-là, D. Bernard Audebert, par l'un de ses intendants, M. de La Fons, et mesme se donna la peine de luy en écrire trois ou quatre lettres. Le révérend père général y consentant, y destina dom Joseph Fouqué, demeurant alors à Saint-Denis, pour en estre prieur et luy joignit dom André Goislier, homme de mérite qui avoit d'excellentes qualités tant de corps que d'esprit, et estoit bon prédicateur. Leur arrivée donna une grande espérance à tout le monde que le bon ordre alloit estre rétabli dans la maison ; messieurs les anciens en eurent la plus grande joie, comme y prenant la première part. Mais selon le caractère de quelques bourgeois qui s'est fait remarquer en plusieurs occasions, l'on vint suggérer en secret à D. Guillaume Guesdon et D. Mathurin, religieux que l'on entreprenoit sur leur droit; que monseigneur de Retz ne pouvoit faire un si grand changement dans l'abbaye sans leur consentement, et que c'estoit trop entreprendre sur eux que d'établir une réforme sans mesme leur en écrire un mot. Les deux opposants tirèrent mesme à leur parti, M. le chambrier qui estoit tout l'appuy de la réforme. Frère Jean Guesdon, qui ne se piquoit pas de science ny de régularité s'y laissoit mener comme on vouloit. Enfin nos deux pères qui n'estoient venus que sur une lettre du révérend père Général, furent obligés de se retirer à Redon, comme si l'affaire eust esté tout-à-fait rompue.

Dans cette conjecture, Mme Claude de Kerouartz, supérieure des Ursulines qui s'estoient établies en la ville en 1652, parla à M. le chambrier, et le porta à recevoir la réforme pour le bien de sa maison qu'il ne pouvoit guère plus soutenir estant fort âgé et proche du tombeau. Pendant que l'on agissoit de la sorte du costé de Bretagne, monseigneur le cardinal de Retz estant alors à Commercy, en Lorraine, passa le concordat en cette forme :

« Furent présents haut et puissant seigneur monseigneur Jean-François-Paul de Gondi, éminentissime cardinal de Retz, abbé de Saint-Denis en France, Buzé, la Chaulme et de Sainte-Croix de Quimperlé, estant de présent en cette ville de Commercy, en son château d'une part; et révérend père dom Henry Henezon, prebtre religieux profez de l'ordre de Saint-Benoist, congrégation de Saint-Vennes, abbé de Saint-Avaux, ayant charge, ainsi qu'il a dit, du très-révérend père dom Bernard Audebert, supérieur général de la congrégation de Saint-Maur, à l'effet des présentes; par lequel il a promis faire ratifier cesdites présentes dans un mois prochain et aussi par le chapitre général prochainement venant de ladite congrégation, estant ledit révérend père au prieuré conventuel de Brueil, prez Commercy, d'autre part. Desquelles parties pour parvenir au rétablissement de l'observance régulière qui est beaucoup déchue dans ladite abbaye de Quimperlé, ont cru ne le pouvoir faire plus efficacement suivant l'intention de son éminence qu'en l'unissant à ladite congrégation de Saint-Maur, à l'exemple de grand nombre d'abbayes de ce royaume. Auquel effet lesdites parties en ont èsdits noms traitté en la manière qui en suit : premièrement que ladite abbaye demeurera cy-après comme de présent, unie à la congrégation de Saint-Maur, sans diminution ni changement de la dignité abbatiale, ny des droits qui en dépendent, lesquels demeureront en leur entier, tant pour ce qui concerne la nomination du roy à ladite abbaye, que pour les droits et prérogatives appartenants audit seigneur abbé et ses successeurs, fors et excepté la collation des offices claustraux et chapelles régulières, lesquelles en mesme temps qu'elles viendront à vacquer par mort, démission ou autre manière que ce puisse estre, demeureront réunies à la mense conventuelle de ladite abbaye, dont néantmoins les anciens religieux qui en sont pourvus en jouiront leur vie durant, sans les pouvoir résigner, en acquittant les charges dont lesdits offices peuvent estre tenus. Ne seront reçus aucuns novices à l'habit et profession que par lesdits pères de la congrégation de Saint-Maur ; et si aucuns des anciens religieux de ladite abbaye auroient désir d'entrer dans ladite congrégation, ils pourront estre reçus et admis au noviciat desdits pères, s'ils en sont jugés capables. Lorsque lesdits anciens décèderont, leurs possessions et offices, comme dit est, demeureront supprimés et unis à la meuse conventuelle desdits pères ; et si après leurs décez, ils avoient quelques meubles et effets, leurs dettes payées, ce qui proviendra de leur cotte morte, sera employé à la décoration et ornement de l'église et sacristie. Lesdits pères auront toujours l'administration de l'église, sacristie et du chœur, feront le service divin avec les anciens religieux, acquitteront les obits et fondations, le tout suivant les usages accoutumés de leur congrégation : auquel service divin assisteront lesdits anciens religieux, où ils tiendront les principales places et plus honorables, et partout ailleurs après néantmoins le célébrant et ses ministres, lorsqu'ils feront l'office solennellement revêtus d'aubes ou chappes. Tous les lieux et bastimens qui se trouvent à présent dans ladite abbaye, comme dortoir, cloistre, réfectoir, chapitre, caves, greniers et jardins, demeureront auxdits pères par le décès desdits anciens, à la réserve d'une place où est la vieille chapelle (1), laquelle demeurera audit seigneur abbé, pour y bastir quand il lui plaira un logis, d'où il fera une entrée pour aller à l'église,

(1) La chapelle de Saint-Gurthiern.

et une grande porte au sortir du pont. Sont convenues lesdites parties que si son Eminence ou ses successeurs abbés veulent bastir un corps de logis ou autres bastiments, ils ne feront point de veues qui regardent sur les lieux réguliers, et qu'il leur sera loisible de faire une séparation de closture à leurs dépens pour séparer ladite place, en laissant toutefois 15 ou 16 picds de largeur entre ladite place de la vieille chapelle et le logis du chambrier, pour aller gagner l'écurie, jardins et colombier de la communauté desdits religieux. En considération de ce que son Eminence a délaissé auxdits pères de la congrégation de Saint-Maur, tous les bastiments de ladite abbaye de Quimperlé, et qu'il n'y a aucun pour servir de logement aux abbés ou à leurs fermiers, son éminence prendra par préciput et avant toutes choses la somme de 20,000 livres tournois sur celle qui reviendra des dégradations et dommages faits aux bois de Callac, pour estre ladite somme de 20,000 livres employée à la construction d'un logis abbatial dans ladite abbaye, en tel lieu et place qu'il sera jugé à propos par son Eminence, et le surplus de la somme provenantes desdites dégradations sera converti en fond au profit de ladite abbaye. Les anciens religieux ne pourront estre contraints d'entrer dans la réforme, ny mener une vie plus étroite que celle qu'ils ont professée. Lesquels demeureront toujours sous l'obéissance de leur supérieur, ainsi qu'ils ont accoutumé. Auront lesdits pères la direction de la sacristie de ladite abbaye, et à cet effet leur sera donné par inventaire tous les meubles,

livres, ornements, calices, saintes reliques, argenterie,
linge et toutes autres choses servantes à l'usage de
ladite église et sacristie, sans pourtant toucher aux
droits dudit sacristain sa vie durant; lequel satisfera
aussi aux charges que peut devoir son dit office, ainsi
qu'il a accoutumé de faire. Seront obligés lesdits
pères de faire leur establissement dans le premier
jour d'avril, ou plutost se bon leur semble, dans
ladite abbaye; et leur sera payé par chacun an par
mondit seigneur et ses successeurs abbés à ladite
abbaye pour la nourriture et entretien de leur communauté, et payement desdits anciens religieux, la
somme de deux mille huit cent vingt livres tournois
en deniers contans, et quarante-huit perrées de froment, à commencer du premier jour de janvier de
la présente année, sauf à déduire ce qui se trouvera
avoir esté payé sur la première demy-année ausdits
anciens religieux, et se feront les payements tant en
bled qu'en argent, en deux termes égaux par avance,
comme dit est, sçavoir, le premier janvier de ladite
présente année, et juillet suivant, et continuer ainsi
de six mois en six mois, jusqu'à ce que lesdites espèces
et argent ayent esté converties en fond de terre, ce qui
se fera dans la fin de la première année de leur établissement, au dire d'amis communs, et sur le pied
dont lesdits domaines sont affermés. Leur sera aussi
payé par les fermiers de ladite abbaye cent dix minots
de sègle en espèce, mesure accoutumée, et au temps
ordinaire dont lesdits religieux feront faire les aumosnes accoutumées aux pauvres sans estre obligés à plus

grande quantité. Jouiront en outre lesdits pères des obits fondations et domaines qui dépendent de la pitancerie et petit couvent, ainsi que font lesdits sieurs anciens, en acquittant les charges. »

« En considération de ce que mon dit seigneur a augmenté les pensions de la somme de mille livres par chacun an, et quitté tous les logements de ladite abbaye auxdits pères, ledit révérend père de Saint-Avaux, audit nom a promis et s'est obligé de le décharger de l'entretien des ornements d'église, argenterie, linge, livres et luminaire ; comme aussi d'entretenir les lieux réguliers et de l'église, et tout ce que lesdits pères occuperont, de toutes sortes de réparations et entretien, sans que ledit seigneur abbé soit obligé de les mettre en autre ou meilleur estat qu'ils sont à présent, sauf celles qui arriveront par vimaire, caducité, guerre, incendie ou autres cas fortuits, auquel cas il sera pourveu par des voyes extraordinaires, comme vente de bois ou autrement, et pourront lesdits pères prendre les bois pour employer à l'entretien desdits bastiments dans les bois qui dépendent de ladite abbaye, tout autant de fois qu'ils en auront besoin pour les réparations qui arriveront ordinairement. Transporte son éminence les droits et actions qu'elle peut avoir contre son receveur de ladite abbaye pour l'entretien des réparations, auxquelles il est obligé par son bail, et leur donne pouvoir de faire toutes poursuites afin de les faire rétablir incessamment, suivant les clauses de son bail. Et pour faire homologuer ces présentes et consentir icelles par tout ou besoin sera, lesdites parties ont fait et constitué le porteur des présentes, auquel elles donnent èsdits noms pouvoir de ce faire, et ont élu leurs domiciles irrévocables pour l'exécution des présentes circonstances et dépendances en la ville de Paris, sçavoir, son éminence chez M. de Modave, procureur au parlement, rue Saint-Landry, et le révérend père abbé de Saint-Avaux en l'abbaye de Saint-Germain des Prez, auxquels lieux ils entendent toutes significations ou autres actes de justice estre faits; promettant respectivement, etc., obligeant, etc., chacun endroit soy audit nom, renonçant, etc. Fait et passé audit Commercy, après-midi, estant en la chambre de son éminence, le 17ᵉ jour du mois de février 1663, et ont signé avec nous notaires jurés au Tabellionage dudit Commercy, cy-après nommés : J. F. P. de Gondi, cardinal de Retz; F. Henry Henezon, abbé de Saint-Avaux. Signé : Florentin, notaire; Collignon, notaire, etc. »

Le 24 mars de l'année 1665, l'on passa aussi concordat avec messieurs les anciens, nommés cy-dessus au nombre de quatre, les révérends pères dom Joseph Fouqué et dom Ildephonse Clairé, portant procure pour cet effet de très révérend père dom Bernard Audebert, supérieur général de la congrégation de Saint-Maur, en datte du 30 aoust 1664, à ces conditions : « 1° Que l'abbaye de Sainte-Croix, sera à perpétuité unie et agrégée à la congrégation de Saint-Maur, et gouvernée au spirituel et temporel par les supérieurs suivant les constitutions d'icelle, et lesdits anciens entreront en participation des mérites et bonnes œuvres de ladite congrégation, feront ensemble l'office divin selon l'usage du breviaire monastique, etc. Ne pourront les religieux de la congrégation estre obligés de faire l'établissement entier au nombre nécessaire en cette abbaye, plutost que la feste de saint Jean-Baptiste de la présente année 1665, les lieux réguliers n'estant pas en estat. Se sont obligés les anciens religieux de continuer à faire l'office à leur façon accoutumée : et cependant les pères prendront possession de ladite abbaye, pour accomoder les lieux réguliers. 2° Lesdits anciens tiendront les premières places. Les seuls pères de la congrégation pourront doresnavant recevoir novices et les admettre à profession, etc. 3° Ne pourront lesdits pères obliger les anciens à autres observances qu'à celles qu'ils ont professées, etc. 4° Lesdits anciens estant atteints de maladie seront lesdits pères obligés de leur rendre toute assistance spirituelle, etc. 5° Les titres des offices claustraux qui sont chambrerie, prévosté, sacristie, aumosnerie, claustrerie, la chapelle de nostre Dame-du-Reclus et celle de sainte Catherine, seront unis à la mense conventuelle après le décez desdits anciens, etc. Auront leur cotte morte en payant leurs dettes, si mieux n'ayment y renoncer, et si lesdits anciens cessent de prendre leur réfection en commun, les meubles et ustensiles communs demeureront aux pères. 6° Les pères auront tous les lieux réguliers, sçavoir : dortoir, fors le logement de frère Guillaume Guesdon, ancien prévost, où il luy sera libre de demeurer, ou s'en accomoder avec lesdits pères.

Auront le le grand réfectoire, la grande dépense avec la petite chambre qui est au bout du grand réfectoire, et la cave au dessous de ladite petite chambre, et la cave qui est sous le petit réfectoire, où lesdits anciens prennent leur réfection en commun. Auront le cloistre, le chapitre, la grande cave sous le grand réfectoire, et si les anciens cessent de prendre leur réfection en commun, les pères auront la petite cuisine. La grande court sera commune, à la charge que les pères feront une grande et une petite porte, pour empescher que les séculiers n'y ayent un libre accez, qui seront fermées de clefs gardées par les pères, et la petite porte s'ouvrira avec la clef commune, etc. Le grand jardin sera commun, sans qu'il soit permis aux anciens d'y donner entrée à aucune femme, et y prendront les anciens leurs herbages ; et parce que les pères se sont obligés de le faire cultiver à leurs frais, ils en cueilleront tous les fruits tant des arbres, que des treilles. Et pour le petit jardin, dit de saint Gurlois, les pères en jouiront dès à présent. Les logements occupés par les anciens leur demeureront pendant leur vie, et après leur mort reviendront aux pères. Toute l'administration de l'église, offrandes, troncs, etc., seront aux pères, à la charge d'entretenir la sacristie d'ornemens et faire sonner les cloches ; auront soin de conduire l'horloge, et charge des reliques, argenteries, et toutes les choses de l'église qui leur seroient données par inventaire, par les anciens et sacristain, après que les pères auront pris possession. 8° Les pères seront gardiataires des clefs de l'église, cloistre, dortoir et lieux réguliers, laissant le passage libre aux anciens qui auront une clef commune. 9° Et pour le regard de la nourriture et vestiaire des pères, les anciens leur cèdent dès à présent la somme de dix-huit cent vingt livres payable par moitié et par avance au premier janvier et juillet, à commencer le premier payement au premier juillet prochain, et en bled le nombre de 48 perrées de froment, mesure de Hennebond, à prendre au grand moulin, le tout payable par monseigneur l'abbé ou ses fermiers. 10° Les pères jouiront de tous les droits du couvent, consistants en rentes, obits, chandelles deues par les gentilshommes appellées le *morvoux*; d'une prée située entre la prée du chambrier et celle du prévost, et de tous les autres droits. Jouiront de l'office de chantre consistant ès poids et balance de la ville et en 30 sols monnoye, à prendre sur la maison de mademoiselle Cocquillard, et de tous les autres droits par la démission qu'en fait entre leurs mains noble frère Pierre Rouxel, de tout quoy seront tenus de donner ès mains des pères tous titres et papiers, etc. 11° Et pour raison desdites cessions s'obligent les pères de payer aux quatre messieurs les anciens susdits, à chacun la somme de 400 livres en argent, payable par avance à commencer au premier juillet prochain; en outre à chacun dix minots de froment, tel que le donne le seigneur abbé, à prendre au moulin de la ville, de mois en mois. Pour la fuye, les anciens en jouiront à la charge d'en donner quelques pigonneaux aux pères, qui pourroient estre malades; et jouiront de la fuye, les pères, après la mort des anciens, sans qu'outre ladite pension les anciens puissent prétendre autre chose, etc. Lesquelles pensions seront amorties après la mort des anciens. Que si quelqu'un des anciens est translaté à quelque autre monastère, ou ait bénéfice, où il déclare vouloir faire résidence, il n'aura pour toute pension que 200 livres. Que si les anciens s'absentoient de l'office pour maladie et affaire, et le frère Jean Guesdon, pour achever ses études, ne sera rien retranché de la pension; si ce n'est, qu'estant en entière jouissance de la prévosté, s'il s'absente de l'abbaye pour ses études, il n'aura que les 200 livres de pension. Ont consenti les parties que ledit concordat soit homologué. Partant, etc. Fait en ladite abbaye, le 24 mars 1665. Signé : F° Pierre Rouxel, chambrier; F° Guillaume Guesdon, ancien prévost; F° Mathurin Perrin, prieur de sainte Catherine; F° Jean Guesdon, prévost; F° Joseph Foucqué; F° Ildephonse Clairé; F° André Goislier; Etienne Milon, notaire royal; F° Le Sage, notaire royal qui garde l'original. »

Le lendemain feste de l'Annonciation, 25 mars, se fist nostre introduction ou prise de possession, afin que nous entrassions au monastère au mesme jour que le Verbe entra au monde, et que nostre réforme fust sous la protection du Fils adorable et de sa sainte Mère.

Monseigneur de Cornouaille, René du Louet, y donna son consentement avec une grande joye, en disant qu'il mourroit content, s'il voyoit la réforme aussi bien établie à l'abbaye de Langonnet, comme à celle de Sainte-Croix. Les premiers bourgeois eurent aussi une consolation très grande de cet établissement. Monsieur le baillif royal, écuyer Jean Le Flocz, sieur de Kertanguy, ayant pour greffier monsieur François Duval, sieur de Kergoler, firent le procez-verbal de l'estat de l'église, sacristie et lieux réguliers, avec tant de plaisir de coopérer à une œuvre si sainte, qu'ils ne voulurent rien prendre pour leur salaire, et mesme monsieur de Kergoler apporta une bourse de 300 livres au père prieur ; mais il changea depuis et fut le principal à donner des lumières et à instruire l'advocat des parties adverses dans le procez de la juridiction. Mademoiselle Baillarguet, marchande riche et belle-mère de monsieur Montelier, fut nostre mère en ce commencement, et comme l'on avoit besoin de tout, elle fournissoit linge, vaisselle et argent. Ceux qui éprouvèrent alors sa grande charité, connoissent avec bien de la gratitude ce qu'ils lui devoient, mais comme il est dit de Joseph, il vint après des roys qui ne sçavoient pas ce qu'on luy devoit.

Monseigneur de Quimper avoit donné tout son pouvoir pour la confession et prédication au révérend père prieur. L'octave suivante du Saint-Sacrement, dom André Goislier preschu dans notre église et s'y fist admirer, ainsi que dans toutes les chaires de la ville pendant les cinq mois qu'il fut à Kemperlé.

Le dortoir, cloistre, chapitre et tous les lieux réguliers estoient dans un pitoyable estat et sans closture, ouvertes à toutes les personnes du sexe ; la sacristie estoit en très-mauvais ordre et sans ornements ; les saintes reliques estoient au fond d'un coffre sans aucune décence, et mesme quelques-unes sans estre enchassées. En moins de six mois l'on remit tous les lieux réguliers et la sacristie en meilleur estat.

Le 7 juin 1666, le chapitre général tenu à Saint-Benoist sur Loire donna des ratifications séparées des deux concordats ; le premier avec monseigneur l'abbé, le second avec messieurs les anciens.

La mesme année l'on fist procez-verbal, le 5 septembre, devant Jean Moustel et François Le Sage, notaires royaux, des matériaux de la chapelle de Saint-Gurlois, ayant appelé un masson, un couvreur et un charpentier pour experts, qui déclarèrent qu'à 300 charretées de pierres de massonnage et dix charretées de taille, prez ; et dix milliers d'ardoises tant bonnes que mauvaises, les bois ne pouvoient plus servir à cause de leur caducité, sinon quelques-uns dans une grande nécessité. Devant les mesmes notaires il y a acte de la mesme année, 20 décembre, comme l'on a employé quantité de pierres de taille et autres, tout ce qu'il y avoit de bon bois, et quatre milliers d'ardoise pour la réparation de la geolle de l'abbaye.

En l'année 1667, deux de messieurs nos anciens moururent ; dom Guillaume Guesdon, ancien prévost, mourut dans la chambre du prieur (c'est la salle des hostes), et dom Mathurin Perrin mourut chez monsieur Gachet, apothicaire et chirurgien. Ils sont tous deux enterrés devant le crucifix dans la nef.

Frère Jean Guesdon, à qui monsieur le chambrier n'avoit jamais, comme plus ancien, voulu donner ses approbations, se présenta au sacerdoce, à la recommandation de nosire révérend père prieur, et passa, et célébra sa première messe le 24 juin jour de saint Jean-Baptiste.

La chambre souveraine ayant donné un arrest pour la dégradation des bois de Callac, le 24 juillet 1665, le monastère ayant touché 1400 livres pour la décoration de l'église, l'on fist un estat de l'employ de cette somme déposé au greffe de la maistrise particulière des Eaux et Forests de Cornouaille, et signé de Yves Le Gouff, greffier, que je rapporteray pour monstrer les ornements qui sont entrés à la sacristie depuis la réforme : « Pour une chasuble de damas blanc, 40 livres ; pour une chappe de tabis verd, 65 livres ; pour une grande et riche écharpe, quatre beaux voiles de calice, et le pavillon du saint ciboire, 140 livres ; pour 15 aubes de toile fine ornées de dentelles, amits et ceintures 150 livres ; pour huit nappes d'autel, six corporaux et autre menu linge, 90 livres ; pour un calice, plat bassin, deux burettes et un encensoir d'argent, 426 livres ; pour un ornement noir, chasuble, deux tuniques, une chappe, le tout étoffé de satin blanc et de galon d'argent, 390 livres ; pour un parement noir d'autel, de pou de soye étoffé de satin blanc et de galon d'argent, 55 livres ; pour un drap des morts de camelot noir croisé de blanc, 35 livres ; pour un bénistier de cuivre, 9 livres ; le tout fait 1400 livres. » Monsieur le chambrier soussigna aussi cet employ, le 23 juillet 1667, et je croy que ce fut le dernier acte qu'il fist.

NOBLE FRÈRE PIERRE ROUXEL, CHAMBRIER.

La maison est trop obligée à ce digne religieux pour passer son nom sans en faire une mémoire honorable qui luy est deue de justice. Monsieur le chambrier estoit noble de naissance ; ses armes sont *d'or à un lion de gueule chargé de billettes d'argent.*

Il estoit religieux profez de Saint-Melaine et avoit consenti au concordat de nostre introduction ; mais possédant le prieuré de Pontbriant dépendant de ce monastère, et frère François Verdier, religieux de Saint-Aubin, estant religieux de Saint-Aubin, et cependant chambrier de Sainte-Croix, et ne voulant pas s'arrester en Bretagne, il permuta sa chambrerie avec le prieuré de Saint-Gilles de Pontbrient ; et monsieur Rouxel passa alors de Saint-Melaine à Sainte-Croix de Quimperlé. Dieu l'avoit envoyé pour la conservation de ce pauvre monastère. Il trouva la chambrerie bien diminuée de ses revenus ; il les fist revenir, car il ne craignoit pas la dépense pour conserver ses droits. Il maintint hautement ses droits de recteur primitif et rangea bien les vicaires et tous ceux qui vouloient s'opposer à sa dignité. Il avoit si bien lié ses affaires contre les juges royaux, qu'il avoit obtenu du parlement que ses causes seroient commises à la juridiction de Hennebond. Il y a quelques ornements à la sacristie qui portent ses armes. Il fist refaire l'orgue l'année devant notre introduction. Il fist bastir depuis les fondemens la chapelle de Notre-Dame du Réclus, et y

fist faire un autel, et le tout comme il est lui revint à
plus de 6,000 livres, comme il paroist par un procez-
verbal qu'il en fit dresser. Il a fait faire l'autel de
Nostre-Dame ou de Saint-Yves et orner de belles pein-
tures à la fresque par monsieur Rome, excellent peintre de la ville (1), mais fort connu dans les pays estrangers. Il fist relever sur les anciens fondements les
murailles du parc de Saint-Nicolas ; enfin après une
violente fièvre qui le maltraitta pendant douze jours
de maladie, il mourut le 28 d'aoust 1667, regretté
des pauvres qui le pleuroient comme leur père. Il est
enterré dans la chapelle de Nostre-Dame ou de Saint-
Yves, sous une tombe plate de marbre noir du costé
de l'épistre (2).

Après la mort de M. le chambrier, son office estant
uny à la mense selon nos bulles, et par les articles du
concordat de monseigneur l'abbé et de celuy de messieurs les anciens, le père prieur crut qu'il devoit faire
une acte de prise de possession dans les églises paroissiales de Saint-Colomban de Saint-Michel, et mesme
l'hôpital qui dépendent de luy comme recteur primitif.
Le vicaire de la première église croyant que la qualité
de recteur primitif estoit expirée avec le dernier titulaire, ne porta pas cela sans impatience. Il fist des
consultes de toutes parts et n'ayant pas de réponses
favorables, il ne pouvoit plus que faire des plaintes

(1) Il y a dans l'église de Ploaré, près Douarnenez, un tableau
de ce peintre, portant la date de 1640. Il fit aussi quelques
tableaux pour la cathédrale de Quimper.

(2) Les religieuses Ursulines furent aidées de sa charité dans
leur nouvel établissement, et la mère Cécile de St-Jean a dit
qu'elles en avoient bien tiré huit à dix mille livres. — P. L. D.

aux seigneurs évesques de Cornouaille et de Vennes. Son sacriste dom Guillaume Le Luhandre, luy souffloit qu'il devoit toucher devant luy les religieux de Sainte-Croix comme des mendiants, mais ils estoient trop bien fondés pour estre poussés si loin, et les avocats qu'il consulta lui répondirent que ce n'estoit pas la manière des bénédictins de passer au-dessous du clergé séculier. Dom Pierre Terrien, sous-prieur, se préparant à prescher en 1668 l'octave du St-Sacrement, il fist tout ce qu'il put auprès du seigneur évesque de Quimper pour l'empescher, et ne voulut pas qu'il preschast dans son église; et après l'octave faitte, le père sous-prieur s'estant allé disculper devant monseigneur l'évesque, il eust la bonté de luy dire de prendre courage.

Monseigneur l'éminentissime cardinal de Retz se démist de son abbaye, et le dernier acte que je trouve de luy au chartrier est un arrest qui fut signifié le 6mo février aux pères jésuites de Quimper, qui ayant le prieuré de Loc-Amand, vouloient prendre des rentes sur des convenants où l'abbaye avoit droit de les lever; ce fut en 1668.

En 1668 l'on fist faire à Rennes les deux reliquaires d'ébène garnis d'argent et d'écaille de tortue où l'on a enchassé plusieurs reliques fort proprement. Ils ont cousté 179 livres 5 sols (1).

Nostre éminentissime mourut le 24 d'aoust 1679 à Paris.

---

(1) Ces reliquaires n'existent plus.

CHAPITRE XXXX.

GUILLAUME CHARRIER, TRENTE-HUITIÈME ABBÉ DE SAINTE-CROIX ET SEPTIÈME COMMENDATAIRE (2).

Me voicy arrivé au septième commendataire pour m'y reposer de tout l'ouvrage que j'ay entrepris : *et requievit die septimo ab universo opere quod patrarat.*

Messire Guillaume Charrier, gentilhomme né de Lyon fut pourveu de l'abbaye par un brevet du roy à la réquisition de monseigneur le cardinal de Retz. Ce seigneur qui avoit la bonté et générosité pour partage ayant reçu de grands services de monsieur l'abbé Charrier, oncle du nostre et qui portoit aussi le nom de Guillaume, jusqu'à avoir esté si attaché à sa personne dans sa disgrâce mesme qu'il ne voulut jamais l'abandonner quoyque le cardinal Mazarin le fist tenter avec une mitre, voulut le reconnoître selon son pouvoir, et quoyqu'il se fut extrêmement engagé par les dépenses qu'il fist à Rome pour soutenir son rang et ses affaires, n'ayant que trois abbayes, Saint-Denis qu'il a gardée, Buzay qu'il a donnée depuis au fils de monsieur de Caumartin, et Quimperlé, il importuna tant monsieur l'abbé Charrier, qu'il consentit enfin à la recevoir avec protestation pourtant qu'il n'en

---

(2) *D'azur à une roue d'or.*

toucheroit jamais le revenu à cause que monseigneur estoit dans la nécessité. Les bulles vinrent de Rome, mais monsieur l'abbé Charrier mourut devant que d'avoir pris possession. Monseigneur le cardinal voulant faire passer la reconnoissance dans sa famille, obtint un brevet en faveur de messire Guillaume Charrier, neveu du précédent, et l'on créa sur son abbaye, en luy donnant le brevet, une pension de 2,000 livres pour monsieur l'abbé de Montmorency.

M. l'abbé arriva le 23 juin 1668, accompagné de M. de La Corbière, abbé de Valence, conseiller au parlement, et de M. l'abbé Rousseau, et prist possession de l'abbaye.

Un des articles du concordat avec monseigneur de Retz estoit qu'en six mois après l'introduction de la réforme, on mettroit en fond de terre la pension que l'abbé donnoit en argent et en espèces, c'est-à-dire que l'on donneroit aux religieux leur tiers, au dire d'amis communs. La chose ne s'estant pas faitte sous le seigneur abbé dernier, l'on en parla à M. l'abbé au mois d'octobre 1668. Il donna lettre le 17 novembre 1668, de faire partage en fond de terre à dire d'arbitres devant l'an 1674. Cependant les choses sont demeurées dans l'estat ancien et l'on prend encore pension.

Un des premiers actes que je trouve au chartrier sous cet abbé est du 11 octobre 1668, et c'est un aveu. Le 19 juin 1669, dom Pierre Terrien fut nommé administrateur de Sainte-Croix par le chapitre général. Il fist lire ses lettres d'institution le 2 de juillet audit an, et il est le second prieur de ce monastère depuis la réforme.

En cette mesme année et vers ce temps ici, mourut dom Jean Guesdon, prévost et le dernier des anciens. Il avoit eu quelque dessein d'embrasser la réforme, mais son peu de santé l'en empescha.

Le 4 juin l'abbaye ressentit un coup de l'injustice de la cour qui la consterna extrêmement, quoyqu'elle ne s'en sente pas si abattue, qu'elle ne prétende bien s'en relever : c'est la perte de la juridiction dans la ville de Kemperlé, qu'elle avoit toujours conservée et sauvée des entreprises des officiers des ducs et des roys. Il faut reprendre l'affaire de plus haut, et sçavoir que les juges royaux avoient dressé leurs mémoires depuis longtemps pour entreprendre ce procez à la première ouverture favorable qu'ils en auroient, ou par la mort de monseigneur le cardinal de Retz, ou par la faiblesse de quelque abbé qui sucéderoit, ou par quelque autre conjoncture avantageuse. Monsieur l'abbé Charrier ayant eu l'abbaye, et les juges le voyant jeune, et sans appuy et crédit dans la province, qu'il n'avoit pas alors comme il a eu depuis, crurent que l'occasion les favorisoit entièrement. Je ne puis entrer dans le sentiment de ceux qui, jugeant d'une affaire par le succez plutot que par la justice, parlent le langage de Betsabée, qui disoit qu'elle passeroit pour criminelle avec son fils, si elle manquoit la couronne (1), et aussi à cause que Monsieur l'abbé à per-

(1) Erimus ego et filius meus Salomon peccatores, III. Reg. 1. 21.

du sa juridiction, ils disent qu'il a mal fait d'y estre allé si hautement, et d'avoir débuté d'abord par se dire seigneur de la ville, par se faire rendre des aveux et hommages, et prendre le pas au dessus des magistrats dans les processions, etc. Je ne voys rien là, qu'il ne dust faire puisqu'il est constamment véritable que l'abbé est seigneur proche de la ville, et qu'il pouvoit aussi bien que feu monseigneur le cardinal de Retz, dans un acte du 14 d'aoust 1652, dire nos habitans et sujets de nostre ville de Quimperlé, et sur ce pied, il avoit droit de demander les aveux. Pour ce qui est du pas, nul homme raisonnable ne peut nier qu'une personne revêtue de la qualité d'abbé, ne vaille bien deux bourgeois de Hennebond revêtus de robbe de magistrat.

Monsieur l'abbé commençant donc à demander des hommages, il y trouva grande opposition de la part des juges royaux, qui avec chaleur firent défense sur peine de 500 livres d'amende de rendre aucun aveu. Ils portèrent leur plainte à Monsieur d'Argouges, premier président, qui quoyque très grand justicier, ne laissa pas en ce point de suivre l'esprit du ministre, qui donne tout au profit du souverain, et leur conseiller de donner hardiment sentence, et déboutter le seigneur abbé de la seigneurie et de ses droits, et défendre aux notaires de la juridiction de l'abbaye d'instrumenter hors les faux bourgs. Les esprits estoient desjà aigris et piqués sur le point d'honneur, et l'on avoit veu au mois d'octobre de l'an précédent, 1668, que le clergé sortant de nostre église pour aller en procession faire l'ouverture solennelle de la béatification de la bienheureuse Rose, de l'ordre de saint Dominique, il y eut différend entre Monsieur l'abbé et le sénéchal qui s'y trouva seul des trois magistrats, pour la marche; non pas que le juge voulut le pas au-dessus de luy, mais il se scandalisoit de ce que monsieur l'abbé se faisoit porter la queue, et son imagination luy disoit qu'en marchant après luy, c'estoit suivre un laquais. Après quelques paroles d'emportement qui échauffèrent le phlegme de cet homme mélancholique, il se mist à la gauche du sieur abbé, et les juges s'estant fait dire par une consulte que monsieur l'abbé ne pouvoit prendre le pas sur eux, que quand il seroit en habit d'église et à la suite du clergé, ils se tinrent si forts de cette déclaration qu'ils auroient passé jusqu'à l'impudence de luy faire affront et mesme luy faire couper la queue, comme ils disoient, s'il s'estoit présenté. Et ayant appris qu'il vouloit faire mettre ses armes dans les paroisses et églises dépendantes de l'abbaye, ils donnèrent sentence portant défense à tous vicaires perpétuels, recteurs et curés, fabriques et marguilliers de le souffrir à peine de mille livres d'amende; et allèrent jusqu'à l'extrémité de la vouloir faire publier devant nostre communauté, dans une procession générale qui se fist à l'hospital. Monsieur dom Louis Verrier, vicaire perpétuel de Mellac, quoyque bon amy de la maison et qui est d'une famille qui luy a toujours esté attachée, néantmoins comme il est fort facile à se laisser conduire, avoit consenti d'en faire la publication. Mais comme les religieux en furent advertis, ils eurent le soin de si bien remplir le tems de l'Offertoire et de la Post-Communion, qu'il n'eut pas le tems de faire sa lecture, sinon après l'*Ite missa est*, que les chantres reprenant les litanies, ils furent interrompus par les juges. Le révérend père prieur dom Joseph Foucqué, fist commandement aux chantres de poursuivre leur chant, et au vicaire de se taire en luy disant qu'il ne pouvoit rien publier sans son ordre et sans luy en communiquer auparavant, comme estant recteur primitif. De quoy les parties furent si étonnées qu'elles ne purent faire autre chose que de porter leurs plaintes à monsieur le procureur général qui mist néant sur la requeste.

C'en estoit trop faire pour ne pas exciter la patience de monsieur l'abbé, qui poussé par l'emportement des parties, et porté à cela par le conseil de ses amis qui sçavoient la justice de sa cause, les prist à partie et les appela au parlement. Ils eurent peur d'abord et employèrent leurs amis pour adoucir l'esprit de monsieur l'abbé et ménager un accord, en promettant mesme de laisser la basse juridiction dans la ville et la jouissance des autres droits ordinaires ; mais le seigneur abbé ne relaschant point, poussa si vivement l'affaire, que monsieur le procureur général manda à son substitut de Quimperlé de venir se défendre, autrement qu'il donneroit les mains ; ce qui l'épouvanta, et le sieur sénéchal aussi. Le procureur de Quimperlé partit le dimanche des Rameaux 1670 pour Rennes, où il trouva les choses si douteuses qu'il fist parler d'accord à M. l'abbé, qui encouragé de la bonne espérance que luy donnoient tous les juges du succez de sa cause, refusa le parti qu'on luy présentoit. Il n'est pas nécessaire de parler de toutes les procédures qui se firent par écrit; les juges qui manquoient de bonnes raisons employoient les injures de belle grâce; comme l'on avoit veu qu'ils les employoient fort indignement dans les entretiens qu'ils avoient à Quimperlé. Le seigneur abbé qui avoit de la modération et de l'esprit, y alloit avec plus de conduite, parce qu'il se tenoit assuré de son bon droit. L'on chercha alors la généalogie de la juridiction royale de Quimperlé jusque dans son origine. L'on dist que les ducs seigneurs de Carnoët, dont l'on voit encore quelques restes de masures sur la rivière d'Ellé en descendant vers la mer, avoient aussi une maison au Bourgneuf, qu'ils ont donnée depuis à l'ordre de Saint-Dominique, et où les Jacobins sont encore établis à présent; que les officiers du duc y tenoient les plaids de la seigneurie de Carnoët, et les juges royaux les y tiennent encore, et qui sont appellés les plaids de Carnoët; que les ducs se voyant à la porte de Quimperlé qui estoit desjà considérable, y mirent enfin le pied, voulurent partager la taille commune et connoissance des forfaits, qu'ensuite ils se firent associer aux droits utiles des moulins, four et cohue, en faisant une espèce d'échange. Qu'à la vérité l'on ne sçavoit pas quand la juridiction de la seigneurie de Carnoët passa dans la ville, mais l'on a sceu trop tost que la seigneurie particulière de Carnoët se confondant avec la seigneurie supérieure du duc, les juges ont abaissé tant qu'ils ont pu la justice de l'abbé. Qu'en 1565 il n'y avoit pas de siége royal, mais la petite juridiction commune entre l'abbé et les ducs ou les roys leurs successeurs et que la juridiction qui est à présent, qui s'étend sur douze paroisses, a esté composée de celle de Carnoët et du démembrement de celle de Carhaix (1); que dans la déclaration du roy Charles X pour l'union, translation ou établissement des juridictions royalles de la province, il n'est point parlé de celle de Quimperlé; et que l'on ne parle point de cette petite cour comme n'estant établie que pour les émoluments communs que les ducs avoient avec les abbés par association; et que dans les estats généraux tenus à Vennes par le dernier duc François II, l'an 1462, quand l'on appella les sergents féodés, l'abbé de Sainte-Croix ne fut pas appellé sous la barre royale de Kemperlé, mais sous Carhaix et cette manière : « *les abbés et couvent de Kemperlé, pour eux servir, Jean Kaer Floux.* » (2). Qu'en 1493 il n'y avoit qu'un procureur commun de la cour du duc et de l'abbé.

L'on avoit des titres bien plus solides, mais on avoit la témérité de les condamner sinon de faux, au moins de supposition. La passion des parties combattoit encore plus fortement. Le substitut du procureur du roy à Kemperlé s'alla prosterner aux pieds de M. le premier président en luy remettant sa robbe et son bonnet : l'action estoit magnifique, mais elle auroit esté fort inutile si le seigneur président n'avoit penché

(1) Voir page 58.
(2) Voir page 59.

du costé des juges à cause qu'ils portoient le caractère de royaux. Il arriva pour achever l'affaire que monsieur l'abbé ayant mangé chez M. le président, et voulant après disné luy exposer son droit, ce seigneur s'échauffa si fort qu'il fut obligé de changer de linge, et ensuite allant à la chambre où il n'estoit pas encore remis, M. de la Faillière rapporta le procez, estant fort bien intentionné pour nostre droit. Mais M. le premier président faisant plutost la partie, que le juge l'interrompoit à tous momens, jusqu'à dire que les titres qu'il rapportoit estoient faux. Les conseillers voyant qu'il y alloit si chaudement craignirent de se l'attirer sur les bras s'ils le contredisoient, et quoyqu'ils sceussent la justice de nostre cause, et que le rapporteur conclût pour nous, ils se laissèrent entraisner au torrent et donnèrent arrest contre nous, dont je rapporteray un raccourcy cy-dessous. Il fut prononcé le 4 juin 1670, la veille de la Feste-Dieu, et la nouvelle en arriva en ville le dimanche suivant, dont les habitants témoignèrent une si grande joie, qu'elle alla jusqu'à l'ovation, si l'on ne peut pas dire que ce fust un triomphe. Mais la joye n'a pas esté longue, car ceux qui s'estoient retirés de dessous le bois de la croix, pour n'en estre plus les sujets, devant que dix ans fussent passés après le procez, nous ont fait voir, sans fable, la vérité de ce que dit Phèdre : que nos Grenouilles ayant eu un bois pour roy après avoir eu peur de son bruit au commencement, en sont revenues et luy ont insulté avec toute sorte de mépris; mais que Jupiter leur en a envoyé pour maistre un hydre qui les a croquées l'une après l'autre (1).

« Entre messire Guillaume Charrier, conseiller aumosnier du roy, abbé de l'abbaye de Sainte-Croix de Quimperlé appellant de sentence rendue par le sénéchal de la juridiction royalle dudit Quimperlé, le 22 mars 1669, sur le réquisitoire et requeste de messire Louis le Venier, sieur de Brchiguer, substitut du procureur général du roy audit Quimperlé, et de tout ce qui fait a esté à son préjudice, d'une part, et ledit Le Venier en ladite qualité, et maistre René Le Flo, sieur de Branho, sénéchal dudit Kemperlé, intimés et pris à partie, et ledit abbé encore appellant d'autres sentences rendues audit Quimperlé les 19 avril 1647, et 8 février 1648, et lesdits Le Venier et Flo, intimés et pris à parties d'autre part. Veu par la cour l'arrest d'appointé au conseil en l'appellation de ladite sentence, etc., et tout le reste des procédures; » et pour leurs titres trois misérables sentences des juges royaux qui n'estoient que des entreprises dont la première est de 1647, la seconde de 1648, la troisième de 1669, qui est celle dont est appel, « par laquelle auroit esté fait défense à tous et chacuns les propriétaires des héritages situés en la ville de Quimperlé et faubourg d'icelle à l'exception des quatre fauxbourgs appellés rue Cruberien, rue Portz-an-Barz, rue Fremeur et rue Clonhal, de reconnoistre à l'avenir autre seigneur que le roy pour leur seigneur proche et lige, ny d'en faire ny rendre la foy et hommage ny

Tum misit illis hydrum qui dente aspero
Corripere cœpit singulas : frustra necem
Fugitant inertes, vocem prœcludit metus. — Phœd. Fab. 2.

aucune obéissance aussi à autre seigneur qu'au roy, sur peine de 500 livres d'amande contre chacun contrevenant, et de plus grande si il y échoit. Comme aussi leur fait injonction et commandement de déclarer et avouer par leurs contrats de ventes qu'ils feroient de leurs dits héritages qu'ils relèvent prochement et nuement du roy; fait défense à tous notaires, tant de ladite juridiction royale que de ladite juridiction de l'abbaye, de recevoir ny rapporter aucuns contrats desdites ventes qu'à la charge aux propriétaires vendeurs de déclarer expressivement et positivement par lesdits contrats que lesdits héritages relèvent du proche fief du roy, à la charge de foy, hommage et obéissance, sur pareille peine de 500 livres d'amande contre chacun contrevenant et de nullité desdits contrats, dépens, dommages et intérest. Auroit pareillement fait inhibition et défense aux notaires de ladite juridiction de l'abbaye de Sainte-Croix d'instrumenter dans l'étendue de ladite ville et faux-bourgs de Quimperlé, à l'exception desdits quatre fauxbourgs, etc., ny dans aucuns autres lieux hors du fief et juridiction de ladite abbaye sur peine de nullité et de faux de tous et chacuns les actes et contrats qu'ils ont faits et rapportés, dépens, dommages et intérest des parties, et de 300 livres d'amande contre chacun contrevenant. Comme aussi fait pareilles défenses à tous et chacuns les acquéreurs d'héritages qui seront situés en ladite ville et faubourg d'icelle à l'exception desdits quatre fauxbourgs et rues nommées cy-devant de s'approprier par bannies suivant la coutume desdits héritages que par la cour royalle sur peine de nullité de leurs appropriements qu'ils auroient faits par autre cour et juridiction. Et ordonné qu'à la diligence du substitud du procureur général du roy, ladite sentence sera leue et publiée tant en l'audience de ladite juridiction royalle qu'au prosne des grandes messes des paroisses de Saint-Colomban et Saint-Michel dudit Quimperlé, etc. Production du sieur abbé qui demande d'estre maintenu dans son droit et possession de fief et de justice haute, moyenne et basse dans la ville et fauxbourgs suivant les titres et actes de sa part produits au procez, etc., et le reste des productions. La cour a mis et met les appellations au néant, ordonne que ce dont a esté appellé sortira son effet, condamne l'appellant en l'amande de 12 livres, déclare les juges et substitud dudit procureur général mal intimés, et pris à parties, condamne l'appellant aux dépens. Ordonne néantmoins que ledit Charrier, abbé de Sainte-Croix de Quimperlé jouira des droits utiles comme rentes seigneuriales lods, ventes et autres, si aucunes sont deues sur les maisons et héritages estant en la ville et fauxbourgs dudit Quimperlé, à la réserve de ceux sur lesquels il a esté et est fait recette au profit du roy, de rentes censives et seigneuriales. Fait en parlement à Rennes, le 4 juin 1670. »

Ainsi les abbé et religieux qui avoient reçu les ducs en leur ville s'en voyent chassés par les officiers des roys qui ont succédé aux droits des anciens ducs de Bretagne. Dom Hilaire Pellier, alors syndic de la congrégation de Saint-Maur au parlement de Bretagne, se voulut opposer à l'arrest, pour l'intérest de la communauté des religieux de Sainte-Croix qui n'estoit point intervenu au procez ; mais monsieur le premier président qui tenoit encore dans son sentiment, et qui vouloit bien appuyer nos juges royaux comme il leur avoit promis, luy déclara qu'il nous feroit débouter si l'on relevoit l'affaire. Cependant onze mois après, le mesme dom Hilaire estant revenu de Paris, avoit dessein de présenter requête civile, estant piqué de dépit de n'avoir pas porté monsieur l'abbé à se contenter de la basse justice, et touché de regret de l'en avoir dissuadé ; mais les consultes ne luy estant pas favorables, et d'autres conjonctures de la part des supérieurs arrestant l'affaire, il fut obligé de s'en retourner à Paris où les avocats n'estoient pas de l'advis de ceux de Bretagne, regardant comme une chose inouie qu'un droit utile dans un fief fut séparé du droit honoraire.

Le troisième jour d'avril 1668, troisième feste de Pasques, la seconde cloche fut cassée par l'inadvertence des sonneurs qui avoient attaché des cordes au battant pour sonner le carillon, et ne se souvinrent pas de les oster pour sonner l'angelus, après complies. Elle fut refondue le 24 de juin l'an 1670, par Léonard Hervé, fondeur, habitué à Nantes et natif de Saumur. Le marché fut fait à 300 livres pour sa peine, et à condition que le surplus du métail qu'il fourniroit au-dessus de mille quatre cent sept livres qu'elle fut trouvée peser, luy seroit payé à 20 sols la livre. Elle fut augmentée de 263 livres, tellement qu'elle pèse 1670 livres selon le nombre de l'année qu'elle fut fondue. Elle fut nommée René-Françoise ; (l'ancienne s'appelait Laurence), par messire Guillaume Charrier, abbé représentant monseigneur le cardinal de Retz, que l'on avoit prié d'en estre le parrain. Madame Renée de Lannion, femme de puissant seigneur Alain de Guer, marquis de Pontcalec, comte de la Porte-Neuve (1), baron de Hainan (2), en fut la maraine. Cette bénédiction de cloche fut faitte le 11 d'octobre la mesme année 1670. Monsieur l'abbé donna 50 écus pour cette dépense, et la communauté fournit le reste qui alla de 1,000 ou 1,200 livres. Le timbre de l'horloge pesant 267 livres, fut béni le 24 du mesme mois et nommé par François Duval, sieur de Kergolair et demoiselle Jeanne Marion, autrement mademoiselle de Baillarguet, et eut le nom de Jeanne-Françoise.

L'on fist encore faire un parement verd de damas pour le grand autel ; un autre de cuir doré ; six chandeliers de cuivre fort bien travaillés que l'on fist venir de Bordeaux, pour le mesme grand autel ; une chappe violette de damas ; une chasuble de damas blanc ; une autre de satin à fleurs ; une autre chasuble noire et deux tapis pour le chœur.

Monsieur de Lortie, commissaire pour les bastimens du roy, à Brest, fist abbatre quatre-vingt-trois pieds d'arbre sur les terres de l'abbaye, sans le con-

---

(1) Commune de Rieç, canton de Pont-Aven, arrondissement de Quimperlé.
(2) Le château du Hénan, belle construction du commencement du xve siècle, est en la com. de Névez, même canton.

sentement ny de monsieur l'abbé ny le nostre, et ne voulut payer chaque arbre, l'un portant l'autre, qu'à 5 livres 10 sols. Il falut bien accepter le parti, n'y ayant autre moyen de s'en défendre.

Le 17 de juin 1672, le révérend père dom Nicolas de Saint-Denis, fut nommé au chapitre général tenu à Saint-Benoist-sur-Loire, pour estre prieur de Sainte-Croix ; il fist lire en chapitre ses lettres d'institution, le 18 juillet, et fut le troisième prieur depuis la réforme.

Monseigneur de Quimper, messire François de Coetlogon estoit intervenu au procez entre les religieux de Sainte-Croix et les fabriques ou marguilliers des deux paroisses de Saint-Michel et Saint-Colomban, par une intervention que l'on avoit mendiée. Voyant que les choses ne se termineroient pas à son honneur, et que l'on ne l'avoit engagé dans cette affaire que pour faire meilleure la cause de nos parties, il transigea avec nous à Rennes, dom Charles Rasteau estant procureur pour nostre communauté, à ces conditions, sçavoir : « que ledit seigneur faisant la visite en personne, pourra instituer les fabriques, recevoir leurs sermens, examiner et arrester leurs comptes ; à quoy le prieur de l'abbaye ou autre religieux de sa part pourra assister et signer immédiatement après le seigneur évesque, et au regard de son grand-vicaire ou autres commissaires qui feront la visite, ils ne pourront faire ladite institution, recevoir le serment ny vacquer à l'audition des comptes ; desquelles choses la disposition entière demeurera audit père prieur ou autre religieux tenant sa place, hors le cours de ladite visite. Et ce, depuis les dernières institutions, prestations de serment, et redditions de comptes, ausquelles aura esté vacqué soit par ledit seigneur évesque personnellement, ou par ledit père prieur ou autre religieux, ainsi qu'il est dit cy-dessus, sans qu'il soit de nouveau procédé par ledit seigneur évesque aux institutions, prestations de sermens et examen des comptes qui se trouveront avoir esté faits par ledit père prieur ou religieux en tems deu et formes requises. En conséquence de ce, ledit seigneur évesque se désiste de l'intervention par luy formée audit procez contre lesdits religieux, et consent qu'ils procèdent ou transigent avec les autres parties, dudit procez, comme ils verront l'avoir à faire. En foy de quoy nous avons signé les présentes, doubles sous nos seings privés, à Rennes le 25 juin 1673. Signé : François de Coetlogon, évesque de Quimper. »

La mesme année il y eut arrest contre les fabriques qui marque que le procez avoit commencé dès 1671 :

« Veu par la cour les requestes et titres et commission dudit jour 16 octobre 1671, obtenus par les prieur et religieux de l'abbaye de Sainte-Croix de Quimperlé, à ce qu'attendu que par acte du 17 mars 1526, le chambrier de ladite abbaye fut fondé à recevoir le tiers des oblations qui tombent aux troncs et aux plats desdites paroisses de Saint-Michel et de Saint-Colomban de ladite ville de Quimperlé, comme aussi instituer les fabriques desdites paroisses sur la nomination qui luy en estoit faitte par les paroissiens d'icelles, et que toutes fois il pouvoit obliger les fabriques de représenter leurs comptes pour estre payé de son droit du tiers aux oblations et prendre lettres d'institution de leurs mains y estant obligés, non-seulement en vertu dudit acte de 1526, mais encore d'une sentence de la juridiction dudit Quimperlé, du 3 aoust 1632, confirmée par arrest de la cour du 9º jour de juin 1633, et par autre du 17º juin 1655, ils requerroient qu'il pleust à la cour leur décerner commission pour appeller François Guyet, François de Jauffreguy, Pierre Girard, etc. »

« Induction d'actes desdits prieurs et religieux à ce que les deffendeurs eussent esté condamnés sçavoir : ceux qui sont en charge de fabriques de prendre lettres d'institution des demandeurs, et ceux qui sont sortis de ladite charge de rendre compte aux demandeurs pour estre payés de leurs tiers dans les oblations desdites paroisses, et de leur mettre en main une clef des troncs et le tout conformément à la transaction du 17 mars 1526, etc. La cour sans s'arrester à la demande dudit Guyet et sans préjudice des droits dudit de Coetlogon, évesque de Cornouaille, condemne conformément aux précédents arrests lesdits Jauvreguy et Girard, fabriques et autres qui seront à l'avenir nommés en leur place aux églises de Saint-Michel et de Saint-Colomban de prendre desdits prieur et religieux de Quimperlé, lettres d'institution, prester le serment entre leurs mains, et rendre compte de leur administration à l'expirement d'icelle, condamne lesdits Guyet et Moustel de rendre compte de la gestion par eux faitte, pour estre lesdits prieur et religieux payés par argent ou acquits de la part en laquelle ils sont fondés dans les oblations qui se perçoivent èsdites églises; condemne les deffendeurs aux dépens. Fait en parlement à Rennes le 14 juillet 1673. »

L'on gagna ce procez malgré les intrigues de monsieur Duval, sieur de Kergolair (je ne rapporte que les mots d'un mémoire que j'ai trouvé) (1), autrefois greffier qui a donné toutes les lumières aux officiers royaux de débouter cette abbaye de ses droits; car il fut pendant tout le premier procez à Rennes afin d'instruire l'advocat et procureur de nos parties, comme le plus intelligent dans ces matières; et il a fait tout ce qu'il a peu en secret contre nos droits de recteurs primitifs; le droit d'examiner les comptes des fabriques et les nommer, et luy seul a fait des factums et les a envoyés à monseigneur de Cornouaille pour l'empescher de ratifier une transaction passée entre Jean de Coetlogon, grand vicaire de mon dit seigneur, son frère, par laquelle il estoit dit que ledit seigneur examineroit les comptes des paroisses en présence du révérend père prieur ou chambrier, sauf les autres droits. C'est ce qu'en dit mon mémoire.

En cette année 1673, la chambre royalle établie à Rennes pour la réformation du domaine, nous rendit nostre justice dans la ville et ce qu'il y a à considérer c'est que M. le premier président qui estoit si porté à renverser nos droits dans l'arrest de 1670 présidoit à cette chambre icy, et signa l'arrest. Comme il est court, et qu'il marque une partie de nos titres, car

(1) Mémoire de D. Pierre Terrien. — P. L. D. — Voir page 11.

nous en avons encore recouvré d'autres depuis, je le rapporteray tout au long :

« Entre le procureur général du roy en ladite chambre royalle, demandeur d'une part, et messire Guillaume Charrier, conseiller, aumosnier du roy, abbé commendataire de l'abbaye de Sainte-Croix de Quimperlé, et les prieur et religieux de ladite abbaye deffendeurs d'autre part. Veu par ladite chambre l'Edit de Sa Majesté du mois de novembre 1672, portant entre autres choses qu'il seroit procédé à la recherche des justices qui ont esté usurpées par les particuliers et communautés dans l'estendue de la province et duché de Bretagne, et qu'à cet effet tous ce qui prétendoient avoir droit de justice, et qui la faisoient ou avoient fait rendre en leurs noms dans leurs terres et seigneuries représenteroient par devant les commissaires de ladite chambre les titres et pièces justificatives de l'érection desdites justices ; arrest de ladite chambre royalle du 14ᵉ jour de mars dernier, donné en conséquence dudit Edit publié aux prosnes des messes parroissiales de ladite province, résultat du conseil en explication dudit Edit et autres arrets de ladite chambre; la présentation faitte au greffe d'icelle le 28 aoust ensuivant par lesdits abbé, prieur et religieux de ladite abbaye Sainte-Croix de Quimperlé, pour fournir audit procureur général du roy l'induction de leurs actes au soutien de leurs droits de juridiction haute moyenne et basse avec les droits y attribués à eux appartenant en leur terre et seigneurie de ladite abbaye et annexes situées et s'estendant dans la ville de Quimperlé et autres lieux, sous le ressort de la juridiction dudit Quimperlé, évesché de Cornouaille ; induction desdits abbé et religieux de ladite abbaye signée de messire Claude Cassard, leur procureur, mise au greffe de ladite chambre le 24° octobre postérieur tendant à estre maintenus et conservés en l'ancienne possession de haute moyenne et basse justice de ladite abbaye s'exerçant dans la ville dudit lieu et en l'auditoire, lieu ordinaire s'estendant en plusieurs paroisses, ressort de la juridiction royalle de Quimper, évesché de Cornouaille, extrait levé par les formes requises aux archives de la chambre des comptes de Bretagne, le 30 janvier 1670, deuement garenti dans lequel se voit rapporté des lettres de confirmation octroyées par le duc de Bretagne au mois de septembre 1146, aux abbé, couvent et religieux de Quimperlé, de leurs anciens droits et priviléges, particulièrement : *quidquid est de jure consulari et episcopali ;* et outre deux aveux du 18° novembre 1496 et 23° juin 1549, rendus à Sa Majesté par les abbé prieur et religieux de l'abbaye Sainte-Croix de Quimperlé, des maisons, terres, rentes, héritages, fiefs et droits de ladite abbaye de Sainte-Croix de Quimperlé, avec droit de juridiction sur leurs hommes s'exerçant par officiers séculiers en la ville dudit Quimperlé, et justice patibulaire au tertre Rosanlou avec les devoirs de ban appropriements d'héritages, ventes et lods desherences, espaves et gallois d'icelle, fauxbourgs et ailleurs en leurs fiefs et domaines en ladite juridiction de Quimperlé ; plusieurs extraits en deux cahiers différents levés du greffe de ladite juridiction de Quimperlé, depuis l'an 1529 jusques en 1649, concernant le droit de menée en icelle de ladite abbaye, trois sentences de mort données en la juridiction de ladite abbaye de Quimperlé avec un arrest de la cour de parlement de Rennes confirmatif d'autre sentence de mort de la mesme juridiction dattées des 30e may et 29e novembre 1666, 25 aoust 1667 et 20 avril 1673, et un registre du greffe d'icelle juridiction commençant en l'an 1594 et finissant en l'an 1616, sur la fin duquel est rapporté que les juges royaux de Quimperlé ont exercé la juridiction de ladite abbaye estant en régale; le tout concernant la possession et exercice de la haute moyenne et basse justice d'icelle; conclusions dudit procureur général du roy, et le consentement de maistre Estienne Mollot, procureur de maistre René Drouet, chargé par Sa Majesté de l'exécution de la déclaration donnée contre les usurpateurs de justices que lesdits abbé, prieur et religieux de ladite abbaye de Sainte-Croix de Quimperlé, jouissent de l'effet de la leur; et tout considéré, la chambre royalle a maintenu et conservé les abbé, prieur et religieux de l'abbaye Sainte-Croix de Quimperlé au droit et possession de haute moyenne et basse justice en leur dite abbaye de Quimperlé, fiefs et baillages en dépendants, conformément à leurs titres et adveus des 18e septembre 1496, et 28e juin 1549, sans pouvoir étendre ladite justice sur autres fiefs que ceux mentionnés auxdits aveux, faisant défense à toutes personnes de les y troubler à peine de tous dépens, dommages et intérests. Fait en ladite chambre royalle à Rennes, le 15e jour de novembre 1673. Signé : Bodier. »

Les poids que l'on appelle poids au duc, appartiennent à l'abbaye, et sont de l'office de chantrerie, car les poids au-dessous de 25 livres et les crocs sont au prévost. En l'an 1668, les sous-fermiers de maistre François Le Gendre, fermier des imposts, en conséquence d'un arrest sur requeste du privé conseil portant que le roy rentreroit en possession des poids au duc, avoient fait arrester le revenu de nos poids, entre les mains de mademoiselle Jacquette de Coetnours de Béchenec, nostre fermière. La cause ayant esté portée au siége royal de cette ville, le procez traisna vingt-trois mois sans estre terminé, tant parce que les intéressés ayant desjà perdu ailleurs, craignoient encore de perdre en cette juridiction, qu'à cause que maistre Maurice Morice, sieur de Beau-Bois, leur avocat, ne voulut jamais écrire un mot pour une cause qui luy paroissoit injuste. Néantmoins comme nous estions ennuyés de voir nostre argent arresté, nous voulusmes faire vuider l'affaire, et après avoir fait toutes les civilités à maistre René Le Flo, sieur de Branho, il nous fist la grâce de nous condamner haut et court l'an 1670. Et ce qu'il y a de plus indigne dans sa conduite, et qui mériteroit punition exemplaire, il fist mettre à costé de nos titres des apostilles pour contredire tout ce qu'ils portoient, pendant qu'il eut nos pièces entre les mains, et le sieur Le Sage nostre procureur, eut l'innocence de retirer nos sacs du greffe, sans avoir regardé à cette procédure indigne.

M. Le Veynier, substitud du procureur du roy biaisa dans ses conclusions, et craignant que les intéressés ne le prissent à partie s'il nous donnoit main levée contre l'arrest sur requête du privé conseil, il conclut que l'argent demeureroit en sequestre jusqu'à ce que nos parties eussent monstré une ferme, ce qu'ils ne pouvoient faire n'en ayant point. L'on appella de cette belle sentence au parlement, ayant pour partie maistre François Le Gendre fermier des imposts, et maistre Guillaume Vialet, fermier du domaine, intervenant en cause. Monsieur Le Jacobin, écuyer sieur de Keremprat rapporteur, soutint hautement la justice de nostre cause. Aussi nonobstant les conclusions de M. Huchet, procureur général, nous gagnasmes et la sentence du juge de Quimperlé fut cassée le 2 janvier 1672. Depuis, les marchands particuliers de la ville brouillèrent fort, comme M. de la Maison-neuve Guillouet et mademoiselle Pueri, etc., ne voulant pas faire peser des marchandises au poids, à cause qu'ils disoient les avoir desjà fait peser ailleurs. L'on eut arrest sur requête à Vennes, du 17 juillet 1677, que quoyque les marchandises, comme l'on disoit, eussent esté pesées à Port-Louis, elles le seroient encore à Quimperlé. Nous avions en ce temps un petit procureur, qui fist publier cet arrest au son du tambour en grande solemnité. Les marchands poussèrent l'affaire et firent donner arrest du 14 juillet 1678, par lequel, quoyque les poids nous fussent confirmés, il fut dit qu'en apportant certificat que les marchandises avoient esté pesées au Port-Louis, ou ailleurs, elles ne le seroient pas à Quimperlé. Les marchands suivirent l'exemple qu'on leur avoit donné et firent publier leur arrest au son du tambour.

Je n'ay jamais tant veu de propositions que celles qui furent faittes pour abbatre le bois du Roux et partie de celuy de Callac. Il fut conclu que l'on se joindroit à monsieur l'abbé pour demander au roy permission d'abbatre le bois du Roux, pour employer les deniers qui en proviendroient à la construction d'un logis abbatial, et au rétablissement de nos lieux réguliers. Le dixième may 1673, il fut encore conclu que l'on abbatroit le bois du Roux, et que des deniers en provenants monsieur l'abbé auroit un tiers pour son bastiment, nous un tiers pour les nostres, et le troisième tiers seroit employé pour obtenir les lettres du roy, pour pouvoir abbatre ce bois, et que du reste de l'argent on feroit des ornemens à l'église. Le 9 juin 1673, il en fut fait transaction avec monsieur l'abbé; on leut encore en chapitre ce projet de transaction, le 28 de juin 1673. Enfin en l'an 1674, M. Le Grand, grand maistre des Eaux et Forest en Bretagne, ayant fait procez-verbal de l'église et des lieux réguliers et du défaut de logis abbatial, comme il se trouva qu'il estoit nécessaire de faire un fond de vingt mille écus, au dire d'experts, pour bastir une maison abbatiale, réparer l'église, faire un clocher, sacristie, dortoir et chapitre, à quoy la vente du bois du Roux, qui ne pouvoit aller que jusqu'à vingt mille livres n'estoit pas suffisante, conseilla en amy de demander au roy d'abbatre encore une partie du bois de Callac, qui dépérissoit le plus ; qu'il n'y auroit pas plus de difficulté d'obtenir les deux permissions qu'une seule, et que si l'on n'en demandoit qu'une, l'on ne seroit pas reçu par après à en demander une autre. Ce qui a esté fait, et la transaction passée aux conditions marquées cy dessus, et que le sieur abbé prenant un second tiers pour les frais des expéditions au conseil, à la chancellerie et au parlement de la province, il feroit tout seul les frais des procez-verbaux et que ceux des adjudications se feroient par moitié.

Le 11 de juin 1675, dom Germain Cousin fut nommé prieur au chapitre général tenu à Saint-Benoist-sur-Loire. Il fist lire ses lettres d'institution le 10 juillet audit an, et il est le quatrième prieur depuis la réforme.

Le 6 juin 1678, dom Thomas Jouneaux fut nommé au chapitre général tenu au même lieu, pour estre prieur de Sainte-Croix. Il fist lire ses lettres d'institution audit an, 17 de juillet ; il est le cinquième prieur depuis la réforme.

L'on avoit fait divers projets pour l'emplacement du logis abbatial ; on avoit eu dessein de le mettre sur l'emplacement de la chapelle de saint Guthiern, comme il sembloit estre désigné dans le concordat avec monseigneur de Retz ; mais la veue du monastère estant bornée de tous les costés, l'on n'estoit pas en résolution de prendre encore cette paire de lunettes. L'on avoit pensé de trouver une maison hors l'enclos du monastère, à cause que l'enceinte du monastère est extrêmement resserrée de tous costés. L'on proposa mesme de placer le logis abbatial à saint Nicolas, mais cette proposition fut rejettée pour bien des raisons qui estoient extrêmement fortes. Enfin monsieur l'abbé ayant fait un fond en argent qui provenoit de la vente des bois de Callac et du Roux, et monsieur le marquis de Beaumanoir Lavardin, lieutenant de roy dans la province de Bretagne, s'estant donné la peine d'en faire le dessein, monsieur l'abbé commença à y faire travailler, et la première pierre y fut mise un samedy 17 de septembre l'an 1678, par monsieur de Beauregard, sieur de Chabri, maréchal de camp des armées de sa majesté, commandant pour le roy dans le Port-Louis et les villes de Quimperlé et Hennebond. Le logis comme l'on en juge à la veue est beau et a de l'apparence, mais tout le monde luy trouve un défaut d'estre trop serré au dedans. Le père prieur se donna le soin de faire les alignemens et de tendre les cordeaux pour jetter les fondemens d'un costé que l'on trouva plus beau pour l'aspect. Il auroit continué de veiller sur la construction du bastiment, mais des entrepreneurs à qui une personne éclairée dans l'architecture faisoit peine, firent assez paroistre que sa veue leur estoit incommode. C'est pourquoy il fut bien aise de demeurer en repos et de les y laisser, et de les abandonner à leur petite connoissance en fait de bastiment.

L'on achetta l'an 1678, un petit jardin ou plutost langue de terre pour étendre nostre jardin, et avoir veue sur la rivière; il cousta avec la maison qui y estoit attachée 1,700 livres; le sieur de Pendreff, commissaire pour la réformation du domaine en fut le vendeur.

Le 22 avril 1679, la communauté qui représentoit les droits du chambrier, et qui sur ce pied, avoit toute l'administration de l'hospital, c'est-à-dire d'y mettre le chappelain, le miseur et de recevoir ses comptes, consentit que l'on y mist l'hospital des pauvres renfermés, et transigea avec le corps de la ville de mettre en commun ses droits avec les députés pour le bureau des pauvres, dont monsieur l'abbé présent seroit le chef et président, et en son absence le père prieur, à la charge que si ledit établissement manquoit ou estoit transféré ailleurs, la communauté rentreroit dans les premiers droits qu'elle avoit dans l'hospital. Dieu veuille que cet établissement subsiste sur la charité des bourgeois, et qu'en subsistant les administrateurs y aillent avec zèle et désintéressement. L'abbé et la communauté y ont attaché les aumosnes qu'elle faisoit à la porte qui sont de cent dix minots de seigle ; et la mesme année un religieux de la communauté ayant presché l'advent et le caresme ensuite, donna sa rétribution de 500 livres pour les frais de cet établissement.

Le vendredy 14 juillet 1679, la première pierre de taille pour exhausser la tour sur les anciens fondements, fut placée avec solemnité à dix heures et demie du matin, au son des grosses cloches, et au bruit des pétards et des tambours de ville, qui estoient placés sur les murailles de la tour. Monsieur l'abbé et le père prieur firent la civilité à monsieur Le Grand, grand maistre des Eaux et Forests en Bretagne, de placer la première pierre. Il s'en excusa sur des raisons qu'il disoit avoir, et crainte qu'on le soupçonnât de nous avoir favorisés, ou de nous favoriser à l'avenir dans les occasions qui regardoient sa charge. Monsieur l'abbé mist donc la première pierre, sous laquelle sont ses armes, sur le coin de la tour qui répond au degré de pierre qui est dans la muraille. Monsieur Samuel

Billette, sieur de Kerustum, sénéchal de Guidel (1), avocat, procureur fiscal de la juridiction et faisant les affaires de monsieur l'abbé, et pour lors syndic de la ville, mist la seconde pierre au nom de la ville, sur le costé qui regarde le chasteau, et qui répond à l'endroit ou monsieur l'abbé avoit placé la première. Le père prieur mist la troisième au coin qui répond au bas de l'église du costé du cloistre. Le sieur sénéchal quelques jours auparavant avoit fait un coup qu'on nous apprist et qui ne peut s'oublier. Deux tailleurs de pierre, nommés les Mahés, avoient fait autrefois marché de construire cette tour selon un misérable dessin qu'ils avoient tracé, à condition que le très-révérend père général l'approuveroit. Il ne donna point son approbation, et mesme le dessin estoit égaré et l'on avoit fait signifier cela audit maçons. Cependant ces deux hommes voyant que l'on se disposoit à travailler à la tour, jaloux de ce qu'on ne les employoit pas après qu'ils avoient taillé la pluspart des pierres, nous intentent procez à la cour royalle pour voir dire que nous tiendrons le premier marché. Ils avoient parole du sieur sénéchal qu'il leur rendroit justice, cependant après avoir dit luy-mesme en rendant les papiers que les pères avoient gagné leur cause, il les traitta à son ordinaire, c'est-à-dire le pis qu'il peût, donnant une sentence que l'on trouva ridicule dans son énoncé, ou que les pères suivroient le premier marché, ou que s'ils ne le suivoient pas ils dédommageroient les Mahés.

(1) Commune du canton de Lorient.

Cela ne fist qu'avancer le dessein ; l'on appella à Vennes, et cependant l'on accorda avec les maçons en leur donnant la moitié des espices, et le mesme jour l'on fist marché avec eux pour faire venir des pierres de taille de Careguan, mais ils n'en ont pas fourni le tiers selon la longueur portée par le marché. Le père prieur a fait le dessin de la tour et l'a conduit luy-mesme jusqu'à la fin. L'on commença cette tour, comme j'ai dit le 14 juillet 1679, et il ne se faut pas arrester au chiffre de 1680, que l'on a fait marquer après œuvre dans une pierre de taille au pied de la tour. Elle a esté achevée la veille de la Toussaint, l'an 1681. La communauté y a mis de ses deniers bien plus qu'elle n'a tiré de sa part de la vente des bois, car elle a cousté environ treize mille livres.

En l'an 1680, monsieur l'abbé fist tirer plusieurs extraits, tant du chasteau de Nantes que de la chambre des comptes, et n'épargna point la dépense pour avoir des pièces de conséquence qui prouvent le droit de fief et de juridiction que nous avons dans la ville (1).

Le 28 de may 1681, le révérend père dom Thomas Jouneaux fut continué prieur au chapitre général tenu à Saint-Benoist-sur-Loire. Il fist lire ses lettres en nostre chapitre le 27 de juin en la mesme année.

En cette année les religieux sont dans l'attente de deux grandes affaires. La première et la principale est la conclusion que les commissaires pour la réformation du domaine donneront pour la perte ou pour le rétablissement de nostre juridiction. Ils ont le dessein de

(1) On trouvera ces extraits aux Pièces justificatives.

nous oster encore plus que n'a fait l'arrest de 1670 (1).
Mais monsieur l'abbé qui entre autres louables qualités
a celle de soutenir fortement les droits de son abbaye,
a aussi de son costé dessein de pousser l'affaire au
conseil et d'en voir une fin qui nous rende ou qui nous
oste tout. Si l'on rend justice, et si l'on considère
bien les titres qu'il a cherchés de toutes parts, nostre
cause est infaillible; mais que peut-on espérer des
gens qui croyent signaler leur zèle pour le service de
Sa Majesté en prenant sur l'église de toutes leurs
mains contre la volonté expresse de nostre grand monarque dont la piété et la justice sont reconnues de
tout le monde, et dont la gloire est trop élevée pour
avoir besoin de nos petites dépouilles qui n'orneront
jamais bien son thrône, quoyque ses officiers s'employent de toutes leurs forces à le parer de ce qu'ils
prennent sur ses sujets? Nous n'avons pour défense
que la croix que nous servons, la justice de notre
cause, et le zèle de M. l'abbé qui est un homme de
teste, d'honneur et de mérite. Il s'est fait d'illustres
amis dans la province, et en l'an 16... (2) il fut nommé
aux Estats pour porter les cahiers à la chambre des
comptes à Nantes. J'en dirois davantage si je ne craignois que ceux qui pourront lire cecy, ne m'accusassent
de flatterie, mais à l'humeur dont l'on me connoît, et
à l'indifférence que Dieu m'a donnée, il n'est per-

---

(1) Le 26 mars 1692, le parlement rendit un arrêt qui maintint l'abbé Charrier dans le droit de fief et basse justice sur les habitants de la ville de Quimperlé et au faubourg du Gorreker, autrement dit le communal, même en tous les émoluments et profits de fief attribués à la moyenne et haute justice.

(2) Voir à l'appendice les *Mémoires* de l'abbé Charrier.

sonne tant soit peu raisonnable qui puisse m'accuser de vendre de l'encens et d'estre capable de cette bassesse.

La seconde chose considérable que l'on dispose, c'est le bastiment du dortoir. L'on a desjà toute la chaux nécessaire et les pierres de massonage; il ne faut plus que les pierres de taille, et avec la bénédiction de Dieu l'on espère que le père prieur qui s'entend fort bien aux bastimens, élèvera devant trois ans un dortoir dont l'on a très-grand besoin.

Je finis ce petit ouvrage le 30 août 1682, le jour des saints Félix et Adamite, me trouvant heureux d'en estre venu à bout, le moins mal que j'ai peu, et espérant que Dieu adjoustera quelque chose à ma couronne pour récompense du petit travail que j'ay entrepris par obéissance et pour l'honneur de la Sainte-Croix, à qui nostre église est dédiée.

FIN.

LE NOM DE DIEU SOIT BÉNI.

APPENDICE.

I.

NOTES ÉCRITES A LA SUITE DU MANUSCRIT DE D. LE DUC.

En 1686, le révérend père dom Léonard Chastel fit bâtir les murailles du dortoir jusqu'à l'entablement ou corniche du bout de l'église. Il finit l'autre bout proche ches monsieur l'abbé jusqu'à la porte du jardin de la communauté, et emprunta à cet effet trois mille livres à constitut au denier vingt de monsieur Le Chat, conseiller au parlement. Il en fut remboursé le 22 février 1700.

L'an 1693, le révérend père dom Joseph Aubrée, visiteur de la province, faisant sa première visite le 26 d'aoust, ordonna qu'on feroit incessamment travailler à la charpente et couverture du dortoir, dont les murailles dépérissaient, les poutres du premier estage estant desjà toutes pourries. La charpente fut faite, levée, mise en place et couverte l'année suivante 1694.

Il y eut procès à Vennes contre quelques particuliers de la ville pour le droit de Neusme. Les sieurs Aultret, bailly de la cour royalle et Plessix Pégasse firent intervenir les deux paroisses de Saint-Colomban et de Saint-Michel, par une assemblée de paroisse tenue après la grande messe de dimanche, le 14 juin 1693. Nous fusmes maintenus à Vannes, par sentence du présidial du 4ᵉ septembre 1693, confirmée par arrêt du parlement de cette province, du 9ᵉ septembre 1694.

Au mois de juin de la mesme année 1694, on fit marché avec Olivier de Lourmes, entrepreneur, pour faire l'escalier qui monte du réfectoir au dortoir, les deux vouttes des deux vestibules qui vont du cloistre au jardin, les arcades de l'escalier et les lucarnes du dortoir, pour la somme de saize cents livres, par marché du 22 juin 1694.

Le 8 mars 1695, on fit marché avec le mesme pour démolir le pignon du réfectoir jusqu'aux dernières marches de l'escalier, le refaire avec le costé du cloistre qui prend depuis ledit escalier jusqu'à l'autre escalier qui monte de l'église au dortoir, pour la somme de deux mille livres.

La mesme année 1695, on finit les dedans du dortoir et on y logea sur la fin de 95 et 96. On fit accomoder la cave sous le vestibule de l'escalier et on y logea du vin pour la provision des religieux. Le vestibule fut pavé de pavé de Caen.

Le 25 mars 1698, on fit marché avec le mesme entrepreneur, M. Olivier de Lourmes, pour construire le corps de logis exposé au midi, qui comprend le réfectoire, la despanse, la cuisine, la salle, les chambres d'hostes au-dessus, charpente, couverture, le réfectoire vouté de tuffeau, la despanse et la cuisine de pierre de massone, un escalier de pierre vouté pardessous jusqu'au premier estage, un autre escalier de bois ceintré par dessous pour recevoir un plafond en forme de voute pour le second estage ; pour faire de plus le costé du cloistre le long du réfectoire, avec les voutes, charpentes et couverture, enduire tous les dehors du batiment et le dedans jusqu'au premier estage, paver les embas, les rendre logeables, la clef en main, pour la somme de saize mille cinq cents livres.

En l'an 1700, on fit faire les dedans du second estage, par des blanchisseurs de Dinan.

Le 17e jour de mars 1701, on fit marché avec les Mahé, père et fils, pour faire le corps de batiment exposé au couchant, joignant d'un bout l'église et de l'autre l'escalier et pavillon des hostelleries, pour l'œuvre de main seulement, moyennant la somme de trois mille huit cents livres, pour la massone seulement, tous les piliers et arcades du cloistre joignant le long dudit batiment jusqu'à l'église où ils doivent faire une belle porte, suivant le dessein qu'on leur a donné. Ils commencèrent le mois d'avril suivant de la mesme année, et ont fini le mesme mois de l'année suivante 1702, à la réserve des piliers, arcades du cloistre et porte qni entre dudit cloistre dans l'église. On a fait marché avec Bressan et Saint-Laurent, maistres charpentiers, pour la charpente qu'ils ont achevé de mettre en place au commencement de may 1702, et les couvreurs ont couvert les deux tiers de ladite charpente dudit batiment ce 10e juin 1702.

Sur la fin de l'an 1700, Jean Brocard et Nicolas.... commis stabiliez facteurs d'orgue et menuisiers de profession, commencèrent à travailler à refaire nos orgues par les deux sommiers et les trois grands soufflets et par le buffet de l'orgue, et firent ensuite fondre l'estain et couler en planche pour construire les tuyaux. On prist l'estain à Morlaix. Ils ont fini leurs ouvrages et placé au-dessus de la porte de l'église qui donne sur la rue du Chasteau, au mois de février 1702. Ils avoient avec eux deux compagnons pendant qu'ils ont travaillé icy. Les orgues finies ils firent deux portes, l'une qui doit ouvrir du cloistre dans l'église au bas de saint Yves pour les processions, l'autre est la porte du monastère.

Le 29 octobre 1704, fut passé le marché entre la communauté et Mathieu Mahé, pour achever le costé du cloistre qui joint l'église, et vouter celuy qui joint les bastiments des infirmeries le collidor jusqu'à la porte d'entrée et construire ladite première porte qui est sur la rue pour le prix et somme de mille francs. Le tout fut fait et parfait en l'année 1705.

Le 27 mars 1705, fut passée transaction avec messire René-François du Fresnay, chevalier, seigneur et baron du Faouet, pour la mouvance de la tenue de Saint-Fiacre qu'il abandonne aux abbé et religieux, lesquels luy reconnoissent la supériorité de fief et justice haute et moyenne.

En 1706 fut fait par les Mahé, maistres massons, le vestibule ou parloir qui sert d'entrée au monastère.

En 1717, le cinq septembre mourut au château de

la Roche, à une journée de Lyon, messire Guillaume
Charrier ayant joui du revenu de l'abbaye en qualité
d'abbé commendataire environ 50 ans.

II.

MÉMOIRES DE L'ABBÉ G. CHARRIER.

Guillaume Charrier naquit à Lyon de parents nobles d'extraction, le 10 août 1641. Il fut baptisé dans l'église paroissiale et collégiale de Saint-Paul, la sixième année de son âge. Guillaume Charrier, abbé de Notre-Dame de Chage-lez-Meaux, et aumônier de Gaston, duc d'Orléans, lieutenant général du royaume, en même temps que l'abbé de la Rivière, qui est mort évêque-duc de Langres fut son parrain et Eléonore Charrier, veuve de... Grolier de Belair, sa tante, fut sa maraine. Il fut envoyé peu de jours après en Dauphiné à trois lieues de Lyon, chez le curé de Toussieu pour apprendre à lire et écrire.

Ledit Guillaume Charrier avoit une sœur aînée qui mourut âgée de cinq ans dans le grand couvent des Visitandines. Il avoit aussi un frère ainé, lequel après avoir été au service des Vénitiens en Candie, dès l'âge de dix-sept ans, en revint peu avant sa prise à Lyon, d'où il partit pour aller à Vienne en Autriche, n'y ayant point de guerre en France. Il s'engagea au service de l'Empereur dans une compagnie de cavaliers; il eut la cornette de cette compagnie, passa à Milan, ensuite en Espagne contre le Portugal, et la seconde campagne fut tué dans un parti.

Il avoit une sœur cadette qui est religieuse de la Visitation au couvent de l'Anticaille.

Il eut le malheur qu'après environ huit ans du mariage de ses père et mère, ils ont vécu séparés et en procès jusques leur mort ; celle du père avenue le 4 décembre 1684, celle de la mère en juin 1709. Cette division n'a pas peu contribuer à ce que leur éducation a été fort négligée et que leur succession n'a pas été si grande qu'elle eut été, d'autant que la mère par son testament en a substitué les trois quarts aux enfants de sa sœur, et que le père après avoir fait beaucoup de dépenses, avoit tellement engagé son bien que sa succession et celle de sa mère sont la plupart confondues et mêlées dans les biens de leur famille, et qu'il sera difficile d'en retirer aucun effet, liquidées par ses héritiers de droit ou légataires.

De chez le curé où il avoit esté avec son frère trois ou quatre ans, ils vinrent à Lyon à la dérobée à pied, et allant trouver leur mère qui estoit dans Blye chez l'abbé de Chastillon ; elle les reçut et les cacha chez ses parents pendant un mois, ensuite les fit remettre au père par Mgr l'archevesque qui les mit quinze jours en maison bourgeoise pour les faire habiller. Ils furent ensuite envoyés à Moulins pour étudier, et la première année ils eurent un précepteur. On proposa à l'aîné de se faire religieux de Cisteau, mais ne le voulut pas. Il fut renvoyé à Lyon et de là à Marseille, d'où il passa à Venise et suivit sa destinée comme il est marqué d'abord, et ledit Guillaume, son cadet, la seconde année fut envoyée à Notre-Dame de G......, en Forêts, chez les pères de l'oratoire pour étudier, où il apprit ses humanités en trois ans. Après il fut envoyé à Châlons-sur-Saône pour sa rhéthorique, d'où il alla ensuite près Dijon chez un prêtre faire sa philosophie, où il fut deux ans. Il fut ensuite envoyé au séminaire de saint..... à Lyon, pour y faire sa théologie et y prendre l'habit ecclésiastique sous prétexte qu'il devoit succéder à son oncle l'abbé, lequel luy donna un prieuré de 300 livres. Après trois ans de séminaire, son père jugea à propos de l'envoyer à Paris pour tacher de porter sa mère à ne plus plaider pour avoir la restitution de sa dot, et de se contenter d'une pension; ce qu'il obtint d'elle et il en fut passé acte, et il n'y eut plus de procès, mais elle resta à Paris et le père à Lyon, en fort mauvaise intelligence; en sorte que ledit Guillaume n'en a pas été mieux traité de l'un ny de l'autre; car quand il paraissoit bien avec l'un il estoit mal avec l'autre. Il seroit trop long de faire le détail de tous ces contretemps jusqu'à leur mort.

Il a vécu éloigné des deux depuis l'an 1666, qu'il vint à Paris au sortir du séminaire pour l'accommodement susdit où il étudia et prit des grades au droit canon, et pendant ce temps, son oncle l'abbé qui estoit revenu en France avec M. le cardinal de Retz, avoit eu le brevet d'abbé de Quimperlé, sur la démission de Son Éminence, deux ans après; mais il ne pût s'en faire expédier les bulles à cause de l'insulte qui avoit esté faite à Rome à M. le duc de Créqui, l'ambassadeur de France, ny jouir des revenus de l'abbaye, dont il n'avoit pas pris possession; et la mort d'Alexandre VII estant survenue, Son Éminence qui estoit lors à Paris voulut engager ledit abbé à faire le voyage de Rome avec luy et estre son conclaviste; car il avoit esté au conclave auquel fut élu Alexandre VII. Il s'en excusa sur son âge et sur son peu de santé; aussi mourut-il au mois d'aoust 1667. La nouvelle de sa mort ayant esté portée au roy trois jours avant qu'elle arrivât, sur le faux bruit qu'en avoit donné son médecin, son abbaye de Chage avoit esté promise au fils de la comtesse d'Ilke, dame d'honneur de la reine, quand on la fit demander pour ledit G. Charrier son neveu. Il est d'observation que ledit abbé, son oncle, n'a pas eu d'autres héritiers que les créanciers qui furent payés sur la vente de ses meubles, à l'exception de ses frères auxquels il debvoit de grosses sommes qu'ils lui avoient prêtées au parsus de son patrimoine.

On pourroit en cet endroit marquer les événements particuliers de sa vie et qu'il estoit capable des plus grandes négociations, aymé et estimé et que s'il avoit voulu s'accommoder au temps en habile courtisan, il auroit esté aux premières dignités; mais il a préféré l'estime d'estre de tous les amis le plus fidelle.

Les choses estant en cest estat à sa mort, Son Éminence le cardinal de Retz, à son retour de Rome à Commercy, demanda au roy qu'il voulut bien encore recevoir sa démission de l'abbaye de Quimperlé et luy recommanda de faire la même grâce au neveu qu'il avoit faite à son oncle en luy en accordant le brevet.

Le roy à la fin de 1667 accepta sa démission, et en fit expédier le brevet au neveu, lequel se pourveût à Rome à la faveur de M. le cardinal de Retz et de toute la considération que l'oncle avoit méritée de la cour de Rome, de laquelle il obtint ses bulles gratis.

En 1668 au mois de may, avant l'expédition des bulles, ledit G. Charrier partit de Paris avec deux valets et deux chevaux, accompagné de l'abbé Rousseau, et arriva à Quimperlé quinze jours après l'octave de la Feste de Dieu.

Il descendit à la porte de l'abbaye où il fut reçu par le prieur et la communauté, et ensuite conduit chez le sieur Marion, lors fermier du temporel de ladite abbaye et syndic de la ville. Il leur donna un soupé où il convia les officiers et les principaux de la ville après avoir été complimenté en corps, et que le syndic lui eût fait présenter le vin de ville comme c'estoit l'usage du pays.

En attendant les bulles qui n'arrivèrent que dans le mois d'aoust, le jeune abbé en vertu de pouvoirs de Son Éminence, son prédécesseur, fesoit compter le fermier duquel il ne reçut aucun payement d'autant que la chambre des comptes exerçoit l'économat, croyant que l'abbaye avoit vaqué par la mort de son oncle. Ainsy tout fut sursis jusqu'à l'arrivée des bulles.

Sous lequel temps l'abbé Rousseau après avoir esté à Locrenan compter avec ses fermiers s'en retourna à Paris. Les bulles estant arrivées, l'abbé de la Corbière, abbé de Valence estant à Kerjégu, en Moëlan, fit l'honneur au jeune abbé de venir fulminer les bulles.

Ce qui ayant esté fait sans aucune difficulté ny opposition, il alla ensuite à Nantes prêter le serment de fidélité à la chambre, et demander main levée de la saisie; ce qu'il obtint à la sollicitation de M. le duc de Retz et des abbés d'Espinoze et de Chaluces.

Il revint ensuite à Quimperlé compter avec le fermier, lequel ayant sous-fermé la terre de Callac et qui luy devoit une demi-année, il n'en put recevoir aucun argent; et comme il ne fit aucun changement des officiers de justice de ladite abbaye, il se contenta de charger le procureur fiscal, sieur de Kerustum, de passer des fermes de tous les moulins et autres domaines d'icelle; et pendant ce temps ledit abbé alla à Callac, dont il passa la ferme de ladite seigneurie à trois ou quatre habitants pour 4,400 livres, et 600 livres de commission avec obligation de prendre le renable avec le fermier lors en place.

Dans cet intervalle l'abbé tomba malade et se fit porter à Morlaix où il pensa mourir. Dès qu'il fut convalescent il revint à Quimperlé, où on le logea chez la demoiselle Baillarguet jusqu'en 1670 ou 1671, à son retour de Paris qu'il prit à louage la grande maison des Marion qui estoit voisine.

Il ne peût se rétablir de sa maladie que vers le mois de mai 1669. Pendant le cours de cette année, il fit appeler tous les habitans et vasseaux de l'abbaye pour luy fournir adveux, ce qui fut une occasion au procureur du roy, de faire donner une sentence par le juge royal, où il fut défendu de reconnaitre autre seigneur de fief que le roy, comme luy estant subjet au réel et au personnel. L'abbé s'en porta appelant avec prise à partie. La sentence fut confirmée par dépens, et il fut dit seulement que les maisons sur lesquelles il estoit deub des rentes à l'abbaye, luy payeroient les lods et ventes, et qu'elle n'auroit aucun degré de jurisdiction sur icelles, ce qui estoit formellement contraire aux inféodations et tittres de fondation.

Il est à remarquer que ledit abbé en 1669, receut les quatre moindres ordres et le sous-diaconat et le diaconat de l'évesque de Quimper. Sa mère qui n'avoit pas d'autre fils, ne sachant pas qu'il se fut engagé aux ordres par le moyen d'un banquier de R..., soubs telles allégations qu'il luy pleût, en obtint dispense pour tous les ordres sacrés et luy manda qu'elle le déshériteroit, s'il s'engageoit aux ordres. Soit par déférence ou parcequ'il se trouvoit si embarrassé d'affaires pour son abbaye, et par considération pour sa famille, il en est demeuré au diaconat.

Après les estats de 1669, à Dinan, où il assista et que l'arrest de 1670 eut esté rendu, il alla à Paris et se mit dans le séminaire de saint Magloire pendant trois mois. Il alla ensuite à Commercy, rendre une visite à M. le cardinal de Retz, et le remercier de tous les biens qu'il en avoit reçus.

Il retourna ensuite en Bretagne, où il eut une infinité de procès pour défendre les droits de l'abbaye, et pour se faire payer des rentes et fermiers, qui sous plusieurs prétexte refusoient de payer en 1673, et avec les juges, ce qu'on verra par les sacs de procédures qui ont duré plus de vingt ans. Ce ne sont pas les seules affaires et discutes qu'il a eues. Il eut coup sur coup procès avec les juges, pour le pas aux processions, avec le vicquaire de Saint-Colomban, pour la première place dans le banc des prestres ; pour le sermon avec les Jacobins qui s'opposoient qu'il ne poussât la terrasse de son jardin jusqu'au grand arche du pont. En même temps les religieux de son abbaye le firent assigner pour donner partage. Ils obtinrent même sentence en leur faveur, mais comme il vouloit les obliger de mettre à la manse toutes les rentes dont ils jouissent pour les offices clostraux, outre ce qu'il leur estoit payé par le fermier de l'abbé, ils ont jusque icy préféré l'exécution du concordat fait avec le cardinal de Retz.

Il seroit difficile de se souvenir depuis quarante cinq ans, des différentes contestations qu'il a eues en demandeur, et en deffendeur par son abbaye à Quimperlé, Callac et Houzillé ; les procédures en feront foi.

Au milieu de tant d'embarras, il a fallu qu'il pensât à se donner une abbatiale, n'y en ayant pas marquée hors des lieux réguliers, depuis que l'abbaye avoit esté mise en commande, et il avoit esté dit par le concordat, fait avec les réformez que l'abbé prendroit par préférence 20,000 livres sur les amandes, pour les délits des bois de Callac ; mais en 1674 et 1675, quand il fallut poursuivre les condamnez, estant sans biens et la plus part sans domicile, il fallut penser ailleurs pour la construction et les réparations les plus urgentes des églises et des lieux réguliers.

L'abbé de concert avec les religieux, jeta les yeux sur le bois du Roux et le bois l'Abbé. Il alla à Paris avec un procès-verbal fait des indigences de l'abbaye et obtint des lettres du roy, portant permission de vendre des bois jusqu'à la somme de 24,000 livres, qu'il fit enregistrer au parlement, et convint avec les religieux de partager le montant de la vente, pour eux batir une tour et luy son abatiale ; après quoy le grand maître des Eaux, bois et forêts, adjugea les bois 12,000 livres au sieur Montellier, et comme il ne restoit pas d'autres bois à l'abbaye, pour les constructions et édifices qu'ils avoient à faire, ledit sieur Montellier retrouda son marché auxdits abbé et religieux, qui firent exploiter le bois du Roux, et ceux de Callac, furent vendus pour un prix aux différents marchands de ce canton.

La seconde ou troisième année ensuite, le grand maître après son recolement, fit un procès-verbal de décharge de l'emploi, que ledit abbé avoit fait de la moitié du provenu desdits bois en une maison abbatiale, pour la construction de laquelle et les écuries grenier et remise, il fut reconnu que ledit abbé avoit fourny de sa bourse plus des deux tiers audelà, outre plus de 6,000 livres, qu'il a depuis employées à relever les ruines et augmenter les pourpris de Chef du bois en jardin, prérie et verger, et une chapelle qu'il fait actuellement batir de neuf, qui luy coutera du moins 2,400 livres, avant qu'elle soit en estat d'y célébrer la messe.

Il a aussy contribué considérablement de sa bourse

à la réédification des lieux réguliers, quoyqu'il ayt payé pendant plus de quarante ans, 2,000 livres de pension sur son abbaye, dont le roy l'avoit chargé par son brevet en faveur de l'abbé de Montmorency Fosseux, et qui luy a fait bien des chicanes, quoyqu'il en jouit sans titre canonique, mais seulement par arrest du grand conseil, ce qui d'ailleurs luy ostoit les moyens de faire autant de bien qu'il en auroit voulu, et peû faire et plus de charité aux pauvres, quoyque l'hopital de Quimperlé doive à ses soins et aux dépenses qui s'y sont faites, son establissement et augmentation considérable.

Et il n'a pas tenu à luy que la ville ne se soit augmentée et embellye plus qu'elle ne l'est. Le sieur de Kerustum, lors de son sindicat, et son fils ensuite y ont bien contribué malgré l'ennui et les contradictions d'une partie des plus considérables des habitans. Le transport de la halle qui occupoit le milieu de la rue du Château, la prison et le rétablissement du quay en sont des monuments et des preuves suffisantes.

Il eut en 1675 et 1676, des fatigues à essuier à l'occasion des mouvements séditieux de tous les cantons, d'une partie de la haute Bretagne et de presque toute la basse Bretagne (1). Il employa sa médiation auprès de M. de Chaulne, auquel le roy avoit envoyé des troupes pour punir les mutins. Ledit abbé fut obligé pour détourner l'orage, d'estre pendant plus d'un an, presque tous les jours à cheval et au péril

(1) Il s'agit ici de la *Révolte du papier timbre*, dont M. A. de la Borderie a publié l'histoire dans le tome VII de la *Revue de Bretagne et de Vendée*.

de sa vie, passant partout parmi les mutins de jour et nuit.

Nonobstant tous ces embarras, les fréquents voyages de Paris, qu'il a esté obligé de faire et les dépenses extraordinaires qu'il a esté obligé de faire, ou en procez, ou en réparations continuelles, ou en édifices neufs, ou à recevoir dans son abbatiale les pus grands seigneurs, et nombre de personnes de considération, ses amis particuliers, avec un revenu très médiocre, ne tirant aucun secours de sa famille jusqu'à la mort de son père, il a fourny encore de sa bonne volonté et de sa bourse plusieurs grosses sommes, pour ayder les religieux à batir de neuf tous les lieux réguliers, outre les autres secours qu'il leur a procurés.

Il a esté aussy chargé d'une infiinité de de dépenses et embarras depuis la mort de son père, par rapport à l'intérest que sa mère avoit dans sa succession, et pour la liquider sous le bénéfice qu'il en a fait faire, ayant eu le malheur les deux premières années, de perdre en banqueroute 25,000 livres, des deniers que feu son père avoit sur la place, et par rapport à la famille de M. Charrier de la Roche, à laquelle il a rendu et rend encore tous les services, les bons offices et les secours pour la conserver et la maintenir contre les dissipations, et le peu d'économie de l'aisné de la maison; et actuellement il tient le fils aisné dudit sieur de la Roche, son filleul, à Paris dans les estudes et escoles, et luy fournit depuis deux ans sa pension et son entretien. Dieu seul sera s'il luy plait sa récompense, car il en attend peu du filleul ny du père, lequel luy a desja fait sentir bien des fois qu'il n'en avoit aucune sensibilité ny reconnoissance. Il est de la discrétion de n'en pas dire davantage ; l'avenir ne fera que trop connoitre ce qu'il en est et ce qu'il en sera.

On pourroit finir ce mémoire qui n'est pas assez détaillé ny circonstancié, par le portrait dudit abbé, de sa figure, du caractère de son esprit, de ses mœurs, de ses bonnes et mauvaises qualités ; il luy sufit de s'en rapporter au jugement que Dieu en rendra à la fin de sa vie, en la miséricorde duquel il met toute sa confiance, et à tout ce qu'il plaira d'en juger et d'en penser à ceux qui l'ont connu dans tous les temps de sa vie.

Il n'est pas hors de propos d'ajouter au mémoire, qu'il a assisté à toutes les tenues d'Estats, à l'exception de deux ou trois, que les affaires de sa famille l'ont retenu à Lion, et nommément celle de Saint-Brieuc, pendant laquelle M. de Lavardin estant nommé à l'ambassade de Rome, l'ayant chargé de plusieurs commissions, il se crut obligé de l'y attendre à son passage et de le loger dans sa maison paternelle où cest ambassadeur séjourna huit jours, en attendant des ordres de la cour. Ce passage couta à l'abbé plus de 2,000 livres, et fut cause que n'ayant pas assisté aux Estats auxquels M. d'Harouis, trésorier, estoit demeuré en arrière, ledit abbé ne fut pas payé des 6,000 livres, qu'il luy devoit de reste de sa députation à la chambre, à laquelle M. de Chaulne, voulut bien que les Estats le nommassent.

Heureusement quelques années après, M. le comte de Toulouse ayant succédé au gouvernement de Bretagne luy fit la même grâce pour une seconde députation à la chambre pour laquelle il eut 6,000 livres.

Il y a aussi en différentes tenues, eu plusieurs commissions plus honorables que lucratives pour assister avec l'intendant comme commissaire des Estats.

On croit aussy à propos d'adjouter à ce mémoire que le père Lancelot, religieux bénédictin de l'abbaye de Saint-Cyran ayant esté exilé pour n'avoir pas voulu signer le formulaire sans distinguer le droit du faict touchant les cinq fameuses propositions attribuées à Jansenius, et ayant présenté son obédience au prieur de l'abbaye de Quimperlé à qui elle estoit adressée, et qui refusa de le recevoir crainte d'être soupçonné d'estre janséniste, l'abbé par des raisons plus charitables que politiques le retira chez lui et luy a fourny pendant dix-sept ans, le droit d'hospitalité avec sa nourriture la plus frugale et aussi austère jusqu'au dernier jour que s'il avoit esté dans l'abbaye reformée, où il avoit fait sa profession. Il décéda dans l'abbatiale pendant que ledit abbé estoit à Lyon. Il fut enterré dans l'église au bas du grand crucifix qui estoit au-dessous de la tribune. Ce bon religieux est mort en odeur de sainteté ; on prétend qu'il s'est fait un miracle à son tombeau. Il estoit fort connu des personnes de considération, de piété et de lettres ; il a composé différents ouvrages. Le peu de livres qu'il avoit furent mis parmi ceux de l'abbé personne ; ne les ayant réclamés, l'abbé a cru pour sa décharge de les mettre avec les siens dans la bibliothèque de son abbaye.

Il a aussi mis dans les archives de ladite abbaye, dont il n'a qu'une clef de l'armoire des titres et adveux de Callac, tout ce qu'il avoit d'adveux, déclarations baillées, tant de Quimperlé, Callac que de Houzillé.

Ledit abbé n'a jamais eu de connoissance des titres qui regardent les prétendus offices claustraux, ayant pendant son temps exécuté le concordat fait par M. le cardinal de Retz avec les religieux de la congrégation de Saint-Maur, lors de leur introduction dans l'abbaye. Au surplus leur ayant fait en outre autant de bien qu'il a peû, et ayant eu en eux toute la confiance qu'il a cru devoir à des religieux réformés, ils se feront apparemment un principe de conscience et de justice de les communiquer tous à l'abbé, qui les demandera en cas qu'ils luy demandent un partage et qu'ils ne veuillent pas s'en tenir à ce concordat ; d'autant que ledit abbé n'a peû encore en attendant ce partage les obliger de se charger de luy faire une pension de 5,000 livres par an quitte de toutes charges, en leur abandonnant même tout ce qu'il a de meubles, et ce qui pourroit luy estre deû par ses fermiers et autres, à condition de le décharger vers son successeur des réparations dont il pourroit estre tenu ; quoyque dans la vérité et suivant les procès-verbaux qui furent faits, soit dans le temps de l'introduction desdits religieux dans l'abbaye, soit à l'entrée dudit abbé en icelle, il ait obligé ses fermiers ou receveurs d'entretenir les moulins, fours bannaux, halles et autres domaines en dépendants, et que de sa part il n'ait rien obmis pour entretenir ou réédifier ce qui n'estoit pas à leur charge.

L'abbé ne devoit rien pour les lieux réguliers, ny pour l'église dont les religieux sont chargés par le concordat, et cependant il leur a donné de grandes sommes pour rétablir lesdits lieux réguliers, même cédé une partie des emplacements réservés par ledit concordat pour l'abbatiale. Il a même donné 400 livres pour transporter la fuye où elle est à présent, 300 livres pour le terrain de la cour des écuries, et 400 livres pour l'acquisition de la maison prez du pont de la terre de Vennes, qui avoit un jardin le long de la rivière qui a augmenté celuy de l'abbaye de toute la levée et plus, et par ce moyen l'abbé s'est fait un petit jardin qu'il a élevé de plain pied à sa cour, ce qu'il n'a peû faire qu'avec beaucoup de peine et de dépenses; et si à sa mort lesdits religieux n'ont pas convenu avec luy comme est dit cy-dessus, ils ne seront pas surpris s'il dispose de tous ses meubles et effets en faveur de l'hospital de Quimperlé aux mêmes charges et conditions, ou à telle autre sur les lieux, et en cas de refus en faveur de ses héritiers de droit ou légataires universels.

On dira encore que ledit abbé ne savoit refuser de faire plaisir et office d'amy quand il le pouvoit; prévenoit et se livroit sans aucun intérest à bien des personnes de considération de sa connoissance pour leur rendre service, sans parler de l'honneur et de l'embarras qu'il a eus de recevoir plusieurs foys chez luy M. le duc de Chaulnes, M. le maréchal d'Estrées, M. de Lavardin et autres commandants subalternes de la province et oficiers généraux de la marine, intendants de Brest et ceux du conseil, plusieurs commissaires du même conseil, plusieurs officiers du parlement et conseillers d'iceluy ainsi que de la chambre des comptes.

Quels services et bons office n'a-t-il pas rendu à feu M. de Bagnole, à feu M. de Sévigné, à M. de Guery, à madame la douairière de Lannion, en plusieurs occasions (on pourroit en adjouter plusieurs autres), comme à plusieurs de sa famille et autres particuliers, qu'il a secouru de sa bourse et de ses bons offices.

Les sieurs de Kerustum Billette, et René Le Flo, sénéchaux des jurisdictions de Quimperlé et Carnouët, dont la fortune estoit au dessoubs de la médiocre, ne l'ayant considérablement augmentée que depuis la confiance qu'il leur a donnée dans l'administration, des biens dépendant de son abbaye, n'en disconviendront pas. C'est toute la récompense qu'il leur en demande, ayant d'ailleurs tout lieu de se louer de leur bonne conduite, et de leur zèle et fidélité pour son service. Il peut en dire autant des sieurs Vaillant, advocat, et de la Goupillière, lieutenant de Vitré, par rapport à la terre de Houzillé qui ont bénéficié considérablement de la confiance qu'il avoit en eux pour des sommes considérables sans intérêts.

Il faut aussy advouer qu'il avoit inclination pour le jeu et ne jouoit pas en dupe. Il ne jouoit jamais dans les brelans publiques, mais dans les meilleures maisons, souvent avec des personnes de distinction, sans pourtant aucune affectation, ne refusant pas les parties comme elles se rencontroient. Cependant il n'a pas si fort aymé le jeu, qu'il luy ait fait négliger ses affaires, quoy qu'il y ait perdu beaucoup de temps. Il a toujours bien payé ce qu'il a perdu ; il ne l'a pas toujours esté de même. Enfin tout bien compté, il a plus gaigné qu'il n'a perdu, et il savoit sans peine s'abstenir du jeu, quand le cours de ses affaires luy en ostoit les occasions.

On ne doit pas oublier que la recepte des décimes du diocèse de Quimper, ayant esté depuis longtemps dans un grand dérangement par la faute des syndics du clergé, il estoit plus que temps d'y donner ordre. Ledit abbé fut prié de se charger d'y mettre ordre, ce qu'il fit. A son retour de Paris où il fut pour cela, il laissa à son successeur les 150 livres qu'on donnoit de gages ordinaires aux syndics, remit au clergé la plus grande partie de ses frais de voyages, et fit procéder à l'élection d'un nouveau syndic.

III.

CHRISTOPHE-LOUIS-TURPIN-CRISSÉ DE SANZAY, TRENTE-NEU-
VIÈME ABBÉ, ET HUITIÈME COMMENDATAIRE (1).

Christophe de Sanzay, évêque de Rennes, abbé de Moreaux au diocèse de Poitiers et doyen de Saint-Martin, obtint en 1717 l'abbaye de Sainte-Croix, en place de ce doyenné que le roi venait d'unir à l'archevêché de Tours. Le 20 avril 1718, M. de Kermeno, archidiacre de la cathédrale de Rennes lut en présence des religieux assemblés en chapitre et des principaux habitants de la ville les bulles du pape Clément XI et en conséquence les lettres patentes du roi Louis XV, expédiées en faveur de Christophe-Louis-Turpin-Crissé de Sanzay, nommé abbé commendataire de Sainte-Croix. M. de Kermeno, comme son procureur général prit ensuite en son nom possession solennelle de l'abbaye. Le nouvel abbé arriva à Quimperlé le 16 mai suivant pour affermer le temporel de l'abbaye.

L'abbé Charrier avait en mourant institué pour son légataire universel son neveu, Guillaume Mayeul Charrier, fils mineur de Georges-Antoine Charrier, président à la cour des monnaies de Lyon. Le premier soin de Christophe de Sanzay, en prenant le gouvernement de l'abbaye, fut d'appeler l'héritier de

(1) *Lozangé d'argent et de gueules.*

l'abbé Charrier à remettre tous les biens du monastère en bonne et due réparation, conformément à la clause du concordat passé en 1665 entre le cardinal de Gondy et les religieux, qui mettait à la charge des abbés les réparations de caducité, vimères, guerres, incendies ou autres cas fortuits. Une sentence des juges de Quimperlé du 7 octobre 1718, ordonna que procès-verbal des réparations serait fait aux dépens de la succession de l'abbé Charrier. Le procès dura deux ans, et se termina par une transaction passée le 26 juillet 1720, entre l'abbé de Sanzay et le président Charrier, agissant en qualité de tuteur de son fils Guillaume; par cette transaction, le président Charrier s'obligeait à faire dans le délai d'une année toutes les réparations mentionnées au procès-verbal du 7 octobre 1718.

Dès l'année 1718, le sieur Gardy, fermier de l'abbé avait loué la maison abbatiale à un industriel nommé Vincent Auffret, qui y avait établi une auberge à l'enseigne de *La Maison Royale*. Pendant quatre ans les religieux supportèrent sans se plaindre ce voisinage incommode. Mais en 1722, l'abbaye ayant failli être incendié par l'imprudence des locataires de l'abbatiale, les religieux s'adressèrent aux juges de Quimperlé pour obtenir la résiliation du bail d'Auffret, faisant ressortir dans leur requête l'inconvenance qu'il y aurait à maintenir un cabaret dans les dépendances d'une maison religieuses. Ils furent néanmoins déboutés de leur demande par sentence du 27 novembre 1722; mais ayant porté la cause devant le parlement, ils en obtinrent le 11 décembre de la même année, un arrêt par lequel la cour « cassa et résilia le bail de l'abbatiale, fit défenses à Gardy et à tous autres d'y établir à l'avenir auberge, hôtellerie ou cabaret, et enjoignit au même Auffret d'abattre l'enseigne qu'il y avait mise et de vider de corps et biens ladite maison sans qu'il pût prétendre aucun dommage ou intérêt. »

Le 17 octobre 1723, Christophe de Sanzay, évêque de Rennes, fut transféré à Nantes et pourvu la mesme année de l'abbaye de la Chaume au même diocèse.

Le 17 novembre 1668, l'abbé Charrier avait fait avec les religieux au sujet du partage des biens de la mense commune une transaction qui n'avait pas eu d'effet. Le 10 may 1724, l'abbé de Sanzay passa avec eux un nouvel accord par lequel il s'obligea à leur payer chaque année une pension de 3,800 livres; soixante livres pour la pension extraordinaire du chambrier; quarante-huit pérées de froment, et cinquante livres par an pour employer en cire au profit de la sacristie; il fut de plus convenu que les religieux jouiraient comme par le passé de la faculté de prendre du bois pour leurs réparations dans le bois de l'Abbaye, et qu'ils continueraient à percevoir les rentes dues à l'obit des offices claustraux. L'abbé abandonna en outre l'ancienne prison aux religieux qui lui cédèrent en retour une maison située dans la rue Clée, alors affermée à Jacques Chesnel, coutelier, et qu'ils avaient reparée depuis peu pour servir de prison.

Le 13 septembre 1726, l'abbé de Sainte-Croix prêta serment de fidélité au roi, en sa chambre des comptes pour son abbaye, par François du Rocher, avocat et procureur fiscal des réguaires de Nantes.

Quelques mois plus tard, le 4 janvier 1727, la demoiselle Gallois ayant fait sommer les religieux de réparer le pignon ouest de leur église qui menaçait ruine, sous peine d'être responsables des événements qui en pourraient arriver, ils répondirent que les réparations de caducité regardaient leur abbé et demandèrent du temps pour l'en informer. Ils envoyèrent en conséquence un religieux à Nantes pour en conférer avec lui. L'abbé de Sanzay ne trouvant pas d'arguments solides à opposer aux clauses du concordat de 1665, se retrancha dans des difficultés sans nombre; en sorte que le religieux lassé d'attendre en vain plus d'un mois, fut contraint de s'en revenir sans avoir pu rien obtenir de l'abbé de Sainte-Croix. Six mois après la foudre tomba sur l'église de l'abbaye, brisa une partie de la charpente et des fenêtres et emporta plus de dix-sept toises de couverture. Il n'était plus possible de demeurer dans l'inaction. Les religieux firent reporter à leur abbé la sommation qu'on leur avait faite, avec assignation au présidial de Vannes pour se voir condamner à faire au pignon et autres endroits de leur église les réparations de caducité qui s'y trouveraient, et à rétablir les dommages causés par le tonnerre. Tout porte à croire que cette affaire se termina à l'amiable entre les religieux et l'abbé, car au commencement de l'année suivante, ce dernier présenta requête au roi aux fins d'être autorisé à faire couper et vendre dans les bois de l'Abbaye trente arpents de futaie pour en employer le produit aux réparations de son église. L'autorisation lui fut accordée par arrêt du conseil du 30 novembre 1728, suivi de lettres patentes du 29 décembre de la mesme année. Les bois furent vendus pour le prix de 34,100 livres. L'adjudication au rabais des réparations de l'église eut lieu le 4 avril 1730, et les travaux furent terminés dans le courant de l'année 1733.

L'acte d'association passé en 1271, entre le duc Jean Ier et les religieux de Sainte-Croix, leur avait accordé le droit de pêche dans la rivière Ellé, jusqu'au ruisseau appelé *Frost an Forest*, au-dessous du chasteau de Carnoët. Les religieux de l'abbaye de Saint-Maurice, s'autorisant des termes d'une bulle de confirmation de leurs privilèges, qui leur avait été accordée en 1225, par le pape Honoré III, prétendirent qu'ils jouissaient du droit exclusif de pêche dans les rivières d'Izole et d'Ellé, depuis les Gorêts (1) de l'abbaye de Sainte-Croix, jusqu'à la mer. Déjà en 1682, une sentence du 27 octobre, du com-

(1) Le mot *Gorets* ou *Gored*, a son équivalent en français dans le mot *Gord*, qui signifie aussi pêcherie. L'abbaye de Sainte-Croix possédait deux établissements de ce genre, l'un sur l'Isole, l'autre sur Ellé, au-dessus de la ville et tous deux affermés à des particuliers. Ces pêcheries consistaient en un nombre plus ou moins grands de piles en maçonnerie construites dans la rivière (le Goret de l'Ellé, en avait plus de dix), laissant entre elles un intervalle d'où partaient en convergeant de manière à former à leur extrémité un angle assez aigu, deux rangs de pieux garnis de claies. Au sommet de ces divers angles se plaçaient les filets et engins pour prendre les saumons. Une cabane pour le gardien du Goret, était construite sur l'une des piles qui étaient toutes reliées entre elles par un pont de bois. De fortes palissades ou un mur défendaient à chaque extrémité l'accès de la pêcherie. Je pense que le mot *Goret*, vient du celtique *Gor* (au pl. *Goroedd*), qui signifie un pertuis, une ouverture. Il n'y a aucun rapport entre ce mot et le nom de *Gorréker* donné à un quartier de Quimperlé, près duquel étaient construits les *Gorets* de la rivière Ellé. *Gorréker* signifie la partie haute de la ville, de même que *Gouletker*, en désigne la partie basse.

missaire pour la réformation du domaine, les avait
déboutés de leurs prétentions. Cela ne les empêcha
pas d'envahir encore en 1711, la pêcherie de Sainte-
Croix, contravention qui les fit condamner par arrêt
du parlement, à une amende de 700 livres. L'effet
de cette nouvelle condamnation ne fut pas de longue
durée. Le 14 juillet 1727, deux religieux de Saint-
Maurice, dom Jacques et dom Barthélémy, vinrent
avec leurs pêcheurs troubler les fermiers de Sainte-
Croix, dans le fief même de cette abbaye, au-dessous
du manoir de Queblain. L'affaire fut portée devant le
siége de l'amirauté de Quimper, et le 12 août 1729,
les bénédictins obtinrent une sentence qui les main-
tenait dans le droit prohibitif de pêche, jusqu'au ruisseau de *Frost an Forest*, et faisait défense aux religieux de Saint-Maurice, de les y troubler et de pêcher
à l'avenir dans cette partie de la rivière.

Le concordat passé avec le cardinal de Retz en
1665, avait réuni à la mense conventuelle, l'office de
chambrier de l'abbaye. Le prieur en qui résidait
l'exercice des droits attachés à cet office, dont le
pincipal était la cure primitive des paroisses de Saint-
Colomban et de Saint-Michel de Quimperlé, était en
possession de chanter la grande messe dans ces deux
paroisses, aux quatre principales fêtes de l'année et
le jour de la fête du patron. Il avait en outre dans les
processions, la prééminence sur tout le clergé séculier
et régulier de la ville, et dans les églises où se rendaient les processions, le prédicateur devait lui demander sa bénédiction avant de monter en chaire.
Cependant le clergé tant séculier que régulier, sup-

portait avec impatience cette suzeraineté des religieux de Sainte-Croix, et ne laissait jamais échapper l'occasion de troubler le prieur dans l'exercice de ses droits. Un arrêt de la cour de Quimperlé, du 7 avril 1731, condamna les vicaires de Saint-Colomban et de Saint-Michel à l'amende et aux dépens, pour avoir refusé de reconnaître le prieur de Sainte-Croix comme chef du clergé de la procession qui fut faite à l'occasion de la naissance du dauphin. Un autre arrêt de la même cour du 15 mai 1734, enjoignit aux dominicains de se rendre le jour de saint Grégoire, comme aux autres jours où se faisaient des processions générales, en l'église de l'abbaye, pour prendre la procession des religieux de Sainte-Croix, qu'ils devaient ensuite reconduire dans la même église. L'arrêt portait de plus que les religieux bénédictins occuperaient la première place au chœur de l'église des dominicains, lorsqu'ils s'y rendraient en procession le jour de saint Grégoire.

Le 15 août 1745, fête de l'Assomption, la procession solennelle de la ville se rendit comme de coutume en la chapelle de Notre-Dame, où il était d'usage de prêcher un sermon avant les vêpres. Le père Élisée, capucin du couvent de Quimperlé et choisi comme prédicateur du jour, s'était vanté publiquement les jours précédents qu'il monterait en chaire et prêcherait le sermon sans prendre la bénédiction du prieur. Afin de mettre son projet à exécution, au lieu de suivre la procession, il la devança d'un quart d'heure et se cacha derrière un des piliers de l'église; puis pendant que le prieur récitait au grand autel les oraisons qui se disaient d'ordinaire après la procession, le P. Élisée fit son apparition dans la chaire à la grande surprise des assistants qui ne l'avaient pas vu entrer, et se prépara à commencer son sermon. Le prieur de son côté attendait à l'autel que le prédicateur vint prendre sa bénédiction, et comme il n'arrivait pas, il envoya vers lui un de ses religieux, qui voyant le capucin en chaire l'apostropha publiquement en ces termes : « *Père prédicateur c'est la coutume que les prédicateurs qui prêchent ce sermon viennent prendre la bénédiction du père prieur au pied de l'autel.* » Le père Élisée ne répondit rien ; mais se couvrant le visage de ses mains, il commença son sermon et le prêcha jusqu'à la fin. Il s'ensuivit entre les religieux de Sainte-Croix et les capucins un procès dont l'issue ne m'est pas connue mais qui fut très-probablement favorable aux premiers dont les droits étaient établis par des titres bien en règle. La seule pièce intéressante que je trouve au dossier de cette procédure est une lettre écrite au duc de Penthièvre par le P. Norbert de Carhaix, gardien des capucins de Quimperlé, dans laquelle il supplie Son Altesse de ne pas prendre à leur égard une décision « qui les attacherait pour toujours au char de triomphe des bénédictins. »

Le siége royal de Quimperlé qui était loin de se montrer favorable aux religieux de Sainte-Croix, prononça cependant à leur profit, le 12 avril 1743, une sentence portant injonction à l'abbé Bréart de Boisanger, et à Charles Bréart de Boisanger, capitaine de vaisseau de la compagnie des Indes, de laisser libre pour le passage des voitures et charrettes à l'anse de la rivière de Quimperlé le chemin existant entre le bois de l'Abbaye et le bois taillis du manoir de Queblain.

Les religieux avaient en 1652 perdu le prieuré de Locamand, uni au collége des jésuites de Quimper (1). L'abbé de Sanzay a une époque que les titres ne m'ont pas révélée, leur avait enlevé le prieuré de Saint-Michel-des-Montagnes, du revenu de deux mille livres, qu'il avait fait unir à l'oratoire de Nantes. En 1743, Mgr de Farcy de Cuillé, évêque de Quimper, sous le prétexte que son séminaire n'était pas suffisamment doté, obtint de Sa Majesté des lettres patentes en date du 7 septembre qui l'autorisaient à pourvoir à la dotation de cet établissement par l'union des bénéfices autres que les cures, jusqu'à la concurrence de trois mille livres de revenu. Mgr de Quimper jeta les yeux sur les prieurés de Landugen et de Pontbriant dont le revenu atteignait le chiffre porté aux lettres patentes. Comme dans le moment le crédit des Bénédictins était complétement éclipsé par celui des évêques, il serait certainement parvenu à ses fins, si l'abbé de Sanzay, qui était en même temps évêque de Nantes, et qui comme on l'a vu avait déjà privé l'abbaye d'une partie notable de son revenu ne s'était formellement opposé à cette union. L'évêque de Quimper se désista en présence de cette opposition, mais il reprit en 1755 son

(1) Voir page 467.

projet, qui heureusement pour les religieux de Sainte-Croix, n'eut pas plus de succès.

L'abbé de Sanzay mourut le 29 mars 1746, au château de Chassaye, en la paroisse de Saint-Luce à deux lieues de Nantes.

IV.

RENÉ-FRANÇOIS-ACHILLE-LOUIS DE GOUYON DU VAUROUAULT,
QUARANTIÈME ABBÉ ET NEUVIÈME COMMENDATAIRE (1).

Il fut nommé à l'abbaye le 23 avril 1746. L'abbé de Sanzay avait dans son testament enjoint à ses héritiers de prendre à leur charge les réparations de l'abbaye de Sainte-Croix. Elles s'élevaient à sa mort à plus de 22,800 livres. L'abbé de Gouyon appela le comte et le marquis de Sanzay, héritiers sous bénéfice d'inventaire de l'évêque de Nantes à y pourvoir. Ils furent condamnés en 1749 à les faire exécuter.

Dès la première année de son gouvernement, le nouvel abbé voulant éviter pour lui et ses héritiers les difficultés de la nature de celles qui s'étaient déjà à plusieurs reprises élevées entre ses prédécesseurs et les religieux au sujet des réparations de l'abbaye et de ses dépendances, fit avec la communauté un traité par lequel il abandonnait aux religieux tous les revenus de son abbaye, excepté ceux de la seigneurie de Houzillé qu'il se réservait, moyennant la somme annuelle de 4,000 livres, payable en deux termes, et à la condition que les religieux paieraient toutes les charges de l'abbaye de quelque nature qu'elles fussent.

Le dortoir des religieux tombait en ruine en 1748.

(1) *D'argent au lion de gueules couronné d'or.*

Il était urgent de remplacer les poutres et de refaire les planchers et les escaliers. La dépense de cette réparation était évaluée à dix mille livres, et la communauté n'avait pas d'argent. On prit le parti de demander au roi l'autorisation de faire dans les bois de l'abbaye une nouvelle coupe de douze arpents. L'autorisation fut accordée aux religieux par arrêt du conseil du 23 août 1748, et l'adjudication des réparations eut lieu le 17 décembre suivant.

On a parlé dans le chapitre précédent des tentatives faites par les religieux de Saint-Maurice pour envahir les pêcheries de l'abbaye de Sainte-Croix, les religieux bénédictins trouvèrent quelques années après un adversaire plus redoutable dans la commission des droits maritime qui vint leur contester leur droit de pêche. Un arrêt du conseil d'état du 21 avril 1739 leur enjoignit d'avoir à justifier non-seulement de ce droit mais encore des droits de coutume qu'ils prélevaient sur les bleds, vins et autres denrées. Les religieux représentèrent en conséquence le 4 novembre 1740, neuf pièces justificatives à la commission des droits maritimes. Il s'ensuivit un jugement interlocutoire du 18 mars 1743 portant que dans le délai de deux mois les religieux justifieraient plus amplement. Ils présentèrent de nouveaux titres à la commission, mais il parait qu'on ne les trouva pas suffisants pour établir les droits de l'abbaye, car le 17 mars 1750, un arrêt du conseil ordonna conformément à l'avis des commissaires des droits maritimes, que le droit de pêche et pêcherie prétendu par l'abbé et les religieux de

Sainte-Croix serait uni au domaine du roy, et les condamna à lui restituer les fruits de ladite pêche par eux perçus depuis vingt-neuf ans. En outre faute aux religieux d'avoir justifié de chacun des droits de coutume par eux prétendus, l'arrêt du conseil leur fit défense d'en percevoir aucun au port de Quimperlé sur les bleds, vins et autres denrées.

Les religieux dont le droit de pêche était parfaitement justifié par l'acte d'association du duc Jean Ier, et par d'autres titres non moins solides, adressèrent au roi une demande en maintenue; et enfin un jugement de la commission des droits maritimes du 5 avril 1754, les remit en possession de leur droit de pêche dans les rivières Ellé et Isole, mais ils furent déboutés de leur demande en maintenue de leurs droits de coutume, et ce jugement en ce qui concernait ces derniers droits fut confirmé par arrêt du 15 mars 1757.

L'abbé de Gouyon mourut pense-t-on en 1758.

V.

FRANÇOIS BERTHELOT, QUARANTE-UNIÈME ABBÉ ET DIXIÈME COMMENDATAIRE.

François Berthelot, docteur en théologie, curé de Bièvres, au diocèse de Paris, nommé en 1752 instituteur des enfants de France, fut pourvu de l'abbaye de Sainte-Croix, en 1758.

Les religieux lui donnèrent lors de sa nomination, une somme de 6,000 livres par forme de présent. Il leur proposa aussitôt de demander au roi d'unir à perpétuité la mense abbatiale à la mense conventuelle, moyennant une rente annuelle, de huit mille livres qui lui serait payée par les religieux, quitte de toutes charges. Quelque désavantageuse que fut cette proposition pour les religieux, le désir de vivre en paix avec leur abbé, la crainte d'un procès considérable au sujet des réparations, auquel le partage des deux menses eut pu donner lieu, et l'espoir de diminuer les charges des réparations par la démolition de quelques batiments inutiles, les décidèrent à l'accepter. En conséquence, l'abbé sollicita à cet effet auprès de Sa Majesté, des lettres patentes qui lui furent accordées au mois de juin 1759.

Les religieux n'eurent pas plustôt fait homologuer ces lettres patentes au parlement, que le général de Saint-

Colomban les mit en demeure de faire réparer le chœur et le chancel de cette église. Ils furent contraints en 1760 de faire exécuter cette réparation, qui leur incombait comme curés primitifs de la paroisse, et pour laquelle ils payèrent 5,000 livres. Ces réparations étaient à peine terminées, que de nouvelles dépenses vinrent prouver aux religieux, qu'ils ne s'étaient pas trompés en regardant comme désavantageux pour eux, le traité qu'ils avaient passé avec leur abbé. On arrêta sur le fief de Callac, dix voleurs qui coûtèrent aux religieux, pour frais de gite, geolage et de maréchaussée, la somme de 2,500 livres. Les commissaires des domaines ayant considéré l'acte d'union des deux menses, comme une aliénation, les firent condamner à payer 22,000 livres, pour droits d'insinuation et d'amortissement. Un de leurs fermiers fit une faillite dans laquelle ils perdèrent 1500 livres. Les moulins bannaux qui étaient affermés autrefois 1500 livres, ne rapportaient plus que 800 livres, par suite de deux sentences qui leur enlevaient le droit exclusif de faire moudre du froment à leurs grands moulins, et qui permettaient aux boulangers de faire moudre où bon leur semblait. En un mot, les dépenses qu'ils eurent à faire dans l'espace de cinq à six ans, s'élevèrent à la somme de 37,000 livres. Or, comme leur revenu n'était que de 21,700 livres, que leurs charges montaient déjà à 16,290 livres, par suite de nombreuses rentes qu'ils avaient été contraints de constituer sur le temporel de l'abbaye, et qu'enfin, ils avaient épuisé les précieuses ressources que leur offraient leurs bois, par les fréquentes coupes qu'ils y avaient faites, ils se virent dans l'obligation de faire pour payer leurs dettes, un nouvel emprunt de 24,000 livres. Mais peu de temps après, leur situation devint si critique, qu'ils ne purent même payer les intérêts de cette somme de 24,000 livres. Ils adressèrent alors à la congrégation de saint Maur, une supplique par laquelle après lui avoir exposé les causes qui avaient réduit l'abbaye de Sainte-Croix à cette extrémité, ils la priaient de vouloir bien lui accorder une somme annuelle de 1,200 livres, pour payer les intérêts de leur dernier emprunt. La congrégation de saint Maur se trouvait elle-même dans le moment dans un état critique. La plupart des abbayes, livrées à des abbés commendataires, qui ne songeaient qu'à leur propre intérêt, étaient presque ruinées, et leur situation imposait à la congrégation des dépenses considérables. J'ignore quel fut le résultat de cette supplique des religieux. On voit par quelques documents, qu'il fut question de supprimer l'abbaye de Sainte-Croix, et d'en unir le temporel à celle de Notre-Dame de Lantenac, en la paroisse de la Chèze, diocèse de Saint-Brieuc. Mais ce projet qui était d'ailleurs peu du goût des religieux de Sainte-Croix, n'eut pas de suite.

En 1765, l'église de Saint-Michel tombait en ruines. Le général de la paroisse ayant fait de vains efforts, pour obtenir des religieux les réparations que leur imposait leur privilége de curés primitifs, prit le parti de transférer de sa propre autorité, le service de la paroisse de Saint-Michel, dans l'église de Notre-

Dame. Cette translation eut lieu en effet sans la participation des religieux. A une autre époque, cet acte d'indépendance du général auroit donné lieu à un long procès. Mais les temps étaient bien changés, et et les religieux loin de s'y opposer, s'estimèrent fort heureux d'être quittes d'une dépense qu'ils n'auraient d'ailleurs pu faire, sans aliéner une partie du temporel de l'abbaye.

L'abbé Berthelot mourut en 1785, après avoir joui pendant vingt-sept ans de la pension de 8,000 livres que lui faisaient les religieux.

VI.

GUILLAUME DAVAUX, QUARANTE-DEUXIÈME ABBE ET ONZIÈME COMMENDATAIRE (1).

Guillaume Davaux, né le 1ᵉʳ mars 1740, à la Côte saint André en Dauphiné, fit avec succès ses études théologiques au séminaire de saint Irénée à Lyon, et montra beaucoup d'ardeur pour l'étude. Placé d'abord dans la maison de Rohan-Guéméné, il fut choisi par Louis XVI, pour être instituteur du dauphin, de son frère qui porta plus tard le nom de Louis XVI, et de Madame Royale depuis duchesse d'Angoulême et ensuite dauphine. Homme excellent et plein de vertu, il s'acquit l'estime et l'affection du roi, qui le nomma à l'abbaye de Sainte-Croix en 1785.

Je ne trouve du gouvernement de cet abbé aucun acte qui mérite d'être mentionné. Il mourut à Paris, à l'âge de quatre-vingt deux ans, le 8 novembre 1822, avec les titres de vicaire général de Soissons, et de chanoine honoraire de Saint-Denis (2).

Le 11 mai 1790, les officiers municipaux de Quim-

---

(1) *D'or au croissant de sable.*

(2) L'abbé Tresvaux, *l'Eglise de Bretagne.*

perlé, en exécution des lettres patentes du 26 mars de la même année, se présentèrent à Sainte-Croix, pour faire l'inventaire du mobilier et mettre les scellés sur le chartrier de l'abbaye. Il ne s'y trouvait plus que cinq religieux savoir : dom Guillaume-Paul-Yves de Malherbe, prieur, âgé de trente-sept ans ; dom Emmanuel Fourmault, sous-prieur, âgé de soixante-trois ans ; dom Pierre Davaux, sénieur, âgé de quarante ans ; dom François Lésec, de Brest, âgé de quarante-cinq ans ; et enfin, dom Jacques-Joseph Molle, de Saint-Pierre-sur-Dive, officier de la maison, âgé de vingt-six ans. Le chartrier de l'abbaye était dans un si grand désordre, que le prieur déclara qu'il eut fallu six mois à deux archivistes, pour en faire le classement. Quant à la bibliothèque qui occupait la chambre n° 7, du grand dortoir, elle contenait mille quatre volumes, dont deux cents in-folio. Les chambres de l'abbaye étaient fort pauvrement meublées à l'exception d'une des chambres de l'hôtellerie, destinée aux personnages d'un rang élevé, tels que le duc d'Aiguillon, qui y reçut plusieurs fois une hospitalité onéreuse pour les religieux. Il s'y trouvait un lit complet de damas rouge, une commode couverte de marbre, un trumeau, sept vieux fauteuils de damas et une petite table. L'argenterie de la communauté se composait de quatorze couverts, quatre grandes cuillers, une cuiller à potage, un huilier, deux salières et deux poivrières en argent, enchâssées dans du cristal, et enfin douze cuillers à café. On trouva dans le jardin dix orangers en caisse ; dans l'écurie deux chevaux ;

dans les greniers deux tonneaux d'avoine, et dans la cave environ un tonneau de vin tant blanc que rouge.

Le trésor de l'église avait beaucoup souffert du gouvernement des derniers abbés. Il n'y restait plus que trois calices et un ostensoir d'argent doré, une croix processionnelle d'argent, un bâton de chantre, deux chandeliers, deux paires de burettes avec leurs plateaux, une boite pour les saintes huiles, un ciboire, un reliquaire pour la *Vraie Croix*, une masse de bedeau et un bénitier, le tout d'argent.

Le 27 mai de la même année 1790, deux commissaires de la municipalité, firent l'évaluation des biens de l'abbaye. Elle s'éleva à la somme de 495,497 livres, deux sous, huit deniers, ainsi répartie :

Biens dans la municipalité de Quimperlé	93,825 liv.	» s.	» d.
Paroisses circonvoisines. .	179,421	10	8
Seigneurie du Houzillé.	110,000	» »	»
Seigneurie de Callac. . .	92,000	12	»
Prieurés non unis.. . .	20,000	» »	»
Total.	495,497 liv.	22 s.	8 d.

En 1791, le directoire du département eut le dessein d'établir dans l'abbaye des religieux, récollets au nombre de vingt, et à cet effet, procès-verbal des lieux fut dressé le 18 janvier par un ingénieur des ponts et chaussées. Mais il ne fut pas donné suite à ce projet.

Les batiments de Sainte-Croix, sont actuellement occupés par la sous-préfecture, le tribunal, la municipalité, le presbytère, l'école communale et la gendarmerie. La maison abbatiale acquise de la nation en 1791, par la municipalité de Quimperlé, est devenue depuis propriété particulière.

FIN DE L'APPENDICE.

TABLE DES CHAPITRES.

TABLE

DES CHAPITRES.

		PAGES.
Introduction.		
Élévation à la Sainte-Croix de mon adorable Sauveur Jésus-Christ, fils de Dieu.		1
Préface de l'auteur		5
Chap. Ier.	De Saint-Guthierne que l'on nomme aussi Gouzierne, premier abbé de l'ancien monastère.	17
— II.	Alain Cainard, restaurateur de cet ancien monastère et véritablement fondateur de Sainte-Croix.	27
— III.	Le temps de la fondation de Ste-Croix.	41
— IV.	Saint Gurloës, premier abbé	53
— V.	Jean, deuxième abbé, qu'un manuscrit nomme Saint	80
— VI.	Vital, troisième abbé	82
— VII.	Jungomar ou Jungomarc'h, quatrième abbé.	84
— VIII.	Benoist, cinquième abbé	86
— IX.	Haemeric ou Hemeric, abbé en second	149
— X.	Gurhand, sixième abbé	153
	— Des hommes illustres qui ont vescu de son temps	195
— XI.	Adonias, septième abbé	199
— XII.	Ronuuallon, huitième abbé.	201
— XII (a).	Rouaud, neuvième abbé.	211
— XIII.	Rioc, dixième abbé.	212
— XIV.	Donguallon, onzième abbé.	213

			PAGES.
CHAP. XIV	Homme illustre		219
— XV.	Rivallon ou Riuuallon, douzième abbé, premier de ce nom		220
— XVI.	Even, premier de ce nom, treizième abbé.		238
— XVII.	Savaric, quatorzième abbé..		244
— XVIII.	Daniel, premier du nom, surnommé Broth, quinzième abbé		245
	— Hommes illustres		250
— XIX.	Rivallon, second du nom, seizième abbé.		253
— XX.	Urbain, dix-septième abbé		260
— XXI.	Even, deuxième du nom, dix-huit^e. abbé.		261
— XXII.	Daniel, deuxième du nom, surnommé Brothde Belz, dix-neuvième abbé		275
— XXIII.	Daniel, troisième du nom, surnommé Blanchart, vingtième abbé.		278
— XXIV.	Cadioc, vingt-unième abbé.		285
— XXV.	Alain de Kaerudiern, vingt-deuxième abbé.		289
— XXVI.	Rotald ou Rouaud, et un autre dont le nom est inconnu, vingt-troisième et vingt-quatrième abbés		293
— XXVII.	Yves de Killiouc'h ou Quilliouch, vingt-cinquième abbé		300
— XXVIII.	Robert Pépin, vingt-sixième abbé		306
— XXIX.	Henry de Lespervez, vingt-sept^e. abbé.		314
—	— Jean, abbé concurrent		328
—	— Homme illustre de la maison.		329
— XXX.	Guillaume de Villeblanche, vingt-huitième abbé.		331
— XXXI.	Sébastien du Pou, vingt-neuvième abbé.		369
— XXXII.	Pierre de Kerguz, trentième abbé		375
— XXXIII.	Daniel de Saint-Alouarn, trente-unième abbé, quatrième du nom et dernier abbé régulier.		381

TABLE DES CHAPITRES.

PAGES.

Chap. XXXIV. Odet de Coligny, cardinal de Chastillon, trente-deuxième abbé et premier commendataire.. 392

— XXXV. Louis de Vallory, trente-troisième abbé et deuxième commendataire. . . 405

— XXXVI. Pierre de Labesse, trente-quatrième abbé et troisième commendataire . . . 426

— XXXVII. Silvius ou Silve de Pierre Vive, trente-cinquième abbé et quatrième commendataire 431

— XXXVIII. Henri de Gondi, cardinal de Retz, dernier évesque de Paris, trente-sixième abbé et cinquième commendataire . 443

— XXXIX. Jean-François-Paul de Gondi, cardinal de Retz, trente-septième abbé et sixième commendataire. . . . 453

— — Établissement de la Réforme par la Congrégation de Saint-Maur . . . 473

— — Noble frère Pierre Rouxel, chambrier. 490

— XL. Guillaume Charrier, trente-huitième abbé et septième commendataire. . . 493

Appendice I. Notes écrites à la suite du manuscrit de Dom le Duc 525

— II. Mémoires de l'abbé Charrier . . . 530

— III. Christophe-Louis-Turpin-Crissé de Sanzay, trente-neuvième abbé et huitième commendataire 547

— IV. René-François-Achille-Louis de Gouyon du Vaurouault, quarantième abbé et neuvième commendataire . . . 557

— V. François Berthelot, quarante-unième abbé et dixième commendataire. . 560

— VI. Guillaume Davaux, quarante-deuxième abbé et onzième commendataire . . 564

PIÈCES JUSTIFICATIVES.

PIÈCES JUSTIFICATIVES.

I.

EXTRAITS DU NÉCROLOGE DE SAINTE-CROIX
(DE 1043 A 1553.)

MXLIII. — 5º Non. martii obiit Adonias abbas istius loci.

MLXXXI. — 17º Cal. julii obiit Joannes abbas istius loci.

MCXV. — Non. martii obiit Benedictus episcopus Nannetensis et abbas istius loci.

MCXXX. — 15º Cal. julii obiit Haemericus abbas istius loci.

MCLX. — 12º Cal. junii obiit Riocus abbas istius loci.

..... — 3º Non. octobris obiit Ronuuallonus abbas istius loci.

MCLXIII. — 4º Non. octobris obiit Donuuallonus abbas istius loci.

MCCXI. — Cal. octobris obiit Savaricus abbas istius loci.

MCCXXXIX. — 4º Non. januarii obiit Riuuallonus abbas istius loci.

MCCXLVII. — 7º Id. julii obiit Urbanus abbas istius loci.

MCCXLIX. — 18º Cal. julii obiit Daniel abbas istius loci (1).

MCCLXII. — Id. februarii obiit Evenus abbas istius loci.

MCCLXIX. — 2º Cal. septembris obiit Daniel dictus Brot de Belsia abbas istius loci..

MCCLXXIX. — Obiit Blanchart apud Viterbiam.

MCCXCI. — 6º Cal. augusti, Bartolomeus abbas. — 8º Id. augusti, Goderannus.

MCCXCV. — 12º Cal. maii, obiit fr. Cadiocus abbas monasrerii santæ Crucis de Kemperele.

MCCCXXIV. — 4º Non. maii obiit Alanus abbas istius loci.

..... — 7º Id. aprilis obiit Rotaldus abbas istius monasterii apud Clouhal ...

(1) Dom le Duc ne mentionne pas cet abbé; comme il y en a eu plusieurs de ce nom, il peut y avoir ici une erreur de date.

2º Non. aprilis obiit unus ex abbatibus hujus monasterii cujus nomen deletum est; crediderim tamen Alanum esse.

MCCCLXXXI — 10º die mensis julii in vigilia sancti Benedicti, obiit frater Yvo de Quilliouc'h abbas monasterii sanctæ Crucis de Kemperele; obitus ejus super domum Gauffridi de Quoetsanoc (1).

...... — 10º Cal. augusti, obitus Roberti Pepin, abbas istius loci suprà domum..... apud Bellam Insulam in villa de Palloe. Supra quam domum dedit octo solidos, et illa domus debet proposito monacho dare stabulum pro equis et habet unum arpentum terræ in dicta villa, vel in meta.

MCCCCLIII. — 2º die mensis maii obiit frater Henricus de Lespervez abbas hujus monasterii.

MCCCCLXXXIII. — 5º Id. octobris obiit Guillelmus de Villa alba, abbas istius loci, etc.

MCCCCXCIX. — Mense decembris, obitus domini Sebastiani du Pou, abbatis hujus loci. Quarta pars villæ de Caer an abbat in parrochia de Treffuou quæ fuit data pro XX solid. annui redditus, et debet habere in villâ missam de sancto Sebastiano, quæ post mortem mutabitur in requiem.

MVCXX. — 4º Cal. septembris, obiit Petrus Kergus abbas istius loci qui dotavit horas sanctissime crucis et quamplura bona et edificia fecit huic domui. Huic successit Daniel.

MVCLIII. — 8º Cal. junii obiit frater Daniel de Saint Alouarn, abbas istius loci, qui mirum in modum hoc monasterium donis et virtutibus illustravit (2).

II.

SANCTI GURTHIERNI VITA (3).

Haec est genealogia sancti Gurthierni nobilis genere incliti officio quam quidam laicus fidelis nomine Juthaël filius Aidan

(1) On lit plus bas dans le même extrait : « 7º Cal. octob. obiit Yvo de Quillihouc, abbas de Kemperle. Nescio an idem sit qui suprà. »

(2) La copie de ces extraits remonte au commencement du 18e siècle. Elle parait avoir été faite à la hâte et sans beaucoup de soin. On a rétabli ici l'ordre chronologique qui n'a pas été observé dans la copie.

(3) Voir page 17.

demonstravit, non pro terreno munere sed pro celesti :

Igitur Gurthiern filius Boni, filii Glou, filii Abros, filii Dos, filii Jacob, filii Genethauc, filii Jugdual, filii Beli, filii Outham Senis, filii Maximiani, filii Constantii, filii Constantini, filii Helenæ quæ crucem Xpi habuisse refertur.

Haec est genealogia Gurthierni ex parte matris suæ;

Ergo Gurthiern filius Dinoi, filiæ Lidinin regis, qui tenuit principatum totius Britanniæ majoris. Beli et Kenan, duo fratres, erant filii Outham senis; ipse Kenan tenuit principatum quando perrexerunt Britones ad Romam. Beli filius Annæ quam dicunt esse consobrinam Mariæ genitricis Xpi.

Incipit vero conversatio sancti Gurthierni secundum traditionem ejusdem. Gurthiernus quando fuit juvenis exivit quodam die cum patre suo ad bellandum contra inimicos suos. Gurthiernus et pater ejus victores in illa die fuerunt, et Gurthiernus filium sororis suæ occidit; nesciebat enim esse amicum sibi, et postquam intellexit esse filium sororis suæ pænituit se hanc culpam facere, et flevit et postea exivit in desertum et habitavit in valle magna inter duos montes in septentrionali parte Britanniæ et ibi pænitentiam ad spatium unius anni egit, et nullus habitavit cum eo, et ibi parvum cubiculum sibi fecit et aqua viva in proximo cubiculi illius fuit, et petra magna juxta ripam fluminis erat et in illo flumine emergit suum corpus in unâquaque nocte et in unâquaque die, et quando a flumine ascendebat suprâ petram jacebat et orabat. Sic utebatur in illo loco ad spatium unius anni. Quodam autem die quidam venator ad illum locum venit, et videns juvenem sedentem et orantem sine intermissione suprâ petram interrogavit eum et dixit : « cur hic, fili, habitas? » Et respondit juvenis : « meritum meum mihi fecit. » Et juravit illi nulli se dicturum esse eum in illo loco. Et postea venator ad domum patris illius migravit et nuntiavit omnia quæ viderat referens juvenem illum sedentem et orantem suprâ petram similem esse filio regis. Cui rex : « Pergamus ad illum locum et videamus illum laborantem ut dixisti. » Et postea perrexerunt ad illum locum ubi habitabat juvenis et viderunt illum laborantem juxtâ ripam et fugit in cubiculum suum et flevit, et pater illius rogavit illum dicens : « O fili mi, cur facis hoc opus hic? Debes venire mecum ad domum meam et accipere regnum patris tui. » Et ille negavit fortiter; et ait pater : « Ego faciam tibi monasterium et multitudinem monachorum. » Et mansit per spatium anni illic et oravit. Et venit angelus Domini ad eum et dixit ei : « Perge ad alium locum quem tibi voluntas Dei providit. » Et exivit cum duobus servis ad viam, et audierunt vocem mulieris cujusdam et perrexerunt ad eam et interrogaverunt eam : « Quid tibi evenit, mulier ? » Quæ dixit : « O serve Dei, unum filium habui et occisus est in bello. » Cui ille : « Vero quid portas caput ejus ? » At illa : « Quia non potui portare corpus ejus ad monumentum suum. » Et ait illi : « Perge ante nos ad illud corpus. » Et perrexerunt simul et viderunt quomodo res erat. Et ait Gurthiernus : « Da mihi caput ejus ut jungam illud corpori suo. » Oratione autem facta benedixit eum vir Dei et protinus resurrexit, et increpavit illos : « Cur me eduxistis de bono loco in quo eram ? » At illi : « Melius est tibi nobiscum manere et cum matre tuâ. » Et ille : « Nolo. » Cui vir sanctus : « Tamen mane et dic omnibus bonum quod vidisti, et ego orabo tecum ut invenias tantum illum locum in quo ante fuisti. » Et accepit benedictionem ab eo et mansit cum matre suâ. Et inde exierunt ad ripam fluminis quod dicitur Tamar et ibi manserunt longo tempore. Et venit Angelus domini ad illos dicens : « Aspicite mare quotidie et veniet ad vos vas in quo intrabitis. » Qui navigantes applicuerunt in quamdam insulam et fuerunt in eâ per spatium temporis. Postea venit Angelus ad eos et dixit : Ite ad alium locum promissionis qui dicitur Anuarut. » Sanctus vero Gurthiernus veniens ad designatum sibi locum mansit ibi usque ad finem temporis sui, faciens signa et mirabilia ante et post. Commendavit autem Angelus domini ut in quacumque regione Britanniæ minoris sit omnis ager sancti Gurthierni serviat Anaurut, quia electa est civitas a Deo ; promisitque Angelus victoriam belli omnibus regibus qui custodierint pactum sancti Gurthierni. Quicumque aut reges aut principes vel duces non custodierint maledicti erunt a domino. Sic omnes avete salutem ab omnibus clericis et laicis, episcopis et regibus, presbiteris et omnibus ordinibus pactum sancti Gurthierni custodientibus, ut sint in unitate sanctissimæ Trinitatis in vita æterna Sicut accepistis a nobis salutem, ita accipiatis commendationem angeli ut inveniamus nos et vos misericordiam a Deo. Sic valete.

DE INVENTIONE RELIQUIARUM SANCTI GURTHIERNI ALIORUMQUE SANC-
TORUM TEMPORE BENEDICTI ABBATIS ET GUIGONI FILII HUELIN DE
CASTRO HENPONT IN INSULA GROE AB OEDRIO MONACHO REVELA-
TARUM.

Gurthierni reliquiæ sunt hæ, qui fuit rex Anglorum qui quamvis teneret regimen ipsius patriæ plus tamen dilexit contemplativam vitâm quam activam et ita agendo dimisit patriam suam et in parvo lenbulo venit ad insulam quæ vocatur Groia, in quâ persistens fecit plura miracula et hic nobilissimi Chemenet-heboeu dederunt sibi honorem. Inde volavit fama ipsius usque ad Gradlonum magnum Cornugalliæ consulem qui misit legatum suum ad illum ut ad se veneret, deditque sibi ipse consul Anaurotam ubi conveniunt Heleia atque Idola et mille passus terræ in circuitu ipsius villæ necnon et Beiam plebem.

In tempore illo regnante Guerech comite orta est pestilentia et fames in Broguerech, scilicet vermes comedebant segetes. Quapropter misit prœdictus comes nuntios suos ad sanctum Gurthiernum, videlicet Guedgual et Catuoth et Cadur ut subveniret patriæ. Vir autem déi cito advenit et benedixit aquam misitque per illam patriam, fugavitque immensam vermium multudinem. Propter hoc comes Guerech dedit ei Veneacam plebem supra Blavetum fluvium quæ postea vocata est Chervenac bonitate ipsius. Perseveravit autem vir idem sanctus ibi usque ad obitum suum. Hœc cartula præscripta inventa de genealogia sancti Gurthierni cum reliquiis revelatis multum vetustate confecta servatur in peribolo celebri nostri monasterii.

Hœc sunt nomina : reliquiæ sancti Gurthierni; pars capitis sancti Guennoloei; reliquiæ Paulennani et Simphoriani et Tenennani et Guediani, et Guenhaeli et Idumeti et aliorum reliquiæ.

(*Extrait du cartulaire de Kemperlé, ce* 28 *mars* 1728*.*)

III.

FRAGMENTS DE LA CHRONIQUE DE SAINTE-CROIX.
(de 1029 à 1297.)

MXXIX. — Cænobium sanctæ Crucis Kemperlegii ab Alano Cornugalliæ comite edificatur, atque inibi Gurloesius abbas ab Orscando pontifice benedicitur.   B.

MLVII. — Transitus sancti Gurloesii abbatis monasterii sanctæ Crucis Kemperlegiensis.

MLVIII. — Alanus comes Cornugalliæ Kemperlegiensis monasterii fundator et pater migrat ab hac vita.

MLIX. — Jungomarius abbas prœficitur.

MLXVI. — Prœlatus est abbas Benedictus frater Hoeli comitis monasterii Kemperlegiensis.

MLXXXI. — Benedictus abbas sanctæ Crucis frater Hoeli comitis Nannetensis episcopus efficitur. Johannes abbas sanctæ Crucis moritur, 17º cal. julii.

MLXXXIII. — In hoc anno beati Gurloesii corpus de tumulo erigitur. Restauratio ecclesiæ sanctæ Crucis.

MLXXXVIII. — Jungomarius abbas sanctæ Crucis finit, 4º non. martii.

MLXXXIX. — Dedicatio ecclesiæ sancti Gurthierni a Benedicto Corisopitensi episcopo facta.

MCXIII. — Benedictus Alani Cornugalliæ consulis filius Nanneticæ ecclesiæ sedem et abbatiæ Kemperlegiensis regimen confectus senio sponte dimisit, et in hoc anno unum de suis monachum nomine Gurhandum ad Radulfum Turonorum archiprœsulem ordinandum transmisit et eidem abbatiæ prœficit.

MCXV. — Benedictus episcopus Nannetensis et abbas sanctæ Crucis transit.

MCXXX. — Obiit Haemericus abbas sanctæ Crucis Kemperlegiensis, 15º cal. julii. Tertio nonas julii Adonias abbas efficitur.

MCXXXI. — Obiit Guruuandus abbas santæ Crucis Kemperlegiensis.

MCXLIII. — Adonias abbas moritur.

MCXLVII. — Ordinatio Rodaudi abbatis sanctæ Crucis.

MCLX. — Obiit Riocus abbas sanctæ Crucis, 12º cal. junii. Ordinatio Dongualloni abbatis sanctæ Crucis.

MCLXIII. — Donguallonus abbas obiit et Riuuallonus abbas benedicitur.

MCLXXXI. — Benedicitur abbas Evenus.

MCLXXXVII. — Riuallonus abbas Kemperlegiensis obiit.

MCXCI. — Obiit Mauricius abbas.

MCCIX. — Benedicitur abbas Savaricus.

MCCX. — Obiit Evenus abbas sanctæ Crucis.

MCCXI. — Obiit Savaricus abbas sanctæ Crucis, cal. octobris.

MCCXII. — Benedictio Danielis abbatis.

MCCXXXVII. — Resinavit abbas Daniel et Riuuallonus abbas benedicitur.

MCCXXXIIX.— Obiit Riuallonus abbas sanctœ Crucis dictus de Belsia vel Saligog, 4º non. Jannarii.

MCCLXIX. — Die festo B. Mathei apostoli fuit electus Blanchart.

MCCLXXVII. — Fuit depositus Blanchart. Successit Cadiocus anno MCCLXXVIII.

MCCLXXXVII. — Fuit Alanus abbas istius loci monachus apud Sanctum Martinum de campis Parisiis. Fuit benedictus die dominica post Epiphaniam apud sanctum Victorem infra Parisium ab episcopo Parisiense et anno MLCXCVII dominica Quasimodo, primo intravit domum istam.

(Copie de 1728.)

IV.

OPUSCULUM GORREDENI MONACHI.

Quoniam plerumque superiorum negligentia multis in locis diversas controversias et illatas injurias, ecclesiis Dei suis monumentis carentibus accidisse novimus, ne quid nostri inertia sopitum, huic nostro monasterio irrationabiliter ingeratur, veraci stylo evigilandum censuimus, ut omnes cartulœ vel privilegia divisis librorum paginis dispersa hoc presenti libello inserta particulariter reperiantur. Sumentes igitur nostri hujus opusculi initium ab illo fundatore, causam istius fundatœ abbatiœ prius ratum duximus prœnotare. Deinde ad corroborandum nostrœ ecclesiœ auctoritatem, apostolicorum pontificum, metropolitanorum comprovincialium prœsulum qui tunc suis prœerunt sedibus, necnon et comitum succedentium quorum liberali munificentia et incremento res prœdictœ ecclesiœ ampliata et abbatum quorum temporibus eidem legaliter singula quœcumque collata fuerunt seriatim etiam inserere maluimus nomina. Ad ultimum vero quomodo versipellis ille dœmonum satelles Hervœus videlicet Rothonensis abbas cum complicibus suis ecclesiasticâ postposita censura per violentiam Conani comitis dato sibi visco vesanæ mentis irretitus stimulis abbatiam nostram impetivit falsas ut postea claruit objiciens calumnias, et post hoc a duobus bonæ memoriæ viris apostolicis Pascali scilicet et Calixto anathematisatus et nunquam ab eis absolutus permansit, vel qualiter Robertus noster Corisopitensis episcopus cum abbate nostro Gurgando, per annum et dimidium exulaverit revocatis secum omnibus suæ dioceseos ex suis sedibus pro hâc causâ presbiteris cum multis diversarum literis personarum studiosa indagatione penitus subnotavimus.

DE FUNDATIONE ECCLESIÆ ATQUE ABBATIÆ SANCTÆ CRUCIS QUEMPERLEGIENSIS HANC CARTULAM LEGENTIBUS UTRIUSQUE CONSTRUCTIONIS SIVE INCEPTIONIS HANC CAUSAM ET OCCASIONEM FUISSE IN HAC SUBSCRIPTIONE MANIFESTAMUS.

Alanus igitur consul Cornubiæ, etc., etc.

Sequenti quoque anno vir venerandus Orscandus episcopus universæ carnis viam ingressus est qui in præsentiâ domini papæ Leonis Versellis missus a comite fratre suo cum comitissa Judith promisit se daturum in adjutorium construendæ Kemperellegiensis abbatiæ episcopale jus in omnibus terris vel ecclesiis quas ibidem Deo servientibus monachi potuerint acquirere in perpetuum. Quod et ipse postea inde rediens ut promiserat fecit, suis successoribus interminans sub excommunicationis periculo ne quis eorum huic apostolicæ concessioni mordax contraire ullatenus insistat. — *Ibid. (copie du XVII*e *siècle)*.

V.

VENTE FAITE PAR DANIEL, FILS D'HARNOU. — Page 87

(11e siècle.)

Ego Daniel filius Harnou, census penuria constrictus decimas Caer uuel et Caer strat et ejus glued medietatem abbati sanctæ crucis et monachis ejus tam præsentibus quam futuris quindecim libras vendo. Cujus venditionis hii affuerunt testes : Benedictus abbas, cum quo actum est hoc, Rivallonus, Amechdr. — *Ibid.* — (*Copie du XVII° siècle.*)

VI.

FONDATION DU PRIEURÉ DE LOC-AMAND, PAR LE DUC HOEL. — Page 91.
1069.

SANCTI AMANDI MUNIMENTUM.

In nomine sanctæ et individuæ Trinitatis ego Hoël gratia Dei Comes Britanniæ do domino Jesu Christo et cruci ejus ex mea propriâ hereditate sancti Amandi locum cum suo toto tenore hoc est, Treu-Karantuc et Treu Ridiern, cum terrâ cultâ et incultâ cum silvis et pratis et stagnis ad piscandum aptis liberum sine censu et sine exactione alicui homini super terram nisi Deo et sanctæ ejus cruci in perpetua donatione expulsis inde omnibus meis officialibus cum prepositis et venatoribus hinc et in œvum. Hoc autem perficio et confirmo in sanctæ Crucis monasterio super ejusdem crucis altare coram multis nobilibus meorum principum tam ex Namnetis civitate et Venetis finibus, quàm ex Cornugalliacensibus et Leonensibus Primatibus præsente meo fratre Benedicto qui regimen supra dictæ possidet abbatiæ. Itaque quicumque hanc cartam legerit, sciat me hoc fecisse pro salute animæ meæ, et uxoris meæ Hadevis et filiorum meorum, et pro redemptione animarum parentum meorum, qui hoc fundaverunt monasterium, quamdiu nomen christianitatis in terra permanserit. Et ut hoc donum, hoc est Treu Karantuc, et Treuridiern, totum cum omnibus redditibus suis sicut supra dictum est ratum et inconvulsum a successoribus meis sanctæ Cruci permaneat accepi a fratre meo Benedicto abbate de rebus hujus Ecclesiæ XXX libras nommorum ad stipendium militum meorum, qui ut apes ad alvearia, ad me de confinibus totius britanniæ circumvolant. Si quis autem hoc minuerit aut destruxerit, disperdat illum Deus et ejus maledictio veniat super illum et pars ejus sit cum Juda traditore et cum Architopheth perjuro et cum Dathan et Abiron quos vivos terra absorbuit. Ego Hoël gratia Dei Comes Britaniæ testis hujus rei sum cum signo crucis æterni Regis ✝ Signum Benedicti abbatis. S. Buzic fratris eorum. S. Derian filii Tanki. S. Haimo de Pokaer. S. Karaduc. S. Rollant de Leoun. S. Lancelin. S. Pritgal. S. Roengallun. S. Even. S. Gleumarchue. S. Killae. S. Idguin. S Gleu venatoris. Factum est autem hoc in publico conventu apud Kemperelle in sanctæ Crucis monasterio inter duo flumina Elegium videlicet ac Idol. in sexta. Feria III. Kal. Martii. anno ab Incarn. Domini MLXIX. Indict. VII. Epactæ XXV. Concurr. III. Ciclus Lunæ III. terminus Paschæ IV. Idus Aprilis.

Redditio autem Treu-Ridiern hœc est : omnia quæ ad jus consulare pertinent Ecclesiæ S. Amandi sunt, et quæ de presbyterio exeunt, tam vivorum quam mortuorum, cum tota decima. Præterea res hominis qui absque liberis obierit in ipsa tribu, et alieni vel de aliena terra ibi defuncti Gualoer proprium est sancti Amandi. De fure vero si ab hominibus sancti Amandi probatus fuerit, similiter. Si autem ab aliquo militum qui ipsam terram tenent probatus fuerit, reddito sancto prædicto latrone, illius est emendatio furti qui hoc probaverit. De censu autem qui vulgo *Ar-Mennat* dicitur, præpositi quidem est illud distringere et reddere sancto ; nam septima pars ejus census ipsius est. De tribu autem Karantuc omnia quæ ad consulare ac episcopale jus attinent sancti Amandi sunt; præterea de rebus mortui absque liberis et alieni de alia terra sicut superius in altera tribu Gualoer sancti Amandi est. Similiter in terra filii Duenerch de Gualoer et de fure sicut in altera tribu. Sed in ipsa tribu Carantuc nullus præposituram habet nisi Monachus vel quem ipse miserit pro negotio suo. Duæ partes terræ, in qua villa sancti Amandi est in ditione propria monachorum consistunt cum hoc quod ante divisionem illius terræ de eadem ab eis possidebatur; tertiam vero partem filii Duenerch ab abbate sub reditu tenent cum hoc quod ante divisionem ab eis possidebatur, et sic firmatum est foedus. Item prædictus comes Hoël hanc tribum concessit sancto Amando liberam ab omni hostagio, tali pacto, ut quod homines in exercitu expendent, ad opus ecclesiæ reddere non different : similiter avenam quæ de eadem tribu canibus comitis danda fuerat idem comes sancto et monachis cum duabus partibus decimarum totius foresti concessit. Insuper idem comes aurcum agrum, vel alium alibi, quolibet anno ad opus aratri sancti Amandi attribuit, cujus agri decima tota est sancti. Illius autem terra, quam filii Duenerch cum fratre suo Helia monacho dederunt totum jus sancti et monachorum est, videlicet duos cyphos mellis. — *Ibid.* — (*Copie du XVII° siècle.*)

VII.

BULLE DU PAPE GRÉGOIRE VII. — Page 104.
1078.

Gregorius episcopus servus servorum Dei dilecto in Christo filio Benedicto abbati monasterii sanctæ Crucis in Britannia siti, in villa quæ dicitur Anaurut, suisque successoribus ibidem regulariter promovendis in perpetuum. Britannia, sicut nonnulli gentis vestræ testantur, non solum ab imperatoribus, verum ab ipsis habitatoribus tutelæ et defensioni sanctæ Romanæ ecclesiæ commissa est. Verum antecessores nostri in hac causa, sicut et in multis aliis adeo negligentes fuerunt, ut amor et provisio apostolicæ tutelæ et pristina devotionis nostræ intentio in incuriam et pene quasi in oblivionem utrinque devenirent. Nos itaque, Deo authore, hæc quæ hactenus neglecta sunt, ad memoriam satagimus reducere, et tanto sollicitius circa salutem et honorem patriæ vestræ procuramus studium impendere, quanto, sicut jam diximus, beati Petri patrocinio gentem vestram pro devotione colla submisisse cognoscimus, et licet universaliter quod à nobis requiris, carissime fili, Britanniæ debeamus specialius tamen ad liberationem et tutelam monasterii tui munimen auxiliumque pretendimus. Unde secundum tenorem postulationis tuæ, monasterium cui tu Deo authore præesse dignosceris, sub tutela et defensione apostolicæ sedis cum tota insula quæ vocatur Guedel vel alio nomini Bella insula, quæ cum aliis possessionibus quæ juste sibi pertinere videntur, suscipientes, hujusmodi sibi privilegia præsenti autoritatis nostræ decreto indulgemus, concedimus atque firmamus, statuentes nullum regum, imperatorum, antistitum, nullum quacumque dignitate præditum, vel quemquam alium audere de his, quæ eidem venerabili loco a quibuslibet hominibus de proprio jure jam donata sunt, vel in futurum Deo miserante collata fuerint, sub cujuslibet causæ occasionisve specie minuere vel aufferre et sive suis usibus applicare, vel aliis quasi piis de causis pro suæ avaritiæ excusatione concedere; sed cuncta, quæ ibi oblata sunt, vel offerri contigerit, tam a te quam eb eis qui in tuo officio locoque successerint, perenni tempore illibata et sine inquietudine aliqua volumus possideri, eorum quidem usibus pro quorum sustentatione gubernationeque concesa sunt, modis omnibus profutura. Hæc igitur omnia quæ hujus præcepti decretique nostri pagina continet, tam tibi quam cunctis in co quo es, ordine locoque successerint, in perpetuum servanda decernimus. Si quis vero Imperatorum Regum, Ducum. Marchionum, Comitum, Sacerdotum, Clericorum,. Judicum ac secularium personarum hanc constitutionis nostræ paginam agnoscens, contra eam temerario ausu venire tentaverit, monitus semel et iterum, usque tertio per convenientes inducias, si non resipuerit atque prædicto monasterio non satisfecerit, potestatis honorisque sui dignitate careat, reumque se divino judicio existere de perpetrata iniquitate cognoscat; et nisi ea quæ ab illo sunt male ablata restituerit, vel digna pœnitentia illicite acta defleverit, a sacratissimo corpore et sanguine Domini nostri Redemptoris Jesu Christi alienus fiat, atque in æterno examine districtæ ultioni subjaceat. Cunctis autem eidem loco justa servantibus sit pax Domini nostri Jesu Christi, quatenus et hic fructum bonæ actionis percipiant, et apud districtum judicem prœmia æternæ pacis inveniant. Datum Laterani VIII. Kal. Aprilis per manus Petri S. Rom. Ecclesiæ Presbyteri Cardinalis ac Bibliotecarii anno V°. Pontificatus Domini Gregorii VII papæ. Indictione prima. — *Ibid.* — (*Copie du XVII° siècle*).

VIII.

DONATION DE LA TERRE DE KNECHCUKI PAR LE DUC ALAIN FERGENT. — Page 120.
(11° siècle).

CARTULA KNECHCUKI.

Notum sit omnibus nostris successoribus quod ego Alanus

Dei gratiâ dux Britanniœ Hoeli consulis filius, dedi terram quæ dicitur Knechcuki Deo et monachis sanctæ Crucis de Kemperellé cum magistro meo Guilhelmo apud eos tunc monacho facto corâm optimatibus cornubiæ eo tenore videlicet quo mea erat, liberam et quietam ab omni calumnia. Quorundam vero testium nomina qui ibi mecum fuerunt subnotari jussi. Ego Alanus, consul, testis, qui hanc terram dedi et concessi; Daniel, abbas Tudi; Louenam, filius Roenguallun; Louenam, filius Saluden; Trohur; Haerve; Bernardus, filius Roengailun; Hemeri et Berball fratres Costiou, et plures alii curiales; Benedictus Corisopitensis episcopus; Guigonus, frater ejus, decanus; Salomon et Aldroen, canonici; Benedictus episcopus Namnetensis, et ejusdem abbatiæ abbas, testis; Rivallon, monachus; Aldroenus monachus; Kadnemedus, monachus, cum cæteris pluribus. — *Ibid.* — (*Copie du XVIIe siècle.*)

IX.

DONATION DE LA TERRE DE ROSAMAND PAR LE DUC ALAIN FERGENT
Page 141.

(Fin du 11e ou commencement du 12e siècle.)

Ego Alanus Hoël consulis filius Dei gratiâ Britanniæ comes, quandam terram quæ est in confinio duarum plebium Elgent videlicet et Foenant, quæ nuncupatur Rosamand pro redemptione animæ meæ, et parentum meorum requie monasterio sanctæ Crucis de Kemperelle propriam in perpetuum do et concedo; sed ut hoc donum firmius habeatur ab avunculo meo Benedicto, ejusdem loci abbate, et monachis ejusdem, sponte eas mihi offerentibus quindecim libras accepi, ad expensas meorum militum distribuendas. Ego Alanus hujus doni testis existo; testis Laouenan, filius Dunguallum; Guegon, filius Coluen; Alliou et Kenou, filii Duenerch; Hervedoc, filius Eunuc; Herventius, filius Gururec et Eudun frater ejus; Benedictus, abbas; Rivallonus; Daniel, monachus; Kadneuet; Gurchuant; Even; Helias; Cummelen, monachi, testes, et alii sanctæ Crucis conventus monachi, cum quibus hoc actum est. Redditio autem ipsius terræ hæc est : de domo Blenchant tres minæ frumenti, et duo solidi de Keurod, tres solidi pro pastu, et unus multo ; de domo Hurman, duo sextaria frumenti et XII nummi et unus multo ; de terrâ Haëlou et Helcum unum sextarium frumenti; de terra filii Haernon, hanter minot frumenti; de terra Cadiou unus multo, et una mina frumenti. — *Ibid.* — *(Copie du XVIIe siècle.)*

X.

DONATION DE CONSTANS. — Page 142.

(Fin du 11e ou commencement du 12e siècle.)

Alio tempore quidam balistarius Constans .... nomine gravi infirmitate detentus, et apud monasterium sanctæ Crucis de Kemperelle monachus factus, eidem monasterio et abbati Benedicto et suis monachis quandam terram quæ dicitur Kilperit dedit concedente et affirmante Alano comite qui sibi ipsam dederat; cujus concessionis testes hi sunt .... De ipsâ terrâ quæ est septem hanafat mellis hæc est redditio, videlicet decima et terguisiaeth (1). — *Ibid.* — *(Copie du XVIIe siècle.)*

XI.

DONATION DE CUNMELEN, FILS DE GURGAR. — Page 142.

(Fin du 11e ou commencement du 12e siècle.)

Ego Cunmelen filius Gurgar gravi langore correptus et abbate sanctæ Crucis Benedicto suisque monachis honorifice de

---

(1) Cette redevance était due sur les terres nouvellement défrichées. Elle est plusieurs fois mentionnée dans le cartulaire de Sainte-Croix, et aussi dans des actes du XIIIe siècle du cartulaire du chapitre de Quimper. Le mot *Terguisiaeth* vient de *Tir-Gwydd* (pâturage, terre cultivée), et signifie littéralement la transformation d'une terre inculte en terre arable. — Voir Owen Pughe's *Welsh and Eng. Dict.* verb. *Tir* et *Gwydd*, et *Liber Landav.* Edit. Aneurin Owen, T. II, p. 1127.

Kemperelle receptus, ibique monastico habitu indutus, unam villarum mearum in Tregunc quæ vocatur Caer Caraduc eisdem pretiosæ crucis famulis presente Benedicto Corisopitensi episcopo in perpetuum concessi, et etiam de eadem villà quidquid juris comiti debebatur. Ne quid calumniæ casu propter hoc donum ulterius inferatur, illud jus consulare de aliâ meâ terrâ exigendum statui. Hujus rei Benedictus episcopus testis, Haelgoet, filius Gurhedr, et filius Alliou, et Kenou, Guigon filius Coluen; Cadoret, filius Saliou; Haerventius, Gururec et Eudun frater ejus et alii plures laïcorum; Benedictus, abbas; Cumelen, monachus; Guidlonus, monachus; Amechdrus monachus, cum cæteris monachis. Istius autem terræ redditio hæc est : tres minæ frumenti et Keurod, pastus quoque et decimæ duæ partes. — *Ibid.* — (*Copie du XVIIe siècle.*)

XII.

VENTE FAITE PAR EHUARN, FILS DE SALIOU. — Page 143.

(Fin du 11e ou commencement du 12e siècle.)

Post hæc Ehuarn, filius Saliou, Benedicto abbati vendidit terram unius ciati mellis, concedente domino suo Morvano Tanki filio quidquid sui juris in ipsa erat terra, datis proinde inter eos triginta solidis. Præterea iterum prædictus Ehuarn intulit eidem abbati et monachis calumniam dicens sibi pro supra dicta terra nihil datum fuisse sed domino suo. Ad quam adnihilandam et in perpetuum in pace sopiendam, accepto ab eo sacramento, iterum præfatus abbas dedit sibi unum equum candidum. Deinde ut ulterius nulla pro ipsâ terrâ suorum calumnia monachis inferatur, Eveno jam dicti Ehuarn fratri quinque solidos, accepto super altare sanctæ Mariæ apud Kemper Courentini ejus sacramento, dedit ipse abbas cum suis monachis. Hæc autem facta sunt pluribus videntibus et audientibus. Benedictus abbas testis.... monachus; Glast, monachus; Grallun, monachus; Cummelen, monachus; Numenoë; Gurcheden, monachus; de laïcis vero Eudun filius Guerguruerd; Craban; Grallun Harter, amicus illorum; Jedecaël, filius Haiarn; Riou, filius Hedruedoë. Postea Gurgandi abbatis tempore, ipse Ehuarn filius Saliou, aliam calumniam intulit eidem abbati et suis monachis de eâdem terra dicens se XV solidos habiturum; appellatis........ Gurhedeno et Glast de hoc testibus, ipsi vero testes apud Pontem Caërman, videntibus et audientibus Komeleno, Kenou, Daniele mab Riou, et aliis qui inibi erant, testati sunt se aliquid mesciisse de ipsa calumnia. — *Ibid.* — (*Copie du XVII⁰ siècle.*)

XIII.

DONATION DE SIMON, FILS DE CARIOU. — Page 145.

(Fin du 11⁰ ou commencement du 12⁰ siècle.)

In nomine sanctæ Trinitatis Simon filius Cariou apud rupem Cletguen ad mortem vulneratus dedit villam Numenoë filii Elean, quæ sua hereditario jure erat, abbati et monachis sanctæ Crucis de Kemperelle eo modo quo eam tenebat libere et sine alicujus calumnia pro redemptione animæ suæ, et pro animabus parentum suorum. Hujus vero doni hii affuerunt testes : Benedictus, episcopus et abbas, cui hoc donum concessum est; Haerveus et Numenoë monachi; Irispoë, presbiter; Diles, filius Kelenn. Ex Simonis autem parte hii : Guegun; Landa; Tudal, filius Kadnouet; Kariou et Tudgal, filii Glemarchuc; Riuallun mab Kiled; Riuallun mab Herven; Roderch mab Albalt; Irispoë mab Numenoë qui eam villam tenebat. — *Idid.* — (*Copie du XVII⁰ siècle.*)

XIV.

TRAITÉ AVEC LE SÉNÉCHAL DONGUALLON. — Page 145.

Vers 1107.

DE SOULTALARUN.

Qui has perspexerint litteras et audierint noscant Dunguallonum oechonomum qui vulgo senechal appellabatur falsam intulisse calumniam Benedicto abbati sanctæ Crucis et ejus monachis de quibusdam suis terris quas boni homines eidem conventui pro redemptione animarum suarum dederunt. Quarum terrarum nomina sunt annotata Sonitalarum, Killicaduc, Villam Irispoë, filii Numenoë, quœdam etiam terra apud sanctum Amandum et quasdam domos; quarnm priorem Cadoret, filius Alfret quando monachi habitum sumpsit, ipsis dedit monachis; sequentem Alanus consul, et Conanus, filius ejus eisdem pro suis dederunt animabus. Illam autem Irispoë villam quæ jure hereditario in partem Simonis, filii Cariou, evenit, idem Simon ad mortem ut pernotatum est apud Roch Cletguenn vulneratus pro animâ suâ eisdem dedii monachis. Illam quoque terram quæ est apud sanctum Amandum quam hereditatem suam esse dicebat consul Hoël absque calumnia eisdem dedit. Ut tamen illud penitus destruatur calumnia quæ quamvis falsa molestiam Dei servis inferebat, accepto in communi consilio pecuniam ei dederunt, septem videlicet libras argenti; quibus acceptis suâ atque sui primogeniti privigni Tankheder, filii Maciscoet, fide receptâ, ipsam in perpetuum abdicavit calumniam; cujus negotii illi affuerunt testes, quorum nomina hic subnotavimus; Benedictus episcopus et abbas; Benedictus Corisopitensis episcopus; Hugar; Helmarchns; Amechdrus; Cummulen; Gurheden; Eudun; Numeuoë, monachi; de laicis autem Tanki, vicecomes; Jedecaël, filius Jehlin; Perenes, decanus; Herventius; Pritgual; Conan et Guegan, filii Buhan; Prigent, filius Buzic; Riou, filius Duozel; Riou, filius Haerueden; Riou, filius Hedruedoc; Grallon, filius Buellic; Guegun, filius Coluen; Harneu, filius Guirkec; Even, filius Uuia; Alliou et Kenou, filii Duenerth; Jofridus, archidiaconus; Irispoë an Choenuc; Jedecael et Dungallun, filii Beli; Guihumarchue, filius Roengallun; Rivallum, filius Berthuel; Alfret, filius Glemarchue; Kadoret anheleonum; Kariou, Eribert, Gueguan Bunted, Haelgoret et Gurhedr, filius Even, filius Malsenec; Helias, filius Birsic; Israel, presbiter; Robertus, hermita, et Christianus, socius ejus, et alij multi quos perlongum est enumerare. — *Ibid.* — (*Copie du XVIIo siècle.*)

XV.

DONATION DU VILLAGE DE COTH CAER, PAR BENOIT ÉVÊQUE DE QUIMPER. — Page 146.

Vers 1113.

Ego Benedictus Corisopitensis ecclesiæ episcopus cùm me ingravescente corporis ægretudine viam universæ carnis ingressurum sentirem, evocato canonicorum et laïcorum conventu, unam villam ex meâ propria hereditate in Tregunc Coth-caër nomine, ecclesiæ Sanctæ Crucis de Kemperelle dono concessi et abbati et monachis suis ibidem Deo servientibus, ut continuis eorum orationibus sublevatus à propriis reatibus liberari merear. Cujus doni testes hii sunt : Salomon, archidiaconus; Roderch, decanus; Israël, Kannou, Gleviam, Robertus, capellanus; Gaufridus, canonici ; de laïcis vero : Guidomarchus, filius Bidian ; Dungalluntus ; Daliduc ; Urvoez ; Judel ; Graslon et Duenerch, frater ejus. — *Ibid.* — *(Copie du XVII° siècle).*

XVI.

RESTITUTION DE BELLE ILE A L'ABBAYE DE SAINTE-CROIX PAR LE DUC CONAN. — Page 180.

1118.

In nomine sanctæ et individuæ Trinitatis Ego Conanus humilis Britaniæ dux cum sorore meâ Hideuis et matre meâ Ermeniart dono et concedo pro salute animæ meæ et parentum meorum monasterio quod Kemperelegii in honore Sanctæ Crucis constructum est terram quæ Bella-Insula vocatur, cum omnibus redditibus suis ut pater meus Alanus fecit et avus Hoël et attavus Alanus. Calumniam namque Rotonensium quæ in nostro tempore per cupiditatem et invidiam super hâc terrâ orta est et pro quâ dominus Robertus Corisopitensis episcopus cum clero Cornubiæ et Gurchandus Kemperelegiensis abbas cum monachis suis per annum et ferè dimidium steterunt finitam esse atque omnino sopitam apostolicâ auctoritate atque interdicto novimus ad quam Herveum Rotonensem abbatem et Gurchandum Kemperelegiensem abbatem pro controversia quam super terram habebant misimus. Nunc igitur prædictam insulam cum omnibus sibi pertinentibus quæ Herveus Rotonensis abbas pro nomine meæ potestatis invaserat, pro quâ invasione cum totâ abbatiâ suâ juste interdictus atque excommunicatus fuerat, Kemperelegiensi monasterio et omnibus monachis ibidem manentibus in manibus Gurchandi ejusdem ecclesiæ abbatis, sine aliquâ per me vel per meos posteros ulterius inquietudine in perpetuum reddo. Monachum et quæ Rotonensis abbas de sæpedictâ insulâ secum advectaverat de Rotonensi claustro ad suum locum reddi feci. Quicumque autem Kemperelegiense monasterium pro hac re amplius inquietaverit auctoritate apostolicâ percutietur et nostrâ consulari serenitate (*sic*) quassabitur. Actum est hoc Rotoni anno MCXVIII Incarnati Verbi in presentiâ domini Roberti Corisopitensis episcopi, et Marbodi Redonensis episcopi, et Bricii Nannetensis episcopi, et Morvani Venetensis episcopi. Testes verò hujus rei sunt, etc., etc. — *Ibid.* — (*Copie du XVIIe siècle*).

XVII.

DONATION DE KENOU, FILS DE DUENERCH. — Page 190.

1126.

Ego Kenou filius Duenerch gravi infirmitate detentus et subveniente Dei misericordia tandem ad pristinam sanitatem redditus, Kemperelle monasterium cum quibusdam meis amicis adiens et à domino Gurhando ejusdem loci abbate, faventibus fratribus, monachi habitum devote recipiens ad supplementum sanctæ procurationis eorumdem dedi et concessi in perpetuum pro redemptione animæ meæ liberam et quietam ab omni calumniâ terram videlicet Gleudaenn, et terram Cumandu et terram Juscum et dimidium anafat mel lerian; ex quibus terris, hæc est redditio : tria sextaria frumenti, et tres solidos cum septem nummis; quibus etiam monachis prius tres partes decimæ, quæ meæ erant de hanter par argantken acceptis caritative ab eis triginta solidis, in præsentiâ domini Roberti, Corisopitensis episcopi, et aliorum plurium testium, quorum nomina in fine subnotata sunt, dederam et concesseram, similiter modo dedi et concessi. Factum est hoc in ecclesiâ sanctæ Crucis die quinto kalendarum februarii, me super altare donum offerente, nec non et fratre meo Alliou cum duobus generibus suis scilicet Jedecaël Dunan, et Rivallono cognomine broch, jurantibus super ipsum altare se concedere ei veraciter servare sine ullo pravo hoc donum repetendi ingenio, ita ut concessi et dedi. Illi ergo sunt testes conventionis hujus : Gurrhandus abbas, in cujus præsentia hoc factum est, Hoemerius, monachus et Oderarius, Rurgual, Gurheden, Roengallun, Cumelen, Glast, Guihomarc'h, Haelcun, Tanki monachi. Ex altera parte : Alliou et duo generi ejus Jedecael et Rivallon; Riou, filius Conan, qui cum eis venerant, Guihomarchus, filius Duenerch; Eudun, filius Misian; Gurgar, virgifer; Hemarchuc, filius Moisan; Rivallon, filius Riou; Gralon, filius Cadiou; Guihomarch, filius Guilhelmi; Eudun; Guennic; Vingomarch; Abrantuc; Mannou; Grallon, Kere, Blanchart. Factum est hoc anno ab incarnatione domini MCXXVI. — *Ibid.* — *(Copie du XVIIo siècle.)*

XVIII.

ACCORD POUR LOC-AMAND. — Page 192.

1128.

DE SANCTO AMANDO.

Post multa placita et contentiones inter nos et filios Hedruedoë habita, tandem pervenientes ad statutam concordiam, et ea unde calumniabatur omnino in pace nobis dimittentes, ita sopita sunt. Primum, de decimâ statutum est, ut decimum manipulum in qualibet area habeat, nec ad pabulum equorum vel ad aliud officium distribuatur. Minister autem decimæ quem monachus eligerit, ponatur ad illud officium. Si quis autem plebeiorum eis decimantibus dono dederit cibum, accipiant partem, sin autem redeant in sua. Cum autem aliquid placitum orietur tantum primus quantum monachus sibi dare voluerit, inde habeat. Sin autem minus sibi visum fuerit quantum sibi datur, fiat sicut jusserit abbas. Septimum præterea quem de furno monachi accipiebat panem, omnino in pace ulterius non accipiendum dimisit. De teloneo vero statutum est quod ipse injuste accipiebat, ut authoritatem suam inde proferat; si autem non poterit probare, in pace monachis dimittat. De hoc autem quod dicitur Kemrod, quod ipse ut dicebat non debebat reddere, statutum est ut quolibet anno, de unoquoque ciatho mellis sex nummos reddat; de terrâ autem Heliæ monachi quam ipsi tenent, statutum est ut cibum quem de terrâ ipsâ dedere negabat, uno anno septem hominibus, altero autem octo, reddatur, cum quatuor insuper nummis et uno obolo pro eo quod dicitur Kemrod. Ad mensam quoque monachi statutum est ut non veniat nisi cum ipse monachus voluerit. Cùm autem dominus abbas advenerit, veniat competenter et serviat sibi. De quatuor etiam domibus quas ipse, transactis multis annis, abbati Benedicto dimiserat, cum emendatione sed ipso modo donante tantum, eas recuperasse, statutum est ut a die inventionis sanctæ Crucis, quando hæc omnia deffinita sunt usque ad integrum annum probet eas ut dicit recuperasse. Sin autem dominus abbas ipsas domos in pace possideat. Si autem ille quod asserit probare poterit, statuentibus quatuor probatis viris jus annuale reddatur de ipsis domibus abbati. De terra quoque Diles et Numenoë, statutum est ut causa discutiatur in curia abbatis super ipsa terra quum volueritipse, et si ille quam injuriam sibi illatam esse poterit probare suam ipsam fuisse, quod illi domino reddebant abbati, similiter ille reddat debitum cum quo causa agenda est si poterit eam retinere. De terra autem Iagu, quæ adheret terræ illius, statutum est ut quintum decimum ciati mellis ipsius terræ, facta divisione, abbati dimittatur. De terra verò unde calumniatur, statutum est ut in curia abbatis discutiatur et si probare poterit suam esse, dimittatur ei. De terrâ autem Silvatica statutum est ut facta divisione inter abbatem et militem suum, unusquisque partem suam teneat. Postremo statutum est tali conventione ut si de omnibus hiis quæ statuta sunt in aliquo exorbitaverit, omnia deinceps quæ tenet ab abbate sine judicio penitus admittat. Hujus itaque concordia testes sunt hii : Robertus, Corisopitensis episcopus, cum hiis subnotatis hominibus qui hanc pactionem ex utraque parte electi simul statuerunt, et disseruerunt, scilicet : Morvanus, Rivalloni filius; Morvanus, filii Guegant; Tanki, Gerbodi filius; Riou, Conani filius; Grallon, Boellic filius; Rannou, decanus, testis; Daniel, nepos episcopi et Herveus ejus clericus, testis; Conanus filius Tanki; Daniel, filius Guen, et Hedern, filius Nud, et Rodant, filius Haemeri, et Grallon, filius Cadiou, et Saliou, filius Udelin, et Cadoret, virgifer, et ejus filius Judicaël, testes, et alii plurimi. De monachis vero : Haemericus, abbas; Helmarchus, abbas; Gurhandus, abbas; Herverius, celerarius; Briendus, prior; Gurhedenus, Roenguallonus, Comelenus, Kueriou, Daniel, Alveus, Tudgualus, Haelogon, Haelcum. Facta est hæc pactio in camerâ Haemeri abbatis, anno ab incarnatione Domini MCXXVIII, in presentiâ domini Roberti, Corisopitensis episcopi. — *Ibid.* — (*Copie du XVII° siècle.*)

XIX.

CONFIRMATION DU DUC CONAN III. — Page 207.

1146.

Notum sit omnibus tam presentibus quam futuris quod ego Conanus dux Britanniæ Alani Fergant filius confirmo ac in perpetuum concedo abbatiæ Sanctæ Crucis de Kemperelle et monachis ejusdem loci, omnes possessiones quæ ab antecessoribus meis Alano videlicet Cainard et Orscando Corisopitensi episcopo, fratre ejus, qui primo præfatam abbatiam fundaverunt, et quid quid eis de jure consulare et episcopali pertinebat (dederunt?), libere et quiete pari assensu, tam in terris acquisitis quam acquirendis in suo ducatu (*al.* dominatu), baronibus consulis et episcopi clericis assensum præbentibus, omnibus officialibus et omni exactione remotis, in abbatia sempiterna eis concessæ fuerunt, videlicet villam Kemperelle, insulam quæ dicitur Guezel, ecclesiam B. Mariæ Namneti, Locum sancti Deuui apud Keberoen, insulam sancti Caduodi, cum suis appenditiis, videlicet tribum Guinnini et tribum Cleroc (*al.* Deruch), tribum Riugladri, tribum Guennou, Trehabballaë, Doëlan cum portu et terram in Clogal, et terram in Moëlan, locum sancti Amandi cum apenditiis suis, Enectudi (al. Kernectudy', Lessinadou, locum sancti Ronani cum apendiciis suis, villam sancti Kigavi juxtà Kerhaes, tribum sancti Tutiani, libere et quiete cum omnibus redditibus suis, exceptâ ipsâ plateâ in quâ mercatum fieri solebat, eo tenore, quod si comes à suâ mann ipsam plateam separare voluerit quatenus nemini det vel vendat nisi Sanctæ Crucis Kemperlegiensibus monachis. Abbas verò vel prior debet mihi vel meis exercitum communem et summam panis in exercitu reddere, et sicuti pro seipsis, grates Deo, orationes et beneficia. Ad hujus itaque confirmationis et concessionis certitudinem, placuit hoc sigilli nostri munimine corroborari et testimonio eorum qui huic donationi interfuerunt communiri quorum nomina brevi subscriptione connumerantur : Alanus, Rhedonensis episcopus; Radulphus, archidiaconus, ejus nepos; Radulphus, capellanus; Morandus et Stephanus, venetenses clerici; Riocus, Eveni filius; Riocus, Eveni alterius filius; Morvanus, Jacuti filius; Petrus Jestini; Guilhelmus Riou; Herveus de Kuill (al. de Bruill) et plures alii. Actum est Venetis, sexto Idus septembris, millesimo centesimo quadragesimo sexto anno ab incarnatione domini. — *Titre du Château de Nantes.* — (*Copie du XVIIe siècle.*)

XX.

DONATION DE GUENIETH, FEMME DE RIVALLON AN BROCH. — Page 213.

1161.

Notum sit omnibus tam præsentibus quam futuris, quod Guenieth uxor Rivalloni an Broch, et filius ejus Judicaël, et Eudo mab Jestin, suus gener, totam decimam quam habebant in tribu Karantuc, excepto campo magno, Donvallo, abbati sanctæ Crucis et monachis suis vendiderunt. Hujus rei sunt testes ipse Donvallonus abbas; magister Simon; Haelgomarus, camerarius; Conanus, Guihomarchus, Sevenou, Saliou, monachi; de militibus : Eudon, mab Jestin, Guihomarchus an nuche et similiter ejus..... Auffred, Rivallen, mab Even; Guilhelmus, filius Droniou; Gormelen, Riou, Rivall; de cæteris Guilhelmus, mab an

Dunan, Daniel, Bordolos, Abraham atque ipsa Guenith, et filius ejus Jezecüel. Quâ factâ venditione in claustro sancti Amandi cum libro missale, eam decimam super altare iidem obtulerunt, anno domini MCLXI. — *Ibid.* — (*Copie du XVIIe siècle.*)

XXI.

CONFIRMATION DU DUC CONAN IV. — Page 217.

1162.

Notum sit omnibus tam præsentibus quam futuris quod ego Conanus dux britaniæ atque comes Richemundiæ, Alani filius, confirmo et in perpetuum concedo abbatiæ sanctæ Crucis de Kemperelle et monachis ejus omnes possessiones quæ ab antecessoribus meis Alano, videlicet, Kainart qui primo præfatam abbatiam fundavit, Hoelo filio ejus, Alano filius Hoeli, Conano, filio Alani, in dono et elemosina eis concessæ fuerunt, villam videlicet Kemperelle, etc.... ad hujus itaque confirmationis atque concessionis certitudinem, placuit hoc sigilli nostri munimine corroborari, et testimonio eorum qui huic donationi interfuerut, communiri, quorum nomina brevi subscriptione conumerantur : Bernardus, corisopitensis episcopus; Gauffridus, archidiaconus; Priamus, Guillelmus, Jacobus, Rivallonus, Gauffridus, canonici; Numalonus (Donunalonus) abbas, in cujus manu hoc donum concessum est, Alcomanus, camerarius, Rivallonus, capellanus, Conanus, monachus; Evenus magister hospitalis Niuuon; de laicis autem Guinguen dictus abbas sancti Tudi; Gormaelonus filius Judicael, Godianus frater ejus; Desarvoe et Harscotus, filius ejus; Rocus, filius Guidonis; Gingant, filius Dunvallon, Kanevetus, filius Gruguen; Guido, filius alterius, Rivallonus, Mergius, Gauffridus, R. Ludovici, Roaldus, filius Dumvallon, Joscius de Dinan, Radulphus de Charone et ceteri quamplures. Hæc autem acta sunt apud Kemper-Corentin, die assumptionis beatæ mariæ Virginis, anno ab incarnatione domini millesimo centesimo sexagesimo secundo. Et estoit scellé. — *Titre du château de Nantes.* — (*Copie du XVIIe siècle.*)

XXII.

LETTRE DE BERNARD, ÉVÊQUE DE QUIMPER, A L'ABBÉ DE QUIMPERLÉ.
Page 224.

1166.

Bernardus, Dei gratia corisopitensis ecclesiæ humilis minister, dilectis filiis suis Rivallono abbati sanctæ Crucis de Kempere-leio, ejusque fratribus tam presentibus quàm futuris vitam regularem ibidem professis in perpetuum. Quoniam nobis ecclesiæque nostræ bene innotuit quia Orscandus episcopus felicis memoriæ, qui ecclesiæ vestræ primæ fundationi interfuit, cunctas quæ in fundo vestro fundatæ sunt ecclesias, vobis concessit, quas etiam in bona pacis tranquillitate temporibus Benedicti, Roberti, Radulphi pontificum, semper possedistis, easdem ecclesias vobis in perpetuum concessimus habendas, tali tamen tenore ut, electo ab abbate et monachis capellano, eum episcopo præsentent, ostendentes ei quâ conditione velint ipsum substituere, videlicet an ad tempus an in totâ vitâ suâ, qui ut moris ecclesiastici est, curam animorum ab episcopo recipiens, episcopo de spiritualibus, monachis vero de temporalibus respondeat. Quotiescunque seu loco deffuncti, seu vivi capellani alium voluerint mutare capellanum, toties ipsum episcopo præsentent. Ut autem hujus modi concessioni firmitas per succedentia tempora firma atque inconvulsa perseveret, placuit eam assertione sigilli nostri communiri, et subscriptione nominum eorum qui huic stipulationi interfuerunt, roborari, omnes illos sub anathemathis sentencia ponentes qui huic assertioni presumpserint obviare. Actum est hoc anno ab incarnatione domini millesimo centesimo sexagesimo sexto, apud Confluentiam, in ecclesia beatæ Mariæ et beati Corentini, toto capitulo ejusdem ecclesiæ assistente et assensum præbente; præsentibus: Mauricio abbati de Langonio et monachis suis Aldroeno et Eudone; Tanguy, monacho de Relec; Rivalono; Gaufrido, archidiacono; Priamo; Wilhelmo; de monachis de Kemperelle : Simone, priore; Tudgualo, et pluribus aliis. — *Cart. de Sainte-Croix.* — (*Copie du XVII*e *siècle.*)

XXIII.

DONATION D'UNE TERRE EN TREGUNC, PAR ALAIN LE JUMEAU.
Page 234.

FIN DU 12º SIÈCLE.

Alanus Gemellus omnibus ad quos litteræ istæ pervenerint salutem in nostro salutari. Notum sit tam præsentibus quam futuris me, pro dei amore et pro animabus patris et matris meæ et Richardi fratris mei, dedisse et concessisse et hac mea carta confirmasse, monachis de Kemperelle omnia jura comitis de villa Quitchen.... in plebe Treguenc quæ Conanus comes, Alani filius, michi in Richardo patri meo donavit. Quare volo et præcipio quod prædicti monachi habeant et teneant hæc prædicta jura in perpetuum pacifice et quæ de his. Testibus Gauffredo, videlicet archidiacono; Kardo, filio Kaeleu (Haeleu)? et multi alii. — *Titre du château de Nantes.* — (*Copie du XVIIº siècle.*)

XXIV.

CONFIRMATION DE LA DUCHESSE CONSTANCE. — Page 236.

1184.

Notum sit omnibus tam futuris quam præsentibus quod ego Constantia comitis Conani filia, ducissa Britaniæ, comitissa Richemondiæ, confirmo et in perpetuum concedo abbatiæ sanctæ Crucis de Kemperelle et monachis ejus omnes possessiones quæ ab antecessoribus meis Alano videlicet Kainart qui primo præfatam abbatiam fundavit etc.... ad hujus itaque confirmationis atque concessionis certitudinem, placuit hoc sigilli nostri numine coroborari et testimonio eorum qui huic donationi interfuerunt communiri, quorum nomina brevi suscriptione connumerantur : Guchenochus, venetensis episcopus; Herveus, canonicus, Rivallonus abbas, in cujus manu hoc donum concessum est, Aldroenus prior claustralis, Evenus, præpositus de bella insula, Guillermus camerarius et Guillermus celerarius.

Gauffridus prior sancti Amandi, Eudonus ancherus, Daniel, Guillermus, Rivallonus, Rodaudus, monachi sanctæ Crucis, Jedecaelus et Rivallonus capellani; Guettenocus et Briendus; monachi sancti Gildæ et Eudonus monachus sancti Mellanii; ex parte comitissæ : Alanus Gemelius, Henricus, filius alterius, ballivus cornubiœ, Yvo de la caille, Derianus, Gauffridi filius, Abraham, Loscellinus, capellani; Hamon clericus, Stephanus, avunculus comitissæ, Guillermus de banu, Eudo, filius Brisic, Rivallonus, filius alterius, Bernardus Hangomari, Desarvoet, D. Caer, Enocianus, Morvanus, filius Roci et plures alii. Actum est hoc apud Kemperelegium infra octabas sancti Michaelis archangeli, anno ab incarnatione domini millesimo centesimo LXXXIIII°. Hoc anno obiit rex Henricus tertius. — *Titre du château de Nantes.* — *(Copie du XVII° siècle.)*

XXV.

LETTRE DE LA DUCHESSE CONSTANCE, RELATIVE AU DROIT DE BRIS DANS LE FIEF DE L'ABBAYE.

(Fin du 12e siècle.)

Constantia comitis Conani filia, ducissa Britanhiæ, coram Richardo Petro Bertholomeo, senescallo Pictaviensi, et omnibus ad quos præsens scriptum pervenerit salutem. Noveritis quod cum controversia inter abbatem de Kemperelle et Gauffredum de Cenomanen, et socios ejus super quodam nauffragio facto et aplicato apud bellam insulam verteretur, et ideo in præsentia nostra super hæc contenderent invicom altercantes, ego propositionibus suis coram senescallo nostro de Broherec auditis, contentionibus suis jussi judicio deffiniri. Postea ut a senescallo meo præfato relatum et attestatum fuit, dum prædictus abbas in presentia senescalli venisset judicium accepturus, et Gauffredus de Cenomanen, et socii sui præsentes essent, ipsi judicium curiæ meæ sibi oblatum accipere contempserunt. Igitur cum præfatus abbas, de more principis, naufragium suum in terra sua jure hæreditario semper habuerit et habere deberet, vobis signiffico quod præfatum abbatem vobis et omnibus de eo conquerentibns de jure responsurum et satisfacturum habebo; super hæc vobis inhibeo ne hominibus abbatis forfare vel molestiam inferre fatigatis, quamprimum me nimium gravari cernerem....... veritas excludatur nullatenus....... deportare me ipsam. Apud Ploermel. — *Titre du château de Nantes.* — *(Copie du XVIIe siècle).*

XXVI.

ACCORD AVEC GUY DE THOUARS, DUC DE BRETAGNE. — Page 245.

1214.

Universis Christi fidelibus præsentes litteras inspecturis, Guido de Thoareo comes Britanniæ salutem et dilectionem in Christo. Noverit universitas vestra quod cùm maxima contentio orta esset et diutius agitata coram venerabili patre meo Joanne, Thuronensi archiepiscopo, inter me ex una parte et abbatem et conventum Kemperelegiensem ex altera, super constructione cujusdam domus quam edificare ceperam et munire volebam in eorumdem monachorum territoriis juxta villam Kemperelegiensem inter rivulum qui dicitur frotmer in prædicta villa in monte videlicet en Geon qui situs est in Tuermualadin (Tremaladzre), tandem habito prudentium virorum consilio J. videlicet venerabilis patris mei Turonensis archiepiscopi, et Guithenoc, venetensis, et Vitalis, corisopitensis episcoporum, sopita est in hunc modum, et in bonam pacem reducta, ita quod nec ibi, nec infra ambitum villæ Kemperellegiensis, ego aliquam domum de cætero faciam, nec aliquis hæres Britanniæ nec alius quem possim impedire, aliquam similem domum construere nullatenus attentabit; præterea omnes nostros rancores et quærimonias quas adversus eosdem monachos et eorum homines usque in diem hujusmodi compositionis habueram, ipsis penitus pardonavi. Ut autem hæc compositio inviolabilis et firma permaneat in ulterius, huic scripto sigillum meum et præfatorum dominorum et patrum meorum feci apponi munimine sigillorum. Huic compositioni testes interfuerunt Oliverius de Gutiniac, Guillelmus, Redonensis senescallus, Eudo de Bellomonte; Bricius camerarius, Henricus Bernardi, tunc

temporis Cornubiæ et Pochaer senescallus ; Guillermus de
sancto Georgio, burgensi de Karahes ; Kaici, Eliduc, prior de
Karahes, Judicellus Garmi, Eudo, clericus meus, qui et hanc
paginam scripsit, canonici corisipitenses. Actum apud Carahes
in claustro sancti Tremori, XI° cal. maii, anno domini millesimo
ducentesimo decimo quarto. — *Titre du château de Nantes.* —
(Copie du XVII° siècle.)

XXVII.

ACCORD AVEC LE DUC PIERRE. — Page 247.
1214.

Universis Christi fidelibus ad quos præsens scriptum pervenerit, P. dux Britanniæ, comes Richemundiæ, salutem. Noverit
universitas vestra quod contentio quæ vertebatur inter nos ex
una parte et abbatem et conventum Kimperelegienses ex altera
super quadam platea extra villam de Kemperelle quæ dicitur
vetus castrum, quæ sita est in propria terra prædictæ abbatiæ,
de assensu et voluntate Alidiæ uxoris nostræ est sopita et ad
bonam pacem reducta, ita quod nec nos nec Alidia uxor nostra,
nec aliquis hæres noster vel in faciendo ibi domum, vel aliquo
alio modo super eadem domo eisdem monachis aliquam moles-
tationem inferamus in posterum vel gravamen, et remota omni
calumnia super eadem domo, eandem plateam eis concessimus
in perpetuum pacifice possidendam ; præterea omnem ranco-
rem et universas contentiones quas adversus prædictum abbatem et monachos habebamus eis benigne remittimus. Actum
publice apud Karaes ; Simone de Poesse ; Guillelmo de Derval ;
Bertrano de Alberera ; P. filio Hemerici ; K. (H). Bernardi,
senescallo nostro in Cornubia, et multis aliis presentibus et
audientibus, anno ab Incarnatione domini millesimo ducentesimo
decimo quarto. Et estoit scellé. — *Titre du château de Nantes.*
— *(Copie du XVII° siècle.)*

XXVIII.

ENQUÊTE AU SUJET DES DROITS RESPECTIFS DE L'ABBÉ DE SAINTE-
CROIX ET DU DUC DE BRETAGNE DANS LA VILLE DE QUIMPERLÉ.
Page 253.
1238.

Hoc est testimonium inter comitem Britanniæ et abbatem et

E

conventum de Kemperele juratum et receptum die lunæ in vigiliâ apostolorum Petri et Pauli, ad cognoscendum quid comes Britanniæ debet recipere in choüa de Kemperelle, et ad inquirendum qui tenent in quitanciis terras et domos villæ de Kemperelle, quæ ut dicitur debent esse talliabiles, et quid comes debet habere in salsagio sive in costumâ salis dictæ villæ, anno domini Mº CCº XXXº octavo.

Alanus Gaufridi miles juratus dixit quod talliæ et emendæ sunt communes inter comitem et abbatem; dicit etiam idem quod ventæ et otrisiæ de totâ villâ sunt abbatis Interrogatus quis debeat habere de domibus liberis et plateis ventas et otrisias, dicit quod abbas. Dicit etiam quod placita de terris sunt abbatis quousque adducantur ad liciam belli, et tunc bellum omne est inter comitem et abbatem. Dicit etiam quod si latro vel aliquis alius arrestatus fuerit a vigerio comitis seu captus, debet tradi vigerio abbatis cum sesinâ suâ, quia omnis arrestatio dictæ villæ vigerii abbatis est prædicti. Arrestati vero propter forefacta per judicium curiæ communis debent tractari seu judicari, et si aliquis in dictâ curiâ condemnatus fuerit ad mortem, a vigerio abbatis debet duci extra portam monasterii et tradi vigerio comitis; sesina vero quæ invenitur eum latrone debet partiri inter comitem et abbatem. Dicit etiam quod omnes costumæ penitus sunt abbatis, exceptis iis quas milites tenent de domino comite, et excepto hoc quod monasterium de Languonio percipit in villâ de Kemperele in dictâ costuma et excepto hoc quod vigerius comitis tenet de eo. Filius Rivalloni de Bosco tenet de abbate; bannarii similiter tenent de abbate. Dicit etiam idem miles, quod ubi choüa est quam abbas fecit, ibi solent vendi lanæ et quædam marchandisiæ et ibi solebat esse platea lutosa, et per contencionem senescalli medietas dictæ choüæ remansit delecta. Ipse enim dicebat quod comes debebat habere medietatem. Interrogatus si in loco ubi choüa facta fuerat a dicto abbate essent domus constructæ, dicit quod non. Interrogatus si essent, cujus esset dominium, dicit quod credit ipsas debere esse talliabiles in communi inter comitem et abbatem. Abbas vero habuit sesinam et costumas in dictâ choüa, sed quandoque senescallus desesinavit ipsum, et abbas iterum recuperavit dictam sesinam per comitem, sed in forefactis cæpit comes medietatem. Dicit

etiam quod de sale quod venatores petunt ab abbate ad bestias salandas, quod per quindecim annos vidit abbatem sive ballivum abbatiæ tradere unum minot ad salandum cervum, et aliud ad salandum aprum. Inquisitus vero utrum hoc dabat de jure, dicit quod nescit. De sale quod senescallus Cornubiæ habet, dicit quod emit de Petro Fort, cui comitissa Constantia illud dederat dicto Petro et suis. Credit etiam quod dictus senescallus habet cartam dictæ comitissæ. De melleiis et forefactis que fiunt in navibus in utroque portu, emendæ sunt abbatis; si extra, emendæ sunt communes. Omnis exheredatio terrarum dictæ villæ seu feudorum est abbatis, et si eas vendiderat, denarii de venditione dictarum terrarum sunt abbatis. Dictæ vero terræ sunt talliabiles dummodo mansionarii ibi sint; emendæ de forefactis eorum communes sunt. Dicit etiam quod terra camerarii quæ solebat esse in quittanciâ debet talliari, et duo domus suæ de Polrenart. Dicit etiam quod domus Gorguenn et Gormaëlon liberæ sunt senescalli, sed aliæ domus suæ et plateæ sunt talliabiles. Domus Forestarii et Gaufridi Deriani, et domus fratris Forestarii, furnus abbatis ante domum Kasniuel, domus an Bariller, et domus Maleterre juxta domum filii Carpentarii et domus dicti testis talliabiles sunt. Domus filii Bocell talliabilis. De domibus venatorum tres sunt liberæ in quittancia comitis, et furnus et aliæ debent esse talliabiles. Domus Enclaver talliabilis quæ solet esse in quitanciâ. Furnus præpositi monachi est talliabilis; quinque domus Grois in quitanciâ, aliæ talliabiles; duæ domus Tebaut de Mellac et platea juxta, et domus Gralloni pincernæ et domus Porthii et domus Gaufridi Barz, et domus de Polfanc talliabiles. Domus canum comitis tres et furnus in quitanciâ et omnes aliæ talliabiles. Item domus filii Goerloési et domus Clerici Nigri et platea juxta domum sancti Mauricii, sunt in quitanciâ abbatis. Terra Grallon Lemn, et domus Eveni Militis, domus Guillelmi ..... tii, domus Eudonis de Malestricto est talliabilis. Omnes mensuræ tam vini quam bladi, quam salis et omnium aliorum rerum quæ ad mensuram vendi solent, sunt abbatis. Multi milites, presbyteri et burgenses usque ad........ (*Cœtera desunt*).
— *Cartul. de Sainte-Croix.* — (*Copie du XVIIe siècle.*)

XXIX.

CONFIRMATION DU DUC GUY DE THOUARS. — Page 242.

1206.

Notum sit omnibus tam futuris quam præsentibus, quod ego Guido de Thouars comes Britaniæ confirmo et in perpetuum concedo abbatiæ sanctæ Crucis de Kemperelle et monachis ejus omnes possessiones quæ ab antecessoribus meis, Alano videlicet Kainart, qui primo præfatam abbatiam fundavit, Hoeli, Conano, filio Alani, Conano, Alani nigri filio, in dono et elemosina eis concessæ fuerunt, villam videlicet de Kemperelle, etc...... ad hujus itaque confirmationis atque concessionis certitudinem placuit hoc sigilli nostri munimine coroborari, et testimonio eorum qui huic donationi interfuerunt et confirmationi communiri quorum nomina brevi suscriptione connumerantur Willelmus?.... G. archidiaconus, J. Garini filius. J. Kelen, filius Ivonet, canonici corisopitenses; Evenus, abbas, in cujus manu hoc donum concessum est; Daniel, prior claustralis; Rivallonus celerarius; Savaricus, camerarius; Robertus, præpositus; Briendus, Eudo, Guido, Simon; Wilhelmus, prior de Doelan, Rivallonus, Auffredus, monachi sanctæ Crucis Kemperellensis; Guido, Daniel, Laurentius, capellani; Jestinus, Judical, Petrus et Matheus clerici; Guidomarcus, vicecomes Leonensis; Herveus nepos ejus. Henricus Sandani; Tanguy alterius; G. Rivallon, de Broerec et de Cornubia senescallus; Willelmus, Redonensis senescallus; Petrus Hemerici; Rivallonus, vicecomes; S. præpositus venetensis; Silvester alterius, milites, et plures alii. Actum est hoc apud Kemperelle, anno ab incarnatione domini millesimo ducentesimo sexto, in nomine domini nostri Jesu Christi cui honor et gloria in secula seculorum. Amen.
— *Titre du château de Nantes.* — (*Copie du XVIIe siècle.*)

XXX.

ACCORD ENTRE L'ABBÉ ET MORVAN, FILS D'HENRI. — Page 272.

1257.

Universis præsentes litteras inspecturis vel audituris Rocus de Penros allocatus domini comitis in cornubia tunc temporis, salutem in domino. Noveritis quod cum contentio verteretur coram nobis inter religiosos viros abbatem et conventum sanctæ Crucis de Kemperelle ex una parte, et Morvanum Henrici ex altera, super eo quod dicti abbas et conventus dicebant quod non debebant obbedire dicto Morvano de quadam terra quæ vocatur Kaer Roeyent in parrochia de Banazlec sita, tandem ad hanc formam compositionis unanimiter devenerunt, quod homines qui dictam terram tenebunt seu colent debent obedire dicto Morvano, dum dictus Morvanus vixerit, et quando dictus Morvanus decesserit dimittet judicium curiæ suæ de dicta terra cum dictis religiosis, salvo tamen dicto Morvano et suis post ipsum habere de dicta terra gallinagium et avenagium rationabiliter secundum quod consuevit talia accipere in alia terra sua, et unam dietam de corvoe, et unum panem et hostagium de qualibet domo quæ tenebit dictam terram, et molere in molendino dicti Morvani, nisi homines habitantes in (dicta) terra melius voluerint molere in molendino dictorum abbatis et conventus. In cujus rei testimonium presentes litteras ad præces dictorum partium sigillo nostro duximus sigillandas salvo jure domini comitis et cujuslibet alterius. Datum mense maii anno domini millesimo ducentesimo quinquagesimo septimo. Et estoit scelle. — *Titre du château de Nadles.* — (*Copie du XVII° siècle.*)

XXXI.

TRANSACTION ENTRE L'ÉVÊQUE DE QUIMPER ET L'ABBÉ DE SAINTE-CROIX, AU SUJET DU DROIT ÉPISCOPAL DE L'ABBAYE. — Page 262.

1262.

Universis Christi fidelibus presentes litteras inspecturis, Guydo de Plounevez miseratione divinâ episcopus et humile capitulum corisopitense, et frater Evenus humilis abbas et conventus monasterii Sanctæ Crucis de Kempercle ordinis sancti benedicti corisopitensis diocesis salutem in Domino. Noveritis quòd super causa que orta et ventilata fuit inter episcopum et capitulum corisopitense ex unâ parte et nos abbatem et conventum ex alterâ, super subjectione, obedientia reverentia, visitatione correctione et aliis juribus episcopalibus que in eodem monasterio ac prioratibus et ecclesiis in dyocesi corisopitensi constitutis ad dictum monasterium spectantibus, episcopo corisopitensi de jure communi nos episcopus et capitulum deberi dicebamus, diffinitiva sententia lata fuit, cujus tenor talis est :

Innocentius episcopus servus servorum Dei, venerabili fratri Herveio episcopo corisopitensi salutem et apostolicam benedictionem. Ea quæ vel judicio vel concordia terminantur, firma debent et illibata persistere et ne in recidive contentionis scrupulum relabantur, apostolico convenit presidio communiri. Orta siquidem inter te ex una parte et abbatem et conventum monasterii sancte crucis de Kemperele ordinis sancti Benedicti corisopitensis dyocesis ex alterâ, super subjectione, obediencia, reverencia, visitatione, correctione et aliis juribus episcopalibus que in eodem monasterio ac prioratibus et ecclesiis in eadem dyocesi constitutis, ad monasterium ipsum spectantibus, tibi de jure communi debere dicebas, materia questionis. Nos tandem in ipsa dilectum filium nostrum, P. tituli sancti marcelli presbyterum cardinalem cedimus auditorem ; qui, cognitis cause meritis et relatis fideliter coram nobis de speciali mandato nostro, te ac partis alterius procuratore presentibus, diffinitivam prout in patentibus litteris inde confectis plenius continetur per te sententiam promulgavit. Nos itaque, tuis supplicationibus inclinati, sentenciam ipsam perinde latam, ratam et firmam habentes, cum auctoritate apostolicâ confirmamus et presentis scripti patrocinio communimus. Tenorem autem litterarum ipsarum de verbo ad verbum presentibus fecimus annotari qui talis est :

In dei nomine, amen. Nos Petrus, miseratione divinâ tituli sancti Marcelli presbyter cardinalis, notum facimus universis, quod in causa que inter episcopum corisopitensem ex parte unâ, et abbatem et conventum monasterii Sanctæ Crucis de Kemperele ex àltera mota fuit, dominus papa nos dedit partibus auditorem et ex parte ipsius episcopi libellus coram nobis oblatus extitit in hunc modum : coram vobis, venerabilis pater domino P. tituli sancti Marcelli presbyter cardinalis in hac causa a domino papa partibus auditore concesse, proponit episcopus corisopitensis contra abbatem et conventum monasterii Sancte Crucis de Kemperele corisopitensis dyocesis, quod cum dictum monasterium et omnes prioratus de insula de Guezel et prioratus sancti Amandi et prioratus sancti Ronani de nemore et prioratus de Doelann et prioratus de Landuian ad dictum monasterium pertinentes, siti sint in corisopitensi dyocesi et esse debeant de jure communi eidem episcopo subjecti, et ad ordinationem et potestatem illius debeant pertinere, et predecessores ipsius episcopi, qui per tempora fuerunt, fuissint in possessione vel quasi omnium jurium episcopalium in predictis usque ad tempora Guillermi predecessoris sui, dicti abbas et conventus spoliaverunt eumdem predecessorem suum possessione vel quasi omnium predictorum, denegando ei et non admittendo ipsum ad jura predicta, nec permictunt eumdem episcopum visitationem correctionem et alia jura episcopalia exercere in dicto monasterio et in locis predictis. Quare petit idem episcopus se restitui et reduci ad statum et in possessionem vel quasi omnium predictorum et adjudicari sibi per vos sententialiter obedientiam, visitationem, correctionem et omnia jura episcopalia in dicto monasterio et in locis predictis, in omnibus aliis ecclesiis et capellis ad dictum monasterium pertinentibus, et in dyocesi corisopitensi constitutis ; et super hiis petit dictos abbatem et conventum sibi per vos sententialiter condempnari. Petit eciam eisdem abbati et conventui sentencialiter inhiberi quod de cetero non impediant vel impediri faciant dictum episcopum volentem uti viribus episcopalibus in locis et ecclesiis predictis. Petit expensas factas quas estimat centum marchas et protestatur faciendas, et hec petit salvo jure.

Super quo libello, licte coram nobis legitime contestata, prestitoque hinc inde a partibus juramento de veritate dicenda, factis pelicionibus et ad eas responsionibus subsequentis ; articulis hinc inde exhibitis et super hiis testibus receptis et eorum deposicionibus puplicatis, et privilegiis a parte monasterii nec non instrumentis ab utraque parte coram nobis exhibitis, auditis et intellectis, que partes coram nobis proponere voluerunt ; visis eciam privilegiis a parte ipsius monasterii et instrumentis et rationibus hinc inde exhibitis super omnibus et singulis supra dictis coram domino papa et fratribus suis relatione plenarie facta, et discutione diligenti habita de ipsius domini pape speciali mandato, communicato fratrum consilio, corisopitensi episcopo subjectionem, obedientiam et reverenciam, visitacionem, correctionem et omnia jura episcopalia que episcopis competunt in monasteriis sibi subjectis, secundum canonicas sancliones, in dicto monasterio et in omnibus prioratibus necnon ecclesiis et capellis supradictis in corisopitensi dyocesi constitutis, ad monasterium supradictum pertinentibus, per diffinitivam sentenciam adjudicamus; magistrum Yvonem clericum procuratorem constitutum à fratre Rotaldo monacho, dicto monasterio à domino papa deffensore dato, nomine monasterii, et ipsum monasterium ad ea omnia eidem episcopo sentencialiter condempnantes, salva dicto monasterio illa clausula que in privilegiis felicis recordationis Celestini, pape tercii, continetur ; videlicet crisma vero oleum sanctum, consecrationes altarium seu basilicarum, ordinationes clericorum qui ad sacros ordines fuerint promovendi a dyocesano suscipietis episcopo, si quidem catholicus fuerit, et communionem sacrosancte romane sedis habuerit, et ea vobis gratis voluerit et sine pravitate qualibet exhibere, alioquin liceat vobis quemcumque malueritis catholicum adire antistitem graciam et communionem sacrosancte romane sedis habentem, qui nostra fultus auctoritate, vobis quod postulatur impendat ; salvo eciam eidem monasterio illo jure quod bernardus, quondam corisopitensis episcopus, in ecclesiis in fundo dicti monasterii constructis, monasterio memorato concessit. Super insula vero de Guezel quantum ad jura episcopalia que episcopus in eadem insula vendicabat, dictum procuratorem monasterii memorati, nomine ipsius monasterii, sentencialiter reddimus absolutum ; corisopitensi episcopo super iis perpetuum silencium imponentes. In cujus rei testimonium hanc sentenciam per infrascriptum notarium in puplicam formam redigi fecimus, et nostro sigillo muniri. Prolata est hec sentencia in scriptis per dictum dominum cardinalem lugdunensem, presentibus domino herveo episcopo corisopitensi, et herveo clerico et procuratore dicti episcopi, et predicto magistro yvone, clerico et procuratore monasterii supra dicti, presentibus eciam magistro bernardo ypsano, magistro berardo neapolitano, et magistro radulpho de mirabello, capellanis domini pape, et magistro wilelmo papiensi, magistro anglero romano, advocatis; presentibus eciam magistro johanne de doaco, et magistro arnaldo de valetes, et domino nicholao, monacho claravallensi, capellanis predicti domini cardinalis, et multis aliis. Anno domini millesimo CC° quinquagesimo III°. Idus maii, Indictione VIII. Pontificatus domini Innocencii pape quarti anno VII°. Ego bartolomeus de cirsine, auctoritate apostolica notarius, prolationi predicte sentencie interfui et eam, de mandato predicti domini cardinalis, scripsi et in puplicam formam redegi. Nulli ergo omnino homini liceat hanc paginam nostre confirmationis infringere, vel ei ausu temerario contraire. Si quis autem hoc attemptare presumpserit, indignationem omnipotentis dei et beatorum petri et pauli, apostolorum ejus, se noverit incursurum, datum lugduni XIII° kalendas junii; pontificatus nostri anno VII°.

Tandem nos Guido episcopus et capitulum corisopitense ex una parte, et nos Evenus abbas et conventus monasterii sancte Crucis de Kemperele ex altera, ad hanc amicabilem composicionem seu ordinationem, moderando dictam sentenciam, unanimiter devenimus. Cujus composicionis seu ordinacionis et moderationis sentencie forma talis est: Nos abbas et conventus dicti monasterii et successores nostri, et nos episcopus et capitulum corisopitense et successores nostri, parebimus dicte sentencie diffinitive, hoc modificato et moderato, quod ecclesie parochiales site apud Kemperele nichil solvent episcopo corisopitensi nec successoribus suis, nomine procurationis. Sed tamen dictus episcopus et successores sui visitabunt ibi et corrigent. Prioratus de landuian et de ponte briencii solvent ambo triginta solidos annuatim tantum, nomine procurationis. Acta curie camerarii hucusque facta, rata manebunt. Evenus remanebit abbas. Episcopus corisopitensis et successores sui nichil petent in capite nec in membris racione retroactorum seu arreragiorum. Dictum monasterium habebit ecclesiam de Mellac post decessum rectoris qui nunc est, et presentabit episcopo perpetuum vicarium ad curam dicte ecclesie, qui habebit terciam partem reddituum et proventuum ipsius ecclesiæ et monasterium duas partes, et solvet dictum monasterium episcopo corisopitensi, pro dicta ecclesia de Mellac, XXX solidos annuatim, nomine procurationis. Item episcopus et capitulum corisopitense, sine aliqua contradictione, sustinebunt quod abbas et monachi dicti monasterii probent appellacionem suam post dictam diffinitivam sentenciam interpositam, salva moderacione predicta, et quod sentencie late in dictos abbatem et monachos denuncientur non valere, vel absolvantur ab illis sentenciis, secundùm quod judici videatur expedire. Item sustinebunt episcopus et capitulum corisopitense quod quolibet alio bono modo quo fieri possit, irregularitas dictorum abbatis et monachorum evitetur, observatis tamen predictis. Item episcopus corisopitensis et successores sui visitabunt et corrigent in omnibus locis predictis, salvo jure archidiaconi cornubiensis in ecclesia de Mellac. Item protestantur duo archidiaconi ecclesie corisopitensis de jure suo in omnibus aliis locis. Lictera Bernardi salva erit et tenor ejus qui talis est : etc. (1).

Ecclesie sancti Tayaci et de Trefguennou et sancti Riuallazri nichil solvent nomine procurationis. Nos autem Guido episcopus et capitulum corisopitense ex una parte, et nos evenus abbas et conventus dicti monasterii ex altera, predictas composicionem, ordinacionem et sentencie moderationem et omnia et singula contenta in eis et etiam ipsam sentenciam, salva dicta moderacione, rata et firma habentes, promittimus et tactis sacro sanctis evangeliis juramus nos pro nobis et successoribus nostris hinc et inde imperpetuum inviolabiliter observaturos. Volentes et gratantes quod religiosus vir abbas de langonio, cisterciensis ordinis, corisopitensis dyocesis, judex a domino papa inter partes deputatus, habeat, auctoritate apostolica, potestates, si aliqua parcium contra predicta vel aliqua predictorum venerit vel venire voluerit, quod absit, coercendi eamdem. Et quantum ad hoc nos hinc et inde supponimus jurisdictioni ejusdem ; volentes et concedentes quod dictus abbas de langonio sigillum suum presentibus apponat. Et ut hec omnia et singula rata et stabilia permaneant infuturum, presentes litteras sigillorum nostrorum munimine duximus roborandas, in certitudinem et in testimonium veritatis. Datum anno ab incarnatione domini M° CC° sexagesimo secundo mense octobris. Alanus dictus Pennharz. — *Cart. du chapitre de Quimper.* — *(Copie de la bibliothèque de Quimper.)*

(1) Voir le texte de cette lettre à la page 664.

XXXII.

ACCORD ENTRE L'ABBÉ ET GUILLAUME DE GOARLOT. — Page 275.

1263.

Universis præsentes litteras inspecturis vel audituris Oliverius de Ploemergat senescallus domini comitis apud cornubiam salutem in domino. Notum facimus quod cum contentio verteretur in jure coram nobis inter religiosos abbatem et conventum de Kemperelle ex una parte, et Guillermum de Goarlot scutario ex altera, super quandam donationem terræ quam Guido filius Perio fecerat monasterio de Kemperelle, videlicet totam terram et teneuram quas habebat seu habere de jure debebat in feodo dicti Guillermi de Goarlot sitas, in puram elemosinam, et idem Guillermus diceret coram nobis quod idem Guido non poterat dictam donationem facere, nec debebat, tandem post multas et diversas altercationes hinc et inde propositas ad hanc compositionem pacis unanimiter devenerunt, quod idem Guillermus de Goarlot quittavit et concessit quod dicti religiosi habeant totum illud quod idem Guido habebat et possidebat in villa quæ dicitur Kaerleugui et in villa Logoden (1), et earum pertinentiis in parochia de Treguenc sitis in feodo dicti Guillermi, et pacifice possident in perpetuum in puram et perpetuam elemosinam ad tenendum ab eodem Guillermo salvis eidem Guillermo jure suo et saesinis suis quæ sibi de jure competunt in præmissis; et si esset contentio inter ipsos religiosos et ipsum Guillermum super saesinis villarum superius nominatarum, debet per sapientes et notos de patria dicta contentio removeri, et de omnibus aliis quæ petebant idem religiosi ratione donationis quam idem Guido eisdem fecerat dicti religiosi nichil possunt petere nisi quod dictum est de duabus prædictis villis et eorum pertinentiis usque ad finem viginti quinque annorum a data præsentium litterarum inchoandarum et tunc possunt petere salvo dicto Guillermo.....quod sibi viderit expedire. In cujus rei testimonium nos ad requi-

(1) Auj. Kerleoguy et Kerlogoden, en la commune de Trégunc, canton de Concarneau (Finistère.)

sitionem dictarum partium sigillum nostrum præsentibus litteris duximus apponendum, et idem Guillermus ipsas sigillo suo ad majorem efficatiam sigillavit. Datum die mercurii ante festum beati mathei apostoli, anno domini ducentesimo sexagesimo tertio. Et estoit scellé. — *Titre du château de Nantes.* — *(Copie du XVIIe siècle).*

XXXIII.

ACTE D'ASSOCIATION DU DUC JEAN Ier AUX DROITS DE L'ABBAYE DE SAINTE-CROIX DANS LA VILLE DE QUIMPERLÉ. — Page 278.

1271.

Universis presentes litteras visuris et audituris. J. dux britanniæ salutem in vero salutari. Noverit universitas vestra quod abbas et conventus de Kemperelle augmentationem rerum monasterii sui attendentes, nos et hæredes nostros associaverunt in omnibus proventibus, exitibus, et redditibus et levatis molendinorum existentium in villa de Kemperelle et juxta villam infra benleucam factorum et faciendorum et in omnibus proventibus, reditibus, et exitibus furnorum in villa de Kemperelle factorum, et faciendorum, et etiam in cohuagio, et in proventibus et exitibus cohuæ in villa de Kemperelle faciendæ; quam cohuam nos tenemur facere nostris propriis sumptibus, et voluerunt, et concesserunt prædicti abbas, et conventus quod nos percipiamus in præmissis medietatem reddituum, et exituum provenientium ex eisdem, et prædicti abbas, et conventus percipiant aliam medietatem reddituum, et proventuum provenientium ex molendinis, furnis, et cohua antedictis; quam associationem nos vel nostri successores non possumus nec poterimus ab ipsis religiosis separare, et tenemur molendina jam facta in villa de Kemperelle, vel prope in bono statu ponere hac prima vice, et alia nova molendina propriis sumptibus ædificare hac prima vice ad sufficientiam multuræ et pholagii villæ de Kemperelle, et existentium infra leucam, seu benteucam vulgariter nuncupatam; ipsis autem motendinis, furnis, et cohuâ primâ vice factis, ad communes sumptus reædificabuntur, et in novo statu tenebuntur, quando nobis et dictis, religiosis videbitur expedire; si vero contigerit occasione nostra vel guerræ nostræ, vel successorum nostrorum dicta molendina, furnos, et cohuam comburi, vel alio modo destrui, tenemur ea in propriis sumptibus reædificare, et in statum pristinum reformare; homines vero dictorum abbatis, et conventus, infra benleucam existentes, compellentur ad molendum in dictis molendinis, ad pholendum per dictum abbatem solummodo, vel per ejus allocatum, et homines ipsorum abbatis et conventus in villa de Kemperelle manentes infra leprosariam et suspendium dictæ villæ per dictum abbatem, vel ejus allocatum solummodo, compellantur ad coquendum in dictis furnis, et non alii homines ultra dictum suspendium et leprosariam existentes. Et si quæ emendæ occasione defectus dictarum multuræ et coctionis a dictis hominibus leventur dictus abbas eas totaliter percipiet et habebit; et nostri proprii homines et subditi infra benleucam existentes, per nos ad molendum in dictis molendinis. et etiam ad pholendum compellentur, et emenda quæ fuerit inde levata, nostra erit; homines vero communes per communem adlocatum ad molendum, et pholendum in dictis molendinis compellentur, et erit emenda communis inter nos, et abbatem et conventum prædictos. Nos vero dux britanniæ dedimus et concessimus, et damus et concedimus prædicto monasterio de Kemperelle medictatem villæ nostræ novæ quæ vocatur Vennerven cum medictate dictæ villæ pertinentiarum presentium et futurarum; volumus etiam et concedimus quod in molendino nostro, quod est prope dictam villam, et in quocumque alio molendino facto et faciendo infra benleucam de Kemperelle, percipiant medictatem religiosi antedicti, cum pertinentiis suis. Causæ vero omnimodæ provenientes ratione cohuæ, et cohuagii, et forefactorum in eadem in curia nostra de Kemperelle et dictorum abbatis et conventus, communi audientur, et emendæ inter nos et dictos religiosos communiter dividentur; porro medietatem redituum, et proventuum prædictorum molendinorum, furnorum et cohuæ, ad nos pertinentium ad opus nostrum recipiet celerarius de Kemperelle ob allocato, seu furnario communi a nobis et ab ipso abbate communiter constituto, et nobis reddet eamdem medietatem celerarius antedictus; nos vero dictis religiosis dimisimus, dimittimus st quitamus aquas et piscaturas de Holo et de Izol usque ad rivulum qui vocatur frot an forest sub manerio nostro de Carnoët, et usque ad superius molendinum dicti monasterii de super villam de Kemperelle super Hele, et totidem in aqua quæ Izol nuncupatur, ita quod nos vel dux britanniæ, qui pro tempore fuerit, possumus piscari vel facere piscari in aquis antedictis, quando nos, vel ducissa britanniæ vel alter nostrum contigerit in manerio nostro de Carnoet solummodo commorari; et si contigat quod propter associationem, vel concessionem ab ipsis nobis factam, et ipsis a nobis ab aliqua persona, seu aliquibus personis ecclesiasticis, vel secularibus, lis vel contentio inter eos moveatur, vel contra aliquem suorum, tenemur nos et successores nostri omnes lites, et contentiones nostris propriis sumptibus in nos suscipere, et ipsos religiosos indemnes deffendere, et servare, salvis tamen eisdem religiorum juribus et possessionibus suis in villa de Kemperelle et in portu a benleuca, et in omnibus aliis juribus, et possessionibus suis ubique in presentibus litteris non expressis, quibus non intendunt dicti religiosi, nec nos volumus per istam associationem, in aliquo derogari; et si contigat quod de communi assensu nostro, et dictorum religiosorum, in futurum, portum novum fieri in prædicta villa de Bennerven, superius nominata, tantum percipient ibi predicti religiosi quantum percipient in portibus suis de Kemperelle, et in super nos non debemus aliquod opus facere, per quod piscaturæ dictorum religiosorum valeant impediri, nec possumus impedire quin ipsi religiosi adducant aquam de Hele ad suum molendinum situm in clausata abbatiæ de Kemperelle; in quo molendino possunt dicti religiosi bladum suum ad usum proprium molere, vel in aliis molendinis dictæ villæ sine multura, si eis videatur expedire. Omnia vero præmissa et singula, bona fide observare et inviolabiliter tenere, promittimus et concedimus, nos et hæredes nostros, et successores expresse ad hoc et specialiter obligantes; in cujus rei testimonium presentibus litteris sigillum nostrum duximus apponendum. Datum mense martii, anno domini milesimo ducentesimo septuagesimo primo. — Et paroist encore la queue du sceau en vellin sur laquelle est escrit d'escriture semblable au corps de l'acte: constat solummodo, salvum, et autres mots latins difficiles à lire et sur le dos de l'acte est escrit: c'est la lettre originalle et première de l'association, etc. — *Titre du chartrier de Sainte-Croix.* — *(Copie du XVIIᵒ siècle.)*

XXXIV.

CONFIRMATION DES PRIVILÈGES DE L'ABBAYE SAINTE-CROIX PAR LE PAPE MARTIN IV. — Page 285.

1283.

Martinus episcopus servus servorum dei dilectis filiis abbati et conventui monasterii de Kemperele ordinis S. Benedicti, corisopitensis diocesis, salutem et apostolicam benedictionem. Cum a nobis petitur quod justum est et honestum, tam vigor æquitatis quam ordo exigit rationis ut id per sollicitudinem officii nostri ad debitum perducatur effectum. Quapropter, dilecti in domino filii, vestris justis postulationibus grato concurrentes assensu, omnes libertates et immunitates a predecessoribus nostris romanis pontificibus, sive per privilegia seu alias indulgentias vobis et monasterio vestro concessæ, nec non libertates et exemptiones sæcularium exactionum a regibus et principibus et aliis christi fidelibus rationabiliter vobis indultas sicut eas juste ac pacifice obtinetis vobis et per vos eidem monasterio authoritate apostolica confirmamus et presentis scripti patrocinio communimus. Nulli ergo omnino hominum liceat hanc paginam nostræ confirmationis infringere, vel ei ausu temerario contraire. Si quis autem hoc attemptare presumpserit, indignationem omnipotentis dei et beatorum Petri et Pauli apostolorum ejus se noverit incursurum. Datum apud Urbem veterem, XV calendas maii, pontificatus nostri anno secundo. — *Titre du chartrier de Sainte-Croix.* — *(Copie du XVIIᵒ siècle).*

XXXV.

CONVERSION DE RENTES DOMANIALES EN RENTES CENSIVES EN FAVEUR DES HABITANTS DE LA TRÈVE DE TRELIVALAIRE. — Page 286.

1284.

Noverint universi nostram curiam de Kemperelle Johannis

ducis britannie comitis de monfort, vidisse et diligenter inspexisse quasdam litteras omni suspicione carentes sigillis fratris cadioci abbatis monasterii Sancte Crucis de Kemperelle conventusque ejusdem tunc temporis sigillatas formam que sequitur continentes : universis presentes litteras inspecturis et audituris frater cadiocus humilis abbas monasterii Sancte Crucis de Kemperelle ordinis sancti benedicti, corisopitensis diocesis ejusdemque loci conventus salutem in domino. Noveritis quod nos abbas et conventus cum auctoritate predicti abbatis nostri unanimi consensu nostri prefati monasterii utilitate pensata dedimus et concessimus, damus eciam et concedimus homnibus nostris tailliabilibus habitantibus in treviasancti rimalardi (*sic*) prope Kemperelle et suis heredibus per ipsos et ab ipsis causam habentibus, totam terram tailliabilem quam ipsi habitantes tenent et colunt et excolere tenere et habitare consueverunt in dicta trevia sitam cum suis pertinenciis tam pratis aquis frostis landis quam aliis suis pertinenciis universis in puram et perpetuam hereditatem tenendam possidendam pacifice pariter in posterum et habendam solvendo nobis nostrisque successoribus et monasterio nostro predicto triginta et octo libras monete currentis annui census. Videlicet novemdecim libras dicte monete quolibet festo sancti Egidii abbatis ex nunc in antea annuatim et novem decim libras quolibet festo purificationis beate marie virginis similiter annuatim de quibus triginta et octo libris annui census exsolvendis prout supra est expressum solvet mons et tuou oger duodecim denarios terra bauden septem decim solidos villa meryan sexdecim solidos, villa res quinquaginta et quinque solidos villa roch quindecim solidos villa trefforet triginta et duos solidos dicta buessit triginta et octo solidos ros filii carpentarii tres solidos...... guyclou novem solidos villa germag..... triginta solidos villa moustaer triginta solidos et duodecim denarios villa bourre sexaginta solidos villa se..... viginti solidos et duodecim denarios nemus domini abbatis novem solidos Rest Urgoez triginta et duos solidos villa dalle octodecim solidos villa guen viginti et tres solidos villa..... nic triginta solidos villa ylen quadraginta solidos villa helye novem decim solidos villa Johannis quindecim solidos villa...... uleden viginti et tres solidos villa corre viginti et tres solidos terra leyn (et?)

villa oureguen triginta solidos villa baille quadraginta et tres
solidos villa lidoc viginti solidos et duodecim denarios Rosloes
tres solidos villa couderz triginta solidos villa Kercabhegre
triginta et septem solidos villa gourgaric septem solidos esar-
zou triginta solidos dictum vero censum debent dicti homines
nostri et sui post ipsos nobis solvere prout superius est divi-
sum pro duabus talliis quas ab ipsis solebamus accipere annuatim salvis in dicto curie nostre corvcio seu anguria avenagio
et aliis juribus nostris prout ea hactenus consuevimus perci-
pere et habere in premissis et singulis omnibus salvo jure alterius
cujuscunque et hæc omnibus significamus per presentes nostras litteras sigillis nostris propriis sigillatas. Datum die sab-
bati ante ramos palmarum anno domini millesimo ducentesimo
octogesimo quarto. Datum per vidisse parrochianis predicte
trevie ad eorum requisitionem nostre predicte curie pre-
sentantium originale hujus modi ut ipsa curia nostra ipsum
originale diligenter inspexisset, die jovis XXX° die mensis julii
anno domini millesimo trecentesimo sexagesimo sexto. Colla-
cio facta per Sylvestrum de Bennerwen. — *Titre du chartrier
de Sainte-Croix.*

XXXVI.

ACTE OBLIGATOIRE DE JUDICELL, PRÊTRE DE BOTELAN ENVERS LE
PRIEUR DE PONTBRIANT. — Page 287.

1292.

Noverint universi quod ego Judicellus presbiter de Botelan
titulo pignoris obligavi cum fratre Eveno monaco priore de
Pont-Briant tunc temporis omnes terras et possessiones quas
habebam apud Bottelen in parrochia de Guiscruy cum suis pertinentiis universis, et quidquid juris domini habebam in eisdem terris, pro quadraginta et tribus libris currentis mo-
netæ traditis et liberatis michi ab eodem monacho in pecunia
numerata, in cujus rei testimonium præsentes litteras dicto
monacho sigillo domini ducis britanniæ ad contractus Kemperelle una cum sigillo Bernardi archidiaconi secretarii ad præ-

G

ces meas quod sigillum proprium non habebam tradidi sigillatas. Datum die lunæ post fetare Jerusalem anno domini millesimo ducentesimo nonagesimo secundo. Et estoit scellé. — *Titre du château de Nantes.* — *(Copie du 17º siècle).*

XXXVII.

LETTRE DE PHILIPPE LE BEL AU ROI D'ANGLETERRE POUR SE PLAINDRE DES HOSTILITES FAITES A BELLE—ILE PAR DES ANGLAIS. — Page 290.

1313.

Philippus dei gratia francorum rex, magnifico principi, charissimo filio Edwardo eadem gratia regi Angliæ illustri duci Acquitaniæ fideli nostro salutem et prosperos ad vota successus. Cum prout ex parte dilectorum nostrorum abbatis et conventus monasteris Sanctæ Crucis de Kemperelle corisopitensis diocesis nostra speciali gardia existentium accepimus conquerendo, quod nonnuli malefactores de regno vestro ad quandam ipsorum religiosorum insulam vocatam vulgariter bellam insulam nuper accesserint..... de bonis in dicta insula existentibus et ad ipsos religiosos et incolas dictæ insulæ pertinentibus rapuerint quosdamque de monachis dictæ abbatis ac de incolis ipsius insulæ ceperint et secum per violentiam, nescitur quo, duxerint, nonnullasque violentias eisdem incolis ac monachis ibidem deo desservientibus incessanter inferant et jacturas, celsitudinem regiam attente requirimus et rogamus .... universos portus regni vestri et alia loca ipsius regni vestri insignia, publice faciatis proclamari ad requisitionem procuratorum dictorum religiosorum ne quis sub pœna corporis et bonorum aliquam violentiam in prædicta insula incolis et monachis ibidem existentibus, aliquam inferant molestiam vel jacturam, et ipsos quos prædicta noveritis perpetrasse......... remittatis sub fida et secura custodia pro eos pro demeritis puniendo. Datum die XX octobris, anno domini millesimo trecentesimo tertio decimo. — Et estoit scellé. — *Titre du château de Nantes.* — *(Copie du 17º siècle).*

XXXVIII.

LETTRE DU ROI PHILIPPE DE VALOIS AU BAILLI DE COUTANCES ET AU VICOMTE D'AVRANCHES, LEUR FAISANT DÉFENSE D'OBLIGER LES RELIGIEUX A RECEVOIR, CONTRE LEUR VOLONTÉ, UN MOINE DANS LEUR ABBAYE. — Page 295.

1329.

Philippus Dei gratia francorum rex, baillivo Constantiensi et vicecomiti Abricenci vel eorum locum tenentibus salutem. Abbas et conventus de Kemperelle in britania corisopitensis diocesis nobis fecerunt monstrari graviter conquerendo, quod licet ipsi de fundatione regia seu in nostra salva gardia speciali non existant nec aliquis jure regio prædecessorum nostrorum receptus fuerit in monasterio eorumdem, nichilominus vos virtute quarumdam litterarum a nobis, ut dicitur, seu a prædecessoribus nostris obtentarum ut unum locum in dicta abbatia hac vice nobis debitum seu prædecessoribus nostris Judicello Gezou assignarint et ipsum reciperent in monachum et in fratrem molestatis et molestare nitimini indebite, sicut dicunt, in eorum grande præjudicium atque damnum ; quare vobis committimus et mandamus, et vestrum cuilibet, quatenus nisi vobis ...... dictam abbatiam de fundatione regia seu in nostra gardia speciali existere, aut aliquem in eodem jure regio prædecessorum nostrorum receptum fuisse reperietis, a molestatione hujus modi penitus desistatis et ad recipiendum dictum Judicellum ulterius non compellatis eosdem. Datum Andegavis XXII die julii anno domini millesimo trecentesimo vicesimo nono. — Et estoit scellé. — *Titre du château de Nantes.* — *(Copie du 17e siècle).*

XXXIX.

EXTRAITS DES COMPTES DES RECEVEURS DE QUIMPERLÉ ET CARNOET.— du 14e au 17e siècle.

Procédant ausquels extraits par nous Guillaume Guillermo, conseiller du roy, secrétaire et auditeur en sa chambre des comptes de Bretagne, suivant et en vertu de nostre commission de l'autre part, nous a esté représenté par Mº François Denis garde des livres et papiers de ladite chambre, un compte de Guillaume du Quirisoet, recevcur ordinaire de Quimperlé et Carnoët, rendu pour le temps commencé le premier jour d'octobre l'an M. III. c. IIII. xx. XVII. jucques au segond jour de décembre l'an M. III. c. IIII. xx. XVIII. clos à Vennes, le XXIᵉ jour de décembre l'an M. III. c. IIII. xx. XVIII. cotté en l'inventaire des comptes VIII. c. VIII. au premier feuillet duquel est escript ce qui suit :

Item se charge ledit recevcur de la moitié de la taille commune de Quimperlé, qui se paie par deux termes l'an, sçavoir : est à Noël et à la Saint-Jean-Baptiste, et est la taille sur checun terme en ce que touche la moitie qui appartient à mondit seigneur vingt livres ; si compte ledit recevcur de ladite taille pour le terme de Noël, l'an M. III c. IIII. xx. XVII. et pour le terme de Saint-Jean-Baptiste, l'an IIII. xx. XVIII. qui montent ensemble . . . . xl l.

Et au verso dudit premier feuillet est escript ce qui ensuit :

Item compte du taux communal de Quimperlé, qui est par mé entre monseigneur et l'abbé et couvent dudit lieu ; monte la partie de mondit seigneur dudit taux, segond l'appurement dudit Bernard de Kerourcuf, oudit an. . . . xxii l. x s.

Il est chargé en outre en égard au minu de. . . . x s.

Et ne se charge mie ledit recevcur de taux et amantes de lad. chastelanie de l'an M. III. c. IIII. xx. deiz ouit, pour ce qui ne sont apurées, fors par autant qu'il a levé des sergents comme le menu s'ensuit :

Jehanne de la ruère sergente féc en la paroisse de Moëllan, on lad. chastelanie.

Cadoret Deryen sergent fé de Clouchal en lad. chastelanie. . . . . iiii l.

Au deuxième feuillet recto dud. compte est escript ce qui suit :

Richard Kaermorial sergent fé de Mellac en ladite chastelanie. . . . . c s.

Guillaume Olivier sergent fé en la paroisse de Baznalec, par la main de Henry le Coz. . . . . xxx s.

Item compte ledit recevcur des taux et amantes de la court au chastelain de Carnoet fait par Jean le Fèvre sénéchal dud.

lieu qui montent segond son appurement de l'an IIII. xx.
XVII. . . . . xv l. xii s. vi d.

Amprés compte et se charge ledit receveur de l'issue des
denrées traites et menées par mer hors de ceules chastelanies
depuis celuy temps du premier jour d'octobre l'an M. III. c. IIII.
xx. deiz sept dont l'en prent pour checun thonneau doent, suif
ou autres gresses trante cinq sols, et de checun thonneau de
bled quelque bled que ce soit, vingt un sols jucques a nouvelle
ordrenence de monseigneur qui fut faite environ le premier
jour de novembre ensuivant.

A folio xviii. recto dudit compte est escript ce qui ensuit:

Item autre compte d'entré de sel, puis nouvelle ordre nécessaire par monseigneur dès le premier jour de novembre l'an
M. III. c. IIII. xx. XVII. dont l'en prent pour checun mé (minot?) cinq sols come apert par les lettres de mond. seigneur
sur ce données.

A folio xxx iiii. recto dud. compte est escript ce qui suit :

Autre charge des cens de Bourgneuf, qui sont par (mé ?)
entre monseigneur et l'abbé et couvent de Quimperlé, pour le
terme de janvier l'an M. III. c. IIII. xx. deix sept, dont il
compte de la moitié appartenant à mondit seigneur pour ledit
terme.

Plus a esté représenté un autre compte de Guillaume du
Quirisoet, receveur ordinaire dudit Quimperlé, rendu pour le
temps commencé le XXIe décembre M. III. c. IIII. xx. XVIII.
jucques au huitième febvrier M. III. c. IIII. xx. XIX. conclud à
Nantes, le vingtième jour de febvrier l'an M. CCC. IIII. xx.
XIX. cotté en l'inventaire des comptes VIII. c. X. A follio ii
recto dudit compte est escript ce qui ensuit :

Premier le sire de Keymerch, sergent fé de Quimperlé, a
payé audit receveur dudit taux. . . . . xx l. xiii s.

Yvon Jourdaen sergent pour papegaut en partie d'icelle chastelanie. . . . . xvi l.

Johanne de Rielo sergente fée en la paroisse
de Moëlan, en lad. chastelanie. . . . . . ix. l.

Cadoret Derian, sergent fé en la paroisse de
Clouhal, en lad. chastelanie. . . . . lx s.

Hervé Le Coz, sergent pour Guillaume Olivier,
en la paroisse de Banazlec. . . . . vii. xvii s.

Richard de Kaermorial, sergent de Mellac. . . xx s.

Monte. . . lvi l. xi s.

Des taux de la court communale de Quimperlé, entre monseigneur et l'abbé de l'an M. III. c. IIII. xx. XIX. ce receveur ne compte rien, car il dit qu'ils sont encore à appurer.

A follio xxi, verso dud. compte est escript ce qui ensuit :

Item compte et se charge de trois derrains quartiers de la ferme du moulin au Koq, qui est par mé entre monseigneur et les religieux l'abbé et couvent de Quimperlé, de l'an M. III. c. IIII. xx. XVIII. commencé au jour du sacrement, sixième jour de juin M. III. c. IIII. xx. XVIII. afermé à Jean Bonsoin, pour ledit an, cinquante sols, dont il compta à son derrain compte des deux premiers quartiers finis au sixième jour de juin l'an M. III. c. IIII. xx. XIX qui montent. . . . . XXV s·

A follio xxx, recto dud. compte est escript ce qui suit :

Amprès compte et se charge led. receveur de cens de Bourgneuf pour le terme de janvier l'an M. III. c. IIII. xx. XVIII. qui sont par mé entre monseigneur et l'abbé et couvent de Quimperlé qui montent pour ledit terme, sauf avoir descharge des frostes et vacans en la manière que sa mise de son derrain compte en fait mention, selon le menu qu'il rendit à la court : . . . . ci s. iii d.

Davantage nous a esté représenté le compte de Guillaume du Quirisoet, receveur ordinaire dud. Quimperlé rendu pour le temps commencé le XIXe jour de juin M. IIII. c. IIII. jusques au tiers jour décembre l'an M. IIII. c. V. conclud. à Vennes le IIIe jour de décembre l'an M. CCCC et cinq, cotté dans l'inventaire des comptes VIII c. XVI. A follio xxxiii, recto dud. compte est escript ce qui ensuit :

Item y a une place de meson et son four à Quimperlé qui est par mé entre monseigneur et l'abbé et couvent dud' lieu, qui est entre la maison Geffroy Mouril d'un costé et une place de meson à Guillaume le Begruz, qui est devant la porte de pont Yzol sans que n'eust oncques fait mention en nul compte : frost et vacant.

Comme aussy nous a esté représenté un autre compte de Guillaume du Quirisoet receveur ordinaire dudit Quimperlé pour le temps commencé le tiers jours de décembre l'an M. IIII. c. V. jusques au premier jour de juin M. IIII. c. VII. conclud à Vennes le IIIIe jour de juin l'an M· CCCC et sept, cotté dans l'inventaire des comptes VIII. c. XVII. A follio premier verso dud. compte est escript ce qui suit :

Item compte du taux de la court commune de Quimperlé qui est par mé entre monseigneur et les religieux l'abbé et couvent de Quimperlé faict par ledit Bernard sénéchal susdit, et montent selon son appurement trente livres cinq sols dont appartient à mond. seigneur la moitié montant.   xv l. ii s. vi d.

Item compte du taux de la court du Kaernoet de l'aoust l'an M. IIII. c. et six, fait par Jean le Febvre sénéchal dudit lieu quy monte selon son appurement rabattu ses gages et distributions. . . . . iiii l. vi s. ix d.

A follio xxx recto dud. compte est escript ce qui suit :

Autre charge des cens de Bourgneuf qui sont par mé entre monseigneur et les religieux l'abbé et couvent de Quimperlé pour terme de janvier l'an M. IIII. c. et cinq, qui montent selon le minu autresfois a court auquel se raporte sauf faire raison en mise, cest pour la part de monseigneur.   ci s. iii d.

Outre la part des religieux.

Audit feuillet xxx verso dud. compte est anssy escript ce qui ensuit.

Item est baille de Noel Abbellcolzalet une place de meson, ou fut four autresfois d'entre lostel Geffroy Mourill d'un costé et une place de meson à Guillaume le Begruz d'autre, devant la porte d'Izol, hors du chastel de Quimperlé, quelle place est par mé entre monseigneur et les religieux l'abbé et couvent de Quimperlé, pour la somme de viii sols de cens chacun an, entre monseigneur et lesd. religieux, sauf gret dont le premier payement se doit faire à janvier, en l'an qui sera dit M. IIII. c. et ouyt.

De plus nous a esté représenté par ledit Denys, un compte de Jean Cubier, receveur dud. Quimperlé, pour le segond jour de juin l'an M. IIII. c X. jusques à la conclusion du présant compte conclud le XIIe décembre M. IIII. c. XI. cotté audit inventaire des comptes VIII. c. XXI. A follio xv. recto dud. compte est escript ce qui suit :

Amprès compte et se charge ledit receveur de l'issue des denrées traites et menées par mer hors de son bailliage puis ledit temps du quinzième jour de may, jusques auquel jour il avoit compté l'an M. IIII. c. et neuf, ensemble o les entrées des vins du sel et du fer descendu en son bailliage, puis ledit temps dont l'en prent et liève pour issue de chacun thonneau de froment XV ˢ. et pour thonneau de char, suiff et autres gresses XX ˢ. de chacun thonneau de seigle, avoenne et autres menus bleds X sols.

Et y a de coustume ancienne par chacun thonneau de froment des gens demourant au communal de Quimperlé, IX ᵈ. à monseigneur outre autant à l'abbé, et de chacun thonneau froment hors les mettes du communal XVIII ᵈ. à monseigneur outre autant à l'abbé ; par chacun porc du communal I ᵈ. obole de coustume à monseigneur, et III ᵈ. hors le communal outre autant à l'abbé.

Semblablement nous a esté représenté un compte Henry Le Digoedet, receveur dud. Quimperlé, rendu pour le temps commencé le septième jour d'aoust l'an M. IIII. c. XIII. jusques au quinzième de febvrier l'an M. IIII. c. XIIII. conclud à Vennes, le seizième jour de febvrier l'an M. CCCCXIIII. cotté audit inventaire des comptes VIII. c XXIIII. A follio IIII. xx. l. verso dudit compte est escript ce qui ensuit :

Les frutages des cortils frostes et vacans du Bourgneuf, pour l'aouest M. IIII. c. XIIII. sont affermés à la femme Yvon Fère, comme plus donnante pour la somme de XVI ˢ. par moitié entre monseigneur et les religieux l'abbé et couvent de Quimperlé, dont compte pour la moitié appartenant à mondit seigneur montant, ... viii ˢ.

Plus a follio IIII. xx. XI. recto dudit compte est escript :

Autres vacations sur les cens de Quimperlé sur terme de janvier l'an M. IIII. c. XIII. qui montent selon le menu contenu en la charge dont cest receveur supplie avoir descharge de. xxx ˢ vi ᵈ

A pareil nous a esté représenté un compte de Jean le Bourgeois, receveur dudit Quimperlé, pour le temps commencé le XXIIIIᵉ novembre l'an M. IIII c. LIII. jusque au premier jour de décembre M. IIII c. LIII. clos à Vennes le derrain jour de janvier l'an M. IIII. c. LIIII. cotté dans ledit inventaire des comptes VIII c XLIIII. A follio xxxii, recto dud. compte est escript ce qui ensuit :

Item supplie ledit receveur avoir descharge du VIIᵉ denier du taux de lad. court de Quimperlé pour les ans LI. LII. et LIII. arceque les sergents l'ont rabatu ad ce receveur chacun en son bailliage, et pour ce vault led. VIIe, esgard à la somme dont il a compté dicelx taux pour lesd. III ans environ. xxxiii l. xv s.

Et en marge est escript : déport; l'on trouve par charge de ce compte cy devant à xiiiie. et xve. feuillets que lesd. taux appurés tant de la court de Quimperlé que les communaulx, montent appurés sçavoir : dudit an LI , IIII xx. iii l. xvii s. xi d. de l'an LII, IIII xx. xvi l. xviii s. ix d. et dudit an LIII, IIII xx. v l. xvii s, vi d. somme II c. lxvi l. xiiii s. ii d. et dit ce receveur que en lad. recette y a sept sergenties, dont y a de féodés, savoir : le seigneur de Keymer, sergent de Quimperlé, Yvon Olivier, sergent de Benalec, Yvon Kaermorial, sergent de Mellac, Henri Cadoret, sergent de Clohal, messire Jean de Cornouaille et Pierre de Bénerven, sergens de Mouellan, alternativement par années, qui monte V sergents féodés ; quelx par les status et ordonnances de parlement ne doivent avoir ne jouir d'aucuns septième pour la levée desdits taux, ne riens lever sur les personnes tauxées par leurs rolles, pour ce qu'ils tiennent héritages hipotecqués esd. sergenties exempts et sans autre devoir ; ainsy n'y a que deux sergens, savoir Henri de Golvan et allain Provost, sergens en certaines paroisses delad. recette, non féodés, qny doivent jouir dud. septième, les parcelles desquelles montent selon les minus des extraits desd. taux apparus, sçavoir : dudit Golvan IIII xx. v l. x s. x d. et dudit Provost iiii l. xv s. somme IIII xx. x l. v s. x d. dont led. septième monte xii l. xvii s, qui lui sont passés par deport, en attendant rendre relation du sénéchal de Quimperlé que lesd. sergents ne sont point féodés, et aussy relation desd. sergents d'avoir jouy dud. septième, pour ce.   .   .   .   .   xii l. xviii s.

Encore nous a esté représenté par ledit Denis garde de lad. chambre, un compte de Jean de Queblen, receveur dud. Quimperlé, pour le temps commencé le premier jour d'octobre l'an M IIII. c. IIII. xx. II. jucques au premier jour de décembre l'an M. IIII. c. IIII. xx. V. qui sont trois ans et deux mois, conclud à Vennes le XXIIIe jour de mars M. IIII. c. IIII. xx. VI. cotté audit inventaire des comptes VIII. c. LXVI. A folio xxvii recto dud. compte est escript :

TAUX ET AMANDES.

Les montants des taux de l'an M. IIII. c. IIII xx. deux, selon les originaux de la court de Quimperlé, Carnoet et le communal, o la part des abbé et couvent dud. lieu de Quimperlé, ra batu dud. communal aveq du septième des sergents montent à clair selon lesdits originaux et appurement cy rendus. . . . . xxii l. i s. ix d. ob.

Nous a encore esté représenté un compte de Jean Le Baud receveur dud. Quimperlé, rendu pour trois ans entiers commencés le premier jour d'octobre l'an M. V. c. XXII. et finissant le dernier jour de septembre M. V. c. XXVI. conclud à Nantes le onzième jour de juillet l'an M. V. c. XXVII. signé Davy, cotté aud. inventaire des comptes VIII. c. LXXVI. A follio xxxiiii recto dud. compte est escript ce qui suit :

ESGAUBUAGE.

Ce comptable ne fait aucune charge pourtant que durant le temps de ce compte n'a esté faite nulle esgaubuage en ladite charge.

Plus a follio xxxv. verso dud. compte est escript :

TAUX ET AMANDES.

Pour le premier an du temps de ce compte led. comptable ne fait aucune charge des taux et amandes de la court de Quimperlé, la court commune et de Carnoët, pourtant que oudit temps, obstant les guerres que pour lors avoient cours, et occupasions des juges et officiers de lad. court, n'y furent faits aucuns taux.

Davantage nous a esté représenté un compte de Allain Riaut, commis à la recette dud. Quimperlé, rendu pour trois ans commencés le premier jour de febvrier l'an mil V. c. XLI. et finis le dernier jour de janvier M. V. c. XLIIII. conclud le XVIIe jour de décembre l'an mil cinq cens quarante-cinq, signé Boulomer, cotté en l'inventaire des comptes VIII. c. IIII. xx. A follio vi. verso dud. compte est escript ce qui ensuit :

Les censives de Bourgneuf a chacun dit terme de janvier qui sont moitéaux entre le duc et les abbé et le couvent de Quimperlé, qui montent pour la part de mondit seigneur le duc par checun an, quatre livres dix-huict sols, qu'est pour lesdites trois années. . . . . xiiii l. xiiii s.

Item les censives deues en la ville et fauxbourgs de Quimperlé, payables audit terme de janvier, montent selon les précédans comptes par an seize sols six deniers monnoie qu'est pour lesdits trois années. . . . . xlix s. vi d.

Plus nous a esté représenté un compte de feu maistre Raouel de Couetnourz, vivant commis à la recette ordinaire du roi ès juridiction de Quimperlé et Carnouet, rendu par Marie Jacob sa veuve, pour le temps de trois années, commencées à la saint Jean Baptiste mil cinq cens quatre vingt neuf et finies à pareil jour quatre vingt douze, conclud le sixième juin mil six cens six, signé : de la Coussaye, Escouflart et Madeleneau, cotté aud. inventaire des comptes VIII c. IIIL. xx. XV. A follio xiiii recto et verso dud. compte est escript ce qui ensuit :

Les censies de Bourgneuf à chacun dit terme de janvier qui sont moitéaux entre le roy et les abbé et couvent de Quimperlé, montent pour la part de sad. majesté par chacun an quatre livres dix huit sols cy. . . . iiii l. xviii s.

Les censies deues à la ville et fauxbourgs de Quimperlé payables aud. terme de janvier, montant par an selon les précédans comptes saize sols six deniers monnoye ; pour ce cy . . . . xvi s; vi d.

A follio xlix recto et verso dud. compte est escript

ESCOBUAGES.

Pour les grains provenans du debvoir d'escaubuaiges en la dite jurisdiction le dict fermier en a aussy joui ; pour ce ci. . . . . néant.

Deplus nous a esté représenté un compte dud. domaine de Quimperlé rendu par Me Martial Veyrier, pour trois années commencées à la saint Jean Baptiste mil six cens vingt sept, et finies à pareil jour mil six cens trente, conclud le douzième febvrier mil six cens trante un, signé René Feron, Heligaud et Viaudet, cotté aud. inventaire des comptes IX c. VI bis. A foll. xxxi recto et verso est escript ce qui suit :

RACHAPT D'ANTOINE PEGACE.

Les terres tombées en rachapt par le décès de défunct Antoine Pegace aurroient aussy esté à la requeste et poursuite dud. procureur du roy judiciellement baillées à ferme au plus offrant et dernier enchérisseur à estainte de chandelle, et autres formalités requises et accoustumées, en l'audience et par devant le sénéchal de lad. court et juridiction de Quimperlé, le sixième jour d'avril mil six cents vingt neuf et iceluy absolvé à Me Guillaume le Souffacher, comme plus offrant et dernier enchérisseur, à la somme de deux cents vingt livres tournois ainsy qu'il appert par l'acte dudit bail à ferme cy rendu, signé dudict Fretaud, commis au greffe et d'autant que les dicts fermiers du domaine ont eu droit de jouir dudit rachapt il n'en est cy en droit pris aucune charge et partant cy... néant

Et en marge est escript : parceque le comptable faisant mention en cet article des terres tombées en rachapt par le décès de deffunct Me Anthoine Pegane, ne rapporte qu'un bail judiciel fait d'icelles à la somme de deux cens vingt livres, auquel elles ne sont spécifiées n'y nomément déclarées, que la terre de Querascouet, estant dudict rachapt, auroit esté exceptée d idit bail à ferme, et la contestation du procureur du roy et l'abbé de Quimperlé touchant la mouvance d'icelle, et que le minu des dites terres n'est rendu en cet endroit non plus que le contract de Querascouet, par le moyen desquels actes se pouvent congnoistre les choses mouvantes du fief du roy qui se doivent sçavoir, pour en empescher l'usurpation, soit ordonné par délibération du bureau, estre le comptable rechargé de cent livres, attendant voir le minu et contract de lad. terre de Querascouet, avecques injonction aux propriétaires et héritiers dud. Pegasse, de délivrer audit comptable lesdicts actes sur peine d'estre la partie déportée à recouvrer sur eux ; ainsy signé René Ferron.

Comme aussy nous a esté représenté un autre compte dudit domaine de Quimperlé rendu par Me Allain Riaut, commis à la recette ordinaire de Quimperlé et Carnouet, pour le temps de trois années, commencées le premier jour de febvrier l'an mil cinq cens trante huit, et finies le derroin jour de janvier l'an mil cinq cens quarante un conclud le XXVe jour de novembre l'an mil cinq cent quarante deux, signé G. Bricaud. A follio xxvii verso dudit compte est escript ce qui suit : (ledit compte cotté VIII c. LXXIx).

VENTES ET LODES.

Se charge ce présent comptable de la somme de vint escus d'or souleil, quelle some il a receue de messire Daniel de Saint Allouarn abbé de l'abbayie de Quimperlé pour le debvoir de lodes d'une maison sise à la ville dudict Quimperlé, ou fié dud. abbé, par luy acquise de Jacques de Kerizequel, pour la somme de neuf cens livres monnoie, comme il appert par le double du contract de ce en fait, signé de... notaires de lad. court le... jour de... l'an mil cinq cens... et pour ce réduits à monnoye tournois vallent quarante cinq livres et à bonne et forte monnoye . . . . . . xxxvii l. x s.

Plus a follio xlii, verso, dudit compte est escript ce qui ensuit :

ESGAUBUAGES ET ESCHAMPARTZ.

Se charge ce dit comptable avoir receu de Henry Galiot fermier de ladite ferme des esgaubuaiges et champarts, pour l'année commencée le vingtième jour de juin l'an mil cinq cens trante-neuf, et finie ladite année révolue, le nombre de cinq perrées deux minots trois quarts de minot seille, comme il appiert par la baillée de ce en faite, ledit vingtième jour de juin oudit an, signée de L. Doucie, cy rendue, pour ce. . . v perrées, ii minots, iii quarts de minot seille.

Plus a follio xlv dudict compte est aussy escript ce qui suit :

TAUX AMANDES.

Se charge cedit comptable des taux et amandes de la court commune et Carnouët, extroit en l'année commencée le premier jour de juillet l'an mil cinq cens trante-huit, jusques au huitième jour de may l'an mil cinq cens trante-neuf, ont esté appurés par monsieur le sénéchal de ladite court, les dix et onzième jour de décembre l'an mil cinq cens trante-neuf, à la somme de vingt-neuf livres treize sols neuf deniers monnoye, comme il appiert par les.... desdits taux cy rendu dont se charge ledit receveur cy en droit. . . xxix l. xiii s. ix d.

Plus nous a esté représenté par ledit Denis, garde, ledit

compte rendu par ledit du Quirisoet cy devant datté et cotté au commencement du présent extrait VIII. c. VIII. A follio xxv. recto et verso d'iceluy compte est escript ce qui suit :

Amprès compte et se charge du derrain quartier des fermes des fours et moulins, cohuagés et coustume antienne de Quimperlé, qui sont par mé entre monseigneur et cieux religioux, qui finist à la saint Lucas l'an M. III. c. IIII. xx. deiz-sept fermé par Colin Le Fèvre receveur précédant :

Le moulin du Beauboys afermé à Alain Le Bras et Allain Le Callouch, ouyt livres deiz sols de quoy Colin Le Fèvre, précédant receveur, compta du derrain quartier pour ce xlii s. vi d.

Le moulin du Clueznéguez à Alain Le Bras, ouyt livres dix sols, et d'iceluy Colin Le Fèvre compta de III quartiers à présant compte du derrain quartier pour ce . . . xlii s. vi d.

Le moulin a tan de Froutmeur, à Guillaume Le Targuell sexente souls, afiert sur le derrain quartier cy . . . lx s.

Le moulin du chemin à Yvon Derrien, ouyt livres deiz sols, afiert sur le derrain quartier . . . . viii l. x s.

Le moulin an Guen à Guillaume Le Tarwguell, deiz livres cinq sols, afiert sur le derrain quartier. . . x l. v s.

Le moulin Tuonbogier à Guillaume Hervé et Pierres Tuonbogier, douze livres, afiert. . . . . xii l.

Les moulins Daniel et de Gorreker à Guillaume Le Gac, sept livres quinze sols. . . . . vii l. xv s.

Et ne se charge mie dudit quartier des moulins fouleraez de Gorrekaer pour ce que Colin Le Fèvre, précédant receveur, fesoit faire réparation sur lesdits moulins, par quoy ils ne mouloient point ; il en est chargé dudit quartier au pris de vii l. que la ferme fut pour un an, pour ce. . . . xxxv l.

Le cohuaige à Yvon Le Moingne, vingt et quatre livres afiert sur le derrain quartier. . . . . . xxiiii l.

La coustume antienne à Guillemot Maucousu, quinze livres cinq sols, afiert sur le derrain quartier . . xv l. v s.

FOURS.

Le four Guillas à Guillaume Guillou, sexente sols, afiert sur le derrain quartier. . . . . . lx s.

Le four Nostre-Dame, à Pierres Lagat, six livres deiz sols, afiert sur le derrain quartier. . . . . vi l. x s.
Le four au Provost-Moen, à Jouhan du Maen, sept livres, afiert sur le derrain quartier. . . . . vii l.
Le four Pont-Yzol, à Tenguy du Four, cent douze sols, afiert sur le derrain quartier. . . . . . cxii s.
Item compte de trois quartiers de la ferme du moulin an Coq, commascée au jour du Sacramant l'an M. III. c. IIII. xx. deiz-sept, qui est par mé entre monseigneur et lesdits religioux afermé par Colin Le Fèvre, receveur précédant, à Jean Bonsoin pour ledit an, sexente sols, de quoy Colin Le Fèvre compta du premier quartier et à présant cest compte des trois derrains quartiers. . . . . . . xlv s.

Cet extrait contenant dix-huit rolles a esté collationné aux originaux desdits comptes du domaine colté cy-dessus par nous conseiller du roy, secrétaire auditeur et raporteur cy-souscrit : Signé : Guillaume Guillermo.

La chambre ouy Me G. Guillermo etc... a ordonné la délivrance du présent extrait etc... Fait à la chambre des comptes à Nantes, le dixhuitiesme may 1683. Signé : Bedeau. — (*Titre du chartrier de Sainte-Croix*).

XL.

SENTENCE DE SÉPARATION D'UN LÉPREUX PAR LE CHAMBRIER DE SAINTE-CROIX.

1453.

Universis presentes litteras inspecturis et audituris Oliverius camerarius monasterii Sancte-Crucis de Kamperellcio ordinis sancti Benedicti Corisopitensis diocesis, salutem in Domino. Notum facimus per presentes quod fama publica et clamosa insinuacione parrochianorum parrochie de platea beati Michaelis dicti Corisopitensis diocesis nobis defferentium quemdam Yvonem Parvi parochianum et habitatorem dicte parrochie de Platea beati Michaelis fore et esse morbo incurabili lepre suspectum tactum et infectum, et instantibus et petentibus dictis parrochianis eum à nobis et per nos à sanorum consortio separari, nos ob hec eum coram nobis conveniri fecimus ad com-

parendum coram nobis die Jovis decima septima mensis janua_
rii in quodam campo vulgaliter *(sic)* nuncupato Locdeleau
infra methas parrochie de Trilivarazre Corisopitensis diocesis
constituto, in quo predecessores nostri de causis separacionis
leprosorum cognoscere et decidere consueverunt. Quo adve-
niente termino comparuit loco predicto coram nobis dictus
Yvo Parvi, reus. Et ipso inibi comparente, fuit à nobis et ex
parte nostra ex officio nostro, contra cum procedendo, contra
eum dictum et propositum, prout diximus et proposuimus, quod
ipse reus erat et est morbo incurabili lepre nisi miraculose suspectum, tactum et infectum, per quod de jure et consuetudine
generali ecclesie erat à sanorum consortio et participatione ne
alios inficeret, separandus. Et quod hec erant vera et notoria
et manifesta et ea cognoscerat dictus reus pluries coram probis
fore et esse vera et super hiis et singulis viguit rumor... insinuacione vicinorum publica voce et fama. Quem dicebamus...
debere ab hiis... cognicionem morbi lepre habentibus inspici
et ejus inspectionem eis comitti, et ipso inspecto, si constiterit
nobis ipsum esse talem, ipsum a nobis et per nos a sanorum
consortio et participacione fore separandum et separari debere
et ipsum condempnari ad comorandum in hospiciolo seu habitaculo in loco leprosarie dicte parrochie per procuratores fabrice dicte parrochie et parrochianos ejudem construendo victum vestitum elemosinam et necessaria ab oisdem parrochianis
recepturum; ac in premissis et circa ea ulterius fieri dici decerni
et declarari prout fuerit juris et racionis. Cumque interrogaremus
dictum reum de et super premissis et peteremus per eum propositum hujnsmodi responderi, dictus reus respondendo dixit
quod ipse bene volebat prout voluit per cognoscentes modum
morbi lepre inspici et ipso inspecto si constiterit eum ex deposicionibus et relacionibus inspectorum hujusmodi fore et esse
tactum et infectum et voluit et consentiit ipsum a nobis et per
nos fore et esse separandum et separari. Nos vero inspectionem dicti rei Guillelmo Douazren et Golvino Nepotis barbiton-
soribus commorantibus in villa de Kaemperelleio cognicionem
morbi hujusmodi habentibus, nativisque commorantibus in leprosaria de Kaempereleio infra methas dicte parrochie consti-
tuta, inibi prout et... hujusmodi ad comparendum inibi coram
nobis, ut moris est, citatis, commisimus, videlicet ad ipsum

ibi retro... inspiciendum, eidemque reo et inspectoribus hujusmodi ad comparendum coram nobis loco predicto eudem die absque divertendo ad alios actus extrancos, et ipso inspecto, ad audiendum relacionem dictorum inspectorum per presens juratorum procedend. Ulterius de et super casu ac negotio hujusmodi prout foret juris et racionis assignavimus et eis coram nobis comparari... Et tunc dicti Guillelmus Douazren et Colvinus Nepotis cum dicto reo ibi retro se transtulerunt et ipsum inibi prope quamdam domum inspexerunt et ipso ab eis inspecto, nativi dicte leprosarie tam viri quam eorum uxores ad eumdem reum inibi etiam accesserunt ipsumque inspexerunt et ipso sic inspecto ipse reus dictique barbitonsores et nativi ad nos accesserunt et coram nobis comparuerunt, et ipsis inibi coram nobis comparentibus, quia ipsi a nobis et per nos de et super premissis interrogati, deposuerunt sigillatim unus post alium corum juraveruntque quod ipsi sciebant ipsum reum ex aspectu ejus multisque variis signis, quibus hujusmodi lepre cognoscitur, foré et esse morbo lepre tactum et infectum ; quia eciam dictus reus voluit et consentiit a nobis et per nos a sanorum consortio separari... eciam de consensu dicti rei ad sentenciam nostram inscriptam de et super premissis ferendam processimus in hunc modum XPI. NOMINE VOCATO, quia fama publica et clamosa insinuacione vicinorum nobis camerario monasterii Sancto-Crucis de Kamperollcio, ordinis sancti Benedicti, judici hac in parte competenti defferentium nobis Yvonem Parvi parrochianum parrochie de plathea beati Mychaelis corisopitensis diocesis fore et esse morbo incurabili et contagioso lepre tactum et infectum, citari et conveniri fecimus coram nobis... unoque edicto... pro omnibus et ex causa dictum Yvonem Parvi ut inspiceretur a peritis, et processurum coram nobis ex officio nostro procedentibus super hoc, ipsoque coram nobis ob hoc comparente et relacionibus et deposicionibus Guillelmi Douazren et Colvini Nepotis nativorumque de leprosaria de Kamperoleyo, quibus ejusdem rei inspectionem commisimus, ipsis per presens super hoc juratis, ac eciam ex aspectu ejusdem rei nobis constitit atque constat ipsum Yvonem Parvi fore et esse morbo incurabili et contagioso lepre tactum percussum et infectum, et ipsum ob hoc fore et esse de jure et consuetudine generali ecclesie a sanorum consortio et participacione separandum declaramus et ipsum separamus, ipsum insuper reum ut talem condempnamus, prout condempnavimus, commoraturum et habitaturum in quodam hospiciolo, seu parvo habitaculo sibi per procuratores fabrice et parrochianos dicte parrochie de platea beati Michaelis faciendo et construendo, ut moris est, in loco leprosarie predicte de Kamperelle infra methas dicte parrochie constitute, victum, vestitum, elemosinam et alia necessaria ab eisdem parrochianis recepturum. In quorum omnium fidem et testimonium premissorum has presentes litteras seu hoc presens publicum instrumentum sentenciam nostram hujusmodi in se continentes, seu continens per notarium publicum infrascriptum fieri et subscribi et sigillo nostro muniri fecimus et mandavimus. Lecta, lata et inscripta recitata fuit predicta sentencia diffinitiva loco predicto sub anno domini millesimo quadringentesimo quinquagesimo tercio, die vero jovis predicta decima septima mensis januarii secundum usum et computacionem ecclesie gallicane, indictione secunda, pontificatus sanctissimi in christo patris et domini nostri domini Nicolay, divina providentia pape quinti anno septimo, presentibus venerabilibus et discretis viris domino Yvone Loucaut presbytero, vicario parrochie de plathea beati Michaelis de Kampereleyo, et magistro Petro Put, corisopitensi diocesano ac aliis pluribus testibus ad premissa vocatis specialiter et rogatis.

Et ego Guillermus Calou venetensis diocesis in legibus bachalarius etc... huic presenti publico instrumento manu mea fideliter scripto de mandato dicti domini camerarii etc... signum et subscriptionem meam apposui in fidem robur et testimonium etc... ainsi signé : Calou. — *(Titre du chartrier de Sainte-Croix. — Original sans sceau).*

XI.

BULLE DE NICOLAS V, EXCOMMUNIANT LES PIRATES QUI RAVAGEAIENT BELLE-ILE. — Page 337.

1454.

Nicolaus episcopus servus servorum dei ad perpetuam rei

memoriam. Ad reprimendas insolentias transgressorum et
transgressiones insolentium reformandas, si virtus publicæ disciplinæ lentescat, eorum ad peccandum voluntas fit lapsior, et
exemplum impunitatis periculosius in alios derivatur. Propter
quod ad præsidentis officium pertinet sic debitam executionem
adhibere justiciæ, quod commissa jam convicia puniat, et
committendorum in posterum audaciam interdicat. Sane lamentabilis querela dilectorum filiorum abbatis et conventus
monasterii Sanctæ-Crucis de Kampereleyo, ordinis sancti
Benedicti, corisopitensis diocesis, nostrum frequenter turbavit auditum, amaritavit et mentem. Quia nonnulli iniquitatis
filii, a quorum omnipotentis dei timor abcessit, piratico ac
cursariorium et latrunculorum marinorum more, hostiliter et
aliàs temere clericos et ecclesiasticas sæculares et regulares
ac laicales personas habitatoresque et incolas insulæ bellæ insulæ, nullius diocesis, abbati, pro tempore, et conventui ipsius
monasterii in spiritualibus et temporalibus subjectæ, et ad romanam ecclesiam nullo... medio pertinentis, et de qua major
pars fructuum, reddituum, proventuum sustentationi eorumdem abbatis et conventus hactenus consuevit obvenire, bellicis
actibus se minime immiscentes, non absque injectione manuum
violenter capere, detinere, carce... tormentis sub.. dere vulnerare, morti tradere et crudelibus afflictionibus ad redemptiones indebitas personaliter coercere ; ecclesias quoque et
alia pia loca sæcularia et regularia, domos quoque, grangias,
ac alia ædificia habitationum dictæ insulæ invadere, frangere,
diruere, incendio concremare ; nominatim ecclesias et loca
ipsa libris, calicibus paramentis et ornamentis aliis divino cultui et usui deputatis spoliare, et hujusmodi libros, calices, paramenta et ornamenta, ausu sacrilegio, nec non fructus reditus
et proventus abbatis et conventus ac illorum et personarum,
habitatorum et incolarum predictorum res et bona, nec non
ipsorum habitatorum et incolarum naves, mercancias et mercimonia, tam in ipsa insula quam extra illam existentia, etiam
violenter rapere, depredari ac in prædam abducere seu usportare præsumpserunt hactenus, et quotidie presumere non verentur ; propter quæ abbas et conventus, clerici, personæ, habitatores et incolæ diversa incurrunt incommoda, ac quietis et
securitatis subventione necnon fructuum, rerum et bonorum

prædictorum pacifica fruitione fraudantur ; quodque nonnulli, qui gloriantur cum malefecerint, hujusmodi criminum patratores, necnon clericos, personas habitatores et incolas captos ab eis, ac insuper bona et res hujusmodi per eos in prædam abducta seu asportata scienter in civitatibus, castris, villis, fortaliciis, terris et aliis locis eorum receptaverunt et receptant : aliqui vero, præmissa omnia seu nonnula ex eis fieri seu committi fecerunt, ac etiam mandaverunt, seu eorum nomine aut mandato facta sive commissa rata habuerunt et habent ; alii etiam eisdem prædictorum criminum patratoribus in committendis ipsis excessibus, per se et alios, præstiterunt et præstant auxilium, consilium et favorem ; cupientes, igitur huic morbo, ne per moras temporum factas cronicas fomenta respuat, medicine opportunam et congruam adhibere medelam : universis et singulis personis cujuscumque præeminentiæ, status, gradus ordinis, vel condicionis fuerint, et quacumque ecclesiastica vel mundana præfulgent dignitate, authoritate apostolica, tenore præsentium districtius inhibemus ne de cœtero eorum aliquis insulam hostiliter intrare aut illius clericos, ecclesiasticas personas, habitatores et incolas hujusmodi invadere, etc,...... præsumant. Alioquin, nos singulos præsumentes præfatos qui aliàs, ob præmissa, per jam editos canones excommunicati non conserentur, excommunicationis sententiæ ac eorum universitates, communitates, civitates, oppida, castra, villas et loca interdicto ecclesiastico volumus subjacere, et nihilominus, venerabilibus fratribus nostris corisopitensi et venetensi ac trecorensi episcopis, per apostolica scripta mandamus, quatenus ipsi vel duo aut unus eorum per se vel alium seu alios presentes nostras litteras ubi, quando vel quotiens expediens fuerit solempniter publicantes, omnes hujusmodi, etc,..... spoliatores, etc,...... in ecclesiis aliisque locis coram populo moneant, ut infra competentem terminum quem eis præfixerent, hujusmodi captos et spoliata, etc,...... restituant, etc,...... et si infra dictum terminum id non adimpleverint, in illos generalem excommunicationis sententiam proferant, etc...... Datum Romæ apud sanctum Petrum anno incarnationis dominicæ millesimo quadringentesimo quinquagesimo quarto ; calend. februari, pontificatus nostri anno octavo. — (*Titre du chartrier de Sainte-Croix.* — Copie du 17º siècle).

XLI.

DROIT DE PÊCHERIE DANS LA RIVIÈRE ELLÉ.

1446.

Devant sages et discrets Olivier du Querisset (Querisoet), sénéchal de Hennebond et Henry Toutenoultre lieutenant de Quimperlé pour le duc mon souverain seigneur, et commis de mondit seigneur et son conseil ; entre les principaux desdits lieux de Hennebond et de Quimperlé d'une part, et révérand père en dieu et honestes religieux les abbé et couvent de Kemperlé d'autre, quant affin de bonner et mercher sur les lieux, les pêcheries que lesdits abbé et couvent avoient fait réparer et édifier à travers de la rivière d'Elé, jouxte les murs de la ville de Quimperlé et à autres fins contenus au mandement sur ce fait dont la teneur s'ensuit : « François par la grâce de Dieu duc de Bretagne, comte de Monfort et de Richemont, à nos biens amés et féaux conseillers, nos sénéchaux de Henbond et de Quimperlé salut ; comme paravant ces heures sur la requeste à nous faite de la part de nos religieux et orateurs les abbé et couvent de Quimperlé, de leur donner provision touchant le droit qu'ils devoient avoir ès pêcheries que naguères ont fait réparer, faire et édiffier au travers de la rivière d'Elé, jouxte l'abbaye dudit lieu, dont à icelle cause plet et procès s'est ensuy par nos cours desdits lieux de Henbond et de Quimperlé, entre nos principaux d'icelles et lesdits abbé et couvent, nonobstant certaines enquestes et procédures faites touchant ce par maistre Jean de Quoittanezre, lors sénéchal dudit lieu de Quimperlé, eussions par délibération de nostre conseil commis lors nostre dit sénéchal de Henbond, s'enquérir de recheff de l'estat gouvernement et usement ancien desdittes pêcheries au désir de ladite commission, estant en datte du dix-huitième jour de janvier l'an mil quatre cent quarante et trois, par vertu de laquelle commission avez vacqué et entendu au fait de ladite enqueste, laquelle enqueste les dessusdits abbé et couvent ont présentée et apparue en nostre conseil close et signée en forme deue, et icelle avons fait ouvrir voir et visiter, nous suppliants et requérants humblement lesdits religieux qu'il nous plaise au désir et selon le contenu desdittes enquestes, leur donner en ce provision convenable en manière qu'ils n'ayent plus cause de y faire mises ne longues poursuites ; pourquoi nous, attendu ce que dit est, désirant obvier ès mises et vexations desdits religieux et les droits libertés et franchises de leurdit monastère dont sommes fondateur garde et protecteur, observer et deffendre ; considérant ce qu'avons veu par ladilte enqueste que la chose requiert présence de nos officiers et inspection des lieux, pour lesdittes causes et autres à ce nous mouvants, nous bien à plain acertainés de vos bonnes léautés et proudomie vous mandons et commandons que vous vous transportiés sur les lieux débatifs et appeller à ce nosdits principaux et gens notables des lieux avec aucuns des témoins principaux parlants par ladite enqueste et connoissants le fait à bonner les choses débatives d'entre nosdits principaux et religieux, les mercher et deviser selon et en la forme que anciennement ont accoutumé ainsi que par laditte enqueste, et à l'avisement de ceux qui à ce seront présants verrez appartenir jouxte et selon équité et raison, et en manière que nostre droit et ceux de nosdits religieux soit en ce gardé, car ainsi nous plaist ; de ce faire vous donnons plain pouvoir et mandement spécial, mandons et commandons à tous nos féaux et subjects en ce faisant vous obbéir et diligeamment entendre. Donné en nostre ville de Vennes le quatorzième jour de novembre l'an mil quatre cent quarante et quatre ; et pour ce que vous nostre sénéchal de Quimperlé, estes souvant absant des lieux et occupé en autres choses, par quoy espoir ne pouvez vaquer ne entendre à ladite exécution et enterrinance de cestes presantes, nous voulons que Henry Toutenoultre, lieutenant de nostre ditte ville, en vostre absance vaque et entende au fait et enterrinance desdittes lettres, et en iceluy cas l'avons commis et commettons ; donné comme dessus. Ainsi signé : par le duc de sa main ; par le duc en son conseil, auquel l'évêque de..... le présidant des comptes , messire Jacques Peuzcaetdic (Pencouedic), messire Robert de la Ripvière, Jehan Chanu et autres estoient. Signé : Le Clerc.» Et apparoissoit estre scellés du sceau de la chancelerie de mondit seigneur. De ce présant en cest jour audit Kemperellé, maître Jean du Pou, procureur de Henbond et Henry des Poiès, procureur de Quemperlé, chacun

d'eux pour ce que luy touche d'une partie, et ledit abbé et
frère Raoul Aline en son nom et comme procureur desdits religieux et couvent dudit lieu, d'autre, et après avoir ouy la
lecture dudit mandement, se transportèrent lesdits commissaires et parties sur les lieux débatifs où sont scituées lesdittes
pescheries et en leur compagnie nobles hommes Charles sieur
de Lieumadech ? le sieur de Cheznat ? Henry Le Bourgeois,
Henry Le Digoedet, quels Bourgeois et Digoedet avoient esté
témoins en cause, maître Jean Le Bourgeois receveur de
Quemperlé, Jouhan Dongoalen,... Le Digoedes, Alain Jubin et
plusieurs autres nobles, advocats, et bourgeois de ladite ville
et chastelenie de Quimperlé, et après avoir veu l'évidence
desdittes pescheries, de la scituation d'icelles et de la hauteur
de l'édifice qui y estoit de paravant, furent les enquestes sur
ce faites, apparues et leues, sçavoir l'une desdittes enquestes
qui contenoit avoir esté faite par maître Jean de Coatanezre
lors sénéchal de Quimperlé et le procureur dudit lieu, et
l'autre par ledit Olivier du Querisset sénéchal de Henbond,
commis à cette fin les principaux des lieux et autres appellés
en sa compagnie, où estoient contenus les attestations et records de plusieurs témoins y contenus, et lesquelles enquestes
ne sont point comprises en ces présantes, pour prolexité et
longueur de l'ouvrage, met fut la coppie d'icelles adjugée
ausdits abbé et couvent et commandé les signer par double,
et qu'on y devoit ajouter autant de foy comme à l'original, la
lecture desquelles enquestes ouye, avec l'évidence desdittes
pescheries débatifs, et que sur ce furent encore enquis plusieurs personnes dignes de foy y assistants touchant l'usement
et gouvernement de ladite rivière, qui recordèrent que c'est
l'usement de ladite rivière et de autres icelles rivières ou
semblables que chacun y peut édifier et faire pescheries et
moulins à l'endroit de leurs terres à la hauteur des prochaines
terres des orées de ladite rivière, et sur tout ce l'avisement
des dessus et de plusieurs autres présants, fut déclairé par
lesdits commissaires et appointé d'assentement des parties,
que lesdits abbé et couvent pourront réédiffier et réparer ledit
partuys et bresche estant en ladite pescherie à la hauteur du
commun cours de l'eau de ladite rivière, et en outre le pourront hausser audessus de l'eau tellement qu'ils puissent faire

et gouverner ladilte pescherie par dessus jouxte et selon l'usement de ladilte rivière, quelle hauteur au dessus de l'eau sera bonnée sur le lieu à l'esgard dudit Henry de Toutenouiltre que est rescant sur le lieu et auquel ils montreront ledit ...... à ladilte fin et y pouront faire tel mise de pertuis en ladilte bresche comme ils voudront, combien que par lesdittes enquestes est contenu n'y avoir de paravant que dous pertuis et dous bouts du bardel y estant, où lesdits abbé et couvent avoient leursdittes pescheries, pour ce que l'eau y arrestera moins d'y avoir plusieurs pertuis et fera moins de dommage au dessus et ainsi le poisson poura mieux passer au mont de ladilte rivière de trouver plusieurs pertuis à y aller qu'il n'y auroit que dous pertuis ainsi qu'ils l'estoient anciennement, et plus au bien commun du pays, sauff et réservé en cas qu'il adviendroit aucune guerre audit pays, que Dieu ne veuille, qu'on le poura mettre et réédiffier à telle guise et façon comme on verra estre plus convenable pour la tuition et deffense de ladilté ville, néantmoins costes explectements. Donné et fait devant lesdits commissaires èsdits lieux, le lundy douziesme jour de septembre l'an mil quatre centz quarante et six ; ainsi signé : Alain de Talhoaet, passe. — *Titre du chartrier de Sainte-Croix.* — (Copie du XVIIIe siècle).

XLII.

Pancarte des droits du port de Quimperlé

(15e siècle).

Procédant auquel extrait etc... nous a esté représenté.. un livre en parchemin intitulé : Pancarte et déclaration des devoirs dûs au roy et duc en ses ports et havres dudit évesché de Bretagne, duquel livre a été extrait ce qui suit :

Kemperlay :

Pour chacun tonneau de froment qui va dehors de Bretagne : trente sols cy . . . . XXX s.
Pour tonneau de gros bled, vingt sols cy. . . . XX s.

PIÈCES JUSTIFICATIVES. 645

Par tacre (1) de cuir, d'entrée deux sols cy.. . . ii s.
et d'entrée de cire et autres denrées, le vingtiesme.

Pour tonneau de chair, suif et autres graisses, trente sols, cy.. . . . . xxx s.

Item issuë de chacun tonneau froment mené en Bretagne quinzes sols cy . . . . xv s.
et par tonneau de gros bleds, dix sols cy . . . . x s.

Item pour entrée de chacun tonneau de vin hors Bretagne et de Nantes, trentes sols cy . . . . xxx s.
et d'autres vin par deça la rivière de Loire tant de Pornic, Hériac, Guérrande, qu'autres, quinzes sols cy . . . xv s.

Item, pour chacun tonneau de fer qui monte, vingt deux cent pour tonneau, pour entrée vingt sols cy . . . . xx s.
des vaisseaux qui sont dudit lieu de Kemperlay, car les vaisseaux forains payent en outre le vingtiesme dudit fer sur chacun vingt deux cent ;

Item de gemme, rousine, bray et autres denrées, le vingtiesme de ce qu'elles sont vendues.

Item l'entrée de chacun muid de sel à la mesure de Guerrande, cinqs sols cy. . . . . v s.
et si le sel vient d'ailleurs que de Guerrande ou de Rhuys, l'on prend pour l'entrée de chacun muid, quinze sols cy. . xv s.

Et il y a de coutume ancienne pour chacun tonneau de froment des gens demourans au communal de Kemperlay, neufs deniers au duc, et autant à l'abbé ; et de chacun tonneau de froment hors les mettes du communal, dix-huit deniers pour mondit seigneur et autant pour l'abbé, et prend l'en de ceux de Kemperlay, du communal, pour chacun porc, un denier pour mondit seigneur et autant pour l'abbé, et pour chacun porc hors le communal, trois deniers pour le duc et autant pour l'abbé.

Item pour chacun charge de sel deschargé audit port, quelle charge monte sept muids, mondit seigneur demy minot de sel d'ancienne coûtume, outre un minot que prend l'abbé.

Item pour chacune pipe de vin tiré par charoy hors de Kemperlay, deux sols six deniers, cy. . . . . ii s. vi d.

Titre du chartrier. — (Copie du 18º siècle).

(1.) *Tacre* veut dire *tracque*. Il y a dix cuirs pour tacre et vingt tacres pour l'*ast*.

XLIII.

Coutume ancienne de Quimperlé.

(Sans date.)

Tarif de la coutume antienne appelé grand gaulle suivant l'usance qu'elle se lève, ne s'étant trouvé aucune pancarte à la Chambre des Comptes :

Pour charge de bled qui est deux minots, dont les bourgeois se disent exempts.	0 s. 6 d.
Pour cent de beure pezant.	3 s. 2 d.
Pour grande potée, un sol cy.	1 s.
Pour petite potée	0 s. 6 d.
Pour écuellé, deux deniers.	0 s. 2 d.
Pour poché de poids de febvre.	0 s. 6 d.
Pour chaque cuire de bœuf ou de vache crû.	1 s.
Pour peau de veau.	0 s. 3 d.
Pour peau de mouton avec sa laine	0 s. 3 d.

Sur lequel cuir de bœuf, peau de veau et mouton, le fermier ne payeroit quant à présent les droits, attendu qu'il a été oposé par la cour de Quimperlé, dont il a été...... d'aparoir une pencarto.

Pour charge de cheval de drap et toille aux jours de foires	1. s.
Pour mercier du dehors.	1. s.
Pour mercier de la ville.	0 s 6 d.
Pour charge de pain.	0 s. 6 d.
Pour charge de potrie	0 s. 6 d.
Pour charge de potrie venant hors de la ville.	1 s.
Pour charge de chapelier aux jours de foires.	1 s.
Pour charge d'écuelles de bois et autres ouvrages.	0 s. 6 d.
Pour charge de cheval de naveaux	0 s. 6 d.
Pour charge de choux et porés.	0 s. 6 d.
Pour charge de tout fruit.	0 s. 6 d.

Lequel denier sur le fruit, double aux jours de foire.

Quand au denier sur le poisson, l'abbé de de Sainte-Croix de Quimperlé le perçoit seul et en exclut lesdits fermiers.

Par le compte de Henri Le Digodec, il est justifié qu'il se

lève de coutume antienne partageable entre le roi et l'abbé de Sainte-Croix de Quimperlé :

Chacun tonneau froment, dix-huit deniers d'argent du communal cy. . . . . . . 18 d.
De chacun tonneau hors le communal . . . 3 s.
De chacun porc du communal . . . 0 s. 3 d.
De chacun porc hors le communal . . 0 s. 6 d.

De laquelle coutume l'abbaye de Sainte-Croix de Quimperlé jouit en entier.

Titre du chartrier de Sainte-Croix. — (Copie du 18° siècle.)

XLIV.

Droits sur les vins entrant au port de Quimperlé.

(1528.)

Enqueste vénérable et discrète personne frère Richard Gouyn, vicaire général et perpétuel de révérand Père en dieu Daniel, abbé du Benoist Moustier et abbaye Sainte-Croix de Quimperlé, et le couvent dudit Moustier, en clem créé en leur aveu par la cour commune de Quimperlé, le pénultième jour de janvier l'an mil cinq centz vingt et huit, vers François Gillouart et Yvon Lohéac, a trouver qu'il est deu auxdits abbé et couvent et de ce sont en possession immémoriale de tout temps et que mémoire d'homme n'est au contraire, de prendre lever et éliger un devoir de coutume appelée la coutume ancienne de Quimperlé, comme de fondation des feus ducs et princes de ce pays, entr'autres debvoirs, le nombre de cinquante-deux pots deux quarts, pour port de vin sur chacun navire et estaff portant le nombre de neuf pipes de vin, et ayant bateau, entrant en ce havre, d'une pierre et borne nommée le Bilyen, étant près la chapelle Saint-Julien en Clouhal, et déchargeant d'entre la ditte pierre en la ditte rivière et havre dudit Quimperlé et que les dits Gilouart et Lohéac ont donné possession de payer ledit devoir, et en ont esté agis tant pour ledit présent devoir que auparavant lors qu'ils y ont fait descendre vin, et en ont estés connoissants et confessants de ce à trouver à suffire la chose nottoire et manifeste venue à la notice, sçavance et connoissance desdits Gilouart et Lohéac et autrement, selon le libelle par écrit desdits vicaire et couvent signé de maitre Pierre Bronosoc, et l'acte de la présentation en jugement, le 5e jour de janvier l'an 1528 passé par Le Doucyc, le ... par écrit desdits Gilouart et Lohéac, et le procès du.... dudit clem en date prédite, passé par Le Doucyc, recours à iceux ; ladite enqueste faite par Me Morice de Cheff du Bois, monsieur le lieutenant de la cour de Quemperlé présant, en sa compagnie Simon Madiou, notaire d'icelle cour, les 9e, 12e, 13e, 17e, 18e et 19e jours de mars l'an mil cinq centz vingt et huit.

Henry Bobylie, âgé d'environ 52 ans, comme il dit, témoin juré dire vérité après les périls et dangers de faux témoins luy remontrés, dit et recorde par son serment connaitre les parties plédoyantes et avoir sollicité frère Richard Gouyin, vicaire général de monsieur de Quemperlé, et Eustache de Trévarré, solliciteur desdits abbé et couvent de Quemperlé, et même ledit abbé de Quemperlé, de conduire le procès vers les habitants touchant la coutume ancienne, pour tant qu'il a esté leur fermier dudit devoir pour aucun temps, et dit n'estre parant, affin ne alié auxdits abbé et couvent, ne à leurs fermiers, ne à aucun deux, mais dit estre homme auxdits abbé et couvent, sujet à la cour commune, qui est commune entre le Roy, nostre sire et lesdits abbé et couvent. Interrogé si ledit devoir de la coutume ancienne est deu auxdits abbé et couvent de la forme alléguée par leur libelle, et s'ils sont en possession immémoriale de prendre et lever ledit devoir, dit avoir ouy dire à plusieurs gens de bien des noms desquels n'est à présent membrant, que ledit devoir estoit deu, et que comme fermier dudit devoir pour trois ans finis le derrain jour d'aoust derrain, il reçut et leva ledit devoir de Charles Le Guyader, Henry Lohennec et Jean Le Balch, des vins qu'ils faisoint descendre entre la pierre mentionnée par le libelle et le quay de la rivière de Quemperlé, quels luy disoint ledit devoir estre deu, aussi et avoir reçu durant lesdits trois ans ledit devoir de plusieurs marchands étrangers des noms desquels n'est membrant, qui faisoint descendre du vin au haure de Quemperlé, sans aucune contrariété, n'est à présent membrant des jours, mois ni lieux des payements, des noms ne ports des barques, ne des noms des maitres d'icelles barques, ne qui estoint présents auxdits payements. Des autres faits desdits abbé et couvent dit ne rien sçavoir. Ainsi signée : M. de Cheff du Bois et S. Madiou.

Bizien Toutenoultre, noble homme, âgé d'environ 40 ans, etc... Interrogé si le devoir de coustume ancienne est deu aux dits abbé et couvent de la forme par eux demandé, dit qu'il y a environ 20 ans qu'il hante et fréquente la ville de Quemperlé en marchandises, et depuis celuy temps a ouy communément dire aux marchands en ladite ville de Quemperlé que ledit devoir est deu, sçavoir : de ceux qui sont hors la taille commune cinquante-deux pots et de ceux qui sont sujets à la dite taille commune de Quemperlé, my coûtume etc...

Jean Bertou, Yvon Demay, Henry Le Blanc, Olivier Le Bail, Guillaume Pezron, Bertrand du Combout, noble homme, sieur de Rosuhel, Nouel Brenyer, Olivier Melliff, François Percevaulx, Mahé Le Douazrain, Henry Cohennec, Alain Floc'h et Charles Le Guyader, font des dépositions analogues.

Titre du chartrier de Sainte-Croix. — (Copie du 18e siècle.)

XLV.

Police de la vente du vin.

(1422.)

Comme autreffoiz et dans le temps des vingt et septiesme jour daoust daren passé honestes religieux les abbé et couvent de Kemperellé eussent fait et donné plégement par la court de ceans contre Jehan Le Saint, de non faire contre les deffenses que fait en avoient lesditz religieux de non vendre vin en détaille en leurs fiez et tenues houltre six solz huit deniers le pot, en manière de non attempter en leur préjudice, juques à tant que il eut esté descléré au contraire, en procédant sur lequel plégement estoient lesdites parties d'une part et d'autre tornez sur clem et autres procès et autrement, queulz estoient encore pendantz et indiscus, du jourduy l'ajournement congneu entre lesditz religieux huy comparuz et deffenduz par et en la personne de frère Ydouart Le Normant, leur procureur général approuvé, d'une partie et ledit Saint d'autre, se délessa hui en jugement et par ces présentes se délesse ledit Jehan Le Saint tant dudit clem que autres procès ensuittz sur ledit plègement, et par tant et d'assentiment dudit Le Saint et pour ce que il dit n'avoir à débattre audit plègement, fut ledit plègement jugé à bon ès généraulx plez de Kemperellé, le cinquième jour de may l'an mill quatre cent vingt et deux. Passé par Guillaume Le Targaz.

Titre du chartrier de Sainte-Croix. — (Original sur parchemin.)

XLVI.

Police de la vente du vin.

(1597)

Dumardyt vingt quatriesme jour de juingn 1597, pleetz généraulx de la court des abbé, tenus en la court de l'abbaie préla chapelle de Saint-Guziern, pour les debvoirs d'obéissance et raport deub par les taverniers de ceste ville audict sieur abbé, ladicte audiance tenue par maistre Louis de Stanchingant, advocat, présant monsieur le procureur fiscal.

Ledict sieur procureur remonstre, que suivant les prévilèges et fondations antiennes octroyés audict seigneur abbé, seigneur de la cour de céans, par les feuz ducs et roys de ce pays. Tous les taverniers de ceste ville et fauxbourgs ayant vendu et débitté vin par menu et destail en icelle sont tenuz et doibvent venir en ce lieu pour prester leur sermant de n'avoir vendu ledit vin que avecques vroy mesure, et ne l'avoir achepté d'aultres taverniers pour le revendre en regrat pour en avoir profitt et à cette fin les avoir trestous assignés requérant appel estre faict d'iceux ce que a esté fait.

Et premier :

Mathieu Coetnours et Jacquette Luhandre sa femme, deffault.

Renné Dagorn, présant, lequel a dict n'avoir faict que vray débit et destail et avoir mesure selon l'antique usaige.

Ledict sieur procureur proteste de l'impunir par cy après par visitte s'il voit estre de besoign.

Thomas Pegasse, présant, lequel a faict pareille déclaration; et dudict sieur procureur pareille protestation.

Ollivier Beaucours, deffault.

Maistre Michel Hervou, présant, lequel a faict pareille déclaration ; et dudict sieur procureur pareille protestation.

Adellic Lohéac, veuve Jacques Guillaume, deffault.

Jean Bernard, lequel auroit dict ne tenir taverne.

Raoul Aumont et Catherine Le Mée, sa femme.

Maurice Auffret, présant, lequel a fait pareille déclaration, que les cy-devant et dudict sieur procureur mesme protestation.

Thomas Mel.

Estienne Boucher, présant, lequel a dict avoir esté tavernier et ne l'estre plus ; acte ci pareille protestation.

Louise du Moulin.

Tanguy Bastard.

Guillemette Geffroy.

Adellice Le Cac.

Mathieu Pezron.

Mathieu Touldret.

Jacques Estienne.

Ledit sieur procureur attendu le dit....

Les deffaillans condempnés en un tiers d'escu d'amande checun, exécutable en leurs biens, et deffenses leur faictes de non vendre vin ju'ques à paiement ; et pour l'exécution de ce que dessus est ledit Quernec, commis, lequel en respondra en son privé dans vingt-quatre heures, etc.

Registre du greffe de Sainte-Croix.

XLVII.

POLICE DE LA VENTE DU LAIT.

(1423)

Aujourduy en jugement a comparu dom Jehan Calvez, prebtre gouverneur de lospitall de Kemperellé, soubz les habitantz de Kemperellé (lequel) a remonstré à la court qu'il y a plusieurs malades et pouvres oudit ospital, et de jour et aultre y abundent et que à la vente du laict en la paroisse de sainct

Michel, en ceste ville de Kemperellé, il y a des femmes pour leurs paynes de despartir et lottier ledict laict, qui se vand en la placze, levent auchun debvoir du bon voulloir de ceulx, qui achaptent le laict en gros, et entre aultres deux femmes lune appellée Beautriczo Le Goaper et l'aultre Katherine Picaneau, quelles sont femmes scandalines, qui ne font de jour en aultre en despartant ledict laict, que blosphêmer Dieu à gros scandall, a esté par l'oppinion de maistre Charles Bizien, lieutenant et substitud de monsieur le procureur de la court de céans, de maistre Pierres Bruerec, Guillaume Daen.... et de plusieurs aultres.... notaires et bourgeois de la ville, pour obvier aux scandalls et blasphémes qui se font, quant il y a plusieurs qui s'entremellent dudict laict despartir, sur debat a que plus an gaigneroit, et mesmes en consideracion que iceluy proufit est mieulx employé pour les pourvysions des malades et pouvres qui sont et seront oudict ospitall que a d'aultres, a esté ordonné par monsieur le bailly tennant ceste court, que doresnavant ledict laict qui se vendra en ladite placze et paroisse de sainct Michel, se despartira par une femme d.... qui sera deputée par le gouverneur dudict ospital, et a esté faict deffance a toutz aultres de non a l'advenir s'entremeller ne avanczer de le despartir, ne de y prandre proufitt, et par exprés ausdictes Beautricze Le Goaper et Katherine Picaneau, sur paine d'estre amandable à l'arbitraige du juge et a esté commandé.... bannyr de la forme. Faict par la court de Kemperellé, tenue par saige et pourveu messire.... de Kerguz, monsieur le bailly de la court de Kemperellé, le vingt quatriesme jour de may l'an mil quatre centz vingt troys.

Titre du chartrier de Sainte-Croix.— (Original en parchemin.)

XLVIII.

Police de la boulangerie.

(1428.)

Sur ce que maestre Jehan Donguollen, procureur de ceste court, en delivrant les causes d'office disoit huy ceanz envers Perronelle la femme an Rigauter, Johannette la femme Jehan

Le Bail, Thieffaine la femme Pierre le....., Katherine la fille an Gac, Johannette la desguerpie Boulic, Johannette la femme Boulic, la femme Kerhuyban, Margarite la femme an Guernic, la desguerpie an Caer, la femme Jehan Mascerch la femme an Bleshaer, la femme Henri Nicholas, la femme an Marchadour, la femme Yvon Berre, la femme Guillaume Penmarch, la femme Alain Le Potel, la fille an Turneres, la femme Henri Bluezguen, la femme Jehan Rivallen, la femme an Mouclart, la femme Jehan Page, la femme an Rouzic, la fille an Bagornec, la fille Even Bihan, la femme Guezengar, la femme Jouhan Avan, la femme Jehan Le Goff, la femme Henri Boedec, Johannette an Guenn, la femme Flochanbot, la femme Henri Coq, la femme Liborn, la femme Thomas Calamart, la femme an Taquet, la femme Gueguenou, et envers checune d'elles boulangières, desmourantz en ceste ville et faubours de Kemperellé, que en l'an de l'ajournement donné en cause, lesdites fames et checune d'elles avoient faict paen de moendre pris que elles ne devoient faire, sellon le pris que elles trouvoient du blé et avoient faict paen de quatre deniers, lequel sellon le pris du blé ne valoit pas deux deniers, et non obstant que l'on eust commandé par la court de céanz aesditz boulangiers de faire paen souffisant, et ad ce feussent tenuz non obstant que commandement n'y eust esté faict, par quoy disoit ledit procurour oudit nom que c'estoit grand préjudice au peuple et poures gents du pays, et enquerroit ledit procurour oudit nom le..... d'icelle et de checune d'elles, adfin ce congneu ou trouvé que tort avoient faict et le devoient amander, et faire paen de plus grand volume que ne l'avoient faict du temps passé, en l'esgard de justice et droit en..... en l'estat quisdrent et orent lesdictes fames et checune d'elles terme de parler.... tot tard et sureté sur le cas arrestez et le jurèrent tenir. Faict es termes généraulx de l'abbaye saincte Croez de Kemperellé, en délivrant les causes d'office le vingt et uniesme jour de novembre l'an mill quatre cent vingt et houyt. — Jehan de Kermenguy, passe.

Titre du chartrier de Sainte-Croix.— (Original en parchemin).

XLIX.

POLICE DE LA BOULANGERIE.

(1429).

En procédant en cest jour par la court de Ceans devant Jehan Henry lieutenant de Jehan Droniou procureur en Cornouaille d'une part : et la famme Henri Bluetzuen, la fille an Tuernilis? la fille an Bagonnec, la famme Jehan Ban, la famme an Rugantec, la famme Gueguen an Melin, la desguerpie Penmarch, la famme Alen Madec, la desguerpie Boulic, la famme an Goffuic, la famme Lochou, la famme Gueguenou, la famme an Boedec, d'autre, en ce que ledit Henry audit nom disoit conte icelles que combien que leur avoit esté enjoint faire pain convenable à vendre selon la vente du blé, lesdites fammes avoient fait petrir pains non suffisants ne convenables selon la vente du blé, querant.. vers elles affin que avoient fait tort et le devoient amander : sapparut en court frère Selvestre le Mynec, procureur des abbé et couvent de Kemperellé, qui dit et signiffia que icelles estoient en procès pendant par la court desdits abbé et couvent sur ledit cas, et demanda que la court et jurisdiction sur icelles luy oudit nom fust baillée, ouquel fust baillé o lesplet touchant ses frèz. Donné et fait ès generaulx plez de Kemperelle ès causes d'office le XIX° jour d'apurill l'an mil IIII C. vingt et neuff. Passé par Raoul du Quoedic.

Titre du chartrier de Sainte-Croix.— (Original en parchemin).

L.

POLICE DE LA VENTE DU POISSON.

(1431).

Sur ce que maestre Loys Oliuier procurour de coste court, en procédant de son office, disoit huy ceanz envers et contre Yvon Le Haelet et sa femme, la femme Soliman, Yvon le Mouclard et sa femme, la femme an Mignon, la femme an Laureger, la desguerpie Selvestre Michelet, la femme Soliman, la femme an Lagatdu, la femme Jehan Le Bonneuc et envers checun deulx, que puis et nonobstant les deffanses de la court de Céanz faictes à savoir par ban et autrement que home n'eust achaté poysson en ceste ville de Kemperellé ny ès faubours dicelle pour les revandre en regrat, et celle deffanse faicte soubz payne des amandes, lesqueulx sus nommez, queulx sont ragratiers, en contempnant lesdites deffanses et en actemptant contre la forme d'icelles, avoient achapté poyssons en la dite ville et es faubours d'icelle et les avoient vanduz en regrat et de ces choses et checune en avoient estéz congnessantz et confessantz a gré d'amander approuve a souffre, querant ... envers lesdits sus nommez et envers checun, concluant affin ce congneu ou trouvé que tort avoient faict et le devoient amander sellon l'éxigence du cas en esgard de la court, et en avant droit que fut desditz sus nommez et audit procurour oudit nom que en present prouvo en fut prouvée jugée à souffre. Faict es généraulx pletz de l'abbaye Sainte-Croez de Kemperellé en delivrant les causes d'office le XIIIIe jour de mars l'an mil IIII c. trante et ung. — Passé par R. Kersaint. *Titre du chartrier de Sainte-Croix.*— (Original en parchemin).

LI.

POLICE DE LA VENTE DU POISSON ET D'AUTRES DENRÉES.

(1432).

Sur ce que Raoul Coedic en l'absence de mestre Caznevet de Coethanezre lieutenant de Jehan Droniou precureur en Cornouaille dissoit huy céans par ceste court envers et contre Yvon Le Haelet et sa fame, la fame Jehan Le Bonec, la fame Selvestre Guezenec, la desguerpie Selvestre Michelet, la fame Alain Kerdes, Gueguen Le Lagadu et sa fame, Margarill la femme Yvon Solimant, la famme an Mouclart, la famme an Mignon et envers checun d'eulx, que yceulx et checun d'eulx sont ragratiers et achatent poesson, beurre, fruit, et plusieurs aultres denrés en ceste ville de Kemperellé et hor la ville dedanz la banlieue d'icelle, pour les revendre et esponser en detaille par ragrat puis et nonobstant que l'on avoit deffendu de la court de Ceanz que nulle personne ne l'eust fait ou banlieue de ceste ville pour les revendre en regrat soubz poine de grosses amandes de monnoie, et que auxi il est de jugement franchisse et liberté de ceste ville de Kemperellé que nulle personne ne le peut faire jusques à tant que lesdits danrées soient premièrement descenduz en la cochue de ladite ville et ylecques demourées par l'espace d'une heure et que que soit par l'espace convenable pour et afin que les habitants de ladite ville puissent estre garnies de leur provision desdites denrées quelle chose est contre lesdites deffenses de la court et contre le bien publique et la liberté de ladite ville; et de ce avoir fait avoient esté lesditz nomez et checun d'eulx congnessants et confessants à prouve à souffre de checun sauff plus à plain esclerdir si mestier est querant .... afin ce cogneu ou trouvé que tort avoient fait et lo devoint amander selon le cas : dont fut ledit Haëtel desdissant et oudit lieutenant que present prouvée fut la prouve jugée affaire à souffre et en ce que l'enquerant le .... desditz autres dessus nommez quisdrent et orent et checun deulx terme de parller; sur quoy fut présent en court honeste religius frère Selvestre le Minec celerier de l'abbaye de Kemperellé en nom et comme procureur général trouvé et permis par lettres des honestes religius les abbé et couvent dudit lieu qui desmanda avoir la court et congnessanzce d'iceulx nommez queulx il dissoit estre demourantz en son fié et esditz noms et que la congnessonce luy appartenait sy non en tant que ilz eussent rien fait contre lesdits deffenses de la court, quelle chose contraria ledit lieutenant oudit nom et affin de trouver et informer presenta en jugement ledit religius et esditz noms à tesmoinz Henry Le Digoedet, Henry Le Bourgoys, Huellcot Alet, Yvon Le Floch gall, Nicolas Bacheler, Jouhan Jehan et plusieurs autres notables giens dignes de foy et checun d'eulx sur ce juré purgé et enquis présentement en plein jugement lesqueulx et checun d'eulx recordèrent, par leurs sermentz qu'ilz ont veu par plussieurs foiz lesdits religius treter et faire convenir par leur court les desmorantz en ceste ville de Kemperellé touchant lesditz cas et checun et d'aultres cas semblables toutes les foiz que le cas y avient et qu'ilz ont veu par plussieurs foiz lesditz religius par eulx et leurs officiers justicer ardre et getter en la rivière char, beure poesson, et autres denrées qui n'estoien mie valables ne marchans trouvées en la cochue de ladite ville de Kemperellé et recordèrent que en droit fait la congnessance touchant les ditz cas et autres semblables, leur appartenoit et en avoient de ce possession. Ouy le record desditz tesmoinz fut decléré que ledit religius et esditz noms trouvoit et informoit de ladite congnessance et justicement à souffire. Fait ès généraulz pletz de Kemperellé tenus par le bailliff en delivrant les causses d'office le Xe jour de may l'an mil IIII c. trante et deux anz. Signé : Le bailliff, du Quoedic. Passé par Jehan Artur.

Titre du chartrier de Sainte-Croix. — (Original en parchemin).

LII.

Règlement de police concernant les lépreux.

(1605).

Du sabmedy huictiesme jour de janvier 1605, dellivrance ordinaire des causes civiles et d'office de la court de l'abbaye Saincte-Croix Quimperlé etc.

Honnorable homme Pierre Couriault, presant Drien Gourhael, contre : Jan Lozech, Jan Le Sequin, Jan Lirvillac et aultres natiffs. Neantmoins le deffault, ledit Drien requiert l'adhésion du procureur fiscal.

Deffault et requierant le demandeur deffances faictes à tous lépreux et mezeaulx d'entrer parmi les gentz sains, puis porter la marque affin qu'ils soinct conneus, et pour voir répéter les précédantes deffances seront réintimés et pour la marque porteront quatre doibtz de large en couleur rouge au costé dextre et de l'aultre costé un bleu de mesme largeur et en tout cas en croix audict costé dextre, et Gicquel se portant procureur de Jan Le Sequin proteste de grieff d'aultant qu'il requiert dellay, pour le faire comparoir, etc., etc.

Titre du chartrier de Sainte-Croix. — (Copie du 17e siècle).

LIII.

Droit de pavage.

(1594.)

Dellivrances ordinaires de la court de messieurs les abbé et couvent de Quimperlé tenues par monsieur le Seneschal en la dite court le vendredy XIII° jour de juin 1594.

M° Charles Lamollen procureur des bourgeois de Quimperlé remonstre qu'en la rue Ellé près le pont il y auroit un certain esgoust qui se seroit deffoncé par la fréquentation ordinaire des charrettes, quy est hors l'endroict d'auchun logis de la dicte ville, par conséquent subject à estre réparé par les deniers ordinaires quy se lèvent en ceste ville nommés le droict de pavage dont le seigneur abbé et sa justice en a la police et le debvoir de visitte suppliant qu'il plaize à M. le Séneschal et procureur de descendre sur les lieux pour en faire visitte du grand préjudice faict en ladicte rue et habitans d'icelle pour passé de ce, ordonner ledict pavé estre réparé par les deniers à ce affectés. Ouy. Sur ce, etc., etc.

Titre du chartrier de Sainte-Croix. — (Copie de 1643, signée : Mau. Hervou, greffier).

LIV.

Droit de faucilles.

(1597.)

Du premier jour de may 1597 par devant maistre Louis de Stangingant, présent et procureur fiscal. Ledit sieur procureur fiscal a remonstré comme les sieurs de Talhoët, Penanros, Diernelez, Kervelaouen et Coetcaudu et du Plesseix Langor Penarun doibvent par chaincun an à ce jour pour cause des debvoirs qu'ils recepvent en cette ville ès jours de foyres et marchés checun sa faucille.

Requiert appel estre faict desdits sieurs. Ce que a esté présantement faict et auroit comparu pour ledict sieur de Talhoët :

Thomas Raoul, présant quy a présantement baillé unne faucille;

Guillaume Le Goff, pour ledict sieur de Diernellez faict offre fournir deux faucilles que ledict sieur doibt.

Et pour ce que lesdicts aultres sieurs susdits sont deffaillants, ledict sieur procureur requiert qu'ils soinct condempnés checun un escu d'amande, et la saezie estre apposée sur les dicts debvoirs au proffit du seigneur.

Les deffaillants condempnés checun d'eulx à un tiers d'escu d'amande à estre exécutée sur les fermiers et recepveurs desdicts debvoirs, etc..... Et à lissue de ce que dessus ont lesdicts sieurs sur dicts fournis par les mains tant dudict Le Goff que aultres leurs fermiers les faucilles, qu'ils estoint baillés à fournir et ce jusques au nombre de sept, etc. . . . .

Registre du greffe de Sainte-Croix.

LV.

Droit de quintaine. — Saut des poissonniers dans la rivière d'Izol.

(1597.)

Plectz generaulx tenuz et delivrés sur le pont de la chair sallée le lundy de Pasques septiesme d'avrill mil cinq centz quatre vingtz dix sept, par messieurs les officiers de messieurs les abbé et couvent de Quimperllé tenuz a requete de Me Charles Lamollen, procureur fiscal d'icelle par noble maitre Louys de Stanchingant, écuyer, advocat, pour l'absence des juges ordinaires de ladite cour.

Ce requérant et remonstrant led. sieur procureur a estre informé comme de tent immémoriall lesd. sieur abbé et couvent sont en possession d'avoir le prévilège que tous bouchiers et aultres chassemarées ayans achapté les poissons des peschers de la jurisdiction pour les debiter et vendre en regrat sont tenuz comparoir à ce jour et heure en l'endroict pour faire le sault de dessus la pierre y mise d'antiquitté, par dehors et de dessus le pont tirant vers les grandz moulins en l'eau pour se laver des immondicittés.

Informé par Jean Le Nyhouarn aagé de soixante ans, Mathieu de Coetnours quarante cinq ans.

Led Nyhouarn, atteste led. prévilége estre debu, et le cognoïstre y a cinquante ans.

Et led. de Coetnours dit en pareill et le cognoïstre puis trante ans.

Charles Loheac, Richard Le Targuel, Jean Auffret, François Le Pencroach, Pierre Le Chappellain, missire Yves Lesnés, vicaire de Saint Columban, missire Jan Lozec'hmeur, missire Henry Le Borigne, vicaire de Saint Michel pour la même déclaration.

Acte décerné de l'information et appel faict de :

Jean Crechneyet poissonier aagé de cinquante ans confesse led. devoir estre debu aud. sieur abbé et avoir faict le sault et debvoir puis quarante ans de dessus la pierre d'antiquitté mise sur le pont et estre content de le faire encore pourveu que le devoir debu ausd. regrattiers leur soict payé.

Et toutteffois pour cause de son aage excusé paiant l'amende pour ce debvoir qui est six solz.

Et neanmoinz dit led. Crechneyet que plusieurs autres se meslent de vendre pareillement poissons, queulx ne font estat du debvoir. Acte.

François Quéré présent par Thépault Quéré et neantmoinz led. François présent qui dict estre aagé de trente un an et cognoict le debvoir puis douze ans et offre bailler ledit Thépault, son frère pour faire le sault qui l'a accepté.

Pierre Bonyc, Yvon et Henry Le Treffvou, Loys et Michel Nicolas, Pierre Guyot, Guillaume Harenguer, Pierre Crech, Charles Le Mau, et François Le Goazec présents offrent faire le sault.

Yvon Le Clanche.

Led. sieur procureur informé que led. Clanche a regratté du poisson, par Henry Le Treffvou qui dict que icelluy Clanche achepta à Pontaven un congre qui luy cousta dix solz et le vendit trente solz. Condempné en cinq solz d'amende.

Yvon Caillot présent interrogé dict n'avoir vendu aucun

poisson. Et neantmoinz ledit sieur procureur offre informer, et le faict, que icelluy a achapté et vendu du poisson, par Henry Le Treffvou et Louys Nicolas. Ordonné qu'il fera le sault ou paiera l'amende.

Auffret Le Lay, dict Calac, et Marie Cadic sa femme. Sur le deffault condempnés en douze solz tournois d'amende.

Et à l'issue ont l'un et chacun desdictz coureurs de marées faict le debvoir du sault.

Requérant pareillement leur estre maintenu leur debvoir et prévileige, qu'est que à l'issue, ilz doibvent avoir du feu et la collation.

Comme a pareill ledit sieur procureur fiscal a dict le debvoir leur estre debu comme aussy aux officiers le disner, et néantmoinz avoir sommé Charles Lohéac et Jacques Salnio, fermiers des gorrêtz d'en faire le debvoir et advance, a quoy ilz ont esté refusantz, par dire avoir faict advance de leurs dictes fermes, et au moien qu'il ne coignoict aujourd'huy les fermiers, requiert pour la conservation des droictz du seigneur, que les fermiers des grands moulins seront contrainctz, tand par corps que exécution en leurs biens, à faire les advances jusques à la somme de quatre escus et demy.

Faisant droict sur les requisitions dud. sieur procureur fiscal, ensemble desd. chassemarées, quelz ont faict cedict jour le debvoir et sault publiquement, etc. . . . . . pour subvenir aux fraiz tant de la justicze que aultrement, avons condempné et condempnons Anthoine Le Guyriec, monyer à présent des moulins dud. sieur abbé, à mettre d'heure à autre entre les mains dud. sieur procureur fiscal, la somme de quatre escuz et demi solz, par toutes voyes et rigueurs de justicze, etc.... Faict et ordonné sur le pont d'Izol aultrement chair sallée, lieu accoustumé d'y tenir la présante audiancze, led. lundy septiesme avrill mil cinq coutz quatre vingtz dix sept, signé : L. de Stanchingant, advocat ; C. Lamollen, procureur fiscal, et F. Le Mée, greffier.

Registre du greffe de Sainte-Croix.

LVI.

Obédience de Claude Lancelot.

(5 janvier 1680.)

Reverendissimo patri
Quimperleiecensis Monasterii Priori
Salutem.

Ex placito Regis, cui contradicere nefas, frater noster Claudius Lancelot ad uos proficiscitur. Eum uirum bonum et integrum esse monachum Reuerentiæ uestræ testes sumus. Adderem de Ordine etiam bene meritum, nisi me prœuenissent R. R. Patres uestri in illa suculenta prœfatione quam quarto sœculo suo prœmiserunt. Illum certe agnoscetis placidum, pacis et solitudinis sectatorem, et ut ueritatis amicum, sic ab omnibus hujusce temporis cauillationibus alienum. Reuerentiam itaque uestram oramus, eum benigne excipiatis, exceptum foueatis, et in omnibus ut fratrem habeatis. Quod de uestra humanitate ac pietate non speramus solum, sed etiam confidimus. Datum sub sigillo nostro, in Regali nostro sancti Cygiranni monasterio die quinta Januarii Anno Domini millesimo sexcentesimo octuagesimo.

F. Desiderius B...,

Prior indignus monast....

Titre du chartrier de Sainte-Croix. — (Original sur papier).

FIN DES PIÈCES JUSTIFICATIVES.

TABLE

DES PIÈCES JUSTIFICATIVES.

		PAGES.
I.	Extraits du Nécrologe de Sainte-Croix (de 1043 à 1553).	577
II.	Sancti Gurthierni vita.	578
III.	Fragments de la Chronique de Sainte-Croix (de 1029 à 1297).	581
IV.	Opusculum Gorredeni monachi.	583
V.	Vente faite par Daniel, fils d'Harnou (11ᵉ siècle).	584
VI.	Fondation du prieuré de Loc-Amand, par le duc Hoël (1069).	585
VII.	Bulle du Pape Grégoire VII (1078).	587
VIII.	Donation de la terre de Knechcuki, par le duc Alain Fergent (11ᵉ sᵉ).	588
IX.	Donation de la terre de Rosamand, par le duc Alain Fergent (11ᵉ ou 12ᵉ siècle).	589
X.	Donation de Constans (11ᵉ ou 12ᵉ sᵉ).	590
XI.	Donation de Cunmelen, fils de Gurgar (11ᵉ ou 12ᵉ sᵉ).	590
XII.	Vente faite par Ehuarn, fils de Saliou (11ᵉ ou 12ᵉ sᵉ).	591
XIII.	Donation de Simon, fils de Cariou (11ᵉ ou 12ᵉ sᵉ).	592
XIV.	Traité avec le sénéchal Donguallon — de Soultalarun (vers 1107).	592
XV.	Donation du village de Coth-Caër, par Benoît, évêque de Quimper (vers 1113).	594
XVI.	Restitution de Belle-Ile, à l'abbaye de Sainte-Croix, par le duc Conan (1118).	594

		PAGES.
XVII.	Donation de Kenou, fils de Duenerch (1126)..	595
XVIII.	Accord pour Loc-Amand (1128).	596
XIX.	Confirmation du duc Conan III (1146)	598
XX.	Donation de Guenieth, femme de Rivallon an Broch (1161)..	599
XXI.	Confirmation du duc Conan IV (1162)	600
XXII.	Lettre de Bernard, évêque de Quimper, à l'abbé de Quimperlé (1166).	601
XXIII.	Donation d'une terre en Trégunc, par Alain Le Jumeau (fin du 12º sº)..	602
XXIV.	Confirmation de la duchesse Constance (1184).	602
XXV.	Lettre de la duchesse Constance, relative au droit de bris dans le fief de l'abbaye (fin du 12º sº).	603
XXVI.	Accord avec Guy de Thouars, duc de Bretagne (1214).	604
XXVII.	Accord avec le duc Pierre (1214)	605
XXVIII.	Enquête au sujet des droits respectifs de l'abbé de Sainte-Croix et du duc de Bretagne dans la ville de Quimperlé (1238).	605
XXIX.	Confirmation du duc Guy de Thouars (1206)..	608
XXX.	Accord entre l'abbé et Morvan, fils d'Henry (1257)..	608
XXXI.	Transaction entre l'évêque de Quimper et l'abbé de Sainte-Croix, au sujet du droit épiscopal de l'abbaye (1262).	609
XXXII.	Accord entre l'abbé et Guillaume de Goarlot (1263)..	615
XXXIII.	Acte d'association du duc Jean Iᵉʳ, aux droits de l'abbaye de Sainte-Croix, dans la ville de Quimperlé (1271).	616

		PAGES.
XXXIV.	Confirmation des privilèges de l'abbaye, par le pape Martin IV (1283)	619
XXXV.	Conversion de rentes domaniales en rentes censives en faveur des habitants de la trève de Trelivalaire (1284).	619
XXXVI.	Acte obligatoire de Iudicelle, prêtre de Botelan, envers le prieur de Pont-Briant (1292).	621
XXXVII.	Lettre de Philippe Le Bel au roi d'Angleterre, pour se plaindre des hostilités faites à Belle-Ile, par des Anglais (1313).	622
XXXVIII.	Lettre du roi Philippe de Valois au bailli de Coutances et au vicomte d'Avranches, leur faisant défense d'obliger les religieux à recevoir, contre leur volonté, un moine dans leur abbaye (1329).	623
XXXIX.	Extraits des comptes des receveurs de Quimperlé et Carnoët (du 14ᵉ au 17ᵉ sᵉ).	623
XL.	Sentence de séparation d'un lépreux, par le chambrier de Sainte-Croix (1453).	635
XL (bis).	Bulle de Nicolas V, excommuniant les Pirates qui ravageaient Belle-Ile (1454).	638
XLI.	Droit de pêcherie dans la rivière Ellé (1446).	641
XLII.	Pancarte des droits du port de Quimperlé (15ᵉ sᵉ).	641
XLIII.	Coutume ancienne de Quimperlé (sans date).	646
XLIV.	Droit sur les vins entrant au port de Quimperlé (1528)..	647

		PAGES.
XLV.	Police de la vente du vin (1422).	649
XLVI.	Police de la vente du vin (1597).	650
XLVII.	Police de la vente du lait (1423).	651
XLVIII.	Police de la boulangerie (1428).	652
XLIX.	Police de la boulangerie (1429).	654
L.	Police de la vente du poisson (1431).	654
LI.	Police de la vente du poisson et d'autres denrées (1432).	655
LII.	Règlement de police concernant les lépreux (1605).	657
LIII.	Droit de pavage (1594).	658
LIV.	Droit de faucilles (1597).	658
LV.	Droit de quintaine. — Saut des poissonniers dans la rivière d'Izol (1597).	659
LVI.	Obédience de Claude Lancelot (1680)	661

FIN DE LA TABLE DES PIÈCES JUSTIFICATIVES.

ERRATA.

Pages 7, ligne 5 de la note : au lieu de « *Tabula Kemperlegiensis* » lisez « *Tabularia Kemperlegiensis.* »
— 29, ligne 8 de la note : au lieu de « Maxeuri » lisez Maxenri. » — ligne 14 de la même note : au lieu de « Seripta » lisez « Scripta. »
— 62, note (4), ligne 1 : au lieu de « *dans la réformation des manoirs nobles* » lisez « dans un registre de notaire. »
— 112, note (4) : depuis que cette note est écrite, j'ai établi par des inscriptions de bornes milliaires, que Carhaix est le *Vorgium* de la Table de Peutinger, et que *Vorganium*, la capitale des Osismii, était à l'embouchure de l'Aber-Wrac'h. — Voir la *Revue Archéologique* du mois d'avril 1873 et du mois d'octobre 1874.
— 199, ligne 17 : au lieu de « *Lesneleach* » lisez « *Lesneleuch*. »
— 206, ligne 19 : au lieu de « 1861 » lisez « 1161. »
— 223, note (4), ligne 2 : au lieu de « abiit, » lisez « obiit. »
— 226 : rétablissez ainsi les notes (1) et (2) : « note (1) Abb. O. C. commune de ce nom (Morbihan) ; note (2) O. C. commune de Ploneour-Menez (Finistère).
— 239, ligne 9 : au lieu de « Priziat, » lisez « Priziac. »
— 241 : supprimez les trois dernières lignes de la note (7).
— 283 : supprimez la note (2).
— 310, note (1) ligne 7 : au lieu de « Seuta, » lisez « Scuta. »
— 318, note (2), ligne 4 : au lieu de « jecit, » lisez « fecit. » — ligne 7 : au lieu de « 1517, » lisez « 1557. »
— 320, ligne 18 : au lieu de « pourriont, » lisez « pourroint. »
— 327 : supprimez le point après « parlé. »
— 340, note (3) : lisez « page 323. »
— 463, ligne 16 : au lieu de « prieuré, » lisez « prieur. »
— 509, ligne 7 : au lieu de « Charles X, » lisez « Charles IX. »
— 555, ligne 11 : après « Nantes » ajoutez en note « voir page 449 »
— 564, ligne 9 : au lieu de « frère, » lisez « fils ; » et au lieu de « Louis XVI, » lisez « Louis XVII. »
— 589, ligne 9 : au lieu de « Rœngailun, » lisez « Rœngallun. »
— 590, à la dernière ligne de la note : au lieu de « *Liber Landav,* » lisez « *Leges Wallicæ* »
— 593, ligne 4 : au lieu de « Sonltalarun, » lisez « Soultalarun. »

www.ingramcontent.com/pod-product-compliance
Lightning Source LLC
Chambersburg PA
CBHW082104250426
43673CB00066B/1400